민주주의와 법의 지배

현대 입헌민주주의의 스펙트럼

김 비 환

박영사

이 저서는 2012년 정부(교육부)의 재원으로 한국연구재단의 지원을 받아 수행된 연구임(NRF-2012S1A6A4020095).

책머리에

민주주의와 법의 지배는 우리 시대의 가장 중요한 정치적 이상들이다. 그리고 입헌민주주의는 이 두 가지가 결합하여 구성된 정치체제다. 우리나라도 이런 입헌민주주의를 표방한다. 대한민국 헌법의 존재와 헌법 제1조 –대한민국은 민주공화국이다– 는 그 점을 명백히 밝히고 있다. 하지만 우리는 입헌민주주의의 특성과 작동 메커니즘을 얼마나 잘 이해하고 있는가? 입헌민주주의 체제에서 민주주의와 법의 지배(혹은 헌정주의)는 어떤 관계를 맺고 있는가? 나아가서 우리의 입헌민주주의 체제는 이상적으로 작동하고 있는가? 그것은 입헌민주주의의 가치와 규범을 얼마나 잘 구현하고 있는가? 만일 우리의 정치생활이 입헌민주주의의 이상에 부합하지 않는다면 어떤 점이 잘못되었고 또 어떤 점이 미흡한가? 입헌민주주의 체제가 정상적으로 작동하기 위해서는 시민들이 어떤 의식과 태도를 갖추어야 하는가? 우리의 정치생활을 향상시키려면 어떤 개선책이 필요한가? 이 책에서 입헌민주주의에 관한 우리 시대의 대표적인 이론들을 비교·고찰해봄으로써 이런 문제들에 대한 답변을 찾아보고자 했다.

대개의 경우 정치생활에 대한 일상적인 이해는 협소하고 피상적이다. 대의원들을 선출하는 선거절차나 정치지도자들의 통치행위를 정치의 핵심으로 간주하거나, 정치인들의 권력투쟁을 정치의 본령으로 생각한다. 하지만 이런 시각은 잘못된 것은 아니지만 명백한 한계가 있다. 이런 시각은 정치체제의 전체적인 특성을 쉽게 간과해 버릴 뿐만 아니라 정치행위를 평가할 수 있는 근본적인 원칙이나 가치들을 포착해내기 어렵다. 그저 대중매체를 통해 접하게 되는 통치행위나 정치행위들의 전략적 가치들에 주목할 뿐이다.

하지만, 정치인들의 전략적 행위와 권력투쟁은 입헌민주주의라는 포괄적인 틀에서만 그 정당성을 인정받을 수 있고 그 적절성이나 위대성이 평가될 수 있다. 만일 입헌민주주의가 부과하는 절차적·규범적 요구에 부합하지 못할 경우, 아무리 전략적으로 뛰어난 정치행위라도 정당성을 인정받을 수 없으며 공동체의 정치생활에도 기여할 수 없다. 그러므로 입헌민주주의 체제의 성격과 작동방식 –시민들의 의식과 태도를 포함해서– 을 이해하는 것은 정치적 행위와 제도들을 심층적으로 이해하고 평가하는 데 반드시 필요하다.

이 책에서 제시된 다양한 입헌민주주의 이론들은 제각기 독자적인 방식으로 정치생활을 설명하거나 정당화한다. 그것들은 민주주의와 법의 지배를 다르게 이해한다. 뿐만 아니라 민주주의와 법의 지배의 상대적 비중을 다르게 설정하고, 그 두 가지를 다른 방식으로 결합시킨다. 하지만 그것들은 동일하거나 유사한 대상 –예컨대, 미국헌정사나 영국헌정사– 을 다루고 있기 때문에, 상호간의 비판적인 대화를 통해 연구대상에 대한 이해를 높일 수 있다. 이 책에서 현대의 대표적인 입헌민주주의 이론들 사이의 대화를 주선함으로써 현대 입헌민주주의 정치체제에 대한 이해를 심화시켜보고자 했다. 동시에 우리 사회가 지향해야할 바람직한 정치질서를 모색하는 데 필요한 통찰들도 도출해보고자 했다.

아무리 뛰어난 지능의 소유자도 혼자서는 정치세계의 비밀을 다 풀 수 없다. 더욱이 오늘날처럼 복잡하고 거대한 사회의 정치생활을 완벽히 이해하기란 불가능하다. 하지만 수많은 지적 탐험가들이 그런 도전에 동참한다면 정치생활의 신비를 벗기는 작업은 좀 더 용이해질 수 있다. 지구를 하나의 마을로 엮고 있는 정보통신기술과 대중매체 그리고 교통망의 비약적 발전은 그와 같은 협동을 뒷받침하는 좋은 조건이다. 학자들은 컴퓨터 앞에 앉아 인터넷 창에 자판을 몇 번 클릭하는 것만으로 지구 반대편에서 생산되는 다양한 연구들에 손쉽게 접할 수 있으며, 필요할 경우 그들과 소통함으로써 정치세계에 대한 이해를 증진시킬 수 있다.

이 책에서 나는 우리 시대를 대표하는 학자들 사이의 지적 협력을 최대한 활용하고자 했다. 현대 입헌민주주의 체제의 구성원리와 작동방식에 대한 대표적인 이론가들의 연구를 비교해봄으로써 우리 사회가 채택하고 있는 정치체제를 좀 더 심층적으로 이해하고 평가할 수 있는 혜안을 얻기를 바랐다. 독자들이 입헌민주주의의 성격과 작동 메커니즘에 대한 탁월한 학자들의 이론에 접함으로써 우리나라의 정치체제를 더 잘 이해하게 될 뿐만 아니라 그것을 개선시킬 수 있는 지혜도 얻을 수 있기를 바란다.

이 책을 완성하기까지는 꽤 오랜 시간이 걸렸다. 여러 가지 난관에도 불구하고 이 책을 끝낼 수 있었던 데에는 많은 분들의 응원이 있었다. 먼저 한국정치사상학회의 가까운 지인들에게 심심한 감사의 마음을 전한다. 학회에서, 그리고 오고가는 차속에서 그들과 나눈 대화들은 내가 학문생활에 정진할 수 있는 중요한 자극제가 되었다. 또한 이 책을 쓰는 동안 나는 학회장이란 명분으로 학회의 이사들과 많은 대화를 나눌 수 있었는데, 그들이 내게 들려준 이야기들은 내가 '우물 안 개구리'의 협소한 시각을 벗어나는 데 큰 도움을 주었다. 그들과 나눈 대화들은 나에게 잊을 수 없는 추억으로 남아 있다.

성균관대학교 정치외교학과의 제자들에게도 감사의 마음을 전하고 싶다. 내 강의에 대한 제자들의 관심은 내가 학문에 더 정진해야겠다는 책임감을 불러일으켜주었다. 특히 대학원 제자들과 여기저기서 나눈 대화들은 내가 이 책의 내용을 더 알차게 꾸리는 데 큰 도움이 되었다. 그들 모두에게 감사의 마음을 전한다.

이 책은 한국연구재단의 지원을 받아 집필되었다(이 저서는 2012년 정부(교육부)의 재원으로 한국연구재단의 지원을 받아 수행된 연구임(NRF-2012S1A6A4020095)). 한국연구재단의 지원이 없었더라면 이 연구가 끝을 맺을 수 있었을지 의심스럽다. 재단이 부과한 연구일정표는 내가 이 책을 주어진 기간 내에 완성할 수 있도록 채찍질해주었다. 그 점에 대해 한국연구재단에 감사를 드린다.

박영사의 안종만 회장님께 특별한 혜택을 입었다. 오랜 경기침체의 직격탄을 맞은 출판계의 상황을 잘 알고 있는 나로서는 전문적인 학술서의 출판을 선뜻 허락해준 안종만 회장님께 특별한 감사의 마음을 표하지 않을 수 없다. 얼마나 많은 독자들이 이 책을 구독할 수 있을지가 지극히 불분명한 상황에서, 이 책을 접한 독자들이 한국정치발전의 잠재적인 기여자가 될 수 있었으면 하는 기대로 출판요청에 응해주셨기 때문이다. 한국의 정치발전과 더불어 박영사도 무궁히 발전하기를 기원한다.

마지막으로 이 책을 집필하는 동안 내내 곁에서 지켜봐주고 위로가 되어 준 가족들에게 고마움을 전하고 싶다. 이제 어엿한 대학원생이 되어 미래를 위해 열심히 준비하는 큰 아들 대휘와, 다부진 각오와 함께 새로운 인생 목표를 향해 출발한 둘째 아들 재휘에게 고마움과 격려를 보낸다. 그리고 지난 30년 동안 한결같은 애정과 관심으로 내 곁을 지켜준 아내에게 마음 가장 깊은 곳에서부터 감사의 마음을 전한다. 이 책이 아내에게 작은 위로나마 되었으면 한다.

2016년 6월
명륜캠퍼스에서

차　례

제1장

서 론

민주주의와 법의 지배

제1장

서 론

이 책은 크게 두 가지 목적을 갖고 있다. 첫째는 이론적인 것으로, 현대사회의 두 가지 정치적 이상들인 민주주의와 법의 지배(혹은 헌정주의)가 맺을 수 있는 다양한 관계들에 착안하여, 현대 입헌민주주의의 다양한 형태들을 하나의 스펙트럼으로 구성해보는 것이다.[1] 그리고 둘째는 보다 실천적인 것으로, 앞에서의 이론적 논의를 바탕으로 1987년 민주화 이후 한국정치가 직면한 새로운 문제점들을 조명해보고, 앞으로 한국사회가 지향해가야 할 바람직한 입헌민주주의 형태를 제시해보는 것이다.

서양에서 플라톤 이후 이상적 정치질서에 대한 이론들은 대부분 법치의 문제를 포함하고 있다. 플라톤은 완전한 이상국가에서는 이성(=철인왕)의 지배가, 그리고 실천 가능한 이상국가에서는 법률의 지배가 최선이라 주장했다.[2]

---

1) 정치학계에서는 헌정주의라는 용어가 법학계에서는 입헌주의라는 용어가 선호된다. 헌정주의가 헌법에 입각한 정치를 뜻한다는 점에서 그 의미가 보다 분명하다고 볼 수 있지만, constitutional democracy의 번역어로는 입헌민주주의가 더 적절해 보인다. 헌정민주주의는 헌법정치와 민주주의(=민주정치)가 결합된 형태로, 정치가 중복 사용되는 문제점이 있다. 어떤 학자는 헌정주의나 입헌주의 대신에 헌법주의라는 용어를 선호하기도 한다. 이 책에서는 정치학계의 관행에 따라 헌정주의를 사용하되, constitutional democracy를 가리킬 때는 입헌민주주의라는 용어를 사용한다.

2) 플라톤과 아리스토텔레스의 정치사상에서 법치주의의 문제를 다룬 연구로는 김비환(2011)을 참조하라.

그에 의하면 법은 인간이 사려 깊게 행위할 수 있도록 인도하는 힘으로, 윤리 및 관습과 더불어 인간이 좋은 삶(good life)을 영위하는 데 반드시 필요하다. 플라톤의 정치사상을 비판적으로 계승한 아리스토텔레스는 한 걸음 더 나아가 이상적인 정치질서의 핵심 원리로 법치를 강조했다. 법률이 주권자가 될 때에만 시민들은 서로 지배하고 지배를 받는 방식으로 자유롭게 살 수 있다는 것이다(Aristotle 2009, 173, 188). 아리스토텔레스에 의하면, 법은 예측 가능할 뿐만 아니라 (전제적 지배처럼) 변덕스럽지 않기 때문에 인간이 계획적이고 안정된 삶을 살 수 있도록 해준다(Aristotle 2009, 183, 187-90).

중세 말 스콜라철학을 대표했던 토마스 아퀴나스도 자연법에 토대를 둔 법치주의를 바람직한 정치질서의 필수조건으로 간주했고, 로크와 칸트에서 벤담과 밀에 이르기까지 근대 자유주의자들 역시 법의 지배를 정치사회의 근간으로 간주했다. 그리고 하이에크(F. A. Hayek), 오크숏(M. Oakeshott), 하트(H. L. A. Hart), 풀러(Lon Fuller), 롤스(J. Rawls), 피니스(J. Finnis), 드워킨(R. Dworkin), 라즈(J. Raz), 월드런(J. Waldron)과 같은 현대 자유주의 법학자와 정치이론가들 또한 한결같이 법의 지배를 자유민주주의 사회의 핵심적인 정치적 이상으로 간주하고 있다.

자유주의 사회에 살고 있는 일반 시민들도 자의적이고 변덕스런 '인간의 지배'(the rule by man)보다는 법의 지배(the rule of law)가 더 좋다는 것을 알고 있다. 그들도 '좋은 법' 혹은 '정의로운 법'에 의해 뒷받침된 민주정치체제야말로 예측 가능하고 계획적인 삶을 영위할 수 있는 최상의 조건이라고 생각한다. 이들도 전제적인 권력과 법의 지배는 양립하기 어렵다는 것을 알고 있다. 이처럼 현대사회에서 법의 지배는 정당한 통치 혹은 좋은 정치의 금과옥조로 인식되고 있다.

민주주의 또한 오랜 역사적 시련 끝에 유일하게 정당한 정치형태로 인정받게 되었다. 아무리 사악한 현대의 권위주의 정권도 민주주의 정권임을 자처하지 않고서는 국민들의 지지를 받을 수 없다는 사실이 이것을 입증해준다. 비록 각국의 민주주의 형태와 수준이 천차만별이라 해도, 각 국가의 정치적 정당성은 근본적으로 정권이 국민의 동의에 의해 수립된다는 사실에서 도출된다. 따라서 법의 지배를 부정하는 경우와 마찬가지로, 정권의 민주성을 부인하고 권위주의 정권임을 자처하는 정부는 정치적 안정성을 확보하기 위한 중요한 수단을 스스로 포기하는 셈이다.

프랑스혁명 이후 서구에서는 법의 지배와 민주주의가 통합되어 입헌민주주의 체제로 제도화되기 시작했다.[3] 특히 나치 전체주의와 소련의 스탈린 체제를 겪은 뒤에는 강력한 헌정주의와 결합한 민주주의가 서구의 보편적인 정치체제로 자리 잡게 되었다.[4] 민주화의 제3물결이 휩쓸었던 1970년대와 1980년대에 민주화된 비서구권 국가들도 입헌민주주의를 채택하게 되었으며,[5] 1990년 이후에는 동유럽 국가들도 이런 추세에 동참함으로써 입헌민주주의 체제의 채택은 세계사의 돌이킬 수 없는 추세가 되었다.[6]

그런데 입헌민주주의가 현대사회의 보편적인 정치적 이상으로 간주되고 있다는 사실은 법의 지배와 민주주의 사이에 전혀 긴장이나 충돌이 발생하지 않을 것 같은 느낌을 줄 수도 있다. 즉, 민주주의가 건실히 유지되기 위해서는 법의 지배가 필요하고, 법의 지배가 온전히 실현되기 위해서는 민주주의가 필요한 것으로 인식되어, 이 두 가지 이상들이 완벽한 조화를 이루며 하나의 정치체제를 구성하고 있는 것처럼 생각될 수도 있다. 하지만 반드시 그렇

3) 19세기 유럽에서 '사회적 자유'(social freedom)를 제도화하기 위해 등장한 민주적 입헌국가의 확립과정과 실패에 관한 설명으로는 Honneth(2014, 3104-28)를 참조하라.

4) 이 점에서 영국식의 정치체제를 채택하고 있는 소수의 국가들은 예외라고 할 수 있다. 영국식의 웨스트민스터 정치체제에서는 법의 지배가 의회주권 원리에 종속되는 경향이 있기 때문이다. 예컨대, 영국에서는 독립적인 사법부에 의한 사법심사 제도가 아직 확고히 자리 잡지 못하고 있다. 하지만, 영국은 유럽연합에 가입한 후 인권헌장(Human Right Act)을 수용함으로써 점차 미국과 독일식의 법적 입헌민주주의 체제로 나아가고 있는 듯 보인다. 영국 헌정체제 연구의 권위자로 알려져 있는 보그다노는 20세기 후반(특히 1997년 이후)의 헌정 개혁이 지닌 역사적 의의를 다음과 같이 부각시키고 있다. "나의 책 -『새로운 영국 헌정』- 은, 과거 영국의 헌정체제에 대한 비교적 정확한 설명이라 할 수 있는 다이시의 분석이 1997년 이후 그리고 1973년의 유럽공동체 가입에 의해 부적절하게 되었다는 것을 시사한다. 우리는 지금 의회주권에 기반을 둔 체제로부터 헌법주권에 기초한 체제로 이행하고 있다. 비록 이 새로운 헌정질서는 갓 태어나서 그 성격이 불분명하고 아직은 법전화 되어 있지 않지만 말이다"(Bogdanor 2009, 2).

5) 물론 민주화에 성공한 모든 국가들이 다 민주주의를 공고화시키지는 못했다. 상당수의 국가들은 선거민주주의와 권위주의 통치방식이 혼합된 일종의 하이브리드 체제에 머물고 있다. 이 하이브리드 체제에 대한 연구는 오늘날 비교정치학의 독자적인 연구영역으로 자리 잡고 있다(Diamond 2002; Merkel 2004; Levistky & Way 2002).

6) 2010년 튀니지의 재스민혁명으로 촉발된 중동과 아프리카 지역에서의 민주화 운동도 입헌민주주의의 수립이 세계사의 보편적 지향점이 되고 있음을 확인시켜주었다. 하지만 현재는 상당한 (일시적) 후퇴를 겪고 있다.

지는 않다. 법의 지배와 민주주의는 오랜 기간에 걸쳐 서로 다른 관심사를 반영하며 독자적으로 발전해왔다.[7] 그래서 이 두 가지 원리를 통합시킨 입헌민주주의 체제는 불가피하게 구조적 문제점이나 긴장들을 내포하고 있다.

예컨대 민주주의는 그 속성상 다수의 단합된 의지로 소수를 지배하려는 경향을 갖고 있기 때문에, 다수의 힘에 의거하여 기존의 법을 폐지하고 새로운 법을 만드는 방식으로 (법의 지배를 무력화시켜버리고) 소수자의 권리를 침해할 수 있다. 반면에 법의 지배는 법적 정의를 실현하기 위해 민주적 다수의 의지를 제약할 수 있기 때문에 민주주의에 반하는 측면이 있다. 이런 원리상의 대립은 사법부와 입법부의 대립으로 치환해볼 수도 있다. 즉, 사법부는 헌법이나 법체계의 통합성을 깨트린다는 이유로 입법부가 제정한 법률을 폐기할 수 있으며, 이에 대해 입법부는 헌법적 절차에 따라 사법부의 결정을 전복시킬 수 있고 나아가서 사법부의 기능을 축소시키는 헌법개정으로 대응할 수도 있다.

물론 법의 지배와 민주주의는 우호적인 관계를 맺을 수도 있다. 예를 들어 건국이나 혁명기를 통해 표출된 국민 다수의 의지는 (헌)법에 안치됨으로써 법의 보호를 받을 수 있으며, 사법부는 민주적 정치과정에서 배제된 소수자들을 민주적 정치과정에 편입시키는 판결을 통해 민주주의를 확대 또는 강화시킬 수도 있다. 다른 한편으로 민주주의는 선거절차를 통해 법체계를 무시하거나 위협하는 권위주의 세력들을 축출함으로써 법의 지배를 공고히 할 수 있으며, 사법부의 민주적 책임성을 제고시킴으로써 법의 지배를 증진시킬 수도 있다.

이와 같은 예들은 법의 지배(혹은 헌정주의)와 민주주의가 맺을 수 있는 다양한 관계들 중 일부에 불과하다. 좀 더 이론적인 수준에서 보면, 민주주의를 어떻게 정의하느냐에 따라 그에 조응하는 법의 지배 형태가 정해지며, 반대로 어떤 법의 지배를 선호하느냐에 따라 그것과 어울리는 민주주의 형태가

---

7) 이 점에서 고대 그리스 아테네는 극히 이례적이었다. 고대 아테네에서 민주정치가 발전했던 BC 5세기 경에는 법의 지배와 민주주의가 상호침투관계를 형성하고 있었기 때문이다. 당시의 법은 특별한 경우를 제외하고는 별도의 문서로 명시되어 있지 않았다. 법은 시민들이 민주적인 논쟁(소송)과정에 반복적으로 참여함으로써 기억되고 집행되었다(Cartledge 1990; Harris 2006, I 부).

정해진다고 말할 수 있다. 예를 들어, (자유주의적인) 강력한 법적 헌정주의(legal constitutionalism) –광범위한 기본권, 권력분립, 사법부의 강력한 사법심사 권한 등– 와 큰 모순 없이 결합하여 단일한 입헌민주주의 체제를 형성할 수 있는 민주주의 형태는 최소민주주의(minimalist democracy)일 개연성이 크다. 만일 민주적 의사결정 권력이 헌법적 기본권을 임의적으로 수정할 수 있을 정도로 강력하다면, 독립적인 사법부를 통해 보호되는 헌법적 기본권이라는 관념은 쉽게 무너져버릴 수 있기 때문이다.[8] 반면에 보다 급진적인 민주주의 형태 –시민들에 의한 민주적 결정의 범위를 매우 폭넓게 허용하는 민주주의 형태– 와 큰 모순 없이 결합할 수 있는 헌정주의는 자유주의적인 법적 헌정주의보다는 훨씬 더 약한 헌정주의여야 한다. 그렇지 않을 경우, 민주주의의 강력한 요구와 헌정주의의 똑같이 강력한 요구가 충돌하는 사태가 빈번히 발생함으로써 정치체제는 상습적인 교착상태에 빠질 수 있기 때문이다. 그러므로 이론적·개념적 수준에서 보면, 현대 입헌민주주의의 다양한 형태들은 이 두 가지 이상들을 상이하게 해석하고 결합시킨 결과로 볼 수 있다.

현대사회를 배경으로 법의 지배와 민주주의가 맺을 수 있는 다양한 관계 –곧, 입헌민주주의의 다양성– 를 체계적으로 고찰해보고자 하는 이 책의 목적은 바로 이와 같은 이론적 문제의식을 반영한다. 현대의 자유민주주의 질서가 법의 지배와 민주주의라는 두 가지 정치적 이상을 모두 수용하고 있지만 모든 자유민주주의자들이 그 두 가지 이상을 동일하게 이해하고 있는 것은 아니다. 그들이 이 두 가지 이상을 이해하고 통합하는 방식들은 상당한 차이가 있다. 이 책은 이런 차이들에 주목하면서 법의 지배와 민주주의가 통합하여 다양한 입헌민주주의 형태들로 구체화되는 방식들을 고찰해보고자 한다. 그리하여 현대의 다양한 입헌민주주의 형태들을 민주주의보다 헌정주의에 더 큰 비중을 두는 입장에서부터 헌정주의보다 민주주의에 더 큰 비중을 두는 입장에 이르기까지 하나의 스펙트럼으로 구성해보고자 한다.

이처럼 이 책의 일차적인 관심은 이론적인 것이다. 민주주의와 헌정주의가 맺을 수 있는 다양한 관계를 이론적으로 조명해보는 것이 주된 목적이기

8) 민주주의와 법의 지배는 본질적으로 논쟁적인 개념이기 때문에 매우 다양한 해석들이 동시에 존재할 수 있다. 이에 대해서는 2장에서 자세히 설명할 것이다(Gallie 1956; Radin 1989).

때문이다. 하지만 이 책에는 실천적 관심도 반영되어 있다. 이 책을 집필하게 된 배경에는 1987년 민주화 이후 일진일퇴를 거듭하며 표류하고 있는 한국정치의 발전에 도움이 될 수 있었으면 하는 바람이 깔려있다. 정치지도자들을 자유롭게 선택할 수 있는 선거민주주의의 확립만으로는 한국의 민주주의가 충분히 성숙했다고 볼 수 없다. 경제구조의 개혁과 아울러 민주적인 정치문화와 시민적 덕목의 확립 등 민주주의의 공고화를 위해 필요한 것들이 많다. 거기에다 장기적으로 한국사회가 지행해가야 할 바람직한 입헌민주주의 형태를 모색할 필요도 있다. 입헌민주주의가 정상적으로 작동하기 위한 조건들도 충족될 필요가 있지만, 무엇보다 입헌민주주의 형태 자체가 한국정치의 발전을 견인해낼 수 있는 것이라면 더 좋을 터이기 때문이다. 이 책의 바탕에는 바로 이와 같은 실천적 문제의식이 깔려있다.

이 책은 다음과 같이 구성되어 있다.

먼저 2장에서는 민주주의와 법의 지배 개념을 체계적으로 정리한다. 민주주의와 법의 지배(혹은 헌정주의)는 매우 논쟁적인 개념들인바, 다양한 입헌민주주의 형태들의 특성을 파악하기 위해서는 먼저 이 두 개념들의 다양한 의미를 이해할 필요가 있다.

3장부터 4장까지는 현대의 다양한 입헌민주주의 형태들을 그 대표자들의 이론을 중심으로 고찰한다. 먼저 3장에서는 민주주의보다 법의 지배(및 헌정주의)의 중요성을 더 강조하는 자유주의자들의 입헌민주주의 이론을 다이시(A. V. C. Dicey)와 하이에크의 입장을 중심으로 개관한다. 현대 자유주의보다는 고전적 자유주의에 가까운 이들의 입헌민주주의 이론은 강한 법의 지배(혹은 헌정주의)와 약한 민주주의(=최소주의적 민주주의 minimalist democracy)가 결합된 것으로 규정된다.

4장에서는 20세기 후반의 대표적인 자유주의자들인 드워킨, 롤스 그리고 오크숏의 입헌민주주의 이론들을 개관한다. 이들이 민주주의를 이해하는 방식에는 적지 않은 차이가 있음에도 불구하고, 이들은 법의 지배와 민주주의를 보다 균형 있게 통합시키고자 시도했다. 이들은 민주주의를 보다 실질적인 관점에서 이해하고 있을 뿐만 아니라(드워킨과 롤스), (헌)법제정을 민주적 심의과정과 연계시킴으로써 민주주의에 상대적으로 더 큰 비중을 할애하고 있는 것으로 분석된다(롤스와 오크숏). 하지만 이들의 이론에서는 (헌)법제정 단계가 지나면 헌법제정 과정에서 작동했던 개방적인 민주적 심의의 원리가 독립된 사법부로 이관되어버리는 문제점이 있다(드워킨과 롤스). 오크숏의 입장은 다소 이런 경향에서 벗어나 있지만, 근대적인 개인의 자유와 법의 지배에 대한 그의 일관된 강조에 비추어 볼 때 그의 입장도 자유주의적 입헌민주주의에 속하는 것으로 자리매김된다.

5장에서는 1980년대 이후 급부상한 자유-공화주의적 입헌민주주의를 그 대표적인 옹호자들인 애커만(B. Ackerman), 마이클만(F. Michelman) 그리고 선스타인(C. Sunstein)의 이론을 중심으로 개관한다. 자유-공화주의적 헌정주의는 정치와 법의 지배를 상호 규정적인 관점에서 파악하며, (자유주의와 달리) 정치를 공동선을 모색하는 집단적 심의(deliberation)로 이해한다. 이들은 특히 입헌민주주의와 정치적으로 활성화된 시민사회를 통합시키려는 노력을 통해 자유주의적 입헌민주주의와 차별성을 갖는 이론을 정립했다. 그럼에도 불구하고 이들의 입헌민주주의는 고전적 공화주의에 내포된 참여의 원칙을 지나치게 제한적으로 수용하거나 실질적으로 무력화시켜버리는 엘리트주의적 경향 때문에, 사실상 자유주의적 헌정주의와 그다지 큰 차이가 없다.

6장에서는 입헌민주주의들 중 가장 급진적인 형태에 해당하는 민주적 헌정주의를 크레이머(L. D. Kramer)의 민중주의적 헌정주의와 벨라미(R. Bellamy)의 정치적 헌정주의를 통해 고찰한다. 이들의 이론에서는 법의 지배보다는 민주주의가 더 중요한 위상을 점하고 있다. 다시 말해, 민주주의가 법을 살아있게 하고 법의 지배를 실현시키는 근본적인 힘으로 작용한다. 따라서 미국 헌정사에서 중요한 역할을 수행해온 사법심사 제도도 정치적·법적(political-legal) 제도로 재해석되며(크레이머), 헌법도 민주주의를 통해서만 구현된다는 의미에서 민주적 헌법(democratic constitution)으로 재규정된다(벨라미). 하지만, 크레이머의 역사적 접근방법은 그 해석의 객관성이 문제시될 수 있으며, 벨라미의 사회학적 접근방법은 민주주의가 정상적으로 작동할 수 없을 때, 민주정치를 복원시킬 수 있는 헌정주의의 독자적인 규범적 가치를 간과하는 문제점이 있다.

7장에서는 앞에서의 이론적 논의를 바탕으로 1987년 민주화 이후 한국정치가 직면한 새로운 문제점들을 조명해보고, 한국사회가 앞으로 지향해가야 할 입헌민주주의 형태를 제시해본다. 결론적으로 현재의 한국정치체제를 완전한 자유민주주의 체제에 도달하지 못한 擬似자유주의적 입헌민주주의 체제라고 규정하고, 장기적으로 자유-공화주의적 입헌민주주의나 정치적 입헌민주주의 체제로 나아가는 것이 바람직하다고 주장한다.

마지막 8장에서는 국민의 민주적 의지와 역량을 회복시키고 시민사회의 다양한 공론장과 연계된 정치사회를 발전시킴으로써 거버넌스의 민주성을 강화시키는 길이야말로, 법의 지배를 정상화시키고 법의 지배가 민주주의의 활성화에 기여할 수 있는 최선의 길이라는 것을 강조한다. 동시에 그런 과제의 성공여부는 시민들과 민주적인 정치세력들의 의지와 역량에 좌우될 수밖에 없다고 주장한다.

제 2 장

민주주의, 법의 지배 그리고 헌정주의: 개념적 고찰

민주주의와 법의 지배

제2장

민주주의, 법의 지배 그리고 헌정주의: 개념적 고찰

민주주의의 관례적 분류

민주주의와 법의 지배는 본질적으로 논란이 많은 개념들이다.[1] 그러므로 이 두 가지 개념들이 통합된 입헌민주주의의 내용을 제대로 이해하기 위해서는 먼저 이 두 개념들의 정확한 의미를 이해할 필요가 있다. 이 절에서는 먼저 민주주의에 대한 다양한 이해방식들을 개관해보고, 현대 민주주의가 취할 수 있는 다양한 형태들을 제시해보고자 한다. 이 절에서 제시된 다양한 민주주의의 형태들은 3절에서 제시될 상이한 법의 지배 형태들과 함께 현대의 다양한 입헌민주주의 형태들을 이해하는 데 큰 도움이 될 것이다.

민주주의는 다양한 방식으로 분류할 수 있다. 먼저 시대적인 구분이 있다. 이 구분에 따르면 민주주의는 고대 아테네의 직접민주주의와 근대의 대의민주주의로 구분할 수 있다.[2] 고대 아테네의 직접민주주의는 원래 의미에 가장

1) 2장은 졸고 「현대 자유주의에서 법의 지배와 민주주의의 관계」(『법철학연구』. 제9권 제2호. 2006)와 「현대 민주주의의 스펙트럼: 좋은 민주주의 모색을 위한 이론사의 재검토」(『한국정치학회보』. 제48집 제2호. 2014a)를 수정·보완하여 작성한 것이다.

2) 사실 근대 민주주의는 내부에 다양한 형태들을 포함하고 있어서 대의민주주의라는 단일 범주로 묶기는 어렵다. 그럼에도 불구하고 근대 민주주의 형태들은 대부분 대의의 원칙을 주요 원

충실한 민주주의였다. 이 원래의 의미에 따르면 근대의 대의민주주의는 진정한 민주주의라고 보기 어렵다. 왜냐하면, 고대 아테네의 민주주의는 자유 시민들이 입법·사법·행정을 직접 관장했던 직접적인 민주주의였기 때문이다. 고대 아테네의 직접민주주의에서는 약 35만 명의 인구 중 약 3만 명 남짓 정도의 자유 시민들만이 주체가 될 수 있었다(Dunn 2014, 57). 그래서 사실은 귀족적이며 제한적인 민주주의였다고 볼 수 있다. 그럼에도 불구하고 민주주의가 작동했던 방식만을 본다면 이 민주주의는 원래 의미에 가장 충실한 민주주의였다. 그리고 그런 기준에서 보면 근대의 대의민주주의는 사실상 민주주의라기보다는 과두정에 더 가깝다. 왜냐하면, 입법·사법·행정이 인민에 의해 관장되지 않고 선출된 소수의 대의원들이나 (선출되지 않은) 법관들 및 행정 관료들에 의해 관장되기 때문이다.

여기서 고대 아테네의 민주주의를 '고대 아테네의 직접민주주의'로 명명한 것은 그것을 1960년대 서구에서 등장한 참여민주주의와 구분하기 위해서이다. 현대의 참여민주주의는 고대 아테네의 직접민주주의로부터 많은 영감을 받았다. 하지만 그 등장배경과 내용에서 고대 아테네의 직접민주주의와는 큰 차이가 있었다. 그것은 복지국가 체제에서 발생한 경제적·정치적·사회적 위기들을 극복하고자 하는 문제의식을 반영했기 때문에,[3] 비록 참여의 원리를 핵심 기치로 내세웠음에도 불구하고 평범한 시민들이 입법·사법·행정과 관련된 모든 공무를 스스로 관리해야 한다고 주장하지는 않았다.

1960년대에 등장한 참여민주주의에서 참여 개념은 많은 측면에서 고대 아테네의 시민들이 이해했던 참여 개념과는 큰 차이가 있었다. 예컨대 현대의 참여민주주의 이론에서 참여 개념은 그것이 적용되어야 할 수준 –국가적 수준, 지역적 수준 그리고 일터 수준 등– 과 목적 그리고 그 구체적인 방식들 –직접 참여, 인터넷을 통한 참여 등– 에서 아테네의 그것과는 큰 차이가 있다. 고대 아테네의 직접민주주의에서 참여는 사적인 관심사를 초월해있는 공적인 영역에서 자유 시민들이 자신의 고차적인 인간성을 구현하고 발전시킬

칙으로 삼고 있기 때문에 대의의 원칙을 채택하지 않았던 고대 아테네의 직접민주주의와 구분될 수 있다.

3) 1960년대 참여민주주의의 등장배경과 목표에 대해서는 Kramer(1972)와 Roussopoulos & Benello(2005)를 참조하라.

수 있었던 유일한 계기를 제공했다. 그와 달리 현대의 참여민주주의 이론가들은 대의제도의 무책임성과 非반응성에 환멸을 느끼고 시민들 혹은 지역 주민들이 그들의 이해관계 –주로 경제적 이득과 연관된 이해관계일 수도 있는– 를 직접 대변하기 위해서 참여해야 한다고 주장한다. 현대의 참여민주주의 이론들은 도덕적 뉘앙스가 강한 자기발전(self-development) 개념을 도입함으로써 참여의 도덕적 성격을 강조한다. 하지만, 그 개념의 모호성은 참여 개념의 모호성과 함께 (주로 실증주의적인 민주주의 이론가들 사이에서) 참여민주주의 운동 자체에 대한 회의 또는 불신을 발생시켰다.[4]

근대적인 대의민주주의가 등장하게 된 배경에는 급격한 인구 증가와 사회적 협업의 증대에 따른 대규모 사회의 출현이 있었다. 하지만 근대 대의민주주의의 새로움은 무엇보다 그것이 기반하고 있었던 도덕적·의식적 토대에 있었다. 공적인 영역과 사적인 영역의 엄격한 구분 및 '정치적 동물'로서의 인간 개념을 전제했던 고대 아테네의 민주주의와는 달리, 근대 대의민주주의는 이념형적으로 '사적인 개인' 혹은 부르주아적 시민이라는 인간 관념을 전제했기 때문이다.[5] 그런 문화적·의식적·도덕적 변화는 르네상스와 과학혁명 그리고 종교전쟁과 종교개혁과 같은 거대한 역사적 사건들의 충격에 의해 비롯되었는데, 근대인들의 의식과 태도를 근본적으로 변화시킴으로써 근대 민주주의를 고대의 아테네 민주주의와는 질적으로 다른 것으로 만들어버렸다. 그런 도덕적·의식적 변화는 근대 민주주의를 사적인 개인들의 이해관계를 대표 또는 취합하거나 조정하는 방법으로 변모시켰다.

고대의 아테네적 공화주의와 근대의 자유주의가 전제하고 있는 인간(=시민)관을 서로 비교해보면 고대 아테네의 직접민주주의가 전제하고 있었던 의식적·도덕적 토대와 근대의 대의민주주의가 전제하고 있는 의식적·도덕적 토대의 차이를 더 분명히 이해할 수 있다.

먼저 공화주의적 인간관은 아리스토텔레스의 시민적 공화주의(civic republicanism) –혹은 新아테네 공화주의(neo-Athenian republicanism)– 전통이 지지하는 모델로서 공적 영역에서 동료 시민들과 함께 심의하고 행위하는 가운데

4) 참여민주주의의 일반적인 문제점에 관해서는 김비환(2005b, 206-9)을 참조하라.

5) 공화주의와 자유주의가 전제하고 있는 인간관의 비교에 관해서는 Murchland(1997)를 참조하라.

인간의 진정한 본성이 실현된다고 본다.[6] 이 경우 시민은 정치적 인간의 본성을 가장 잘 표현해주는 정체성으로 간주된다. 이에 따라 평등한 시민들 사이의 자유로운 토의와 심의를 뒷받침해줄 수 있는 참여의 권리가 공화주의적 시민권의 핵심 요소가 된다. 따라서 이런 인간형을 전제하고 있는 고대 아테네의 직접민주주의에서는 시민의 정치참여가 경제적 이익이나 사적인 이익을 추구하기 위한 것이 아니라, 인간의 가장 중요한 도덕적 능력을 표현하고 실현하기 위한 본질적 가치를 갖는다. 그러므로 공무에의 참여, 곧 입법·사법·행정에의 직접 참여는 자유 시민의 가장 중요한 의무이자 특권으로서, 그것이 산출한 결과의 좋고 나쁨은 이차적인 관심사가 된다.

반면에 홉스, 로크 그리고 흄과 스미스를 이어가는 자유주의적 전통에서의 인간형은 공화주의적 인간형과는 근본적인 차이가 있다. 자유주의자들은 능동적 정치참여를 통해 인간의 도덕적 본성이 실현된다고 보는 공화주의적 관점은 비현실적이라고 본다. 그들은 인간의 본성을 특수한 정념과 이해관계의 원천으로 이해한다. 그리고 이 정념과 이해관계가 공적인 영역에서보다는 사적인 영역에서 더 잘 충족된다고 본다. 이른바 경제적 인간(homo economicus) 혹은 시장인(市場人, market man)으로서의 정체성이 인간의 본성을 가장 잘 표현해준다고 보고, 인간의 자유는 외부적 간섭을 받지 않고 자신이 원하는 것을 행할 때 실현된다고 주장한다. 따라서 자유주의자들은 사회를 한정된 재화를 둘러싸고 경쟁하는 원자화된 개인들 –혹은 그들을 대표하는 집단들– 의 상호작용으로 이해하며, 정치질서를 (법의 지배를 수단으로 하여) 개인의 소유와 취득의 자유를 보호해주는 '필요악'의 관점에서 바라본다. 따라서 자유주의자들에게 "경제적 활동은 삶의 가장 본질적인 영역"이다. 이들은 재산과 경제적 자유를 보호해주는 전제정치와, 시민권은 인정해주지만 어떠한 경제적 권리도 허용해주지 않는 민주주의 중에서 전자를 선택한다(Murchland 1997, 127-41). 따라서 정치는 이차적인 지위로 물러나고 권리를 소유한 개인들이 전면에 부각된다.

두 가지 이념형으로서의 공화주의적 인간형과 자유주의적 인간형은 17세

6) 이 공화주의는 P. Pettitt과 Q. Skinner가 발굴한 新로마공화주의(neo-Roman republicanism)와 대조된다(Urbinati 2012). 후자는 시민의 참여보다는 비지배(non-domination)로서의 자유의 확립에 더 큰 관심을 갖고 있다.

기부터 18세기 사이에 헤게모니 투쟁을 벌이게 된다. 이 대립은 보통 시민(citoyen)과 부르주아지의 투쟁으로 묘사되는데, 결국은 부르주아적인 인간형이 주도권을 쟁취하는 것으로 끝을 맺는다. 그 결과 부르주아적인 사적 시민 개념에 토대를 둔 자유주의 정치이론은 (덕스러운 시민들의 능동적인 정치참여를 강조하기보다는) 개인의 경제활동과 재산을 보호하는 데 역점을 두게 되었다. 이런 의식상의 변화와 함께 19세기 서유럽에서는 공적인 삶의 영역이 현저히 축소되고 대부분의 삶이 사적인 영역, 그 중에서도 자유방임적 시장경제의 영역으로 편입되었다. 이에 따라 정치는 소수 대의원들의 전유물이 되고 다수는 대의원들을 선출하는 행위에 만족하는 대의민주주의가 확립되었다.

민주주의를 고대 아테네의 직접민주주의와 근대의 대의민주주의로 분류하는 방식은 20세기 초중반에 새로운 분류방식으로 대체되었다. 이 분류방식의 변화는 무엇보다 19세기에 헤게모니를 장악하게 된 부르주아적 정치의식의 강력한 영향 및 경험주의적인 인식론에 기반을 둔 사회과학 실증주의의 등장 때문이었다. 실증주의적 인식론은 경험적인 관찰과 검증을 통해서만 참된 지식과 진리가 수립된다고 본다. 이런 관점에서 보면, 입법·사법·행정의 전 영역에 걸쳐 인민의 능동적 참여를 당연시 여겼던 고대 아테네 직접민주주의의 이상은 더 이상 현실성이 없다. 실증주의 인식론으로 무장한 사회과학자들은 보다 경험에 충실한 민주주의 이론을 제안하려고 시도하게 되었다. 그에 따라 고대 아테네의 직접민주주의와 근대의 대의민주주의 사이의 대립은 이제 민주주의에 대한 고전적 이상과 경험적인 이론의 대립으로 치환되었다. 고전적 민주주의 이론들은 비현실적인 인민자치의 이상을 강조했기 때문에 '규범적' 민주주의 이론으로 불리게 되었으며, '경험적' 민주주의 이론이 더 각광을 받게 됨에 변방의 지위로 밀려나게 되었다.

실증주의 인식론에 입각하여 민주주의 이론을 재구축하고자 한 경험적 이론가들은 민주주의를 자연스럽게 대의민주주의로 이해했다. 20세기 중반을 전후하여 슘페터, 달(초기), 던컨과 럭스(G. Duncan & S. Lukes), 베렐슨(B. Berelson), 라자스펠드(P. Lazarsfeld) 등과 같은 경험주의 이론가들은 다중의 정치참여를 대의정부 구성을 위한 메커니즘으로 이해하는 경향을 공유했다. 예컨대, 슘페터는 민주주의를 다중이 (정책결정과정에 자유롭게 참여하는 정치체제가 아니라) 자신들을 통치할 대표자들을 선택하는 선거제도를 핵심으로 삼고 있는 제도적 장치로 이해했다(Schumpeter 1975, 284-5). 또한 헌팅턴은 민주주의를 "후보자들이 투표자들의 표를 획득하기 위해 자유롭게 경쟁하는 공정하고, 정직하며, 정기적인 선거에서 가장 강력한 결정작성자들을 선출하는 정치체제"라고 규정했다.

이와 같은 엘리트주의적 민주주의 이론은 당시의 서구 자유민주주의의 현실을 설명하는 데 상당한 장점을 지니고 있었기 때문에 가장 객관적이고 과학적인 이론으로 받아들여지곤 했다. 그 이론은 정권을 둘러싼 정당 간 권력투쟁, 관료기구들의 중요한 역할, 정치적 리더십의 중요성 등을 설득력 있게 설명해주고 있기 때문이다. 하지만 이런 장점들에도 불구하고 엘리트주의적 민주주의 이론은 몇 가지 중대한 문제점을 노정했다(김비환 2005b, 175-6).

먼저 그 이론은 민주주의의 규범적 차원을 도외시해버리고 경험에만 주목한 결과 엘리트 중심의 보수주의적인 민주주의 이론을 산출했다. 다시 말해 정치를 엘리트들에 의한 통치활동으로, 그리고 민주주의를 선거와 엘리트들 사이의 권력투쟁으로 환원시켜버렸다.

페리클레스의 장송 연설에서 확인할 수 있듯이 민주주의라는 개념은 경험을 반영할 뿐만 아니라 현실정치에서 실현시키고자 하는 규범이나 가치들도 중요한 요소로 포함하고 있다. 그 때문에 규범적 요소들을 무시하고서는 민주주의를 온전한 이해하기 어렵다. 만일 규범적 내용이 제거돼버리면 민주주의는 단순히 엘리트들을 선출하는 과정에 지나지 않게 된다. 하지만 그런 이해방식은 선거를 도입함으로써 구현하고자 하는 규범과 가치들 대신에 선거 자체를 목적으로 삼아버리는 잘못을 범하는 것이다. 엘리트주의자들이 비판했던 '고전적 민주주의'는 공동체의 공적 문제에 대한 인민의 광범위한 참여를 정당화하고 독려하기 위한 의도를 반영했는바, 능동적이고 책임감 있는 시민을 형성하는 데 주된 목적이 있었다(Walker 1966, 288).[7] 그러나 엘리트 이론가들은 경험주의를 표방하는 가운데 이와 같은 민주주의의 규범적 요소를 제거해버리고, 안정성과 효율성을 민주주의의 주요 목표로 삼아버렸다(Walker 1966, 289). 엘리트주의적 민주주의 이론가들은 현실 정치과정에 대한 인과적

7) 특히 이 주장은 J. J. Rousseau, J. S. Mill 등 이른바 '발전적 민주주의'(developmental democracy) 이론가들에게 해당된다. 이에 관해서는 Held(1987, chapter Ⅲ), Macpherson (1977, chapter Ⅲ), Pateman(1970, chapter Ⅱ)을 참조하라.

설명을 시도하는 가운데 기성 정치질서에 대한 정교한 옹호자들이 돼버린 셈이다.

게다가 경험주의 이론가들이 민주주의를 '경쟁적 체제'라고 본 것도 설득력이 약하다. 이 점에 대해 맥퍼슨은 균형적 민주주의(equilibrium democracy)를 경제주의자들의 용어로 과점-정치적(oligopolistic)이라 규정하면서 다음과 같이 비판했다.

> 판매자들이 소수인 곳에서는, 판매자들이 완전경쟁 체계에서처럼 구매자들의 요구에 반응할 필요도 없고 또 실제로 반응하지도 않는다. 판매자들은 가격을 매기고, 공급될 재화들의 범위를 정한다. 과점적 시장(oligopolistic market)에서의 구매자의 요구는 자율적이지 않기 때문에 독립변수가 되지도 못한다. … 정치적 재화의 항목들은 주로 공급자들(엘리트)에 의해 제시된다(Macpherson 1977, 89-92).

한 때 다원주이적 민주주이를 표방했던 달은 『다원주의적 민주주의의 딜레마』(1982)에서 다원주의자들이 정치영역 바깥의 불평등을 너무 쉽게 간과해버릴 뿐만 아니라, 그런 불평등을 집단 간 권력투쟁의 불가피한 산물로 간주해버리는 경향이 있다고 비판했다. 나아가서 그는 다원주의적 접근은 민주주의를 정치권력 장악을 위한 엘리트들 간의 경쟁으로 파악함으로써 代議와 참여의 원리를 단순히 엘리트 선출을 위한 도구로, 나아가서 참여를 사회적 안정을 위협하는 요소로 간주했다고 비판했다.

자유민주주의의 지배적 형태인 대의민주주의 역시 시민의 정치참여를 필요로 한다. 대의원 선출과정에 대한 시민들의 참여는 대의민주주의를 가능케 하는 필수요건일 뿐만 아니라, 대의민주주의에 정당성을 부여하는 중요한 절차다. 대의민주주의 체제의 시민들은 누구나 정당에 가입하여 정치활동도 할 수 있다. 시위도 할 수 있으며 출판을 통해 자신의 정치적 신조를 알릴 수도 있다.

하지만 대의민주주의에서의 시민참여는 주로 도구적 성격을 갖는다. 대의민주주의 체제의 다중들은 본질적으로 개인적인 이익을 극대화하려는 '소유집착적'(possessive)인 존재들로 간주되기 때문에, 정치과정에 대한 이들의 참여도 그런 관점에서 이해된다. 본질적으로 사적인 존재들이 정치에 참여하는 까닭은 그것이 좋은 삶의 일부이거나 자기발전의 중요한 양식이라고 생각해서가 아니라, 참여하지 않을 경우 중대한 손실을 입을 수 있다고 보기 때문이다. 말하자면 이들은 정치와 정치참여를 주로 경제적 효용의 관점에서 이해·평가하는 경향이 있다. 이에 따라 대의민주주의 체제에서의 정치과정은 시장으로 치환되고, 정치가들과 정당은 생산자들로 그리고 다중은 소비자들로 치환된다.

1970년대 들어 서구의 복지국가 체제가 위기에 봉착하게 되자 민주주의를 일방적으로 경험적인 관점에서 정의하고자 했던 지배적인 추세가 깨지기 시작했다. 이와 같은 균열은 기본적으로 중앙집권적 복지국가의 비효율성 및 민주적 정당성 위기에 기인했다. 이런 상황을 배경으로 참여민주주의자들로 불리는 일단의 이론가들이 (중앙집권 국가의 중심적 역할을 강조했던 전통적 좌파와 대조적으로) 지방분권적이며 참여주의적인 민주주의를 제시함으로써 대의민주주의의 혁신 혹은 대체에 대한 본격적인 논의를 점화시켰다(Kramer 1972, 15). 그리하여 고전적(혹은 규범적) 민주주의 대 대의민주주의라는 전통적인 이분법 대신에 대의민주주의 대 참여민주주의라는 새로운 이분법을 중심으로 민주주의 담론을 재구성하게 되었다.

다른 각도에서 보면, 참여민주주의 대 대의민주주의라는 이분법적 구도는 고대 아테네의 직접민주주의 대 근대의 대의민주주의, 그리고 규범적 민주주의 대 경험적 민주주의라는 현대적 이분법을 종합적으로 재구성한 것으로 볼 수도 있다. 왜냐하면 참여민주주의 이론은, 그 배경과 조건 그리고 의식에 있어서 고대 아테네의 직접민주주의와는 큰 차이가 있었음에도 불구하고, 시민들이 정치과정에 직접 참여하여 지적·도덕적 발전을 꾀함으로써 민주정치에 필요한 자질과 덕성을 함양할 수 있다고 보았기 때문이다. 물론 현대의 참여민주주의자들은 고대 아테네의 직접민주주의에서처럼 인민이 입법·사법·행정의 모든 공무들을 다 스스로 관리해야 한다고 주장하지도 않았으며, 정치참여가 인간의 가장 고차적인 도덕적 특성이라고 단정하지도 않았고, 사적인 문제와 프라이버시의 가치를 폄하하지도 않았다. 그리고 참여와 자기발전과 같은 중요한 개념들의 의미와 관련해서도 상당한 모호성을 남기고 있다. 그러므로 참여민주주의 대 대의민주주의라는 새로운 구도는 전통적인 이분법들과 차별성을 갖는 새로운 구분법이다.

그런데 대의민주주의에 대한 참여민주주의의 도전은 현대 민주주의의 다양한 형태들이 본격적으로 출현하게 된 중요한 계기가 되었다. 대의민주주의에 대한 참여민주주의의 도전은 대의민주주의의 현실적 우월성을 주장하는 입장에서부터 대의민주주의를 참여민주주의적인 요소들로 보완하고자 하는 입장, 그리고 참여민주주의로 완전히 대체하고자 하는 급진적인 입장 등 다양한 이론적 대응을 불러일으켰다. 그와 동시에 참여의 원리를 심의의 원리로 구체화 또는 보완함으로써 새로운 민주주의를 구성하려는 다양한 이론들의 출현을 자극했다. 그러므로 현대의 다양한 민주주의 형태들은 기본적으로 참여민주주의 대 대의민주주의라는 구도의 형성에 그 기원을 두고 있다고 볼 수 있다.

마지막으로 절차적(혹은 형식적) 민주주의 대 실질적 민주주의의 이분법을 살펴볼 필요가 있다. 먼저 민주주의를 특정한 절차로 이해하는 방식은 민주적인 절차를 통해 결정된 것이라면 어떤 것이든 정당하다고 본다. 다시 말해 민주주의에 대한 절차적 이해방식은 민주주의를 의사결정을 위한 특수한 절차로서 이해할 뿐, 결정의 내용 –올바름이나 실질적 정의와의 부합성– 을 민주주의의 기준으로 삼지 않는다. 말하자면 절차적 부합성만을 어떤 결정이 민주적인가를 결정짓는 최종적 기준으로 삼는다.

반면에 실질적 민주주의는 절차적 부합성보다는 정치과정을 통해 실현될 실질적 가치를 민주성의 기준으로 삼는다. 아무리 민주적인 과정과 제도를 통해 내려진 결정이나 정책이라고 해도 그것이 특수한 민주적 가치를 구현하지 못하거나 민주적 가치에 위배되는 것일 때는 민주성을 상실한다. 예컨대, 실질적 민주주의 개념을 채택할 경우, 아주 공정한 조건에서 민주적 다수결주의에 의해 내려진 결정들이라고 해도 그것들이 시민들의 평등한 지위를 부정하거나 일부 주민들의 동등한 자유를 부정한다면 민주적인 결정들로 간주되지 않는다. 반면에 의회에서 대의원들에 의해 제정된 어떤 법규가 민주주의가 구현하고자 하는 실질적인 가치나 이상 –예컨대, 시민들에 대한 동등한 관심과 존중의 원칙– 을 침해했다는 이유로 헌법재판소에 의해 위헌이라고 판정되었을 경우, 헌법재판소의 결정은 민주주의에 부합하는 것으로 간주된다. 그러므로 실질적 민주주의에서는 어떤 결정이나 정책의 민주성이 절차적으로 확립되는 것이 아니라 그런 결정이나 정책이 담아내야할 실질적인 가치에 의해 확립된다.

민주주의에 대한 이와 같은 분류방법은 주로 두 가지 원천을 갖고 있다. 한 가지는 마르크스주의이며 다른 한 가지는 현대 자유주의 법이론이다. 먼저 마르크스주의를 포함한 사회주의 전통에서는 근대의 자유주의 사회가 성취한 민주주의를 부르주아 민주주의, 혹은 형식적 민주주의라고 비판한다. 그 이유는 자유주의적 대의민주주의가 평등한 시민권이라는 허울 아래 실질적인 경제·사회적 불평등을 은폐하고 있다고 보기 때문이다. 사회주의 전통에서 보면, 부르주아 자유민주주의는 정치적 해방 –평등한 시민권– 을 가져다주었지만, 오히려 경제·사회적 불평등을 강화시킴으로써 인간의 총체적 해방을 더욱 요원하게 만들어버렸다. 그런 의미에서 자유주의적 대의민주주의는 순전히 형식적·절차적 민주주의에 불과하며, 실질적으로는 부르주아적 독재에 지나지 않는다. 오히려 외형적인 민주주의는 실질적 불평등과 억압을 은폐하고 정당화시키는 계급지배의 도구로 사용되기 때문에 진정한 민주주의, 곧 실질적 민주주의의 실현을 더욱 어렵게 만들어버린다.

롤스와 드워킨과 같은 현대의 자유주의 법(혹은 정치)이론가들 또한 실질적 민주주의를 옹호한다(Rawls 1971; Dworkin 1995 & 2008). 롤스의 경우에는 자유롭고 공정한 심의민주주의의 틀 속에서 선택된 (또는 합의된) 두 가지 정의 원칙들을 토대로, 그리고 드워킨의 경우에는 평등 개념에 대한 자유주의적인 해석 –동등한 배려와 존중(equal concern and respect)– 을 토대로 실질적 민주주의를 옹호했다. 이들에 의하면, 자유주의 사회에서의 일상적인 민주정치 과정은 이와 같은 원칙들의 틀 안에서만 허용될 수 있는바, 이 원칙들은 이미 평등하고 합리적인 개인들이라는 이상 –혹은 시민들의 평등과 자유라는 실질적 가치– 을 반영하고 있을 뿐만 아니라 궁극적으로 그런 가치들의 실현을 위해 존재한다. 그러므로 일상적인 민주정치 과정은 이런 원칙들을 담고 있는 헌법적 틀 내에서 이루어져야 하며, 민주정치 과정의 산물은 필요할 경우 연방대법원이나 헌법재판소의 심사를 받아야만 한다. 따라서 사법심사 제도는 (민주주의를 통해 실현하고자 하는) 특정한 가치에 비추어 민주정치 과정과 그 산물의 정당성을 평가한다는 점에서 민주적인 제도이다.

물론 이와 같은 입장에 대해 민주정치 과정의 역동성을 강조하는 정치적 헌정주의자들 -예컨대, 벨라미와 월드런(J. Waldron) 등- 은 민주적으로 선출되지 않은 법관들에 의해 민주정치 과정이 중단되거나 방해를 받는다고 비판한다(Waldron 1999; Bellamy 1996 & 2006). 하지만, 민주주의가 실현해야 할 실질적인 가치의 중요성을 강조하는 롤스와 드워킨의 자유주의적 정치이론은 민주정치 자체에 의해 민주적 가치들이 부정되는 아이러니를 최소화하고자 한다는 점에서 실질적인 민주주의 이론의 범주에 속한다.[8)]

현대 민주주의의 스펙트럼

앞 절에서 간략히 개관한 민주주의에 관한 분류방식들은 오늘날에도 여전히 사용되고 있다. 하지만 민주주의에 대한 관례적인 분류방식들은 다양한 입헌민주주의 형태들의 특성을 조명하는 데는 한계가 있다. 그 분류방식들은 각각의 민주주의 형태들이 지닌 일반적 성격 -규범적인가 경험적인가, 대의제를 핵심으로 삼고 있는가, 형식적인가 실질적인가 등- 을 이해하는 데는 유효하지만, 법의 지배와 결합하여 어떤 형태의 입헌민주주의를 구성하게 되는지를 조명해주는 데는 한계가 있다. 그러므로 법의 지배(혹은 헌정주의)와 결합하여 입헌민주주의를 구성하게 될 민주주의의 다양한 형태들을 보다 체계적으로 조명해줄 수 있는 새로운 분류방법을 모색할 필요가 있다. 만일 민주주의의 다양한 형태들을 보다 체계적이고 의미 있게 조명해줄 수 있는 민주주의의 스펙트럼을 구성할 수 있다면, 그 스펙트럼 위에 있는 민주주의 형태들은 (유사한 스펙트럼을 구성하고 있는) 다양한 법의 지배 개념들과 결합하여 상이한 형태의 입헌민주주의를 구성하게 될 것이다. 그리고 그렇게 되면 다양한 입헌민주주의 형태들의 특징 또한 매우 분명하고 체계적으로 조명될 수 있을 것이다.

현대 민주주의의 다양성에 대한 논의는 기본적으로 자유주의적 대의민주

8) 물론, 롤스의 경우 실질적인 정의의 원칙들은 심의민주주의라는 절차적 틀을 통해 구성되었다는 점에서 절차적 (심의)민주주의에 속하는 측면이 있다는 것을 부정하기 어렵다. 그럼에도 불구하고, 롤스의 이론에서는 자유롭고 공정한 심의절차 자체가 이미 실질적인 정의의 원칙을 구현하고 있기 때문에, 실질적 민주주의와 절차적 민주주의가 상호 규정적인 관계를 이루고 있다.

주의에 대한 고찰에서 출발하지 않을 수 없다. 왜냐하면 그것은 현대의 가장 지배적인 민주주의 형태로 군림하고 있을 뿐만 아니라, 다른 대안들이 제시된다고 해도 그것들에 대한 설명은 언제나 자유주의적 대의민주주의와의 대비 혹은 비교를 통해 이루어지기 때문이다. 하지만 자유주의적 대의민주주의 또한 내부적 다양성을 지니고 있기 때문에, 현대 민주주의의 스펙트럼은 자유주의적 대의민주주의의 내적 다양성은 물론 대안적인 민주주의 형태들을 고려할 때만이 적절히 구성할 수 있다. 그러므로 이하에서는 자유주의 내부의 다양성은 물론 대의민주주의에 대한 대안적인 민주주의 형태들을 동시에 조명할 수 있는 민주주의 분류방식, 곧 민주주의의 스펙트럼을 구성해보고자 한다.

탈냉전 이후 민주주의에 관한 대부분의 논의들은 대체로 자유주의적 대의민주주의의 틀 내에서 이루어져왔다(Kurki 2010, 363). 이론적으로 민주주의 개념의 논쟁적 성격을 지적하고 있는 경우에도 그것은 자유민주주의에 대한 본격적인 논의를 위한 예비적 논의에 불과하거나, 대체로 자유민주주의에 포함시킬 수 있는 민주주의 형태들 사이의 경쟁을 의미하는 경우가 대부분이었다. 이런 경향은 미국 학계나 관계 주도의 논의에서는 물론 심지어 UN 주도하의 민주주의 논의에서도 지배적이었다. 이런 경향은 대체로 탈냉전 이후 자유주의 헤게모니의 확립 및 동구 사회주의의 붕괴에 따른 좌파 민주주의에 대한 전반적인 회의의 분위기를 반영했다. 예컨대 1992년에 발표된 후쿠야마의 『역사의 종언과 마지막 인간』에는 이와 같은 분위기로 가득 차 있다.

하지만 21세기에 들어서도 한참이 지난 현재는 민주주의 및 민주화에 관한 논의에서 자유민주주의의 헤게모니가 흔들리기 시작했다. 미국과 UN 주도 하에 진행되고 있는 자유민주주의 증진 프로젝트가 대상국들의 상이한 처지와 열망을 적절히 반영하지 못한 결과 자유민주주의를 보완하거나 대체할 수 있는 민주주의 형태들에 대한 관심이 고조되고 있기 때문이다. 자유민주주의에 대한 대안적인 민주주의 형태들은 사회민주주의뿐만 아니라 참여민주주의, 그리고 그 심의민주주의적인 변형 및 심지어 비자유주의적인 민주주의 형태까지 다양한 형태로 제시되고 있다. 그러므로 이하에서는 자유민주주의에 속하는 대표적인 두 가지 모델과 자유민주주의를 벗어난 것으로 이해할 수 있는 대표적인 민주주의 형태들을 차례로 배열해봄으로써 현대 민주주의의의 스펙트럼을 구성해보고자 한다.

그런데 민주주의의 스펙트럼을 구성하기 위해서는 다양한 민주주의 형태들을 스펙트럼의 우측에서부터 좌측으로 배열할 수 있는 어떤 기준들이 필요하다. 그런 기준들이 없다면 다양한 민주주의 형태들이 스펙트럼 위에서 차지하고 있는 위치는 임의적일 수밖에 없고 따라서 스펙트럼의 구성 자체가 무의미하기 때문이다. 본서에서는 민주주의의 스펙트럼을 구성하기 위한 중요한 기준으로 두 가지를 제시한다. 하나는 민주주의가 정당하게 적용될 수 있는 범위이며, 다른 하나는 정치적인 의제 설정과 결정에 대해 시민들 다수가 얼마나 직접적으로 참여하는가 하는 것이다. 이 두 가지 기준은 부분적으로 중첩되지만 민주적 결정의 범위와 결정의 직접성 사이에는 구조적인 연관성이 없기 때문에 서로 독립적인 기준들이라 할 수 있다.

이런 기준에 따라 본서는 민주주의의 스펙트럼 위에 배치하게 될 민주주의 형태들을 자유민주주의 1(=최소주의), 자유민주주의 2(최소주의 2), 중범위-균형 민주주의, 광범위-급진 민주주의로 분류하고자 한다. 예컨대, 여기서 광범위-급진 민주주의는 일반 다중의 정치참여를 극대화하고 민주정치의 정당한 적용 범위를 매우 광범위하게 설정하며 대의의 원리를 민주정치의 기본원리가 아니라 보조적인 원리로 삼고 있는 민주주의 형태로서, 자유주의적 대의 민주주의의 틀을 벗어난 급진적 성격을 갖는 것으로 이해할 수 있다.9)

먼저 자유민주주의 1은 민주주의를 최소주의적으로 이해하는 입장으로 정리해볼 수 있다. 민주주의에 관한 최소주의적 정의는 주로 베버, 슘페터, 초기의 달, 헌팅턴, 쉐보르스키(A. Pzerworski) 등이 취한 입장으로 민주주의를 주로 정치엘리트들을 선출하기 위한 선거절차로서 이해한다. 이 경우 민주주의는 무엇보다 주기적으로 시행되는 자유롭고 공정한 선거, 복수의 정당, 그리고 표현의 자유 및 결사의 자유를 포함하는 비교적 폭넓은 시민적 자유들

9) 이 분류법은 사회정의나 실질적 정의의 내용을 포함시키는 다른 방식들 -실질적 민주주의나 사회민주주의 혹은 경제적 민주주의 등- 과 달리 민주주의를 순전히 정치적인 관점에서 규정하는 장점이 있다. 다시 말해 민주주의를 그 주체와 정당한 적용 범위(혹은 참여의 범위) 그리고 대의의 원리를 종합한 형태로 제시한다는 점에서, 그리고 실질적인 정의나 경제적인 분배의 내용과 무관하게 정의한다는 점에서 장점이 있다. 하지만 이런 관점이 각각의 민주주의 형태들이 지닐 수 있는 (사회정의와 경제적 분배와 관계된) 실질적 함축성까지를 배제하는 것은 아니다.

로 구성되어 있다.

민주주의를 이와 같은 방식으로 이해하는 경향은 민주주의를 경험적인 관점에서 이해하려는 실증주의적 추세의 당연한 결과로서, 민주주의를 간소하게 정의할 경우에만 민주화의 정도를 평가할 수 있는 실용적인 측정지표 개발이 용이하다는 편의주의적인 발상을 전제하고 있다. 만일 민주주의를 최소주의적으로 이해하지 않고 그 이상의 것으로, 예컨대 정치문화를 포함한다거나 사회정의의 관념까지를 포함하는 포괄적인 것으로 규정할 경우, 각 사회의 민주성을 평가할 수 있는 경험적 지표를 개발하는 것이 어려워진다고 보는 것이다. 그것은 아마도 민주주의에 관한 이론이 아니라 종합적인 사회이론을 지표화 하려는 작업과 같을 것인바, 민주주의에 관한 경험적 연구의 범위를 훨씬 벗어나게 될 것으로 본다.

표면적으로 보면, 민주주의에 관한 최소주의적 정의는 이른바 민주주의 국가들로 분류되는 사회들의 민주주의가 작동하는 방식에 가장 잘 부합하는 것으로 보일 수 있다. 어쨌든 복수의 정당들이 내세운 후보자들을 선출하는 선거절차가 주기적으로 공정하게 이루어지고 기본적인 언론과 결사의 자유가 보장된다면 최소한의 절차적 민주주의가 실현되고 있는 것으로 볼 수 있기 때문이다.

하지만 최소주의적인 민주주의 개념은 민주주의가 지닌 원래의 의미로부터 너무 멀어져 있기 때문에 그것을 과연 민주주의에 관한 올바른 이해인가에 대해 논란을 불러일으킬 수 있다. 이른바 대표적인 민주주의 국가들로 분류되고 있는 국가들에서 실제로 실천되고 있는 정치과정을 민주주의로 규정할 경우 그것이 어떤 내용을 갖든 자동적으로 민주주의로 정의될 수밖에 없다. 그리하여 민주주의의 원래의 의미를 전혀 반영하지 못한 경우에도 '경험적 진실'의 이름으로 민주주의로 규정되어 버린다.

게다가 최소주의적인 민주주의 이해방식은 민주적 정치과정에 대의원을 선출하고 공직자들을 자유롭게 비판할 수 있는 그 이상의 역할을 부여하지 않음으로써 정치를 지나치게 협소하게 이해하는 경향이 있다. 때로 이런 입장은 다중의 지나친 정치참여는 정치적 불안정을 초래한다는 이유에서 정당화 되거나, 일반 다중은 정치에 참여할 수 있는 전문적인 식견이 부족하고 정치적으로 무관심하며 정치에 참여할 수 있는 시간적·경제적 여유도 없다는 이유로 정당화되곤 한다. 하지만 이와 같은 경험주의적인 주장들은 민주주의가 지닌 규범적 요소들을 백안시함으로써 민주정치의 활력과 역동성을 크게 제약해버리는 문제점을 안고 있다.

그렇다고 민주주의에 관한 최소주의적인 이해방식이 '대의원들에 의한 정치'에 매우 포괄적이고 능동적인 역할을 부여하는 것도 아니다. 기본적으로 이 이해방식은 민주적 결정의 범위를 매우 축소시켜 버리고 있기 때문에 대의원들에 의한 진보정치의 가능성마저도 배제해버리는 경향이 있다. 기본적으로 대의원들은 그들만의 독자적인 이해관계를 가지고 있기 때문에 사회의 급진적 변화에 거부감을 드러내는 경향이 있다. 하지만 이런 경향은 차치하더라도, 민주주의에 대한 최소주의적인 이해방식에 토대를 둔 자유민주주의 1은 일상적인 민주정치의 정당한 작동을 법의 지배와 헌정주의가 허용하는 범위로 엄격히 제한해버린다. 그 결과 급진정치의 가능성을 거의 허락하지 않는다. 다시 말해 최소주의적인 관점에서 볼 때, 대의원들에 의한 민주정치는 현존하는 헌정주의의 틀을 엄격히 준수해야 하기 때문에 정치가 헌정주의적 틀 자체를 수정할 수 있는 급진정치의 가능성을 허락하지 않는다. 그러므로 최소주의적인 민주주의는 다중의 정치참여를 매우 제한적으로만 허용할 뿐만 아니라 심지어 대의원들의 정치행위도 엄격히 헌정주의와 법의 지배의 틀에 가둠으로써 민주정치의 역동성을 앗아가 버린다. 게다가 민주정치의 정당한 범위도 지나치게 축소시켜 버리는 경향이 있다. 이것은 달리 말해, 다수 인민의 의지와 이익보다는 극소수 대의원들의 의지와 이익에, 그리고 나아가서는 민주적으로 선출된 대의원들의 의지보다는 소수 임명직 판사들의 의지에 훨씬 더 높은 가치와 비중을 부여한다는 것을 의미한다. 요컨대, 자유민주주의 1은 민주정치의 역동성과 포괄성을 정치적 안정성과 합법성에, 그리고 다중의 지혜와 합리성을 (오늘날에는 그 근거가 희박한) 소수 엘리트들의 지혜와 합리성에 굴복시키는 경향이 있다.

자유민주주의 2는 자유민주주의 1의 변형으로서, 최소주의 민주주의에 그것이 원활하게 작동할 수 있는 문화적 조건들을 덧붙인 모델이다. 기본적으로 '선거민주주의'(electoral democracy)로 규정할 수 있는 자유민주주의 1은 복수의 정당체계가 존재하고 자유롭고 공정한 선거가 주기적으로 이루어진다면 민주주의가 존재한다고 보기 때문에, 사회의 전반적인 非자유주의적 성격과 공존할 수 있거나 사회의 비자유주의적 성격을 온존·강화시킬 수 있는 개연성이 있다. 따라서 한 때 민주주의의 절차적 측면을 강조했던 일부 민주주의 이론가들은 자유민주주의를 단순히 (선거)절차로 이해하는 협소한 시각을 버리고 자유주의적인 의식과 태도, 곧 자유주의적 문화까지를 포괄하는 보다 넓은 의미로 확장시키고 있다(Zakaria 1997; Chandler 2000; Diamond 2000 & 2001 & 2008). 이들에 의하면 자유민주주의는 단순한 선거절차가 아니라 선거절차에 자유주의적인 문화 –상호관용과 존중 그리고 공존공영의 태도 등– 가 결합되어 있는 정치체제이다.

자유민주주의 2는 민주주의의 공고화라는 관점에서 보다 동태적으로 이해해볼 수도 있다. 한 때 권위주의적이었던 정치체제가 민주화를 거치면서 자유민주주의적인 체제로 이행했을 경우, 그 체제는 아직 자유주의적인 의식과 태도에 의해 뒷받침되고 있지 않기 때문에 공고화되지 못한 자유민주주의 혹은 불안정한 자유민주주의라고 볼 수 있다. 이런 자유민주주의 체제에서는 아직 "시민적 다원주의"(civic pluralism)와 권리의식이 형성되지 않았고(Diamond 2001, 17), 정치세력들 사이에 상호존중과 배려 그리고 공존공영의 태도 등이 확립되지 않아서 (주기적인 자유·공정 선거를 통해 정권교체가 이루어지는 경우에도) 상호비방과 극단적인 적대행위가 만성화되어 민주정치의 효과적인 운용이 어렵다. 그러므로 자유민주주의 2는 시민사회에서 다양한 자유주의적인 가치들이 활성화될 때 출현하게 되는 자유민주주의 형태로서, 말하자면 '고차적인 자유민주주의'(a higher form of liberal democracy)라고 볼 수 있다.

하지만, 민주정치의 역동성과 정당한 적용 범위라는 관점에서 볼 때, 자유민주주의 2 역시 자유민주주의 1이 지니는 근본적인 한계를 공유할 수밖에 없다. 왜냐하면, 아무리 자유주의적인 가치가 활성화되고 정착됨으로써 최소주의적인 민주주의가 잘 기능한다 하더라도 민주정치의 주체와 정당한 적용 범위의 측면에서는 그다지 달라진 것이 없기 때문이다. 민주정치의 주된 기능이 대의원들을 선출하는 선거절차에 국한되어 있어서 대의정치의 성격을 벗어나기 어렵고, 임명된 판사들에게 지나친 권한을 부여하고 있으며, 민주정치가 정당하게 작동할 수 있는 범위 역시 엄격히 헌정주의와 법의 지배에 의해 제약되고 있기 때문이다.

민주정치의 주체 및 정당한 적용 범위와 관련하여 자유민주주의적인 모델

(들)이 지닌 문제점에 대한 인식은 다양한 대안들의 출현을 자극했다. 20세기 초중반에 형성되어 20세기 후반기까지도 지배적인 모델로서 군림했던 경험주의적이고 엘리트주의적인 민주주의 모델(=최소주의 모델)은 복지국가가 노정했던 다양한 위기들 –경제적 비효율성과 민주적 정당성 위기– 로 인해 근본적인 재검토 과정을 거치게 되었다. 그 결과 경험적인 부합성 및 정치적 안정성을 장점으로 내세우며 지배적인 민주주의 모델로 군림했던 자유민주주의 모델은 1960년대의 정치·사회적 동요로 인해 보편적인 설득력을 잃게 되었고, 자연스럽게 대안적인 민주주의 이론들이 등장하게 되었다. 1960년대 중반 이후 등장한 참여민주주의 이론과 1980년대에 도입되어 1990년대부터 급속히 확산되게 된 심의민주주의 모델들은 가장 대표적인 대안들이었다. 그 대표적 이론가들은 복지국가에서 실천되었던 자유주의적 대의민주주의가 비효율성과 정당성의 위기에 빠지게 된 주된 원인이 궁극적으로 참여의 부재 혹은 결여에 있었다고 보고, 민주주의의 주체와 정당한 적용 범위 그리고 참여의 목적에 대한 근본적 재성찰을 통해 자유민주주의에 대한 대안으로 참여민주주의를 제시하게 되었다(Kramer 1972).

하지만 참여민주주의 운동은 참여의 성격과 목적 그리고 범위와 관련하여 상당한 모호성을 지니고 있었기 때문에 다의적으로 해석될 수 있는 여지가 컸다. 그런 다의적 해석은 근본적으로 참여민주주의 운동이 어떤 명확한 원칙에 대한 합의보다는 대의민주주의에 대한 불신 및 참여에 대한 다소 막연한 믿음에 기반을 두고 있었기 때문이다. 그리하여 참여민주주의 운동은 단순히 참여의 원리를 상대적으로 강화시킴으로써 대의민주주의를 보완하려는 입장에서부터, 모든 삶의 영역을 자치의 원리(혹은 권리)로 재구성하려는 급진적인 입장에까지 다양한 모습으로 나타났다(김비환 2005b, 7장). 거기에다 공적인 심의를 자유롭고 공정하며 합리적인 대화를 통해 합의를 도출해가는 과정으로 해석하는 한편, 그런 심의의 원칙을 수용하는 참여만을 진정한 참여로 이해하는 심의주의적인 참여민주주의 이론들이 가세함으로써 참여민주주의는 더욱 더 발전적으로 분화했다. 이하에서는 이와 같이 다양하게 전개된 참여민주주의 운동들 –심의민주주의를 포함– 을 간결하게 분류·정리해봄으로써 자유주의적인 대의민주주의 모델들과 차별성을 갖는 민주주의 모델들로 제시해보고자 한다.

먼저 광범위-급진 민주주의 모델을 제시할 수 있다. 이 모델은 자유주의적인 대의민주주의 모델이 지닌 한계를 근본적으로 극복해보려는 목표를 가지고, 현대사회의 기술적 조건을 배경으로 민주주의가 지닌 정치적 함축성을 최대한 구현하고자 한 모델이다. 이 모델은 자유주의의 핵심 가치인 자유와 평등을 보다 적극적으로 해석하여 정치적으로 확장시키거나(Pateman 1970; Gould 1988), '민주적 자치에 대한 양도할 수 없는 권리'에 입각하여 일반 시민 혹은 근로자들에 의한 자치 원칙을 공동생활의 주요 영역들까지 적용시키고자 한다(Dahl 1970 & 1985). 따라서 이 모델에서 민주주의는 집단생활의 제한된 영역에만 적용되지 않고 매우 광범위한 영역에 적용되는 포괄적인 정치원리로 제시된다. 다시 말해 이 모델에서 민주정치는 모든 개인들이 지니고 있는 '자기발전에 대한 등등한 권리'(=평등한 자유)를 통상적인 정치적 영역뿐만 아니라 사회경제적인 모든 영역에서 실현할 수 있는 최선의 방법으로 격상된다. 따라서 민주적 참여의 원리는 국가적 수준의 정치에서 뿐만 아니라 지역 수준의 정치를 조직화하는 가장 핵심적인 원칙으로 간주되며, 심지어 일터와 산업의 운영과 관련된 중요한 정책결정 과정에도 적용되는 포괄적인 조직 원리로 기능한다.

최소주의적 민주주의 모델에서와 달리 광범위-급진 민주주의 모델에서의 정치는 소수 대의원들의 전유물이 아니라 대다수 개인들의 평등한 권리로 인정된다. 그리고 정치의 적용 범위도, (최소주의에서처럼) 대의원들을 선출하는 선거행위나 엄격한 헌법적 틀 내에서 이루어지는 의정활동으로 제한하지 않고, 헌정주의의 기본 틀과 사회의 중요한 사회경제적 문제들에까지 확장시킨다. 따라서 원칙적으로 민주정치는 최소한도의 사적인 권리들을 제외한 모든 문제들을 결정할 수 있는 광범위한 적용영역을 갖게 되는바, 일터와 기업에서의 자치경영으로 확장될 수 있으며 사유재산권에 대해서도 상당한 제약을 가할 수 있게 된다.

이런 참여민주주의적인 체제에서는 사법 시스템 또한 중요한 변형을 겪을 수밖에 없다. 자유민주주의 모델에서는 소수의 임명직 판사들이 의회가 제정한 법률과 민주적인 정책결정의 위헌성을 판단함으로써 지나친 권력을 행사한다. 이들이 비록 헌법과 법률에 대한 전문적 식견을 지니고 있고 공적이성의 진수를 보여준다고 하지만, 이들을 민주사회의 기본가치를 수호하는 최종적 보루로 삼는 것은 민주사회의 기본 이념에 부합하지 않는다. 따라서 광범위-급진 민주주의 모델에서는, 이들의 전문적 식견과 공적이성의 상대적 우수성을 일정 부분 인정함에도 불구하고, 사법체계 역시 시민들의 광범위한 참여를 보장해주는 방식으로 개편된다. 다시 말해 공적인 이성과 공적인 심의의 권리를 판사들의 전유물로 남겨두지 않고 시민사회(혹은 그 부분)와 공유하게 함으로써 사법과정에 대한 민주적 통제를 제고시킨다.

하지만 광범위-급진 민주주의 모델이라 해서 대의 원리의 가치를 전면 부정하지는 않는다. 복잡하고 거대한 현대사회에서 대의제를 폐지하는 것은 비현실적이기 때문이다. 하지만 이 모델은 가능한 한 집단적 삶의 모든 영역으로 참여의 원리를 확대하려고 하기 때문에 대의제를 구성하는 데 있어서도 참여의 원리를 최대한 강화시킨다. 그리하여 가장 작은 주민자치체에서부터 전국적 규모의 대의체제를 구성하기까지 주민의 참여와 통제를 극대화할 수 있는 평의회체제(council system)를 선호한다.

중범위-균형 민주주의 모델은 이와 같은 광범위-급진 민주주의 모델과 자유민주주의 모델 사이에 있는 절충적 모델로 특징화할 수 있다. 이 모델에는 대의의 원리와 참여의 원리가 균형을 이룰 수 있도록 새롭게 재편되고, 민주주의가 정당하게 적용될 수 있는 범위가 자유민주주의 모델보다는 더 넓지만 광범위-급진 민주주의 모델보다는 좁게 설정된다. 그러므로 이 모델은 보기에 따라 자유민주주의 모델을 참여민주주의적인 요소로 보완한 모델로 이해할 수도 있고, 광범위-급진 민주주의 모델을 자유민주주의적 요소로 완화시킨 모델로 이해할 수도 있다. 그리하여 이 배합의 비중을 어떻게 설정하느냐에 따라 상대적으로 자유민주주의적인 모델에 가까운 민주주의 형태가, 반대로 광범위-급진 민주주의 모델에 가까운 민주주의 형태가 구성될 수 있다.

중범위-균형 민주주의 모델에서 다수 시민들의 정치참여는 다양한 부문에서 활성화될 수 있다. 먼저 시민들은 대의원들을 선출하는 권리는 물론 선출된 대의원들과 임명직 대의원들을 소환할 수 있는 직접적인 권리를 갖게 되며 결정적인 순간에 국가의 중대사들을 결정하는 국민투표를 통해 주권을 직접 행사할 수도 있다. 나아가서 시민사회의 다양한 단체들을 통해 대의체제에 압력을 넣을 수도 있고 다양한 부서의 국정활동을 감시하고 고발함으로써 대의원들과 국가 공무원들의 책임성과 민주적 반응성을 제고시킬 수도 있다. 그리고 제한적이나마 사법과정에도 직접 참여함으로써 판결의 민주성을 높일 수도 있다. 시민 배심원제의 광범위한 도입은 그와 같은 노력의 일환으로 볼 수 있다. 그러므로 이 모델은 전형적인 자유민주주의에서는 발견하기 어려운 참여민주주의적인(혹은 심의민주주의적인) 요소들을 대폭 도입함으로써 민주적 책임성과 반응성을 제고시키는 것을 목표로 삼는다.

법의 지배의 스펙트럼

법의 지배 또한 민주주의에 못지않게 논쟁적인 개념이다.[10) 법의 지배에 관한 이론은 크게 두 가지로 구분할 수 있다. 형식적 이론(formal theory)과 실질적 이론(substantive theory)이 그것이다(Radin 1989; Craig 1997; Tamanaha 2004). 법의 지배에 관한 형식적 이론은 법이 공포되는 방식에 초점을 맞추고 법의 실질적 내용에 대해서는 판단하지 않는다. 만일 법이 명백하며 소급적이지 않고 전망적이어서 사람들이 그것을 바탕으로 자신의 삶을 계획적으로 영위할 수 있다면 법의 지배가 이루어진 것으로 본다. 이런 형식적 조건에 부합한다면 어떤 법이 좋은 법인지 나쁜 법인지는 문제가 되지 않는다. 반면에 법의 지배에 대한 실질적 이론은 법의 형식적 조건(합법성의 조건)을 넘어서 법의 내용이 정의에 부합하는지 도덕적으로 올바른지의 여부에 관심을 갖는다. 물론 이 두 가지 이론들은 법의 지배에 관한 양극적인 두 시각을 표현한다. 따라서 실제에서는 형식적인 이론도 실질적인 함축성을 가질 수 있으며 실질적인 이론도 형식적인 요건들을 갖출 것을 요구한다. 이렇게 보면 법의 지배에 관한 이론(개념)들은 법의 실질적인 내용에는 전혀 무관심한 순수한 형식적인 이론에서부터 법의 형식적인 조건을 전혀 따지지 않고 법의 실질적인 내용만을

10) 오늘날 법의 지배와 법치국가(Rechtsstaat) 개념은 거의 같은 의미로 사용된다. 하지만 역사적인 배경에는 적지 않은 차이가 있다. 영국 정치체제의 특징인 법의 지배는 코먼로(comman law) 전통에 기반을 두고 있고 국가권력 제한과 개인의 기본권 보장을 중심으로 발전했지만, 독일의 국가형성 과정을 뒷받침하는 국가이론으로 출발했던 법치국가 개념은 이성법 관념에 입각하여 국가권력을 조직화하는데 초점을 두었기 때문이다. 하지만 본서에서는 이런 역사적 배경차이는 다루지 않고 공통적인 현재적 의미 또는 기능에 초점을 맞춘다.

중요시하는 순수한 실질적 이론(개념)까지의 스펙트럼을 구성하고 있는 것으로 볼 수 있다.

먼저 법의 지배에 관한 가장 순수한 형식적 이론은 법을 그 실질적 내용과는 상관없이 국가가 공무를 수행하기 위한 수단으로 간주한다.[11] 이 순수한 형식적 개념은 보통 '법에 의한 지배'(rule by law)로 표현된다. 하지만 이런 의미의 법의 지배는 사실상 정부(국가)에 의한 통치를 의미하기 때문에 어떤 실질적 의미를 갖지 않는다. 라즈에 의하면, "법의 지배가 의미하는 바는, 모든 정부행위가 법에 의해 승인되어야만 한다는 것을 의미한다. … 그리고 만일 정부가 법률에 의해 승인된 정부라면, 법의 지배는 하나의 정치적 이상이 아니라 공허한 동의반복에 지나지 않는다"(Raz 1977, 197).

정부가 법에 의거하여 행위해야 한다는 요청은 법의 지배의 한 측면이긴 하다. 하지만, 대부분의 현대 법이론가들은 법의 지배가 '법에 의한 지배'와 같다고 보지 않는다. 왜냐하면, '법에 의한 지배'로서의 법의 지배는 매우 억압적이고 권위적인 非민주적 통치와 양립 가능하기 때문이다. 예컨대 그것은 인종차별이나 성적 불평등과 같은 비도덕적인 관행들을 유지하는 데에 효과적으로 사용될 수 있다.

이런 이유 때문에 '법에 의한 지배'는 법의 지배 전통을 왜곡시킨 것이라고 비난되곤 한다. 하지만 '법에 의한 지배'를 의미하지 않는 경우에도 형식적인 의미의 법의 지배는 무자비한 권위주의 체제와 양립 가능하다. 이 점에 대해 라즈는 다음과 같이 진술한다.

> 비민주적 법체계는, 인권을 거부하고 극심한 빈곤을 용인하며 인종분리와 성차별을 허용하고 인종박해를 인정하는 경우라 해도, 더 계몽된 서구 민주주의의 법체계의 어느 것보다도 더 법의 지배의 요구에 더 잘 부응할 수 있다. … 그것은 지극히 나쁜 법체계일 테지만 한 측면에서만은 탁월하다. 즉, 법의 지배에 일치한다는 점에서는 탁월하다(Raz 1979, 211).

11) 법의 지배 개념을 형식적 개념과 실질적 개념으로 양분해 볼 경우, 논란의 여지가 있긴 하지만 형식적 법의 지배 개념을 지지하는 대표적 이론가들로는 다이시(A. V. Dicey), 풀러(L. Fuller), 라즈, 웅거(R. M. Unger) 등을, 실질적 법의 지배 개념을 지지하는 이들로는 롤스, 드워킨, 로즈(J. Laws), 알란(T. Allan) 등을 예로 들 수 있다.

형식적 법의 지배 개념이 극단적으로 사악한 권위주의 체제와 양립할 수 있는 이유는 법이 구현해야 할 실질적 가치 –정의와 도덕– 보다는 법이 갖추어야 할 형식적 특징들에만 관심을 갖기 때문이다. 예컨대, 라즈는 법이 갖추어야 할 형식적 특징들로 전망성(미래지향성), 일반성, 명확성, 공개성, 안정성 및 독립된 사법부의 존재 등을 제시한다(Raz 1977, 198-202). 이런 특징들은 론 풀러가 제시한 '합법성'(legality)의 8가지 조건들과 유사하다. 풀러는 '합법성'의 조건들로 일반성(general), 명확성(clear or intelligible), 공포될 것(publicly promulgated), 안정성(not too frequently changed), 법규들과 실제 행위들 사이의 일치성(actually congruent with the behaviour of the officials), 소급법의 금지(prospective), 무모순성(consistent), 불가능한 것을 요구하지 않을 것(practicable) 등을 들고 있다(Fuller 1971, chapter 2).

이와 같은 형식적 특징들을 갖춘 법의 지배는 법률이 허용하는 범위 내에서 개인들이 자신의 삶을 자율적으로 영위할 수 있게 해주는 장점이 있다. 또한 법의 실질적 내용이 정의로워야 한다거나 도덕적이어야 한다고 요구하지 않기 때문에 개인이나 집단이 추구할 수 있는 다양한 목적들과 쉽게 양립할 수 있다. 뿐만 아니라 정치적으로 중립적이기 때문에 좌익, 중도, 우익 세력 모두의 지지를 받을 수 있다.[12)]

하지만 형식적 법의 지배 개념을 지지하는 학자들 사이에서도 '형식적 합법성' 자체가 도덕적 함축성을 지닐 수 있는지에 대해 적지 않은 논란이 있다. 예컨대 풀러는 법의 지배는 개인들의 자율성을 증진시켜 주기 때문에 합법성의 요건을 갖춘 법은 공정하고 정의로운 내용을 가질 개연성이 높다고 주장한다. 반면에 하트, 라즈, 매코믹(N. MacCormick)은 합법성 개념은 그 자체로 선하지도 악하지도 않는 도덕적 중립성을 갖고 있다고 주장한다(최봉철 2004, 7-36). 그것은 칼이 좋은 목적을 위해서도 사용될 수 있고 나쁜 목적을

12) 풀러의 '법의 내적 도덕성'(inner morality of law) 개념을 형식적으로 이해하는 것에 반대하는 이들도 있다. 풀러 자신도 법의 지배 개념이 온전히 구현될 경우 사악한 통치가 성립되기 어려울 것이라고 확신했다. 알란은 형식적 법의 지배와 실질적 법의 지배를 구분하는 것이 별로 의미가 없다고 보고, 풀러의 법의 지배 개념은 입헌민주주의에서 구현되는 실질적 가치들 -도덕적 자율성, 개인에 대한 평등한 존중, 절차적 공정성 (통치자와 피치자들 사이의) 신뢰 등- 을 이미 내포하고 있다고 주장한다(Allan 2003, 6-6).

위해 사용될 수 있는 것과 같이, 어떤 목적을 위해서도 사용될 수 있는 중립적인 수단이다. 따라서 합법적 정부가 국민적 지지를 받을 수 있는가의 여부는 그 정부가 법의 지배를 고수하느냐의 여부가 아니라, 법의 내용 및 집행결과가 어떤 도덕적 의미를 갖느냐에 따라서 좌우된다. 크레이머(M. H. Kramer) 또한 형식적 합법성과 사악한 통치가 충분히 양립 가능하다고 주장한다(Kramer 2004). 한 걸음 더 나아가 배로스(R. Barros)는 특수한 상황에서는 법의 지배가 비민주적인 정치체제와 양립할 수 있다는 사실을 피노체트의 칠레를 예로 들어 설명한다(Barros 2003).

약간 다른 근거에서 월드런은 형식적 법의 지배 개념 자체가 도덕성을 지닐 수 있다는 주장은 위험한 결과를 초래할 수 있다고 경고한다(Tamanaha 2004, 95-6). 사악한 권위주의 정권이 법의 지배가 좋은 것이라는 일반적인 인식을 악용하여 억압적이고 자의적인 지배를 정당화할 가능성이 있기 때문이다. 따라서 바람직한 태도는 형식적인 법의 지배 개념이 개인들이 자신의 삶을 스스로 영위할 수 있는 조건과 틀을 마련해준다는 것을 인정하면서도, 법규의 내용과 실질적 결과가 지닐 수 있는 도덕적 의미들도 함께 고려하는 것이다. 이 두 가지 측면을 다 고려하지 않고 법의 지배의 형식적 요건만을 강조할 경우, 법의 지배 개념은 그 역사적 의의를 상실하고 만다.

주지하듯이 법의 지배 전통은 주권자의 폭정을 제한하는 과정에서 확립되었다. 그것은 주권자가 적절한 형식을 갖춘 법률에 따라 통치해야 한다는 형식적 요구와 함께, 정부 또는 주권자가 해서는 안 될 일 -정의에 위배되거나, 도덕적으로 악한 일- 이 있다는 인식을 반영했다. 다시 말해, 법률이 부과하는 제약은 자연법이나 관습, 기독교 도덕이나 공동선과 같은 실질적인 도덕적 내용을 갖는 경우가 대부분이었다. 이와 같은 역사적 차원을 고려하지 않고 형식적 의미의 법의 지배만을 강조할 경우, 권위주의적이거나 사악한 정부는 법의 지배의 원칙을 따르면서도 자신들이 원하는 대로 통치할 수 있다. 자신들이 원하는 법을 만들어서 그것에 따라 통치하면 되기 때문이다.

월드런처럼 법의 지배를 이해할 경우 형식적 법의 지배 개념은 그 순수한 형태를 떠나 좀 더 실질적인 내용을 포함하는 개념으로 변하게 된다. 한 걸음 더 나아가 법의 지배가 적용되는 영역이나 활동들이 무엇인지를 생각해 보면, 형식적 법의 지배 개념이 의외로 많은 실질적인 내용과 양립 가능함을 알 수 있다. 형식적 법의 지배 개념은 단지 법이 취해야 할 형식적 특징들의 중요성만을 강조할 뿐 법규가 적용되는 영역과 활동에 대해서는 일체 다루지 않는다. 그래서 (하이에크의 생각과 달리) 복지국가처럼 정부에게 상당히 많은 재량권을 허용하는 체제와도 잘 어울릴 수 있다. 복지국가의 행정관료들이 정해진 법규들을 잘 준수할 경우 그들에게 부여된 자유재량권은 법의 지배 원칙으로부터의 일탈을 의미하지 않는다. 크리기에(M. Krygier)에 따르면, "전제주의에서 볼 수 있는 무제약적인 정치적 주의주의(political voluntarism) 및 법률의 도구적 사용과, 정치적 민주주의와 강력하고 오랜 법 전통을 관료적 개입과 혼합시키는 복지국가 사이에는 상당한 차이가 있다"(Tamanaha 2004, 99에서 재인용).

지금까지 살펴본 형식적 법의 지배 개념은 법적인 문제를 실질적인 정의나 도덕에 관한 문제와 분리시켜 이해하기 때문에 대체로 실증주의 법학자들의 입장과 부합한다. 하지만, 법의 문제는 정의와 같은 실질적인 정치적 가치들과 분리시킬 수 없다고 보는 학자들은 형식적 법의 지배 개념에 대해 대단히 비판적이다. 예컨대, 드워킨은 대체로 실증주의자들이 표방하는 형식적 법의 지배 개념을 '법전 개념'(rule book conception)으로 특징화한다. 이 개념은 정부가 '미리 준비되고 모두가 이용할 수 있는 규칙들'에 따르면서 개인에게 권력을 행사해야 한다는 것을 강조한다. 물론 이들도 법의 내용에 대해 주의를 기울인다. 하지만, "법의 내용은 실질적인 정의의 문제이고, 또 실질적인 정의는 나름대로의 독립적인 이상이기 때문에 결코 법의 지배 개념의 일부가 아니다"고 본다(Dworkin 1985, 11).

법의 형식적 요건보다 법체계의 도덕적 정합성(integrity)을 강조하는 드워킨은 법의 지배에 관한 '권리중심 개념'(rights conception)을 제시한다(Dworkin 1978, 262).[13] 이 권리중심 개념은 시민들이 서로에 대해서는 도덕적 권리와 의무를 지니고 있으며, 국가에 대해서는 정치적 권리를 가진다는 것을 강조한다. 실정법은 이와 같은 도덕적인 정치적 권리들을 승인함으로써 개별 시

---

13) 법의 지배에 관한 실질적 개념은 법의 지배의 형식적 요건들을 모두 포함한다. 따라서 실질적 법의 지배 개념은 형식적 법의 지배 개념에 법이 갖추거나 구현해야 할 추가적인 실질적 내용을 덧붙인 개념이라 할 수 있다. 그리고 법의 지배에 가장 우선적으로 덧붙여지는 실질적인 가치들은 개인의 시민적·정치적 권리들이다.

민들의 요구가 있을 때마다 법정이나 다른 사법기구들을 통해 이런 권리들이 실현되도록 노력해야 한다. 이렇게 볼 때, 법의 지배의 근거가 되는 실정법은 그 배후에 있는 도덕원리 –권리들을 통해 표현되는– 들을 실현하기 위한 구체적인 전략으로 간주된다. 따라서 실정법이 형식적인 합법성 요건들을 모두 갖추었다고 해도, (실정법의 배후에 있는 도덕원리를 구체적으로 표현한) 개인들의 권리를 승인하지 않을 경우 온전한 합법성을 갖추지 못한 것으로 평가된다.

하지만 법의 지배에 관한 권리중심 개념의 문제점은 권리의 토대가 되는 정치도덕 혹은 공동체의 도덕이 무엇인지를 명확히 알 수 없다는 것이다. 판사가 정치공동체의 근본 도덕에 대해 심사숙고하면 아무리 어려운 소송에 대해서도 하나의 옳은 해결책을 제시할 수 있다고 보는 것은 지나치게 낙관적이다. 사실 1950년대에 이사야 벌린이 '근본적 다원주의'(radical pluralism) 개념을 제시한 이후 영미의 학계에서는 현대사회가 문화적·철학적·도덕적 다원주의에 의해 특징지어진다는 사실을 기정사실로 받아들이고 있다. 대표적인 현대 자유주의자 롤스가 볼 때에도 "현대의 민주주의 사회는 서로 양립불가능하지만 사리에 어긋나지 않는 포괄적 교리들의 다원주의에 의해 특징화 될 수 있다"(Rawls 1993, xvii). 롤스는 이 다원주의를 '깊고 영구적인 다원주의'(deep and permanent pluralism)로 표현하고 있다. 그러므로 정치공동체를 일관되게 인도하는 근본적인 정치도덕이 있다는 가정으로부터 개인들이 누려야 할 실질적인 권리의 목록을 도출할 수 있다고 보는 태도는 현대사회의 '깊은' 다원주의와 잘 부합하지 않는다. 현대의 다원주의는 어떤 권리들을 헌법에 포함시키고 어떤 권리들을 제외시켜야 하는지에 대해, 그리고 권리들이 서로 충돌할 경우에 어떤 권리가 우선성을 가져야 하는지에 대해 일관된 답변을 제시해줄 수 있는 (상위의 단일한) 도덕적 원칙을 가정하는 입장과 잘 부합하지 않는다. 더구나 해결이 어려운 가치충돌 –권리 간의 충돌로 구체화된다– 의 경우 그 해결을 판사에 맡기는 것은 더욱 더 논란의 여지가 크다.

개인의 권리를 법의 지배에 포함시키는 것보다 더 실질적인 법의 지배 개념은 민주주의를 법의 지배에 포함시키는 것이다. 실질적 법의 지배 개념을 제시하는 자유주의자들 상당수는 개인의 권리에 민주적인 참여의 권리도 포함되기 때문에 민주주의를 법의 지배의 주요 내용으로 수용한다. 하지만 민주적인 참여의 권리 –정치적 권리– 는 집단적인 결정을 통해 개인의 권리를 침해하거나 부정할 수 있는 反권리적 성격도 지니고 있다. 그 때문에 적지 않은 자유주의자들은 민주주의와 (헌법적으로 보장된) 개인의 권리가 충돌할 경우 개인의 권리에 우선성을 두기도 한다.[14)]

실질적 법의 지배 개념을 지지하는 자유주의자들 사이에 이런 차이가 있기 때문에 어떤 자유주의자들은 법의 지배와 민주주의 사이의 균형을 찾고자 한다. 그래서 개인의 권리체계와 민주주의가 (서로 충돌 가능성이 있긴 하지만) 서로 보완적인 기능을 수행할 수 있는 것으로 보기도 한다(김비환 2005a, 63-87). 어떻든 권리체계와 민주주의는 서구 입헌민주주의 체제의 핵심적인 두 기둥으로 함께 발전해왔고, 또 현재도 절대적인 두 가지 정치적 이상들로 여겨지고 있기 때문에, 이 둘 사이에 최선의 균형을 찾는 과제 ―이 책의 주제이기도 하다 ―는 이론적으로 뿐 아니라 실천적으로도 대단히 중요한 의미가 있다.

개인의 권리와 민주주의를 수용하는 것보다 더 포괄적인 실질적 법의 지배 개념은 2차 세계대전 이후 본격적으로 발전된 복지권을 수용한 법의 지배 개념이다. 앞에서 설명한 '권리중심 개념'이 개인의 시민적·정치적 권리만을 수용한 것과 달리, 가장 포괄적인 실질적 법의 지배 개념은 시민들의 기본적인 생계를 보장해줄 수 있는 국가의 재분배적 기능을 포함시킨다. 그러므로 롤스와 드워킨 같은 복지자유주의자들이 이와 같은 실질적 법의 지배 개념의 대표적 이론가들에 속하는 것은 당연하다. 이들은 '동등한 배려와 존중'(equal concern and respect)이라는 근본적인 정치도덕으로부터 모든 민주주의자들이 동의할 수 있는 정의관을 구성해내고, 그로부터 상당히 포괄적인 복지권 체계를 도출해내어 법의 지배에 통합시킨다.[15)]

하지만 이와 같은 포괄적인 실질적 법의 지배 개념은 몇 가지 난점을 발생시킨다. 복지권의 도입은 이미 충돌 가능성이 있는 권리들 사이의 충돌 가능성을 훨씬 더 높이는 결과를 초래할 수 있기 때문이다. 특히 개인적인 자유와 실질적인 평등 사이의 충돌이 불가피하게 될 가능성이 크다. 라즈는 이와

---

14) 이런 입장은 주로 J. Hospers, A. Rand, R. Nozick 등의 자유지상주의자들이 취하는 입장이다. 이에 관해서는 김비환(2005a, 32-62)을 참조하라.

15) 하지만 드워킨을 자유지상주의자로 규정하려는 경향도 있다. 개인의 독립성과 (선택에 대한) 책임성을 강조하는 측면이 노직과 같은 자유지상주의자와 유사하다고 보기 때문이다. 이에 관해서는 Anderson(1999)을 참조하라.

같은 포괄적인 실질적 법의 지배 개념에 대해 "그 본질을 이해하기 위해 완전한 사회철학을 제안해야 할 것"이라며 반대의사를 표명한 바 있다(Raz 1979, 211).[16] 그에 의하면, 법의 지배 개념에 대한 논쟁을 사회철학적 논쟁으로 확대시키는 것은 결국 법의 지배의 고유한 의미를 박탈해버리는 것과 같다. 타마나하(B. Z. Tamanaha)가 평가하듯이, 법의 지배 개념을 사람들이 좋아하는 모든 것들을 포괄하는 의미로 사용하는 것은 법의 지배의 상징적 중요성을 드러내주긴 하지만 결코 바람직하지 않다(Tamanaha 2004, 113). 법의 지배를 모든 긍정적인 정치적 가치들을 망라하는 최고선으로 간주할 경우, 법의 지배 개념은 분석적 엄밀성을 상실함으로써 객관적 연구의 대상이 되기 어렵기 때문이다.

법의 지배와 헌정주의[17]

법의 지배에 의해 보호되는 동시에 법의 지배의 이념적·제도적 토대를 제공하는 헌정주의는 17세기 후반 영국의 존 로크와 18세기 프랑스의 몽테스키외 그리고 18세기 후반 미국 창설자들의 정치이론을 통해 체계화된 규범적 정치이론으로, 정부(또는 통치)는 제한될 수 있고 또 제한되어야만 하며, 일정한 법적·제도적 제한에 따를 때만이 정당성을 얻을 수 있다는 주장으로 집약된다.[18] 여기서 정부에 가해지는 일정한 법적·제도적 제한은 통상 헌법이라 불리는 정치사회의 최고법을 통해 표현된다. 때문에 헌정주의는 이 최고법인 헌법에 의해 지배되는 정치체제의 작용방식을 정당화하는 정치이론이라 할

16) 라즈는 1990년대 중반 이후 드워킨의 입장과 유사한 법의 지배 개념으로 전향하는 듯한 태도를 보여주고 있다. 라즈는 법의 지배 개념의 핵심이 '독립적인 사법부에 의한 원칙적이며 신실한 법의 적용'이라 주장하면서, 법 내부에 있는 목적의 정합성(a coherence of purpose)을 인정하고 있다(Raz 1994, 373-5).

17) 이 절에서의 논의는 졸고 「헌정주의(=입헌주의)」, 『정치학이해의 길잡이: 정치사상』, 한국정치학회 편(법문사 2008)의 일부를 수정·보완한 것이다.

18) 헌정주의의 뿌리를 고대 그리스의 도시국가나 로마공화정 그리고 중세 이탈리아의 도시국가들에서 찾는 연구도 있다(Gordon 1999). 하지만, 근대적 헌정주의의 핵심적 특징들 -예컨대, 민주적 참정권을 포함한 개인의 기본권, 권력분립 그리고 독립적인 사법부 등- 에 비추어 볼 때, 전근대 시대에도 헌정주의가 존재했다고 볼 수 있는지는 의문이다. 하지만, 헌정주의의 맹아들 혹은 뿌리들에 대한 논의는 충분히 가능하다고 본다.

수 있다. 현대 헌정주의는 민주적 참여의 권리를 포함한 광범위한 기본권, 권력분립 및 권력 간 견제와 균형, 독립적인 사법부를 공통 요소로 삼고 있기 때문에 무엇보다 자유민주주의 정치체제에 적합한 정치이론으로 간주된다.[19]

근대적 헌정주의는 홉스, 로크의 사회계약론 및 몽테스키외의 권력분립 이론에 의해 그 근대적 형식을 갖추었으며, 미국혁명과 프랑스혁명을 통해 제도적으로 더욱 발전할 수 있었다. 사회계약론의 관점에서 보면 헌정주의는 자유주의적 이념의 제도적 구현으로서, 자연상태의 무정부적 혼란과 전제적 통치의 위험을 동시에 극복할 수 있는 해결책으로 제시되었다. 그리고 미국 헌법과 프랑스 인권선언은 헌법의 기원을 역사적으로 명확히 확인할 수 있는 특정 제정자들의 의도에 결부시킴으로써 근대적 성문헌법체계를 확립하는데 기여했다(Conkin 2009, 154-5).[20] 벤담(J. Bentham)과 오스틴(J. Austin) 역시 법을 역사적으로 확인할 수 있는 주권자의 명령으로 규정하고 그 법을 엄격히 적용하는 것을 헌정주의로 간주했다. 그리하여 헌법을 특정한 시공간에서의 창조적인 제정행위에 결박시킴으로써 근대적 헌정주의의 확립에 기여했다.

헌정주의 담론과 관련해 볼 때 20세기는 결코 순탄치 않았다. 먼저 켈젠에 의해 주도된 형식주의 법학의 발달은 헌정주의의 규범적 내용에 대한 관심을 약화시켰다. 新칸트주의의 영향아래 법에 관한 과학, 곧 순수법학을 지향한 켈젠의 형식주의 법학은 법을 정치와 도덕과 구분되는 자율적인 사회통제체계로 규정하고, 법체계의 위계구조를 논리적으로 구성하는 가운데 법의 규범적 형식을 가치 –법의 실질적 내용– 와 구분하였다.[21] 그 결과 헌법이 자유주의적 가치와 절연될 수 있는 논리적 가능성을 시사했다.

---

19) 헌정주의 원리가 적용될 수 있는 체제의 범위는 논쟁이 되고 있는 문제이다. 즉, 성문헌법은 갖추고 있지만 개인의 기본권이 충분히 인정되지 않고 있는 사회주의 국가와 독립적인 사법부가 없는 독재체제에서도 헌정주의 원리가 적용될 수 있는지는 논쟁의 여지가 있다. 하지만, 온전한 의미의 헌정주의는 최소한 본문에 열거한 세 가지 특징들을 다 갖추어야 하기 때문에 본서에서는 헌정주의를 자유민주주의적 헌정주의와 동일시한다.

20) 이와 달리 사회계약론자들은 헌법의 기원을 자연상태의 불특정 다수의 의도에서 찾았고, 헤겔(F. Hegel)과 사비니(F. Savigny)는 헌법의 기원을 정치공동체의 오래된 관행이나 전통에 연계시켰다.

21) 켈젠의 형식적인 순수 법학에 따르면 최고의 규범체계로서의 헌법의 기원과 정당성은 궁극적으로 (헌법에 규범적 정당성을 부여해주는) 가장 근본적인 '의제적'(擬制的) 기본규범(basic norm) 혹은 전제된 규범(presupposed norm)으로부터 도출된다(최봉철 2007, 213).

전체주의 체제와 사회주의적 헌법의 등장이 헌정주의에 대한 자유주의자들의 흥미를 위축시키고 있던 차에, 1950년대와 1960년대를 풍미했던 정치학 행태주의는 헌정주의에 대한 정치학자들의 관심을 결정적으로 위축시켜버렸다(Haywood 1997, 273). 실증주의 방법론을 선호하는 현대적 정치분석에서는 가치지향적인(value loaded) 개념은 철저히 배제되는 경향이 있다. 헌정주의 이론은 정당하거나 바람직한 정치조직에 관한 발상을 포함하고 있다. 때문에 정치세계에 대한 실증적 지식체계를 구축하고자 했던 행태주의 정치학자들이 그 개념을 학문적으로 의심스럽게 본 것은 이해할 만한 일이었다.

하지만 헌정주의 개념에 대한 불신은 단지 사실과 당위, 규범과 가치를 분리시키고자 했던 실증주의적 태도에 기인한 것만은 아니었다. 헌정주의 개념은 주로 국가의 법적·제도적 측면에 초점을 맞춘 전통적인 정치연구방법과 연계되어 있다. 때문에 실제적인 정치행태의 제일성(uniformity) 혹은 법칙들을 발견하는 데 전념해온 현대 정치학자들이 헌정주의란 개념을 매우 협소하거나 오도적인 것으로 생각한 것은 당연한 일이기도 했다(Foundez 1993, 354-5). 정치현상에 대한 헌법중심적 접근은 보다 광범위한 사회적 관계들을 연구대상에서 제외시켰기 때문에 협소하다는 비판을 받았을 뿐만 아니라, 사회적 관행과 실제가 아닌 헌법과 공법의 규칙들을 주된 연구 대상으로 삼았기 때문에 정치학의 초점을 흐리게 했다는 비판을 받았다.[22)]

20세기에 걸쳐 헌정주의 관념은 정치이념으로서도 폭넓은 관심을 끌지 못했다. 서구에서는 헌정주의 제도들이 안정적으로 기능했기 때문에 국가 혹은 정부의 조직에 관한 근본적 이슈들이 토론되는 경우가 드물었다. 반면에 신생 독립국가들처럼 헌법의 지속성이 거의 없거나 헌법이 최소한의 정치적 안정성도 가져다주지 못한 정치체제들에서는 헌정주의가 아예 이슈화되지 않았다. 이런 나라들에서는 헌정주의의 실패가 주로 사회·경제구조의 낙후성 탓으로 여겨졌으며, 자본주의적이거나 사회주의적인 유토피아를 막연히 약속함으로써 정당성을 얻는 것이 일반적이었다.

---

22) 하지만 헌정주의란 관념이 완전히 방기된 것은 아니었다. 그 관념은 법률가들이나 정치가들과 같이 변론과 설득 기술을 필요로 하는 전문직업인들 사이에서는 어느 정도 인기를 유지했다. 하지만 그들은 그 개념을 주로 기존의 정치제도를 칭찬하거나 비판하기 위한 가치평가적 용어로 사용했다.

하지만 20세기 말 이후 최근까지 세계 도처에서 발생하고 있는 사건들은 정치개혁과 사회변혁의 불가피성을 부각시켜주고 있다. 제3세계에 속한 국가들은 권위주의 체제의 붕괴로 민주정치체제의 수립을 위한 새로운 기회를 맞이했으며 사회주의가 몰락한 동유럽에서도 비슷한 상황이 전개되었다. 복지체제의 한계에 직면한 서구 국가들도 시장의 능력을 새롭게 재발견함으로써 국가의 미래에 큰 영향을 미칠 수밖에 없는 정치적·법적 개혁을 추진해왔다. 이처럼 전 지구적으로 발생하고 있는 정치·사회변동은 그런 변동에 대한 법적·제도적 대응을 촉발시켜왔는바, 헌정주의에 대한 최근의 관심은 이와 같은 사태 전개를 반영하는 것이다.[23]

한국으로 눈을 돌려보면, 헌정주의 담론은 1987년 시기를 전후해서부터 점차 학자들의 관심을 끌기 시작했다. 특히 1987년 민주화 이후 대통령의 권력을 제한하거나 분산시킬 수 있는 권력구조는 헌정주의 담론의 주된 의제가 되어 왔다. 대통령중심제와 의원내각제, 이원집정제 등 다양한 권력구조형태 등이 제시되었다. 그리고 2004년의 노무현 대통령 탄핵사건과 행정수도 이전 문제는 민주주의 하에서 헌법재판소의 위상에 관한 관심을 포함하여 헌정주의 담론의 범위를 대폭 확대시켰는바, 서구 헌정주의의 역사와 이론에 대한 학자들의 관심과 결합됨으로써 헌정주의 담론을 학계의 주요 화두로 부각시켰다.[24]

근대 헌정주의는 개인의 존엄성에 대한 의식이 고양되고 공권력의 역할이 현저하게 증대된 데서 연유한다. 근대사회에서 개인은 이성을 소유한 존재로

---

23) 물론 이런 사태전개가 전적으로 새로운 현상만은 아니다. 19세기 초에 독립한 이래 라틴아메리카 국가들은 약 200개의 헌법을 제정했으며 식민지에서 벗어난 아시아·아프리카에서도 많은 헌법을 도입하였다. 하지만 과거의 헌법제정이 주로 법률전문가들이나 소수 정치가들의 전유물이었던 데 반해 현재의 헌법제정과 개정작업은 민주정치를 수립할 필요성에 대한 광범위한 민중적 각성에 토대를 두고 있다(Foundez 1993, 356).

24) 한국에서 헌정주의 담론은 권력구조 변화와 한국헌정사에 국한되었던 단계에서 헌정주의 자체 및 헌정주의와 민주주의의 관계를 연구하는 단계로까지 확장·심화되고 있다. 이와 같은 배경에는 한국의 민주화, 사법의 정치화 및 정치의 사법화 현상, 그리고 서구 헌정주의 이론에 대한 학계의 점증하는 관심이 자리 잡고 있다. 예컨대, 김효전(1999), 한국정치외교사학회(2001), 김종철(2005), 박찬표(2006), 김영민·김영호(PC), 박은정(2010), 함재학(2011), 윤정인·김선택(2015) 그리고 최선(2015) 등을 참조하라. 정치의 사법화와 사법의 정치화 현상은 7장에서 상세히 다뤄질 것이다.

서 스스로 선택하고 행위하며 또 그 결과에 대해 책임을 지는 자율적인 존재로 인식된다. 개인들은 국가의 간섭을 받지 않고 독립적으로 사고하고 행위할 수 있는 자유로운 영역을 원했으며, 집단적 문제를 스스로 해결하고 관리할 수 있는 민주적 권리를 요구하게 되었다. 광범위한 기본권 보장을 핵심 원리로 삼고 있는 근대 헌정주의는 바로 이와 같은 인간존엄사상과 개인주의를 반영하는 것이다.

다른 한편으로 16세기와 17세기에 걸쳐 유럽에서는 강력한 중앙집권적 민족국가체제가 발달했는데 이는 효율적인 정부를 유지하면서도 정부에 의한 공권력의 남용을 막을 수 있는 제도적 장치의 고안을 자극했다. 그러므로 근대 헌정주의는 중앙집권적 민족국가체제를 적극 수용하면서도 당시에 확산되고 있었던 인간존엄사상을 동시에 구현할 수 있는 제도적 원리 혹은 장치로서 헌정주의를 고안했던 것이다(Murphy 1993, 3025; Kay 1998, 16-63).

이런 관점에서 보면, 무정부적 혼란을 피하는 동시에 국가권력을 제한함으로써 개인들이 안전하게 권리와 자유를 향유할 수 있다는 헌정주의 원리는 근대적 '법의 지배'(the rule of law) 이념과 밀접히 연관되어 있다는 것을 알 수 있다(Holmes 1995a, 270-1). 근대적 법의 지배 이념은 동서양을 막론하고 고대부터 발견되는 '법에 의한 지배'(rule by man)와는 분명히 구분된다.[25] 그것은 통치자 역시 법에 의해 제한을 받아야 한다는 원칙을 표현하기 때문에 정부의 권력행사를 법적으로 제한하는 헌정주의와 자연스럽게 겹치게 된다.

한편, 국가 혹은 정부가 일정한 법적 제한을 받아야 한다는 헌정주의 원칙은 '법의 지배' 이념을 반영하면서도 '법의 지배'를 위한 토대가 된다(Li 2000). 주지하듯이 법의 지배의 한 가지 의미는 '제한'이란 관념이다. 다시 말해, 법은 정부가 정당하게 행할 수 있는 것에 한계를 정해야 하며 정부가 업무를 처리하는 방식을 규정해야 한다. 그래야만 자의적인 권력의 행사를 방지함으로써 합리적인 개인들의 자율적인 삶을 보호할 수 있다. 헌법은 권력분립, 견제와 균형, 사법심사권을 지닌 독립적인 사법부의 존재를 규정하고 판사들이 독립적으로 법을 발견하거나 해석·적용할 수 있는 권한을 줌으로

25) '법에 의한 지배'는 통치자가 법을 수단으로 통치하는 것을 의미한다. 따라서 '법에 의한 지배'에서는 통치자가 법의 지배를 받지 않을 수 있다.

써, 정부의 행위가 정해진 범위를 벗어나지 않고 확립된 절차들을 준수하도록 요구한다.[26)]

헌정주의는 또한 형식적인 '법의 지배' 개념이 빠질 수 있는 非자유주의적 함정에서 법의 지배를 구제해준다. 주지하듯이 형식적인 적법성 관념에 입각해 있는 법의 지배 원리는 법의 실질적 내용이 정의로운가에 상관없이 일정한 형식적 요건을 충족시킨 법체계의 지배를 의미할 뿐이다.[27)] 때문에 정의롭지 못한 통치를 뒷받침할 수 있는 개연성이 있다. 헌정주의는 하위법이 갖추어야 할 정당한 내용과 형식을 미리 규정함으로써 법의 지배가 최소한의 실질적·절차적 정의를 구현하도록 법의 지배를 뒷받침한다.

20세기의 서구 법이론은 주로 법의 형식에 초점을 맞춰왔다. 그렇게 할 수 있었던 이유는 서구에서는 이미 2백년 이상 진화해온 입헌민주주의의 전통이 확고히 뿌리를 내리고 있었기 때문이다. 역사적으로 진화해온 서구 입헌민주주의 전통은 하위법체계가 구현해야 할 최소한의 실질적 가치 혹은 정의에 관한 내용을 제시해준다(Allan 2003, 25-9). 서구 자유민주주의 정치체제 에서 헌법은, 대의민주주의, 경쟁적이며 정기적인 선거, 자유언론을 포함하여 하위법체계가 최소한의 실질적 가치와 정의의 내용을 갖출 것을 요구한다. 20세기 서구의 법이론이 주로 법의 내용이 아닌 형식적·절차적 문제에 전념할 수 있었던 것은 바로 이와 같은 토대가 이미 확립되어 있었기 때문이었다.[28)]

헌정주의가 자유민주주의 체제에서 법의 지배를 위한 이념적·제도적 토대를 제공해준다면, 역으로 법의 지배는 헌정주의가 안전하게 실천될 수 있도록 보호해준다. 이것은 법의 지배가 실현되지 않고서는 헌정주의도 실현될

---

26) 헌법이 순전히 '제약'하는 기능만을 갖는 것은 아니다. 헌법은 때로 정부로 하여금 어떤 것을 행할 수 있는 권한과 능력을 부여해주는 적극적 기능도 수행한다.

27) 예컨대, 앞에서 이미 거론한 바 있는 풀러가 제시한 적법성의 8가지 조건들이 그것들이다.

28) 헌정주의는 동시에 법의 형식과 절차가 정의롭도록 최소한의 보장책을 제공한다. 절차적 정의가 확립되기 위해서는, 특수한 절차들이 성문법에 명시되거나, 독립적인 판사에 의해 판례법으로(in case law) 분명히 표현되어야 한다. 권리보호에 관한 헌법적 규정과 문화는 공정하고 투명한 절차들을 확립하기 위해 반드시 필요하다. 게다가 사법적 추론을 전문영역으로 삼고 있는 독립적인 판사가 있어야 하며, 판사는 잘 확립된 절차들이 준수될 수 있도록 노력해야 한다. 권력분립, 견제와 균형 그리고 독립적인 사법부는, 확립된 절차들이 효과적이고 일관되게 이행되기 위한 필수조건이다.

수 없기 때문이다. 법의 지배는 통상 '인격의 지배' 혹은 '순전한 의지의 지배'(the rule of sheer will)와 대비된다. 법의 지배는 인격의 지배와 달리 개인들의 행위가 법을 제정·집행하는 개인이나 집단의 변덕스런 의지에 좌우되지 않도록 보장한다. 법의 지배 하에서는 통치자 역시 법의 지배를 받기 때문이다. 만일 변덕을 부리지 않는 법에 의해 지배된다면, 개인들은 법이 요구하거나 금지하는 것을 예상해서 자신의 삶을 계획적으로 영위할 수 있고, 정부 또한 법적으로 정해진 범위 내에서 법이 허용하는 절차와 방법에 따라 행위할 수 있게 된다. 그런 점에서 법의 지배는 헌정주의가 실천될 수 있는 조건을 마련해준다.

그런데 법의 지배 원리와 헌정주의의 관계에 대한 지금까지의 설명은 주로 '제약'이란 소극적 측면만을 부각시켰기 때문에 자유주의적 입헌정부는 매우 약한 정부이거나 약한 정부여야 한다는 잘못된 인식을 불러일으킬 수 있다. 하지만 일반적인 인식과 달리 자유주의적 입헌정부는 결코 약한 정부도 불안정한 정부도 아니다. 자유주의적 입헌정부의 핵심 원리들인 권력분립, 견제와 균형, 시민권, 독립적인 사법부 등은 정부를 더 책임감 있고 일관되며 예측 가능하고 정의롭게 행위하도록 이끎으로써 정부가 국민들로부터 더 많은 존중을 받을 수 있도록 해준다. 그리하여 작지만 강한 정부가 될 수 있도록 해준다.

홈즈(S. Holmes)는 헌정주의를 크게 두 가지로 분류한다(Holmes 1995b, 299-306). 적극적 헌정주의(positive constitutionalism)와 소극적 헌정주의(negative constitutionalism)가 그것이다. 미국헌법은 적극적 헌정주의를 대표하는 헌법으로 정부의 강제력을 제한할 뿐만 아니라 정부에게 권한과 능력을 부여해주는 특징을 갖고 있다. 미국헌법의 적극적 성격은 헌법제정기 연방주의자들의 의도를 통해서 확인할 수 있다. 연방주의자들은 연방정부의 권한을 제한하기보다는 강화하려는 목적 하에 1787년 필라델피아 헌법회의를 소집했다. 해밀턴(A. Hamilton), 매디슨(J. Madison) 그리고 제이(Jay)와 같은 연방주의자들은 강력한 국가정부 혹은 연방정부가 없이는 자유도 없다고 믿었다. 그들은 무정부적 혼란은 1780년대 당시의 미국인들의 자유에 가장 중대한 위협이 된다고 주장하고, 미국헌법은 정부 내의 견제와 균형을 이루는 한편 연방정부에게 시민들의 생명과 자유와 재산을 보호하는 데 필요한 강한 국가를 만들 수 있는 능력을 부여해야 한다고 주장했다. 홈즈는 미국헌법이 대변하는 적극적 헌정주의는 자유주의적 입헌정부가 강력한 정부가 될 수 있으며 또 실제로 강력한 정부임을 입증해준다고 본다.

미국과 영국헌법과는 대조적으로 프랑스 헌법은 소극적 헌정주의를 대변한다. 프랑스혁명 당시 프랑스인들은 정부의 전제적인 강제력을 크게 우려했기 때문에 1790년 헌법을 일차적으로 (무정부적 혼란에 대한 해결책이 아니라) 폭정의 해결책으로 제시했다. 그리하여 위기가 닥쳤을 때 프랑스 정부는 그에 적극적이고 효과적으로 대응할 수 있는 수단이 없었기 때문에 전복될 수밖에 없었다. 홈즈는 그 후 수립된 나폴레옹 독재체제는 정부권력의 제약에만 초점을 맞춘 소극적 헌정주의의 문제점이 무엇인지를 극명히 보여준 사건이었다고 평가한다.

적극적 헌정주의와 소극적 헌정주의를 대비함으로써 홈즈는 다음과 같은 교훈을 제시한다(Holmes 1995b, 302). 즉, 자유주의적 입헌정부는 비록 제약을 받고 있긴 하지만 강한 정부라는 것이다. 자유주의적 헌정주의는 정부의 권력을 제한하기만 하는 것이 아니라 능력도 부여해준다. 자유주의적 입헌정부는 정부가 자의적으로 시민의 생명, 자유 혹은 재산을 박탈할 수 없게 제한한다는 점에서는 소극적이다. 하지만, 평화와 질서를 유지하고, 국방을 포함하여 다양한 공공재를 공급하며, 법의 지배를 확립하고 다른 사회경제적 하부구조(재산권 체계를 포함)를 확립하며, 형법상의 정의와 시민적 정의를 제공해줄 수 있는 충분한 권한을 갖고 있다는 점에서 매우 적극적이다. 홈즈는 이 양측면을 갖지 않는 헌법은 시민들의 생명과 자유와 재산을 효과적으로 보호해줄 수 없으며, 따라서 자유주의적 이상들을 결코 실현할 수 없다고 본다.

제3장

자유주의적 입헌민주주의 1 : 다이시와 하이에크

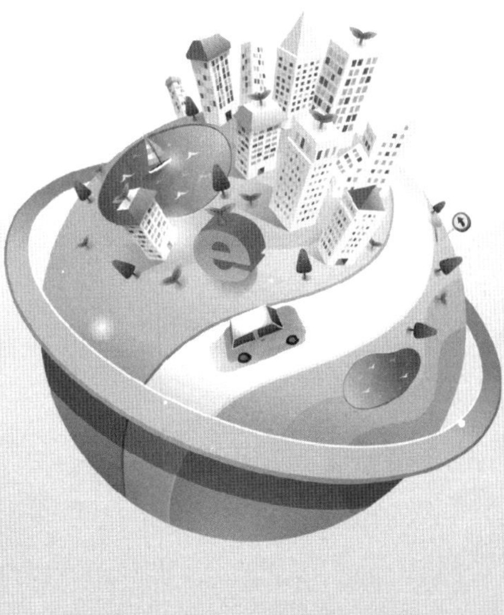

민주주의와 법의 지배

제3장

자유주의적 입헌민주주의 1:
다이시와 하이에크

머리말

현대 자유주의에서 법의 지배 원리는 입헌민주주의 법질서를 배경으로 삼고 있다. 그러므로 순수한 형식적 법의 지배 개념이 입헌민주주의 법질서와 무관한 것으로 이해될 수 있는가의 여부와는 상관없이, 자유주의 사회에서의 법의 지배 개념은 입헌민주주의 법질서를 통해 구현된다는 점에서 최소한의 개인적 권리 개념을 포함할 수밖에 없을 뿐만 아니라 민주주의 원리와도 일정한 관계를 형성할 수밖에 없다.[1] 그렇게 볼 때, 자유주의적 법의 지배 개념은 입헌주의를 통해 보장되어야 하는 최소한의 실질적인 권리 개념을 전제할 때에야 성립될 수 있는바, 아무리 형식적인 법의 지배 개념을 제안한다고 해

---

1) 그러므로 알란은 법의 지배 개념을 아예 '입헌정부에 관한 통합적 이론'(an integrated theory of constitutional government)으로 이해하면서 입헌정부에 관한 다른 실질적 이론들 -예컨대 법은 다수의 선호를 반영해야 한다는 벤담주의적 반영이론(culture of reflection)과 자유주의적 근본가치들에 대한 사법적 수호를 강조하는 중립주의 이론(culture of neturality)- 과 자신의 입장을 구분하면서 자신의 입장을 다이젠하우스(D. Dyzenhaus)의 '정당화 이론'(culture of justification)과 유사한 것으로 평가하고 있다(Allan 2003, 25-6). 그러므로 알란은 법의 지배 개념과 입헌민주주의가 구조적 연관성이 있다고 주장함으로써 자신의 법의 지배 개념을 입헌민주주의에 대한 한 가지 (실질적) 해석으로 제시하고 있다.

도 (그것이 자유주의적인 법의 지배 개념인 한) 실질적인 법의 지배 개념의 범주에 포함될 수밖에 없다. 따라서 중요한 것은 자유주의적 법의 지배 개념이 수용해야 하는 권리의 범주가 어디까지이며, 민주주의와는 어떤 구조적 균형상태를 유지해야 하고, 또 그에 따라 정부의 권력 또는 권한을 어떻게 분배해야 하는가 등의 문제들이다.

그런데 이런 문제들은 서로 독립적인 문제들이 아니다. 헌법에 안치되어 있는 기본권에는 민주적 정치절차를 구성하는 기본권들 –흔히 정치적 권리들로 표현된다– 이 포함되어 있기 때문에 기본권의 범주와 민주주의는 밀접한 연관성을 갖고 있다. 앞서 지적했듯이 이 문제는 민주주의 개념에 대한 정의 –예컨대 대의민주주의를 구성하는 공정하고 자유로운 선거제도라는 최소한의 절차로 이해할 것인가 아니면 보다 광범위한 시민들의 참여를 보장하는 참여주의적 정치체제로 이해할 것인가에 관한– 와 관련되어 있는 만큼, 민주주의를 어떻게 정의하느냐에 따라 민주주의와 기본권의 관계는 다양하게 설정될 수 있다.[2] 그리고 민주주의를 이해하는 방식상의 차이 –절차로 이해할 것인가 아니면 실현되어야 할 가치 혹은 원리로서 이해할 것인가(실질적 민주주의)– 도 기본권의 구성과 연관되어 있을 뿐만 아니라 제도적 배열과도 연관되어 있다. 예를 들어, 민주주의의 절차적 측면을 강조할 경우 입헌민주주의 형태는 사법제도의 역할보다는 대의적 입법체와 참여기제들의 역할에 더 큰 비중을 할애할 가능성이 크며(Habermas 1996; Waldron 1999; Bellamy 1996), 민주주의를 '평등한 존중과 배려'와 같은 평등원리의 실현이란 관점에서 이해할 경우 입헌민주주의의 궁극적 수호자의 역할은 대의적 입법체보다는 사법심사 제도와 같은 사법제도에 맡겨질 가능성이 크다(Dworkin 1995; Fabre 2000). 이와 같은 문제의식에 입각하여 앞으로 4장에 걸쳐서 대표적인 이론가들을 중심으로 현대의 다양한 입헌민주주의 이론들을 검토해보고자 한다.

형식적 차원을 강조하는 법의 지배 개념 –하지만 최소한의 자유주의적인 실질적 가치를 포함한다– 에 입각하여 입헌민주주의를 구성하고 있는 법이

---

2) 이 관계에 대해서는 김비환(2005a)에서 다룬바 있다. 이 책에서는 자유주의자들이 옹호하는 기본권의 내용을 분석하여 자유주의의 다양한 흐름을 스펙트럼으로 정리했다.

론가들은 대체로 자유주의 내의 가장 우익을 차지하고 있는 자유지상주의자들(libertarians)이다. 이들은 국가(정치)의 역할은 가능한 한 최소화하고 시장의 역할은 최대한으로 확장시키고자 하며, 정당한 민주적 참여의 범위를 매우 협소하게 설정하는 공통성을 갖고 있다. 이들은 법의 지배 개념을 가능한 한 정의와 善에 관한 실질적인 이론으로부터 독립시킴으로써, 국가가 '사회정의'를 추구하는 과정에서 시민들과 그들의 재산을 자의적인 행정의 대상으로 취급하지 못하도록 막고자 한다. 특정한 가치체계를 반영하는 '사회정의'의 추구는 '일반적인 규칙들의 체계인 법'의 지배와 양립할 수 없다고 주장하면서 말이다. 이 장에서는 다이시와 하이에크의 법의 지배 이론을 검토해봄으로써 형식적 법의 지배 개념을 반영한 입헌민주주의의 특징을 밝혀보고자 한다.

다이시의 헌법이론: 현대 입헌민주주의론의 기초

■ 다이시 법사상의 개요

법의 지배와 민주주의에 대한 다이시의 사상은 그의 두 권의 주저 『헌법학입문』(Introduction to the Study of the Law of the Constitution, the 8th edition [1914], 1982. ILC로 표기)과 『19세기 영국에서 법과 여론의 관계』(Lectures on the Relation Between Law and Public Opinion in England During the Ninetieth Century, 1905)에서 체계적으로 개진되고 있다. 전자는 영국 입헌민주주의의 근간을 이루는 세 가지 요소들인 의회주권과 법의 지배 그리고 헌법관행(the Conventions of the Constitution)을 체계적으로 다룬 저술로서 영국헌법에 관한 성경이라 불릴 정도로 그 중요성을 인정받고 있다. 그리고 후자는 하버드 대학 초청 강연을 기초로 쓴 저술로서, 민주화가 진행되고 있었던 19세기 영국에서 입법에 영향을 미친 세 가지 지배적인 여론들(혹은 이념들) —舊토리즘, 개인주의 그리고 집산주의(혹은 사회주의)— 을 분석한 것이다. 그러므로 이 장에서는 그의 대표작인 『헌법학입문』을 주요 분석 대상으로 그리고 『19세기 영국에서 법과 여론의 관계』를 참고 자료로 삼아 법의 지배와 민주주의 그리고 이 두 원리 사이의 관계에 대한 다이시의 사상을 분석해보고자 한다.

다이시는 1885년 『헌법학입문』의 초판을 출판한 이래 총 8번에 걸쳐 개정판을 출판했다. 1915년에 출판된 여덟 번째 개정판에서는 7판이 출판된 1907년 이후 영국헌법에서 발생한 변화 및 1885년 이래 발전한 새로운 헌법제도들 –여성참정권, 비례대표제, 연방주의 그리고 국민투표제(referendum)– 에 대한 자신의 견해를 요약·제시하고 있다. 그럼에도 불구하고 8판에 별도의 서문을 쓴 로저 미췌너(R. Michener)가 지적하듯이, 8판의 「서론」이 기본적으로 본문의 순서를 따르고 있고 또 8판의 본문이 7판의 내용과 동일하기 때문에, 영국헌법에 관한 다이시의 사상은 일차적으로 7판과 8판의 본문을 통해 접근할 수 있다. 그러므로 「서론」은 영국헌법에 관한 그의 '최종적' 입장을 더 명확히 이해하기 위한 보조 자료로 활용하고자 한다.

『헌법학입문』의 본문은 총 다섯 부분으로 구성되어 있다. 즉, 헌법의 진정한 본질이 무엇인지를 탐구하고 있는 서론에 해당하는 부분, 영국헌법의 세 가지 구성 요소들을 차례로 고찰하는 Ⅰ부 Ⅱ부 Ⅲ부, 그리고 13편의 짧은 에세이를 담고 있는 부록으로 구성되어 있다. 여기서 부록은 주로 비교 헌정론적 관점에서 프랑스헌법의 비탄력성, 연방국가에서의 권력배분, 스위스와 오스트레일리아의 연방주의 등을 고찰하는 한편 위헌 법률의 의미와 1911년의 의회법이 갖는 헌정주의적 의의를 조명하고 있다. 그러므로 부록은 영국헌법의 구성 원리들을 직접 설명하기보다는 간접적으로 영국헌법의 특성을 더 명확히 드러내고자 하는 보조적인 역할을 한다. 따라서 여기서는 Ⅲ부까지의 논의를 중심으로 법의 지배와 민주주의의 관계에 대한 다이시의 사상을 조명해보고자 한다.

영국헌법의 3대 구성 요소인 의회주권, 법의 지배, 그리고 헌법관행을 본격적으로 다루기 전에 다이시는 먼저 영국헌법에 대한 과거의 맹목적인 찬양 일색 –"가장 완벽한 인간의 구성물"(the most perfect of human formations)로 받아들이는 거의 광신에 가까운 숭배– 의 경향을 지양하고 객관적이고 합리적인 설명을 제시할 필요성을 강조하는 한편, 영국헌법이 불문헌법이기 때문에 발생할 수 있는 설명상의 특별한 고충을 부각시킨다(ILC, cxxv-cxxvi). 다이시는 특히 불문 형식을 갖고 있어서 일반법과 명확히 구분하기도 어려운 영국헌법의 특성을 고찰하기 위해서는 헌법의 본질과 범위에 관한 사전적인 논의가 필요하다고 강조한다(ILC, cxxviii-cxxix). 그리고 영국헌법의 본질과 범위를 이해하기 위해 법률가들이 주로 이용해온 헌법상 관행, 역사, 그리고 정치이론들이 영국헌법의 특성을 이해하는 데 오히려 장애가 될 수 있다고 평가하고,[3] 헌법의 정확한 의미와 범주를 설정함으로써 영국헌법의 구성 요소들에 대한 본격적인 논의를 준비한다.

요점만을 제시하면, 먼저 헌법은 "국가주권의 행사 내지 배분에 직접·간접적으로 영향을 미치는 모든 규칙(rules)"으로 정의할 수 있으며, 헌법의 적합한 범위는 법원에서 집행되는 진정한 의미의 헌법(constitutional law)과 (법원에 의해 집행되지 않기 때문에) 법이라고 불릴 수 없는 헌법적 관행 –관행(conventions), 약정(understandings), 관습(practice or conventions of the constitution) 혹은 헌법적 도덕(constitutional morality) 등으로 구성되어 있다– 을 포함하고 있다.[4] 예컨대, "국왕은 불법을 저지를 수 없다"는 금언은 법적 형식의 불문법이며 "국왕에게는 법에 복종할 의무를 부정할 권리가 없다"는 진술은 법적 형식의 성문법이다. 그리고 "국왕은 양원이 통과시킨 법안을 거부할 수 없으며 반드시 재가해야만 한다"거나 "귀족원은 어떤 형태의 재정법안(money bill)도 제안할 수 없다" 등의 금언들은 헌법적 관행들이다. 다이시에 의하면 헌법적 관행은 법에 못지않은 중요성을 갖고 있으며 경우에 따라서는 법보다 더 중요한 역할을 수행한다(ILC, cxliii).[5] 법적 형식의 헌법과 헌법적 관행을 구분한 다이시는 영국법 교수의 의무가 헌법을 구성하는 법들이 무엇인가를 밝히는 한편 (가능한 경우) 그것들 사이의 관계를 규명하는 것임을 강조하면서, 영국헌법의 특성을 연구하기 위한 지침으로 세 가지 주제를 제시한다. 이 세 가지 주제는 의회주권, 법의 지배, 그리고 헌법관행이다(ILC, cxlviii).

3) 헌정적 실제에 대한 비현실적이거나 과장된 묘사로 인해 권력구조에 대한 왜곡된 이해를 발생시키는 경향(법률가들의 오류), 당대의 영국헌법을 이해하는 데 전혀 상관이 없는 역사적 연구(역사가들의 현실 부적합성), 법의 지배보다는 정치적 관행이나 약정을 다루는 주제의 부적합성(정치이론가) 등이 그런 장애들이다(ILC, cxxic-cxl).

4) 여기서 헌법관행은 엄격한 의미의 법(laws)이 아니기 때문에 규범(혹은 규정, rules)으로 부르는 것이 더 타당하다.

5) 물론 법적 형식의 헌법과 헌법적 관행의 구분은 불문법과 성문법의 구분과는 근본적으로 다르다. 법적 형식의 헌법은 성문법의 형식을 취할 수도 있고 불문법의 형식을 취할 수도 있다. 그리고 헌법관행은 영국 불문법에 고유한 요소가 아니라 미국과 같이 성문헌법을 지닌 곳에서도 존재하며 중요한 역할을 수행한다. 예컨대, 대통령의 3선 제한과 선거인단 구성방식에 관한 규범은 헌법적 관행에 속한다(ILC, cxliv-cxlv).

▌의회주권, 법의 지배, 그리고 헌법관행

의회주권

의회주권은 다이시가 영국 헌정주의의 첫째 구성 요소로 제시하고 있는 원칙이다. 의회주권은 (법적 관점에서 볼 때) 영국 정치제도의 지배적인 특징으로 국왕, 상원(귀족원) 그리고 하원(평민원)으로 구성된 위회 –"의회 내의 국왕"(King in Parliament)– 가 "영국헌법 하에서 어떤 법이든지 만들거나 만들지 않을 권리를 가지고 있다는 것, 나아가 어떤 사람에게나 기관에게도 영국의 국법에 의하여 의회의 입법을 배제하거나 무효로 할 권리가 인정되지 않는다는 것을 [의미하는 것으로]" 적극적 측면과 소극적 측면을 갖고 있다(ILC, 3-4).[6] 적극적으로 해석할 경우 의회주권은 "새로운 법을 제정하거나 기존의 법을 폐지 또는 개정하는 의회의 법률 혹은 그 어떤 부분이라도 법원에 의하여 준수된다"는 것을 의미하며, 소극적으로 해석할 경우에는 "영국의 헌법 하에서 어떤 사람이나 기관도 의회의 법률을 무시하거나 이와 상충하는 규정을 제정할 수 없다"는 것, 즉 "의회의 법률을 위반하여 법원에 의하여 시행되는 규정을 제정할 수 없다는 것"을 의미한다(ILC, 4).

다이시는 외형상 이 의회주권 원칙에 어긋나는 것처럼 보이는 예외들 –고등법원의 법관들이 의회의 입법을 폐지하는 효력이 있는 법원규칙을 제정하는 경우– 이 있다 해도 그것들이 사실은 의회의 승인을 전제하고 있다고 해석함으로써 영국법이 적극적 측면과 소극적 측면에서 공히 의회주권의 원칙을 완전하게 인정하고 있다고 해석한다. 의회가 공권(public rights)과 사권(private rights)에 대해 갖고 있는 전능한 개입의 능력은 의회주권의 적극적 단면을, 그리고 의회에 대항할 만한 입법권이 부재한다는 사실 –국왕, 단독적인 상원, 단독적인 하원, 유권자들의 투표, 왕립법원(Law Courts)– 은 의회주권의 소극적 단면을 보여준다(ILC, 11-8).[7]

다이시에 의하면, 의회가 제정한 법은 도덕의 일반원리나 국제법상의 원칙을 위반한 경우 무효라거나, 의회가 왕의 대권에 간섭할 권한을 가질 수 없

---

6) 여기서 법은 "법원에 의하여 시행되는 모든 규범"이다(ILC, 4).

7) 다이시는 의회주권과 모순적인 현상으로 보이는 사법 입법 -법관에 의한 입법- 도 의회의 동의와 감독 하에서 이루어지는 하위 입법에 불과하다고 본다(ILC, 18).

다거나, 전임 의회의 입법권이 현임 의회의 입법권을 제한할 수 있다는 등의 (의회의 권한을 제한하려는) 주장들은 법적 근거가 없고 따라서 영국헌법의 특징인 의회주권의 원칙을 무효로 하지 못한다(ILC, 18-25). 다이시는 영국헌법의 첫째 원칙인 의회주권에 대해 다음과 같이 정리한다.

> 의회의 주권은 전혀 의문의 여지가 없는 법적 현실이다. 의회의 주권은 자신이 판단하기에 적합한 어떤 입법 주제에 대해서도 합법적으로 법을 제정할 수 있다. 영국헌법 하에서 의회의 입법주권과 경쟁할 만한 권력은 없다. 법에 의해서 의회의 절대적 권위에 가해진다고 일컬어지는 어떤 제한도 결코 실재하지 않으며, 법령집이나 법원의 관례에 의해 인정되고 있지 않다. 의회의 입법주권 원칙은 헌법의 근본 원칙인 것이다(ILC, 24-5).

하지만 다이시는 의회주권 원칙이 의회가 무제한적인 권한을 소유하는 것으로 곡해될 수 있다고 염려한다. 그래서 주권의 정치적 의미와 법적 의미를 구분함으로써 의회주권의 절대성을 '법적인' 의미로 받아들여야 한다고 강조한다(ILC, 26-9). 왜냐하면 정치적 관점에서 보면 하원을 선출하는 선거인단이 실질적인 주권을 행사한다는 주장도 설득력이 있고, 따라서 의회권력에 대한 현실적인 한계 –특히 선거인단에 의해 부과되는 한계– 가 의회주권 원칙과 공존하는 모순을 인정하지 않을 수 없기 때문이다(ILC, 29).[8]

이어서 다이시는 주권적 의회를 비주권적 입법기관들 –기업들, 영국령 인도의 입법평의회, 영국 식민지의 대의기관들, (헌법제정 권력이 없는) 외국의 비주권적 입법기관들– 과 구분하고 그 차이를 부각시킴으로써 의회주권의 특성을 조금 더 구체적으로 설명한다. 다이시에 따르면 의회주권의 특성은 다음과 같은 세 가지 명제로 정리할 수 있다(ILC, 36-72). 첫째, 의회가 개정할 수 없는 법은 없기 때문에 헌법으로 불리는 근본법 역시 다른 법률과 마찬가지로 의회의 일반적인 입법 활동에 의해 개정될 수 있다. 둘째, 영국헌법 하에서는

8) 의회는 법적인 제약은 아니라도 현실적 · 정치적 제약은 받는다고 할 수 있다. 먼저 외적인 제약은 국민이 법에 복종하지 않고 저항할 가능성이며, 내적인 제약은 주권 자체의 본질적 속성 -주권은 그것이 속해 있는 사회의 도덕적 정서의 영향을 받는다는 사실- 에 기인하는 것으로, 술탄이 회교를 마음대로 불법화시킬 수 없는 것과 비슷한 성격의 제약이다.

근본법인 헌법과 다른 일반 법률 사이에 뚜렷한 차이가 없기 때문에 (수사학적인 효과를 제외하고는) 외국처럼 일반 법률을 개폐할 수 있는 권한을 가진 '입법' 기관과 헌법적 법률을 개폐할 수 있는 '헌법제정' 의회를 구별하기 어렵고 또 그럴 필요도 없다. 셋째, 의회 제정법을 무효로 하거나 위헌이라 선언할 수 있는 어떤 권력 –사법권을 포함– 도 존재하지 않는다.[9]

사법부가 의회를 통제할 수 있는 미국의 연방제는 영국적인 의회주권 원칙의 특성을 부각시켜줄 수 있는 좋은 비교 대상이다(ILC, 1부 3장). 더구나 미국의 연방제는 스위스 연방과 캐나다 자치령의 모델이 되었다는 점에서 연방제 국가를 대표하는 측면이 있을 뿐만 아니라, 영국 정치제도와 특수한 연관성이 있기 때문에 영국의 일원주의(unitarianism)적 헌정주의와 비교할 가치가 있다.[10]

다이시에 의하면, 미국의 정치체제를 구성하는 기본원칙은 권력의 제한, 즉 입법·사법·행정권을 동격의 서로 독립적인 기관들에 배분하는 것이다. 이 엄격한 삼권분립 원칙이야 말로 미국의 정치제제를 단일한 중앙권력 –즉, 대영의회(British Parliament)– 이 최고의 입법권을 지속적으로 행사하는 영국의 정치제제와 구분시켜주는 가장 근본적인 요소이다.[11] 영국 정치체제의 여러 가지 특징들은 이 근본적인 차이로부터 파생한다(ILC, 74-104).

국가적 통일성과 권력을 각 주(州)의 독립성과 조화시키기 위한 각고의 노력 끝에 구성된 미국의 연방제도는 무엇보다 (성문·경성)헌법의 최고성, 권력

---

9) 비주권적 입법기관의 특성은 주권적 입법기관의 특성인 주권성을 결여하고 있거나, 주권적 입법체에 대한 종속성을 통해 확인할 수 있다. 비주권적 입법기관은 첫째, 법률의 개폐 권한을 가질 수 없고 항상 헌법에 복종하며, 둘째, 일반법과 근본법의 엄격한 구분 하에서 일반법만을 제정할 수 있고, 셋째, 그것이 제정한 법률을 무효화하거나 위헌이라 선언할 수 있는 상위의 기관이 존재하는 특징을 갖는다(ILC, 39-40). 한편 다이시는 영국의 불문·연성 헌법과 프랑스의 성문·경성 헌법을 비교하는 가운데, 성문·경성 헌법을 갖고 있는 프랑스에서는 (헌법의 주권성이 강조된 나머지) 영국과 같은 의회주권 원칙이 존재하지 않는다는 사실을 부각시키는 한편으로, 헌법의 경직성이 점진적인 수정의 가능성을 봉쇄하여 혁명을 초래할 수 있다고 본다(ILC, 64-72).

10) 다이시에 의하면, 공화정을 채택하고 있는 미국과 군주정인 영국 사이에 존재하는 중요한 차이에도 불구하고, 미국의 정치제도는 근본적으로 영국의 정치제도와 법제도에 깔려 있는 기본사상이 최고도로 발현된 것에 불과하다(ILC, 73-4).

11) 이런 차이를 제외하면, 미국과 영국은 동일한 법과 정의 개념, 그리고 개인의 권리와 국가의 권한에 관한 동일한 인식을 갖고 있다.

분립 및 헌법해석기관으로서의 법원의 우월성에 의해 특징화된다. 그러므로 미국의 정치체제는 최고법(supreme law of the land)으로서의 헌법 관념과 사법부의 우월성을 인정하지 않는 영국의 단일제 정치체제와 명확히 구분된다. 게다가 미국의 연방의회는 다수의 기관들 –연방행정부와 연방대법원– 과 동급의 권력을 분점하고 있고 헌법에 명기된 18항목에 국한해서만 입법권을 행사할 수 있기 때문에 의회주권 원칙을 고수하는 영국의 정치체제와 차별성을 갖는다. 또 미국의 경우에는 연방의회에 의해 개정된 법률이라 할지라도 사법심사 권한을 갖춘 법원에 의해 무효화될 수 있다는 점에서 영국과 차이가 있다(ILC, 97-103).

다이시는 영국 헌정주의의 첫째 요소인 의회주권 원칙에 대한 고찰을 마치면서 법의 지배와 관련된 중요한 교훈을 제시한다. 즉, 연방제의 고유한 결함에도 불구하고 미국의 연방제가 성공할 수 있었던 이유는 투철한 법 관념(legal spirit)과 준법정신 때문이었다고 주장한다. 이 주장은 자연스럽게 영국 정치체제의 두 번째 특성인 법의 지배에 관한 논의로 이어진다(ILC, 102-3).

법의 지배

다이시가 파악한 영국 정치체제의 두 번째 특징은 법의 지배 혹은 법의 최고성이다. 법의 지배 원칙은 영국인들보다 볼테르, 들롬(De Lolme), 토크빌 그리고 그나이스트(Gneist)와 같은 대륙인들이 더 깊은 인상을 받은 영국 정치체제의 특징으로 영국민의 생활과 정서에 배어 있는 법의식(legality)을 바탕에 깔고 있다(ILC, 108). 그것은 토크빌이 질서와 정의에 대한 존중, 합법적 사고방식 등, 다양한 개념들을 통해 (다소 부정확하게) 표현해내고자 했던 원칙으로, 사실은 영국인들에게조차 애매모호하게 이해되어온 원칙이었다. 『헌법학입문』의 Ⅱ부는 이처럼 부정확하게 이해되어온 법의 지배 원칙을 체계적이고 명확하게 설명하려는 목적을 갖고 있다.

다이시는 법의 지배 혹은 법의 최고성 원칙을 상호 연관된 세 가지 관념을 통해 구체적으로 설명한다(ILC, 110-22). 첫째는, 국가의 일반 법원을 통해 확립된 법을 명확히 위반하지 않고서는 누구도 처벌을 받거나 신체와 재화와 관련된 고통을 당하지 않는다는 관념이다. 다시 말해, 법의 지배는 권력자가 자의적이거나 자유재량적인 광범위한 권력을 행사할 수 있는 통치체계와 대비된다. 다이시에 의하면, 법의 지배 원칙은 문명화된 모든 국가의 특징인 듯 여겨져 왔다. 하지만 사실은 영국과 영국 전통을 계승한 미국정치체제의 고유한 특징이었다. 그것은 18세기 말까지만 해도 정부가 체포, 일시구금, 영토추방 등의 광범위한 자유재량권을 행사했던 다른 국가들과 영국의 정치체제를 구분시켜주었던 중요한 원칙이었다(ILC, 110).[12)]

둘째, 법의 지배 원칙은 누구도 법위에 군림할 수 없고, 만인은 그의 지위와 신분에 관계없이 국가의 일반적인 법을 준수하고 일반 법원의 관할에 복종할 의무가 있다는 것을 의미한다. 법 앞의 평등으로 표현되기도 하는 이 원칙은 "세금징수원이나 순경에서부터 수상에 이르기까지의 모든 공무원은 법적 정당성이 결여된 모든 행위에 대하여 일반 시민과 마찬가지의 법적 책임을 진다"는 의미로서, 최소한 18세기 말까지만 해도 프랑스를 포함한 어떤 유럽 국가도 영국처럼 완벽하게 실현하지 못했던 원칙이었다(ILC, 114-5).

셋째, 영국에서 법의 지배 원칙이 지닌 세 번째 특징은 헌정주의를 구현시켜준다는 점이다. 영국의 경우 헌법상의 일반 원칙 –예컨대, 개인의 자유권이나 집회의 권리– 은 궁극적으로 법원에 맡겨진 특정 소송들을 다루는 과정에서 판사들이 내린 판결들의 산물이기 때문에 법의 지배의 연장선상에서만 적절히 이해할 수 있다. "헌법은 제정되는 것이 아니라 생성되어 진다"는 말로 상징화되곤 하는 영국 헌정주의의 특성은 바로 이와 같은 측면을 표현한 것이다. 영국 헌정주의의 이와 같은 특성은 헌법에 명시된 일반 원칙들로부터 개인의 기본권이 도출되는 다른 나라의 헌정주의와 뚜렷히 대조된다.[13)] 그리고 이런 특성 때문에 영국의 헌정주의는 외국의 헌정주의자들이 금과옥조로 여기는 명시적인 기본권 조항이나 선언을 포함하지 않는다. 영국에서는 기본권이 (벨기에와 같은 국가들에서처럼) 명확한 절차를 통해 제정된 헌법으로부터 연역적으로 도출되는 것이 아니라 개인의 권리가 걸린 재판과정에서 법원의 구체적인 판결을 통해 귀납되거나 일반화되기 때문이다.

12) 물론 다이시는 20세기 초의 유럽 국가들은 영국과 거의 같은 수준의 법의 지배를 구현하고 있다고 평가한다(ILC, 110).

13) 다이시의 법사상과 정치사상에 대한 국내의 연구로는 다음을 참조하라. 김종철, 「다이시의 법사상과 정치사상: 그 상호관련성에 주목하여」, 『법철학연구』, 7권 2호(PT), 39-62면.

개인의 기본권이 실질적으로 보장되는 경우에는 영국의 헌정주의와 다른 국가들의 헌정주의 사이에 존재하는 차이가 형식적인 것으로 보일 수가 있다. 하지만 기본권의 실질적 보장여부가 불확실한 경우에는 의미 있는 차이가 발생할 수 있다(ILC, 118). 왜냐하면, 성문헌법으로부터 기본권 사항을 연역적으로 도출해내는 헌정주의에서와 달리 영국의 헌정주의에서는 개인의 기본권과 관련된 판결을 통해 필히 적절한 구제조치가 수반되기 때문이다. 프랑스혁명 시기에 제정된 프랑스헌법이 양심의 자유, 언론의 자유, 집회의 자유 및 공무원의 책임에 대해 명확히 규정하고 있었음에도 불구하고, (이런 권리들이 사실상 존재하지 않은 것과 마찬가지였다고 할 수 있을 정도로) 이런 권리들이 유린되고 있었다는 사실은 실질적인 구제조치가 수반되어온 영국 헌정주의의 상대적 강점을 드러내준다.[14] 영국의 헌정주의가 지닌 특성 혹은 장점에 대해 다이시는 이렇게 설명한다.

> 사법적 입법의 강점이라고 할 수 있는 권리 실현의 수단과 실현되는 권리 사이의 불가분석 관련성이 영국헌법을 관통하고 있다. 이런 관점에서 볼 때 "권리 있는 곳에 구제 있다"(*ubi jus ibi remedium*)는 법언은 동어반복에 지나지 않는 명제 이상의 중요한 의미를 내포하고 있다. 이 법언의 헌법적 함축성은 스스로의 노력으로 헌법이라 불리는 복합적인 법체계와 정치제도를 점진적으로 형성해온 영국인들이 인간의 혹은 영국민의 권리선언이라는 방법보다는 특정한 권리의 실현을 위해 필요한 구제절차와 (그것을 다른 관점에서 본 것일 수 있는) 구체적 불법을 시정하는 데 더 많은 관심을 기울이는 방법을 사용해왔다는 것이다. 인신보호에 관한 법률들은 어떤 헌법원칙을 선언하거나 기본권을 명문화한 것이 아니라 사인의 자유권을 보장하려는 수많은 헌법조항들에 필적하는 실질적인 목적들을 구현하는 것이다. 그렇다고 영국 헌정 제도 속에 스며있는 법의 정신에 근거한 권리와 그 구제절차 간에 존재하는 이와 같은 관련성이 성문헌법의 존재와 양립 불가능하다거나 헌법에 의한 권리의 선언과 부합하지 않는다는 주장은 옳지 않을 것이다(ILC, 118).

---

14) 하지만 다이시는 미국은 성문헌법에 기본권을 명시하고 있음에도 불구하고 선언된 권리들에 대한 법적인 보호책을 마련함으로써 법의 지배를 성공적으로 정착시켰다고 평가하고 있다(ILC, 118-9).

법의 지배 원칙이 지닌 세 가지 의미 혹은 측면들을 설명한 다이시는 이와 같은 일반론적 설명이 법의 지배의 본질을 충분히 드러내주기에는 한계가 있다고 본다. 그리하여 실제로 영국법이 몇 가지 주제들 –신체의 자유권(the right to personal freedom), 토론의 자유권(the right to freedom of discussion), 집회의 권리(the right of public meeting), 계엄법(martial law), 군대(the army), 재정의 징수와 지출(the revenue), 각료의 책임(the responsibility of ministers)– 을 어떻게 다루고 있는가를 고찰하는 한편(5~11장), 다른 유럽 국가들이 채택하고 있는 행정법 관념을 법의 지배 원칙과 대비시켜봄으로써(12장) 법의 지배 원칙을 보다 심도 있게 분석한다(ILC, 123-273).

하지만 11장까지의 각론들에 대한 상세한 소개는 본서의 주된 관심사가 아니다. 따라서 여기서는 단지 이 주제들에 대한 다이시의 고찰이, 영국의 헌정주의에서는 개인의 권리가 '법적 형식의 헌법'(law of the constitution=헌법)의 산물이 아니라 오히려 그 토대였으며, 국법의 보편적 우월성(universal predominance of the law of the land)이라는 원칙의 단순한 결과였다는 (자신이 일관되게 견지해온) 주장의 타당성을 입증하는 것이었음을 상기하는 정도로 그치고(ILC, 124, 156, 182), 대신 영국의 법의 지배와 프랑스의 행정법을 비교하고 있는 12장의 논의만을 검토해보고자 한다. 왜냐하면, 이 부분은 법의 지배의 특성을 보다 명확하게 드러내줄 뿐만 아니라, 19세기 후반 이후 현대사회의 특징이 되고 있는 행정국가화 경향을 배경으로 법의 지배 원칙이 지닌 중요한 의의를 부각시켜 주기 때문이다.

12장을 이끌고 있는 다이시의 주된 문제의식은 "영국 정치제도에 고유한 특성으로 인식되고 있는 일반 법률의 절대적 우월성의 진정한 의미는 프랑스 등에서 볼 수 있는 위법 공무원에 대한 보호정책과 대조함으로써 적절히 파악할 수 있다"는 진술에 잘 나타나 있다(ILC, 214). 즉, 12장에서 다이시의 의도는 독립적인 행정법 체계를 갖춤으로써 위법을 저지른 공무원들을 보호해주는 프랑스의 경우와, 독립적인 행정법이 존재하지 않기 때문에 공무원들도 법 앞의 평등 원칙에 따라 엄격하게 통제되고 있는 영국의 정치체제를 비교함으로써 최소한 19세기 후반(1870년)까지는 법의 지배 원칙이 영국 정치체제의 고유한 원칙이었음을 보여주려는 것이다.[15]

15) 하지만 하이에크는 다이시의 이런 평가가 유럽 국가들, 특히 독일에서의 법치국가에 대한 이

다이시는 먼저 (프랑스) 행정법의 본질과 역사를 다룬 다음, 영국의 법의 지배 원칙과 프랑스의 행정법을 비교한다. 다이시는 일단 행정법을 "프랑스 법의 일부로서, i) 모든 국가 공무원들의 지위와 책임을 결정하고, ii) 국가의 대표자들인 공무원들을 대함에 있어 사인(私人)의 시민적 권리와 책임을 결정하며, iii) 이런 권리들과 책임들이 실현되는 절차 등을 결정하는 법"으로 규정하고(ILC, 216-7), 나폴레옹이 통치한 제정시대와 왕정복고기(1800~1830), 오를레앙 왕정과 제2제정 시기(1830~1970), 그리고 제3공화국(1870~1908)을 거치면서 행정법이 어떻게 성장하였는지를 검토한다(ILC, 218-42).

프랑스 행정법의 명시적인 기원은 브뤼메르(Brumaire) 18일의 쿠데타 이후 보나파르트 나폴레옹에 의해 제정된 집정관 헌법(consular constitution)이다. 하지만 그 토대가 된 기본 관념은 이미 구체제에서 발원했다. 보나파르트는 왕정의 전제적 유산과 자코뱅주의의 독단적 강령 중에서 가장 강력한 요소들 –국왕의 대권에 대한 강조와 법원에 대한 경계심– 을 결합하여 행정법인 집정관 헌법을 제정했는데, 이 행정법은 이미 영국의 법의 지배 원칙과 상충하는 두 가지 주요 관념을 포함하고 있었다. 그 중 첫째 관념은 "국가의 대표기관인 정부와 모든 공무원이 사적 시민들에 대하여 일군의 특수한 권리, 특권 혹은 대권을 가지는바, 그런 권리, 특권, 혹은 대권의 범위는 시민들 상호간에 성립되는 법적 권리와 의무들을 결정하는 원칙들과는 다른 원칙들에 따라 결정된다는 것이다"(ILC, 219). 그리고 둘째 관념은 입법부, 사법부 그리고 행정부 사이에는 이른바 "권력분립"(separation of powers)이 유지되어야 한다는 관념으로, 일반 법원의 법관이 행정부에 의해 해고될 수 없는 독립성을 누리는 것처럼 정부와 그 공무원 역시 (공무를 수행하는 한) 일반 법원의 관할로부터 상당 부분 자유로우며 독립되어 있다는 원칙을 의미한다(ILC, 219-20).

다이시는 일종의 행정법인 집정관 헌법에 구현되어 있는 이상의 두 가지 기본 관념들로부터 프랑스 행정법의 네 가지 일반적 특징을 도출해낸다. 첫째, 행정법은 사인과 사인의 관계를 규제하는 법원칙과는 상당히 다른 법규

론적 발전에 대한 무지의 결과라고 비판한다. 하이에크에 의하면 프랑스에서의 국참사원(Council of State)도 장기적으로 볼 때 행정부의 자유재량권을 사법적 통제 하에 가져오게 되는 중요한 역할을 수행했다고 볼 수 있다는 점에서 법치주의 확립에 기여했다(Hayek 1960, 218-9).

들로서, 사인에 대한 정부와 공무원들의 관계를 규제한다. 둘째, 민사 사건과 형사 사건을 가리지 않고 사인들 사이의 일반적인 문제들을 결정하는 일반 법원은 사인과 국가 사이에 제기된 문제, 즉 행정법의 문제에 대해서는 조금도 관여하지 않는다. 즉, 행정법의 문제는 행정법원(contentieux administratif)에 의해서만 결정된다.[16] 셋째, 어떤 문제가 행정법에 속하는지의 여부는 최고 행정법원인 국참사원이 결정할 수 있기 때문에 사법 법원이 관할하고 있던 문제도 국참사원이 행정법의 문제라고 판단할 경우 행정법원으로 이관할 수 있다. 넷째, 공무원이 아무리 위법행위를 저질렀을 경우에도 선의를 가지고 상관의 명령에 복종하였거나 공무를 수행하려고 했다면 그 공무원은 일반 법원의 통제와 감독으로부터 보호받을 수 있다고 보는 태도이다. 이와 같은 특징들을 갖고 있는 보나파르트 행정법 체계는 그 이후 성장한 행정법 체계의 토대가 되었다는 점에서 중요한 의미가 있다.

오를레앙 왕정과 제2제정 시기는 시민적 질서가 구축된 입헌군주제적 시기로, 불과 40년이라는 짧은 시기에 (영국에서처럼 국가의 일반 법원에 의해 시행되는) 국가의 일반 법률이 최고성을 얻게 된 시기였다. 하지만 이 시기 내내 국참사원이 완전한 사법기관으로 전환되지 못하고 여전히 행정기관(=법원) 역할을 수행했으며, 공무원에 대한 법적 보호도 전혀 축소되지 않았기 때문에 제1기에 확립된 행정법의 핵심적 본질은 변하지 않았다. 예컨대, 공무원이 상관의 명령에 따라 수행한 행위가 범죄를 구성했을 경우 그 공무원을 법적 비난으로부터 면책시켜주지는 못하지만 처벌은 면제시켜주는 형법 제114조는 이 시기 뿐만 아니라 제3시기까지 효력을 유지했다. 또한 1852년과 1864년 사이에 공직자에 대한 제소 허가 신청이 264건이나 제기되었음에도 불구하고 단지 34건 만이 허가되었다는 사실은 헌법 제75조에 의해 공무원의 위법행위가 얼마나 철저히 보호되었는가를 입증해준다.

1870년부터 시작되는 제3공화국 시기는 2년도 채 지나지 않아 행정법과 공직법(official law)에 관련된 극적인 변화를 겪게 된다. 그 중에서도 가장 중요한 변화는 1800년에 제정된 헌법 제75조의 폐지 및 1870년에 새로 구성된

16) 이런 특징은 모든 분쟁은 사법 법원, 즉 일반 법원에 의해 결정되어야 한다고 보는 영국과 뚜렷이 대조된다(ILC, 224). 프랑스에서는 사법 법원이 행정법 문제를 재판하는 것은 권력분립에 배치되는 것으로 간주되었다.

권한쟁의법원(Tribunal des Conflits)의 판시에 의한 헌법 제75조 폐지의 실질적 무효화이다. 1870년 이전에는 계류된 사건이나 그 논점들이 사법 법원의 관할인지 행정법원(=국참사원)의 관할인지를 결정하는 권한이 국참사원에 기속되었다. 하지만 그 이후부터는 거의 완전한 사법기관에 가까운 권한쟁의법원에 기속되는 의미 있는 변화가 발생했고, 또 그 결과 행정부의 자의적 권력이 점차 축소되었다. 그럼에도 불구하고 이 시기 프랑스의 행정법은 여전히 영국의 법의 지배 관념과는 상당한 괴리가 있었다.[17] 왜냐하면, 영국에서는 행정법적 문제들을 포함한 모든 법적인 문제들이 일반적인 코먼로 원칙에 의해 결정되기 때문이다.

프랑스 행정법 체계의 발달에 대한 다이시의 분석은 마지막으로 프랑스의 행정법과 영국의 법의 지배 사이에 존재하는 근본적인 차이점 혹은 법의 지배 원칙이 갖고 있는 장단점에 대한 간략한 비교·고찰로 이어진다(ILC, 259-67). 먼저 영국의 법의 지배는 영국인들의 투철한 법 관념과 사법권의 독립 및 확장으로 인해 어떤 다른 유럽국들에서보다도 개인의 자유권을 철저하게 보호해 주는 장점이 있다.[18] 법의 지배의 이런 측면은 (프랑스 행정법 체계와 달리) 정부와 공무원들에 대한 특별 취급을 단호히 배제함으로써 국가와 공무원들에 의한 사인의 권리 침해를 철저히 방지하고 법 앞에서의 평등을 실현하는데 분명한 장점을 갖고 있다.

하지만 법의 지배는 그 엄격성 때문에 국가와 국민들에게 상당한 해악을 미칠 수 있는 합법주의(legalism)로 전락할 수 있는 단점도 있다(ILC, 260-7). 특히 합법주의는 사회가 더욱 복잡해지면서 신속하고 효율적인 행정의 필요가 증대되는 상황에서 적지 않은 폐해를 낳을 수 있다. 그런 폐해는 두 가지 측면에서 나타날 수 있다. 그 하나는 공무원들이 합법주의에 저촉된다는 이유로 (합법적으로) 직무를 유기하는 경향이 나타날 수 있다는 것이며, 다른 하나

17) 다이시는 영국에서도 17세기 후반의 왕정복고 시기까지는 프랑스의 행정 대권과 유사한 국왕의 대권에 대한 의식이 존재했고, 또 그에 근거한 프랑스식 행정법의 필요성에 대한 인식도 존재했다고 본다. 하지만 영국에서는 전통적인 법 앞의 평등 관념의 영향과, 특정 사건을 선례를 지침으로 판결하는 판사들의 성향 및 하급법원이 상급법원의 판례를 성실히 따르는 경향 때문에 프랑스식의 행정법 체계가 아예 확립되지 못했다고 본다(ILC, 245, 249, 251-2, 265).

18) 다이시는 또한 법의 최고성에 대한 영국인들의 존중은 법관에 대한 존중의 원인임과 동시에 결과였다고 본다(ILC, 260).

는 공무원들이 행정의 효율을 기하기보다는 보신주의를 취함으로써 결국 국민에게 피해를 안길 수 있다는 점이다. 그리고 국가와 사인 사이에 소송이 발생했을 경우 공익을 지상목표로 삼고 있는 정부가 오히려 협소한 정부의 이익을 위해 노력하는 집단이라는 잘못된 인상을 강화시켜주는 부작용이 따를 수 있다. 그런데 법의 지배가 지닌 이와 같은 폐단들은 상대적으로 프랑스 행정법 체계의 장점을 부각시켜 줄 수 있다. 왜냐하면, 행정법 체계는 공무원이 공무를 수행하는 과정에서 저지른 (사인에 대한) 위법행위에 대한 처벌로부터 (국가가 그 책임을 대신함으로써) 공무원들을 보호해줌으로써 필요할 때마다 공무원들이 신속하고 효과적으로 대응할 수 있도록 해주기 때문에 국민에게 큰 혜택을 가져다줄 수 있기 때문이다.

헌법관행

Ⅱ부의 마지막 장(13장) 「의회주권과 법의 지배의 관계」는 지금까지의 논의를 종합적으로 고찰하는 장으로서 본서의 주제와 직결되어 있다. 그러므로 다이시의 『헌법학입문』에 대한 전체적인 고찰을 마친 다음에 검토하기로 하고 먼저 『헌법학입문』의 실질적인 마지막 부분인 헌법관행에 대한 다이시의 견해를 살펴보기로 한다.

다이시는 헌법이 '법적 형식'의 헌법(law of the constitution)과 헌법적 관행(이하부터는 헌법관행, conventions of the constitution)으로 구성되어 있다고 주장한다(ILC, 277). 여기서 법적 형식으로서의 헌법이 법원에 의해 승인되고 시행되는 규범들로서 '법'(laws)의 일부라면, 헌법관행은 법원에 의해 승인되지도 시행되지도 않는 관습(customs), 관례(practices), 법격언(maxims) 내지는 법례(precepts)들로 구성되어 있는 헌법적·정치적 윤리를 의미한다(ILC, 277). 『헌법학입문』의 Ⅲ부에서 다이시가 수행하고자 하는 연구는 바로 이 두 가지 요소들 사이의 관계를 고찰함으로써 법의 최고성이라는 영국 헌정체제의 특징을 더 완벽하고 분명하게 드러내는 데 있다.[19] 다이시는 첫째로는 헌법적 관행 혹은 약정(understandings)의 본질이 무엇인지를 물음으로써, 그리고 둘째

19) 이런 시도의 배경에는 그 동안의 연구들이 주로 헌법의 도덕적 측면보다는 법적 측면에 초점을 맞춰 '법적 형식의 헌법'에만 집중해왔다는 비판적 문제의식이 놓여있다.

로는 헌법적 관행에 복종하도록 만드는 힘 또는 (법이론적 표현으로는) 강제력(sanction)이 무엇인지를 물음으로써 이 과제를 수행한다.

먼저 다이시는 헌법관행을 일단 "'의회 내의 국왕'으로 형상화할 수 있는 주권적 입법기관의 각 구성원들 –국왕, 상원(귀족원), 하원(평민원)– 이 각각의 재량권을 행사하는 방식에 대한 약속 내지 관행"으로 규정한다. 그러면서도 헌법관행 가운데는 기본적으로 [국왕의] 대권 행사와 관련된 것들이 다수를 차지하고 있기 때문에 헌법관행을 행정부가 재량권 혹은 대권을 행사할 때 따라야할 규칙 내지 관행으로 (다소 협소하게) 정의하는 것이 더 간결하고 도움이 된다고 본다(ILC, 284-5).

다이시는 "헌법관행을 대권의 행사방식을 결정하는 규칙"으로 간결하게 정의할 경우, 헌법관행의 목적이 '법적인' 주권자 –국왕, 상원, 하원– 가 국가의 진정한 '정치적' 주권자 –유권자의 다수 혹은 일반적인 용례에 따른 국민– 의 의사에 따르도록 하는데 있다는 사실이 분명히 드러난다고 주장한다. 그리하여 법적인 주권과 정치적 주권의 관계에 관한 고찰을 헌법관행에 대한 논의 속에 도입한다(ILC, 285). 즉, 그에 의하면 헌법관행에 대한 논의는 "'정치적' 주권과 '법적' 주권의 구분이 지닌 절대적인 중요성을 밝혀준다"(ILC, 285).

> 오직 법적 측면만 본다면 의회는 대영제국의 절대적 주권자이다. 왜냐하면 의회가 만든 모든 제정법은 대영제국 식민지 전역의 법원을 기속하며, 법이든 도덕이든 의회 제정법에 저촉되는 경우 그 어떤 규범도 그 영역 내의 법원을 기속할 수 없기 때문이다. 하지만, 법적 관점에서는 의회가 최고 입법기관이지만, 근대 영국에서는 의회가 정치적 주권체, 즉 유권자 집단 혹은 국민의 의사를 대변하고 국민의 의사에 따르는 것이 대의정치제도의 필요충분조건이다. 의회를 이루는 구성부분들의 행위가 입법주권의 행위와 정치적 주권 사이의 조화를 도모하도록 의도된 규칙에 의해서 결정되어야 한다는 명제는 총체적 관점에서만 성립 가능하다. … 유권자 집단이 영국의 사실상의 주권자이다. 유권자 집단은 그 성격상 스스로 입법할 수가 없으며, 역사적인 이유로 인해 이론상으로만 최고 입법기관으로 존재할 뿐이다. 그 결과 법의 통제를 받지 않는 의회의 행위는 의회가 국민의 의사에 따르도록 보장해주는 암묵적 약속들에 의해 통제된다. 이것이 바로 현실인 것이다. 헌법관행은 그 역사적 기원이 어떠하든 일차적으로는 하원(평민원)의 최고성

> 을, 그리고 궁극적으로는 하원을 통해서 국민의 최고성을 보장하기 위해 유지되고 있는 관습들로 구성되어 있다. 근대 영국의 헌법적 도덕률이 다른 나라들에서 "국민주권"(sovereignty of the people)으로 불리고 있는 것을 우회적인 방식으로 보장하고 있는 것이다(ILC, 285).

헌법관행이 법적 주권체를 통해 궁극적으로 정치적 주권체의 의사를 보장해주는 한 가지 예로는 "국왕의 권한은 의회의 의원이면서 '하원의 신임을 얻은' 각료를 통해 행사되어야 한다"는 원칙을 들 수 있다(ILC, 286). 이 헌법관행의 실질적 의미는 선거에 의해 선출된 의회의 일부 –즉, 하원– 가 행정부를 구성할 권한을 가지고 있으며 국왕이나 내각은 평민원의 의사와 상충하는 일을 행해서는 안 된다는 것으로, 궁극적으로는 유권자의 투표를 통해 구성된 하원에게 최종적인 정부통제권을 부여함으로써 (하원이 대변하는) 정치적 주권체의 의사를 실현하려는 목적을 갖고 있다(ILC, 286). 하원과 상원의 대립이 심각할 경우 최종적으로 하원의 결정을 국민의 진정한 의사로 간주하여야 한다는 관행도 동일한 목적을 갖고 있다. 그리고 심지어 원내 소수파 출신의 각료가 의회해산권을 요구할 수 있는 관행이나 (국왕이 의회 다수파의 신임을 얻은 각료를 해임하고 의회를 해산할 수 있는 관행처럼) 일반적인 헌법원칙에 어긋나 보이는 관행들도 의회가 유권자의 의사에 배치되는 결정을 하는 경우에만 유효하기 때문에 헌법관행의 전체적 의미에 부합한다.[20] 종합적으로 볼 때 의회해산에 관한 헌법관행들은 국가의 진정한 주권자라 할 수 있는 국민에게 궁극적인 최고성을 보장하려는 목적을 갖고 있다.

다이시가 볼 때 의회해산권은 특히 의회주권의 존재와 밀접한 연관성이 있다. 미국과 같이 의회주권 원칙이 없는 곳에서는 의회해산권이 필요하지 않다. 헌법이 핵심 원칙의 불가침성을 보장해주기 때문에 선거를 통해 의회의 정서와 국민의 정서가 조화만 이루면 되기 때문이다. 하지만 의회가 주권을 가지고 있는 곳에서는 의회와 국민의 정서를 일치시킬 수 있는 보다 강력한 조치

---

20) 예컨대 1784년과 1834년에 각각 조지3세와 윌리엄4세가 의회를 해산한 것은 국민이 하원의 정책에 동의하지 않고 있다고 믿었기 때문에 합헌적인 것이었다. 특히 조지3세의 경우 이와 같은 조치는 그가 의회주권을 거부하고 국민주권으로 전향한 결과로 볼 수 있다(ILC, 288-9). 어쨌든 이 사건들이 중요한 이유는 이 사건들을 계기로 의회를 해산할 수 있는 국왕의 대권이 인정되어야 한다는 원칙이 확립되었기 때문이다.

가 필요하기 때문에 국왕이나 내각이 국민에게 직접 호소하게 만드는 헌법관행이 필요하다. 이런 관점에서 보면, 미국의 헌법원칙들은 영국 정치체제의 작동방식을 보다 엄격한 형태로 성문화시켜 놓은 것으로 볼 수도 있다.

다음으로 다이시는 헌법관행의 실효성을 담보하는 강제력의 본질 –근거와 성격– 을 검토한다. 이 문제는 헌법관행이 엄밀한 의미에서 법은 아니지만 그것에 못지않은 구속력이 있기 때문에 발생하는 문제로서, 헌법 연구의 난제 중의 난제이다. 법원의 강제력이 뒷받침하지 않은 헌법관행이 지속적인 실효성을 가질 수 있는 힘은 도대체 어디서 나오는가?[21)]

다이시에 의하면 헌법관행을 어길 경우 탄핵을 받을 수 있다는 논리는 헌법관행을 사실상 엄격한 법으로 간주하는 문제점이 있다. 그리고 일반 민중의 여론이 헌법관행의 준수를 담보한다는 견해는 완전히 틀린 주장은 아니지만 여론에 (법에 실효성을 주는) 강제력이 있다는 공상적인 견해를 함축하기 때문에 적절한 답변이 될 수 없다. 다이시에 의하면, 헌법관행이 실효성을 갖게 되는 유일한 근거는 바로 법의 실행력(the force of the law)이다(ILC, 296).

> 탄핵에의 공포와 민중의 여론이 지배적인 정치윤리의 도그마를 형성하거나 그것에 영향을 줄 수는 있다. 하지만 무모할 정도로 대담한 정치적 모험가들을 헌법의 기본원칙 및 그 원칙의 표현들인 헌법관행에 복종하도록 구속하는 제재수단(sanction)은 그 원칙들과 관행들을 위반할 경우 그 위반자들은 즉각적으로 국법과 법원의 심판에 직면하게 된다는 사실에 있다. 이 밖의 다른 정답은 있을 수 없다(ILC, 296-7).

헌법관행의 실효성이 궁극적으로 국법에 의해 뒷받침된다는 다이시의 주장은 (헌법관행을 어겼을 때 발생할 수 있는 법적·현실적 난점들을 근거로) 헌법관행이 실질적으로 국법에 토대를 두고 있으며 국법의 보호를 받고 있다는 사실을 보여줌으로써 입증된다(ILC, 297-302). 예컨대, 의회는 적어도 일 년에 한 번은

---

21) 다이시는 헌법관행이 언제나 구속력을 가져왔다고 보는 것은 착각이라고 본다. 헌법관행의 상당 부분은 유명무실하게 되거나 전혀 구속력이 없었기 때문이다. 하지만 헌법관행은 드물게나마 엄격한 구속력을 갖고 있기 때문에 헌법관행의 구속력을 가정하고 그 근거를 묻는다.

소집되어야 한다는 헌법관행이나, 하원의 신임을 얻지 못한 내각은 불신임표결 이후 사퇴해야 한다는 관행이 준수되지 않았을 경우를 가정해보자. 전자의 경우에는 헌법관행 위반에 동조했던 각료와 공무원들이 다른 공무원들의 복종을 받지 못하게 될 뿐 아니라, 1년 한시법인 군조직법이나 예산관리법과 같은 법들을 연장하거나 제정하지 못하게 되어 불가피하게 국법을 위반하는 일이 발생하게 된다. 그리고 후자의 경우에는 내각이 의회를 해산하고 새로운 하원을 구성함으로써 국민의 지지를 받고 있다는 것을 증명해야 하는데, 새로 구성된 하원의 신임을 얻지 못할 경우에는 반드시 사퇴할 수밖에 없다. 사퇴하지 않고 버틸 경우 의회는 헌법상의 묵시적 약속을 어기는 꼴이 되어 내각을 범법자들로 만들어버리게 된다. 요컨대, 헌법관행의 실효성에 관한 다이시의 논의는 결국 다음과 같은 주장으로 요약할 수 있다. 즉, 헌법관행을 어기는 것은 결국 법을 어기는 것과 같기 때문에 헌법관행의 실효성은 법으로서의 헌법에 의존하고, 의회의 법적 주권은 궁극적으로 국민의 정치적 주권에 종속된다는 주장으로 요약할 수 있다.[22)]

▌의회주권과 민주주의의 관계

지금까지 다이시가 영국 정치체제의 주요 원칙들로 제시한 의회주권과 법의 지배 그리고 헌법관행이 법적 형식으로서의 헌법과 맺고 있는 관계를 살펴보았다. 그런데 의회주권과 법의 지배가 서로 어떤 관계를 맺고 있고 또 맺을 수 있는가에 대해 자연스럽게 의문이 발생할 수 있다. 왜냐하면, 누가 보더라도 의회주권과 법의 지배(=법의 최고성)는 서로 양립하기 어렵기 때문이다. 만일 의회주권이 사실이라면 그것은 법의 지배를 포함한 어떤 원칙도 의회의 궁극적 최고성을 넘볼 수 없을 것이다. 반대로 법의 최고성이 사실이라면 의회 역시 법의 최고성 앞에 굴복해야 할 것이다.

다이시 역시 이 두 가지 원칙들 사이의 관계에 대해 이와 같은 의문이 발

---

22) 다이시는 이어서 왜 헌법관행이 모호성(vagueness)과 가변성(variability)을 지닐 수밖에 없는가를 묻는다(ILC, 303). 이에 대해 다이시는 "모두가 하원의 의사에 복종해야 하며, 궁극적으로 의회를 통해 나타난 국민의 의사에 복종해야 한다"는 것이 헌법의 핵심 원칙이라고 주장하고, 헌법관행은 이 헌법원칙을 실현하기 위한 '보조적인' 규율들이기 때문에 다소 모호하고 가변적인 성격을 가질 수밖에 없다고 답변한다(ILC, 304).

생할 수 있다는 것을 예상했다. 그 때문에 다이시는 의회주권과 법의 지배에 대한 고찰을 끝낸 다음 의회주권과 법의 지배의 관계를 다룬 13장을 삽입했다. 그는 13장의 모두에서 이렇게 적고 있다.

> 의회주권과 국법의 최고성이라는 영국헌법상의 두 가지 기본원칙들 –영국헌법 전체에 깔려있는 두 가지 원칙들– 이 서로 대립되거나 기껏해야 서로 균형을 이루고 있는 것처럼 보일 수도 있다. 하지만 이런 외양은 실제와 다르다. 다른 주권적 권력형태들과 대조되는바의 의회주권은 법의 최고성에 유리하게 작용하며, 영국의 정치제도들을 관통하고 있는 엄격한 합법주의의 지배력은 의회주권의 행사를 자극하며 의회주권의 권위를 증대시킨다 (ILC, 268).

다이시에 의하면 다른 유럽 국가들에서와 달리 영국의 의회주권은 법의 지배와 충돌하지 않고 오히려 국법의 최고성을 유지하는 데 도움이 되며, 국법의 최고성은 의회주권이 합법주의의 원칙 내에서 행사될 수 있도록 이끈다 (ILC, 268, 271, 273). 그런데 이것이 가능한 것은 서로 연관되어 있는 두 가지 이유 때문이다.

첫째는 영국 의회의 고유한 특성 때문이다. 주지하듯이, 영국 의회는 국왕, 상원 그리고 하원으로 구성되어 있다. 이와 같은 의회의 구성적 특성은 (하나의 전체로서의) 의회의 명령이 이 삼자의 결합된 행위를 통해 공포되도록 유인한다. 그리하여 의회의 명령이 언제나 공식적이고 신중한 의회제정법의 형태로 표현되도록 만든다. 이런 영국 의회의 특성은 프랑스와 같은 전제 국가들과 영국을 구분시켜주는 중요한 요소이다. 루이 14세나 나폴레옹 1세와 같은 전제군주들은 조례나 칙령 형식으로 국법을 침해할 수 있고 또 그렇게 해왔다. 프랑스의 국민의회 같은 주권적 권력기관들 역시 단순한 결의안으로 국법을 침해해왔다. 왕, 상원 그리고 하원으로 구성된 영국 의회는 이와 같은 국법 침해의 가능성을 원천적으로 차단함으로써 법의 지배에 기여한다.

둘째는 영국 의회가 행정권을 직접 행사하지 않고 행정공무원도 직접 임명하지 않는다는 원칙과 연관되어 있다.[23] 이 원칙은 의회가 (입법·사법·행정의 전

23) 물론 근대에 들어 영국 의회의 하원이 사실상 내각과 수상의 임명권을 가지게 되었다는 점을

권을 소유한 전제군주와 달리) 법을 제정하는 정상적인 수단으로 행정권을 이용하지 못하도록 방지함으로써 법의 지배에 기여한다. 이 둘째 이유는 행정권의 확대가 법의 지배에 미칠 수 있는 부정적 영향을 방지할 수 있도록 해준다는 점에서 매우 중요하다. 즉, 영국의 의회는 공무원들이 일반 시민들이 지는 부담에서 면제되거나 일반 법원의 재판관할권으로부터 면책되는 것을 극도로 싫어하기 때문에 사법의 독립성을 보장해주는 수호자 역할을 수행한다.[24)]

의회주권과 법의 지배 사이의 상호 지지관계는 현대사회에서 행정권의 행사와 관련하여 음양의 측면을 갖고 있다. 먼저 의회주권과 법의 지배 사이에 존재하는 상호 지지관계는 경직된 합법주의를 낳음으로써 행정권의 신속하고 효과적인 수행을 저해할 수 있으며 공공이익에 해악을 끼칠 수도 있다. 20세기 초기와 같은 복잡한 산업사회에서는 행정부가 상당한 자유재량 권력을 지니고 있을 때만 국방, 외교, 사회질서의 유지 등과 같은 중대한 업무를 효율적으로 수행할 수 있다. 행정부가 이와 같은 업무들을 추진할 때마다 의회의 승인을 받아야 한다면 행정부는 맡겨진 임무를 정상적으로 수행하기 어렵다. 예컨대, 반란이 발생하였거나 외적의 침입을 받은 위급한 상황에서는 행정부가 자유재량을 가지고 대응할 수밖에 없는데, 이런 경우 내각은 불가피하게 국법을 위반하지 않을 수 없고 따라서 국가배상법 등에 따라 뒷수습을 해야만 한다. 그러므로 의회는 이런 상황들에 직면하여 불법을 합법화할 수 있는 다양한 사후처리 법들을 구비하거나, 이런 상황들에 관련된 제정법을 준비해둠으로써 법이 허용하는 범위 내에서 정부가 일정한 자유재량권을 행사할 수 있도록 해야 한다. 하지만 어떤 경우든, 행정부가 지닌 자유재

부인할 수는 없다. 하지만 이 임명권은 매우 우회적인 방법으로 행사된다. 즉, 수상과 내각의 (우회적) 임명권 자체가 의회는 국가 공무원의 직접 임명권을 가지지 않는다는 원칙을 부정하지는 않는다. 상원이든 하원이든 아니면 양원 합동이든 경찰관리, 세무공무원, 군 관리 등 명목상 아직도 "국왕의 공복"의 신분인 국가 공무원에 대한 직접 명령권을 가지지 않는다(ILC, 269-70).

24) 하지만 법관들이 모든 권력으로부터 완전한 독립을 누리고 있는 것은 아니다. 왜냐하면, 의회는 다른 국가권력으로부터 법관의 독립성을 보장해주고 있을 뿐, 양원이 동의를 통해 법관을 해임할 수 있기 때문이다(ILC, 270). 참고로 영국의 의회와 달리 프랑스의 국민의회는 행정사항에 상당히 깊이 간여하였으며 사법부의 독립성과 권한 등에 대해서도 특별히 배려하지 않았다.

량권은 결국 의회의 제정법에 기속되기 때문에 행정부는 사법부의 통제 하에 있게 된다.

이와 같은 엄격한 합법주의는 장점도 지니고 있다. 그것은 행정부가 재량권을 사용할 때 야기될 수 있는 다양한 권리 침해를 최소화할 수 있으며, 일반 시민들과 공무원들에게 확고한 법 관념과 준법의식을 고취시킬 수 있다. 그리하여 명실 공히 (자의적이고 변덕스런 인간의 의지가 아닌) 법이 지배하는 상황을 유지하는데 기여할 수 있다.

다이시는 13장을 다음과 같이 결론짓는다.

> "어떤 경로를 통해서든 다음과 같은 결론이 도출된다. 의회주권은 법의 지배에 유리하게 작용하며, 국법의 최고성은 의회주권을 촉진시키는 동시에 의회주권이 합법성의 원칙 내에서 행사되도록 이끈다"(ILC, 273).

▌입헌민주주의론

그러면 『헌법학입문』에서 개진된 다이시의 입장은 본서의 목적과 관련하여 어떤 의의를 지니고 있는가? 이하에서는 이 문제를 중심으로 다이시의 『헌법학입문』이 갖는 중요한 의의를 살펴보고자 한다.

먼저 의회주권과 법의 지배 그리고 이 둘 사이의 관계에 대한 다이시의 고찰은 법의 지배를 법이론의 중요한 영역으로 부각시켰을 뿐만 아니라, 법의 지배 원칙을 체계적이고 명료하게 표현해냄으로써 법의 지배에 관한 후속적 연구를 선도했다. 물론 영국 정치체제의 주요 특징인 법의 지배가 갖는 중요성은 이미 몽테스키외, 페일리(W. Paley), 토크빌, 맥콜리(Macaulay) 등에 의해 강조되었다(Hayek 1960). 하지만, 다이시는 19세기까지의 고전적 논의들을 영국 정치체제의 다른 특징들과 유기적으로 통합시킴으로써 법의 지배에 관한 현대적인 논의의 토대를 쌓았다.

다음으로 다이시의 법의 지배 이론은 법의 지배의 스펙트럼에서 어떤 위상을 점하고 있는가? 그리고 그가 전제하고 있는 민주주의에 관한 관념은 민주주의 스펙트럼에서 어떤 위상을 점하고 있는가? 이 두 가지 질문에 대한 답변은 다이시가 체계화하고 있는 입헌민주주의 성격을 분명히 드러내준다.

주지하듯이 다이시의 법의 지배 원칙은 세 가지 의미를 갖고 있다. 첫째는 국가의 일반 법원을 통해 확립된 법을 명확히 위반하지 않고서는 누구도 처벌을 받거나 몸과 재화에 있어서 고통(책임)을 당하지 않는다는 것을 의미한다. 둘째는 누구도 법위에 군림할 수 없으며 만인은 그의 지위와 신분에 관계없이 국가의 일반적인 법을 준수하고 일반 법원의 관할에 복종할 의무가 있다는 것(법 앞의 평등)을 의미한다. 그리고 셋째는 헌법상의 일반 원칙들은 궁극적으로 사법판결의 산물로서 법의 지배 정신에 충일해 있다는 것을 의미한다.

이 세 가지 의미를 담고 있는 다이시의 법의 지배 개념은, 크레이그(P. Craig)가 해석하고 있듯이, 일단 형식적인 법의 지배 개념에 가까워 보인다(Craig 1997, 470-4). 다이시의 법의 지배 이론은 법의 제정과 집행형식에 대해서만 밝히고 있을 뿐 법이 구현해야 할 실질적인 내용을 드러내주지 않는다. 그가 대권 혹은 행정적 자유재량을 '자의적'이라고 규정하는 경향이 있고 또 '자의적'이라는 용어의 의미를 '나쁘다', '사악하다' 등의 의미로 해석하는 경향이 있기 때문에, 자의적인 지배와 대척점에 있는 법의 지배를 다소 실질적인 의미로 해석할 수 있는 여지가 없는 것은 아니다. 하지만 '자의적'이라는 용어는 일차적으로 법이 정당한 절차를 통해 제정되지 않았거나 제정된 법의 의미가 모호해서 행위를 안내하기 어렵다는 것 –곧, '형식적 비합법성'– 을 의미할 개연성이 크다. 법의 지배의 셋째 의미 역시 코먼로 체계가 개인의 권리보호에 더 효과적이라는 단순한 의미로 해석될 수 있다. 다시 말해, 헌법적 기본권들은 무수한 사법판단의 결과로 확립되었기 때문에, 코먼로 체계에서는 권위주의 정권이 헌법 조문을 수정하여 개인의 권리를 침해할 수 있는 가능성이 현저히 낮다는 의미로 해석될 수 있다.[25)]

하지만 이미 지적한 바와 같이 다이시의 법의 지배 개념을 순전히 형식적으로 이해하는 것은 무리가 있다. 법의 지배를 옹호하는 것은 사람들이 법률에 입각하여 행위할 수 있는 도덕적 존재라는 것을 전제하고 있다. 그러므로 법의 지배를 옹호하는 것은 결국 인간의 존엄성과 자율성 그리고 평등과 같

25) 또한 이미 지적한 대로 법의 지배와 코먼로 체계의 정점에 대한 다이시의 강조는 법의 지배를 위협했던 19세기의 행정국가 추세에 대한 깊은 우려를 반영한 것으로, 일종의 사법주권을 강조한 것으로 볼 수도 있다. 이렇게 이해할 경우, 그의 주권론은 (의회의 단일 주권보다는) 알란이 지적한 것처럼 의회주권과 사법주권의 이중주권으로 이해할 수도 있다.

은 실질적인 가치들을 지지하는 것이다. 따라서 다이시의 법의 지배 개념은 순전히 법체계의 형식과 관련된 것만은 아니고 어느 정도 실질적인 자유주의적 가치들을 전제하고 있다.

19세기 후반은 자유주의가 이미 성숙기를 지나 그 부작용을 수정해가는 시기였다. 따라서 다이시의 법의 지배 이론은 이미 자유주의 사회가 보호하고자 하는 최소한의 실질적 가치 혹은 정의 관념을 반영한 것으로 볼 수 있다. 그리고 이것이 바로 다이시가 무수한 사법판결의 결과로 확립된 기본권들을 보호하는 데 코먼로 체계가 큰 장점이 있다고 강조한 이유였다(Allan 2003, 174, 193-4).

다음으로 민주주의에 대한 다이시의 견해는 민주주의 스펙트럼에서 어떤 위치를 점하고 있는가? 다이시는 민주주의에 대해서는 법의 지배와 같은 체계적인 설명을 제시한 바 없다. 그럼에도 불구하고 민주주의에 대한 그의 견해는 (법적인 주권과 대비된) 정치적 주권과 관련하여 『헌법학입문』에서 간헐적으로 언급되고 있는 그의 입장, 『헌법학입문』의 「서론」에서 여성참정권과 비례대표제 그리고 국민투표제에 관련하여 표명한 입장들, 그리고 『19세기 영국에서 법과 여론의 관계』에 시사되어 있는 그의 입장들 속에 나타나 있다. 그러므로 여기서는 이런 부분들을 중심으로 다이시의 민주주의관을 간략히 살펴봄으로써 그가 옹호하고 있는 입헌민주주의의 성격을 규명할 수 있는 근거를 마련해보고자 한다.

먼저 정치적 주권과 법적 주권 사이의 관계에 대한 다이시의 설명은 민주주의에 대한 그의 견해가 대의민주주의적 틀 내에서 제시되고 있음을 분명히 보여주고 있다(ILC, 285). 이것은 민주주의에 대한 그의 견해가 근본적으로 시대적 제약을 받았다는 사실을 말해준다. 그는 법의 지배가 (법적인 차원의) 의회주권에 의해 뒷받침되고 있다는 사실을 강조함으로써 법의 지배가 정치적 주권자인 유권자들의 견해와는 '직접적인' 연관성이 없다는 것을 부각시켰다. 만일 법관들의 판결이 유권자들에 의해 직접적으로 영향을 받는다면 법의 최고성 원칙은 성립되지 않을 것이다. 그러므로 다이시가 정치적 주권자와 법적 주권자를 분리하고 법의 지배를 의회주권과 연계시킨 것은 정치적 주권자들 –제한된 범위의 유권자들– 의 정치참여가 하원 선거, 곧 의회 구성을 위한 선거제도의 틀 내에서 움직이고 있다는 것을 전제한다. 그리고 이 점은

『19세기 영국에서 법과 여론의 관계』에서 다이시의 주된 관심이 (그 제목과 달리) 일방적으로 19세기 영국에서의 여론의 추이 –舊토리즘, 개인주의, 그리고 집산주의(혹은 사회주의)– 에 대한 분석에 집중되었다는 사실을 통해서도 확인할 수 있다. 다이시는 여론이 어떤 메커니즘을 통해 입법화되는가를 분석하는 대신 입법이 여론의 추이를 반영했다는 단순한 주장을 (함축적으로) 제시함으로써 대의기관인 의회의 주도적인 역할을 부각시켰다. 정치적 주권자인 유권자들은 하원의 대의원들을 선출함으로써 간접적으로만 입법에 영향을 미칠 수 있었다. 더구나 하원을 선출하는 선거인단도 주로 재산의 유무 및 정도에 따라 구성되었다. 그러므로 다이시가 전제했던 민주주의는 오늘날의 기준으로 보았을 때는 매우 엘리트주의적이고 비참여적인 대의민주주의 형태에 불과했다는 것을 알 수 있다.

『헌법학입문』의 1915년 개정판(8판)의 「서론」에 제시된 여성참정권과 비례대표제에 대한 그의 입장은 민주주의에 대한 그의 최종적인 견해를 분명히 보여준다. 그는 밀(J. S. Mill)의 지지로 인해 더욱 활발해진 여성의 참정권 운동에 대해, 그것이 영국의 국익에 보탬이 되는지 그리고 사물의 본성에 부합하는지의 여부에 따라 결정되어야 할 것이라며 다소 유보적인 태도를 취했다(ILC, lxxx-lxxxiv). 그리고 비례대표제에 대해서도, 의회의 역할은 국민의 다양한 여론들을 정확히 대변하는 것이라기보다는 민중의 오류나 망상을 파악하고 현명하게 대처하는 것이라고 주장하면서 단호히 거부했다.[26] 그러므로 민주주의에 관한 다이시의 최종적 견해도 이전의 견해와 큰 차이가 없다. 그는 전 생애에 걸쳐 매우 엘리트주의적이며 비참여적인 대의민주주의 체제를 고수했던 것이다. 다만, 의외로 그는 국민투표제도 –의회의 양원을 통과한 법률의 승인을 유권자가 투표로 직접 결정하는 제도– 의 도입에 대해서는 긍정적이었는데, 그것은 국민투표제도가 의회정부제의 고질적인 병폐인 국민의사의 왜곡과 의회다수당의 무제한적인 권한을 어느 정도 시정하는 데 도움이 될 수 있다는 근거에서였다(ILC, cviii-cxvii). 하지만 다이시가 옹호한 국민투표는 수적으로 제한된 유권자들이 의회의 일방적 입법을 '거부할 수 있다'는 소

26) 그는 영국 의회제도의 성공이 상당 부분 양당제도의 정착 덕분이었다고 보고 있다(ILC, lxxxviii).

극적 의미의 것이었다. 그러므로 그가 수용한 국민투표는 근본적으로 엘리트주의적인 대의민주주의의 틀 내에서 매우 제한적인 기능을 수행하는 부류의 것이었다(ILC, cix).

지금까지의 논의를 바탕으로 입헌민주주의에 대한 다이시의 입장을 추론해보면 다음과 같이 정리해볼 수 있다. 다이시의 법의 지배 이론은 법의 지배를 구성하는 특정한 권리와 자유의 목록을 구체적으로 제시하지 않았다. 하지만, 영국의 전통 속에서 확립된 기본적인 권리와 자유들 –특정한 정의와 공동선에 관한 관념을 배경으로 한다– 을 코먼로 테크닉을 통해 사법적으로 옹호하고 있다는 점에서 자유주의적 입헌민주주의의 이론적 정당화 –전통과 이성의 결합– 에 기여한 것으로 평가할 수 있다.[27)]

하지만 그의 입헌민주주의 이론은 (비록 의회주권을 옹호함으로써 민주적 참여의 원리를 강조한 듯하지만) 영국 전통이 당연시해온 의회주권론을 원칙적인 수준에서 표현한 것일 뿐 법의 지배와 민주주의의 관계에 관한 통합적 고찰의 결과는 아니었다. 그는 영국 의회의 민주적 상징성을 실질적인 민주성으로 받아들였기 때문에 19세기 후반기 영국 대의민주주의의 한계를 이론적 반성의 대상으로 삼지 못했다. 그 결과 다른 민주주의 형태가 법의 지배 원리와 맺을 수 있는 (다양한) 관계를 이론적인 탐구의 대상으로 삼을 수 없었다.

사실 빅토리아 시대의 유산인 토리헌법은 표면적으로는 법의 지배, 의회주권 등의 중요한 원칙을 담고 있어서 현대적인 헌법과 유사해 보인다. 하지만, 그 구체적인 내용과 의미는 결코 오늘날처럼 민주적인 헌법은 아니었다(Edwing 2000, 34-5). 그것은 소유권, 특히 남성의 소유권을 옹호한 헌법이었다. 피선거권 역시 남자에게만 허용되었다. 그 결과 귀족들로 구성된 상원은 말할 것도 없고 하원 역시 재산이 많은 사람들이 지배함으로써 매우 보수적인 성격을 갖고 있었다(Edwing 2000, 35).

관습법의 내용 또한 온전한 의미에서 민주주의와는 거리가 멀었다. 경제적

27) 오늘날 다이시의 법의 지배 개념은 사법에 지나친 중요성을 부여함으로써 공법의 입지를 약화시켰다는 비판을 받고 있다. 오늘날에는 정부가 공법의 독립적인 원칙들에 따르지 않거나 공법에 의해 부여된 특별한 권력이 없이는 경제와 사회를 효율적으로 관리할 수가 없기 때문에 이런 비판이 설득력이 있다. 어쨌든 '행정법'(administrative law)에 대한 다이시의 유명한 반박은 '법의 지배'에 깔려 있는 논리근거를 잘 보여주고 있다.

자유 –사적 소유권– 는 비교적 충분히 인정되었다. 하지만 경제적 자유는 주로 노동과 자본을 처분할 수 있는 자유를 의미했을 뿐 노동자들이 단체행동을 할 수 있는 자유로까지는 확대되지 못했다. 이에 따라 법의 지배 역시 일반적이며 보편적으로 적용되지 못한 한계를 갖고 있었다(Edwing 2000, 37). 이것은 법의 지배가 일반성과 보편성을 확보하기 위해서는 민주주의의 발전이 필요하다는 것을 말해준다.[28] 이런 구체적인 정황을 배경으로 해서 볼 때, 다이시의 입헌민주주의 이론은 당시에 확장되고 있었던 행정부의 자의재량권을 제약하기 위해 의회가 상징하는 민주성의 원리와 법의 지배의 원칙을 재천명한 것일 뿐, 법의 지배와 인민주권 원칙을 체계적으로 통합시키고자 한 시도의 산물은 아니었다. 그럼에도 불구하고 다이시는 의회주권과 법의 지배 원칙을 체계적이고 명료하게 설명한 동시에, 그 둘 사이의 관계를 유기적으로 통합시켜 고찰함으로써 현대 입헌민주주의 이론의 주창자가 될 수 있었다.

하이에크의 법의 지배 개념과 최소민주주의론

▌하이에크 사상의 개요

20세기를 대표하는 법철학자 겸 정치철학자로서 하이에크(1899~1992)의 명성은 20세기의 사회사상과 법사상을 지배해왔던 두 가지 가정들에 근본적인 도전을 가함으로써, 바람직한 정치(혹은 통치)형태와 법의 지배와 관련된 중요한 논쟁을 불러일으켰고 그에 준하는 중요한 제도적 변화를 자극했다는 점에 기인한다(Mack 2011, 129). 그가 도전했던 20세기의 중요한 두 가지 사회사상적·법사상적 가정들은, 합리적이며 유익한 사회질서는 의도적인 계획에 의해서만 산출될 수 있다는 가정과(합리적 구성주의), 법은 그 원천이 되면서도 그것에 따르지는 않는 권위의 (의도적인) 명령이어야 한다는 주장이다(법실증주의). 전자는 이른바 '중앙(정부)에 의한 기획'이라는 아이디어를 통해 표현되었고 후자는 법의 지배에 역행하는 '자의적인 의지의 지배'(the rule of arbitrary will)

---

28) 1918년 성인 남자의 선거권이 보장되고 10년 뒤에는 여성의 선거권도 인정되어 토리헌법의 특징인 시민권과 소유권의 연계성이 사라졌다. 하지만 자유주의 헌법 역시 여전히 복수투표제를 허용했고 선거비용의 상한선이 지나치게 높았기 때문에 온전한 인민주권의 원리를 구현하는 데까지는 미치지 못했다.

라는 관념으로 구체화되었다. 하이에크는 중앙의 기획에 의해 관리되는 인위적인 사회질서라는 개념 대신에 자생적인 질서(spontaneous order)라는 대안 개념을, 그리고 '자의적인 의지의 지배' 대신에 새로운 법 개념과 법의 지배 원칙을 제시함으로써 바람직한 경제체제와 정치질서(민주주의)의 모색에 대한 관심을 불러일으켰다. 그러므로 이 장에서는 법의 지배 원칙과 민주주의, 그리고 그 둘 사이의 관계로 형성된 입헌민주주의에 대한 그의 입장을 고찰해봄으로써 현대 입헌민주주의 담론에서 하이에크가 차지하고 있는 위상과 의의를 조명해보고자 한다. 결론을 미리 제시하면, 하이에크는 다이시와 달리 의회주권과 법의 지배가 양립 불가능하다고 보고, 법의 지배에 대한 확고한 믿음을 최소주의적 선거민주주의와 결합시킴으로써 고전적 입헌민주주의에 대한 가장 영향력 있는 이론을 제시했다.

■ 법 개념과 법의 지배 원칙

법의 지배와 민주주의, 그리고 이 둘 사이의 바람직한 관계에 대한 하이에크(F. A. Hayek)의 견해는 그의 대표 저서들인 『자유헌정론』(The Constitution of Liberty. 1960. 이하에서는 CL로 표기)과 『법, 입법 그리고 자유』(Law, Legislation and Liberty. 1982. 이하에서는 LLL로 표기)에서 체계적으로 개진되어 있다. 첫째 저서는 사회의 오랜 진화과정을 통해 확립된 일반적이고 추상적인 법에 의해 지배되고 있는 사회야말로 자유가 가져다주는 혜택을 충분히 누릴 수 있다는 확신을 표명하고, 법의 지배가 어떻게 확립·확산되었고 또 행정국가화 경향과 국민주권(민주주의) 원리의 대두로 인해 그것이 어떻게 위태롭게 되었는가를 분석한다. 그리고 둘째 저서는 두 종류의 질서와 그에 조응하는 두 종류의 규칙을 대비시키는 한편, 오늘날 '사회적 정의' 혹은 '분배적 정의'로 간주되는 것은 오직 '조직' 내에서만 의미를 가질 뿐 아담 스미스가 '위대한 사회'라고 불렀던 자생적인 질서(사회)와는 양립하기 어렵다는 주장을 전개하고 있다. 그리고 덧붙여, 무제한적인 정부가 된 대의민주주의 하에서는 자발적 질서가 점차 전체주의 체제로 전락하고 있다고 우려하면서, 고전적인 법의 지배에 의해 뒷받침된 개인적 자유의 완전한 보장이야말로 사회발전의 유일한 길이라고 주장한다. 그러므로 두 번째 저서는 첫째 저서의 문제의식을 이어받아

엄격한 법의 지배 원칙에 의해 제한된 입헌민주주의를 제시하고 있기 때문에 첫째 저서와 함께 분석할 필요가 있다.[29)]

하이에크의 법 개념과 법의 지배 이론을 개관하기 위해서는 먼저 그의 법 개념과 밀접히 연관되어 있는 사회진화에 관한 이론을 간략하게나마 소개할 필요가 있다.[30)] 왜냐하면, 그의 법 개념은 사회진화의 과정에서 자연스럽게 확립된 일반적이고 추상적인 행위준칙들로서 자생적 질서로서의 사회라는 관념을 전제하기 때문이다.

하이에크는 『법, 입법 그리고 자유』 1부(「규칙과 질서」)에서 이성의 합리적 구성능력을 맹신하는 구성주의적 사회관(Taxis)과, 사회를 인간의 합리적 구성능력에 의해 구성된 것으로 보지 않는 진화론적 사회관(Cosmos)을 대비시키고, 각 사회의 성격에 조응하는 두 종류의 준칙들을 대비시킨다. 다시 말해, 특수한 목적을 실현하기 위해 의도적으로 제정된 규칙(statue, 제정법)과 사회의 자생적인 성장과 진화과정에서 자연스럽게 확립된 규칙(law, 법)을 대비시킨다.[31)] 그리고 위대한 사회(Great society) 혹은 자유문명은 사회의 자연적인 성장과 진화과정에서 확립된 일반적이고 추상적인 준칙을 적용·교정함으로써 달성될 수 있다는 진화론적(혹은 비판적) 합리주의를 옹호한다.

하이에크에 의하면, 자생적 질서로서의 사회의 성장과 진화는 일반적이고 안정된 준칙들(rules)의 자발적인 형성과정과 함께 진행된다. 규칙은, 마치 자동차 통행방향이 관례적으로 형성된 것과 같이, 사람들이 환경과 타인들에게 적응하는 과정에서 자연스럽게 발생한다. 그런 의미에서 자생적 질서의 성장과 진화 과정에서 형성된 법이라는 관념은 적어도 13세기와 15세기 유럽에서 아리스토텔레스의 『정치학』이 재발견되고 유스티니아누스 법전이 수용되기 이전까지 유럽에서 일반적으로 옹호되었던 관념, 곧 법은 인

---

29) 이와 같은 관점에서 보면, 두 번째 저술은 시간적으로 훨씬 뒤에 나왔음에도 불구하고, 첫째 저술에서 충분히 설명하지 못했거나 발전시키지 못한 부분을 보완하고 있다고 볼 수 있다. 따라서 이 두 저술들을 하나의 체계로 간주하면서 그의 입헌민주주의 이론을 설명할 필요가 있다.

30) 자생적 질서로서의 사회 개념에 대한 하이에크의 견해는 이미 충분히 알려져 있기 때문에 여기서는 그의 법 개념을 설명하는데 필요한 정도만 소개한다.

31) 하이에크에 의하면, 법은 자연적으로 확립되지 않고 인위적으로 제정된다고 보는 관념은 데카르트, 홉스, 루소, 벤담 그리고 현대의 법실증주의로 이어지는 구성주의적 합리주의에 근거하고 있다(LLL, Vol. 1, 95).

간이 만든 것이 아니라 단지 발견된 것이라는 관념 –곧 자연법 관념– 과 유사성이 있다.[32]

하지만 사회의 진화과정에서 자연스럽게 형성된 법이라는 관념 및 그 자연법적 표현들은 16세기와 17세기에 걸쳐 유럽 전역에서 민족국가체제가 확립됨에 따라 근본적인 도전에 직면하게 되었다. 왜냐하면, 근대 민족국가체제는 절대군주제 단계를 거치면서 전혀 다른 법 관념을 확립해가고 있었기 때문이다. 법실증주의가 바로 그것으로 법실증주의는 법을 주권자인 절대군주의 명령, 곧 주권자가 제정한 것으로 보았던 것이다. 이런 추세는 17세기 초 영국에서도 예외 없이 확인할 수 있는데, 실증주의적 법 관념을 매우 체계적이고 대담하게 표현하고 있는 홉스의 『리비이어던』은 그와 같은 일반적 추세를 반영했다.

하지만 영국에서는 절대주의 국가와 이에 조응하는 실증주의적 법 관념이 큰 진전을 이루지 못했다. 이 사실은 영국사회의 특별한 역사적 성취물인 법의 지배 원칙 및 그 발전과 관련하여 대단히 중요한 역사적 의미를 갖고 있다. 독자적인 코먼로 전통을 확립한 영국은 다른 유럽 국가들이 따르고 있었던 절대주의에 대항하여 법의 우월성 원칙을 헌정질서의 확고한 원칙으로 수립함으로써 자유롭고 번영하는 사회·경제질서를 구축할 수 있었으며, 유럽과 신생 미국에서 동일한 이상의 실현을 자극했기 때문이다(CL, 162-204). 하이에크가 법의 지배의 이상을 위대한 사회 혹은 자유문명의 근본 조건으로 천명하고, 그 이상의 본질과 그 이상이 다른 지역에서 확립되어간 과정을 분석하게 된 것은 바로 이와 같은 역사적 평가를 반영한다.

하이에크는 법의 지배를 뒷받침하는 진정한 법 개념 및 권력분립 원칙 그리고 다른 절차적 조건들을 설명함으로써 법의 지배의 본질에 접근한다. 『자유헌정론』의 14장(「개인적 자유의 보호」)에서 하이에크는 법의 지배 이상이 지닌 의미를 다음과 같이 설명한다.

32) 이 관념은 근대 절대군주 체제와 함께 법실증주의가 대두될 때까지는 거의 모든 사회의 일반적인 관념이었다. 법실증주의의 흥기에 대한 전통적인 대응은 주로 스콜라철학의 자연법적 전통에 입각하여 이루어졌는데, 자연법마저도 17세기에 이르러서는 자연적 이성(natural reason)의 '고안물'이라는 관념으로 이해되기 시작했다(LLL, Vol. 1, 84-5).

> 법의 지배란 정부가 이미 알려진 법의 집행을 위한 경우를 제외하고는 개인에게 강제를 행사하지 말아야 한다는 것을 의미하는바. 입법부의 권력을 포함한 모든 통치권력을 제한하는 것이다. 그것은 법이 마땅히 어떠해야 하는가에 관한 원칙으로서, 개별적인 법들이 갖춰야 할 일반적 속성에 관한 것이다. 이것은 법의 지배 개념이 종종 모든 통치행위에 수반되는 단순한 적법성의 요구와 혼동되는 오늘날의 경향을 두고 볼 때 매우 중요하다. 물론 법의 지배는 완전한 적법성을 전제하고 있다. 하지만 이것만으로는 충분하지 않다. 만일 어떤 법이 정부에게 원하는 대로 행위할 수 있는 무제한의 권력을 부여한다면 정부가 수행하는 모든 행위는 적법할 것이다. 하지만 법의 지배에서는 이것으로 충분하지 않다. 그러므로 법의 지배는 또한 단순한 헌정주의 그 이상의 것을 의미한다. 그것은 모든 법들이 일정한 원칙들에 부합해야 할 것을 요구한다(LC, 205).

이상의 인용문에서 법의 지배와 관련하여 하이에크가 강조하는 사항은 크게 두 가지다. 하나는 법의 지배는 입법부를 포함한 모든 통치권력을 제한하는 것, 곧 헌정주의 원칙을 포함하고 있다는 것이다. 그리고 다른 하나는 법의 지배가 단순히 합법적 통치만을 의미하는 것이 아니라 특정한 조건을 갖춘 법만을 진정한 법으로 인정한다는 것을 의미한다. 첫째 사항에는 법의 지배 실현을 위한 조건들로 권력분립 원칙, 기본권 사항, 그리고 자유보호를 위한 절차적 조건들이 포함되어 있으며, 둘째 사항에는 입법자의 권한을 원천적으로 제한할 수 있는 조건으로 진정한 법이 갖추어야 할 형식적 조건들을 규정하는 원칙들이 포함되어 있다.[33] 이하에서는 법 개념에서 시작하여 헌정주의로 나아가는 방식으로 하이에크의 법의 지배 이론을 고찰해보기로 한다.

하이에크는 먼저 진정한 법이 갖추어야 할 특성들로 일반성과 추상성, 미래지향성과 비소급성, 확실성, 평등 등을 제시한다(LC, 207-10). 이런 특성들은 진정한 법과 그렇지 않은 법(혹은 명령)을 구분시켜 주는 요소들로서 법의 지배가 전제하고 있는 법이 반드시 갖추어야 할 특성들이다. 만일 법이 이런 특성들을 갖추지 못했다면 그런 결함이 있는 법에 의해 관리되는 사회는 법의 지

---

33) 둘째 사항과 관련해서 보면, 법의 지배는 법의 특성 -법이란 무엇인가?- 에 관한 이론(meta-legal doctrine)을 전제하고 있다고 볼 수 있다(LC, 206).

배가 지향하는 자유로운 문명을 창달하기 어렵다.

하이에크에 의하면, 법의 지배가 전제하고 있는 법은 무엇보다 일반적이고 추상적인 준칙이어야 한다. 여기서 법이 일반적이고 추상적이어야 한다는 조건은 법이 (아직 알려지지 않은 수많은 사례들을 다루고자 하기 때문에) 특정한 개인, 장소, 대상들을 지정해서는 안 된다는 것을 의미한다. 법은 일반적이고 추상적일 때만 장기적인 유효성과 광범위한 적용 영역을 가질 수 있다. 즉, 법의 일반성과 추상성은 다양한 목적들을 효율적으로 추구하기 위한 조건으로서 다원적인 목적들이 자유롭게 추구될 수 있는 자유문명의 토대를 제공한다(LC, 105).

법은 또한 소급 적용되어서는 안 되며 미래지향적이어야만 한다. 이것은 법이 소급 적용될 경우, 어떤 행위가 지금 당장에는 불법이 아니지만 언제든지 입법자들이 불법화시켜 처벌할 수 있도록 허용함으로써 자유로운 계획과 행위를 동결시켜버릴 수 있기 때문이다. 소급입법이 허용될 경우 법의 지배는 결국 자의적인 지배와 다를 바 없게 될 것이며, 그에 따라 위대한 자유문명 사회의 창달은 불가능한 목표가 되어버릴 것이다.

다음으로 법은 그 내용이 확실해야만 한다. 법의 확실성은 자유사회가 부드럽고 효율적으로 작동할 수 있는 필수조건으로, 그 동안 서구사회의 번영에 기여해온 가장 중요한 요소이다(LC, 208-9). 법의 이런 특성은 다른 특성들과 마찬가지로 완벽하게 실현할 수는 없지만 실현되는 정도에 비례하여 행위의 일관성과 예측가능성을 높여줌으로써 자유사회의 순조롭고 효율적인 작동을 지원한다.

마지막으로 하이에크는 법이 갖추어야 할 속성으로 평등을 든다. 그런데 법이 사회의 모든 구성원들에게 평등하게 적용되어야 한다는 조건은 법이 일반적이어야 한다는 조건 그 이상의 것을 의미한다. 법은 형식적으로 일반성 조건을 충족시키면서도 사실상 불평등하게 적용될 수 있기 때문이다. 예컨대, 법은 해당되는 사람들의 형식적 특징들만을 언급함으로써 완벽하게 일반성 조건을 충복시킬 수 있다. 하지만 그 집단을 구성하고 있는 상이한 계층들에 대해 상이한 규정을 적용함으로써 차별적인 취급을 할 수 있다. 그러므로 이 조건은 법이 지향해야 할 대체적인 방향을 제시해줄 뿐 법이 일반적으로 구현하고 있는 특성이라고 보기는 어렵다. 그럼에도 불구하고 법의 평등이라는 이상은 아직 알려져 있지 않은 많은 사람들의 기회를 동등하게 증진시키고자 하는 목표를 추구한다는 점에서, 특정한 사람들에게 혜택을 주거나 해를 끼치지 못하게 만든다.

하이에크는 이와 같은 일반적 특성들을 갖추어야 할 법이 정의에 관한 별도의 조건도 충족시켜야 하는지에 대해서는 부정적인 입장을 취한다(LC, 210). 법이 많은 사람들에게 정당한 것으로 '받아들여져야' 한다는 데에는 의문의 여지가 없다. 하지만, 법이 일반성과 평등과 같은 일반적인 (형식적) 조건들 외에 정의에 관한 별도의 기준을 충족시킬 필요는 없다. 그럼에도 불구하고 하이에크는 법의 일반성과 평등성은 법의 내용이 악하거나 정의롭지 못할 위험성을 줄여줄 수 있다는 뒤기(L. Duguit)의 주장을 인용함으로써 법의 형식적 조건이 실질적 정의를 담보하는데 어느 정도는 도움이 된다고 본다.[34)]

하이에크에 따르면, 이상과 같은 형식적 조건들을 갖춘 법이 개인적 자유의 침해에 대한 효과적인 보호 장치가 되기 위해서는 법의 지배에서의 예외를 정당화시켜주곤 하는 한 가지 잘못된 견해를 극복할 필요가 있다. 즉, 국가 및 그 대행자들은 법의 지배를 받을 필요가 없으며 필요할 경우 개인들에게 (법으로부터의) 면제권을 부여할 수 있다는 잘못된 견해를 극복해야만 한다. 왜냐하면, "법의 지배라는 이상은 국가가 다른 사람들에게 법을 집행하거나 (이것은 국가의 유일한 독점권이다) 행위를 할 때 동일한 법 아래에서 행위할 것을 요구하는바, 일반 사인들과 마찬가지 방식으로 제한받아야 한다는 것을 요구[하기 때문이다]"(LC, 210).

법의 지배가 전제하고 있는 법의 일반적·형식적 특성을 개관한 하이에크는 이제 법의 지배를 가능하게 하는 두 번째 요소인 헌정주의적 요소들을 개관한다. 특히 이 헌정주의적 요소들은 보다 직접적으로 통치권력을 제한함으로써 법의 지배를 관철시킨다. 앞에서 설명한 형식적 적법성의 요건들을 갖춘 법규들이 법의 지배를 가능하게 하는 기본원칙들이라고 한다면, 헌정주의적 요소들은 그런 원칙들에 실질적인 규범적 구속력을 부여함으로써 법의 지배를 완성시킨다. 이하에서는 헌정주의의 가장 전형적인 요소들인 권력분립

34) 이 주장은 풀러의 '법의 내적 도덕성'(the inner morality of law)과 관련하여 발생한 논쟁 - 법의 내적 도덕성이 법의 실질적 정의를 보장해줄 수 있는가에 관한 논쟁- 을 연상케 한다 (Fuller 1971).

원칙, 기본권과 시민적 자유의 규정, 그리고 권력 사용과 관련된 절차적 규정들을 간략히 개관한다.

하이에크에 의하면, 헌정주의의 핵심 요소인 권력분립 원칙은 "새로운 일반 준칙을 확립하는 일과 그것을 특수한 경우들에 적용하는 일이 같은 사람이나 기구에 의해 수행될 경우, 그 두 가지 기능들이 실질적으로 분리되기 어려워" 법의 지배가 실현되기 어렵다는 문제의식을 반영한다(LC, 210-1). 동시에 그 원칙은 '개인과 소유'에 관련된 행정권력의 행사가 사법적 심사에 부쳐질 수 있을 때만 법의 지배가 실현될 수 있다는 판단을 반영한다. 입법과 사법이 통합되면 입법부에 의해 제정된 법을 입법부 스스로 해석·적용하는 방식으로, 혹은 사법부가 입법을 이용하는 방식으로 자의적인 지배의 가능성을 열어놓는다. 또한 사법부에 의해 통제되지 않은 행정부는 행정상의 편의와 목적을 구실로 (일반적이고 추상적인 법규의 적용을 받지 않게) 행정권의 완전한 독립을 요구함으로써 '개인과 소유'를 자의적으로 통제할 수 있다. 따라서 권력분립 원칙은 행정권력이 입법부가 제정한 일반 법규들의 규제를 받지 말아야 한다는 의미로 이해되어서는 안 된다.[35] 물론 행정부는 독자적으로 판단하고 자유롭게 행위할 수 있는 자유재량적 영역을 가지고 있다. 하지만 최소한 '개인과 소유에 관한 한' 행정부는 일반적인 법규에 따라야 하며 자유재량 권력을 가져서는 안 된다(LC, 211-4).[36] 왜냐하면, 법의 지배의 본질은 사적 개인과 소유권이 정부가 사용할 수 있는 수단으로 전락하지 않도록 막는데 있는바, 행정부가 강제력을 사용하고자 할 때는 반드시 그 조건과 절차를 명시한 준칙에 따라야 하기 때문이다.

행정적 자유재량과 법의 지배의 관계는 입법과 정책 사이의 대립으로 치환될 수 있다(LC, 214-5). 이 경우 정책은 수시로 바뀌는 목표를 추구하는 정

35) 이것은 행정부가 따라야 하는 법규를 반드시 일반 입법부가 제정해야 하는가 하는 문제와는 별도의 문제이다(LC, 211). 입법의 위임은 편의에 관련된 문제로서 법의 지배 원칙과는 직접적인 연관성이 없다. 즉, 입법기능은 지방의회나 지방자치기구 그리고 심지어 선출되지 않은 기구에 위임될 수도 있다.

36) 법의 지배 하에서는, 행정부의 행위가 개인의 사적 영역을 침범하는 모든 경우에 법원이 행정기관의 특정 행위가 합법적인가 아니면 초법적인가 하는 사항뿐만 아니라 행정기구의 결정 내용이 법이 요구하는 것인가에 대하여 판단할 권한을 가져야 한다. 다시 말해 이런 경우에는 행정부의 자유재량권이 금지된다(LC, 214).

부의 노력을 의미하며, 입법은 일반적이고 추상적인 행위준칙을 제정하는 것을 의미한다. 따라서 주로 정책 집행을 담당하는 행정부는 정부가 활용할 수 있는 자원을 감독하고 배분함으로써 끊임없이 변하는 사회의 요구에 복무한다. 국방과 도로유지, 보건위생과 도로 순찰에 이르기까지 정부가 제공하는 모든 서비스는 정책에 속한다. 그리고 정부는 이런 정책들을 수행하기 위해 특정한 수단을 사용하고 공무원들을 고용하며, 끊임없이 당면한 임무를 설정하고 그 임무에 필요한 수단들을 결정해야 하는데, 이런 것들 역시 정부의 자유재량에 속하는 정책적 문제이다.

하지만 복잡하고 산업화된 현대사회에서 행정부가 담당해야 할 임무 –정책 수행– 의 범위가 대폭 확대되면서 행정전문가들이 더 많은 영역과 문제들을 행정 서비스의 대상으로 포함시키고자 하는 경향이 발생했는데, 이런 경향은 법의 지배에 심대한 위협이 되고 있다. 왜냐하면, 이런 추세는 사적 개인들과 그들의 소유권마저도 행정적 자유재량의 대상으로 보려는 경향을 발생시키고 있기 때문이다. 이런 관점에서 보면 법의 지배는, 보다 광범위한 영역과 대상을 행정적 자유재량의 범위로 포섭하려고 하는 경향에 맞서서, 사적 개인과 그 소유권을 안전하게 지키기 위한 대항적 원리로 이해할 수 있다. 다시 말해, 법의 지배는 "특수한 임무를 부여받은 행정기관들이 그들의 목표를 달성하기 위해 어떤 주권적 권력 –독일인들의 표현에 따르면, 고권(Hoheitsrecht)– 도 휘둘러서는 안 되며, 반드시 자신들에게 특별히 허용된 수단들만을 사용해야 한다는 것을 의미한다"(LC, 215).

하이에크가 헌정주의의 핵심 요소에 포함시키고 있는 다른 사항은 기본권과 시민적 자유이다(LC, 216-8). 하지만 이 요소에 관한 고찰은 특별한 주의를 요한다. 왜냐하면, 이런 사항들을 헌법에 명시하는 것은 전혀 의도하지 않은 결과를 초래할 수 있기 때문이다. 만일 특별히 중요하다는 의미로 특정 기본권들을 헌법에 명시해놓게 되면 헌법에 명시되지 않은 다른 기본권이나 시민적 자유들은 공적인 기구들에 의해 침해되어도 괜찮다는 오해를 불러일으킬 수 있다. 반면에 기본권과 시민적 자유들을 아예 헌법에 명시해놓지 않으면 그것들이 헌법이 보호할 대상들이 아니라는 오해를 불러일으킬 수 있기 때문이다.

하지만 하이에크는 기본권과 시민적 자유의 범위를 '일반법에 의해 명시적으로 제한되지 않은 모든 행위'로 규정함으로써 기본권과 시민적 자유를 가장 광범위 하게 해석하는 전략을 취한다. 동시에 특정한 기본권과 시민적 자유들을 헌법에 명시하는 전략이 대체로 긍정적인 결과를 가져왔다고 보고 명시전략을 채택하는 것이 좋다고 강조한다. 이런 이중 전략은 특별히 보호해야 할 중요한 기본권과 시민적 자유들을 확실히 보호해주면서도, 미래에 개인의 자유를 위협하는 새로운 요인들이 발생했을 때 현행 헌법에 구체적으로 명시되어 있지 않은 다른 기본권들과 시민적 자유들도 보호해줄 수 있는 이점이 있다. 예컨대, 이중 전략은 정부가 고도로 발달한 마인드컨트롤 기술을 사용하여 개인적인 영역에 쉽게 침투할 수 있게 된 시대에 기본권과 시민적 자유의 범위를 (헌법에 명시된 것들을 포함하여) 확대 해석할 수 있도록 해줌으로써 개인적 자유를 최대한으로 보호해줄 수 있다.

하지만 하이에크는 이런 이중 전략이 성공적으로 작용하기 위해서는 무엇보다 국민들이 투철한 권리의식을 가질 필요가 있다고 강조한다(LC, 217). 왜냐하면, 이런 경우에만 최종 입법자가 의도적으로 개인의 권리를 침해할 수 있는 개연성을 최대한 줄일 수 있기 때문이다.

지금까지의 설명에 한 가지 덧붙일 사항이 있다. 그것은 개인의 기본권과 시민적 자유는 결코 침해되어서는 안 된다는 주장의 비현실성을 완화시키기 위한 것이다. 법의 지배에 관한 지금까지의 설명은 개인의 자유가 결코 침해되어서는 안 된다는 취지의 것이었다. 하지만 이런 원칙이 언제나 그리고 무조건적으로 관철되어야 하는 것은 아니다. 예컨대 비상시국이나 국가재난상황에서는 기본권과 시민적 자유의 일부 또는 상당 부분을 일시적으로 제한할 수 있고 또 제한할 필요가 있다. "언론의 자유와 같은 가장 기본적인 권리조차도 '명백하고도 현존하는 위험' 상황에서는 제한되어야 하며, 정부는 토지의 강제수용을 위해 토지수용권을 행사해야 한다"(CL, 217). 하지만 법의 지배와 관련하여 중요한 점은, 그런 제한행위가 법에 의해 엄격히 규정된 (예외적인) 경우로 한정되어야 한다는 것과, 그런 제한이 특정 기구의 자의적인 결정에 의해 정당화되어서는 안 되고 독립적인 법원에 의해 심사되어야 한다는 것이다. 나아가서 그런 비상행위에 의해 영향을 받는 개인들은 자신들의 정당한 기대가 좌절되지 않아야 하며, 손해가 불가피할 경우에는 그 손해에 대해 온전한 보상을 받아야 한다는 것이다. 그러므로 법의 지배 원칙은,

사적 영역에 대한 공권력의 침해를 허용하는 비상시기라 하더라도, 사적 영역에 대한 불가피한 침해로 인해 얻게 되는 공공이익의 크기가 그 손실보다 훨씬 더 클 경우에만 사적 영역에 대한 침해를 허용한다(LC, 218). 이 조건은 "공적 행위의 구체적인 이익을 평가할 때의 어려움이나 특정한 목적의 중요성을 과대평가하는 전문행정가들의 악명 높은 성향을 비추어볼 때, 사적 소유자(private owner)는 항상 [공권력 행사에 대한] 의심으로 인한 이득을 얻는 것이 바람직하다"는 것을 의미한다. 동시에 그것은 "보상은 [공권력이] 남용될 수 있는 여지를 주지 않도록 가능한 한 최대로 정해져야 한다"는 것을 뜻한다.

법의 지배를 뒷받침하는 헌정주의의 추가적 요소는 출정영장제(habeas corpus)나 배심원평결과 같은 특수한 절차적 조건들이다(LC, 218-9). 이런 절차적 조건들은 개인의 자유를 보호해주는 중요한 기제들로, 특히 사법과정에서 발생할 수 있는 자유의 침해를 막는데 필수적이다. 영미 사회에서 법의 지배 원칙이 유지될 수 있었던 것은 상당 부분 이런 절차적 조건들에 대한 존중 때문이었다. 하지만 이런 절차적 조건들의 중요성을 지나치게 강조한 나머지 (법의 지배의 다른 요소들의 충족여부와 상관없이) 이 절차적 조건들만이 개인의 자유를 보호하는 데 필요하다고 생각하는 것은 잘못이다. 왜냐하면 이 절차적 조건들은 사법판결을 일반적인 준칙에 따르도록 하기 위한 것으로, 궁극적으로 이미 확립되어 있는 법의 지배로부터 그 중요성이 도출되기 때문이다. 하이에크는 법의 지배와 절차적 조건들의 관계를 다음과 같이 설명한다.

> 모든 사법적 절차의 준칙들, 곧 개인을 보호하고 불편부당한 정의의 실현을 보장하기 위한 모든 원칙들은 개인들 사이, 혹은 개인과 국가 사이의 모든 분쟁이 일반법의 적용에 의해 결정될 수 있다는 것을 전제로 한다. 그것들은 법이 지배하도록 만들기 위해 고안된 것이다. 하지만 법이 의도적으로 그런 결정을 권위기구의 자유재량에 맡겨버릴 경우 그 사법적 절차의 준칙들은 정의를 보호하는 데 힘을 발휘할 수가 없다. 절차적 보호 장치들은 법이 결정할 때만 -즉, 독립적인 법원들이 최종적인 결정권을 가질 때만- 자유를 보호해주는 절차들이 될 수 있다(LC, 219).

요컨대, 법의 지배를 구현함에 있어 사법적 절차에 관한 준칙들이 갖고 있는 중요성에 대한 하이에크의 강조는 외형적인 사법적 형식들에 대한 준수만으로 법의 지배가 실현될 것으로 보는 시각의 위험성을 지적하기 위한 것이다. 하이에크가 이런 우려를 표명한 이유는 당시까지도 상당한 영향력을 지니고 있었던 견해 –곧, 재판형식만 철저히 준수하면 자유가 보장될 것이라는 '환상'– 의 위험성을 잘 인식하고 있었기 때문이다. 이런 견해가 환상에 불과하다는 것은 독일의 나치즘이 합법적 절차를 통해 등장했다는 사실에서 확인할 수 있다. "사회는 사법적 절차의 형식과 준칙들을 본래 그것들이 속하지 않는 곳에 도입한다고 해서 구제되지 않는다"(LC, 219).

하지만 사법적 절차의 중요성을 일방적으로 강조하는 풍토에 대한 하이에크의 우려를 하이에크가 이런 사법적 절차들의 중요성을 무시하는 증거로 오인해서는 안 된다. 왜냐하면, 하이에크는 법의 지배에 대한 믿음과 재판형식에 대한 존중은 서로 밀접히 연관되어 있다고 보기 때문이다(LC, 219). 즉, 사법적 절차의 중요성을 일방적으로 강조하는 풍토에 대한 하이에크의 우려는 법의 지배와 절차적 조건들이 한 묶음으로 존재할 때만이 법의 지배가 온전히 구현될 수 있다는 것을 강조하기 위한 것이지, 그런 절차적 조건들이 중요하지 않다는 것을 강조하기 위한 것이 아니다. 요컨대 하이에크는 법의 지배의 다른 요소들이 실현되지 않은 상태에서는 사법적 절차들이 (없는 것 보다는 낫겠지만) 개인의 자유를 보호하는 데 그다지 큰 효과를 발휘할 수 없다고 보기 때문에, 사법적 절차들이 그 중요성을 얻게 되는 궁극적 토대로서의 법의 지배가 우선적으로 실현되어야 한다고 강조하고 있는 것이다. 일반적인 법규들이 진정한 법의 형식적 특징들을 담보하지 않거나 기본권과 시민적 자유들이 확립되지 않은 상태에서, 그리고 권력분립의 원칙이 적절히 작동하지 않은 상태에서, 재판이 특정한 절차적 조건들에 엄격히 진행되었다고 해서 법의 지배가 구현되지는 않기 때문이다.

▌법의 지배와 경제체제 그리고 사회정의

법의 지배를 구성하고 있는 요소들을 개관한 하이에크는 이제 법의 지배가 관철되고 있는 시장경제체제의 장점과 법이 집단적 목적을 위한 수단으로 전락해버린 계획경제의 단점을 대비시킴으로써 법의 지배의 혜택을 부각시킨다. 이와 같은 하이에크의 의도는 법의 지배를 위협하는 다양한 요인들이 출현하고 있는 현대사회를 배경으로 법의 지배를 수호 또는 복원시킬 당위성을 부각시키기 위한 것으로, 법의 지배가 담보되지 않은 풍요의 약속과 빈곤퇴치의 전략들 –사회주의 계획경제와 복지국가– 이 전체주의적 악몽을 재현할 수 있다는 우려를 반영한다. 하이에크는 『법, 입법, 그리고 자유』에서 이런 문제의식을 확장시켜 현대의 무제한적 대의민주주의가 초래할 수 있는 전체주의적 위험을 법의 지배 원칙을 재강조함으로써 극복하고자 한다. 이 절과 다음 절에서는 바로 이런 내용을 중심으로 하이에크의 법의 지배 옹호론을 고찰한다. 이 절에서는 법의 지배가 시장경제체제에서 자유를 보장해주고 번영을 견인하는 방식 및 법의 지배와 양립할 수 있는 정부행위의 범위에 대한 하이에크의 분석을, 그리고 다음 절에서는 법의 쇠퇴를 초래한 다양한 요인들과 함께 무제한적 민주주의가 법의 지배에 가하고 있는 도전의 본질 및 그 도전을 성공적으로 극복하기 위한 하이에크의 분석과 처방을 조명한다.

하이에크는 법의 지배가 어떻게 개인적 자유를 보장해주고 시장경제의 효율적 작동과 번영을 뒷받침해주는가를 고찰하기 위해 법의 지배가 자유체제와 양립할 수 있는 (정부의) 정책과 그렇지 않은 정책을 구분할 수 있는 기준을 제공해준다고 주장하고, 법의 지배가 시장경제의 원활한 작동을 위해 반드시 필요하지만 충분조건은 아니라는 점을 부각시킨다(LC, 222-33).[37] 그는 한편으로 시장경제는 강제가 전혀 없는 무제한적 자유 영역이 아니라 일반준칙의 형태로 작용하는 일반적인 규제 하에서만 안전하고 효율적으로 작동할 수 있다는 것을 논증한다. 그리고 다른 한편으로는 다른 경제행위자들이 제공해줄 수 없는 필수적인 공공재를 제공하기 위해서나 빈민을 구제하기 위해 불가피한 경우, 그리고 시장이 효율적으로 작동하는 데 필요한 일반 준칙을 수립하는 것이 필요한 경우에는 정부가 합법적으로 개입할 수 있다는 취지의 주장을 전개한다. 이하에서는 이런 논점들을 차례로 살펴본다.

먼저 하이에크는 법의 지배가 구현되고 있는 자유사회에서는 정부가 강제

37) 하이에크에 의하면, 시장경제체제에서는 정부가 정책적 개입을 해서는 안 된다고 보는 견해는 잘못된 것이다. 시장경제에 대한 정부의 개입은 불가피하기 때문이다. 중요한 것은 법의 지배와 양립할 수 있는 개입과 그렇지 않은 개입의 구분을 구분하는 것이다(LC, 220-2).

력에 대한 독점권을 가져야 하지만, 다른 모든 면에서는 다른 이들과 동일한 조건에서 행위해야 한다고 본다. 이 원칙은 정부가 사회의 경제영역에 전혀 개입해서는 안 된다는 것을 의미하지는 않는다. 왜냐하면 정부는 "일반적인 법규를 집행하기 위해서 강제력을 행사해야 하지만" 동일한 법적 조건 하에서 다른 경제행위자들과 함께 경제활동에 참여할 수 있기 때문이다(LC, 223; LLL, Vol. 3, 57), 게다가 정부는 다른 경제주체들이 제공해주기 어려운 필수적인 공공재 -효율적 화폐체계, 도량형, 교육, 공공보건 및 의료서비스, 사회간접자본, 공원과 같은 도시거주자들을 위한 위락시설 등- 를 제공할 목적으로 합법적으로 경제영역에 개입할 수도 있다(LC, 222-30; LLL, Vol. 3, 41-64). 물론 이런 경우들조차도 서비스 제공을 대리자들에게 (부분적으로 또는 전면적으로) 위임하는 것이 더 효율적일 때는 그렇게 하는 것이 더 바람직하며, 불가피하거나 긍정적인 결과가 예상되는 경우가 아니라면 국가가 그 서비스를 독점해서는 안 된다(LLL, Vol. 3, 56-60; cf. LLL, Vol. 3, 84, 147-9).

다음으로 하이에크는 일반 준칙에 따라 규제되는 시장경제가 어떻게 해서 경제의 효율성을 제고시켜주는 동시에 개인의 자유를 보호해주는지를 설명한다. 하이에크에게 시장은 경쟁하는 목적들에 자원을 효율적으로 할당하는 제도라기보다는, 희소한 자원인 지식을 가장 경제적으로 활용할 수 있도록 해주는 제도이다. 다시 말해 그에게 시장은 사회 전체에 확산되어 있는 정보를 전달하고 동원시키는 발견의 과정, 곧 인식론적인 장치이다(LLL, Vol. 3, 67-70; Gray 1993, 69).[38] 지식은 명제적 지식(propositional knowledge)처럼 이론화 혹은 수량화할 수 있는 것이 있는가 하면, 경제행위자들의 태도, 습관, 통찰력 속에 깃들어 있는 것들처럼 명제로 표현할 수도 없고 이론화할 수도 없는 지식이 있다(LC, 25-29). 후자의 범주에 속하는 지식은 단일한 중앙의 계획기관에 의해 일일이 수집될 수도 계획 속에 반영될 수도 없는 부류의 지식이다.

38) 하이에크는 시장에서의 경쟁의 성격을 다음과 같이 분석한다. "경쟁은, 과학에서의 실험과 마찬가지로, 무엇보다 새로운 사실을 발견해내기 위한 절차(discovery procedure)이다. … 우리가 희망하는 유일한 것은 우리가 아는 어떤 다른 절차보다도 잠재적으로 유용한 객관적 사실을 더 많이 고려하도록 만드는 절차를 확립하는 것이다. … 정말로 중요한 것은 한 사람이 아니라 수많은 사람들이 나눠가지고 있는 지식이나 기술 그리고 지식습득의 기회를 어떻게 하면 가장 효과적으로 이용하는가의 문제이다"(LLL, Vol. 3, 68).

그런 지식은 시장의 '보이지 않는 손'에 의한 가격결정방식이 아니면 도저히 반영해낼 수 없다. 그러므로 사회주의 체제의 보편적인 빈곤화 현상은 사회의 모든 곳에 확산되어 있는 非명제적 지식을 수집할 수도 계산해낼 수도 없는 계획경제의 '인식론적 실패'(epistemic failure)에 기인하는 것이다.[39)]

이런 이유 때문에 하이에크는 가능한 한 정부의 간섭과 역할을 축소시키고 시장에서의 자유경쟁을 최대한 활용하는 것이 바람직하다고 본다.[40)] 정부의 가장 우선적인 목표는 시민들이 소비할 어떤 특정한 재화와 서비스를 산출하는 것이 아니라, 시장에서의 자유경쟁을 규제하는 일반적인 준칙들을 일관되게 적용함으로써 재화와 서비스의 생산을 규제하는 메커니즘이 효율적으로 작동하도록 돕는 것이다(Giddens 1994, 35-6). 일반 준칙들의 일관된 적용을 통해 관리되는 자유롭고 공정한 시장경쟁은 사회에 흩어져 있는 수많은 지식을 최대한 활용할 수 있도록 해줌으로써 행위의 합리성을 제고시키고 경제의 효율성을 극대화시킨다(LLL, Vol. 3, 74-7). 하이에크는 시장에서의 경쟁이 발생시키는 효과에 대해 다음과 같이 언급한다.

> 방해를 받지 않는다면 경쟁은 다음과 같은 상황을 만들어내는 경향이 있다. 첫째, 무엇을 어떻게 생산하고 어떤 가격에 파는 것이 (대안 상품을 생산하고 파는 것보다) 더 유리한지를 알 수 있도록 해준다. 둘째, 모든 생산물은 최소한 다른 잠재적 생산자가 제시한 가격 이하의 수준에서 생산될 것이다. 셋째, 모든 상품들이 실제로 판매에 나서지 않는 사람이 제시할 가격

39) 이와 같은 암묵지(tacit knowledge)의 강조는 하이에크 사상의 보수주의적 측면을 반영한다. 하이에크는 스스로를 보수주의자가 아니라고 주장하지만-그는 사회의 끊임없는 진화에 관하여 논하며, 인간은 합리적이며 자유로운 존재임을 누누이 강조하는 자유주의자이다-『자유헌정론I』에서 문명의 성장을 위해서는 습관, 기량, 감정적 태도(emotional attitude) 그리고 제도와 같은 비합리적 요소가 필수적임을 강조하고 있다(LC, 22-70). 이성은 극히 불완전하기 때문에 이와 같은 합리적이지 않은 요소들의 도움이 없이는 결코 성공으로 나아갈 수 없다고 주장한다.

40) 하지만 하이에크는 자신의 견해를 최소국가이론과 동일시하는 것에는 반대한다. 그에 의하면, 자유사회를 유지하기 위해 필요한 최소한의 기능도 발휘할 수 없을 정도로 정부의 기능이 축소되면 모든 개인의 자유를 최대한 보장하고 자율적 사회질서를 가능한 한 확대하고자 하는 목표는 성취되기 어렵다. 요컨대, 하이에크는 정부의 강제력과 독점적 권한을 법질서 유지, 국가방위 및 필요한 세금징수에 국한시켜야 한다는 주장을 부당하게 생각한다(LLL, Vol. 3, 41-2).

과 같거나 그 이하로 팔릴 것이다. … 경쟁이 제한되면 그 결과는 항상 불만족스러울 수밖에 없다. … 경쟁은 다른 사람의 지식과 기술을 활용하게 만드는 유일한 방법일 뿐만 아니라 바로 우리 자신의 지식과 기술도 습득될 수 있게 해준다. … 경제이론이 합리적 행위라는 전제 위에 서있는 것은 아니다. 경제이론은 다만 경쟁이 사람들로 하여금 합리적으로 행위하게 만든다고 주장할 뿐이다(LLL, Vol. 3, 74-5).

하이에크에 의하면, 시장에서의 경쟁이 가져다주는 다양한 혜택과는 대조적으로, 중앙에 의한 계획경제의 추구와 사회적 문제해결 방식 –사회주의 및 그것을 대체한 복지국가– 은 애초의 기대와 달리 문제를 악화시키고 권력의 증대만을 초래한다(LLL, Vol. 80; LC, 255-6). 그는 기본적인 사회보장정책의 도입은 반드시 필요하다고 보지만(LLL,, Vol. 3, 54-6; LC, 257-60) 특정한 정의관에 따라 강제적으로 재분배 정책을 실시하는 복지국가는 명백한 한계가 있다고 본다(LC, 231-3).[41] 왜냐하면, 일반적인 재분배 복지국가는 가난한 자보다 부유한 자에게 더 많은 혜택을 주고, 거대한 관료주의적 비효율성과 억압성을 조장하며, 수혜자들에게 수동적인 복지의존성을 만들어낸다고 보기 때문이다. 그러므로 하이에크는 국가의 역할은 자유시장경제의 경쟁을 보호하고 있는 법의 강력한 집행과 세금징수, 외부로부터의 공격의 방어, 최저소득의 보장 그리고 일정 최소수준의 선별적 공공구제 및 사회보험 같은 초보적인 복지정책 집행 등에 국한되는 것이 바람직하거나 용인될 수 있는 최대치라고 주장한다(LC, 285-6).[42] 하이에크는 최소치의 사회보장정책의 필요성이 일반적

41) 따라서 복지국가에 대한 하이에크의 평가는 복지국가를 어떻게 규정하는가에 따라서, 그리고 복지국가의 긍정적 요소들과 부정적 요소들을 어떻게 평가하느냐에 따라서 다르다고 할 수 있다. 하이에크는 절대빈곤의 해결과 모두에게 동일한 최저소득을 보장해주는 최소수준의 복지국가는 불가피하고 바람직하다고 본다 하지만, 어떤 개인이 받을 만한 자격이 있다고 간주되는 소득수준을 보장해주는 복지국가, 곧 정의롭다고 여겨지는 특정한 상태를 만들기 위해 강제로 재화를 분배하는 재분배적 복지국가에 대해서는, 사회주의로의 회귀경향이 있다는 이유로 강력히 반대한다(LC, 259-60).

42) 만일 공공부조와 강제적 사회보험이 꼭 필요한 사람들에게 최소수준으로 보장될 수 있다면, 정부의 강제는 "타인의 이익을 위해 개인에게 행해지는 더 큰 강제를 제거하기 위해서" 반드시 필요하다고 볼 수 있다(LC, 286). 하지만 하이에크는 사회주의를 대체한 현대의 복지국가 체제에서는 최소치의 소득보전과 공공구제가 필요 이상으로 확장되는 경향이 있고, 이런 경향이 행정국가화 및 민중민주주의화 경향과 맞물리면서 자유의 체제를 위협하는 소득재분배

인 소득재분배 국가로 전환되는 과정과 (자유에 대한) 그 결과에 대해 다음과 같이 평가한다.

> 소득의 재분배가 사회보장기구 초기의 공인된 목적은 결코 아니었지만, 이제 그것은 어느 곳에서나 실질적으로 공인된 목적이 되었다. 독점적인 강제보험 체계가 그것과는 전혀 다른 것, 즉 강제적인 소득재분배 제도로 전환되는 것에 대한 어떤 저항도 존재하지 않았다. 다수의 시혜자들이 불행한 소수에게 무엇을 줄 것이지를 결정하는 게 아니라 다수의 수혜자들이 부유한 소수로부터 무엇을 가져올지 결정하는 이런 체계의 윤리학에 대해서는 다음 장에서 다루게 될 것이다. 일단 우리는 본래 빈민을 구제할 목적으로 수립된 제도가 점차 평등주의적 재분배를 위한 도구로 전환되고 있는 과정에만 관심을 갖는다. 소득을 사회화하고, 또 그럴만한 가치가 있다고 생각되는 사람들에게 화폐, 또는 그와 비슷한 편익을 배분하는 일종의 가계국가(household)를 만들어내는 수단으로서의 복지국가는 낡은 사회주의를 대체하게 되었다. … 우리는 공동체가 빈곤을 막고 최소한의 복지수준을 보장할 의무를 받아들이는 상태와 공동체가 모든 사람의 '공정한' 지위를 결정하고 그것이 각자 받을 만하다고 생각되는 몫을 배분할 권력을 획득한 상태를 구분 짓는 경계선을 분명히 깨닫는 것이 중요하다. 정부가 특정 서비스를 제공하는 배타적 권력을 갖게 되면 자유는 심각하게 위협받는다. 목적을 성취하기 위해 권력은 개인에 대해 자의적으로 사용될 수밖에 없다 (LC, 289).[43]

이에 덧붙여 하이에크는 『법, 입법, 그리고 자유』의 2부(「사회정의라는 신기루」)에서 '사회'가 정의롭거나 정의롭지 않을 수 있다는 잘못된 견해에 입각하여 강제적으로 사회정의를 추구하는 것은 개인의 자유에 대한 부당한 침해라고 주장한다. 그에 의하면, 자유시장경제에서 발생하는 불평등 및 그로부터 발생

복지국가를 추동한다고 비판한다(LC, 287-90). 그러므로 엄격한 법의 지배 이상을 강조하는 하이에크의 입장은 현대의 행정국가 및 무제한적 대의민주주의가 초래할 수 있는 또 다른 전체주의에 대한 우려와 극복의지를 반영한 것으로 볼 수 있다.

43) 그러므로 하이에크는 강제적인 사회보험이 필요하더라도 다양한 사적 보험과 공존하는 것이 개인적 자유를 보장하는 데 유리하다고 본다. 경쟁적인 사적 보험은 사전에 지정된 집단으로부터 다른 집단으로 인위적인 소득이전을 초래하지 않기 때문에 자유의 체제와 잘 양립할 수 있다(CL, 288).

하는 다른 불평등들은 '의도적인' 분배자(intentional distributor)가 고의로 산출한 불평등이 아닌 만큼 결코 부정의 한 것이 아니다(LLL, Vol. 2, 67-84). 불평등은 오히려 앞서가는 소수의 엘리트들의 실험정신을 자극함으로써 장기적으로 그 혜택을 사회의 모든 구성원들이 누릴 수 있도록 해주는 이점이 있다(LC, 42-53, 257).

나아가서 시장은 이윤추구라는 단일한 원리에 의해 관철되기 때문에, 피부색, 신분 등의 차이에 무관심하며 정치적 편파성과 사회적 편견을 배제한다. 시장은 이기주의를 장려하는 것이 아니라 반대로 자유사회의 도덕적 건전성을 보장해주는 것이다.[44] 요컨대, 정부의 강제력은 특정 목적이 아니라 일반 준칙의 관리를 통해 일반적이고 영속적인 목적에 복무하는 것으로, (법이 허용하는 범위 내에서 특수한 정책들을 수행할 수 있지만) 그 재량사용의 권한과 방식 그리고 결과에 대한 사법적 통제가 존재할 때만 자유체제의 수호와 번영에 기여할 수 있다(LC, 226).

▌법의 쇠퇴와 민주주의

그렇다면, 현대사회에서 자유와 번영의 토대가 되어야 할 법의 지배 이상은 무엇 때문에 쇠퇴하게 되었으며, 현대사회가 또 다른 전체주의적 위협에 내몰리게 되었는가? 이 문제는 하이에크가 비판하는 무제한적 대의민주주의의 등장과 가장 깊은 연관성이 있는 주제로 본서의 목적과 직결되어 있다. 그러므로 이 절에서는 법의 지배 이상에 부정적인 영향을 미친 다양한 정치적·법적·행정적 이론들을 간략히 검토한 다음, 무제한 민주주의가 법의 지배에 가하고 있는 도전의 본질에 대한 하이에크의 분석과 대응을 고찰해보기로 한다. 사회주의 체제와 복지국가의 발달(및 그 이면 현상인 행정국가화 경향)이 법의 지배에 대해 가하고 있는 위협에 대해서는 이미 살펴보았기 때문에, 이 절에서는 현대의 대의민주주의가 법의 지배에 가하고 있는 위협에 논의의 초점을 맞출 것이다.

---

44) 지금까지 설명한 하이에크의 입장은 프리드만, 폴라니(M. Polanyi) 등의 新우익 자유주의자들의 주장과 대체로 일치한다. 이들은 자유주의자들이면서도 인간의 이성이 갖는 한계를 잘 인식하고 있으며, 이성의 사용은 비합리적인 문화적 맥락 혹은 전통 속에서만 가능하다고 생각하는 점에서 보수주의와 친화성이 있다.

하이에크는 현대사회에서 법이 쇠퇴한 현상을 설명하기 위해 먼저 독일의 경우를 거론하는데, 그것은 독일이 법의 지배에 관한 이론을 가장 많이 발전시켰으면서도 법의 지배에 대한 반동적 이론도 가장 먼저 산출한 국가였기 때문이다(LC, 234-5). 그런데 이와 같은 반동적 경향의 출현은 독일의 통일이 사회의 점진적인 진화를 통해 이루어지기보다는 정치적인 수완에 의해 인위적으로 달성되었다는 사실과 깊은 연관성이 있다. 왜냐하면, 중요한 사회적 변화들이 오랜 사회진화의 누적적 결과로 발생하지 않고 (합리적 구성주의가 전제하고 있는 것) 의도적인 계획과 노력에 의해 발생한 것으로 이해되면, 사회를 합리적으로 재구성하고자 하는 시도는 필히 사회의 오랜 진화과정에서 확립된 일반적인 준칙들을 거추장스러운 장애로 인식하게 되기 때문이다. 더구나 이런 반동적 경향은 당시 독일에서 유행했던 철학적 사조들의 강력한 지원을 받아, 정치적 권위를 법의 지배로 제한하려는 시도를 부정적으로 바라봄으로써 법의 쇠퇴를 촉진시키게 된다.

하이에크는 19세기 독일에서 법의 쇠퇴에 기여한 사조들로 법실증주의, 역사주의, 자유법(free law), 그리고 이해법학(jurisprudence of interest)을 거론하는데, 특히 법실증주의의 등장을 가장 중요한 요인으로 본다(LC, 235). 하이에크는 이 네 가지 사조들 중에서 법실증주의의 등장에 가장 큰 의미를 두고 있기 때문에 먼저 다른 세 가지 사조들이 법의 지배에 가한 위협의 성격을 간략히 정리해본 다음, 법실증주의에 대한 하이에크의 비판을 살펴보기로 한다.

이해법학은 20세기 중반 이후 미국에서 법현실주의(legal realism)로 알려지게 된 사회학적 접근법과 유사하다. 이해법학의 급진적 형태는 엄격한 법의 지배에 입각하여 분쟁을 해결할 때 수반되는 논리적인 구성 –즉, 일반적인 법규에 대한 엄격한 논리적 해석을 통해 특수한 문제를 해결하는 방식– 대신, 구체적인 사건에서 문제가 되고 있는 특정한 '이해관계'를 직접적으로 평가하는 방식으로 법적 분쟁을 해결하려 듦으로써 엄격한 법의 지배에 부정적인 영향을 미친다(LC, 235). 이해법학의 특수한 갈래인 자유법 학파는 특히 형법분야에서 이런 사고방식을 적용했다. 이 학파는 재판관들이 고정된 규칙의 속박에서 벗어나 각자가 '정의감'을 가지고 개별 사건들을 판결할 수 있어야 한다고 주장함으로써 법의 지배를 (전체주의 국가와 유사한) 자의적 지배로 타락시키는 데 일조했다(LC, 236). 마지막으로 역사주의는 필연적인 역사법칙을 인정하고 그 역사법칙에 대한 통찰에 입각하여 현재 사회에 적합한 제도를 (인위적으로) 수립할 수 있다고 보는 극단적인 상대주의를 취함으로써 법의 지배에 근본적인 도전을 가했다(LC, 236). 특히 이 역사주의는 합리적으로 정당화할 수 없거나 특정한 목적을 위해 의도적으로 계획하지 않은 모든 준칙들을 거부하기 때문에 법실증주의를 뒷받침하는 강력한 근거가 되었다.

법실증주의는 2천년 이상 동안 인간의 법적 사고를 지배해온 자연법 전통에 대립된 사조로, 근대 초부터 서서히 그 존재감을 드러내기 시작하다가 19세기 후반 독일에서 뚜렷이 부각된 법적 사고의 전통이다. 주지하듯이 자연법 전통은 인간이 의도적으로 고안하지 않은 도덕준칙 및 법적 준칙의 존재를 상정한다. 그 전통은 모든 사회에 존재하는 실정법들조차 인간이 만든 것이 아니라 단지 인간에 의해 '발견'되었을 뿐인 어떤 준칙에서 그 정당성을 끌어왔다고 본다. 다시 말해, 그 전통은 우주자연에 자연적으로 존재하거나 신에 의해 만들어진 도덕법(혹은 정의의 원칙)이 존재한다는 믿음을 견지해왔다. 그 결과 자연법은 인간이 발견해서 적용할 수 있을 뿐 결코 인위적으로 수정하거나 폐기할 수 없는 신성한 것으로 여겨짐으로써 법치국가의 초월적 토대가 될 수 있었다.

이와 대조적으로 법실증주의는 주권자의 의도와 상관없이 존재하는 초법적 원칙(meta-legal principle)의 존재가 입법권에 가하는 제약을 단호히 거부하고, 법은 국가의 특정한 권위기구가 제정한 것이라고 주장했다. 그리하여 법이 갖추어야 할 형식적 조건은 물론 실질적 내용 –자연적이거나 관습적인 정의 또는 도덕– 까지도 중요하게 여기는 법의 지배 이상을, 국가의 모든 행위는 입법부에 의해 승인되어야 한다는 순전히 '형식적인' 원칙으로 대체시켜 버렸다(LC, 237). 형식적 합법성 개념으로 실질적 법치국가 이념을 대체시켜 버린 법실증주의의 위세는 19세기에서 20세기로 넘어가는 전환기의 독일에서 가장 강력하게 나타났다. 베르나크칙(E. Bernatzik)의 진술은 그 사실을 분명히 보여주고 있다.

> 우리는 우리가 다시 문화국가(Kulturstaat)란 관념을 인정하는 정도에 비례해서 경찰국가의 원칙들로 되돌아왔다. 유일한 차이는 그 수단에 있다. 현대국가는 법률을 근거로 스스로에게 모든 것을 허용하는데, 그 정도가 경찰국가가 그랬던 것보다 훨씬 더 심하다. 따라서 19세기를 거치면서 법치국가라는 용어에는 새로운 의미가 부여되었다. 우리는 이 용어의 의미를 그 모든 활동이 법률을 근거로 하여 법적인 형식으로 수행되는 국가를 의미한다. 오늘날의 의미에서 법치국가라는 용어는 국가의 목적 및 그 능력의 한계에 대해서 아무것도 알려주지 않는다(LC, 237-8).

1차 세계 대전 이후 법실증주의는 독일을 넘어 광범위한 영향을 미치기 시작했다. 특히 켈젠(H. Kelsen) 교수의 실증주의적 순수법학(pure theory of law)의 등장은 제한정부 이론의 결정적인 쇠퇴를 상징했다. 당시의 사회개혁가들은, 전통적인 법의 지배 원칙이 자신들의 사회정치적 야심에 큰 장애가 되고 있었던 상황에서, 켈젠 교수가 제시한 법이론에서 그런 장애를 제거할 수 있는 강력한 이론적 근거를 찾을 수 있었다(LC, 238). 그리고 이와 함께 다수의 권력에 대한 제한을 제거하려는 강력한 경향이 대두함으로써 개인의 자유가 급격히 퇴조하고 사회집단의 자유가 지닌 중요성이 부각되었다. 요컨대, 세기의 전환기에 독일에서 지배적인 조류가 된 법실증주의는 고전적인 실질적 법의 지배 이상을 형식적 법치주의로 대체시킨 한편으로, 자유주의로부터 민주주의(democratism)를 해방시킴으로써 법치국가를 전체주의를 뒷받침하는 형식적인 개념으로 전락시켜버렸다. 그 결과 입법가의 권력은 무한히 확장되었고, 개인의 기본적인 자유는 철저히 부정되어버렸다. 하이에크는 이런 변화를 다음과 같이 요약하고 있다.

> 추상적이고 일반적인 준칙이라는 실질적 의미의 진정한 법과 단지 형식적인 의미의 법 -모든 입법행위를 포함한- 사이에 존재하는 근본적인 구별을 막기 위해서, 그리고 그 안에 '규범'(norm)이라는 모호한 용어를 포함시켜 어떤 권위체의 명령과도 (진정한 법을) 구분할 수 없게 만들기 위한 온갖 노력이 이루어졌다. 심지어는 사법행위와 행정행위 사이의 구분도 실질적으로 잊혀졌다. 간략히 말해, 법의 지배라는 전통적 개념에 고유한 모든 교의가 형이상학적인 미신으로 치부되었던 것이다(LC, 238).

법실증주의 사조는 1920년대 말에 독일을 완전히 장악한 이후 다른 나라로 급속히 퍼져나갔다. 이제 자연법 이론을 신봉한다는 것은 매우 낙후되고 지적으로 불명예스러운 일로 치부되었다. 이런 사태 변화는 법치국가를 유지시키려고 한 모든 노력들을 무위로 만들어버림으로써 러시아에서의 볼셰비키의 승리와 이탈리아 및 독일에서의 파시즘의 도래를 예비했다. 그 결과 2차 세계대전 이전까지의 유럽에서는 '법의 지배 하에서 국가'는 '자유롭지 않고' '법의 수인'이나 다름이 없기 때문에 정의롭게 행위하기 위해서는 추상적인 준칙의 굴레를 벗어나야 한다는 관념이 널리 수용되었다.

독일에서의 법의 쇠퇴 현상을 개관한 하이에크는 이제 공산주의 초기단계에 진입하고 있었던 러시아에서의 법이론적 경향과 영국의 사회주의 법률가들의 이론적 경향 그리고 미국에서의 법이론적 추이를 검토함으로써 20세기의 전반기에 발생한 법의 쇠퇴 현상이 얼마나 일반적이었는가를 고찰한다. 이런 경향은 대체로 독일을 포함한 유럽대륙 국가들의 추세와 유사했는바, 권력의 중심이 행정부로 옮겨감에 따라 나타난 법과 행정규제의 혼동 및 (그 결과인) 법 개념 자체에 대한 거부(러시아), 행정적 자유재량의 대대적 수용과 권력분립의 거부, 그리고 빈번한 사회적 · 경제적 입법 현상(영국과 미국) 등으로 나타났다.[45] 이른바, 로스코 파운드(D. R. Pound)가 '행정절대주의'(administrative absolutism)로 묘사한 강력한 추세 –행정부를 지원하는 것이 입법부의 주된 업무가 된 현상(LLL, Vol. 3, 102)– 의 대두는 그것을 이론적으로 뒷받침했던 법실증주의의 확산과 함께 20세기 전반에 진행된 법의 보편적 쇠퇴 현상을 촉진시킨 가장 중요한 요인이었다.

하지만 하이에크는 법이 보편적으로 쇠퇴하고 있었던 20세기 초중반기에도 그런 현상에 저항했던 중요한 신호들이 존재했다는 사실을 지적함으로써 법의 지배 이상을 부활시킬 수 있는 자원을 확보하고자 한다(LC, 247-9). 그런

45) 세계적으로 보편화된 행정국가화 경향은 (사회주의적 계획경제의 영향과 함께) 미국에서조차도 '행정을 통한 국가목표의 합리주의적 실현'이라는 이상을 퍼트림으로써 법의 지배, 헌법적 제약 그리고 사법심사와 기본법과 같은 자유주의적 원칙들에 대한 거부현상을 불러일으켰다(LC, 244-5). 미국에서는 일찍부터 유럽의 개혁운동으로부터 영향을 받아 '공공행정 운동'이 일어나게 되었는데, 이 운동으로 인해 1920년대와 1930년대 미국에서는 법의 지배에 반대하는 문헌들이 홍수를 이루게 되었다.

신호들은 특히 전체주의를 겪었던 국가들에서 가장 현저히 드러났는데, 그 중에서도 사회주의 법학자 라트부르흐(G. Radbruch)는 이 새로운 추세를 대변했다. 그는 다음과 같은 견해를 제시했다. "민주주의는 분명 존경할 만한 가치가 있지만, 법치국가는 우리가 일용할 빵, 마시는 물, 숨 쉬는 공기와 같은 것이다. 또한 민주주의의 가장 큰 장점은 그것만이 법치국가의 보전에 적합하다는 점에 있다"(LC, 248). 나아가서 라트부르흐는 민주주의는 법의 지배가 보존되지 않으면 오래 지속될 수 없다고 주장함으로써 법의 지배에 대한 관심을 제고시켰다.

2차 세계대전 후 사법심사 제도의 발전과 독일에서의 자연법 전통에 대한 관심의 부활 그리고 법원을 행정소송의 최종 판결자로 복귀시키려는 영국에서의 새로운 경향도 법의 지배에 대한 관심을 촉발시킨 또 다른 요인들이었다. 그리고 1955년 6월에 아테네에서 열린 국제법학자협회에서 채택된 '아테네법안'(Act of Athens) 또한 법의 지배 원칙이 갖는 중요성을 강력하게 천명함으로써 이와 같은 새로운 추세에 힘을 실었다(LC, 249).

19세기 후반 독일에서 시작하여 20세기 전반기에 세계적으로 확산된 법의 쇠퇴 현상을 촉진시킨 다양한 현상들과 이론적 무기들을 검토한 하이에크의 고찰은 민주주의와 법의 지배 이상을 결합시킨 현대 입헌민주주의의 문제의식을 이해하는 데 매우 중요하다. 하지만 법의 쇠퇴와 관련된 하이에크의 고찰은 20세기 전반 동안 서구사회에서 보편화된 민주주의가 (복지국가화 내지 행정국가화 경향과 결합하여) 법의 지배에 가했던 위협의 본질에 대한 그의 분석을 통해 보완될 필요가 있다. 왜냐하면, 법의 지배 원칙을 부활시켜 자의적인 권력행사의 위험을 방지하고 위대한 자유문명을 창달하는데 일조하고자 했던 하이에크의 시도는 상당 부분 현대 민주주의가 초래할 수 있는 위험에 대한 경계의식을 반영하고 있기 때문이다. 따라서 이 절의 남은 부분에서는 현대 민주주의의 성격과 위험에 대한 하이에크의 인식을 검토해보고 그가 대안으로 제시한 민주주의 형태의 특징을 고찰해보고자 한다.

현대 민주주의의 성격과 그것이 법의 지배에 대해 가하는 위협의 본질에 대한 하이에크의 분석과 평가는 그의 저술 곳곳에 산발적으로 나타나 있다. 하지만, 무엇보다 『법, 입법 그리고 자유』의 3부(「자유국민의 정치질서」)에서 집중적으로 다뤄지고 있다. 먼저 하이에크는 현대사회에서 민주주의가 지배적인 정치절차로 자리 잡아가고 있음에도 불구하고 (아무도 원하지 않는 결과를 산출하는 경향이 있기 때문에) 민주주의에 대한 실망이 커져가고 있는 아이러니를 지적하고, 그 근본적인 원인이 민주주의에 대한 잘못된 인식의 확산과 통치권력에 대한 법적 통제 메커니즘의 붕괴 –곧, 법의 지배 원칙의 붕괴– 에 있다고 분석한다(LLL, Vol. 3, 1-3). 그에 의하면, 그 동안 깊은 신뢰를 받아온 민주주의가 현대사회에서 골치 아픈 문제로 대두된 것은 민주주의가 개인의 자유를 보호하는 데 기여했던 "초기의 명예로운 단계"를 지나서 "그저 다수파가 원하는 방향으로 문제를 처리하려고 하는" 단계로 나아갔기 때문이다. 다시 말해, 민주주의가 모든 법적 규범의 제약을 벗어던져 버리고 일종의 무제한적 권력으로 전환되었기 때문이다. 이와 같은 문제의식 하에 하이에크는 민주주의가 지니고 있었던 본래의 제한적 의미 –민주주의의 참된 이상– 가 어떻게 무제한적 권력 –무제한적 대의민주주의– 이라는 의미로 확장되었는지를 분석하고(LLL, Vol. 3, 3-104), 법의 지배에 의해 엄격히 제한된 입헌민주주의 모델을 대안으로 제시한다(LLL, Vol. 3, 105-27).

하이에크는 본래의 민주주의 개념과 현대사회에서 사용되고 있는 확장된 민주주의 개념을 엄밀히 구분한다(LLL, Vol. 3, 5-8). 하이에크는 본래적 의미의 민주주의를 정부를 선택하는 절차나 방법으로 해석함으로써, 민주주의를 정부가 추구하는 실질적인 목표나 가치 –예컨대, 물질적 평등– 로, 혹은 비정부적 조직체들 –교육이나 의료, 군대, 상업기관– 이 사용할 수 있는 방법으로 이해하는 입장과 구분한다. 하이에크는 이 맥락에서 미제스(L. Von Mises)와 포퍼(K. Popper)의 민주주의 정의를 (각주에) 소개함으로써 그 본래적 의미를 보다 명확히 드러낸다(LLL , Vol. 3, 5, 179-80). 미제스에 의하면, 민주주의는 "정부가 다수의 의사에 평화적으로 순응하는 방법"이며, 포퍼에 의하면, 민주주의는 "간략히 정의해서 … 총선거와 같은 방법으로 피 흘리지 않고 정부를 바꿀 수 있는 방법, 혹은 달리 말해 피치자에 의해 통치자가 교체될 수 있는 방법을 제공하는 사회적 제도"를 의미한다. 한 마디로 이들에게 민주주의는 "정권의 평화적 교체를 가능하게 하는 관습"과 같은 것이다. 그러므로 하이에크에게 본래적 의미의 민주주의는 벤담과 제임스 밀 시대의 민주주의 모델이었던 '보호민주주의' 및 그 현대적 계승인 (베버와 슘페터에 의해 공식화된) 엘리트주의적 대의민주주의를 의미한다(Schumpeter 1975, 284-5; Macpherson

1977, chapter Ⅱ; Held 1987, 37-71).

하이에크는 이 본래적 의미의 민주주의 개념을 전폭적으로 신뢰한다. 그는 민주주의를 냉정하게 (혹은 정부구성을 위한 선거제도로) 이해한 사람들조차도 민주주의를 "비민주적 정치권력으로부터 우리를 보호해줄 수 있는 유일한 제도라는 이유 때문에 어떤 희생을 치르더라도 지켜야 할 하나의 이상"으로 간주했다고 지적하면서, "민주주의 그 자체가 자유를 의미하지는 않지만 (절대다수가 집단적인 힘을 발휘하는 경우를 제외하면) 자유를 수호해주는 가장 중요한 안전판 중의 하나"임에 틀림없다고 본다(LLL, Vol. 3, 3). 그는 심지어 "민주주의는 지금까지 발견된 것들 중에서 비록 소극적이긴 하나 엄청난 가치를 갖고 있는 것들 중 하나"라고 극찬을 아끼지 않는다.

하지만 하이에크는 민주주의가 이와 같은 소극적이고 최소주의적인 의미를 넘어서서 그 의미를 지나치게 확장하는 것에는 단호히 반대한다. 다시 말해, 민주주의를 다수에 의한 무제한적 권력행사로 이해하는 것에 반대한다(LLL, Vol. 3, 6).[46] 그리고 (대의제 구성을 위한 선거제도로 규정된) 최소주의적인 민주주의 개념과 무제한적 민주주의 개념이 정치권력의 행사와 관련하여 어떤 인식상의 차이를 반영하고 있는지를 설명한다.

> 만일 모든 강제력이 다수의 의사에 기초해야 한다면, 그 강제력은 다수가 진정으로 인정할 수 있는 한계를 넘어서까지 확대되어서는 안 될 것이다.… 강제력은 궁극적으로 굳건한 질서를 유지하는 데 필요하며 따라서 모든 사람이 그것의 필요성에 관심을 갖고 있기 때문에 정당화된다. 하지만 이와 같은 정당화는 필요 이상으로 확대되지 않는다. 그 누구, 심지어 다수자라도 사회에서 일어나는 개개의 모든 행위들과 일들에 대해 권력을 가질 필요는 없는 것이다. '다수가 승인한 것만이 모든 사람을 구속해야 한다'는 믿음에서 '다수가 승인한 모든 것이 그런 강제력을 가져야 한다'는 믿음으로

46) 하이에크는 최소민주주의로부터 무제한 민주주의로의 변화가 처음에는 순전히 선의에 의해 추진되었다고 본다. 즉, 무제한 민주주의의 발단이 불우한 처지에 있는 사람을 도와주기 위한 선의의 동기에서 출발했다는 것이다(LLL, Vol. 3, 103). 하지만 무제한 민주주의는 애초의 의도와 달리 자의적 지배로 전락해버리는 문제점이 있다고 본다. 나치의 전체주의적 민주주의는 그 드라마틱한 예이다.

> 옮겨가는 것이 사소한 차이로 보일 수도 있다. 하지만 이 차이는 한 정부에서 전혀 다른 정부로 옮겨가는 의미를 갖는다. 다시 말해, 이것은 정부가 해야 할 일이 자생적인 질서를 조성해내는 데 필요한 것에만 국한되어야 한다는 생각으로부터 정부의 임무는 제한된 것이 아니라는 생각으로의 전환, 또는 공인된 절차를 통해서 공동의 현안이 해결되는 체제로부터 국민들 중 일부 집단이 자기들이 원하는 사안을 골라서 공동의 문제라고 규정한 뒤 이것을 공인된 절차에 의해 풀어나가는 체제로의 전환을 뜻하는 것이다. 첫째 것은 평화와 질서를 유지하기 위해 필요한 공동결정을 지칭하는 데 비해, 둘째 것은 국민들 중 일부 조직된 집단이 모든 권한을 장악하는 것을 허용하고, 따라서 결과적으로 다른 사람을 억압하는 손쉬운 빌미를 제공하게 된다(LLL, Vol. 3, 6-7).

이처럼 하이에크는 최소주의적 민주주의 개념에 대해서는 확고한 신뢰를 그리고 무제한적 권력행사로 이해된 민주주의 개념에 대해서는 단호히 거부한다. 그런데 이와 같은 하이에크의 입장은 자유를 보호하는 데 민주주의가 가장 효과적이라는 통념 및 다수라고 해서 반드시 공동체 생활에 필요한 정의 혹은 옳음에 대한 객관적 지식을 녹점해서는 안 된다는 문제의식을 반영하고 있다. 먼저 민주주의는 주기적인 선거를 통해 통치자들을 교체할 수 있도록 해주기 때문에 소수의 자의적인 지배를 억제할 수 있는 가장 효과적인 수단을 제공해준다.[47] 하지만 자유사회에서는 아무리 민주적 다수라 하더라도 그들이 원하는 것이 곧 정의이고 옳은 것이라고 주장할 수 있는 객관적 근거가 없기 때문에 다수자가 옳지 않거나 정의롭지 않은 것을 소수에게 강요하고자 할 경우에는 해당 사회에서 공인되어온 정의의 규칙들로 제한을 가할 필요가 있다.

20세기 초중반의 상황에서 본래의 (자유)보호적 · 최소주의적 민주주의 개념이 무제한 민주주의 개념으로 급변했다고 분석한 하이에크는 이제 무제한 민

47) 여기서 자의적인 지배는, 한 개인이든 또는 다수의 의견이든지를 불문하고, 그것이 일반적인 규칙에 의해 통제되지 않고 특수한 의지에 따라 결정되고 강제되는 것을 의미한다. 그러므로 민주적 지배의 자의성은 그것이 일정한 절차와 규칙에 따라 제어되지 못하고, 어떤 결정이 다수의 의견이나 의지의 결과이기 때문에 (일정한 절차와 상관없이) 무조건 정당하다고 주장할 때 발생한다. 즉, 민주적 지배는, 지배의 정당성이 민주적 절차가 아니라 그 의지의 원천 -다수의 뜻 혹은 의지- 에 있다고 주장될 때 등장한다(LLL, Vol. 3, 8).

주주의의 제도적 기반인 대의제의 성격변화를 비판하고, 무제한 민주주의의 출현을 자극한 사회적 요인들을 분석한다(LLL, Vol. 3. 8-17). 먼저 대의제의 문제점은 대의제가 원래의 입법 기능에만 충실하지 않고, (재집권을 위해) 유권자들의 지지를 확보하기 위해 그들에게 이익이 되는 일에만 관심을 보이는 '정치적 편의주의'를 취하면서 나타나기 시작했다. 다시 말해, 대의원들이 자생적인 사회진화를 지원하기 위해 일반적인 정의의 규칙들을 수정·보완 또는 제정하는 역할에 충실했던 단계를 넘어, 다양한 이익집단들의 요구를 들어주는 방식으로 자신들의 이익 –재집권 및 권력 확장– 을 추구하게 되면서 무제한 민주주의가 등장했다. 다시 말해, 의회의 다수파가 되기만 하면 무엇이든지 원하는 것은 다 할 수 있다는 분위기가 조성된 상황 속에서, 대의원들이 의회의 다수파가 되기 위해 군소 이익집단들의 요구까지도 충족시켜주려고 노력하게 되면서 무제한 민주주의가 출현했다. 이런 상황에서는 대의제가 '사회정의'라는 이름으로 다양한 소수 이익집단들의 (때로 부당한) 요구까지도 입법을 통해 지원하는 경향이 나타난다(LLL, Vol. 3, 10). 그리하여 민주주의는 이내 "하찮고 유해하기까지 한 특수 이익의 비위를 맞추어가며 표를 사 모으는 과정"으로 이해되기에 이르렀는바, 20세기 초중반을 풍미한 무제한 민주주의 하에서 의회의 다수파는 무한 권력을 휘두르며 정치를 타락시켰다(LLL, Vol. 3, 15-6, 32). 의회는 다양한 이익집단들의 요구를 분별하여 입법에 반영하기보다는 흥정과 타협에 따라 정책을 결정하는 '협상민주주의'(bargaining democracy)의 중심으로 변모했으며, 대의제를 통해 드러나는 '다수의 의지'는 특정 집단에 대한 혜택을 정당화시켜주는 허구적 수사에 지나지 않게 되었다(LLL, Vol. 3, 10, 32, 99).

무제한적 의회의 등장에 수반된 또 하나의 중요한 현상은 권력분립 원칙의 붕괴이다. 무제한적 대의제의 출현은 권력분립 원칙에 따를 경우 전통적으로 행정부 –좁은 의미의의 정부– 의 고유 기능에 속했던 기능까지도 사실상 입법부의 소관으로 이전되었다는 것을 의미한다(LLL, Vol. 3, 22-4, 105).[48] 권력분립 원칙에 따르면, "공동목표를 위해 사용될 특수한 재화들을 관리하

48) 영국 의회에서 하원이 상원에 대한 통제권을 확보한 후 점차 행정부의 기능까지도 넘겨받음으로써 의회주권이 확립된 과정에 대해서는 『자유헌정론』의 3부 17장 -특히 「대의기구의 방향착오」)- 을 참조할 것(LLL, Vol. 3, 105-7).

는” 조직인 행정부는 합법적으로 부여된 일정한 자유재량권을 가지고 특정 혜택을 사회의 여러 집단들에게 나눠주는 역할을 수행한다. 하지만 무제한 민주주의 개념의 확산과 함께 등장한 무제한 대의제는 과거에 행정부가 맡았던 기능들까지도 흡수해버림으로써 권력분립 원칙을 깨트렸을 뿐만 아니라, 무제한적 권력을 이용한 자의적인 지배 –전체주의는 그 극단적인 형태이다– 의 가능성을 열게 되었다.[49] 무제한 대의제의 출현으로 인한 권력분립의 붕괴 및 그로 인한 개인적 자유와 소유의 위기에 대해 하이에크는 다음과 같이 설명한다.

> 정부와 입법부가 각기 하는 일이 분명하게 구분되지 않아, 정부가 분배할 재화를 관리하는 사람이 동시에 얼마나 많은 재화를 관리해야 하는가 하는 문제까지 결정하게 된다면 이야기는 달라진다. 무엇이 옳은가를 결정해야 할 사람을, 지지자들을 확보하기 위해 그들이 원하는 바를 들어주어야 하는 위치에 옮겨 놓는다면, 그것은 자신의 권력을 유지하기 위해 필요하다고 판단될 경우 사회적 재화를 모두 자의적으로 사용할 수 있게 하는 힘을 부여한 것이나 다를 바 없다. 일정한 정도의 사회적 재화를 분배하는 역할을 맡는 선출된 정부관리자들이 정해진 법규에 따라 일을 처리한다면, 비록 그 재화를 자신들의 지지집단을 위해 쓴다 하더라도 개인의 자유를 침해하면서까지 남용하지는 못할 것이다. 하지만 그들 자신이 행위의 준칙들을 제정하는 힘을 가지게 된다면, 지지자들의 요구를 충족시켜주기 위해 필요한 경우, 정부 관할의 재화는 물론 사회와 개인들의 재화까지도 사용하려 들 것이다(LLL, Vol. 3, 16).

---

49) 하이에크가 볼 때, 권력분립 원칙에 토대를 둔 법의 지배 원칙이 무너지고 무제한 민주주의와 대의제가 출현한 데에는 이익집단들의 분출 속에서 정치권력을 유지하려고 했던 대의원들의 야심이 큰 역할을 했다. 하지만 그에 못지않게 “권력의 궁극적 원천은 어떤 제한도 받아서는 안 된다고 보는” 주권 개념도 중요한 역할을 했다. 즉, 무제한 민주주의는 민주주의가 일정 기간 이상 실천되어온 곳에서 구성주의적 법실증주의의 영향을 받아서 생겨났다고 할 수 있다. 하지만 하이에크는 이와 같은 주권 개념은 명백히 잘못된 것이라고 비판한다. 그런 주권 개념은 “인간 사회의 모든 제도가 최초의 설계자에 의해서, 또는 어떤 인격적 존재가 심사숙고해서 취하게 된 행위로 인해 형성되었다고 보는, 잘못된 구성주의적 해석의 결과이다”(LLL, Vol. 3, 33, 35).

그렇다면, 무제한 민주주의와 무제한 대의제가 초래할 수 있는 전체주의적 위협에 대해 하이에크가 내놓는 해결책은 무엇인가? 무제한 민주주의로부터 제한된 최소주의적 민주주의로의 복귀, 그리고 권력통합 현상으로부터 법의 지배에 따른 엄격한 권력분립 원칙으로의 복귀, 한 마디로 고전적인 자유주의적 입헌민주주의로의 복귀가 하이에크가 제시한 해결책이다. 하이에크는 “만일 정부의 권한이 축소되지 않으면 그 권한은 특수 이익집단의 요구에 부응하는 방향으로 사용될 수밖에 없다는” 인식 하에, “정치인이 그러한 압력을 이겨내기 위해서는 자신의 힘으로 변경시킬 수 없는 확고한 준칙(unalterable rules)에 순응하는 길밖에 없다”고 선언하고, 고전적인 법의 지배 이상과 권력분립 원칙에 대한 지지 –특히 대의제 하에서 행정권력과 입법권력을 엄격히 구분하는 자유주의적 헌정주의(liberal constitutionalism)– 를 재천명한다(LLL, Vol. 3, 17-40, 102-4).

하이에크는 이 맥락에서 자생적으로 성장 · 진화하는 위대한 자유사회의 속성과, 사회의 자생적인 진화과정에서 자연스럽게 형성 · 확립된 일반적이고 추상적인 행위 준칙 –정의로운 행위 규범들– 의 중요성을 다시 한 번 상기시킨다(LLL, Vol. 3, 33-5). 여기서 하이에크의 의도는 “사회가 먼저 생긴 뒤에 규칙이 만들어진 것이 아니라 공동 규칙들이 흩어져 존재하는 집단들을 하나의 사회로 묶어 만들기 [때문에]” 개인의 자유와 소유가 온전히 보호될 수 있는 자유문명은 (최초로 사회를 만든 어떤 주권적 실체 관념에 기원을 두지 않고) 공동의 일반적인 행위 준칙에 대한 존중에 입각해 있다는 사실을 강조함으로써, 권력분립 원칙에 입각한 고전적 법의 지배 이상으로 돌아가야 할 당위성을 부각시키려는 것이다.[50] 이 맥락에서 하이에크가 재천명한 법의 지배 이상과 권력분립 원칙은 이미 앞에서 설명했기 때문에 다시 상론할 필요가 없는바(2절 참조), 다음과 같은 진술을 인용하는 것으로 대체하고자 한다.

---

50) 사회가 일반적이고 추상적인 행위 준칙의 권위에 대한 구성원들의 수락에 토대를 두고 있다는 하이에크의 발상은 동시대 정치철학자 오크숏의 입장과 매우 유사하다. 오크숏은 정치질서로서의 국가는 구성원들이 일반적이고 추상적인 공동의 행위 준칙인 법(*lex*)의 권위를 인정할 때 형성된다고 본다(Oakeshott 1975, part Ⅱ).

> 대의제 민주주의에 관한 고전적 이론은 국가의 권력을 선거에 의해 구성된 대의기구와 그 대의기구에 의해 임명된 행정부에 나누어 맡기는 것이 민주주의의 본래 이상을 잘 실현할 수 있을 것으로 가정했다. 하지만 현실은 그렇지 못했다. 민주적 의회 못지않게 민주적 행정부에 대한 요구도 컸고, 나아가 선거로 선출된 입법기관이 어쩔 수 없이 입법권 외에 행정부를 감독하는 권한까지 넘겨보게 되었기 때문이다. … 일반적으로 행정부가 그 고유한 업무를 처리할 때 엄격하게 규칙을 지키도록 요구할 수 없기는 하지만, 바로 이런 이유 때문에 행정부가 행사하는 권력은 언제나 그 범위와 정도가 한정되어야 하는 것이다. … 준칙 제정권을 가진 자들은 일반 준칙을 구체화하는 일에 머물러야지 특정한 조치를 결정하는 권력까지 가져서는 안 된다. 다시 말해 모든 권력은 정의의 테스트를 받아야 하는바, 모든 유사한 경우들에 적용될 원칙을 준수할 준비가 되어 있을 때에만 자신이 원하는 바대로 할 수 있어야 한다(LLL, Vol. 3, 35-6).

마지막으로 하이에크는 모델헌법에 입각하여 엄격한 권력분립 원칙과 법의 지배에 의해 제한된 민주주의 모델을 제시하는데, 여기서 특히 주목할 만한 사항은 일반적인 2중 권력구조 –대의기구와 행정부– 대신에 3중 권력구조 –입법의회, 정부의회, 그리고 행정부– 를 제안하고 있다는 점과, 별도의 위헌심사제(=사법심사제)와 재정권의 독립을 제안하고 있다는 점이다(LLL, Vol. 3, 111-27).

먼저, 대의기구의 이원화 전략은 대의기구를 순수한 입법부(입법의회)와 정부의회(Governmental Assembly)로 구분하고, 전자에게는 입법을 통해 행정기구를 견제하는 기능만 그리고 후자에게는 입법의회가 제정한 일반적인 정의 원칙에 따라서만 특수 업무를 수행하는 기능만을 할당하는 것이다. 이 전략은 입법부의 전횡을 방지하는 한편으로, 행정업무가 엄격한 법의 지배를 받도록 하면서 행정의 효율성도 제고시키는 장점이 있다. 헌법재판소는 이 둘 사이에 분쟁이나 마찰이 일어날 경우 이것을 권위 있게 중재할 수 있는 특별재판소 역할을 수행한다. 이 헌법재판소는 전문적인 판사와 입법의회의 대표 그리고 정부의회의 대표들로 구성되는 것이 바람직하며, 그 판결은 대체로 어느 쪽도 특정한 강제 조치를 취해서는 안 된다는 내용으로 종결된다. 이런 성

격의 판결은 (전통적으로 인정되어 오거나 입법의회에 의해 제정된) 일반적인 준칙들이 허용하지 않는 강제 조치들을 취해서는 안 된다는 원칙을 반영하는바, 법의 지배를 온전히 구현하는데 보탬이 될 것으로 기대된다.

다음으로 하이에크는 모델헌법의 가장 파격적인 부분으로 재정권의 독립을 제안한다. 이 제안의 취지는 (그 파격성과는 대조적으로) 다음과 같이 간단히 요약된다. “공공지출의 규모와 내역을 결정하는 것이 전적으로 행정부의 소관사항임에도 불구하고 세금을 입법의회가 설정한 일반 준칙에 따라 강제적으로 징수해야 한다는 사실이 중요한 문제를 [일으키기 때문에]” “사람들에게 세금을 얼마씩 부과할 것인가를 결정하기 위한 일반 준칙은 입법의회가 제정하되, 총 징수규모와 그 지출내용은 정부의회가 결정할 수 있도록” 권력을 분할함으로써(LLL, Vol. 3, 126-7), 행정상의 편의와 효율을 기하는 동시에 행정이 일반적인 준칙에 따르도록 만드는 것이다.

그러면 법의 쇠퇴와 무한민주주의의 등장에 대한 하이에크의 비판적 분석 및 고전적인 자유주의적 헌정주의에 대한 그의 재강조는 어떤 성격의 입헌민주주의를 시사해주고 있는가? 이에 대한 대답은 지금까지의 설명을 통해 충분히 시사되었다고 본다. 그것은 최소민주주의와 고전적인 법의 지배 이상이 결합된 자유주의적 입헌민주주의 형태이다. 이 입헌민주주의 형태에서는 민주적 의회의 권력이 내부적으로 분할되어 있으면서도 입법의 위헌여부를 판정할 수 있는 사법부(혹은 헌법재판소)에 의해 견제됨으로써 무한민주주의로 타락할 수 있는 가능성이 철저히 봉쇄된다. 하지만, 하이에크의 입헌민주주의에서는 근대 국민주권의 원리가 (그것이 초래할 수 있는 위험성에 대한 과도한 우려 때문에) 매우 제한적으로만 수용되고 있는 반면, 국민에 의해 직접 선출되지 않은 소수의 판사들에게는 (암묵적으로나마) 과도한 권력을 부여해줌으로써 현대 민주주의의 역동성을 지나치게 제약하는 문제점을 갖고 있다.

맺음말

이 장에서 살펴본 다이시와 하이에크의 입헌민주주의 이론은 중요한 공통점과 아울러 큰 차이점을 지니고 있다. 두 사람 사이의 가장 중요한 공통점은 법의 지배 원칙에 대해 전폭적인 지지를 보이고 있다는 점과 민주주의를 매우 소극적으로 규정함으로써 고전적인 (자유주의적) 입헌민주주의 모델을 제시하고 있다는 점이다. 그리고 중요한 차이점은 다이시가 (형식적으로나마) 의회주권과 법의 지배를 양립 가능한 원칙들로 해석하고 유럽대륙에서의 행정법원의 발전을 법의 지배 이상에 역행하는 현상으로 본 것과 달리, 하이에크는 의회주권과 법의 지배를 서로 양립 불가능한 원칙들로 해석하고 행정법원의 수립을 법의 지배 원칙이 현대사회에 적응한 결과로 보고 있다는 점이다.[51] 이런 공통성과 차이점은, 하이에크가 법의 지배 원칙에 대한 다이시의 체계적인 설명을 칭송하면서도 행정법 체계의 발달에 대한 다이시의 이해를 비판한 데서 분명히 확인할 수 있다. 여기서는 (그들의 공통점에 초점을 맞춰) 그들이 제시한 고전적인 입헌민주주의 형태의 의의와 한계를 간략히 지적하고자 한다.

이미 검토한 바와 같이 다이시와 하이에크가 지지하고 있는 법의 지배 원칙과 최소주의적 민주주의 개념을 결합시켜 보면, 그들이 옹호하는 입헌민주주의 형태는 강력한 법의 지배 —그 핵심은 주로 기본권과 시민적 자유의 보장이다— 에 의해 제약된 민주주의, 곧 민주주의적 요소에 비해 고전적인 자유주의적 헌정주의가 일방적으로 강조된 입헌민주주의 형태라는 것을 알 수 있다. 따라서 그들이 지지하는 입헌민주주의가 전제하고 있는 '평등한 시민권'(equal citizenship) 개념은 법률의 제정자이자 정의로운 질서의 건설자라는 시민적 정체성보다는, 주로 경제적 활동이나 프라이버시를 자유롭게 향유하는 데 관심을 갖는 사적 개인이라는 정체성을 강하게 부각시킨다.[52] 그 당연

51) 이 차이점은 하이에크의 다음과 같은 진술 속에서 확인할 수 있다. "일반 준칙을 제정하는 일에 국한되지 않은 전능한 주권적 의회라는 것은 자의적 정부와 다를 바 없다. 더 나쁜 것은 그 정부가 어떤 종류의 것이든 원칙을 따를 수가 없고 오직 특정 집단들에게 특혜를 베풂으로써 연명할 수밖에 없다는 점이다. 차별 대우를 통해서 권위를 세워야 하는 처지에 빠진 것이다. 불행히도 의회민주주의의 상징으로 여겨져 온 영국 의회까지도 의회주권 -즉, 전능한 주권- 개념을 받아들인 것이다. 하지만 법의 주권과 무제한적 의회주권은 서로 조화를 이룰 수 없다. … 전지전능한 의회란 개인적 자유의 죽음을 의미하는 것이다. 이제 자유헌법은 더 이상 개인의 자유를 보장해주지 못하고, 그보다는 의회의 다수파가 마음 내키는 대로 행동해도 좋은 허가증과 같은 것이 되어버렸다. 우리는 개인의 자유 아니면 의회의 자유 중 하나를 선택해야 한다. 개인의 자유가 지켜지기 위해서는 권력자가 모든 사람들이 승인하는 반영구적인 준칙의 통제를 받아야만 한다"(LLL, Vol. 3, 102).

52) 19세기 후반부터 20세기 초에 걸쳐 활동했던 다이시에 비해 20세기 초중반에 활동했던 하이에크의 민주주의 개념이 더 많은 유권자들을 포용하고 있음은 당연할 것이다.

한 귀결로 그들의 입헌민주주의 체제에서는 민주주의가 매우 소극적이고 최소한의 기능 –주로 대의제 정부의 구성을 위한 선거– 만을 수행할 것으로 기대된다.

하이에크에 의하면 20세기 초중반기의 민주주의는 국가로부터 다양한 혜택을 기대하는 조직화된 집단들에게 완전한 정당성을 부여해줌으로써 국가를 통해 '이상적인' 재분배 정책을 강제하려는 환상을 심어주었다. 그 결과 민주적 압력을 통한 국가입법(state legislation)이 더욱 빈번해지고 포괄적인 성격을 띠게 되어 서구사회가 '예종에의 길'(the road to serfdom)로 나아가게 했다. 이와 같은 측면에서 보면, 하이에크가 (다이시와는 달리) 의회주권 원칙을 법의 지배를 무력화하는 원리로 받아들이면서 민주주의를 매우 소극적인 의미로 사용하고자 했던 이유를 충분히 이해할 수 있다. 엄격한 권력분립 원리에 기반을 두지 않는 단일 주권적 정부형태는 결국 법의 지배가 아니라 (비록 형식적으로 법의 지배 형식을 띠고 있어도) 다수자의 자의적인 권력행사를 초래하기 때문이다. 이와 같은 문제의식을 가지고 하이에크는 단일 주권 개념을 전제하고 있는 무한민주주의와 법실증주의를 단호히 거부했다. 그와 동시에 사회의 자생적인 진화과정에서 판사들의 법 발견 노력을 통해 확립된 일반적인 법규들에 의한 지배 및 권력분립 원칙을 엄격히 고수할 때만이 자의적인 권력의 횡포를 방지하고 개인의 자유를 보호할 수 있다고 주장했다.

하지만 법의 지배 이념에 대한 다이시와 하이에크의 강력한 옹호는 현대적인 법의 지배가 민주주의의 발전을 반영해내는 한편 민주적 절차와 가치들을 보호하는 기능도 수행한다는 점을 간과하는 문제점이 있다. 다이시와 하이에크는 민주주의에 매우 제한적이고 소극적인 기능을 부여하고자 한다 (Allan 2003, 25). 그렇지 않으면 법의 지배가 왜곡되거나 민주적인 다수 –보다 정확히는 사회의 힘 있는 조직들– 의 의지가 지배함으로써 개인들의 평등한 존엄성을 훼손할 수 있다고 본다. 하지만, 법의 지배에 의해 유지되는 하이에크의 사회에서는 다수 시민들이 스스로 공적인 문제를 해결할 수 있는 참여의 공간이 지나치게 축소되어 있는 반면, 민주적으로 선출되지 않은 판사들이 (의회주권 하에서 의회가 행사해온) 주권적 권위를 행사할 수 있는 가능성은 크게 열려있다.

제 4 장

자유주의적 입헌민주주의 2:
드워킨, 롤스 그리고 오크숏

민주주의와 법의 지배

제4장

자유주의적 입헌민주주의 2 : 드워킨, 롤스 그리고 오크숏

머리말

이 장에서는 현대 자유주의의 좌파를 대변해온 롤스와 드워킨, 그리고 최근에 새롭게 조명되고 있는 20세기 영국의 정치철학자 오크숏의 입헌민주주의 이론을 조명한다. 롤스와 드워킨은 현대의 평등주의적 자유주의를 대표해온 정치철학자들로서 칸트의 의무론적 도덕철학에 입각하여 현대 자유주의를 새롭게 정초하는 데 결정적인 역할을 했다. 뿐만 아니라 정치철학과 법철학 그리고 윤리학을 포함한 현대 규범철학의 재구성에 큰 영향을 미쳤다. 그러므로 이들의 자유주의 정치이론이 현대의 자유주의 사회를 향도할 수 있는 정치규범을 모색하는 작업에서 갖는 중요성은 아무리 강조해도 지나침이 없다. 이들은 자유주의 정치이론을 구성하는 방법에서는 적지 않은 차이를 드러낸다. 하지만 자유주의 정치사회를 떠받치고 있는 규범적 토대와 그 제도적·정책적 구현방향에 대해서는 상당한 유사성을 보여주고 있다. 따라서 롤스와 드워킨의 자유주의 정치철학이 지닌 중요성을 부각시키고, 그들의 입헌민주주의 이론이 현대 입헌민주주의 담론에서 차지하고 있는 위상과 의의를 고찰해보는 것은 매우 의미 있는 일이 될 것이다.

이 장에서 오크숏의 입헌민주주의 이론을 함께 다루고자 하는 의도와 관련해서는 잠시 설명이 필요하다. 10여 년 전까지만 해도 오크숏은 서구학계에서도 그다지 큰 관심을 끌지 못했다. 하지만 1990년대 이후 그의 정치철학에 대한 관심이 폭발적으로 증대하기 시작하여 지금은 오크숏 산업이 형성될 정도로 그의 철학과 정치사상에 대한 관심이 크게 고조되고 있다. 하지만 이런 이유보다 오크숏을 이 장에 포함시키게 된 더 직접적인 이유는 오크숏의 정치사상이 본서의 주제와 관련하여 매우 중요한 통찰들을 담고 있기 때문이다. 20세기를 대표하는 정치철학자로서 오크숏의 지위가 확인되었고, 그의 정치사상이 현대 입헌민주주의 담론의 형성과 발전에도 큰 기여를 할 수 있는 통찰을 담고 있다면, 오크숏을 롤스, 드워킨과 함께 이 장에 포함시켜 고찰해보는 것은 현대 자유주의적 입헌민주주의 담론의 풍부함과 유용성을 보여주는 데 큰 도움이 될 것이다. 특히 오크숏의 법의 지배 이론은 그의 정치사상 발전의 최종 단계에서 체계화되었을 뿐만 아니라 심의민주주의적인 요소와도 통합되어 있기 때문에 자유주의적 입헌민주주의 중에서도 상당히 진보적인 위상을 차지하고 있는 것으로 재해석할 수 있다. 그러므로 이 장에서는 후기 오크숏의 입헌민주주의 이론을 현대의 자유주의적 입헌민주주의의 (진보적인) 한 갈래로 분류하면서 그 내용을 재구성해보고자 한다.

마지막으로 이 장에서 드워킨의 입헌민주주의 이론을 롤스의 그것보다 먼저 다룬 이유를 간략히 설명할 필요가 있다. 사실 드워킨의 자유주의 정치철학은 롤스의 그것에 크게 의존하고 있다고 해도 과언이 아니다. 하지만 드워킨은 (현대 자유주의 정치이론의 재구성에 대한 롤스의 기여를 크게 평가하고 있음에도 불구하고) 롤스가 채택하고 있는 계약주의적인 방법론 및 정의론의 차등원칙에 전제되어 있는 윤리적인 문제점 –재분배 정책에 있어서 개인적 선택 및 책임의 문제를 간과하는 문제점– 에 대해 이의를 제기하고, 자신의 독창적인 자유주의 정당화 방법을 구체화시켜왔다. 드워킨은 자유주의 정치이론을 개인윤리와 단절시킨 정치적 자유주의를 모색한 롤스와는 대조적으로, 개인윤리와 정치원리를 통합시킨 통합적 자유주의 정치이론을 구성했다. 그런데 이 통합적 자유주의 정치이론의 일부로 드워킨이 제시한 입헌민주주의 이론은 롤스의 그것과 매우 흡사하면서도 약간의 차별성을 갖고 있다. 그 차별성은 특히 드워킨의 입헌민주주의 이론이 공적 심의의 최종 심급을 사법기관 –특히 사법심사권을 갖고 있는 연방대법원– 에 귀속시키려는 경향을 더 강하게 보이고 있다는 점이다. 그러므로 이 장에서 드워킨의 입헌민주주의 이론을 먼저 다루는 이유는 드워킨의 이론이 롤스의 이론과 비교해볼 때 상대적으로 (민주적 요소보다) 실질적 법의 지배 요소에 더 큰 비중을 두고 있다고 보기 때문이다. 하지만, 이 두 정치철학자들의 입헌민주주의 이론은 차이점보다는 공통점이 훨씬 더 크기 때문에, 이 두 정치철학자들을 배열한 순서는 나의 주관적 평가를 반영한 것으로 보아도 좋다.

드워킨의 실질적 법의 지배 개념과 입헌민주주의론

▌드워킨의 통합적 자유주의 개요

1960년대 초 이후 2013년 타계하기까지 법철학 분야에서 지대한 영향을 미쳐온 드워킨은 현대의 평등주의적 자유주의 정치이론을 재구성하는 작업에서 롤스에 버금가는 중요한 역할을 해왔다. 하지만 롤스가 주로 자유주의 정치이론과 정의론을 구성하는 데 관심을 집중시켜온 것과 달리, 드워킨은 개인적 윤리와 정치도덕 그리고 법질서를 통합적으로 이해할 수 있는 포괄적인 접근을 지향해왔다. 그가 『고심도치를 위한 정의』에서 표방한 가치통합적 접근방법은 롤스의 단절전략 –정치윤리와 개인윤리의 분리– 과 구분되는 차별성을 갖고 있는데, 그의 필생에 걸친 이론화 작업의 지향점을 매우 명료하게 체계화했다.

물론 고슴도치로 상징화되는 통합적인 가치질서를 수립하려는 그의 이론적 지향이 초기부터 분명히 드러났다고 보기는 어렵다. 왜냐하면, 드워킨 또한 초기에는 롤스처럼 공적인 영역과 사적인 영역을 구분하고 공적인 영역을 규제하는 정치적 원칙들은 개인윤리들 사이에서 중립적일 필요가 있다고 주장했으며, 정합성 개념도 법질서의 구조적 특성 및 정치도덕과 법질서의 통합성 정도를 지시하는 정도였기 때문이다.[1]

하지만, 1988년의 Tanner강의에서부터는 정합성 개념을 자신의 사상체계 전체에 의식적으로 적용하고자 하는 의도를 분명히 드러내기 시작했다. 그리하여 정합성 개념을 인간에 대한 철학적 발상과 정치공동체 및 법질서에 대한 이론을 관통하는 메타이론적 토대로 활용함으로써 가치통합적 자유주의

1) 드워킨 법사상의 개요 및 그 철학적 토대에 대해서는 김비환 · 김정오(2011)를 참조하라.

이론을 구축하려고 시도했다. 그 결과 드워킨은 주로 정치이론과 정의론 구성에 집중했던 롤스보다 훨씬 더 포괄적이고 통합적인 자유주의 사상을 내놓을 수 있었다. 드워킨이 현대 헌법이론 및 정치철학의 중요한 논쟁적 이슈가 되고 있는 헌정주의와 민주주의의 관계에 대해 독자적인 이론적 개입을 할 수 있게 된 것도 바로 이와 같은 가치통합적 접근 덕분이었다. 그의 가치통합적 접근은 헌정주의와 민주주의를 이율배반적 혹은 모순적인 관계로 인식해 온 기존의 해석들과 달리, 이 둘의 관계를 하나의 자유주의적 민주정치질서를 구성하는 상보적인 통합관계로 보는 독자성을 갖고 있다. 이 장에서는 이와 같은 드워킨의 독자적 관점이 반영된 그의 입헌민주주의 이론이 현대 입헌민주주의의 스펙트럼에서 차지하고 있는 위상을 살펴보고자 한다.[2)]

▌헌법과 도덕적 해석

드워킨은 미국의 권리장전에 보장되어 있는 기본적 자유들을 해석하는 최선의 방법으로 도덕적 해석을 제시한다.[3)] 드워킨은 미국헌법의 권리장전은 구체적인 소송들에 적용되어야 하는 추상적인 도덕적 원칙들을 표현하고 있다고 보았는데, 이 추상적 도덕 원칙에 대한 자신의 해석방법을 도덕적 해석으로 명명했다.

드워킨에 의하면, 권리장전의 많은 조항들은 매우 추상적인 도덕적 언어로 구성되어 있기 때문에 도덕적 해석은 그 표현들을 가장 자연스럽게 이해

2) 민주주의에 대한 드워킨의 독자적인 발상은 1990년대 중반기 하버마스와 마이클만과의 이론적 논쟁을 통해 정교화 되었다. 그의 입헌민주주의 이론은 한편으로는 脫형이상학적인 시대에 법(그리고 법이론)과 도덕·정치이론 사이의 구조적 연관성을 절차적 민주주의 패러다임을 통해 해명해보려는 하버마스와 차별적인 (그리하여 더 우월한) 시도를 모색하는 가운데 형성되었다(Habermas 1996; Dworkin 1995). 그리고 다른 한편으로는 다음 장에서 다뤄질 마이클만이 브레난 강의(Brennan Lecture)에서 (드워킨의 입헌민주주의론이 개별 시민들과 정치공동체의 관계에 대한 잘못된 형이상학적 가정에 입각해 있다고 비판하면서) 제시한 국민자치로서의 민주주의에 관한 칸트주의적 재구성의 문제점 -국민자치로서의 민주주의를 설득력 있게 정당화 하는데 실패했다- 을 비판하는 가운데 더 정교화 되었다.

3) 이와 같은 입장은 이미 *Taking Rights Seriously*(Harvard University Press 1978)에서 나타나고 있으며, *Freedom's Law: the Moral Reading of the American Constitutional Law*(Oxford University Press 1996)에서 가장 체계적으로 제시되었다. 드워킨은 권리장전을 "개인의 권리를 수립하는 헌법의 모든 조항"들을 포함하는 포괄적인 의미로 사용한다.

해야 한다. 예컨대, 수정헌법 제14조에 명시된 "법의 평등 보호"와 같은 권리들은 매우 추상적인 도덕 원칙들을 표현하고 있는데, 그 법을 입안했던 사람들의 입법의도 –원본주의(originalism)– 에 비추어 해석해서는 안 되고 그 조항과 관련된 구체적인 소송을 배경으로 최선의 현재적 의미를 해석해야 한다(Dworkin 1996, 7).

물론 이와 같은 추상적인 도덕 원칙들이 구체적인 정치적 논쟁들에 적용되기 위해서는 보다 구체적으로 진술될 필요가 있는데, 그 원칙들을 어떻게 진술하는 것이 옳은가에 대하여 의견의 불일치가 발생할 수 있다. 1996년 출간된 『자유의 법: 미국헌법에 대한 도덕적 해석』(1996)은 (바로 이와 같은 의견 불일치의 가능성을 염두에 두고) 드워킨 자신의 도덕적 해석방법의 설득력과 매력을 옹호하기 위한 의도로 쓰인 저술이다. 드워킨은 미국헌법의 권리장전에 안치된 기본적 권리들은, 전체적으로 볼 때, 미국의 다음과 같은 정치적·법적 이상, 즉 정부는 선의를 가지고 그 지배 하에 있는 모든 사람들을 동등한 도덕적·정치적 지위를 갖는 자들로, 그리고 그들을 동등한 배려를 가지고 대해야 한다는 이상을 표현한 것으로 본다(Dworkin 1996, 7-8). 그러므로 드워킨은 정부가 그런 목적에 필수불가결한 모든 개인적 자유들을 포괄적으로 –즉, 헌법문서에 명시적으로 지정된 것들은 물론 명시되지 않은 것들도 포함해서– 존중해야 한다고 해석한다.

물론 도덕적 해석은 헌법에 포함되어 있는 모든 조항들에 적용되지는 않는다. 미국헌법은 그다지 추상적이지도 않고 도덕적 언어로 표현되지도 않은 많은 조항들을 포함하고 있기 때문이다. 그러므로 추상적인 조항들에 대한 드워킨의 도덕적 해석에 대해 다음과 같은 의문이 제기될 수 있다. 미국수정헌법 제3조 –평화 시에는 군대를 주민의 집에 주둔시켜서는 안 된다는 조항– 가 도덕적 원칙을 표현하지 않는 반면에 수정헌법 제14조 –어떤 주도 법의 동등 보호를 부정해서는 안 된다– 가 도덕적 원칙을 표현하고 있다는 근거는 무엇인가? 이런 의문에 답하기 위해 드워킨은 도덕적 해석에 대한 보다 정교한 설명에 돌입한다.

드워킨은 도덕적 해석의 구체적인 방법으로 역사와 헌법적 통합성(constitutional integrity)에 근거한 '최상의 해석'(the best interpretation)방법을 강조한다(Dworkin 1996, 8-12). 역사적 맥락은 특정 헌법조항들을 제정한 입법자들이 천명한 원칙과 그들이 그 원칙을 통해 의도했던 실천적 목표를 구분할 수 있도록 해줌으로써, 그 도덕적 원칙들이 현재적인 관점에서 최선으로 해석될 수 있는 가능성을 제공한다. 그리고 헌법적 통합성은 판사들이 그 도덕 원칙을 헌법의 다른 원칙들과 정합적으로 해석하도록 압박함으로써 그 도덕 원칙에 대한 '최선의' 해석 가능성을 제고시킨다.[4)]

먼저 드워킨은 수정헌법 제3조처럼 도덕 원칙을 천명하는 것으로 볼 수 없는 조항들과, 명백히 도덕 원칙을 천명했지만 그 구체적인 내용이 불명확하여 도덕적 해석의 방법이 적용되어야 할 조항들을 구분하고, 후자를 대상으로 도덕적 해석방법을 적용한다. 드워킨은 수정헌법 제14조를 예로 들어 헌법제정의 역사적 배경에 대한 이해가 도덕적 해석에 도움이 되는 이유를 설명한다. 드워킨에 의하면, 헌법의 도덕적 해석에서 역사가 중요한 이유는 그것이 헌법입안자들이 내세우고자 했던 일반적인 도덕적 원칙을 밝히는데 도움이 되기 때문이지(1996, 9-10), 그들이 내세운 것 이면에 있는 다른 실천적인 동기나 의도를 이해하는 데 도움이 되기 때문이 아니다. 드워킨은 역사가 도덕적 해석에서 수행하는 역할에 대해 다음과 같이 진술한다.

> 첫째, 도덕적 해석에서 헌법해석은 기안자들이 말했던 것에서 시작해야만 한다. 그리고 친구와 이방인들이 무엇을 말했는지에 대한 우리의 판단이 그들에 관한 특수한 정보와 그들이 말한 맥락에 달려 있는 것처럼, 기안자들이 말한 것에 대한 우리의 이해도 마찬가지다. 그러므로 역사는 명백히 관련성이 있다. 하지만 단지 특수한 방식으로만 그렇다. 우리는 그들이 무엇을 말하려고 했는가를 알기 위해 역사로 나아가지, 그들이 어떤 다른 의도들을 갖고 있었는가를 알기 위해 역사로 나아가지는 않는다. 우리는 그들이 말하고 싶은 대로 말한 결과 어떤 일이 일어나기를 기대했는가를 판단할 필요가 없다. 그들의 (실천적인) 목적은 우리 연구의 관심사가 아니다. 그것은 중요한 구분이다. 우리는 우리의 입법자들이 말한 것에 따라 통치되는 것이지, 구체적인 케이스들에서 그들이 그런 원칙들을 어떻게 해석 또는 적용했을 것인가에 대해 우리가 가질 수 있는 정보에 의해 통치되는 것이 아니다 (Dworkin 1996, 10).

4) 드워킨에 의하면, '최선의' 해석은 우리가 알고 있는 모든 것을 고려해볼 때 재진술된 정치도덕들 중 어느 것이 그 입안자들이 의도했던 '최선의 것'인지를 물어보는 방식으로 확인할 수 있다.

역사가 헌법해석의 대상이 되고 있는 추상적 원칙들의 일반적인 내용 –입법자들이 일반적인 표현으로 말한 것– 을 보다 분명히 드러내는데 도움이 된다면, 헌법적 통합성 관념은 도덕적 해석의 복잡성을 높임으로써 그 해석이 '최선의 것'이 되도록 제약한다. 헌법적 통합성은 두 가지 기제로 작용함으로써 도덕적 해석을 최선의 것으로 만든다.

첫째, 헌법적 통합성은 판사들이 헌법적 문제들에 대한 판결을 내릴 때 그 판결이 헌법의 전체적인 구조와 정합성을 갖도록 압박함으로써 도덕적 해석의 자의성을 없앤다. 헌법을 해석할 때 판사들은 그들 자신의 도덕적 신념을 토대로 해석해서는 안 된다. 그것은 도덕적 해석을 완전히 잘못 이해한 것이다. 판사들은 추상적인 도덕적 조항들이 어떤 특수한 도덕적 판단을 표현한 것으로 해석해서는 안 된다. 그 도덕적 판단이 전체 헌법 구조에 깔려 있는 도덕 원칙과 부합하지 않는다면 말이다. 헌법의 전체 구조에 깔려있는 도덕 원칙과 관련된 조항들에 대한 판사들의 도덕적 해석이 정합성을 갖지 못한 경우, 그 판사의 해석은 자의적일 가능성이 크며 따라서 헌법에 대한 '최선의' 이해가 될 수 없다.

헌법적 통합성이 판사들에게 가하는 또 다른 압력은 현재의 판결이 기존의 판례들과 부합한가의 여부를 따지도록 만드는 것이다. 다시 말해, 헌법적 통합성은 판사들이 권리장전에 반영된 추상적인 도덕 원칙을 적용할 때 과거의 판사들이 결정해온 패턴을 진지하게 고려하도록 압박함으로써 도덕적 해석의 자의성을 방지한다. 드워킨은 『법의 제국』에서 판사들을 세대를 이어 체인소설을 쓰는 공동저자들에 비유한 바 있다(Dworkin 1986). 헌법적 통합성 관념은 판사들을 과거와 미래의 다른 판사들 –더 광범위하게는 공직자들– 의 파트너가 되도록 이끎으로써 판사들이 최선의 도덕적 해석을 내리고 정합적인 헌법도덕을 정교화 하도록 만든다. 그리고 그들은 자신들의 기여가 다른 것들과 잘 들어맞는지도 주의 깊게 살펴야 한다.[5]

이처럼 헌법해석 –더 협소하게는 권리장전에 반영된 추상적인 도덕 원칙들에 대한 해석– 은 역사와 헌법적 통합성에 의해 제약되기 때문에, 도덕적

5) 물론 판사들이 그들의 권한을 남용할 수도 있다. 하지만 대통령도 성직자들도 그들의 권력을 남용할 수 있는 것은 마찬가지다. 도덕적 해석은 선의를 갖고 행위하는 법률가들과 판사들을 위한 바람직한 전략이다.

해석은 판사들이 주관적인 도덕신념에 근거해 판결하도록 허용함으로써 그들을 실질적인 주권자 혹은 철인왕으로 전환시킨다고 보는 비판은 잘못된 것이다(Dworkin 1996, 11). 드워킨은 도덕적 해석이 판사들의 주관주의 혹은 상대주의에 따라 왜곡될 수 있다는 우려에 대해 다음과 같이 항변한다.

> 미국의 헌법도 법이며, 다른 모든 법처럼 그것은 역사, 관례(practice), 그리고 통합성에 닻을 내리고 있다(11). 법에서 대부분의 소송 -대부분의 헌법 소송도 마찬가지로- 은 어려운 소송들이 아니다. 판사의 일반적인 능력은 답을 제시해줄 수 있기 때문에, 개인적인 도덕적 신념이 활개를 칠 여지가 없다(Dworkin 1996, 11).

하지만 드워킨은 도덕적 해석의 객관성과 설득력을 제고시키는 이상의 제약들이 완벽하지 않다는 것을 인정한다(Dworkin 1996, 11-2).[6] 그리하여 도덕적 해석이 판사들에게 무한한 권력을 부여함으로써 민주주의를 위협한다는 (특히 공화주의적 정부형태를 옹호하는 사람들에게) 익숙한 비판을 검토함으로써 헌정주의와 민주주의의 관계에 대한 논의를 예비한다.

■ 대안적인 헌법해석들 비판

도덕적 해석이 대법원 판사들에게 무한한 권력을 부여해줌으로써 민주주의를 훼손한다는 비판을 피하기 위해 헌법 학자들과 법조인들은 판사에게 더 적은 권한을 주는 대안적인 헌법해석 전략을 모색했다. 그 중에서 드워킨은 두 가지 대안을 검토한다. 첫째는, 가장 솔직한 대안으로, 도덕적 해석 –권리장전은 일군의 도덕적 원칙들로 이해할 수 있다는– 이 옳다고 보지만 도덕적 해석의 최종적 권위가 판사가 아닌 국민에게 있다고 본다(1996, 12). 그리고 둘째 전략은 원본주의 혹은 원의주의(original intention)로 불리는 입장으로 도덕적 해석을 거부한다.

---

6) 하지만 법실증주의나 정치적·민중주의적 해석과 같은 대안적인 해석보다는 훨씬 우월한 해석이라고 주장한다. 드워킨의 『자유의 법: 미국헌법에 대한 도덕적 해석』은 도덕적 해석이 가장 매력적인 최상의 헌법해석론임을 보여주는 동시에, 헌법문제에 대한 최종적 결정 권위를 대법원이 갖고 있는 민주주의에 대한 입헌주의적 발상을 옹호한다.

드워킨에 의하면, 첫째 대안은 미국의 위대한 판사 핸드(Learned Hand)에 의해 대변된다. 핸드는 정부의 생존이 달려있는 긴급한 상황 –예컨대 정부의 부서들 사이의 중재 역할을 해야 할 경우 등– 에서만 법원이 헌법해석의 최종적 권위를 가져야 한다고 생각했다. 그는 법원이 국민의 대표인 입법부가 제정한 법을 헌법의 도덕적 원칙들에 비추어 테스트할 일반적 권위를 주장하는 것은 잘못이라고 생각했다. 하지만 만일 핸드의 설이 채택되었다면 (예컨대, 1954년의 유명한 Brown소송 판결처럼) 법의 평등 보호 조항에 따라 공립학교에서의 인종분리를 위헌이라고 결정하지 못했을 것이다. 왜냐하면, 핸드는 법원이 그와 같은 최종적 권한을 가져서는 안 된다고 생각했기 때문이다. 하지만 역사는 핸드의 소극적 입장이 그릇되었다는 것을 보여주었다. 미국 대법원은 인종적 평등, 종교적 독립, 그리고 개인적 자유를 확대시키는 판결을 통해 헌법해석에 대한 최종적인 일반적 권위가 대법원에 있다는 것을 확인시켜주었기 때문이다. 또한 첫째 대안은 헌법의 의미(what the Constitution means)에 대한 해석 문제를 누구의 견해가 헌법해석의 최종적인 권위가 되어야 하는지에 대한 문제로 전환시킴으로써 도덕적 해석의 특성을 오해하는 오류를 범하고 있다.

헌법은 입안자들이 작성한 문언들 자체를 의미한다고 보는 도덕적 해석과 달리, 도덕적 해석을 거부하는 둘째 대안 –원본주의 혹은 원의주의– 은 입안자들이 작성한 문언들은 그 문언을 통해 달성하고자 하는 입법자들의 실제 의도를 존중해야 한다고 주장한다(Dworkin 1996, 13). 원본주의에 따르면, 권리장전의 위대한 조항들은 어떤 추상적인 도덕적 원칙(들)을 명시한 것이 아니다. 그런 표현들은 일종의 암호나 위장에 불과하기 때문에 헌법해석은 문언 배후에 깔려있는 입안자들의 기대나 목표를 파악해야 한다(Dworkin 1996, 13). 예컨대, 법의 평등 보호 조항은 흑인과 여성을 포함한 모든 개인들의 동등한 지위를 요구한 것이 아니라, 입안자들이 당시의 구체적인 맥락에서 기대했거나 의도했던 수준의 동등한 지위로 해석되어야 한다.

하지만 역사는 원본주의가 그릇되었다는 것을 밝혀 주었다. 예컨대 브라운 소송에 대한 대법원의 판결은 헌법해석이 구체적인 맥락과 연관된 헌법 입안자들의 실천적 의도가 아니라, 입안자들이 말하고자 했던 것 –헌법의 문언에 표현된 도덕적 원칙– 에 대한 최선의 현재적 이해에 따라 내려져야 한다고 보는 도덕적 해석의 타당성을 지지해주었다(Dworkin 1996, 13). 브라운 소송에 대한 대법원의 판결은, 법의 평등 보호 조항을 제정한 당시의 입법자들이 모든 공립학교에서의 인종분리 철폐를 의도하지 않았음에도 불구하고, 그 조항에 대한 최선의 현재적 이해를 반영함으로써 인종 간 평등의 실현이라는 역사적 흐름과 부합할 수 있었던 것이다.

하지만 둘째 전략 –원본주의– 을 따르면, 브라운 소송의 판결뿐만 아니라 이제는 위대한 헌법해석의 전형들로 알려진 많은 대법원 판결들이 잘못된 것으로 평가될 것이다. 그 때문에 이제는 어떤 누구도 순수한 형태의 원본주의를 수용하지 않는다. 원본주의의 가장 강력한 옹호자인 보크 판사(Robert Bork)마저도 그의 대법원 판사 지명에 따른 상원청문회에서 원본주의에 대한 그의 지지를 제한적으로만 표현했을 뿐이다. 그는 브라운 결정이 옳았고, 피임기구 사용에 대한 권리를 보장하는 1965년의 대법원 판결도 결과적으로 옳았다고 주장했다. 이처럼 원본주의 전략은 현재적 관점에서 볼 때 도저히 받아들일 수 없는 불쾌한 결론을 지지하게 되거나, 보편적으로 수용되고 있는 헌법해석에 역행하는 치명적인 문제점을 지니고 있다(Dworkin 1996, 14).

원본주의가 이와 같은 근본적인 문제점을 안고 있고 도덕적 해석에 대한 반감 또한 널리 확산되어 있다면, 어떤 다른 대안이 있는가? 이에 대해 드워킨은 다른 새로운 대안은 없다고 본다. 일반적으로 헌법학자들은 판사에게 너무 많은 권한을 주는 도덕적 해석과 현재의 헌법을 과거의 죽은 손처럼 만들어버리는 원본주의의 실수를 동시에 피해야 한다고 강조하고, 개인의 권리를 보호하는 것과 민중적 의지를 존중하는 것 사이의 올바른 균형을 찾아야 한다고 주장한다(Dworkin 1996, 14). 하지만 그들은 어떤 상태가 올바른 균형이며 어떤 척도를 사용해서 그런 균형을 찾아낼 수 있는지를 언급하지 않는다. 그들은 헌법해석은 도덕철학 또는 정치철학은 물론 역사와 헌법의 일반적 구조를 고려해야 한다고 말한다. 하지만 그들은 역사와 헌법 구조 –이 둘은 도덕적 해석에서도 중요하다– 를 고려하는 특정한 방식에 대하여, 혹은 그것들이 도덕적 해석에서 사용되는 방식과 어떻게 다른지에 대하여 구체적으로 말해주는 바가 없다. 게다가 대안적인 헌법해석을 시도할 경우, 어떤 기준이나 목표가 헌법해석을 안내해야 하는지에 대해 전혀 말해주지 않는다. 드워킨의 관점에서 보면, 매일 양산되고 있는 미국헌법이론들을 두고 볼 때, 자신의 도덕적 해석에 대한 대안을 찾아내려고 하는 노력들은 이해하기 힘든 측면이 있다. 왜냐하면, 자신의 도덕적 해석은 미국의 헌법사와 일치하는 가장 타당한 헌법해석론임이 입증되었다고 보기 때문이다.

드워킨은 현대 미국헌법에 관한 가장 중요한 논쟁이 (판사들이 법을 변경할 수 있는지 혹은 그대로 나둬야 하는지에 관한 것이 아니라) 헌법해석 방법론으로 수렴되었다는 사실을 부각시키고(Dworkin 1996, 15), 자신의 도덕적 해석에 대한 유일한 실질적 반대가 (도덕적 해석이) 민주주의를 훼손시킬 수 있는 개연성에 대한 우려 때문이라고 지적한다. 이런 우려에 대해 드워킨은 도덕적 해석이 민주주의를 훼손하는 것이 아니라 그것을 완성시킨다는 것을 보여줌으로써 도덕적 해석이 최선의 헌법해석론임을 입증하고자 한다. 이처럼 드워킨은 헌법해석에 대한 방법론적 논쟁을 종식시키고 자신의 도덕적 해석방법의 우월성을 최종적으로 입증하기 위해 도덕적 해석이 과연 민주주의를 훼손하는가를 검토하게 된다. 헌정주의와 민주주의의 관계에 대한 드워킨의 통합적 이해방식은 바로 이와 같은 맥락에서 정교화 된다.

▮ 민주주의에 대한 새로운 이해

도덕적 해석이 민주주의에 위협이 되는가에 대한 정치적 논쟁은 일반적으로 헌법의 권리장전이 보호하고 있는 다른 가치들을 위해 민주주의가 어느 정도 훼손 또는 양보되는 것이 적절한가에 대한 논쟁으로 알려져 있다(Dworkin 1996, 15). 이 논쟁에서 한 쪽은 민주주의를 열렬히 옹호하는 반면, 다른 쪽은 민주주의가 산출할 수 있는 부정의들을 우려하며 민주주의를 제한할 필요가 있다고 주장한다. 하지만 드워킨은 이 양 입장이 민주주의 개념 자체에 대한 부정확하고 그릇된 이해를 반영하고 있다고 비판한다. 드워킨에 의하면, 지금까지 헌법학자들은 주로 헌법이 수행하는 역할과 헌법문언의 의미 그리고 헌법해석 방법에 연구의 초점을 맞추어왔기 때문에 민주주의가 과연 무엇을 의미하는지에 대해 충분한 관심을 기울이지 못했다(Dworkin 1990, 329). 민주주의와 헌정주의의 관계에 대한 잘못된 이해는 상당 부분 이와 같은 부주의에 기인한다. 따라서 드워킨은 다른 학자들이 등한시 해온 민주주의 개념을 근본적으로 새롭게 규정함으로써 민주주의와 다른 가치들이 사실은 서로 통합관계에 있다는 것을 보여주고자 한다. 그러므로 이와 같은 드워킨의 접근방법이 과연 설득력이 있는지를 평가하기 위해서는 먼저 민주주의에 대한 그의 이해방식을 고찰해보아야 한다.

드워킨은 민주주의에 대한 자신의 새로운 규정을 제시하기 전에 민주주의를 가장 매력적인 이상으로 만든 가치, 곧 자치(self-rule)가 민주주의의 본질적 가치임을 일단 받아들인다. 하지만 자치의 이상이 구체적으로 무엇을 의미하는지에 대해 치열한 논쟁이 진행되어왔는바, 그 논쟁은 결국 민주주의의 의미에 대한 논쟁으로 환원된다고 본다.[7] 그리고 그 논쟁의 핵심에는 다수결주의를 민주주의의 근본적 의미를 구성하는 원칙으로 볼 수 있을 것인가에 대한 논쟁이 놓여있다고 보고, 민주주의를 구성하는 도덕 원칙으로서의 다수결주의적 전제의 타당성을 비판한다.

드워킨은 민주주의의 핵심적 구성 원칙으로서 다수결주의가 지닌 민중적 호소력을 인정한다. 일반적으로 다수결주의 원칙은, 최소한 중요한 공적 문제들에 관한 결정은 시민들 다수나 과반수 이상의 의사에 따라 이루어져야 한다는 원칙으로, 민주적 정치과정을 구성하는 복잡한 제도들은 이런 목표를 지향해야 하고 또 이런 목표에 비추어 그 적합성을 테스트 받아야 한다. 한마디로 그것은 복잡한 민주적 과정을 통해 제정한 법률과 정책들은 궁극적으로 시민들 다수가 승인하는 것들이어야 한다는 원칙이다(Dworkin 1996, 15-6).

하지만 현대 민주주의에서 다수결주의 원칙은 획일적으로 이해·적용되지 않는다. 예컨대, 오랫동안 의회주권 원칙을 견지해온 영국에서는 의회를 통해 행위하는 정치적 다수의 의지가 거의 모든 것을 좌우한다. 그와 달리 미국에서는 다수결주의를 민주주의의 궁극적 의미로 받아들이는 대부분의 사람들마저도 어떤 경우에는 다수의 의지가 지배해서는 안 된다고 생각한다(Dworkin 1996, 16). 다시 말해 미국인들은 헌법에 보장된 개인의 권리를 보호할 필요가 있을 때는 다수결주의를 제한하는 사법적 개입의 정당성을 인정한다. 그럼에도 불구하고, 다수결주의 원칙을 민주주의 핵심 원리로 이해하는 미국인들은 사법적 개입에 의해 다수의 의지가 제압된 것은 민주주의에 대해서는 유감스

7) 어떤 대의형태(연방, 주, 지방 사이의 권력 할당), 어떤 선거제와 패턴 및 다른 제도적 형태들이 민주주의에 관한 최선의 이용 가능한 형태를 제공해주는지에 대해서는 논쟁이 지속되고 있다. 하지만 민주주의의 제도적 구조에 관한 익숙한 논쟁 이면에는 민주주의의 근본 가치 혹은 의미에 대한 논쟁이 자리 잡고 있다는 것이다.

러운 일이라고 간주함으로써 민주주의와 다른 가치들 –권리장전에 실현된 도덕적 가치들– 의 관계를 대립적으로 이해하는 경향을 보인다. 이것은 미국인들이 민주주의와 다른 중요한 가치들의 절충을 불가피하게 생각하고 있다는 사실을 말해준다(Dworkin 1996, 16-7).

드워킨은 민주주의를 새롭게 이해함으로써 민주주의와 다른 중요한 가치들 사이의 통합을 모색한다. 그에 의하면, 다수결주의 원칙은 민주주의의 근본 원칙이 아니라 민주주의의 근본 원칙(혹은 의미)을 실현하기 위한 한 가지(중요하지만) 불완전한 방편에 불과하다. 드워킨에 의하면, 민주주의의 근본 원칙 –정치도덕– 은 정치공동체의 모든 구성원들을 동등하게 배려하고 존중하는 방식으로 정치적 결정방식을 구성하고 운용해야 한다는 것이다(Dworkin 1996, 16). 민주주의에 대한 이와 같은 대안적인 이해도 다수결주의적 전제가 요구하는 것과 비슷한 통치 구조를 요구할 것은 분명하다. 다시 말해 대안적인 민주주의 개념도 일상적인 정치적 결정들이 대중선거를 통해 선택된 공직자들에 의해 내려질 것을 요구한다. 하지만 드워킨이 "민주주의에 대한 입헌적 발상"으로 명명한 새로운 관점에서 보면, 다수결주의가 필요한 이유는 모든 시민들에 대한 "동등한 배려와 존중"이라는 민주주의의 근본 가치를 실현하기 위해서다. 그러므로 "민주주의에 대한 입헌적 발상"은 다수결주의 제도는 물론, "동등한 배려와 존중"이라는 근본적인 가치의 증진에 필요할 경우에는 非다수결주의적인 절차도 활용할 수 있다(Dworkin 1996, 17).

요컨대, 민주주의에 대한 입헌주의적 발상에 따르면, "민주주의는 모든 시민들의 동등한 지위(the equal status of the citizenry)에 관한 조건들 –민주적 조건들이라 부를 수 있다– 에 따르는 통치를 의미한다"(Dworkin 1996, 17).[8] 만일 다수결주의 제도들이 민주적인 조건들을 제공하거나 보호해 준다면 다수결 제도들을 통해 내려진 결정들은 만인에 의해 존중되어야 할 것이다. 하지만 그렇지 않을 경우, 다시 말해 민주적 조건이 불충분하게 제공되거나 존중되지 않을 경우에는, 민주주의의 이름으로 그런 조건들을 더 잘 확충시켜주고 존중해줄 수 있는 다른 절차들을 활용할 필요가 있다(Dworkin 1996, 17).[9]

8) 민주적 조건들, 혹은 정치적 파트너십의 조건들에 대해서는 후술할 것이다.

9) 예컨대, 민주적 조건들은 원칙적으로 공직은 모든 인종과 집단의 구성원들에게 동등하게 개방되어야 한다는 요건을 당연히 포함한다. 특정 인종에게만 어떤 공직을 허용한다는 법안이 법

이 맥락에서 드워킨은 민주주의를 '국민에 의한 자치'(self-government by the people)로 이해하는 관점 –전통적으로 가장 강력한 규범적 호소력을 지니고 있고 또 일반적으로도 광범위하게 수용되고 있는 관점– 이 민주주의에 대한 다수결주의적 발상과 자신의 입헌주의적(=파트너십) 발상 중 어느 것과 더 잘 부합하는지를 검토함으로써 민주주의에 대한 입헌주의적 발상의 우월성을 부각시키고자 한다(Dworkin 1996, 15-31). 이 과제를 수행하기 위해 드워킨은 먼저 집단적 행위(collective action)에 대한 두 가지 발상 –통계적 발상(statistical conception)과 공동적 발상(communal conception)– 을 대비시키고, 이 두 가지 발상이 민주주의에 대한 다수결주의적 발상과 자신의 입헌주의적 발상과 맺고 있는 관계를 비판적으로 고찰한다(Dworkin 1990 & 1996). 그리하여 집단적 행위에 대한 공동적 발상과 민주주의에 대한 입헌주의적 발상의 결합만이 국민자치로서의 민주주의를 의미 있게 이해할 수 있는 길을 제공한다고 주장한다.[10)]

다수결민주주의는 집단적 행위에 대한 통계적 발상과 조응한다. 그러므로 다수결민주주의 하에서는 영구적인 소수자들이 민주적 자치에 참여하여 적극적 자유를 실현한다고 말하기 어렵다. 반면에, 집단적 행위를 개별 행위자들의 통계적 합산으로서가 아니라 오케스트라와 같은 집단적 실체의 공동행위로 인식할 경우에는, 민주주의를 실질적인 의미의 국민자치로 이해할 수 있는 가능성이 열리게 된다. 하지만, 아무리 민주주의에 대한 공동적 발상을 전제한 경우에도 (집단적 행위의 결과로) 소수자들이 장기적인 불이익을 받을 개연성이 있기 때문에, 소수자들이 민주적인 집단적 행위를 자신의 것 –자신이 참여했고 또 자신이 책임을 지는 것– 으로 간주할 수 있는 강력한 조건이 필요하다. 즉,

---

원에 의해 파기되면, 그것은 다수결주의 민주주의에는 위협이 될 수 있지만 입헌주의적 발상에는 위협이 되지 않는다. 물론 민주적인 조건들이 정말로 구체적으로 무엇인지에 대해, 그리고 특별한 법이 그것들을 위배했는지에 대한 논쟁이 있을 수 있다. 하지만, 입헌적 발상에 따르면, 그런 논쟁적 이슈에 대한 최종적 결정을 법원에 할당하는 것에 반대하는 것은 문제를 회피하는 것이다. 왜냐하면, 그 반대는 문제의 법률이 민주적인 조건들을 존중하고 있다고 보는 것인바, 그것이 바로 논란이 되기 때문이다(Dworkin 1996, 18).

10) 국민자치(=민주주의)에 대한 다수결주의적 발상은 집단적 행위에 대한 공동적 발상을 전제하지 않을 경우 이해할 수 없는 발상이 되어버린다. 하지만 집단적 행위에 대한 공동적 발상을 전제할 경우에는 다수결주의가 전제하고 있는 통계적인 발상과 모순된다. 그러므로 남아 있는 대안은 집단적 행위에 대한 공동적 발상과 민주주의에 대한 입헌적 발상을 결합시키는 것이다.

모든 개인들 –소수자들도 포함하여– 이 집단적 행위를 공동의 것으로 간주할 수 있는 조건으로서, 집단에 대한 도덕적 소속감(moral membership)이 필요하다(Dworkin 1996, 23). 이것은 민주주의를 국민자치의 관점에서 이해할 수 있는 유일한 조건이기 때문에 민주적 조건 혹은 적극적 자유의 조건이라 부를 수 있으며, 드워킨이 옹호하는 민주주의의 필수조건이기 때문에 민주주의에 관한 입헌주의적 발상 또는 파트너십 민주주의의 조건들이라 할 수도 있다(Dworkin 1996, 24; 1998).

▌민주적 조건 혹은 도덕적 멤버십의 조건

그렇다면, 정치공동체의 진정한 구성원 자격은 무엇인가? 다시 말해, 과연 어떤 조건 하에서 한 정치공동체의 집단적 행위가 동시에 개별 구성원들의 행위로 간주됨으로써 국민자치가 실현된다고 할 수 있는가? 이에 답하기 위해서는 정치공동체를 구성하는 개인들과 정치공동체 사이의 관계를 (통계적인 합이라는 관점에서가 아니라) 통합적으로 이해할 수 있는 도덕적 멤버십에 대한 설명이 필요하다. 드워킨은 그 조건으로 세 가지를 제시한다. 이 설명에 따르면, 적극적 자유 –혹은 고대인의 자유– 로 해석된 국민자치로서의 민주주의는 엘리트주의적이고 반민주적인 것으로 간주되어온 사법심사와 같은 제도들이 다수의 의지를 제약한다고 해서 훼손되지 않는다. 국민자치로서의 민주주의는 오히려 (항상 그렇지는 않지만) 다수결주의 결정과정이나 결정이 민주적 조건 혹은 도덕적 멤버십의 조건들을 충분히 구현하지 못하거나 침해하기 때문에 손상된다. 드워킨은 아무리 훌륭한 다수결주의 제도들이라고 해도 그것들이 민주적 조건들을 심각히 결여하고 있거나 침해한다면 진정으로 민주적인 제도가 될 수 없다고 본다(Dworkin 1996, 24).

드워킨이 제시하는 민주적 조건 혹은 도덕적 멤버십의 조건은 세 가지이다(Dworkin 1996, 24-6).[11] 개별 구성원들이 정치공동체의 진정한 도덕적 구성

11) 민주적 조건들은 크게 두 가지 세트로 구성된다. 첫째는 역사적 조건들의 세트로서, 정치공동체는 일반적으로 인정받을 수 있는 안정된 영토적 경계를 지닌, 역사적 과정에 의해 확립된 것이어야 한다는 조건이다. 여기에 오랫동안 공유된 정치사와 문화도 그 조건에 추가할 수 있다. 또한 어떤 이들은 추가적인 심리적 조건들 -구성원들은 서로를 신뢰해야 한다는 등- 을 덧붙이기도 한다. 하지만 드워킨은 이런 조건들을 다루지 않고 자신이 보다 중요하게 여기는

원이 되기 위해서는, 첫째, 집단적 결정에 참여할 수 있어야 하며(play a part), 둘째, 그 공동체에 이해관계(a stake in it)를 지니고 있어야 하고, 셋째, 그 공동체로부터 독립성을 누릴 수 있어야 한다(Dworkin 1996, 24).

여기서 첫째 조건은 개별 구성원들이 공동체의 집단적 결정에 차이를 만들어낼 수 있는 기회 –공공생활에 참여하고 그 방향에 영향을 미칠 수 있는 기회– 를 누려야 한다는 것으로, 이런 차이를 만들어 낼 수 있는 기회는 그들의 가치, 재능, 능력, 신념이나 기호의 건전성에 대한 선입견들 때문에 구조적인 제약을 받지 않아야 한다는 원칙으로 풀이할 수 있다. 이 조건은 주로 보편적인 선거권과 효과적인 선거 및 대의제, 그리고 광범위한 언론자유의 보장 등을 통해 구현된다(Dworkin 1996, 25).

둘째 조건은 진정한 공동체의 정치과정은 모든 구성원들의 이해관계를 동등하게 배려해야 한다는 원칙으로, 부와 혜택 그리고 부담의 분배에 영향을 미치는 정치적 결정들은 모든 사회 구성원들에 대한 동등한 배려를 반영해야 한다는 요구로 해석할 수 있다(1996, 25). 이 조건에 따르면, 개인은 다른 구성원들에 의해 구성원으로 대우받지 못할 경우, 다시 말해, 어떤 집단적 결정이 특정 개인에게 미치는 결과가 같은 집단적 결정이 다른 개인들에 미치는 유사한 결과와 동등하게 중요한 것으로 여겨지지 않을 경우, 그 개인은 공동체의 진정한 구성원으로 존중되고 있지 않다. 요컨대, 이 조건은 다수가 소수자의 필요와 기대에 대해 경멸감을 보여주고 있는 사회는 정의롭지도 정당하지도 않다는 상식적인 직관을 표현한다(1996, 25).

도덕적 독립의 보장이라는 셋째 조건은 공동체의 구성원들은 비록 집단적 목적을 위해 때때로 자신의 개체성을 굴복시킬 필요가 있음에도 불구하고, 집단성에 의해 말살되어서는 안 되는 개체적 독립성을 인정·보호받아야 한다는 요구이다(Dworkin 1996, 25-6). 이것은 오케스트라의 단원들이 함께 교향곡을 연주할 때는 음악에 대한 자신의 개별적인 선호와 판단을 유보하면서 지휘자의 지휘에 따라야 하지만, 다른 일상생활에서는 자신의 독립적인 선호와 판단에 따라 살 수 있는 권리를 누리는 것과 같다. 요컨대, 독립성의 조건은, 개인들이 때때로 집단적 결정의 권위를 인정해야 함에도 불구하고, 집단

도덕적 멤버십 조건에 관심을 집중한다(Dworkin 1996, 24).

적 결정이 그들에게 남겨놓은 자원과 기회를 자유롭게 활용할 수 있는 상당히 광범위한 결정권을 누려야 한다는 것을 의미한다. 이 조건은 한 마디로 "진정한 공동체는 도덕적 행위자들의 공동체여야 한다"는 원칙으로 표현할 수 있다(Dworkin 1996, 26). 이 조건에 따르면 공동체는 시민들이 정치적·도덕적·윤리적 판단의 문제에 대하여 무엇을 생각할 것인가를 지시해서는 안 된다. 반대로 개인적인 신념과 스스로의 성찰을 통해 이런 문제들에 대한 해답을 찾도록 유인해야 한다(Dworkin 1996, 26).[12)]

드워킨은 이상의 세 가지 민주적 조건 혹은 도덕적 멤버십의 조건을 충족시키는 정치공동체만이 집단적 행위를 통해 적극적 자유 혹은 국민자치로서의 민주주의를 의미 있게 실현할 수 있다고 주장하고, 다수결민주주의에 전제되어 있는 평등과 공동체 개념을 비판적으로 고찰함으로써 민주주의에 대한 입헌주의적 발상 –사법부의 민주적 역할을 강조하는 발상– 의 매력과 우월성을 주장할 수 있는 근거를 마련한다.

먼저 다수결민주주의에 도덕적 정당성을 제공하는 평등 개념은 (그것을 충격 -한 개인이 단독으로 집단적 의사결정에 미칠 수 있는 능력- 의 평등으로 이해하든 영향력 -한 개인이 단독으로가 아니라 다른 사람들의 의견에 영향을 미칠 수 있는 가능성까지 고려한 능력- 의 평등으로 이해하든) 정치권력의 평등으로 이해될 수 없다(Dworkin 1995, 6). 집단적 의사결정 과정에서 대의원들이 일반인들보다 훨씬 더 큰 역할을 하는 대의민주주의에서 충격의 평등은 결코 실현할 수 없다. 영향력의 평등 역시 부의 불평등으로 인해 실현되기 어려울 뿐만 아니라, 더 나은 견해를 갖고 있거나 설득력 있는 주장을 펴는 사람들이 상대적으로 더 많은 영향력을 가지고 싶어 하기 때문에 실현하기도 어렵다. 이런 상황을 무시하고 정치적 평등을 인위적으로 실현하려 들 경우 민주주의가 아니라 야만적인 정치형태가 발생할 개연성만 높아질 뿐이다(Dworkin 1996, 28). 이런 딜레마에서 벗어날 수 있는 유일한 방법은 정치적 평등을 (도덕적 멤버십의 조건으로 구체화된) 지위의 평등으로 이해하는 것이다. 하지만 이런 의미의 지위의 평등은 통계적인 민주주의 발상과 양립하기 어렵다. 왜냐하면, 통계적인 발상은 정치공동체와 개

12) 이 주장은 문화와 타인들과의 관계에 의해 개인적인 판단이 영향을 받을 수 있는 개연성을 부정하는 것은 아니다.

인을 통합시켜주는 도덕적 멤버십의 조건들을 요구하지 않을 뿐만 아니라 오히려 거부하기 때문이다.

드워킨의 도덕적 해석에 반대하는 이들은 때로는 공동체(혹은 박애) 관념에 호소함으로써 민주주의에 대한 다수결주의적 발상을 옹호하기도 한다(Dworkin 1996, 29). 그들은 도덕적 해석이 공동체의 가장 중요한 정치적 결정들을 엘리트 법조인들에게 위임함으로써 다중의 공동체 의식을 약화시키고 민주주의를 훼손한다고 비판한다. 하지만 이들이 사용하는 공동체 개념은 (집단적 행위에 대한 공동적 발상이 지지하는) 통합된 공동체(integrated community) 개념과 유사하다는 점에서 모순적이다. 더구나 이들은 "헌법적 정의에 관한 민중적 토론이 질적으로 더 나을 것이고, 이런 이슈들이 법원보다는 입법부에 의해 최종적으로 결정된다면 심의과정에 더 많은 사람들을 끌어들일 수 있다"는 의심스러운 주장을 펼치곤 한다. 하지만 이런 주장은 경험적으로 확실하게 입증하기 힘들다. 드워킨은 심의의 질과 관련하여 다수결주의 결정과 사법부에 의한 결정을 다음과 같이 비교한다.

> 이런 상이한 현상들 –충격, 영향력, 윤리적으로 가치 있는 공적 참여– 사이의 상호작용은 매우 복잡한 경험적 문제이다. 어떤 환경에서는, 최종적인 결정이 일상정치로부터 이관되어 법원에 할당될 때, 개별 시민들이 도덕적 책임을 더 잘 이행할 수 있다. 이 경우 법원의 결정들은 원칙에 관련되며, 정치적 영향의 균형이나 수의 비중에 의존하지 않게 된다. 입법적 결정으로 나아가는 정치과정이 매우 높은 질을 유지할 수 있지만, 미국에서의 건강보험개혁과 총기통제에 관한 최근의 논쟁들이 보여주듯, 정치과정의 질이 높지 않은 경우도 빈번하다. 그 논쟁이 아무리 계몽적이라 해도, 다수결주의 과정은 중요한 원칙의 문제를 경시하고 타협을 조장하는 경향이 있다. 이와 달리, 헌법소송들은 정치도덕에 초점을 맞추는 광범위한 공적 토론을 조성할 수 있고 또 실제로 조성한다. 민권과 차별시정정책에 대한 미국의 큰 논쟁은 1950년대에 시작해서 오늘에 이르고 있는데, 이 이슈가 재판에 의해 형성되었기 때문에 더 심의적이었다고 할 수 있다. 그리고 Roe v. Wade에 대한 법원의 주장은, 그 신랄함과 맹렬함에도 불과하고, 도덕적 이유들의 복잡성에 대해, 정치만 관련되었을 경우보다 더 나은 이해를 제공했을 수도 있다(Dworkin 1996, 30-1).

드워킨은 어떤 이슈들에 관해서는 대법원에 의한 사법심사가 더 우월한 공화주의적 심의를 제공하고 시민들의 도덕적 멤버십을 실현하는 데 효과적이라고 강조한다(Dworkin 1996, 31). 민주주의에서 다수결주의 제도를 채택하는 이유는 그것이 시민들의 평등한 도덕적 지위를 구현하는데 필요해서이지, 다수결주의 자체가 민주주의의 근본 원칙이기 때문은 아니다. 더구나 다수결주의는 빈번히 소수자들의 권리를 침해함으로써 시민의 평등한 지위를 부정하는 결과를 산출한다. 한편, 공동체주의자들은 사법 엘리트들에 의한 사법심사는 다수결민주주의와 그것을 뒷받침하는 공동체정신을 훼손함으로써 민주주의를 손상시킨다고 비판하곤 한다. 그들은 어떤 타당한 증거도 제시하지 않은 채, 정치에서 가장 유익한 종류의 참여는 시민들을 대신하여 법을 제정할 대의원들을 선출하는 선거에 참여하는 것이라고 가정한다.

하지만 드워킨의 생각은 다르다. 그는 최근의 대중적 선거과정이나 현재 연방적·지역적 수준에서 벌어지고 있는 입법논쟁이나 심의가 헌법소송을 둘러싼 대법원에서의 심의와 판결 및 그것이 불러일으키는 공적인 논쟁에 비해 그 질이 더 우수하다고 보지 않는다. 오히려 드워킨은 시민들의 도덕적 멤버십 —혹은 시민들의 평등한 지위— 을 보호하는 민주주의의 본질적 기능에 관한 한 사법부가 더 중요한 역할을 수행할 수 있다고 주장한다. 헌법에 대한 최종적 해석자로서 사법부가 민주주의의 근본 가치를 보호·증진하는데 실질적으로 더 큰 기여를 할 수 있다는 것이다. 그러므로 사법부 —특히 연방대법원— 의 판사들을 비민주적인 엘리트들이라고 비판하는 사람들은, 민주주의의 근본 가치가 무엇인지에 대해, 민주주의에서 다수결주의가 수행하는 역할에 대해, 그리고 민주주의의 근본 가치를 실현하는 데 사법부가 수행할 수 있는 역할에 대해, 심각한 오해를 하고 있는 셈이다(Donahue 2002, 271). 앞에서 설명한 세 가지 도덕적 멤버십의 조건 —혹은 민주적 조건— 들은 한 국가에서 민주주의가 실질적으로 존재하는지의 여부 및 민주주의의 수준을 평가할 수 있는 '복잡한' 기준으로서 다수결주의 제도들만으로는 온전히 구현될 수 없다. 오히려 그 조건들은 도덕적 해석의 최종 심급을 담당하는 연방대법원을 통해 더 온전하게 실현될 수 있다.[13)]

13) 물론, 드워킨은 일상정치에서의 공적인 토론도 중요하기 때문에 그것을 향상시킬 필요가 있다

▮ 민주주의에 대한 입헌주의적 발상

지금까지는 민주주의에 대한 드워킨의 새로운 발상과 그것이 사법부와 맺고 있는 구조적 관계를 이해하는 데 필요한 추가적인 조건들을 설명했다. 그러므로 이 절에서는 민주주의에 대한 드워킨의 입헌주의적 발상을 구체적으로 살펴보고자 한다.

드워킨에 의하면, 헌정주의는 무엇보다 "지배적인 입법부가 침해하거나 손상시킬 권한이 없는 개인의 법적 권리를 확립한 체제"를 의미한다. 정의로운 법체계라면 개인의 권리를 헌법적으로 보호할 수 있어야 한다는 확신이 점점 더 일반화되어 가고 있는 현실에서, 이 헌정주의는 보편적인 정치적 이상으로 수용되고 있다. 전통적으로 의회주권 원칙을 견제해온 영국마저도 1998년에 인권조례(HRA)를 채택한 사실은 이와 같은 추세의 강력함을 입증해준다(Dworkin 1995, 3).

하지만 이미 설명한 바와 같이, 점점 더 지지를 얻어가고 있는 헌정주의는 아직까지도 강력히 잔존하고 있는 다른 견해, 즉 헌정주의는 민주주의를 파괴하거나 손상시킨다는 견해와 충돌한다는 점에서 이 두 가지 이상들 사이의 타협과 균형을 이루려는 많은 시도들을 자극하고 있다. 하지만 드워킨은 이런 절충적이고 타협적인 시도들이 국민자치로서의 민주주의를 의미있게 이해할 수 있는 근거를 제시하는 데 실패했다고 지적하고, 유일한 최선의 대안으로서 민주주의에 대한 입헌주의적 발상을 제시했다. 그리고 집단적 행위에 대한 공동적 발상 및 공동체에 대한 통합적 이해 그리고 그것을 가능하게 하는 민주적 조건들(도덕적 멤버십의 조건들)에 관한 이론을 기초로 모든 시민들을 평등한 도덕적 존재로 보호·대우해주는 정치적·법적(사법적) 제도들의 총체를 입헌민주주의로 규정했다. 따라서 이 입헌주의적 민주주의에서는 다수결주의적 제도들은 물론, 다수결주의적 결정에 의해 침해

고 주장한다. 그는 판사들만이 고차적인 헌법적 문제들을 토론·심의할 수 있는 능력이 있다고 주장하지 않는다(Dworkin 1996, 31). 드워킨에 의하면, 헌법적 이슈들이 공적인 심의를 야기하고 안내할 수 있는지의 여부는 무엇보다 법조인들과 판사들이 이런 문제들을 어떻게 인식하고 다루는지에 달려있다. 헌법적 결정들이 일반인들이 이해하기 어려운 개념적 기교의 발휘로 보이게 되면 헌법원칙들에 대한 유익한 토론 기회는 사라질 것이다. 반면에 헌법에 대한 도덕적 해석이 사법적 의견에 의해서, 그리고 그 안에서 더 공식적으로 인식된다면 더 향상될 것이다(Dworkin 1996, 31).

될 수 있는 소수자들의 평등한 도덕적 지위를 보호해주는 헌법, 그리고 그 헌법에 대한 최종적인 해석적 권위를 갖는 연방대법원의 (표면적으로는 반민주적인 것으로 보이는) 반다수결주의적 판결들도 민주주의의 증진에 기여하는 것으로 해석된다.

그런데 이런 해석은 결국 다양한 정치적·법적 제도들이 민주주의의 근본가치 –시민들의 평등한 도덕적 지위– 를 보호하고 실현하는 데 얼마나 실질적으로 기여하는지에 따라 평가한 결과이다. 이런 관점에서 보면 헌정주의와 민주주의는 민주적 근본가치를 보호하고 실현하기 위해 존재하는 것으로 해석할 수 있기 때문에 근본적인 모순 없이 통합이 가능하다. 따라서 이제 남은 과제는 (드워킨이 줄곧 강변해왔듯) 헌정주의가 민주주의에 위협이 되지 않고 오히려 민주주의를 보호·증진한다는 것을 구체적으로 보여주는 것이다. 그 방법으로 드워킨은 '전체적으로' 볼 때 헌법의 구체적인 조항들이 실질적인 의미에서 민주주의를 제한하기보다는 보호 또는 증진시켜준다는 점과, 헌법해석의 최종적인 권위를 가진 연방대법원의 사법심사가 민주주의의 증진에 크게 기여할 수 있다는 점을 입증하고자 한다.[14)]

이 과제를 수행하기 위해 드워킨은 권능부여적 헌법규정들(enabling consitutional rules)과 권능제한적 헌법규정들(disabling constitutional rules)을 구분하고, 표면적으로 민주주의의 권능을 제약하는 것으로 보이는 헌법규정들이 실제로는 민주주의를 구조적으로 뒷받침할 수 있다는 것을 보여줌으로써 민주주의에 대한 헌정주의적 해석의 타당성과 매력을 부각시킨다(Dworkin 1995, 2-3; 1990).

먼저 헌정주의는 민주주의의 근본 가치를 반영하고 보호할 뿐만 아니라, 민주주의를 구성하는 데 필요한 조건들을 명시하고 보호함으로써 민주주의 증진에 기여한다는 점을 지적할 수 있다(Dworkin 1995, 4). 어떤 누구도 민주국가의 모든 헌법조항들이 다 反민주적이라고 생각하지는 않을 것이다. 많은

---

14) 여기서 '전체적으로'라는 표현은, 특히 헌정주의가 민주주의의 다수결주의적인 측면을 제한하여 반민주적인 것으로 비춰질 경우에도, 그런 제한의 결과 소수자들의 기본적 권리와 이익이 보호됨으로써 근본적인 민주적 가치 –시민들의 평등한 도덕적 지위– 가 증진되는 측면을 반영한다. 이런 점에서 드워킨의 발상은 결과중심적 접근(result-oreinted approach) 이라고 볼 수 있다(Dworkin 1998, 458).

헌법적 조항들은 민주적 정치공동체를 창출하는 데 –혹은 '국민'(the people)을 구성하는데– 필수적인바, 그런 조항들 없이는 어떤 공동체적·집단적 자유도 존재할 수 없다(Dworkin 1996, 11). 또한 헌법은 국민을 대신해 법규를 제정하고 정책을 입안할 대의원들을 선출하는데 참여할 수 있는 권리는 물론, 대의원들과 공직자들이 합리적인 법규 및 정책을 입안할 수 있도록 압박할 수 있는 언론과 결사의 자유 등을 기본권으로 안치시켜 민주주의의 증진에 기여한다. 나아가서 헌법은 공직에 출마할 수 있는 공직담임권도 보장함으로써 시민들이 스스로 입법과 정책결정에 참여할 수 있는 동등한 기회를 제공한다. 이처럼 민주주의 절차를 구성하는 헌법 규정들에 대해서는 그 민주적 성격이 분명하기 때문에 별로 이견이 없다. 그러므로 중요한 과제는 피상적으로 볼 때 민주주의를 결정적으로 제한하는 것처럼 보이는 권능제한적(disabling provisions) 조항들 중 상당수가 '실제로는' 민주주의를 증진시키는 효력이 있다는 것을 보여주는 것이다(Dworkin 1995, 3)[15] 이 과제는, 민주주의에 대한 드워킨의 새로운 발상과 더불어, 사법심사를 핵심적인 제도로 포함하고 있는 입헌민주주의에 대한 드워킨의 정당화 방법의 근간을 이룬다.

드워킨은 권능제한적 헌법 규정들이 민주적 정치구조를 형성하는 구조적인 조항들로 전환될 수 있는지를 탐구한 일라이(J. Ely)의 시도를 비판적으로 발전시킴으로써 헌법의 권능부여적 규정들뿐만 아니라 상당수의 권능제한적 법규들도 민주주의를 구성하는 데 필수적 역할을 한다는 것을 보여주고자 한다(Dworkin 1990, 328-46).[16]

---

15) 물론 드워킨은 헌법이 잘못된 원칙들을 포함하고 있거나, 판사들이 그것을 잘못 해석하면 적극적 자유로서의 민주주의를 훼손할 수도 있다고 본다. 하지만 그는 그런 가능성이 입헌민주주의의 매력 또는 우월성을 결정적으로 약화시키지는 않는다고 본다. 민주주의는 많은 방식으로 잘못될 수 있다. 예컨대, 대통령과 의회, 그리고 국방장관의 잘못된 결정들은 공동체에 사법부의 결정보다 훨씬 더 큰 부정적 영향을 미칠 수도 있다. 그러므로 사법적 해석과 판결의 실수가능성은 입헌민주주의에 대한 결정적인 반박이 되기 어렵다.

16) 드워킨은 일라이의 방법을 비판적으로 발전시키기 전에 헌법의 권능제한적 규정들을 민주주의와 조화시키고자 하는 대표적인 시도들을 검토한다. 개인의 권리보호와 민주주의는 우열을 가릴 수 없는 가치들이라고 보고 이들 사이에 최선의 절충 또는 타협을 모색하는 입장, 민주주의는 가장 중요한 이상이기 때문에 헌법의 권능제한적 규정들의 반민주적인 성격을 최대한 개선하는 방향으로 해석·적용되어야 한다고 보는 역사주의적 입장, 그리고 헌법의 권능제한적 조항들을 다수자의 의지가 명백히 불합리할 경우에만 적용되는 한정적인 것으로 해석하는

일라이는 헌법에 명시된 모든 권능제한적 규정들이 다 민주주의를 훼손하는 것은 아니며, 그 중 상당수가 오히려 민주주의를 창출하는 데 필수적이라 주장했다(Dworkin 1990, 328). 의회가 언론의 자유를 침해하지 못하도록 금지하는 헌법 규정이 그 한 가지 예이다. 민주적인 선거는 오직 국민 다중이 충분한 정보에 접할 수 있을 때만 국민의 참된 의지를 드러낼 수 있기 때문에, 언론검열에 다수가 찬성할지라도 공직자들이 언론을 검열하지 못하게 하는 금지 조항은 민주주의를 훼손하기보다는 보호해준다. 이처럼 언론의 자유라는 헌법적 권리는 형식적으로는 권능제한 목록에 속하면서도 기능적으로는 민주적 정치구조의 유지에 기여한다(Dworkin 1990, 328).

일라이는 다른 권능제한적 조항들에 대해서도 비슷하게 분석한다. 예컨대, 공립학교에서의 인종분리를 금지하고 있는 헌법 규정은 형식적으로는 다수결 민주주의를 제한하는 권능제한적 규정으로 보일 수 있지만 실질적으로는 흑인의 동등한 시민권을 보호해줌으로써 민주주의 구조를 형성·보호·유지하는 데 기여한다.

이처럼 일라이는 기능상 민주적 정치구조를 구성 또는 보호하는 역할을 하는 권능제한적 조항들과 그렇지 않은 조항들을 분명히 구분하려고 애썼다. 그 결과 일라이는 일부 권능제한적 규정들이 민주주의의 구조적 조건들을 보호하는 데 필수적인 역할을 할 수 있다는 자신의 주장을 일반적으로 확대시키는 것을 경계했다. 예컨대, 다수가 동성애 행위나 낙태를 범죄로 선언하지 못하도록 금지하는 권능제한적 헌법 규정을 (공립학교에서의 인종분리를 금지하는 헌법 규정처럼) 민주주의를 유지·보호하는 데 필수적이라고 해석하는 것을 우려했다. 동성애 행위나 낙태를 범죄로 선언하는 것을 금지하는 권능제한적 규정은, 동성애자들이나 낙태를 원하는 여성들이 다른 사람들과 같은 동일한 정치권력을 갖도록 보장하기 위해서 제정된 것은 아니기 때문이다. 동성애자들과 낙태옹호자들이 정치 투쟁에서 진다면, 그것은 그들이 반대 입장에 있는 사람들보다 교육을 덜 받았거나 더 적은 투표 권력을 갖고 있기 때문이 아니다. 그것은 그들의 입장이 너무 인기가 없거나 그들의 수가 너무 적어서

수동주의적 입장 -핸드 판사로 대변되는 입장- 등이 대표적인 것들이다(Dworkin 1990, 326-8).

'공정한' 선거투쟁에서 이기기 어렵기 때문이다(Dworkin 1990, 328).

일라이의 접근방법을 취하면 미국헌법의 추상적인 조항들을 민주적으로 확대 해석하는 것은 정당하지 않을 것이다. 일라이의 접근은 심지어 민주주의의 구조를 보호·유지하는 데 필요한 것으로 해석할 수 있는 몇몇 조항들마저도 권능제한적이라는 (따라서 반민주적이라는) 혐의로부터 구해내기 어렵다(Dworkin 1990, 328). 종교의 자유로운 행사를 보장하고 다수자들이 국교를 수립하지 못하도록 금지하는 수정헌법 제1조의 권능제한 규정들은 기능적으로 볼 때 민주주의 구조의 형성과 무관한 것처럼 보인다. 그리고 몇몇 권리장전의 조항들, 예컨대, 형사소송과 절차를 규제하는 조항들과 다수가 잔인하고 이례적인 처벌들을 부과할 수 없도록 하는 제한 조항들도 마찬가지다. 그러므로 권능제한적 조항들을 민주주의 구조의 유지와 보호에 필수적이라고 재해석함으로써 헌정주의로부터 민주주의를 구해내려는 일라이의 시도는 단지 부분적인 성공만 거두고 있을 뿐이다.

드워킨은 일라이의 전략이 부분적인 성공만을 거둘 수밖에 없었던 이유를 민주주의에 대한 그의 잘못된 발상에서 찾는다(Dworkin 1990, 328-42). 드워킨에 따르면, 일라이는 통계적인 민주주의 발상을 염두에 두고 있었다. 그것이 일라이가 많은 권능제한적 조항들을 민주주의 구조를 형성하는 데 필요한 조항들로 재해석할 수 있는 가능성을 앗아가 버렸다(Dworkin 1990, 342). 일라이는 직간접적으로 다수의 의지를 드러낼 수 있는 조항들을 제외한 모든 권능제한적 조항들을 다 반민주적이라고 생각했던 것이다.

하지만 드워킨은 민주주의를 통합된 공동체적 관점에서 규정하게 되면, 일라이가 명확히 권능제한적인 규정들로 본 많은 헌법조항들이 민주주의 구조를 보호·유지하는 데 필수적인 조항들로 재해석될 수 있다고 본다. 다시 말해, 드워킨은 민주주의를 공동적인 것으로 이해하면, 일부 권능제한적 헌법조항들을 민주적으로 재해석했던 일라이의 전략을 많은 다른 조항들에 대해서도 확대 적용할 수 있다고 본다(Dworkin 1990, 342).[17)]

---

17) 물론 드워킨은 정치공동체에 대한 공동적 발상을 채택할 경우 미국의 모든 헌법조항들이 다 민주주의를 창출하고 보호한다고 주장하는 것은 아니다. 헌법의 입안자들은 공동적 민주주의를 창출하고자 했으면서도 그것을 제한하기를 원했을 수도 있다. 그리고 그들이 공동적 민주주의를 수립하고자 원했을 경우에도, 대법원 판사들이 공동적 민주주의가 요구하는 것을 잘

예컨대, 일라이가 민주주의 구조를 창출·보호하는 조항으로 전환할 수 없다고 본 권리장전의 몇몇 유명한 조항들을 고찰해보자. 그런 조항들은 수정헌법 제1조의 종교의 자유 및 국교의 금지, 제4조와 제5조의 적법절차 규정 –범죄로 기소된 사람들을 보호하는 절차들 규정– 들, 그리고 제8조의 잔인하고 이례적인 처벌을 금지하는 규정 및 제9조의 포괄적 기본권에 대한 규정 –시민들이 헌법에 명시된 권리들 이상의 포괄적인 권리를 가질 수 있는 가능성에 대한 규정– 들을 포함한다. 이런 조항들을 포함한 몇몇 조항들은 다수 유권자의 의사를 제약할 수 있는바, 일라이가 전제하고 있는 민주주의에 대한 통계적인 발상에 따를 경우 민주주의 구조를 뒷받침하는 규정들로 전환하기 어렵다. 하지만 민주주의에 대한 공동적 발상을 수용하면 이런 권능제한적 조항들이 민주주의 구조를 창출하고 보호하는 중요한 기능을 하는 것으로 재해석할 수 있다(Dworkin 1990, 343). 종교의 자유는 민주적 조건(혹은 도덕적 멤버십의 조건)들 중 셋째 조건인 독립원칙에 의해 지지되는 것이 명백하다. 형사법절차(criminal procedure)는 훨씬 더 복잡하지만, 다수가 가할 수 있는 해악들로부터 범죄의 피의자들을 보호해줌으로써 그들의 평등한 시민적 지위 –통합된 공동체의 평등한 구성원 자격– 를 유지시켜준다. 또한 무죄추정의 원칙 –이로부터 많은 절차적 제약들이 도출된다– 은 최종적인 유죄판결 전까지는 피의자의 도덕적 멤버십을 인정해준다. 그리고 수정헌법 제9조는 통합된 공동적 통치행위의 동등한 주체로서 개인의 지위를 보호하는 데 필요한 것이라면, 헌법의 권리장전에 명시되지 않은 다른 권리들까지도 포괄적으로 보호해주는 규정으로 해석할 수 있다(Dwortkin 1990, 343).

민주주의의 공동적 모델을 채택할 경우, 일라이가 민주적으로 해석할 수 있다고 본 몇몇 권능제한적 규정들을 민주주의 구조를 창출·보호하는 데 필수적인 조항들로 재해석하는 것이 훨씬 더 용이해진다. 민주주의에 대한 통계적 모델은 언론자유가 청취자 측에 주는 혜택을 강조하면서, 사람들이 더

못 이해했을 수도 있다. 그러므로 이 맥락에서 드워킨이 강조하는 것은 다수의 권력에 대한 모든 제약이 다 민주주의를 증진시킨다는 (다분히 어리석은) 주장이 아니라. 단지 민주주의를 공동적 관점에서 이해할 경우 표면적으로 민주주의를 제한하는 것처럼 보이는 많은 권능제한적 조항들이 실상은 민주주의를 향상시키는 구조적 조항들로 전환될 수 있다는 것을 의미할 뿐이다(Dworkin 1990, 343).

많은 정보에 접하게 되면 다수의 진정한 의지를 확인하는 것이 더 쉬워진다고 주장한다. 이와 달리 민주주의에 대한 공동적 모델은 발언자의 독립원칙을 구조적으로 보호해준다는 근거로 언론자유를 정당화한다. (어쨌든 수정헌법 제1조가 보호하는 것은 청취자들의 들을 수 있는 권리가 아니라 발언자의 발언권이다) 또한 인종차별을 금지하는 헌법조항들도 민주주의에 대한 공동적 모델에 입각하여 분석하면 더 쉽게 민주주의의 구조적인 요건으로 이해할 수 있다. 예컨대, 인종차별이 형식적인 정치적 불평등 때문이 아니라, 소수 인종의 필요와 기대를 전혀 고려하지 않는 다수의 존재 때문에 발생·고착되는 상황을 예로 들어보자. 민주주의에 대한 통계적 모델은 이런 상황을 민주주의에 대한 심각한 훼손으로 생각하지 않는다. 하지만 이해관계 원칙 –민주적 조건 혹은 도덕적 멤버십의 둘째 조건– 을 민주주의의 구성적 요소로 전제하는 공동적 모델은 그런 상황이 왜 비민주적일 수 있는가를 더 직접적이고 설득력 있게 해명할 수 있다(Dworkin 1990, 344).

마지막으로 드워킨은 대부분의 민주주의 국가들이 권능제약적 규정들과 함께 권능부여적 규정들을 헌법에 안치시키고 있다는 사실을 지적하고, 이런 긴장이나 모순을 해소할 수 있는 자신만의 독특한 방식이 헌법적 통합성(constitutional integrity)에 있다는 것을 강조한다(Dworkin 1990, 344-5). 헌법적 통합성의 이상을 지지하는 드워킨의 입장에서 보면, 헌정주의와 민주주의를 서로 모순적인 원칙들로 간주하면서 이들 사이의 절충 또는 균형을 모색하려고 하는 헌법학자들과 법조인들은 헌법적 통합성을 긍정하지 않는 것과 다름이 없다. 왜냐하면 이들은 하나의 헌법이 모순적인 이상들을 동시에 수용하고 있다고 보기 때문이다. 반면에, 드워킨은 헌정주의와 민주주의를 상보적인 통합관계로 재해석하는 자신의 해석방법이 헌법적 통합성의 이상에 더 충실하다고 평가한다. 왜냐하면, 자신의 해석은 헌법을 서로 모순되는 이상들 사이의 무원칙적인 절충이나 타협의 산물이 아니라, 시민들의 평등한 지위의 보장 –모든 시민들에 대한 평등한 배려와 존중– 이라는 근본 원칙(=정치도덕)을 일관되게 적용한 결과로 보기 때문이다. 이에 대해 드워킨은 다음과 같이 언급한다.

> 어떤 법해석도 전체로서의 법질서에 대한 정합적인 설명을 목표로 해야 한다. 그러므로 민주주의에서 헌법에 대한 해석은 민주주의에 관한 사실을 고려해야 한다. 우리는 적법절차와 법의 평등 보호 조항을 해석하는데 있어서, 보수적인 헌법적 결정들을 촉구하는 변호사들이 역설하는 것처럼, 민주적 원칙들과 부합하는 해석을 선택해야 한다. 하지만 그 동전은 다른 이면을 가지고 있다. [캐나다와 미국과 같은] 나라들은 권능제한적 조항들을 포함하고 있는 헌법을 가지고 있기 때문에, 민주주의에 대한 해석은 우리가 무제약적인 다수결주의를 거부했다는 사실에 부합해야만 한다. 우리가 통계적인 발상을 가지고 있다면, 이 두 가지 요구들을 동시에 만족시킬 수 있는 성공적인 법 해석에 도달하기는 어려울 것이다. 우리는 어색한 절충을 시도해야 한다. 저항이나 역사주의나 수동주의와 같이 가장 근본적인 수준에서 우리 법체계의 통합성을 부정하면서 말이다. 하지만 공동적 발상으로 전환하면 통합성은 유지할 수 있다. 그 경우, 우리는 권능제한적 조항들을 민주주의를 훼손하는 요소로서가 아니라 민주적 드라마의 중요한 일부로서 이해할 수 있기 때문이다. 우리는, 권능제한적 조항들을 (정치사의 잔재나 가능한 한 무시해야 할 장애로 해석하지 않고) 민주주의를 보호하는 정치적 · 도덕적 원칙의 명령으로 해석함으로써, 전체로서의 법질서를 최상으로 이해할 수 있다. 그것의 중심적인 특징들 중 어느 것도 다른 것들에 종속된 것으로 보지 않으면서 말이다(Dworkin 1990, 344).

이런 결론들은 중요한 결과를 낳는다. 그것들은 빈번히 대립적인 적으로 여겨져 온 두 가지 이상들 –민주주의와 헌법적 권리들– 을 정치적 파트너십이라는 별개의 이상으로 병합한다(partners in principle)(Dworkin 1998, 457).

▌사법심사의 문제

헌법적 통합성 개념을 반영한 정치적 파트너십 이론은 마이클만이 구분 · 대조시키고 있는 절차적 민주주의와 실질적 민주주의에 대한 드워킨의 독자적인 대응을 뒷받침한다. 왜냐하면, 정치적 파트너십 이론은 다수결주의적인 절차들은 물론 정치적 파트너들 사이의 평등에 필요한 실질적인 조건들도 요구하기 때문이다. 시민들은 다수결주의 절차를 통해 주기적으로 그들의 대의원들을 선출하는 선거에 참여함으로써 통치과정에 참여할 때만이 평등한 시민의 일원으로 인정받을 수 있다. 하지만 그런 동등한 정치적 권리를 누린다는 사실만으로는 그들이 정치적 파트너십을 온전히 향유한다고 볼 수 없다. 다수결주의적 결정에 의해 일부 소수자들의 근본적인 자유와 권익이 유린됨으로써 도덕적 멤버십의 둘째 조건인 이해관계 원칙이 침해될 수 있기 때문이다. 그러므로 다수결주의적 결정들에 의해서도 결코 침해되어서는 안 되는 시민들의 평등한 기본권 체계를 보호할 수 있는 헌정주의가 필요하다. 하지만 이 경우에는 헌정주의가 민주주의와 충돌하지 않는다. 헌정주의는 다수결주의 절차와 함께 민주적 조건들 –혹은 정치적 파트너십의 조건들– 을 온전히 구현할 수 있게 해줌으로써 민주주의를 완성시키는 역할을 하기 때문이다.

드워킨의 입헌민주주의 이론은 다수결주의적인 의사집약 절차 –주로 투표와 선거 그리고 의회의 입법과정– 의 근본적 중요성을 강조해온 민주주의 이론들과 달리, 민주주의를 운용하고 보호하는 데 있어서 법원의 중요성을 상대적으로 강조하는 입장으로 구체화된다. 이런 입장에서 보면 헌법소송을 전담하는 미국의 연방대법원이나 독일식의 헌법재판소와 같은 제도들은 헌법해석의 최종적인 권위를 행사함으로써 다수결주의 제도들을 통해 내려진 결정들이 헌법에 구현된 민주적 조건들 –도덕적 멤버십의 조건들– 에 부합하는지를 다시 한 번 검토하는 역할을 수행한다. 민주주의를 단순히 다수결주의로 이해하는 관점에서 보면 이와 같은 복잡한 장치는 민주주의를 훼손하는 것으로 보일 것이다. 하지만 헌법적 통합성의 이상을 지지하는 드워킨의 관점에서 보면 (단순 다수결주의 보다 더 실질적이고 복잡한 개념인) 민주주의를 더 온전히 구현하거나 향상시키기 위해 반드시 필요한 제도로 인식된다.

물론 드워킨은 민주주의에서 입법부에 의해 제정된 모든 법규들이 사법부의 심사를 거쳐야 한다거나 거치는 것이 좋다고 보는 사법적 일방주의를 옹호하지는 않는다. 그가 볼 때 미국과 같은 효과적인 민주주의에서는 입법부가 현재 누리고 있는 상당한 권한을 그대로 갖고 있는 것이 헌법이 보호하는 민주적 조건들에 결코 불리하게 작용하지 않는다. 이런 상황에서 민주적으로 선출되지 않은 사법부가 (현명하거나 정의롭지 않다고 생각되는) 입법적 결정들을 마음대로 무효화시키거나 대체할 수 있는 전능한 권한을 행사한다면 민주주의가 향상되기는커녕 민주주의가 말살되고 말 것이다(Dworkin 1996, 32). 왜냐하면, 그런 경우에는 상시적인 사법심사가 의회가 제정한 법규들을 크게 향상시킬 수 있다고 해도, 선출되지 않은 과두체제의 결정들이 국민자치로서의 민주주의를 근본적으로 훼손할 수 있기 때문이다. 더구나 판사들도 다른 공직자들이나 시민들처럼 실수와 오류를 저지를 수 있다고 보는 것이 합당하다면, 판사들에게 모든 제정법들 –그리고 그것이 지원하는 정책들– 에 대해 심사할 수 있는 권한을 허용하는 것은 위험스럽기까지 하다.

하지만 어떤 법규 혹은 규제가 공동체의 민주적 성격을 침해하거나 약화시킨다는 근거로 헌법소송이 제기되면 문제는 달라진다. 예컨대, 미국정부에 대한 일종의 저항행위로 국기를 태우는 행위를 금지하는 법규를 입법부가 제정한 상황에서 이 법이 언론의 자유를 제약함으로써 민주적 자치를 손상시킨다는 근거로 소송이 제기되었다고 가정해보자. 그리고 법원이 이 혐의를 받아들여서 그 법을 무효화했다고 가정해보자. 법원의 결정이 옳다면, 다시 말해, 국기 태우는 행위를 금하는 법이 사실상 헌법이 보호하는 민주적 조건들을 침해한다면, 그 결정은 민주주의를 훼손하지 않고 향상시키는 것으로 볼 수 있다(Dworkin 1996, 32). 그리고 이 과정에서 어떤 도덕적 희생도 발생하지 않았다. 왜냐하면, 어떤 누구도 개인적으로나 집단적으로 도덕적 조건들의 측면에서 더 열악한 지위에 처하게 되지 않았기 때문이다. 만일 법원이 개입하지 않아서 입법부의 결정이 유효하게 되었다면, 다수 시민들의 민주적 조건이 더 악화되었기 때문에 그것을 민주적 승리로 간주하는 것은 잘못일 것이다.

물론, 법원의 결정이 잘못되었다면 앞에서의 분석은 옳지 않을 것이다. 헌법소송에서 대법원이 민주적인 조건들의 요구를 잘못 판단하였다면 그것은 분명히 민주주의를 훼손할 수 있다. 하지만 그 경우에도 다수결주의적인 입법부가 유효하지만 잘못된 헌법적 결정을 내리는 때보다는 민주주의에 대한 손상이 적을 것이다(Dworkin 1996, 32-3). 헌법 문제에 대한 대법원의 개입은 제한적이며 간헐적일 뿐만 아니라, 잘못을 저질렀을 경우에도 대게는 입법부와 행정부가 내린 결정들보다는 덜 위험하기 때문이다.

마지막으로 드워킨은 사법심사 제도가 민주주의에 대해 갖는 중요성은 획일적이거나 필연적이지 않다는 점을 인정한다(Dworkin 1996, 33). 다시 말해 드워킨은 사법심사 제도가 모든 국가에서 한결같이 동일한 민주적 효과를 낼 수 있을 것이라고 주장하지 않고, 각국의 정치전통과 역사에 따라 상이한 기능을 수행할 수 있고 또 상이한 결과를 산출할 수 있다는 것을 인정한다.[18] 드워킨은 다음과 같은 질문들을 제기함으로써 대법원의 사법심사권에 대한 지신의 정당화가 역사적이며 정황적인 판단에 근거해 있음을 시사한다.

> 민주주의를 지향하는 정치공동체는 민주주의가 요구하는 조건들이 충족되었는지의 여부를 어떻게 결정해야 하는가? 민주적 정치공동체는 성문헌법을 가져야 하는가? 그 헌법은 가능한 한 매우 상세하게 민주적 조건들에 대한 발상을 기술해야 하는가? 헌법에 발생할 수 있는 모든 이슈들을 예견하면서 말이다. 그렇지 않으면, 미국헌법과 다른 많은 현대 헌법들처럼, 민주적 조건들에 대해 매우 추상적인 진술을 해두고, 이것을 해석하는 것은 각 세대의 제도들에게 맡겨야 하는가? 후자라면, 이런 제도들은 어떤 것이어야 하는가? 그것들은 일반적인 다수결주의적인 의회제도여야 하는가? 영국헌법이 그토록 오랫동안 주장해왔듯이 말이다. 혹은 그것은, 그 구성원들이 선출되지만 아마도 일반적인 의회의 대의원들보다는 상이한 방식이나 보다 긴 임기로 복무하는 특별한 헌법회의소(constitutional chambers)여야 하는가? 혹은 그것은 위계적인 법원들로 구성되어야 하는가?(Dworkin 1996, 33).

드워킨은 공동체는 이런 문제들에 대해 상이한 답들을 상이한 방식으로 결합시킬 수 있다고 덧붙인다. 우연하게도 미국에서는 대법원이 위헌적이라고 생각하는 법을 무효화시킬 수 있는 권위를 가져야 한다는 (관행적인) 원칙이 확립되었다. 그렇다고 해서, 이 원칙이 입법자들이 스스로 헌법적 판단을 내릴 수 있고, 그들이 위헌적이라고 생각하는 법규에 대해 반대 투표할 수 있는 유사한 권한을 갖고 있다는 것은 부정하지는 않는다(Dworkin 1996, 33).[19] 또한 이 원칙으로부터, 법원이 그 집행권한 하에 있다고 여기는 모든 권리들

---

18) 사법심사 제도에 대한 드워킨의 옹호는 정황적이라고(contingent) 할 수 있다. 다시 말해 드워킨은 민주주의 국가라면 '반드시' 사법심사 제도를 도입해야 한다고 주장하지 않는다. 궁극적으로 드워킨이 사법심사 제도를 옹호하는 이유는 그것이 미국의 정치사에서 대체로 민주주의를 향상시키는 데 중요한 역할을 해왔다는 역사적 평가에 기반을 두고 있다. 그는 대법원의 사법심사권을 주로 결과중심적으로 정당화하고 있다.

19) 이것은 부서주의(departmentalism)라고 부른다. 부서주의는 정부의 각 부서는 독자적으로 헌법을 해석하고 적용할 수 있는 권한이 있다는 이론으로, 6장의 크레이머 관련 절에서 좀 더 자세히 다뤄질 것이다.

을 다 집행할 수 있는 권한을 갖는다는 결론도 도출되지 않는다. 예컨대, 상상력이 풍부한 일부 법조인들은, 연방대법원이 다른 제도들의 행위가 위헌적이기 때문에 무효라고 선언할 수 있는 권한은 제한되어 있다고 주장한다. 즉, 연방법원은 헌법이 창출하는 권리, 원칙 그리고 규범들의 많은 것을 집행할 수 있는 권한을 가지고 있지만, 그것들 모두를 집행할 수 있는 권한은 없다는 것이다.

롤스의 입헌민주주의 이론과 사법심사 제도

▮ 롤스 자유주의 정치사상 개요

1971년에 발표된 롤스의 『정의론』(A Theory of Justice. 이하에서는 TJ로 표기함)은 당시에 실증주의의 위세에 눌려있었던 정치철학이란 학문분야의 부활을 가져왔을 뿐만 아니라, 정치철학은 실용성이 없는 공리공론에 불과하다는 대중적 인식을 불식시키고 정치철학을 실용성이 높은 학문으로 부각시킨 20세기 후반기의 가장 중요한 저술이다.

『정의론』은 롤스의 사상형성 과정에 영향을 미친 다양한 요소들 –진보적 프로테스탄티즘과 칸트의 도덕철학 그리고 분석철학적 전통– 을 매우 체계적으로 통합한 저서이다(Withman 2011, 185). 그 책은 당시에 지배적이었던 분석적 도덕철학 이론들 –특히 공리주의와 직관주의– 의 결함을 극복한 자유주의적 정의관을 구성하고자 한 시도로서, 서로 우열을 가릴 수 없는 다양한 가치관을 지닌 민주주의자들이 어떻게 한 정치공동체 속에서 평화롭게 공존할 수 있는가 라는 근본적인 문제의식을 깔고 있다.

롤스는 『정의론』에서 (근대 서구인들의 지배적인 인간관인) 자유롭고 평등한 시민이라는 관념과 사회는 평등한 시민들 사이의 "공정한 협력체계"(a fair system of cooperation)라는 관념에 입각하여 질서정연한 민주사회를 위한 정의의 원칙을 도출해냈다. 특히 그는 정의 원칙을 도출하기 위해 규칙들의 정당성을 사회구성원들의 자율적인 합의에서 도출해내는 사회계약론을 원용했는바, 그의 사회계약론은 정의관에 대한 합의가 보편적으로 이루어질 수 있는 공정한 조건을 강조했다. 롤스가 정의 원칙을 도출하기 위해 (원초적 상황에서의) 무지의 베일이라는 장치를 사용한 것도, 자신의 정의관을 "공정으로서의 정의"(justice as fairness)로 규정한 것도 공정성에 대한 그의 관심을 반영한다.

롤스는 정의론의 대상이 되는 사회가 비교적 "우호적인 상황", 곧 어느 정도의 경제발전 수준에 이르렀다는 가정 하에, 사회적 기본재의 할당을 규제하기 위한 두 가지 원칙을 도출해낸다. 첫째 원칙은 최대한의 평등한 자유의 원칙이고, 둘째는 공정한 기회의 평등 하에서, 사회·경제적 불평등은 사회의 최소수혜자들에게 가장 큰 혜택을 부여할 수 있을 때만 정당화될 수 있다는 원칙(=차등의 원칙)이다(TJ, 2). 이 두 가지 원칙들 중에서 첫째 원칙이 서열상의 우선성을 가지며, 둘째 원칙 내에서는 공정한 기회의 평등 원칙이 차등의 원칙보다 우선성을 지닌다.

롤스는 『정의론』이 받은 다양한 비판들을 반영하여 자신의 정의관이 무엇보다 "정치적인" 정의관, 즉 정치적 영역 –사회의 기본구조– 에만 적용되는 정의관 –정치이론– 임을 강조한 『정치적 자유주의』(Political Liberalism, 1993. 이하에서는 PL로 표기함)를 집필했다. 롤스에 의하면, 『정의론』에서 제시된 자유주의는 포괄적인 윤리적 교의로 오해될 여지가 있었기 때문에 정치적인 영역에만 적용될 수 있는 한정된 정치이론으로 구체화시킬 필요가 있었으며, (다원주의적인 상황을 진지하게 고려하여) 정의 원칙들이 자유민주사회의 지속적인 안정과 유지에 기여할 수 있도록 재구성할 필요가 있었다. 롤스가 자신의 정치적 자유주의를 합당한 종교적·도덕적·철학적 교의들 사이의 정치적인 "중첩합의"(overlapping consensus) –정의, 자유, 평등, 관용과 같은 정치적 가치들에 대한 합의– 의 결과로 새롭게 재해석한 것은 바로 이와 같은 필요성 때문이었다. 롤스는 정치적 정의관에 대한 합의가 단순히 "잠정협약"(modus vivendi) –세력균형에 입각한 실용적인 합의– 의 성격을 띤 것이 아니라, 자유민주사회의 공공문화에 함축되어 있는 중요한 관념과 가치들을 반영하기 때문에 진정한 도덕적 합의의 성격을 갖고 있다고 주장했다. 그의 입헌민주주의 이론은 바로 이와 같은 이론적 발전 혹은 정교화 과정과 더불어 점진적으로 그 모습을 드러냈다. 롤스는 공적이성 개념에 입각하여 정치적 정의관으로부터 자유주의적 정치사회의 헌법적 필수 원리들 및 기본적 정의에 관련된 문제들을 도출함으로써 입헌민주주의를 정당화했다. 연방대법원의 사법심사권을 지지하는 미국식 입헌민주주의 형태는 롤스가 자신의 정치적 정의관과 미국헌정사의 특수성을 종합하여 구성한 최종적 산물이다.

▌법의 지배 개념과 입헌민주주의

롤스에게 법의 지배는 "공정으로서의 정의"에 의해 규제되는 전체 체계의 한 측면이다(TJ, 235-43). 법의 지배는 법체계에 적용된 형식적 정의(formal justice) –규칙적이며 불편부당한 공적 규칙들의 관리– 로서 "공정으로서의 정의"가 추구하는 으뜸 가치인 자유를 증진하기 때문이다. 롤스에 의하면 "법체계는 합리적인 인간을 대상으로 하는 공적인 규칙들의 강제질서로서, 그들의 행위를 규제하고 사회적 협력의 틀을 마련하려는 목적을 갖고 있다"(TJ, 235).

합리적인 개인들의 행위를 규제함으로써 질서정연한 사회를 조성하기 위해서는 공적인 규칙들이 (전통적으로 법의 지배를 뒷받침해온) 다음과 같은 조건들을 갖추어야 한다(TJ, 235-6).[20] 첫째, 당위(ought)는 능력(can)을 함축한다. 이 조건은 법의 적용 대상자인 개인들이 법에 따를 수 있는 능력을 갖추어야 하며 당국이 선의에 따라 행위할 것을 요구한다. 둘째, 유사한 케이스들은 같게 취급되어야 한다. 이 원칙은 규칙을 일관되게 적용할 것을 요구함으로써 사법적 자유재량을 제한한다. 셋째, 법이 없다면 범죄 또한 없다. 이 원칙은 법률이 시행되기 전에 널리 알려져야 하고 분명한 의미를 지녀야 하며 일반적으로 적용될 것을 요구한다. 넷째는 자연적 정의의 원칙이다. 이것은 진실에 접근하기 위해, 그리고 법규의 올바른 집행을 위해서는 그에 합당한 절차적 구조가 필요하다는 원칙이다. 재판, 심리, 증거에 관한 법규, 적법절차와 같은 것들이 이에 속한다.

이 네 가지 조건 혹은 원칙들은 자유주의 사회의 근본 가치인 자유와 연관되어 있다. 법의 지배를 뒷받침하는 이 네 가지 조건들이 갖춰지지 않을 경우 자유가 냉각되는 효과(chilling effect)가 발생한다. 만일 법규의 내용이 모호하고 유사한 케이스들이 동일하게 다뤄지지 않아 사법과정이 파행적으로 이뤄진다면 개인들이 누리는 자유의 경계는 매우 불확실해질 것이다. 그리고 이런 상황은 개인들이 자유를 행사하는 데 대한 두려움을 야기함으로써 자유의 행사를 제약하게 된다. 그러므로 만일 원초적 상황의 당사자들이 최고 가치인 자유를 증진할 수 있는 법적 구조를 선택해야 한다면, 법의 확정성과 예

20) 이하의 내용은 졸고 「롤즈의 입헌민주주의론」, 황경식 · 박정순 외 편, 『롤즈의 정의론과 그 이후』, 145-86을 수정 · 보완한 것이다.

측가능성 그리고 결과의 확실성으로 뒷받침된 법의 지배를 선택할 것이다(TJ, 239).

나아가서 롤스는 '홉스 명제'를 통해 법의 지배와 자유의 연계성을 설명한다(TJ, 240). 자연상태에서보다 더 많은 자유를 증진하기 위해 사회적 협력체계는 법의 지배의 4가지 원칙들을 요구한다. 홉스적 가정에 따르면, 사회협력의 문제는 'n-person 수인의 딜레마'로 특징화할 수 있다. 한 사람도 빠지지 않고 모든 사람들이 협력할 경우 모든 사람들이 다 혜택을 누리게 되지만 자신만이 일탈행위를 할 경우에는 더 많은 혜택을 누릴 수 있다. 하지만 다수가 이렇게 생각하고 일탈행위를 하게 되면 사회적 협력체계는 원래의 자연상태로 회귀한다. 이런 개연성 때문에 개인들이 일탈행위를 하지 못하도록 강제적인 주권자를 세우게 되는데, 이렇게 구성된 것이 바로 리바이어던이라 불리는 국가이다. "효과적인 처벌기구의 존재는 개인들 상호 간에 대한 안전 장치로 기능한다." 이처럼 정의에 관한 "이상적 이론"도 정치질서를 안정화시키고 자유를 증진시키기 위해 형벌체계를 필요로 한다. 하지만 이 경우 형벌체계 역할을 하는 국가가 개인의 자유를 위협하는 또 다른 딜레마가 발생할 수 있다. 법의 지배는 바로 이와 같은 새로운 딜레마를 해결하기 위해 도입된다. "자유에 가해지는 위험은 합법성의 원리에 따라 법이 불편부당하게 그리고 규칙적으로 적용되는 곳에서 줄어들게 된다"(TJ, 241).

자유와 법의 지배 사이에 존재하는 구조적 연계성은 롤스의 법의 지배 개념이 단순히 형식적인 것이 아니라 실질적인 것임을 말해준다. 롤스의 자유 개념은 사회에서 정의를 실현하는 데도 필요하지만 정의 실현의 목적이기도 하다. 따라서 법의 지배와 정의라는 실질적 가치는 밀접히 연관되어 있다. 일반성, 공지성(notice or publicity), 수행가능성, 일관성, 정합성(congruence)과 같은 법의 지배의 형식적 조건들은 다이시, 하이에크 그리고 풀러의 법의 지배에서처럼 형식적이고 도구적인 성격을 갖고 있다. 하지만 롤스가 (그런 조건들로 뒷받침된) 법의 지배를 정당화하는 방식은 그들과 매우 다르다. 롤스의 경우 법의 지배는 개인들의 행태를 효과적으로 통제한다는 단순 논리에 근거하고 있는 것이 아니라 특정한 정치적 비전에 토대를 두고 있다. 이 정치적 비전에서 자유는 핵심적 위상을 차지하고 있다. 수인의 딜레마와 리바이어던은 자유에 대한 심각한 위협이 된다. 이런 이중의 딜레마 상황에서 법의 지배는 리바이어던이 가하는 위협을 억제 또는 최소화시킴으로써 자유의 실현에 이바지한다.

『정의론』에서는 (법의 지배가 보호하는) 자유의 내용이 다소 추상적으로 언급되고 있다. 하지만 1980년에 발표된 「도덕철학에 있어서 칸트적 구성주의」 이후 롤스는 추상적이며 포괄적인 자유 개념 대신에, 역사성과 구체성을 갖는 "기본적 자유들"(basic liberties)을 강조하게 되었다(PL, 5-6, 291, 331-4). 헌법은 중요한 역사적 사건들을 계기로 승인된 기본적 자유들을 헌법적 기본권으로 안치시킨다. 그리하여 이런 권리들이 더 이상 민주적인 타협과 거래의 대상이 되지 않도록 헌법재판을 전담하는 사법심사 제도를 통해 보호한다(PL, 165, 240).[21]

이 기본적 자유들은 민주주의를 지탱하며 정치적 주장에 필요한 언어를 제공해준다. 하지만 "그 자체는 더 이상 다수결이나 다른 다수주의 투표방식을 사용한 정치적 결정의 대상이 되지 않는다." 헌법적 기본권이 된 "기본적 자유들은 입헌체제의 공적 헌장의 일부가 되었기 때문에 더 이상 공적 토론과 입법의 대상이 되지 않는다"(PL, 151, n.16). 롤스는 때때로 발생하는 기본적 자유들 사이의 갈등은 민주적인 정책결정 과정보다는 연방대법원과 같은 사법기관을 통해 해결되는 것이 바람직하다고 본다.

이와 같은 롤스의 논리에는 (드워킨의 논리와 유사하게) 다수결민주주의가 헌법적 기본권을 침해할 수 있는 개연성에 대한 우려가 반영되어 있다. 헌법적 기본권들의 내용과 기본권들 사이의 상호관계에 대한 판단을 궁극적으로 민주적 다수의 선호나 필요에 맡겨놓으면 법의 지배를 통해 보호하고자 하는 평등한 시민권 ―시민적·정치적 권리와 사회적·경제적 권리로 구분될 수 있다― 이 치명적인 손상을 입을 수 있다고 판단하기 때문이다.

다수결민주주의가 평등한 시민권에 가할 수 있는 위협을 방지하고자 하는 롤스의 전략에는 민주주의를 단순히 다수결주의적 의사결정 절차로 보지 않고, 실질적인 의미에서 평등한 시민권 ―평등한 존중과 배려의 대상으로서의 시민― 이 실현된 상태로 보고자 하는 관점이 전제되어 있다. 물론 평등한 시민권이

21) 롤스는 사법심사권이 반드시 사법부에 배속되어야 한다고 주장하지는 않는다(PL, 165). 하지만 그는 사실상 미국헌정사의 특수성을 반영하여 사법심사권이 연방대법원에 배속되는 것이 좋다고 본다.

라는 관념에는 평등한 '정치적 권리들'도 포함되어 있다. 그것은 "모든 시민들이 그들이 준수해야 할 법률을 제정하는 입헌정치 과정에 참여하여 그 결과를 결정할 수 있는 평등한 권리들을" 포함하는 것으로, 민주정치 과정에 대한 '참여의 원리'를 표현한다(TJ, 194). 따라서 논리적으로만 본다면, 민주시민 모두가 참여하는 의사결정 과정에서 합당한 의견불일치(reasonable disagreement)가 존재할 경우 다수결주의에 따라 최종적인 결정을 내리는 것은 불가피하다고 볼 수 있다. 롤스도 다수결주의에 의한 민주적 의사결정의 정당성을 부인하지 않는다. 하지만 다수결주의에 의한 의사결정은 일정한 조건 하에서만 정당성을 얻을 수 있다. 그것은 헌법적 기본권으로 구체화된 평등한 시민권 원칙을 침해해서는 안 된다는 원칙이다. 이처럼 롤스는 다수결주의의 정당성을 인정하지만 그 적용의 정당성을 사법심사 제도에 의해 뒷받침된 강력한 헌정주의 원칙 하에 두고자 한다.

▌공적이성, 정치적 정의관, 그리고 입헌민주주의의 정당화

앞에서 법의 지배와 헌정주의의 연관성 및 롤스가 옹호하는 입헌민주주의의 대강의 윤곽을 살펴보았으므로 이 절에서는 롤스가 자신의 정치적 정의관에 입각하여 입헌민주주의를 정당화하는 논리를 살펴본다. 롤스는 정치사회의 이성이라 할 수 있는 공적이성(public reason)의 작용방식을 설명하는 과정에서 사법심사 제도를 갖춘 입헌민주주의 체제를 옹호한다. 그러므로 먼저 롤스의 공적이성 개념을 설명한 후 공적이성의 작용이 입헌민주주의 체제를 요구하게 되는 논거를 고찰해 보기로 한다.

롤스에 의하면, 정치사회는 계획을 세우고 계획들의 우선순위를 정하며 그 우선순위에 따라 정책을 결정해나가는 고유한 방식을 갖고 있다. 롤스는 정치사회가 이런 방식으로 일을 처리해나가는 것을 정치사회의 이성이라고 부른다(PL, 212). 교회나 대학과 같은 결사들도 자체의 일을 처리해 나가는 방식이 있기 때문에 그것도 이성이라 할 수 있다. 하지만, 대학이나 교회와 같은 집단의 이성은 그 적용 영역과 방식이 정치사회의 그것과 다르기 때문에 (정치사회의 공적인 이성과 구분되는) 비공적인 이성(nonpublic reason)이라고 할 수 있다. 그리고 귀족제적인 사회나 전제군주적인 사회에서는 정책결정이 일방적으로 소수의 엘리트나 통치자에 의해 이루어지기 때문에 그런 정치사회의 이성도 공적인 이성으로 부르기 어렵다. 그렇게 보면 민주사회의 국민들만이 공적인 이성을 행사한다고 말할 수 있다(PL, 213). 이 경우 공적인 이성은 평등한 시민의 지위를 공유하고 있는 사람들의 이성, 곧 하나의 집합체로서의 시민의 이성이다. 그리고 공적이성의 대상은 공적인 선, 보다 구체적으로 말해, 정치적 정의의 대상이 사회의 기본구조와 그 기본구조를 통해 달성하고자 하는 목적과 목표들이다(PL, 213).

롤스에 의하면, 공적이성은 세 가지 의미에서 공적이다(1993, 213). 첫째, 시민들 다수로 구성된 공중(公衆)의 이성이라는 점에서 공적이며, 둘째는 그 이성의 대상이 공적인 선과 기본적 정의의 문제라는 점에서 공적이다. 셋째는, 공적이성의 본질과 내용이 한 사회의 정치적 정의관 –보다 정확히는 정의관이 표현하는 정치적 이상들과 가치들– 에 의해 주어지고 또 그에 입각하여 공개적으로 실행된다는 의미에서 공적이다. 이런 성격을 지닌 공적이성은 입헌민주주의 체제에 적합한 이상적인 시민의 자격을 규정하는 요소로, 무엇보다 정의롭고 질서정연한 사회의 시민들이 갖추어야 할 이상적인 자격이나 덕성 또는 능력을 의미한다.

롤스는 공적이성을 자유주의적인 정치적 정의관의 일부로 포함시키고 그것이 헌정주의와 맺고 있는 연관성을 설명한다. 주지하듯이, 민주사회에서의 공적이성은 집합체로서의 민주시민들의 이성으로, 시민들은 공적이성을 행사함으로써 법률을 제정하고 헌법을 수정하며 서로에 대해 최종적인 정치적 강제력을 행사한다. 그런데 공적인 이성이 부과하는 제한들은 모든 정치적 문제들에 적용되는 것이 아니라, '헌법적 필수원칙들'(constitutional essentials)과 기본적 정의의 문제들(questions of basic justice)에 대해서만 적용된다. 이것은 누가 투표권을 가지며, 어떤 종교들이 허용되어야 하고, 누구에게 공정한 기회의 평등이 주어져야 하며, 누가 재산을 소유할 수 있는가와 같은 중요한 문제들을 다룰 때 정치적 가치들만이 기준으로 사용될 수 있다는 것을 의미한다.[22)]

---

22) 이런 기준에서 보면 많은 정치적 문제들이 공적이성의 대상에서 제외된다는 것을 알 수 있다. 예컨대, 많은 세제관련 법들과 재산규제법들, 환경보호와 오염통제 법령들, 국립공원을 지정하고 야생지역과 동식물 보존, 그리고 박물관과 예술기금을 별도 예치해 놓는 것 등은 공적이

롤스가 공적이성의 적용 대상을 헌법적 필수원칙들과 기본적 정의의 문제들에 국한시키는 이유는 그런 정치적 문제들이 공적이성의 가장 대표적인 대상들이라고 보기 때문이다. 공적이성이 이런 중요한 정치적 문제들에 적용되지 않는다면, 이보다 덜 중요한 문제들은 공적이성의 대상으로 아예 거론조차 되지 않을 것이다. 반대로 만일 대표적인 정치적 문제들을 해결하는 과정에서 공적이성이 존중된다면, 그보다 덜 중요한 다른 경우들에까지 공적이성을 적용해볼 수 있을 것이다.

하지만 공적이성은 개인적인 문제나 교회와 클럽과 같이 사적인 집단에 고유한 문제에 대해서는 적용되지 않는다(PL, 215). 공적이성의 이상은 주로 공적인 포럼에서 정치적 주장을 개진하는 경우에 발현된다. 그런 성격 때문에 공적이성은 정당의 일원이라든가 선거캠페인을 하는 후보자들 그리고 그들을 지지하는 다른 집단들에게 적합하다. 또한 공적이성은 헌법적 필수원칙들과 기본적 정의의 문제들이 걸려 있는 선거에서 시민들이 어떻게 투표할 것인가를 놓고 고심할 때에도 적용된다. 이처럼 공적이성은 정치사회의 중요한 공적이슈들이 논의되는 선거담론에서 작용할 뿐만 아니라, 시민들이 그런 이슈들을 결정할 때도 관여한다(PL, 215).[23]

하지만 매우 근본적인 정치적 문제들을 결정하는 과정에서 시민들은 왜 (그들이 지지하는 포괄적인 진리에 따라서가 아니라) '공적이성의 제약'을 염두에 두고 행위해야 하는가? 이 점은 자유주의적 정당성 원리를 통해 설명할 수 있다. 자유주의적 정당성 원리는 민주시민들 사이의 정치적 관계가 지닌 두 가지 특징과 연관되어 있다(PL, 216). 첫째, 민주시민들의 정치적 관계는 시민들이 그 안에서 태어나 정상적이고 완전한 삶을 영위하는 사회의 기본구조 안에서

성의 대상에서 제외될 수 있다. 하지만 롤스는 이런 문제들도 때로 헌법적인 근본 문제들을 내포할 수 있다는 것은 인정하고 있다.

23) 롤스는 공적이성이 다양한 부서의 관료들에게 적용되는 다양한 방식을 구분한다(PL, 215-6). 공적이성은 공식적 포럼들이나 의회에서 발언하는 입법자들에게 적용되며, 공적 행위나 선언을 하는 행정관들에게도 적용된다. 또한 특수한 방식으로 사법부에도 적용되며, 무엇보다도 사법심사 제도를 갖춘 입헌민주주의 체제의 최고법원(연방대법원)에도 적용된다. 이것은 대법관들이 그들의 결정을 헌법과 관련 법규 그리고 판례에 입각하여 설명하고 정당화해야 하기 때문이다. 하지만 입법부와 행정부의 행위들은 이런 식으로 정당화될 필요가 없기 때문에 법정의 특별한 역할이야말로 공적이성 행사의 표본이 된다고 볼 수 있다(PL, 216).

의 인간관계이다. 둘째, 민주주의에서 언제나 강제 권력으로 존재하는 정치권력은 공중의 권력, 곧 자유롭고 평등한 시민들로 구성된 하나의 집합체로서의 시민의 권력이다.

정치적 관계의 이와 같은 특징을 전제할 경우, 합당한 종교적·철학적·도덕적 교리들의 다원주의로 특징화되는 자유주의 사회에서 헌법적 근본 문제들이 이슈가 되고 있을 때 시민들이 서로에 대해 정치권력을 어떻게 행사하는 것이 적절할까? 다시 말해, 우리들의 행위가 자유롭고 평등한 다른 시민들에게 정당화될 수 있기 위해서는 어떤 원리들이나 이상들에 비추어서 정치권력을 행사하는 것이 마땅한가? 이에 대해 롤스의 정치적 자유주의는 다음과 같이 응답한다. "우리의 정치권력 행사가 적절하고 따라서 정당할 때는 정치권력이 헌법에 부합하게 행사되는 때일 뿐이다. 여기서 헌법의 필수원칙들은 모든 시민들이 합당하고 합리적인 것으로 받아들일 수 있는 원리들과 이상들에 비추어 무리 없이(reasonably) 지지될 것으로 기대되는 원리들이다."

정치권력의 행사는 정당해야 하기 때문에, 시민권의 이상은 시민들에게 자신이 옹호하거나 찬성표를 던진 원칙들과 정책들을 공적인 이성이 지지하는 정치적 가치들에 비추어 정당화해야 할 도덕적 의무 —법적인 의무가 아니다— 곧, 시민성의 의무(the duty of civility)를 부과한다. 이 의무에는 타인의 발언을 진지하게 들으려고 하는 태도 및 필요할 경우 자신의 견해를 수정할 수 있는 공정한 마음가짐도 포함된다(PL, 217).

시민성의 의무와 위대한 정치적 가치들의 결합은 "타인들이 기꺼이 수락할 수 있는 방식으로 스스로를 지배하는 시민들"이란 이상을 산출한다(PL, 218). 그리고 이 이상은 사리분별력 있는 개인들이 지지하는 포괄적인 교리들에 의해 지지된다. 시민들은 공적이성의 이상을 정치적 타협의 결과인 잠정협약으로서가 아니라 자신들의 합당한 교리들에 입각하여 긍정한다. 이런 상황은 시민들이 자신의 포괄적인 교리를 정치적 정의관에 적응시킨 결과로 발생한다. 롤스의 후기 사상에서 강조되는 '중첩합의' 개념은 바로 이와 같은 상황을 나타낸다.

이상에서 설명한 공적이성의 이상은 특정한 민주주의 형태와 친화성을 갖고 있다. 공적이성이란 아이디어는 근본적인 정치적 문제들에 대한 투표행위를 사적이거나 개인적인 선호의 표현으로 간주하는 통속적인 견해를 거부한다. 민주주의에 대한 한 가지 통념에 따르면, 사람들은 자신의 호불호 및 사회·경제적인 선호와 이익을 고려하여 투표한다. 민주주의는 다수의 지배로 이해되기 때문에 다수는 자신이 원하는 바에 따라 지배할 수 있다. 민주주의에 대한 또 다른 견해에 따르면, 사람들은 공적인 이유를 고려하지 않고 자신들의 포괄적인 신념에 비추어 옳거나 참되다고 여겨지는 것을 선택한다. 롤스에 의하면, 민주주의에 관한 이 두 가지 통념은 시민성의 의무를 수용하지 않을 뿐만 아니라 헌법적 필수원칙이나 기본적 정의의 관한 문제들에 대한 투표에 있어서도 공적이성의 제약들을 존중하지 않는다.

이처럼 민주주의에 대한 첫째 견해가 우리의 정치적 판단이 개인적 선호와 이익에 따라 좌우된다고 간주하고, 둘째 견해가 개인적으로 지지하는 전체적 진리(whole truth)에 의해 결정적인 영향을 받는다고 전제하고 있는 데 반해, 시민성의 의무에 민감한 롤스의 공적이성은 민주주의를 (루소가 옹호한 부류의) 일반의지를 가장 잘 증진시켜줄 수 있는 대안을 모색하거나 선택하는 집단적 행위로 이해한다(PL, 219-20).

그렇다면 공적이성은 정치적 정의관과 과연 어떻게 연계되어 있는가? 정치적 정의관은 집단적 평화공존에 필요한 '정당한' 공적 규범을 구성하고자 하는 공적이성의 산물이지만, 일단 정치적 정의관이 구성되면 공적이성은 그 정의관을 공적 판단의 최종적 준거의 하나로 삼아야 한다.[24] 그러므로 공적이성의 구체적 작용을 이해하기 위해서는 먼저 정치적 정의관의 내용을 검토할 필요가 있다.

롤스가 제시한 정치적 정의관은 다음과 같은 세 가지 요소로 구성되어 있다(PL, 223). 첫째, 공적이성의 활동을 안내하는 정치적 정의관은 일정한 기본적 권리들, 자유들 그리고 기회들 –입헌민주주의 체제에서 잘 알려진 것들–을 명시한다. 둘째, 정치적 정의관은 특정한 개인들이나 집단들이 추구하는 일반적인 선(good)이나 완전주의 가치들에 대해서 기본적 권리와 자유들 및

---

24) 롤스의 정의관은 세 가지 의미에서 '정치적'이다. 첫째, 그것은 오직 통합된 사회적 협력체계(unified scheme of social cooperation)로서의 사회의 기본구조, 즉 사회의 정치·사회·경제 제도들에만 적용된다는 의미에서 정치적이다. 둘째, 그것은 포괄적인 종교적, 철학적 교리들과 독립되어 있다는 점에서 정치적이다. 셋째, 그것은 민주사회의 공적인 정치문화에 함축되어 있는 정치적 아이디어들에 토대를 두고 있다는 점에서 정치적이다(PL, 223).

기회들의 우선성 원칙을 인정한다. 셋째, 정치적 정의관은 모든 시민들에게 그들의 기본적 자유와 기회들을 효과적으로 활용할 수 있는 적절한 다목적 수단들(all-purpose means)을 보장해주는 조치들을 지지한다. 정치적 정의관의 두 원리들 –평등한 자유의 원리와 차등의 원리– 은 이와 같은 내용들을 포괄하고 있다.[25)]

롤스의 자유주의적인 정치적 구상(liberal political conception)은 바로 이와 같은 정치적 정의관과 앞에서 설명한 공적이성의 이상을 토대로 하여 구성되었다. 그 때문에 그것은 정의의 원리들 외에도, 올바른 정치적 추론방식(reasoning)을 탐구하는데 필요한 가이드라인(guidelines of inquiry)과 어떤 정보가 정치적 문제와 관련되어 있는지를 판단할 수 있게 해주는 기준들 –증거의 규칙들– 을 포함하고 있다(PL, 223-4). 만일 이런 가이드라인들이 없다면 정의의 실질적인 원칙들을 적용하기 어려워, 그 정치적 구상이 불완전하고 단편적인 것이 돼버릴 수 있기 때문이다. 자유주의적인 정치적 구상이 이런 기준들을 구비하고 있어야만 정의의 실질적인 원칙들이 제대로 적용되었는지를 판단하는 데 사용될 수 있으며, 그 원칙들을 가장 효과적으로 실현할 수 있는 법률과 정책들을 확인하는데도 도움을 줄 수 있다(PL, 224).

정리해보면, 자유주의적인 정치적 가치들은 크게 두 종류로 분류할 수 있다. 첫째는, 정치적 정의의 가치들로, 이런 가치들은 사회의 기본구조를 규제하는 정의의 원리들에 속한다. 평등한 정치적·시민적 자유, 기회의 평등, 사회적 평등과 경제적 상호성, 그리고 이런 가치들이 실현되는 데 필요한 다양한 조건들 및 공동선으로서의 가치들(values of common good) 등이 그것들이다. 둘째는, 공적이성의 가치들이다. 이 가치들은 공적인 탐구를 자유롭고 공적으로 만드는 가치들로서, 합당성(reasonableness)이나 개명성(civility)과 같은 도덕적 의무를 존중하는 정치적 덕목들을 포함하고 있다. 공적이성의 가치들 혹은 덕목들은 공적 문제에 대한 심사숙고된(reasoned) 공적 토론을 가능하게 해준다(PL, 224).

이 두 가지 종류의 정치적 가치들은 서로 분리된 채로 각각의 고유한 기능만을 수행하지 않는다. 이 정치적 가치들은 함께 작용할 때만이 포괄적인

25) 하지만 이런 요소들은 각각 상이한 방식으로 이해될 수 있기 때문에 많은 다른 자유주의들이 존재하게 된다.

자유주의적 정치적 구상을 완전하게 만들 수 있다. 다시 말해, 정치적 정의관에 반영되어 있는 정치적 가치들과 (타당한 공적 정당화를 구성하는) 추론과 검증에 관련된 가치들이 균형 있게 결합할 때만이, 사회의 기본구조에 관련된 정치적 문제들을 정당한 방식으로 해결할 수 있다.[26] 또한 그럴 때만이 정치적 정의관을 온전히 실현할 수 있다.[27]

▮ 헌법적 필수원칙들과 기본적 정의의 문제

롤스는 공적이성과 정치적 정의관 그리고 공적 정당성 원리들 사이의 상호관계를 조명한 데 이어, 자유주의적인 정치적 발상에 반영되어 있는 정치적 가치들이 합당한 답을 제시해줄 수 있는 근본적인 문제들을 다룬다. 이른바 헌법적 필수원칙들과 기본적 정의의 문제들이 바로 그것들이다(PL, 227). 전자는 헌법에 명시적으로 안치된 원칙들로서 정치적 문제들을 정당하게 해결하기 위한 규범적 근거로 작용한다. 그리고 후자는 헌법에 안치되어 있지는 않지만 공적이성의 대상이 되는 정치적 문제들을 해결하기 위한 정의의 원칙들이다. 이런 구분은 그의 입헌민주주의의 실질적 내용과 특징을 드러내주기 때문에 좀 더 상세히 다룰 필요가 있다.

먼저 롤스는 가장 시급하게 합의할 필요가 있는 두 부류의 헌법적 필수원칙들을 구분한다. 첫째는 정부와 정치과정의 전반적 구조를 조직화 하는 근

---

26) 롤스에 의하면, (공적이성에 의해 수행되는) 탐구의 가이드라인들은 실질적인 정의의 원칙들과 동일한 기초를 갖고 있다. 이것은 원초적 상황의 당사자들이 기본구조를 위한 정의의 원칙들을 채택하는 과정에서 공적이성의 가이드라인들과 기준들을 따라야 한다는 것을 의미한다. 그런 가이드라인들에 대한 옹호, 곧 정당성 원리에 대한 옹호는 정의의 원칙들에 대한 옹호와 같고 또 강력해야 한다. 이것은 공적이성의 가이드라인들과 정의의 원칙들은 본질적으로 동일한 근거들을 공유한다는 것을 의미한다.

27) 여기서 지적할 필요가 있는 것은 롤스의 정치적 정의관은 단지 한 가지 관점을 표현하고 있다는 사실이다. 다시 말해 정치적 정의관은 다른 형태를 취할 수 있으며, 그 형태들은 실질적 정의의 원칙들과 탐구의 가이드라인들이 어떻게 제시되는가에 따라 달라질 수 있다. 즉, 시민들은 자유롭고 평등한 존재로서 정치권력을 공유하며, 합당하고 합리적인 존재로서 공적인 이성에 호소하는 개명성의 의무를 진다고 동의하면서도, 어떤 원칙들이 공적인 정당화의 가장 합당한 기초가 되어야 하는지에 대해서는 의견을 달리할 수 있다는 것이다. 그러므로 롤스가 제시한 "공정으로서의 정의"관은 자유주의적인 정치적 발상의 한 가지 예라고 보아야 한다. 그리고 그렇게 보면, 자유주의적인 정치적 정의관들 사이의 질서정연한 경쟁이야말로 가장 합당한 것을 발견할 수 있는 가장 최선의 방식이라고 할 수 있다(PL, 227).

본 원칙들로서, 입법부, 행정부, 사법부의 권력을 규정하고 다수지배의 범위를 설정하는 사항들이다. 그리고 둘째는 입법부가 법을 제정할 때 존중해야 할 시민들의 평등한 기본권과 자유를 규정한다. 법의 지배를 보호하는 원칙과, 투표권, 참정권, 양심의 자유, 사상과 결사의 자유 등이 여기에 속한다.

첫째, 둘째 사항들 사이에는 중요한 차이가 있다. 정부구성에 관련된 첫째 사항들은 다양한 방식으로 구체화시킬 수 있다. 예컨대, 대통령제로 구체화시킬 수도 있고 의원내각제로 구체화시킬 수도 있다. 이런 개방성에도 불구하고 정부구조는 경험에 비추어 정치적 정의 혹은 일반 이익을 고려하여 변경될 수 있을 뿐, 당파적인 이익에 따라 멋대로 변경되어서는 안 된다. 정부구조변경에 대한 논의가 당파적 이익 때문에 촉발될 경우 입헌정부의 안정적 작동이 위태로워질 수 있기 때문이다.

둘째 사항들은 비교적 작은 차이만을 허용한다. 양심의 자유, 결사의 자유, 언론자유와 같은 시민적·정치적 자유들은 모든 자유체제에서 비슷하게 보장되고 있는 권리들로서 이들 중 어느 하나라도 보장되지 않는다면 자유주의 사회로서의 성격에 큰 하자가 발생할 수밖에 없기 때문이다.

다음으로는 (헌법적 필수원칙들에 못지않게) 공적이성의 중요한 대상이 됨에도 불구하고 헌법에 안치시킬 수 없는 기본적 정의의 문제들이 있다. '공정한' 기회의 평등, 사회경제적 불평등 및 자본의 사회적 토대와 같은 문제들이 기본적 정의의 문제에 속한다. 모종의 기회의 원칙 –예컨대 최소한의 이주의 자유와 직업선택의 자유를 요구하는 원칙– 은 확실히 둘째 부류에 속하는 헌법적 필수원칙이지만, '공정한' 기회평등의 원칙은 단순한 기회의 평등 이상의 것으로 헌법적 필수원칙에 속하지는 않는다(PL, 228). 또한 이와 비슷하게, 모든 시민들의 기본적 필요를 충족시켜주는 사회적 최소치(social minimum)의 보장은 헌법적 필수원칙이 될 수 있지만, '차등의 원리'를 실현시키는 것은 그 보다 훨씬 더 까다로울 뿐만 아니라 헌법적 필수원칙에도 속하지 않는다.

이와 같은 롤스의 구분법은 다음과 같은 의문을 불러일으킨다. '공정한' 기회평등의 원칙은 왜 헌법적 필수원칙이 될 수 없는가? 마찬가지로 '차등의 원리'는 왜 헌법적 필수원칙이 아닌가? 이와 같은 의문을 해소하기 위해 롤스는 헌법적 필수원칙과 기본적 정의의 문제들을 구분하기 위한 네 가지 기준들을 제시한다.

a. 두 부류의 원칙들은 기본구조의 상이한 역할들을 명시한다.
b. 기본적 자유들을 다루는 헌법적 필수원칙들을 확립하는 것이 더 긴급하다.
c. 헌법적 필수원칙들은 실현되었는가를 판단하는 것이 훨씬 더 용이하다.
d. 아주 구체적인 상세항목이 아니라 주요 윤곽에 관하여, 기본적 권리와 자유의 내용에 관한 합의에 도달하는 것이 훨씬 더 쉽다(PL, 230).

이상의 기준들을 살펴보면, 기본적 자유에 관한 원칙들과 사회경제적 불평등에 관한 원칙들의 차이는 첫째 원칙들이 정치적 가치들을 표현하는 데 반해 둘째 원칙들은 비정치적인 가치들을 표현하는 데 있지 않다. 두 부류의 원칙들은 공히 정치적 가치들을 표현한다. 사회의 기본구조는 '등가적인' 두 가지 역할들을 수행해야 하는데, 그 한 가지는 기본적 자유들에 관련된 것이고 다른 한 가지는 사회경제적 불평등의 처리에 관련된 것이다. 첫째 역할을 통해 기본구조는 시민들의 평등한 기본권과 자유를 구체화하고 보호하며 정의로운 정치적 절차들을 제도화한다. 그리고 둘째 역할을 통해서는 자유롭고 평등한 시민들에게 정의로운 사회적·경제적 배경제도들을 제공한다.

기본구조의 두 가지 역할은 (내용에 따라 구분될 수 있지만) 각각의 실현여부가 얼마나 확실하게 판단될 수 있는가에 따라서도 구분할 수 있다. 이 구분에 따르면, 정치권력의 획득과 제한에 관련된 첫째 역할은 비교적 쉽게 그 실현여부를 판단할 수 있다. 기본적 권리와 자유에 관계된 헌법적 필수원칙들이 충족되었는지의 여부는 헌법적 장치들(constitutional arrangements)과 그것들이 실제 운영되는 것을 보면 비교적 쉽게 확인할 수 있기 때문이다. 반면에 사회경제적 불평등을 관할하는 원칙들은 그 실현여부를 확인하는 것이 훨씬 더 어렵다. 이런 부류의 문제들에 대한 평가는 복잡한 추론과 직관적 판단에 의존하는 경우가 많아서 평가자의 입장과 관점에 따라 달라질 수밖에 없기 때문이다. 요컨대 이 두 부류의 문제들 모두 정치적 가치들에 비추어 논의·평가되어야 하지만, 기본적 권리와 자유에 관련된 원칙들이 사회경제적 정의에 관련된 원칙들보다는 훨씬 더 그 실현여부를 판단하기 쉽다(PL, 229-230). 그러므로 이 두 부류의 원칙들을 구분하는 기준은 (어떤 원칙들이 더 옳고 중요한가의 문제가 아니라) 단순히 원칙들이 어느 정도 성취되었는지를 확인할 수 있는 난이도의 차이이다.

이 기준에서 보면, 기본적 정의에 관련된 문제들은 헌법적 필수원칙들에 비해 그 실현여부를 판단하기 어렵다. 따라서 이런 문제들을 관할하는 원칙들이 헌법적 필수원칙으로 안치될 경우, 그 실현여부에 대한 해석 자체가 격렬한 논쟁대상이 됨으로써 헌법 자체의 유효성과 권위가 훼손될 개연성이 있다. 따라서 기본적 정의의 문제들은 그 성격상 더욱 더 세부적인 심의를 통해 입법될 필요가 있으며, 상황변화에 따라 달리 적용될 수 있도록 적용의 융통성을 높일 필요가 있다. 더구나 그 원칙들은 실현여부를 판단하는 것이 매우 어렵기 때문에 그 중요성에도 불구하고 헌법의 필수원칙으로 안치되는 것이 바람직하지 않다.

게다가 너무 많은 정치적 사항들을 사법부의 결정에 맡기는 것은 민주적인 정치적 가치들을 심각히 훼손할 위험성이 있다는 점도 지적할 필요가 있다 (Michelman 2003, 404). 이런 측면에서 보면 너무 많은 사항들을 헌법적 필수원칙으로 안치시키는 입장이나 너무 적은 사항들을 헌법적 필수원칙으로 안치시키는 입장은 둘 다 심각한 문제를 일으킬 수 있다. 예컨대, 양심의 자유나 출판의 자유와 같은 권리들을 헌법적 필수원칙에서 제외시키면 사리분별력 있는 시민들은 그런 체제를 용인하지 않을 것이다. 반대로 정치적 정의에 관한 모든 구체적인 세목들까지 헌법적 필수원칙에 포함시킬 경우에는 그 원칙들을 적용하고 해석하는 문제를 두고 엄청난 논란이 야기될 수 있는바, 그 논란이 어떤 식으로 해결되든 정치적 정당성 문제를 불러일으킬 수 있다(Michelman 2003, 405).

롤스에 따르면, 어떤 체제가 질서정연하게 작동하는 데 필요한 최소치의 원칙들 –헌법적 필수원칙들– 이 (그 실현여부를 판단하는 것이 지나치게 어려울 정도로) 너무 많거나 불투명한 것은 바람직하지 않다. 이것이 기본권은 헌법적 필수원칙에 포함시키고 차등원칙은 포함시키지 않는 중요한 이유이다. 다시 말해 이 구분에는 적용의 투명성에 대한 관심이 작용하고 있다(Michelman 2003, 405-6). 롤스가 이주의 자유와 직업선택의 자유 및 시민들의 기본적 필요를 위한 사회적 최소치를 헌법적 필수원칙들로 간주하는 반면, 공정한 기회의 원리와 차등의 원리는 헌법적 필수원칙으로 간주하지 않는 이유가 여기에 있다.

헌법적 필수원칙과 기본적 정의의 문제들을 구분하는 또 다른 근거가 있다. 그것은 자유주의 사회에서 민주주의가 받고 있는 지지와 연관되어 있다. 자유민주주의 사회에서 민주적 참여의 권리는 반드시 보장되고 실현되어야 하기 때문에 시민들이 직접 참여하여 의사를 결정할 수 있는 비교적 광범위한 영역이 존재해야 한다. 그 영역에는 정치적으로 중요한 문제들도 반드시 포함되어야 한다. 그렇지 않으면 그 체제는 (민주적 정당성을 담보할 수 없어서) 결코 민주체제(democratic regime)라 부르기 어렵다. 그러므로 기본적 정의의 문제들을 헌법적 필수원칙에 포함시키지 않는 전략은 실질적인 의미에서 민주주의가 적용되어지는 영역을 넓힘으로써 그 체제가 더 민주적으로 운용되는 효과를 산출할 수 있다. 만일 모든 중요한 정치적 문제들을 모두 헌법적 필수원칙으로 안치시켜 사법부의 해석과 적용에 따르도록 한다면, 그 체제를 진정한 민주주의 체제로 인정하기 어려울 것이다.

하지만 민주주의에 관한 롤스의 이해는 다소 모호하다. 그는 민주주의를 다수 시민들이 정치과정에 참여하는 절차적 의미로 사용하면서도, 시민권의 평등한 실현이라는 실질적 의미로도 사용하고 있기 때문이다. 만일 시민들의 참여라는 절차적 측면을 강조할 경우 롤스의 민주주의 개념은 정치적 문제들에 대한 시민들의 심의과정을 정당성의 원천으로 강조해야 한다. 반면에, 실질적 의미로 민주주의를 이해할 경우에는 헌법에 대한 사법적 해석이 정당성의 원천으로 부각될 것이다. 그러므로 민주주의에 대한 롤스의 이해는 그의 입헌민주주의의 내용과 구체적 특징을 이해하는 데 중요한 열쇠가 된다.

민주주의를 절차적으로 이해할 경우 기본적 정의와 관련된 정치적 문제들은 최종적으로 민주시민들의 공적이성을 통해 해결될 것이기 때문에 체제의 민주적 성격이 강화될 수 있다. 하지만 이 해석은 롤스가 동시에 옹호하는 실질적 민주주의와 상충하는 측면이 있다. 따라서 기본적 정의의 문제들을 헌법에 안치시키지 않는 것이 반드시 절차민주주의를 강화시킬 것이라고 속단하기는 어렵다.

▮ 입헌민주주의에서 사법심사 제도의 위상

롤스는 (사법심사 제도를 갖춘 입헌체제를 배경으로) 공적이성과 관련된 두 가지 명제를 제시한다(PL, 231). 첫째는 공적이성은 최고의 사법적 해석자인 연방대법원의 이성이 되어야 하지만 연방대법원의 이성은 상위법(higher law)의 최종적 해석자의 이성으로는 적합하지 않다는 것이고, 둘째는 최고법원은 공적이성의 가장 모범적인 예라는 것이다. 롤스는 먼저 헌정주의의 다섯 가지 원칙들 및 헌정주의와 민주주의의 관계를 조명함으로써 첫째 명제의 의미를 구체적으로 설명한다.

헌정주의의 첫째 원칙은 로크의 『정부론 2편』에 나오는 원칙으로 새로운 체제를 수립하는 인민의 구성적 권력(constituent power)과, 정부관리들 및 선거구민들이 일상정치에서 행사하는 보통 권력(ordinary power)을 구분하는 원칙이다. 통상 인민의 구성적 권력은 권력을 규제하기 위한 틀을 세우며 기존의 체제가 해체되고 새로운 체제를 수립할 때 작동한다.

둘째는 상위법과 일반법(ordinary law)을 구분하는 원칙이다. 상위법은 (인민이 소유하고 있는 구성적 권력의 표현으로) 우리 인민(We the People)의 의지로서 상위의 권위를 갖는다. 반면에, 일반적인 제정법은 의회의 일상적 권력과 선거구민들의 일상적 권력이 지닌 권위를 갖고 또 그것을 표현한다. 상위법은 일상 권력을 구속하고 안내한다(PL, 231).

셋째는 민주적 헌법은 인민의 자치라는 정치적 이상을 상위법의 원칙으로 표현한 것으로, 공적이성의 목표는 그 이상을 명백하게 드러내야 한다는 원칙이다. 정치사회의 목적들 중 일부 –정의를 세우고 일반적 복지를 증진하는 것– 는 서문에 진술될 수 있고, 어떤 제약들은 권리장전에서 확인할 수 있으며, 적법절차와 동등한 법률의 보호와 같이 정부구조에 함축되어 있을 수도 있다(PL, 232). 이런 사항들은 모두 정치적 가치들과 공적인 이성에 속한다. 상위법의 원칙들은 광범위한 지지를 확보할 수 있어야 하며 여러 가지 이유 때문에 구체적인 세부사항들과 조건들(details and qualifications)을 달아두지 않는 것이 최상이다. 그리고 기본적 제도들 속에서 그것의 필수 원칙들을 확인하는 것이 가능해야 한다.

넷째는 (민주적으로 비준된) 권리장전을 갖춘 헌법을 통해 시민들은 최종적으로 일정한 헌법적 필수원칙들을 정해놓아야 한다는 원칙이다. 예컨대, 동등한 정치적 권리들과 자유들, 언론과 결사의 자유, 거주의 자유와 직업선택의 자유 및 법의 지배의 보호와 같이 시민들의 안전과 독립을 보장해주는 권리들과 자유들은 반드시 포함되어야 한다. 이 조건은 일반법이 자유롭고 독립적인 존재로서의 시민들에 의해 특정한 방식으로 제정되는 것을 보장한다. 이런 확립된 절차들을 통해 국민들은 심사숙고된 민주적 의지를 표현할 수 있다. 이런 절차들이 없다면 국민들이 그런 의지조차 갖지 못할 것이다(PL, 232).

다섯째는 입헌정부 하에서는 최고 권력을 입법부나 심지어 (헌법에 대한 최고의 사법적 해석자일 뿐인) 대법원에 맡겨둘 수 없다는 원칙이다. 최고 권력은 (서로 적절히 규정된 관계를 이루고 있으면서) 인민에 대해 책임을 지는 세 부서에 나눠져야 한다(PL, 232).

헌정주의의 다섯 가지 원칙들을 설명한 다음 롤스는 민주주의와 헌정주의 사이에 존재할 수 있는 긴장관계를 조명함으로써 연방대법원이 상위법의 최고의 '사법적' 해석자라는 첫째 명제에 대한 설명을 완료한다.

롤스가 볼 때 헌정주의와 민주주의 사이의 긴장관계는 근본적으로 (유권자들 중) 유력한 다수가 자신들의 정치적 의지에 따라 헌법을 개정하거나 폐지시킬 수 있는 개연성 및 어떤 입법적 제도나 절차도 이와 같은 남용을 완전히 막을 수 없다는 사실에서 발생한다. 롤스는 이와 같은 민주주의의 과잉 또는 남용으로부터 기본권체계를 포함한 헌법적 원칙들을 보호할 수 있는 최후의 제도적 보루로서 사법심사권을 제시한다(PL, 233-4). 롤스에 의하면, 옳고 정의로운 헌법 혹은 기본법이라는 아이디어는 가장 합당한 정치적 정의관에 의해 확인되는 것이지, 민주주의의 과잉이나 남용을 초래할 수도 있는 실제적인 정치과정을 통해 확인되는 것은 아니다.

롤스는 연방대법원이 헌법에 대한 최고의 사법적 해석자라는 뜻의 최종적 의미를 애커만의 이중민주주의적 해석과 유사한 방식으로 설명한다.[28] 롤스가 수용한 애커만의 헌정사 해석 틀에 따르면, 권력은 궁극적으로 민주적 시민에게 귀속되는 구성적 권력과 헌법적 틀 내에서 일상적으로 행사되는 일상적 권력으로 구분된다. 이에 따라 법 또한 인민의 상위법 –곧 인민의 의사가 반영된 헌법– 과 헌법의 틀 내에서 입법체가 제정한 일반법으로 구분된다. 따라서 미국헌법에 대한 애커만의 이중적 해석에 따르면 의회의 최고성은 인정되지 않는다.

---

28) 애커만(1991)의 입헌민주주의 이론은 5장에서 상세히 다룰 것이다.

이와 같은 이중적 입헌민주주의 체제에서는 최고법원인 연방대법원이 상위법을 '보호하는' 최후의 제도적 보루 역할을 한다. 연방대법원은 공적이성을 사용하여 상위법이 일시적인 다수(transient majorities)의 입법에 의해 침해되는 것을 방지한다. 혹은 자신의 목표를 능란하게 성취하는 잘 조직화된 이익집단들의 로비 때문에 위헌적인 법이 제정되는 것을 방지한다. 법원이 이 역할을 효과적으로 수행한다면 그 역할이 반드시 反민주적이라고 볼 수는 없다(PL, 233-4).[29] 연방대법원은 의회에서 제정된 법률의 일부를 위헌이라고 선언할 수 있는 권한이 있기 때문에 일반법에 관련해서는 反다수결주의적인 측면이 있는 것도 사실이다. 하지만 더 상위에 있는 인민의 권위는 그와 같이 反민주주의적으로 보이는 연방대법원의 역할을 승인해준다. 연방대법원의 결정이 헌법과 그 수정조항들 및 정치적으로 지지된 해석들과 무리 없이 부합하는 한 결코 反민주적이라고 보지 않는 것이다(PL, 234).

롤스는 미국헌정사에서 가장 중요했던 시기들인 건국기, 재건기, 뉴딜 시기에 연방대법원이 공적이성을 사용하여 정치적 가치들을 적용했던 방식을 설명한다. 미국헌정사에서 이 세 가지 혁신들은 전적으로 공적이성의 정치적 가치들을 반영한 것으로 분석된다. 헌법과 그 수정절차, 노예제도를 철폐했던 재건기의 수정 노력들, 그리고 현대의 적극주의적인 뉴딜복지국가는 그런 평가를 받기에 적합하다. 이런 평가를 통해 롤스가 부각시키고자 하는 점은, 연방대법원을 이 상위법체계에 대한 최고의 '사법적' 해석자(highest judicial interpreter)로 간주할 경우, 공적이성의 정치적 가치들이 연방대법원의 헌법해석을 위한 기초가 된다는 것과, 정치적 정의관은 그와 같은 정치적 가치들을 확립해준다는 것이다(PL, 234).[30]

29) 물론 이 말이 연방대법원이 항상 이 역할을 잘 수행했다는 뜻은 아니다.

30) 이에 대해 다음과 같은 반론들을 예상해 볼 수 있다. 그 한 가지는 권리장전을 갖추지 않은 의회의 최고성(parliamentary supremacy) -곧 영국의 의회주권 원칙- 이 미국의 이중적 체제보다 더 우수 하다는 반론이다. 즉, 의회의 최고성은 이중적 체제하에서 헌법이 보호하고자 하는 가치들을 보다 더 확고하게 보호해줄 수 있다는 것이다. 또 다른 반론은 독일헌법의 경우처럼 기본권의 목록을 아예 수정될 수 없도록 안치시키는 것이 낫다는 주장이다. 독일헌법은 다수 시민에 의해서도 기본권이 수정될 수 없도록 보호해 놓았다. 독일연방대법원(German supreme court)은 그 권리들을 적용함으로써 비민주적이라는 평가를 받을 수 있다. 안치는 그런 비민주적 효과를 갖는다. 롤스는 합당한 정치적 정의관이 구현하고자 하는 정치적 가치들

이제 법원이 공적이성의 가장 모범적인 예라는 둘째 명제를 살펴보자. 롤스에 의하면, 법원은 기본적 권리와 자유들을 보호해줄 뿐만 아니라 (공적이성의 모범적인 제도로 복무함으로써) 계속적으로 공적이성에 실효성을 부여한다(PL, 235). 이 주장은 첫째, 공적이성은 법원이 행사하는 유일한 이성이자 그 자체가 공적이성의 산물이라는 것을 의미한다(PL, 235). 시민들과 입법부는 헌법적 필수원칙들과 기본적 정의에 관련된 사항들이 아닌 문제들에 대해서는 자신의 포괄적인 가치관에 입각하여 적절히 투표할 수 있다. 그런 행위에 대해 그들은 공적이성을 통해 정당화할 필요가 없으며, 자신들이 내리는 모든 결정을 헌법적 원칙들에 일치시킬 필요가 없다. 하지만 대법관들은 결코 그렇게 해서는 안 된다. 그들은 정치적 이유나 가치들 이외의 다른 이유나 가치들에 호소해서는 안 된다. 법원을 공적이성의 모범으로 보는 것은 (헌법과 헌법 판례들에 대한 그들의 심사숙고된 이해를 통해) 대법관들이 최선의 헌법해석을 개발하고 제시할 수 있도록 모든 노력을 경주해야 한다는 것을 의미한다. 그 과정에서 대법관들은 공적이성의 광범위한 교육적 역할의 일부를 수행한다(PL, 236).[31]

연방대법원이 공적이성의 범례라는 명제의 또 다른 의미는 연방대법원이 공적인 포럼에서 공적이성에 생생함과 활력을 불어넣는 역할을 수행한다는 것이다. 판사들은 근본적인 정치적 문제들에 대해 권위 있는 판결을 내림으로써 공적이성에 지속적으로 생명력과 활력을 불어넣는다. 나아가서 연방대법원은 중대한 정치적 논쟁이 발생했을 때 그 중심에서 광범위한 공적 토론을 주도하여 민주적 토론과 심의가 원칙에 따라 진행되도록 유인하는 역할도 수행한다. 이것은 일면에 있어 연방대법원의 사법심사권이 '反민주적인 난점'

에 따라 판단해 볼 때, 이런 체제들이 미국식의 이중적 체제보다 우월할 수도 있다는 것을 부정하지는 않는다. 이 맥락에서 롤스가 강조하고자 하는 것은 정치적 정의관의 내용은 공적이성의 가치들을 포함하고 있기 때문에, 이런 가치들에 호소함으로써 세 종류의 체제들이 갖고 있는 상대적 장점들을 판단해야 한다는 것일 뿐이다.

31) 이런 노력을 경주함에 있어 대법관들은 공적 발상(public conception, 정의관)과 공적이성이 함축하고 있는 정치적 가치들에 호소해야만 한다. 이런 가치들은 대법관들이 선의를 가지고 지지하고 있는 가치들일 뿐만 아니라 합당하고 합리적인 시민들이 마땅히 지지할 것으로 기대되는 가치들이다(PL, 236). 하지만 그런 사실이 헌법을 구체적으로 해석하는 데 있어서 대원관들 사이에 반드시 의견일치가 있어야 한다는 것을 의미하지는 않는다. 그것은 단지 헌법을 정치적 정의관의 관점에서 해석해야 한다는 것을 의미할 뿐이다.

(countermajoritarian difficulty)을 야기한다는 비켈(A. Bickel)의 지적에도 불구하고(Bickel 1986, 16-23), 타면에 있어서는 민주적 토론과 심의를 자극하는 역할도 수행할 수 있다는 것을 의미한다. 미국헌법의 수정을 둘러싼 논쟁에서 연방대법원이 수행한 역할은 바로 그런 역할이었다. 예컨대, 여성에게 투표권을 부여하는 제19수정조항과 동등권리 수정조항 등은 연방대법원이 주도한 수정과정의 산물이었다.

이와 연관된 헌법수정의 또 다른 의미는 사회의 기본 제도들에 내재하는 약점을 헌법적 실제에 맞게 수정하는 것이다. 예를 들어, 제18수정조항을 제외한 많은 수정조항들 –정부의 제도적 설계에 관련되거나 대통령의 임기를 2회로 한정시키는 조항(수정조항22) 등– 은 격렬한 논쟁을 통해 수정되었는데 이 과정에서 연방대법원은 핵심적인 역할을 수행했다. 연방대법원은 헌법개정을 둘러싼 논쟁을 최종적으로 종결짓는 역할만을 수행하지 않고, 그 논쟁 과정 전체를 주도했다. 연방대법원은 정치적 토론을 원칙에 따른 토론이 되도록 이끄는 데 큰 역할을 수행했고, 헌법적 문제들을 정치적 가치들에 따라 해결하도록 안내했다. 그 과정에서 연방대법원은 시민들에게 공적이성의 사용법을 가르쳤으며, 시민들의 관심을 기본적인 헌법적 문제들에 집중시킴으로써 정치적 가치들을 교육시켰다(PL, 239).[32)]

▌헌정주의와 민주주의의 관계

코헨(J. Cohen)에 의하면, 롤스의 입헌민주주의 이론은 '민주사회'(democratic society)와 '민주체제'(democratic regime) 그리고 '심의민주주의'(deliberative democracy)라는 세 가지 요소를 포함하는 '민주사회' 개념을 배경으로 구성되었다(Cohen 2003, 87). 그 때문에 그의 정의관은 민주사회의 자유 시민들 사이의 존재방식 –그 한 가지는 자유롭고 평등한 존재들이 심의를 통해 중요한 헌법적 결정에 이르는 존재방식– 을 반영하지 않을 수 없다. 그러므로 정의

---

32) 지금까지의 주장은 사법심사 제도 자체에 대한 옹호는 아니다. 일정한 역사적 상황과 정치문화의 조건들에 비추어볼 때 그 제도를 옹호할 수는 있지만 반드시 모든 자유주의 체제에서 사법심사 제도를 채택할 필요성은 없다. 그것은 단지 공적이성 사용의 모범적인 예로서 대법원을 살펴본 것이다. 이런 측면에서 법원이 특별하긴 하지만, 다른 정부 부서들 또한 헌법적 문제들을 논의하는 원리의 포럼이 될 수 있다(PL, 240).

의 제1원리에 포함되어 있는 정치적 자유들은 베버와 슘페터 식의 최소주의적 민주주의 개념 –엘리트들을 선출하는 선거제도로서의 민주주의– 이상의 적극적인 내용을 담아내야 한다.

혹자는 정의의 원리들에 의해 규제되고 있는 롤스의 질서정연한 사회에서는 민주주의가 정의관의 제약을 받기 때문에 종속적인 지위를 갖는 것으로 생각할 수도 있다. 하지만 코헨이 적절히 지적했듯이 정의의 원리들 자체가 민주사회에 대한 관념(자유롭고 평등한 시민들의 공정한 협력체계)을 반영하기 때문에, 이런 전제에 입각하여 구성된 정의관이 민주주의를 결정적으로 제약한다고 볼 근거는 약해 보인다(Cohen 2003, 102-3).

사실 롤스의 정의론에서는 정의관 자체가 심의민주주의의 기본적 조건과 틀 속에서 구성되었다고 해도 무리가 없다. 롤스의 정의 원칙들은 심의민주주의가 이상적으로 작동하는 공정하고 평등한 조건에서 계약당사자들이 자유롭게 공적이성을 사용하여 성취한 결과물로 볼 수 있다. 따라서 롤스의 정의관은 무엇보다 이상적인 민주사회의 존재방식에 맞도록 구성될 수밖에 없다. 그리고 정의 원칙이 도출되는 민주적 심의의 절차는 헌법구조의 결정과정뿐만 아니라 입법과정과 정책결정 과정 그리고 시민들이 정의관에 입각하여 그들의 대의원들을 판단·평가하는 과정에서도 실현된다. 그러므로 정의관이 제1원리에 포함시키고 있는 기본적 자유들 중 민주적 참여의 권리는 다른 경제·사회적 권리들과 마찬가지로 매우 중요한 기본적 권리인 만큼 (다른 권리들을 최대한 실현하기 위해 부분적으로만 제약할 수 있을 뿐) 다른 경제·사회적 권리들에 비해 그 중요성이 떨어진다고 할 수 없다.

하지만 롤스가 최종적으로 도달한 입헌민주주의 이론은 롤스가 애초에 민주주의에 부여했던 활력을 상당부분 앗아가 버리는 문제점이 있다. 그 문제점은 롤스가 그의 계약주의적 구성방법에 내재된 심의민주주의의 급진적 잠재성을 충분히 인식·반영하지 못한 결과이거나, 그런 잠재성을 의도적으로 억제한 결과로 볼 수 있다. 나는 후자의 해석에 더 무게를 둔다. 롤스는 개인의 기본권을 침해할 수 있는 민주주의의 위험성을 지나치게 의식한 나머지 법의 지배와 헌정주의를 통해 (자신의 정의관을 도출하기 위해 설정한) 심의민주주의의 급진적 잠재성을 억제하는 전략을 채택했다고 본다.

입헌민주주의적 정의사회를 구축하는 롤스의 계약주의적 방법은 이미 심의민주주의를 전제하고 있다. 이 심의민주주의의 틀에서 보면 시민들은 민주적 게임의 규칙들을 논의하고 결정하며, 필요할 경우 또 다시 수정할 수 있는 능력과 자격이 있다(Bellamy 2006, xxi). 하지만 롤스의 정의관 및 헌법적 기본권들은 일단 헌법정치의 차원에서 민주적인 합의를 통해 확립되면 더 이상 민주적 심의의 대상이 되지 않는다. 헌법적 기본 사항들이 최종적으로 결정되면 그 이후의 일상정치에서는 그 사항들이 불변적 원칙들로 준수되어야 하기 때문이다.[33] 만일 기본권에 관련된 분쟁이 발생하면 그것은 광범위한 민주적 심의와 결정에 맡겨지는 대신 사법심사 제도와 같은 전문적인 사법기구에 맡겨야 한다. 이렇듯 롤스의 심의민주주의는 일상정치의 수준에서는 그 본래의 역할을 상실하거나 급격히 위축됨으로써 주로 대법관들의 주된 무대가 된다.

하지만 다원주의 사회의 불가피한 특성 때문에 추상적인 정치적 정의관은 끊임없는 논쟁 대상이 될 뿐만 아니라, 사람들의 변하는 관심과 필요 때문에 계속적인 재해석의 대상이 된다. 건국과 같은 특별한 역사적 순간에 특정한 이상과 목적을 가진 입법자들이 민주적 심의를 통해 결정한 헌법적 기본원칙들은 그 현재적 의미가 발견 또는 재해석되어야 한다. 따라서 헌법정치와 일상정치의 구분을 전제한 롤스의 입장은 심의민주주의의 근본정신에 배치되는 것이다.[34] 그런 입장은 민주주의를 개인의 공적인 자율성을 반복적으로 실현할 수 있는 집단적 활동으로 인식하기보다는 어떤 다른 가치 –시민들에게 동등한 헌법적 기본권을 보장해줌으로써 실현되는 가치– 를 확인하고 보장하기 위한 수단이나 방법으로 이해하는 것이다.

일상정치에서 다수결민주주의의 적용 범위를 제한하고자 하는 롤스의 입장은 세 가지 매디슨주의적인 특징을 갖고 있다(Wallach 2002, 226). 첫째, 매디슨처럼 롤스도 선출되거나 선출되지 않은 정부 관리들 –입법자들과 판사들–은 일반 시민들의 일시적이고 불합리한 판단을 여과하는 역할을 해야 한다고

33) 물론 이론적으로는 혁명기나 근본적인 변혁기에 다수 인민이 원래의 정체 구성적 권력을 회복하고 발휘함으로써 낡은 헌법질서를 폐기하고 새로운 헌법을 수립할 수도 있다. 하지만 일상적인 정치에서는 지나치게 소극적인 지위로 물러나 있다.

34) 그러므로 이와 같은 관점에서 보면, 롤스의 입헌민주주의는 약한 심의민주주의와 강한 헌정주의가 결합된 형태라고 볼 수 있다.

본다. 둘째, 매디슨처럼 롤스도 공적인 덕성(public virtue)이 필요하다고 믿지만 소극적인 의미에서만 그렇다. 다시 말해, 일반 시민들의 여과되지 않은 의견들이 정치적 불안정을 초래하지 않도록, 일반 시민들이 정치적 공간(political arena)에서 개진할 수 있는 의견들에 일정한 절차적 제한을 부과한다. 셋째, 민주주의를 개인적 자유를 보호하는 데 필요한 도구로 인식하는 경향 때문에 롤스의 입헌민주주의는 평등에 비해 자유에, 민주주의와 공동체의 권리에 비해 프라이버시와 재산권에 상대적으로 높은 비중을 둔다. 이런 치우침 때문에 롤스가 제시한 입헌민주주의는 (민주주의의 유지에 필요한) 민주적 덕성을 함양하는 데 별로 도움이 되지 않는다(Wallach 2002, 227).

월드런과 벨라미가 지적하듯이 다수결주의의 위험에 대한 롤스와 드워킨의 우려는 사법기관과 판사에 거는 기대에 비교해볼 때 지나친 감이 없지 않다(Waldron 1993; Bellamy 2006). 사실 다수결주의에 의한 의사결정은 모든 시민들의 평등한 지위를 존중해주는 최선의 방식일 수 있다. 다수결주의가 채택하고 있는 1인 1표 주의는 모든 개인들이 의사결정 과정에서 동등한 역할을 해야 하고 그 의사결정에서 동등한 비중으로 고려되어야 한다는 민주적 원칙들을 반영한다. 또한 그 과정에서 모색되는 '타협'도 결국은 모든 개인들의 동등한 비중과 역할을 고려해 볼 때 상호 양보가 불가피하다는 원칙을 반영한다(Bellamy 2002, xiv).

물론 다수결주의 자체가 민주적 기본가치들의 온전한 실현을 보장해주지는 않는다. 다시 말해, 다수결주의는 의사결정 과정으로부터 영향을 받는 모든 구성원들의 참여를 보장해주지 않으며, 유권자들의 일부 또는 상당수가 비민주적인 편견을 표현할 수 있는 가능성을 차단해주는 것도 아니고, 일부 소수집단의 권익이 침해되지 않도록 보장해주지도 않는다. 하지만 이 점은 사법심사 제도도 마찬가지다. 연방대법원이나 헌법재판소의 판사들 사이에서도 의견차이가 존재하며 따라서 궁극적으로 다수결주의를 피할 수 없다. 그들도 지배적인 여론의 영향을 받으며, 그들을 임명한 대통령과 의회의 압력에서 완전히 자유롭기 어렵고, 기업인들의 압력이나 요구를 철저히 무시하기는 쉽지 않다. 따라서 그들의 결정이 다수결주의에 의한 결정보다 반드시 더 나으리라는 보장은 없다. 그리고 설혹 그들의 결정이 민중들의 집단적 결정보다 질적으로 더 우수하다고 하더라도, (월드런이 지적하듯이) 사법심사 제도는 일반 시민들의 평등한 시민권과 능력에 대한 불신을 반영하고 있다는 점에서 반민주적인 혐의로부터 완전히 자유롭기는 어렵다.

오크숏의 심의민주주의적 헌정주의

▌오크숏 정치사상의 개요

20세기 영국을 대표한 정치철학자 마이클 오크숏은 역사주의와 실용주의 그리고 실증주의가 지배했던 20세기 초·중반의 지적 풍토를 배경으로 헤겔과 브래들리(F. H. Bradley)의 관념주의를 비판적으로 계승하여 세계(경험)와 지식 그리고 문명을 새롭게 이해하고자 시도했다. 그 과정에서 그는 문명 전체에서 정치가 갖는 의미와 위상을 새롭게 재정립함으로써 문명과 정치의 관계에 대한 이해를 크게 확장·심화시켰다.35)

오크숏의 정치사상은 그의 초기 사상이 집대성된 『경험과 그 양상들』(1933) 이후에 본격적으로 형성되었다. 『경험과 그 양상들』은 헤겔과 브래들리의 영향 하에 형성된 관념론적 입장에서 역사적·과학적·실천적 지식의 조건성과 한계를 부각시킴으로써, 그런 조건적 지식과 대비되는 경험 자체(experience itself)에 대한 무조건적이고 절대적인 지식을 추구하는 철학의 본질을 드러내고자 한 시도였다.

오크숏은 1940년대 중반 이후 『경험과 그 양상들』에서 정립한 철학 개념에 근거하여 '정치에 관한 철학'(philosophy of politics) 개념을 제시했다(Oakeshott 1993a & 1993b). 그는 특히 실용주의에 얽매어 있었던 당시의 정치철학적 시도들을 비판하고, 진정한 정치철학을 "경험 전체의 입장에서 본 정치생활과 활동에 관한 [철학적인] 설명"으로 재규정했다(Oakeshott 1993a, 126).

정치철학 개념을 정립한 후 오크숏은 르네상스 이후 유럽의 지배적인 지적 특징이 된 합리주의와 그 정치적 귀결 –이데올로기적 정치– 을 철학적으로 비판한 데 관심을 집중시켰다(Oakeshott 1991, 5). 그 비판의 요지는, 합리주의자는 구체적이고 다양한 경험들을 이성을 통해 도출한 일군의 추상적인 원칙들 –곧 이데올로기– 로 환원시켜버리는 경향이 있다는 것과, 또 그 때문

35) 오크숏의 전체 사상에 관해서는 김비환(2014b)을 참조하라.

에 정치를 추상적인 이데올로기에 입각한 문제해결의 테크닉으로, 다시 말해 의식적으로 설정한 목표를 효율적으로 추구하는 사회공학의 문제로 치환시켜 버림으로써 추상적인 이론의 모태인 전통 혹은 실제(practice)를 파괴해버린다는 것이었다(Oakeshott 1991, 7).

오크숏이 1975년에 발표한 『인간행위론』은 『경험과 그 양상들』뿐만 아니라 2차 세계대전을 전후한 시기부터 1960년대까지 쓴 정치철학적 저술들을 통합시킨 저술이라는 점에서 오크숏 정치철학의 백미라고 말할 수 있다. 1983년에 출판된 『'역사에 관하여'와 다른 에세이들』에 수록된 「법의 지배」와 「바벨탑」이 비교적 짧은 정치철학적(혹은 법철학적) 에세이인 점을 감안하면, 『인간행위론』은 오크숏이 자신의 정치철학(혹은 정치이론)을 체계적으로 제시한 마지막 저술인 셈이다.

그런데 법의 지배에 관한 오크숏의 이론은 『인간행위론』에서 펼쳐진 시민결사(civil association) 이론의 핵심적 일부를 이루고 있다.[36] 그런 만큼, 오크숏 정치이론의 최종적 단계를 표현하는 법의 지배 이론에 대한 고찰은 그의 정치사상 전체를 온전히 이해하는 데 매우 중요하다. 그뿐 아니라 오크숏의 법의 지배 이론은 학문의 분화와 전문화가 고도로 진행된 상황 속에서 각자의 길을 걷고 있는 현대의 정치철학과 법철학이 간과해왔던 접점지역 –정치와 법이 만나는 지점– 에 대한 체계적인 설명을 제공해주고 있기 때문에, 민주주의와 헌정주의 사이의 적절한 관계를 둘러싼 최근의 논쟁에 개입해 들어갈 수 있는 이론적 발판을 제공해준다. 그러므로 이 절에서는 법의 지배가 오크숏의 정치이론 –즉, 시민결사이론– 에서 수행하고 있는 역할에 대한 설명을 배경으로 그의 법의 지배 이론과 그것의 헌정주의적 함의를 탐색해보고자 한다.

36) 법의 지배에 관한 단편적인 관심은 1940년대 후반과 1960년대 초반 사이에 쓰인 에세이들에서도 나타나고 있다. 하지만 이 주제는 『인간행위론』과 「법의 지배」에서 가장 체계적이고 본격적으로 다뤄진다. 1940년대와 1960년대 초까지 법의 지배에 대한 오크숏의 고찰은 주로 전제의 방지 및 자유의 보호라는 전통적인 자유주의적 관점에서 전개되고 있다. 특히 다음과 같은 에세이들을 참고하라. Oakeshott, 'The masses in representative democracy,' in *Rationalism in Politics and Other Essays*, 1991, A LibertyPress Edition: Oakeshott, "The political economy of freedom," *Rationalism in Politics and other Essays*, 1991, A LibertyPress Edition.

▌시민결사와 법의 지배, 그리고 정치

오크숏은 『인간적 행위』[37]의 첫째 에세이에서 인간적 행위를 설명하는 지적 활동인 이해(understanding)의 성격을 고찰하고, 이어 둘째, 셋째 에세이에서 시민결사(혹은 시민적 조건 혹은 관계)를 기획결사(혹은 enterprise association)와 대비시켜 설명한다.[38] 그런데 바로 이 맥락에서 시민적 결사의 근본적 특징인 법의 지배에 대한 오크숏의 체계적인 설명이 제시된다. 그러므로 오크숏의 법의 지배 이론과 그 헌정주의적 함의를 살펴보기 위해서는 먼저 그의 시민결사 이론을 이해할 필요가 있다.[39]

오크숏은 결사의 두 가지 이상형인 시민결사(civil association)와 기획결사를 대비시킴으로써 시민결사의 성격을 조명한다. 먼저 기획결사는 상호 만족을 추구하는 행위자들이 어떤 요망된 공동의 만족을 추구하기 위해 결합된 결사 형태로서 모종의 실질적인 상황을 산출하거나 공동의 이익을 충족시키는 한에서만 존속할 수 있으며, 그 성격상 "목적 추구를 위한 경영(management of its pursuit)"을 특징으로 갖고 있다(HC, 114-5). 또한 기획결사는 장기적인 존속을 위해 공동의 규칙이나 그와 유사한 제도들 —약관, 규칙서, 충성서약, 가입과 탈퇴의 조건, 임무에 따른 규정집 등— 의 권위를 인정해야만 하는바, 그 규칙들은 다음과 같은 특징을 갖고 있다(HC, 116). 첫째, 이런 규칙들은 기획결사의 정체성을 밝히거나 규정하지 않는다. 기획결사의 정체성은 구성원들이 공유하는 공동의 목적이나 이익과 관련해서만 규정될 수 있기 때문이다. 둘째, 이런 규칙들은 해당 목적에 상황적으로만(contingently) 연계되어 있다. 그 규칙들은 해당 기획결사의 목적을 촉진 또는 저해하는가에 따라 그 적합성이 평가된다. 셋째, 기획결사의 규칙 준수와 목적 달성은 별개의 것이다. (규칙들의 권위를 인정하지 않는다고 해서 결사가 해체되는 것은 아니다) 규칙들은 단지

---

37) 이하부터는 HC로 표기한다.

38) 시민결사에 대한 그의 이론은 이상형으로서의 인간(시민)관에 입각하여 하나의 이상형인 정치적 결사 -시민결사 혹은 기획결사- 를 구성하는 철학적인 이론이다. 반면에 근대 유럽의 국가에 대한 역사적인 설명은, 설명을 위해서 철학적으로 구성된 이상형을 사용하지만, 과거의 기록에 입각하여 실제로 존재했던 결사와 제도들의 성격과 작용방식을 설명한다.

39) 이하에서의 설명은 졸고 「마이클 오크숏의 법의 지배 이론과 그 헌정구조적 함의」, 『법철학연구』 제15권 제1호(2012)를 수정 · 보완한 것이다.

결사의 목적 추구를 위한 도구이기 때문이다.[40)]

시민결사는 기획결사와 뚜렷이 대비된다. 무엇보다 시민결사는 관계양식 – 혹은 행위 양식(practice)– 이라는 특수한 조건에 입각해 있다는 점에서 기획결사와 구분된다. 여기서 관계양식은 행위자들의 개별적인 행위를 제약하는 추가적인 (또는 부사적인, adverbial) 제약조건들 –혹은 고려사항들– 의 집합으로서, 행위의 내용이나 의도와는 상관없이, 행위의 적절성이나 능란함(artfulness)을 평가하는 기준이 된다(HC, 119-20). 이 관계양식은 자기현시(self-revelation)와 자기정립(self-enactment)의 (공동의) 언어이자 관계들의 조건으로,[41)] 행위자들이 개별적으로 행위할 때 따라야 할 고려사항들에 대한 공동의 승인에 기초해 있다(HC, 122).[42)] 오크숏은 이 관계양식이란 범주가 시민결사의 다른 구성 요소들과 맺고 있는 연관성을 중심으로 시민결사의 성격을 설명한다.

먼저 시민들(cives)은 관계양식을 통해 결합되어 있는 인간적 행위자들로 규정된다(HC, 122). 시민은 일차적으로 기획결사의 파트너나 동료들 혹은 욕구충족을 위해 거래하는 행위자들이 아니다. 그들은 개인적으로 어떤 목적을 추구하든, 시민으로서 관계양식이 부과하는 일정한 도덕적 고려사항들 –이 고려사항들은 실질적인 욕구의 충족과는 상관이 없는 추가적인 도덕적 조건들이다– 을 '우선적으로' 따르는 행위자들로서 결합되어 있다. 그러므로 시민적 조건은 (도덕적 존재로서의) 인간의 계속적인 자기정립의 표현으로, 이 정립과 재정립의 행위를 통해 시민적 이해와 상호교류의 고유한 언어, 곧 "시민성의 언어"(language of civility)가 확립된다. 이 "시민성의 언어"는 행위자들이 서로를 시민으로 인정하고 스스로를 시민으로 현시하며 또 그 시민적 관계를 이해하고 탐구할 수 있는 대화의 수단을 제공한다(HC, 122-3).[43)]

---

40) 행위자들은, 그 목적이 서로 명확하게 충돌하는 기획결사들이 아닐 경우, 동시에 다양한 기획결사들의 구성원이 될 수 있다. 오크숏은 '안전'이나 '평화' 그리고 '도덕적 덕'과 같은 것들은 (기획결사의 근간이 되는) 실질적인 목적이 될 수 없다고 본다(HC, 119).

41) 여기서 자기현시는 (행위자가) 욕구를 드러내고 추구하는 행위로, 그리고 자기정립은 (행위자가) 정체성과 성품을 형성·표현하는 행위와 연관되어 있다.

42) 물론 관계양식은 특정한 실질적 만족이나 공동의 목적을 성취하는 데 도움이 되는 규칙들과 관행들로 구성된 절차일 수도 있고(타산적인 기술이나 관계양식), 어떤 외적인 목적이나 실질적인 만족(의 추구)과 상관없이, 행위자들이 행위하거나 발언할 때 따라야 할 일군의 조건들일 수도 있다(도덕적 관계양식)(HC, 122).

43) 물론 이 언어는 고정불변의 것이 아니라 장기간에 걸친 행위자들의 사용을 통해 수정될 수 있

시민들의 관계양식인 시민결사는 전적으로 규칙들로 구성되어 있다(HC, 124). 시민적 언어는 규칙들의 언어이고, 시민들 사이의 결사양식인 키비타스(civitas)는 규칙을 토대로 결합된 결사(rule-articulated association)이다(HC, 124). 여기서 규칙은 충고나 요청, 탄원이나 경고와 명확히 구분되며, 실질적인 만족을 추구하는 행위자들 사이의 구체적인 명령이나 지시 혹은 단순한 금지 등과도 구분된다. 즉, 규칙은 "단언(assertion)이지 정리(theorem)가 아니다"(HC, 124-5). 요컨대, 하나의 이상형으로서의 시민적 관계는 규칙들에 입각하여 구성된 결사양식으로 규정할 수 있으며, 그 주된 가정(=전제)들은, 요구충족을 위해 스스로 선택한 일(거래관계)을 수행하는 행위자, 과정(process) 및 수행행위(performance)와 구분되는 관계양식 혹은 절차, (규칙들이 규정한 조건들의 바람직함에 대한) 찬성(approval)이나 반대(disapproval)와 구분되는 (규칙체계의 권위에 대한) 승인(assent) 혹은 불승인(dissent), 단순한 굴복과 구분되는 지성적인 (따라서 자유로운) 동의, 강제 및 예상된 결과에 대한 고려와 구분되는 권위와 의무란 관념 등이다(HC, 127).

오크숏은 시민결사의 성격과 주된 특징에 덧붙여 시민결사를 구성하는 규칙들의 성격을 더 세부적으로 분석함으로써 시민결사의 조건을 더 구체적으로 파헤치는데, 그의 법 개념 및 법의 지배 이론은 바로 이 맥락에서 전개된다.

주지하듯이, 시민적 관계는 행위자들이 "시민성의 관계양식(practice of civility)을 구성하는 규칙들"을 공동으로 승인함으로써 형성된다. 시민적 결사의 가장 중요한 조건은 바로 이와 같은 고찰에서 도출된다. 그 중 가장 중요한 것은 시민성의 관계양식을 구성하는 규칙들의 특수성이다(HC, 128). 시민적 관계의 규칙들은 게임이나 기업의 규칙들과 달리 오직 규칙들을 승인하는 것에서 시작하고 끝난다. 오크숏은 이런 규칙을 '법(law)'이라고 부르고, 그것을 국가라 불리는 모호한 결사체의 조건을 구성하는 이질적인 규칙들 및 그와 유사한 지시사항이나 규정들과 혼동하지 않도록 *lex*라 부른다(HC, 128).

다. 그리고 인간은 이 시민적 언어만을 사용하는 존재가 아니기 때문에 이 언어를 사용하기 위해 다른 목적이나 관심을 가지고 고안·형성해온 언어들을 포기할 필요도 없다. 하지만 시민적 언어는 다른 언어들로는 표현 불가능한 행위자의 특성(및 그것에 입각해 있는 관계)을 이해할 수 있는 유일한 수단을 제공한다(HC, 123). 예컨대, 시민적 관계 혹은 조건은 애인들이나 주인/노예 관계에 적합한 언어로는 적절히 설명할 수 없다.

*lex*로서의 규칙들은 행위자들에 공통적으로 적용되는 책임사항들을 명시한 것으로, 이 *lex*를 통해 그들은 상이한 특성과 차이들에도 불구하고 "공식적으로 평등한 자들(formal equals)"인 시민이 된다(HC, 128).[44] 그러므로 *lex*로서의 법은 입법권위에 의해 공포된 모든 것들을 다 포괄하지는 않고, 그런 것들 중에서도 특별한 유형의 규정들, 즉 "시민성의 관계양식을 구성하는" "인간행위의 일반적인 비도구적 규칙들"의 집합을 의미한다(Friedman 2005, 168-9).[45]

오크숏은 *lex*가 갖춰야할 특성들로, 정확성, 간결성, 상호간 非모순성, 공개성, 자의적 면제나 완화의 여지가 없어야 할 것, 일반성 등 모든 종류의 규칙들이 공유하는 특성들 외에, *lex*의 차별적 특성으로 체계성을 든다(HC, 128-9). 즉, *lex*는 단순히 규칙들의 집합이 아니라 규칙들의 '체계'라는 것이다. 여기서 *lex*의 체계성은 규칙들로 표현된 행위 조건들 사이의 관계를 말한다. *lex*를 구성하고 있는 규칙들 사이의 체계성을 통해 개별적인 규칙들이 해석되고 조정되며 유효한 것으로 인정됨으로써, *lex*는 자족적인 규칙들의 체계(self-sufficient system)로 확립된다. 요컨대, *lex*는 자체의 관할영역을 갖고 있는 자포적인 법체계를 의미한다(HC, 129).

모든 관계양식들이 구성원들이 이해·승인하고 있는 공동의 조건들에 입각해 있듯이, *lex*에 입각해 있는 시민적 관계 또한 중요한 조건을 전제하고 있다. 그것은 *lex*가 대부분의 구성원들이 알 수 있도록 공포되어야 한다는 조건 및 일반적으로 준수되어야 한다는 조건과 연관된 것으로, 불확정적인 상

44) 이때의 법은 행정적 명령이나 정책적인 성격을 갖고 있는 법과 구분된다. 오크숏은 정책지향적 법제정의 과도함이 현대 국가의 특징이 되어가고 있다고 파악하면서, 이런 경향이 법의 지배에 대한 중대한 장애가 되고 있다고 본다. 오크숏의 이런 입장은 하이에크의 그것과 매우 유사하다. 하이에크 역시 법의 일반적이고 비도구적인 성격을 강조하기 때문이다. 하지만 하이에크는 법실증주의를 단호히 거부하고 코먼로 전통에 보다 충실하다. 즉, 그는 오크숏과 달리 정당한 법의 근거를 정당한 법제정 권위의 제정행위에서 찾지 않고, 자생적인 사회의 진화과정에서 (판사의 판결을 통해) 발견·확립된 일반적이고 비도구적인 법체계의 중요성을 강조한다.

45) 오크숏이 "국가라 불리는 모호한 결사체"라는 표현을 쓴 것은 역사적으로 실재한 유럽의 근대국가는 시민결사와 기획결사의 양 측면을 모두 갖고 있었기 때문에, 한 가지 결사형태(이상형)로만 설명할 수 없기 때문이다. 실제로 근대 국가는 법의 지배에 의해 유지되는 시민결사의 특징과 실질적인 공동의 목적을 추구하는 기획결사의 특징이 혼재된 (이상형의 관점에서 본다면) "모호한 혼합물(equivocal mixture)"이기 때문에, 국가의 법은 시민결사에 필수적인 일반적이고 비도구적 법과 기획결사에 특징적인 명령이나 지시(혹은 정책)들의 혼합물로 볼 수 있다(HC, 232).

황에서 어떤 행위가 규칙에 부합하는지의 여부를 숙고·결정하는 재판절차를 전제한다(HC, 130-1). 이 절차는 법체계로서의 *lex*에 의해 인정된 것으로, 행위의 적법성 여부를 가려주고 결사의 조건들을 확인시켜준다. 그러므로 시민의 특성은 법정에서의 소송자들의 관계로 특징화시킬 수도 있는데, 재판을 통해 행위자들은 재판대상이 된 행위(또는 사건)가 불확정적인 상황에서 법규범과 맺고 있는 관계를 확인할 수 있게 된다.[46)]

재판과 법규의 관계는 다음과 같이 설명할 수 있다. 법규는 재판에 앞서 존재하지만 재판은 (불확정적인 상황에서) 법규가 갖는 의미를 분명히 드러내준다(HC, 133). 재판은 법규가 결코 내포할 수 없는 결론 –법규범이 불확정적인 상황과 관련하여 어떤 지위에 있는가에 대한 판단– 을 내려줌으로써 관련 법규의 의미를 "의미심장하게(significantly), 정당한 방식으로(justifiably), 적절하게(appropriately), 그리고 지속적으로(durably) 증대시켜준다(amplified)"(HC, 133). 여기서 재판이 법규의 의미를 의미심장하게 증대시켜줄 수 있는 것은 "그런 결론이 법체계 속에 들어있지 않기 때문이며", 정당한 방식으로 증대시켜줄 수 있다는 것은 "증대행위의 권위가 법체계와 관련되어 있기 때문이며", 적절하게 증대시켜줄 수 있다는 것은 "그 결론이 법체계의 의미와 분쟁에 관한 특수한 상황적 불확실성을 해결해야 하기 때문이며", 지속적으로 증대시켜줄 수 있다는 것은 "그 결론이 법체계에 편입됨으로써 판사가 미래의 불확실성과 분쟁을 해결하는 데 활용할 수 있어야 할 뿐만 아니라 시민들이 자신의 행위를 결정하는 데도 활용할 수 있어야 하기 때문이다"(HC, 133).

오크숏은 또한 법이 명확한 제정행위를 통해 수립되었을 경우, 제정자의 의도를 법의 해석 기준으로 삼으려는 경향 –원본주의– 이 있을 수 있다는 것을 지적하고, 법이 특정한 목적을 성취하기 위한 도구가 아님을 근거로 이런

46) 물론 이 말은 법정의 판결이 없이는 시민적 의무의 내용을 알 수 없다는 뜻은 아니다. 대부분의 경우 시민들은 그들의 시민적 의무와 책임을 잘 이해하고 있다. 하지만 그 이해도와 수용 정도에 차이가 있기 때문에 분쟁이 발생하고 따라서 중재나 재판 절차의 필요성이 존재한다. 원고, 피고, 판사로 이루어진 재판과정에서 재판관은 재판의 쟁점이 되고 있는 행위가 법규범에 저촉되는 지의 여부와 위반의 경중을 판단하고 무혐의 여부와 형량을 결정한다. 물론 이 재판과정 자체도 법규가 정한 절차에 따라 진행되어야 한다. 그리고 법정의 재판관은 이해관계의 갈등을 조정하는 중재자로서가 아니라, 법규범의 수호자로서 원고 측과 피고 측의 주장이 법에 규정된 행위 규범에 비추어 얼마나 비교우위를 갖는가에 따라 판결한다(HC, 131-3).

경향의 부적절함을 비판한다(HC, 134). 만일 권위 있는 텍스트가 있다면, 판결과 법체계 사이의 관계는 어디까지나 재판에 관련된 법규와 그 텍스트의 관계이어야만 하지, 그 법규를 입안했던 불확정적인 상황성 –입법자의 의도가 이런 상황과 관련이 있었을 지라도– 과의 관계여서는 안 된다. 이와 동시에 오크숏은 재판은 판사에게 권위를 부여해준 법규에 따라야 한다는 점에서, 그리고 그 결론은 (불확정적인 상황 속에서) '법의 의미'에 대한 불확실성이나 분쟁의 해결이라는 점에서 법체계와 연관되어 있다고 보기 때문에 재판을 '판사' 개인의 결론으로 이해해서는 안 된다고 주장한다(HC, 134).[47] 그것은 무엇보다 재판이 불확정적인 상황 속에서 (법체계로부터 연역적으로 도출될 수 없는) 법이 갖고 있는 '의미'의 확인에 관심을 두기 때문이다(HC, 135).

한편, 오크숏은 사법적 절차의 남용 가능성을 방지할 수 있는 법체계 내부의 규칙과 원칙들이 있음을 지적하면서, 이런 규칙과 원칙들을 통해 재판절차가 남용되거나 시민들이 법에 의해 피해를 당하지 않도록 법의 경직성(*rigor juris*)이 완화될 수 있음을 지적하고 한 가지 예로서 '형평원칙'(equity)을 제시한다(HC, 137-8).

오크숏이 시민적 관계의 핵심적 조건으로 제시한 법질서와 맞물려있는 또 다른 조건은 새로운 법을 제정하거나 기존의 법을 개정 또는 폐기할 수 있는 권위 있는 입법절차의 존재이다(HC, 138). 너무 빈번한 입법이나 성급한 입법 또는 개정은 사법절차에 악영향을 미침으로써 법체계를 위험에 빠트릴 수 있다. 하지만 법체계에 입각하여 수립된 시민적 결사체는 바람직한 시민적 조건들에 대한 신념과 정서가 변할 경우 그런 변화를 반영하여 법체계에 수정을 가할 수 있는 법제정 절차를 필요로 한다. 다시 말해 권위 있는 법제정 절차의 존재는 시민적 결사의 지속성을 담보할 수 있는 필수적 조건이다. 그리고 이 절차 역시 사법적 절차와 마찬가지로 법규들로 구성되어 있으며, 법체

47) 오크숏은 재판이 연역적 추론 절차가 아님을 강조한다. 왜냐하면 법은 행위를 선택할 때 따라야 할 (서술적으로 묘사된) 일반적 조건들의 체계로서, 그로부터 불확정적인 상황에서 어떤 행위를 선택하는 것이 관련 법규를 적절히 준수하는 것인지를 연역해낼 수가 없기 때문이다(HC, 13-5). 또한 재판의 결론과 법체계(*lex*)의 관계는 함축(implication)이나 포섭(subsumption)의 관계도 아니다. 왜냐하면, 재판은 법(*lex*)의 예나 적용 사례가 아니기 때문이다. 다시 말해, 아무리 법전화 되었을 경우라도 법은, 각각이 규정된 대응 조건들을 갖고 있는 불확정적인 상황들의 목록이 아니기 때문이다(HC, 135).

계의 구성적 일부로 존재한다.

시민들이 행위나 발언을 선택할 때 따라야 할 새로운 조건들을 법규집에 명시함으로써 시민들에게 새로운 의무를 부과하는 법제정 절차는 법체계의 증대(amplification of the system of *lex*)로 인식될 수 있다는 점에서 사법과정과 유사한 측면이 있지만 재판과는 상이한 절차에 따른다(HC, 138). 즉, 재판은 경쟁 상대들을 포함하고 있지만 입법은 그렇지 않다. 입법은 불확정적인 상황에서의 관련 법규의 의미를 드러내는 사법절차와 달리 법의 의미에 관한 결론을 제시하지 않는다. 입법은 법체계 속에 일반적인 행위 규범을 삽입하는 절차로서, 그 삽입된 법규범의 (불확정적인 상황에서의) 의미는 사법적 절차에 의해 확인된다. 그러므로 입법은, "명시적으로 법제정 권위를 부여받은 동시에 일정한 법적 절차에 따라야 하는 사람들에 의해서만 제정된다는 점에서 모든 다른 선택들과 구분된다. 뿐만 아니라 상상되고 요망된 실질적 결과에 관련된 행위나 발언을 선택하는 것이 아니라, 예측할 수 없는 불확정적인 상황에서 시민들이 스스로 예측할 수 없는 선택을 함에 있어 따라야할 조건들이자 그에 입각하여 시민들의 선택이 시민적 측면에서(civilly) '정당하거나' '기소되어야' 할 것인지를 평가할 수 있는 조건들을 기술한 행위 규범을 선택한다는 점에서 다른 모든 선택들과 구분된다"(HC, 139).

이처럼 법제정은 법체계가 번경될 수 있다는 믿음과 승인된 개정절차 및 법체계의 바람직함을 숙고할 수 있는 가능성을 전제한다(HC, 139). "시민에게 법(*lex*)은 행위를 선택할 때 고려해야만 하는 (권위 있는) 규정된 조건들의 체계이며, 재판관들에게 법은 불확정적인 상황에서 법규의 의미에 관한 결론을 내릴 수 있는 근거인 동시에 그 결론으로부터 도출될 수 있는 사항들에 대한 근거이기도 하다. 하지만 입법자들에게 법은 그것이 어떤 측면에서 변경, 확장 또는 축소되어야할 지를 숙고해야 한다는 요청이며, 필요할 경우 어떻게 수정해야 할 것인가를 숙고해야 한다는 요청이다"(HC, 139).

하지만 시민결사는 단지 시민성의 조건을 규정한 (확인 가능한) 일반 규범들에 입각하여 구성된 결사인 것만은 아니다. 그것은 또한 시민성의 조건들이 일반적으로 그리고 적절히 준수될 것이라는 확신이나 기대를 반영하고 있다(HC, 141). 그리고 이런 확신이나 기대는 법제정 행위나 사법행위에 속하지 않는 (시민적 결사에 고유한) 절차와 공직의 존재, 곧 통치(ruling)행위를 전제한다.

오크숏에 의하면, 통치는 어떤 불확정적인 상황에서 특정한 사람들로부터 상상되고 요망된 반응 –실질적인 행위를 수행하거나 하지 않는 것– 을 얻기 위해 발언을 하는 행위로서, 그 발언 양식이 논쟁적이거나 권고적이지 않다는 점에서 법과 유사하지만, 명령적이고 강요적이며 또 그렇게 할 수 있는 자원을 갖고 있다는 점에서는 법과 다르다(HC, 142). "시민적 조건 하에서 통치는 무조건적인 활동이 아니라 권위의 행사이며, 그 권위는 법으로부터 유래한다"(HC, 142).

통치는 다양한 공직을 통해 수행된다(HC, 142-7). 첫째 통치는 불확정적인 상황에서 법의 의미에 대한 논쟁을 판정하는 재판 담당 공직과 연계되어 있다. 재판관은 법의 의미를 해석·결정하고 법이 규정하는 조건을 부적절하게 이행한 행위를 정죄할 뿐만 아니라, 그것을 정지시키거나 그 행위에 대한 배상을 명령할 수 있다. 이런 부류의 다양한 수단을 통해 통치는 시민성의 조건들이 구현될 것이라는 구성원들의 기대에 부응한다. 둘째, 통치는 법규의 실행을 관리하는 통치기구를 전제한다. 시민결사에는 행위자들이 법규를 어기지 않도록 방지하고, 시민적 관계에 위협이 되는 행위를 미리 규제하며, 사법절차에 의한 판결을 실제로 집행함으로써 시민적 조건을 유지하는 행정기구들이 필요하다.

정리해보면, 시민적 조건은 도덕적 관계양식에 입각해 있는 결사로서, 입법적·사법적 규칙과 절차들, 행정적인 통치행위들, 권력과 의무 및 권한의 위임에 관련된 규칙들과 관행들, 그리고 다른 결사들의 통치자들과 맺을 수 있는 합의와 조약 등에 관련된 규칙들 등으로 구성된다(HC, 147). 이런 관계양식의 특성 때문에 시민들과 신민들은 공동의 자기현시적 욕구충족 행위, 곧 실질적인 만족 추구를 위해 모인 조합원으로서가 아니라, 시민성(civility)이라는 다소 '싱거운' 충성('watery' fidelity)에 입각하여 서로 결합되어 있다(HC, 147). 오크숏은 시민적 관계의 조건을 구성하는 규칙들과 제도들의 체계를 간략하게 일컫기 위해 *respublica*(공적인 관계 혹은 시민들의 관심사)라는 라틴어를 사용한다(HC, 147).[48]

---

48) 그러므로 *respublica*는 공동의 실질적 목적, 이익 혹은 선(good)을 규정하거나 가리키지 않는다. 그것 자체는 욕구의 대상이 될 수 없다. 시민적 관계가 해체될 위기에 직면할 경우 이 관계를 지키는 일이 일시적으로 공동의 합의된 과업이 될 수는 있다. 하지만 그것은 공동의

오크숏은 이 맥락에서 법규 및 그와 유사한 조건들로 구성된 *respublica*가 권위와는 다른 측면, 곧 그 바람직함(desirability)의 측면 —시인이나 부인— 에서 검토될 수 있는 가능성을 정치 개념과 연관시킨다. 오크숏은 시민결사가 시민들의 시인이나 부인과는 상관없이 공적인 규칙체계(*respublica*)의 권위에 대한 '승인'에 입각해있다고 주장한 바 있다. 그러므로 공적인 규칙들이 규정하는 조건들의 바람직함에 대한 시민들의 견해나 느낌과는 상관없이 *respublica*는 그 권위를 계속 유지할 수 있다. 하지만 *respublica*의 권위에 대한 지속적인 승인이 곧 공적인 규칙들이 규정하는 조건들의 바람직함에 대한 시민들의 평가까지를 금할 수는 없다. 그러므로 공적인 규칙체계로서의 *respublica*는 지속적인 권위를 향유하면서도 그것이 규정하는 현재의 조건들이 과연 바람직하며, 더 바람직한 조건으로 대체하는 것이 가능한가에 대한 논의를 허용해야 한다(HC, 159). 그에 따라 *respublica*가 지정한 적절한 제도와 절차에 의해 *respublica*를 구성하는 규칙들의 바람직함이 (재)검토됨으로써 수정되거나 폐기될 수 있으며, 필요한 경우에는 새로운 규칙들이 도입될 수도 있다(HC, 160). 하지만 *respublica*의 바람직함에 대한 문제 제기의 가능성은 *respublica*의 권위를 전제하는 것으로, 그것은 시민결사를 여타의 다른 결사들과 구분시켜 주는 동시에 시민결사에서의 성격을 규정하는 중요한 한 가지 특징이다. 오크숏은 시민결사의 이와 같은 특징을 "고유한 의미의 정치(politics properly speaking)"라 명명함으로써 다른 일반적인 의미의 정치 개념과 구분한다(HC, 163).

공적인 규칙체계의 바람직함을 재검토하는 정치적 활동은 무엇보다, 특정한 사람들이나 장소 혹은 상황에 의해서보다는, 관심의 초점 혹은 담론의 대상(주제)에 의해 특징지어진다(HC, 165-6). 정치적 활동의 대상이 되는 사람들은 정치적 주장을 펴는 사람들이 동의와 협조를 얻고자 하는 대상은 물론 그들의 에너지가 필요한 사람들일 수도 있다. 하지만 가장 중요한 대상은 자신의 주장을 입법화할 수 있는 권위를 가진 공직자들, 곧 입법자들이다(HC, 166).

실질적인 만족을 성취하기 위한 것이 아니라 시민들이 각자의 고유한 자기현시적 행위(욕구충족 행위)를 수행함에 있어서 반드시 따라야 하는 추가적인 도덕적 고려사항들(규칙들 및 그와 유사한 제도들이나 관행들)로 구성된 특별한 관계양식을 수호하기 위한 목적적인 행위라는 점에서 차별성을 갖는다(HC, 148).

정치는 또한 숙고와 논쟁에 의해 수행되기 때문에, 특별한 공직을 담당하고 있는 사람들의 전유물이자 권위적이고 강제적인 발언(명령)을 통해 수행되는 통치와는 다른 범주에 속한다(HC, 166). 통치는 *respublica*의 권위를 단정하며 그 권위에 의존하기 때문에, 그것이 규정하는 조건들의 바람직함을 검토하는 숙고적이며 논쟁적인 활동인 정치와 구분된다(HC, 166). 그러므로 '정치적'이라는 수식어는 지배(혹은 통치)를 적절히 한정할 수 없다.[49] 요컨대 오크숏의 재규정에 의하면, "정치는 시민적 관계에서 바람직한 사항들(civil desirabilities)과 관련된 숙고이며 발언이다. 환언하면 "특정한 상황에서 시민적 선(*bonum civile*)의 관점에서 *respublica*에 대해 숙고하는 것" 다시 말해, 시민들의 준수를 권위 있게 요구하고 강제할 수 있는 조건들에 대해 숙고하는 것이다"(HC, 172-3).

▌법과 법질서

앞에서 오크숏의 정치이론에서 법의 지배와 정치가 맺고 있는 관계를 비교적 상세히 개관했다. 그러므로 이제는 그의 다른 에세이 「법의 지배」(1983. 여기서는 1999년에 출판된 Liberty Fund 판을 사용. 이하부터는 RL로 표기함)에 나타난 보완적 논의를 고려하면서 그의 법 개념이 지닌 특징을 검토해보고자 한다. 오크숏의 법 개념에 대한 고찰은 그가 지향하는 헌정주의 형태를 탐색하는 데 중요한 실마리를 제공할 것이다.

법이란 무엇인가? 『인간행위론』에서 설명된 오크숏의 법 개념은 언 듯 보기에는 실증주의와 일치하는 것처럼 보인다. 사회적으로 승인된 법제정 권위가 진정한 법의 합당한 원천이라는 인식이 분명히 나타나 있기 때문이다. 하지만 오크숏은 『인간행위론』에서 제시한 법 개념이 단순히 실증주의적인 것으로 오해될 개연성이 있다는 것을 인식하고 그런 오해를 불식시키기 위해 「법의 지배」란 에세이를 다시 썼다.[50]

---

49) 즉, 정치적이라는 용어는 특별한 종류의 통치방식이나 권위구조를 가리킬 수 없다. 오크숏은 정치와 통치의 혼동이 부분적으로 아리스토텔레스의 유산이라고 본다. 즉, 아리스토텔레스가 사용하는 언어에는 '정치적'인 것과 구분되는 '시민적'(civil)인 것에 해당하는 용어가 없다고 본다(HC, 167).

50) 오크숏의 법 개념을 언급한 몇몇 학자들은 그것을 주로 실증주의적인 것으로 이해했다. 특히

「법의 지배」는 기획결사와 시민결사가 각각에 고유한 인간형 혹은 인간의 특수한 측면인 *persona*를 전제하고 있다는 점을 부각시킴으로써 『인간행위론』에서의 법에 관한 논의를 보완하고 있다. (다시 말해, 법의 지배가 인간에 대한 특수한 이해와 정합적인 관계를 이루고 있다는 점을 강조하고 있다) 오크숏의 법의 지배 이론에 대한 기존의 설명들은 이와 같은 인간형적 가정을 도외시함으로써 오크숏의 법 개념과 법의 지배 이론을 피상적으로 이해해왔다. 예컨대, 법의 정당성을 명확히 확인할 수 있는 입법자의 제정행위와 연관시킨 오크숏의 설명방식에 주목하여 그를 실증주의자로 단정해버린 것은 그와 같은 피상적인 이해의 결과이다.[51] 하지만 법의 지배에 전제되어 있는 인간형과 법질서(legal order)의 성격에 대한 오크숏의 설명에 주목해보면 전혀 다른 설명이 가능하다.

오크숏의 법 개념은 분명히 법실증주의의 두 가지 명제 -법과 도덕을 분리시키는 분리명제(법의 도덕적 내용에 대한 동의가 승인의 근거가 되지 않는다)와 법의 원천명제(승인률 혹은 법제정 권위의 인정)- 와 일치한다는 점에서 법실증주의적인 측면을 갖고 있다. 하지만 법실증주의와 자연법의 구분을 단순히 이 두 가지 명제를 기준하여 구분하는 것은 지나치게 단순하다. 뿐만 아니라, 그런 구분방식은 법실증주의와 자연법주의 사이의 보다 중요하고 미묘한 차이를 간과하게 만들어버린다. 만일 법실증주의와 자연법주의의 차이를 두 가지 명제에 입각해서만 설명한다면, 권위에 의한 공포를 법의 중요한 속성으로 간주한 키케로와 아퀴나스도 일면에서는 법실증의자로 분류할 수 있을 것이다(Friedman 2005, 168). 그러므로 보다 중요한 것은 제정된 법이 진정한 법으로 인정받기 위해서는 이 두 가지(궁극적으로는 원천명제) 이외의 추가적인 조건을 갖출 필요가 있는지의 여부이다. 법실증주의자는 이 두 가지 명제를 충족시키는 것으로 법의 정당성을 확보할 수 있다고 보는 반면, 비실증주의자는 추가적인 조건이

Ronald Cass(2001)와 MacCormick(1989)을 볼 것.

51) 오크숏은, 『인간적 행위』에서, 시민결사와 법의 지배가 전제하고 있는 인간적 행위의 성격에 대한 분석을 통해 법의 지배가 인간됨에 대한 특수한 가정 -숙고의 능력, 보다 구체적으로는 진정성의 능력과 자율성의 능력- 을 전제하고 있다는 것을 이미 고찰했기 때문에, 그런 일방적인 해석의 가능성이 없다고 생각했을 수도 있다. 하지만, 실제로 오크숏의 법 개념을 분석한 몇몇 해석들이 그의 법 개념을 실증주의적인 것으로 단정했기 때문에, 오크숏은 「법의 지배」에서 법의 지배 이론이 전제하고 있는 특수한 인간형 및 법질서 개념을 좀 더 직접적으로 다룸으로써 그런 오해의 소지를 없앨 필요가 있었다고 할 수 있다.

필요하다고 본다.

오크숏의 법질서 개념은 그를 법실증주의자로 단정하기 어려운 유력한 근거를 제시해준다. 오크숏은 도덕적 관계의 일반적 특징을 '의무를 부과하는 규칙들의 상호승인'이란 관점에서 규정하기 어려운 이유가 도덕규칙의 진정성 –권위 있는 것으로 승인되고 있다는 사실– 을 그 내용의 옳음(혹은 정의)을 근거로 인정해온 경향 –신법, 자연법 혹은 보편적인 이성의 법 등– 에서 찾을 수 있다고 지적하고, 규칙의 진정성과 규칙의 옳음(정의=jus)을 모두 필요로 하지만 그 두 가지 요소를 명확히 구분할 수 있는 특수한 도덕적 관계양식으로서 법의 지배를 제시한다(RL, 144-8). 법의 지배가 특수한 도덕적 관계양식인 이유는, 그것이 법에 따르는 모든 구성원들이 법의 진정성을 승인하고 있는 관계양식이면서도, 동시에 법규의 진정성과는 다른 추가적인 덕목들(그 중에서도 특히 정의의 덕목)을 갖추어야 한다는 사실 때문이다(1999, 149-152). 하지만, 법이 사회의 구성원들이 자신의 특수한 목표와 가치를 추구하는 과정에서 준수해야 할 추가적인 부수적 고려사항들의 집합이라는 점을 고려해보면, 법의 지배가 추가적으로 갖추어야 할 정의를 단순히 법이 구현해야 할 (법)외적인 실질적 가치 –예컨대, 실질적인 의미의 공동선 등– 라고 단정할 수는 없다. 그리고 정의는 법이 일정한 승인률에 따라 제정되었다는 절차적 사실로부터 도출되는 것도 아닌 만큼(RL, 152), 적절한 법제정 절차와 독립적인 근거를 갖고 있다고 볼 수 있다.

오크숏은 이 맥락에서 (정의로운 법이라는 관념과는 구분되는) 법 관념 자체 속에 내재되어 있는 조건들, 곧 그것들이 없다면 법질서 자체가 성립될 수 없는 정의의 조건으로 풀러(L. Fuller)의 이른바 "법의 내적 도덕성"을 제시한다(RL, 152-3, 171, 230).[52] 법규는 공개되어야 하고 소급 적용되어서는 안 되며, 수범자들은 법이 부과하는 의무만을 지고, 법은 모든 구성원들에게 일반적으로 적용되어야 하며, 독립적인 사법절차가 존재해야 하고, 명시된 규정이 없이는

52) 이런 관점에서 보면, 오크숏은 법과 원칙(principle)을 구분하고 있다고 볼 수 있다. 진정한 법의 권위는 법제정 권위를 갖고 있는 기관이나 사람(들)의 '제정행위'를 통해 형성되나, 적법성의 형식적 조건들은 입법자의 제정행위에 의해 부과되지 않고, 법을 법으로서 성립시킬 수 있는 (미리 존재하고 있는) 원칙들이기 때문이다. 그러므로 법은 인습성을 넘어선 측면과 입법권위에 의해 제정되는 인습성의 양 요소를 갖고 있다(Friedman 2005, 173).

어떤 범죄도 성립될 수 없는 등, 법질서 관념이 성립하기 위한 형식적 조건들이 바로 그것들이다.[53] "정의롭지 못한 법은 법이 아니다"(*lex injusta non est lex*)는 표현은 바로 이와 같은 고려사항들에 관련되어 있다.

오크숏이 만일 법의 지배가 갖추어야 할 정의의 내용으로서 법질서가 구비해야 할 형식적 조건만을 제시했다면 풀러의 "법의 내적 도덕성" 관념이 직면했던 논쟁 –형식적 적법성의 조건을 갖춘 법의 지배는 부도덕한 정치질서나 잔혹한 독재체제와 양립 가능한가 아니면 그런 체제를 원천적으로 부정하는가– 에 휩싸일 수밖에 없고(Fuller 1971, chap. 2; Raz 1979, 211), 따라서 그의 법 개념을 실증주의적인 것으로 규정해도 크게 무리가 없을 것이다. 하지만 오크숏은 법질서가 갖추어야 할 형식적인 조건들 외에도 추가적인 조건들을 덧붙임으로써 법질서가 구현해야 할 보다 실질적인 정의의 조건들이 있다는 것을 시사하고 있다.

> 이것[법질서가 성립될 수 있는 형식적인 조건들]을 넘어서, 법률의 정의 혹은 부정의는, 적절히 제정된 것으로 인정될 수 있는가의 관점에서 뿐만 아니라, 제정되는 것이 과연 적절한가 아니면 부적절한가의 측면에서도 승인될 수 있는 조건들, 즉 특별한 법이 규정한 조건들의 적절성(propriety)을 고려할 때 호소되는 신념과 견해들(beliefs and opinions)로 구성되어 있다. … 법의 정의를 확인시켜주는 적절성(propriety)은 도덕적이며 비도구적인 고려사항들로 구성되어 있음에 틀림없다. … 법의 정의는 "인간의 자기실현"이나 "인간적 탁월성"의 조건들처럼 그렇게 고매한 어떤 것을 명시하지 않는다. 하지만, 정의가 수치(aidos)보다 더 흔한 어떤 것이라면, 그것은 확실히 도덕적인 가치이지 타산적인 고려사항은 아니다(RL, 153-4).

그렇지만 위의 인용문은 법의 정의가 특정한 "신념과 견해들"로 구성되어 있다는 점, 개별적인 법률이 규정하는 조건들과 관련된 속성이라는 점, 그리고 타산적인 고려사항이 아니라 도덕적인 고려사항이라는 것을 말해주고 있을 뿐, 갖추어야 할 정의의 실질적 내용을 제시해주지는 않는다. 오크숏은 많은

53) 또 다른 조건들은 재판과 관련된 조건들이다. 즉, 법률상의 보호나 공권을 박탈해서는 안 된다는 조건이나 법익박탈과 같은 원칙들이다. 그러므로 법의 형식적 조건들은 입법과 사법절차 등 법질서와 관련된 모든 형식적 원칙들이라고 할 수 있다.

이론가들이 실정법의 실질적 정의를 평가하기 위해 자연법이나 보편적인 인권과 같은 초월적인 기준들을 제시했다고 비판한 다음, 자신이 제시한 기준은 자연법이나 불가침의 인권처럼 초월적이거나 인식 불가능한 기준들이 아님을 강조하면서 법질서에 내재된 정의의 기준들에 차별적으로 접근한다(RL, 154-5).

하지만, 법의 지배에 토대를 두고 있는 시민결사의 법질서가 초월적이고 보편적인 정의의 기준들을 필요로 하지 않는다면, 그 정의로움의 근거는 어디서 찾을 수 있는가? 적법성의 형식적 조건들이 법질서를 정의롭게 유지하는 데는 어느 정도 도움이 될 것이다. 하지만 그것들이 법질서의 정의로움을 보장해주지는 않는다. 왜냐하면, 인종차별이 존재하는 사회나 독재자가 지배하고 있는 사회의 법질서도 형식적 적법성을 완벽히 충족시킬 수 있기 때문이다(Raz, 1979, 211). 이처럼 적법성의 형식적 조건이 법질서의 정의로움을 보장해주기 어렵고, 초월적이고 보편적인 도덕적 기준들은 그 인식론적 난점 때문에 정의로운 법질서의 필요조건이 될 수 없다면, 법질서에 내재된 실질적 정의로움의 근거는 어디서 찾아야 하는가?

오크숏은 자연법에 관한 두 가지 용법을 구분함으로써 법에 내재되어 있는 정의의 성격에 접근한다. 오크숏에 의하면, 법이 따라야 하는 외재적인 정의규범으로서의 자연법은 두 가지 측면에서 이해할 수 있다. 첫째는, 모든 개인들에게 자연권을 부여하는 자연법이다. 하지만 이 자연법은 사회학적이거나 심리학적인 법칙으로 드러나고 만다. 왜냐하면, 그것은 결국 만인에 대한 만인의 전쟁상태를 종식시킬 수 있는 사회학적이거나 심리학적인 법칙을 의미하기 때문이다(RL, 172). 둘째는 "자신에게 행하기를 원치 않는 것을 타인에게 행하지 말라"로 요약할 수 있는 자연법으로, 이런 부류의 자연법 역시 평화로운 결사에 필요한 조건들을 나타내는 격률들(maxims)일 뿐 국가의 구성원들에게 (심지어 내면적으로나마) 의무를 부과할 수 있는 진정한 자연법이 아니다. 그럼에도 불구하고 오크숏은 이 둘째 자연법의 특징에 주목한다. 그 이유는 이 자연법이 '법에 내재되어 있는 정의'와 직접적인 연관성이 있다고 보기 때문이다(RL, 172-3).

'법에 내재되어 있는 정의'와 관련하여 둘째 자연법이 지닌 중요성은 그것이 (법적 정의의 외적 원천이기 때문이 아니라) 법의 본유적 성격, 곧 진정한 '법에 내재되어 있는 정의'를 분석적으로 표현(analytic breakdown)하고 있기 때문이다

(RL, 173). 다시 말해, 이 두 번째 자연법은, 법의 지배가 수용할 수 있는 유일한 정의로서, 진정한 법에 고유한 형식적 원칙들 –비도구성, 구체적인 사람들과 이해관계들에 대한 무관심, 특권과 법익박탈(outlawry)의 배제 등– 에 대한 충실함을 나타낸다.[54)]

그런데 이 맥락에서 오크숏은 자연법 개념과 정의로운 법 사이의 연관성에 대한 홉스의 견해를 원용한다. 그 이유는 홉스가 사실상 법의 정의로움을 외부의 독립적인 규범 –예컨대, 신법과 자연법– 에서 도출해온 오랜 자연법적 전통과 결별하고, 그 근거를 법의 형식적 성격에서 도출한 최초의 철학자였다고 보기 때문이다. 하지만 홉스는 적법성의 형식적 조건들 이외의 (법에 내재되어 있다고 여겨지는) '추가적인' 조건들에 대해서는 분석한 바가 없다. 그래서 오크숏은 (홉스의 논의가 지닌 중요성을 인정하면서) 법치국가에 대한 홉스의 논의는 중요한 것을 결여하고 있다고 주장하고, '법의 형식적 특성에 대한 충실함'(faithfulness to the formal character of law) 이외의 '추가적인' 조건으로서 "특별한 종류의 도덕적 고려사항" –위의 인용문에 나타난 특별한 "신념과 견해들"을 반영한 고려사항– 을 덧붙인다(RL, 173).

> 법의 정의(jus of *lex*)에 대해 숙고하는 것은 특별한 종류의 도덕적 고려사항에 호소하는 것이다. 여기서 도덕적 고려사항은 언론의 자유, 정보에 대한 권리, 혹은 출산에 대한 권리와 같이 법이 수용해야 할 어떤 절대적인 도덕적 원칙들에 대한 (어리석은) 믿음도 아니며, 행위 동기의 옳고 그름에 대한 구분도 아니다. 그것은 법의 구체적인 규정들이, 도덕적 결사(좋은 행위)의 조건들인 "미덕"의 조건들과 법(정의)에 의해 부과되어야 할 종류의 조건들을 구분할 수 있는, 지배적인 계몽된 도덕적 감수성(a prevailing educated moral sensibility)과 충돌하지 말아야 한다는 소극적이고 제한적인 고려사항이다(RL, 174).

54) 예컨대, "무고한 자를 처벌하는 것은 자연법에 반하는 것이다"는 『리바이어던』 26장에서의 진술은 좋은 예이다. 오크숏에 따르면, 홉스적 정치사회에서 자연법은 더 이상 주권적 입법자가 제정한 법률의 내용 -옳고 그름- 을 평가하는 기준으로 작용하지 않고, 법의 공포 및 개별 케이스에 대한 법률의 적용을 관할하는 원칙들 -법의 형식적 원칙들- 로서 기능한다(Friedman, 2005 176). 오크숏은 홉스의 자연법을 자신의 법질서 개념을 뒷받침할 수 있도록 해석하고 있으면서도, 홉스의 이론이 갖고 있는 불충분성을 지적하고 그 불충분성을 보충하기 위해 "법에 내재되어 있는 정의"의 보다 실질적인 (추가적인) 근거를 제시한다.

이 인용문에서 "지배적인 계몽된 도덕적 감수성"을 지닌 행위자들이라는 표현은, 개별적인 이익과 목표를 추구하는 과정에서 진정한 법이 부과하는 (비도구적인) 추가적인 행위 조건들에 따르기로 동의한 특수한 *persona*들을 의미하는바, 결국 "법의 성격에 내재되어 있는 정의"는 시민결사의 구성원들인 특수한 *persona*들의 도덕적 특성 –오크숏은 이 특성을 역사적인 성취물로 본다– 과 연관되어 있음을 말해준다(RL, 174). 그러므로 형식적 적법성에 대한 충실 이외에 오크숏이 정의로운 법의 근거로 덧붙이고 있는 조건은 법질서가 *persona*의 "도덕적-법적 자기이해(moral-legal self-understanding of the associates)" –이것은 역사적 산물이다– 와 부합해야 한다는 요구이다.[55] 이것은 「법의 지배」 앞부분에서 오크숏이 법의 정의로움을 근거 짓는 추가적인 요소로서 제시한 "도덕적 경험" 혹은 특별한 "신념과 견해"란 요소를 보다 구체적으로 설명한 것으로, 시민결사 내부에서 불가피하게 발생할 수밖에 없는 긴장이나 불일치를 "심의할 수 있는 적절한 의논양식(an appropriately argumentative form of discourse)인 도덕적 담론양식"에 반영되어 있는 요소이다(RL, 156, 174).

그렇다면 "법에 내재되어 있는 정의"의 추가적인 근거인 동시에 "적절한 도덕적 의론양식"에 반영되어 있는 (시민결사 구성원들의) 도덕적-법적 자기이해의 구체적인 내용은 무엇인가? 그것은 무엇보다 근대 유럽문명에 깊이 뿌리를 내리고 있는 자유(freedom)라는 특별한 가치일 것이다(RL, 175). 법의 지배에 토대를 두고 있는 시민결사의 법질서는 무엇보다 근대 유럽인들의 역사적 성취라고 할 수 있는 '자유로운 존재'로서의 인간됨 –시민으로서의 *persona*– 을 표현하고 있기 때문에, 그런 인간관에 부합할 때만이 그 정의로움을 담보할 수 있다. 오크숏은 『인간행위론』의 첫째 에세이에서 이미 (하나의 이상형으로서) 자유로운 존재로서의 인간의 행위에 관한 상세한 분석을 시도한바 있기 때문에 정의로운 법질서가 구현하고 있는 자유라는 가치의 구체적인 내용을 더 이상 설명하지 않고 그 형식적인 특징만을 다음과 같이 설명한다.

55) 물론 시민결사 구성원들의 자기 이해가 완전히 정합적이거나 명료하다고 단정할 수는 없다. 그것은 심의활동(deliberation)의 결론보다는 심의활동 자체에서 더 안정적으로 표현되고 있는 도덕적 상상물(moral imagination)이기 때문이다(RL, 174).

> 이처럼 [법의 지배를 성취한] 국가에 대한 비전을 추천해온 많은 작가들은 이 결사의 장점을, 이 결사양식의 산물로 향유할 수 있는 가치 있는 결과물로서 표현하고자 해왔다. 그리고 어떤 이들은 그것의 장점을, 구성원들의 욕구를 끊임없이 최대로 충족시켜줌으로써 "번영"을 가져다줄 수 있다는 도구적인 관점에서 이해하기도 했다. 하지만 … 그런 것들보다 더 설득력 있는 옹호방식은 그 장점이 특정한 종류의 "자유"를 증진시키는 것이라고 주장해왔다. 하지만 이 주장은 오도적일 수 있다. 이런 규칙들은 확실히 그 자체가 추구해야 할 목적이나 수행해야 할 행동을 규정하지 않기 때문이다. … 이 "자유"는 이 결사양식의 결과물로서 발생한 것이 아니다. 그것은 그 결사의 성격 속에 내재되어 있다(RL, 174-5).

이처럼 법의 지배에 입각해 있는 시민결사의 법질서는 근대 유럽인들의 자기이해에 반영되어 있는 자유에 대한 특수한 이해를 담고 있다. 이 자유라는 가치를 도덕적-법적 의무의 내용으로 담보하지 않는 법질서는, 아무리 사회적 승인률에 따라 제정된 법률들로 구성되어 있다고 해도 정의로운 법질서로 간주할 수 없으며, 따라서 진정한 법질서로 볼 수 없다. 그러므로 이제 "법에 내재되어 있는 정의"의 실질적 내용과 관련하여 남아 있는 문제는 "법의 성격에 내재된 정의"의 근거가 되는 자유라는 가치의 구체적 내용을 설명하는 것이다. 하지만 오크숏은 「법의 지배」의 마지막 부분에서 이 문제를 더 이상 다루지 않고 법제정 권위에 정책을 작성할 수 있는 권위가 덧붙여질 때 발생할 수 있는 위험 –법의 지배가 실현된 시민결사가 기획결사로 전환될 수 있는 위험– 에 대해서만 간략히 언급하는 것으로 「법의 지배」를 종결짓는다(RL, 176-8). 이것은 오크숏이 이미 『인간행위론』에서 (이상형으로서의) 인간의 행위를 설명하기 위해 성찰적 의식(reflective consciousness)을 지닌 "자유로운 행위자(free agent)"의 특성을 상세히 설명했기 때문이다(HC, 36-7). 즉, 오크숏은 『인간행위론』에서 자유의 의미를 충분히 설명했기 때문에 「법의 지배」에서 그것을 다시 상론할 필요가 없었고, "법의 성격에 내재되어 있는 정의"의 근거가 (『인간행위론』에서 상세히 다뤄진) 자유라는 가치임을 지적하는 것만으로 법질서에 내재되어 있는 정의의 실질적인 내용을 다 설명한 것으로 간주할 수 있었다. 따라서 「법의 지배」는 『인간행위론』에서 제시된 "자유로운 행위자"

의 도덕적 특성에 대한 설명으로 보완될 필요가 있다.[56)]

『인간행위론』에서의 "자유로운 행위자"에 대한 설명을 두고 볼 때, 법질서에 내재되어 있는 실질적 정의의 근거인 자유는 지성적인(혹은 성찰적인) 개입의 능력, 설득 및 설득적 발언의 능력, 진정성(행위의 자기발원)과 도덕적 자율성의 능력(스스로 선택할 수 있는 능력) 등을 주된 내용으로 갖고 있다(HC, 39-80). 그러므로 법질서의 실질적 정의는 적법성의 형식적 조건들과 아울러 이상에서 열거한 "자율적인 행위자"(*persona*)의 도덕적 능력들을 보호·존중해줄 수 있을 때에만 확립된다고 볼 수 있다.[57)]

법질서에 내재되어 있는 실질적 정의의 근거와 관련하여 평등이란 가치의 중요성도 언급할 필요가 있다. 앞에서 살펴본 바와 같이, 시민적 관계양식을 구성하는 규칙들의 특수성을 설명하는 맥락에서 오크숏은 *lex*를 통해 행위자들이 "공식적으로 평등한 자들"인 시민이 된다는 점을 강조했다(HC, 128). 즉, 행위자들에게 공통적으로 적용되는 *lex*를 통해 "자유로운 행위자"들은 상이한 특성과 차이들에도 불구하고 '평등한 시민들'이 된다. 따라서 법의 지배가 실현된 시민결사는 시민들 사이의 평등이라는 가치에 기반을 두고 있는바, 그 법질서 역시 시민들 사이의 평등이란 특별한 가치를 담보하고 있을 때만 이 정의로운 법질서로 인정받을 수 있다. 아마도 현대의 대부분의 정당한 법질서가 포함하고 있는 적법절차(due process) 원칙은 무엇보다 평등의 이념을 구현하기 위한 것으로 이해할 수 있을 것이다(Allan 2003, chap. 8).

그렇다면 이와 같은 법질서 개념에 전제된 오크숏의 법 개념은 과연 어떻게 규정할 수 있는가? 오크숏은 사회적 승인률의 존재가 정당한 법의 원천임을 인정하고 있기 때문에 법실증주의적인 측면을 수용하고 있다. 나아가서 초월적이며 보편적인 것으로 간주되는 도덕규범(혹은 정의의 원칙)이 법질서에 내재되어 있는 정의의 합당한 근거가 될 수 없다고 주장한 점에서도 실증주의적인 측면이 강하다. 그럼에도 불구하고 오크숏은 이 두 가지 조건이 "법에 내재되어 있는 [실질적] 정의"의 필요충분조건이 될 수 없다고 주장한다. 나아가서 적법성의 형식적 조건들과 아울러 시민결사를 구성하는 "자유로운 행

56) 이것은, 법의 지배에 대한 설명에 관한 한, 『인간행위론』 역시 「법의 지배」에 의해 보완될 필요가 있다는 것을 의미한다.

57) 환언하면, 시민결사는 개체성(individuality)의 도덕에 조응하는 결사형태이다.

위자"들의 도덕성 특성들 –합리성, 진정성, 자율성 등– 과 평등한 시민성의 가치를 담보한 경우에만 정의로운 법질서가 수립된다고 주장한다. 하지만 그렇다고 해서 오크숏을 온전한 자연법주의자라고 규정하기도 어렵다. 그는 자연법주의의 전형적인 특징인 초월적이고 독립적인 보편적 도덕법(자연법)이나 불가양도의 절대적 권리와 같은 원리들을 인식 불가능성을 근거로 거부하기 때문이다. 법질서에 내재되어 있는 실질적인 정의의 근거로서 오크숏이 내세우는 것은 근대유럽인들이 역사적으로 성취해온 "자유로운 행위자"의 도덕적 특성인 자유와 평등이기 때문이다.

오크숏의 입장은 영국의 코먼로 전통에 대한 독자적인 비판적 해석과 법실증주의 사이의 변증법적 종합을 시도한 것으로 이해하는 것이 가장 타당한 듯 싶다. 오크숏은 영국의 코먼로 전통의 중요한 요소를 받아들였음에도 불구하고, 법제정 권위를 오랜 시기에 걸쳐 법의 구체적 의미를 확인해온 개별 판사들의 해석에서 찾지 않고 명확히 확인할 수 있는 독립적인 법제정 권위체에 귀속된 것으로 봄으로써 코먼로 전통으로부터 이탈했다. 그렇지만 그는 동시에 법이 "지배적인 계몽된 도덕적 감수성"과 충돌하지 말아야 함을 강조함으로써 코먼로 전통의 중요한 요소를 계승했다. 이와 같은 입장은 정치공동체의 역사적 진화과정에서 형성된 고유한 정치도덕에 입각하여 법질서의 정합성을 모색하고자 했던 드워킨의 입장과 일맥상통하는 측면이 있다(Dworkin 1978 & 1996).[58] 요컨대, 오크숏은 "법질서에 내재되어 있는 정의"는 공유된 역사와 공동생활의 산물인 정치도덕 –역사적으로 형성된 구성원들의 도덕적 자기이해를 반영한다– 에 토대를 두어야 한다는 점을 강조하면서도, 그 도덕원리를 "사회적 승인률"에 따라 법질서 속에 구현할 때에야 명실상부한 '정의로운 법질서'가 출현한다고 봄으로써 영국 코먼로 전통과 법실증주의를 비판적으로 통합했다. 이런 변증법적 입장은 법실증주의와 자연법주의의 이분법적 대립 속에서 새로운 탈로를 모색 중인 현대 법철학이 돌파구를 찾는데 중요한 시사

58) 오크숏의 법 개념에 대한 나딘(T. Nardin)의 이해는 다소 모호하지만 오크숏의 법 개념이 전적으로 실증주의적인 것도 전형적으로 자연법주의적인 것도 아니라고 본 점에서는 이 글의 입장과 유사하다(Nardin 2001, 209). 나딘에 의하면, 오크숏의 "법의 지배는 인간의 법(human law)이 이차적인 지위를 점하고 있는 도덕질서와 도덕적 정의가 이차적인 지위를 점하고 있는 법질서 사이의 중간지대를 점거하고 있다."

점을 제공해주고 있다.[59)]

▮ 헌정주의적 함의

지금까지 살펴본 바와 같이 시민결사에 고유한 오크숏의 법질서 개념은 법실증주의의 핵심 원칙인 사회적 승인률에 따라 제정된 법 –그 중에서도 "시민성의 관계"를 규정하는 일반적이고 비도구적인 법률들의 체계로서의 *lex*– 으로 구성되어 있다. 그 뿐 아니라 그 법질서는 적법성의 형식적 조건들 –사법과 통치행위를 규제하는 적법절차에 관한 사항을 포함한다– 을 충족시켜야 하며, 오랫동안의 공동생활을 통해 확립된 인간(특히 시민)으로서의 자기이해와 부합할 때만이 정당성을 확보할 수 있다.

그렇다면 이런 법질서 개념을 근간으로 하는 법의 지배 이념은 헌정주의에 대해 어떤 함의가 있는가? 오크숏의 법의 지배 이론은 사회적 승인률의 존재를 정당한 법질서의 제1조건으로 인정하고 있는 동시에, 사법의 권위를 입법체가 제정된 법률의 (구체적인 상황에서의) 의미를 확정하는 역할에 국한시키고 있다는 점에서 입법주권을 옹호하고 있는 것처럼 보인다. 오크숏의 법의 지배 이론에서 사법활동은 궁극적으로 입법적 권위를 제한하거나 견제하기 어렵다. 예컨대, 오크숏의 시민결사에서는 입법부가 현존하는 법규들의 일부를 (바람직하지 않기 때문에) 폐기하고 새로운 법률들을 제정했을 때, 그 새로운 법률들의 위헌여부를 판단함으로써 입법부를 견제할 수 있는 사법 권위에 대한 언급 –넓게 보아 권력분립과 견제와 균형의 원칙– 이 전혀 나타나지 않는다. 오크숏은 중기 저작인 『정치에서의 합리주의와 다른 에세이들』의 일부 에세이들에서 법의 지배가 자의적인 지배의 가능성을 막아줌으로써 자유의 실현에 이바지한다는 점과, 민주주의의 한 가지 핵심 내용이 권력분산(diffusion of power)이라는 점을 강조함으로써 (간접적으로) 전통적인 권력분립

59) 이런 관점에서의 해석은 그의 또 다른 핵심 개념인 불확정적인 상황성 개념과 연관되어 있다. 인간의 행위가 인과적 필연성과 우연성이라는 양 극단 사이에 존재하는 불확정적 상황 속에서의 숙고된 판단을 특징으로 하고 있다는 오크숏의 인식은 법의 지배 원칙뿐만 아니라 그의 자유 개념과 민주주의 개념 그리고 나아가서 정치적 활동 개념이 서있는 최종적인 지반을 이루고 있기 때문이다. 이에 관해서는 특히 Soininen(2005)과 Minch(2009)를 참고해 볼 것.

이론을 지지했다.[60] 하지만, 후기의 시민결사 이론에서는 사회적 승인률(rule of recognition)의 중요성과 입법주권의 필수성을 강조함으로써 중기까지의 고전적인 법의 지배 이론에서 다소 벗어나고 있다는 인상을 준다. 그렇다면, 그가 일관되게 옹호해온 법의 지배와 후기에 보다 명확하게 표현된 입법주권 원칙 사이의 긴장을 어떻게 이해하고 또 해소해야 하는가? 이하에서는 법의 지배와 정치의 관계에 대한 오크숏의 이론화에 주목하여, 오크숏이 일종의 심의민주주의적 헌정주의(deliberative constitutionalism)를 제시하고 있는 것으로 해석해보고자 한다. 이와 동시에 오크숏의 입장이 전통적인 헌정주의 이론 –권리체계의 안치와 엄격한 권력분립 및 견제균형 원리에 입각해 있는– 에 속하는 하이에크의 입장과 어떤 차별성이 있는지도 간략히 살펴보고자 한다.

3장에서 고찰해본 바와 같이, 하이에크는 근대적 법의 지배가 엄격한 권력분립 원칙 및 권력들 간 견제와 균형의 원리를 통해 달성된다고 주장했다. 법의 지배에 대한 하이에크의 확고한 옹호는 법의 지배가 권력집중 –입법권력과 행정권력 및 사법권력의 집중– 에 의해 무너짐으로써 초래된 전체주의 현상을 배경으로 제시되었다. 그러므로 하이에크가 (입법의 자의성을 허용할 수 있는 의회주권 원리를 법의 지배를 무력화할 수 있는 원리로 간주하면서) 민주주의를 매우 소극적으로 이해하고 싶어 했던 이유를 충분히 이해할 수 있다. 하이에크에 의하면, 엄격한 권력분립 원리에 기반을 두지 않는 단일 주권적 정부형태는 결국 법의 지배가 아니라 (비록 형식적으로 법의 지배 형식을 띠고 있어도) 다수자의 자의적인 권력행사를 초래할 수 있다. 그런 개연성 때문에 하이에크는 법실증주의를 단호히 거부하고, 사회의 자생적인 진화과정에서 판사들의 법 발견 노력을 통해 확립된 일반적인 법규들에 의한 지배 및 엄격한 권력분립 원칙을 엄격히 고수할 때만이 자의적인 권력의 횡포를 방지하고 개인의 자유를 보호할 수 있다고 주장했다.

이와 달리 시민결사의 토대를 법의 지배에서 찾고 있는 오크숏의 입장은 적절히 해석할 경우 하이에크의 헌정주의와는 확연히 다른 헌정주의를 지향한 것으로 해석할 수 있다. 이른바 심의민주주의적 헌정주의가 그것이다.[61]

---

60) 특히, “The masses in representative democracy”(1961)와 “The Political Economy of freedom”(1949)을 보라. 이 두 에세이는 모두 Oakeshott(1991)에 수록되어 있다.

61) 심의민주주의적 헌정주의는 1980년대 이후 급부상한 심의민주주의와 자유주의적 헌정주의를

현대의 규범적 정치이론에서 민주주의와 헌정주의의 관계는 매우 복잡한 관계를 형성하고 있는 것으로 평가되고 있다. 헌법은 근대 민주주의의 성취를 보호·지원하면서도 민주주의의 적용 범위를 제한함으로써 민주주의를 제약하는 반민주주의적인 역할을 동시에 수행한다(Bickel 1986, 16-23). 그러므로 이론상 이 두 요소들 중 어떤 요소를 더 강조하느냐에 따라 상이한 형태의 입헌민주주의가 형성될 수 있다. 예컨대, 하이에크처럼 전통적인 법의 지배 원리를 견지하면서 헌법적 기본권의 보호에 역점을 둘 경우 헌정민주주의 형태는 최소주의적인 민주주의와 자유주의적 헌정주의의 결합으로 구체화될 수 있다. 이 경우, 민주적 입법부의 권력은 입법의 위헌여부를 판정할 수 있는 사법부의 권력에 의해 효과적으로 견제될 수 있다. 하지만, 이 형태의 헌정민주주의는 근대 국민주권의 원리를 (그것이 초래할 수 있는 위험성에 대한 과도한 우려 때문에) 매우 제한적으로만 흡수하고 있는 한편, 국민에 의해 직접 선출되지 않은 소수의 판사들에게 지나친 권력을 부여함으로써 민주주의적 원칙을 지나치게 제약하는 문제점을 갖고 있다.

반면에, (자유주의적) 헌정주의를 근대적 국민주권(혹은 그 위임형태라 할 수 있는 입법주권) 원리에 종속시키는 민주주의적 헌정주의는 이론상 헌법적 기본권 체계를 민주적인 결정과정에 개방시키는 한편 엄격한 권력균형 원리를 지지하지도 않는다. 이 입장은 근대적 국민주권 원리에 따라 헌법의 내용을 '상대적으로' 자유롭게 결정할 수 있어야 한다고 보는바, 민주적인 입법권력이 실질적으로 사법부의 견제에서 훨씬 더 자유로운 입법주권의 이상과 맞물려있다. 하지만 반대로 이 민주적 헌정주의는 민주적 다수의 결정이 부당할 때 발생할 수 있는 헌법적 대응력이 빈약하기 때문에 소수집단의 기본권을 보호하기 어려운 문제점이 있다. 그럼에도 불구하고 민주적인 입법의 내용이 헌정주의가 보장하고 있는 기본권의 내용과 충돌할 가능성이 낮고, 또 입법을 포함한 중요한 민주적 결정 등이 압도적인 민주적 지지를 확보할 경우 헌법적 기본권으로 안치될 수 있는 가능성이 큰 만큼, 적절한 재구성을 거칠 경우 근대

통합시킨 헌정주의 형태이다. 심의민주주의로부터는 민주적 심의를 통한 개헌의 가능성을 그리고 자유주의적 헌정주의로부터는 헌법적 안치(entrenchment)의 원리를 수용하되, 민주적 심의의 원칙과 헌법적 안치의 경직성을 동시에 완화시키는 전략을 취한다. 심의민주주의적 헌정주의 및 다른 부적절한 대안들에 관한 상세한 설명으로는 (Worley 2009)를 볼 것.

국민주권 원리에 보다 충실하면서도 동시에 자유주의적 헌정주의의 장점을 수용할 수 있는 헌정주의 형태로 구체화될 수 있다. 나는 오크숏의 법의 지배 이론이 바로 이와 같은 형태의 헌정주의, 곧 심의민주주의적 헌정주의를 지향하고 있다고 본다. 입법을 핵심으로 삼고 있는 오크숏의 정치관은, 불확정적 상황성 속에서 자유롭고 평등한 행위자들(*cives*) 사이의 대화로 이상화되는 정치의 다른 측면과 함께, 심의민주주의적 헌정주의를 지향하고 있는 것으로 해석할 수 있다고 본다.[62)]

주지하듯이, 하이에크의 법 개념과 오크숏의 법 개념은 거의 동일한 형식적 성격을 갖고 있고 법의 내적 도덕성 측면에서도 거의 차이가 없지만 법원(法源)과 관련해서는 큰 차이를 보인다. 하이에크의 법은 판사들의 판결을 통해 확립된 코먼로의 성격을 가지고 있지만, 오크숏의 법 개념은 명확히 확인할 수 있는 법제정 권위의 산물이기 때문이다. 이런 차이는 헌정주의와 관련해서는 심대한 차이로 나타난다. 오크숏은 입법행위를 가장 대표적인 정치활동으로 이해하고, 전형적인 정치적 활동을 무엇보다 (시민결사를 구성하고 있는 모든 자유롭고 평등한 시민들 사이의) *respublica*(공적인 규칙체계로서의 법)의 바람직함을 검토하는 개방적인 대화로 이해한다. 이런 사실은 오크숏을 심의민주주의자로 이해할 수 있는 중요한 근거가 될 수 있는바(Maple 1990; Mouffe 1992), 이런 측면을 법의 지배와 통합시킬 경우 일종의 심의민주주의적 헌정주의가 구성될 수 있다.

하지만 시민결사의 공적 규칙체계를 자유롭게 변경시킬 수 있는 심의민주주의의 역동성이 강조될 경우, 헌정주의의 안정성이 급격히 훼손될 수 있기 때문에 법의 지배에 대한 오크숏의 지지를 액면 그대로 받아들일 수 있는가 하는 정반대의 의문이 발생할 수 있다. 오크숏은 1950년을 전후한 시기까지만 해도 분명히 권력분산 —high politics와 low politics의 분리 및 사회 내의 권력분산— 의 원칙을 확고히 지지했고 법의 지배는 피지배계급과 통치계급에게 동일하게 적용된다는 전통적인 법의 지배 이상을 확고히 견지하고 있었다(Oakeshott 1991, 388-91; Oakeshott 1996). 하지만, 『인간행위론』에서 전개한 시

62) 현대의 대표적인 심의민주주의 이론가들인 롤스, 하버마스, 드라이젝(J. Dryzek), 거트만(A. Gutmann)과 톰슨(D. Thomson)에 앞서 오크숏이 먼저 심의민주주의를 주창한 것으로 해석한 치밀하고 흥미 있는 연구서로는 Minch의 앞의 책(2009)을 볼 것.

민결사 이론에서는 과거의 전통적인 법의 지배 이상을 버리고 한층 강화된 민주적 심의의 원리에 기반을 둔 입법주권을 표방함으로써 고전적인 법의 지배 이상으로부터 크게 벗어난 것으로 이해할 수 있기 때문이다.[63)]

하지만 시민결사의 가장 근본적 토대인 법의 지배에 대한 오크숏의 수미일관한 지지와 정당화, *lex*의 비도구적·비목적적 특성 및 권력제한 경향의 강조, 법질서의 내적 덕목인 정의 –입법·사법·행정 권력이 공히 준수해야 할 적법절차의 원칙을 포함한다– 의 중요성에 대한 강조, 그리고 그가 심의민주주의를 시민결사에 부합하는 정치형태로 시사하고 있다는 점 등은, 오크숏의 후기 헌정주의를 데빈의 실용주의적 해석 –즉, 통치불가능성과 정치적 과부하에 대응하기 위한 국가전략의 일환이라고 보는 해석– 과는 다른 관점에서 해석하도록 유인한다. 다시 말해, 오크숏의 후기 헌정주의를 고전적 헌정주의 –법의 지배를 통치권력에 대해서까지 일관되게 적용하는 자유주의적 헌정주의– 와 (시민결사와 논리적 정합성을 갖는 정치형태인) 심의민주주의를 조정·통합시킨 심의민주주의적 헌정주의로 해석할 수 있도록 해준다.

여기서 해석한 것처럼 오크숏의 후기 헌정주의를 고전적 법의 지배와 심의민주주의적 정치형태를 통합시킨 형태로 이해할 경우, 심의민주주의의 역동적인 측면과 고전적인 자유주의적인 헌정주의의 몇 가지 요소들 –엄격한 권력분리 및 견제와 균형의 원리, 그리고 기본권 체계의 확고한 안치 등– 은 상호 조정을 거쳐 심의민주주의적 헌정주의로 구체화될 수 있다. 오크숏은 시민결사 이론에서 전개한 법의 지배 이론이 어떤 형태의 헌정주의를 함축하고 있는지에 대해서는 전혀 논의하지 않았다. 그럼에도 불구하고, 법의 지배 이상을 일관되게 지지하고 있는 동시에 자유롭고 개방적인 대화를 핵심으로 하는 (입법)정치의 중요성도 아울러 강조하고 있는 그의 입장은 자유주의적 헌정주의와 심의민주주의적 이상을 통합시킬 필요성을 강력히 시사하고 있다.

---

63) 이 책과는 다른 입장에서 데빈(R. Devigne)은『인간행위론』에 암시되어 있는 오크숏의 헌정주의가, 과거에 견지해왔던 법의 지배 이상으로부터 크게 벗어나 국가의 권력집중을 옹호한 것으로 해석한다. 그에 의하면 오크숏은 삼권이 서로 분립되어 서로 견제와 균형을 이루도록 하는 고전적인 법의 지배 이상을 "권력 분립의 순수한 이론"으로 재해석하고, 사회에 대한 국가의 조정능력을 신장시킬 수 있도록 삼권의 기능적 협력을 강화시켰다. 이 해석은 오크숏의 새로운 헌정주의를 1970년대의 정치적 위기 -시민사회의 무질서한 요구로 인한 통치불가능성 및 정치적 과부하- 에 대한 불가피한 현실적 대응이었다고 본다(Devigne 1994, 10-22).

오크숏은 민주적 입법주권의 자의성을 막을 수 있는 (혹은 자의적인 권력행사가 발생했을 경우 그것을 원상태로 복귀시킬 수 있는) 제도적·비제도적 조건을 명확히 제시하지도 않았고, 심의민주주의적 입법정치를 통한 기본권 체계의 변경에 대해 자신의 생각을 분명히 피력하지도 않았다. 그럼에도 불구하고, 법의 지배에 대한 그의 일관된 지지와 그가 제시한 정의로운 법질서 성립의 형식적·실질적 조건을 두고 볼 때, 그의 후기 입장은 민주주의라는 국민주권의 이상을 충실히 반영하면서도 기본권 사항을 자의적으로 변경시키지도 않는 심의민주주의적 헌정주의를 표방하고 있는 것으로 볼 수 있다.

맺음말

미국적 사법심사 제도를 갖춘 입헌민주주의 형태에 대한 롤스의 정당화는 헌정주의 원리와 민주주의 원리를 균형 잡으려는 노력의 귀결이다. 그는 헌정주의 원리를 법의 지배 원칙으로부터 도출하는 한편 헌정주의의 토대가 되는 정치적 정의관과 헌법적 필수원칙들을 원초적인 민주적 심의의 산물로 이해함으로써 헌정주의와 민주주의를 통합시켰다.

롤스가 제시한 입헌민주주의는 다수결민주주의가 일으키는 문제점을 헌정주의적 요소로 수정하면서도, 민주주의가 작동할 수 있는 상당한 영역 –헌법적 필수원칙들이 아닌 것들의 영역– 을 남겨둠으로써 헌정주의와 민주주의의 타협적 공존을 가능케 해준다. 그리고 공적이성은 이런 구조 안에서 작동함으로써 공동체의 정치적 가치들을 보호하고 실현하도록 안내해주는바, 연방대법원은 공적이성이 작동하는 가장 이상적인 영역으로 제시된다.

하지만, 헌법적 문제들에 대한 최종적인 결정 권위를 사법부로 일원화하고자 하는 롤스의 시도는 자신이 애초에 도입한 심의민주주의 원리와 잘 부합하지 않는다.[64] 그러므로 헌법적 문제들에 대한 최종적 결정 권위를 사법부에만 부여하지 않고, 입법부와 행정부에게도 나눠주는 것이 더 바람직할 수도 있다.

---

64) 물론 롤스는 이론상으로는 사법부 이외의 기관들이 헌법해석에 대한 최고 권위를 가질 수 있다고 본다. 하지만 전체적으로는 사법부가 최고의 헌법해석 권위를 갖는 미국식 체제를 선호한다.

롤스는 "근본적 권리들과 이익들을 어떻게 보호할 것인가에 관한 문제를 해결할 수 있는 보편적으로 최상인 방법은 없다"는 것을 인정한다(PL, 235). 따라서 롤스가 정당화한 입헌민주주의의 구체적인 형태는 각 정치체의 전통, 현재 상황, 그리고 규범적 지향에 따라 다소 상이하게 나타날 수 있다. 아마도 미국의 정치전통은 미국식 사법심사 제도를 갖춘 입헌민주주의 체제를 선호하게 만들 것이다. 하지만 미국과는 다른 정치전통과 역사를 가진 사회에서는 (헌법해석 권력에 있어) 피라미드식 권위구조를 갖고 있는 미국식 입헌민주주의 체제보다는 양극적 혹은 다극적 권위구조를 갖는 입헌민주주의 체제가 더 적합할 수도 있다. 특히 과거에 권력집중이 심했던 국가들 일수록 다극적 권위구조로 구성된 입헌민주주의 체제가 더 바람직할 것이다.

드워킨의 입헌민주주의론 또한 비슷한 평가를 내릴 수 있다. 드워킨은 자유주의 정치이론을 (롤스의 단절전략과 차별적인 연속전략에 입각하여) 포괄적인 자유주의 윤리관과 통합시켜 구성·정당화하는 한편, 헌법적 통합성 관념에 입각하여 헌정주의와 민주주의를 상보적으로 통합시켰다는 점에서 사회계약 방법을 차용한 롤스의 방법론과 상당한 차별성이 있다. 또한 드워킨의 방법론은 기본적 정의의 내용을 민주주의의 구조적 조건으로 포함시키고 있다는 점에서도 그 둘을 개념적으로 구분하는 롤스의 방법론과 차이를 보인다. 하지만, 기본권을 헌법에 안치시키고, 그 권리들이 민주적 다수결주의에 의해 침해되는 것을 방지하기 위해 사법심사 제도를 활용하는 전략은 롤스의 그것과 유사하다. 그리고 드워킨이 연방대법원의 사법심사 권한을 미국의 정치사에서 그것이 수행해온 민주적인 역할에 근거하여 주로 정황적으로 정당화했다는 사실은, 각국이 "근본적 권리들과 이익들을 어떻게 보호할 것인가에 관한 문제를 해결할 수 있는 보편적으로 최상인 방법은 없다"고 부연한 롤스의 입장과 일맥상통한다.

오크숏의 경우, 후기 입장 –시민결사 이론에서 전개한 정치이론– 에서 선명하게 나타나고 있는 심의민주주의적 요소는 헌법적 기본권 사항들에 관련된 심의민주주의적 개입 –변경 혹은 수정– 의 가능성을 롤스와 드워킨의 경우보다 더 높여 놓은 것으로 볼 수 있다. 그럼에도 불구하고 오크숏이 후기에 이르기까지 법의 지배 이상에 대해 보였던 일관된 관심은 그의 입장을 롤스와 드워킨의 입헌민주주의 이론과 크게 다른 것으로 보기 어렵게 만든다. 특히 현재의 정치적 심의와 결정과정에서 전통이 미치는 강력한 영향은 심의민주정치의 동력이 기존의 헌정구조적 틀을 급격히 벗어날 가능성을 근본적으로 제약할 수 있기 때문에, 실질적인 측면에서 오크숏의 입장은 롤스나 드워킨의 입장과 크게 다르지 않을 것으로 사료된다.

드워킨, 롤스 그리고 오크숏은 전통적인 법의 지배 이론을 (심의)민주주의 이론과 결합시킴으로써 고전적 입헌민주주의 이론에 비해 민주주의의 비중이 더 높아진 입헌민주주의 이론을 구성해냈다. 강력한 법의 지배 원칙을 앞세워 실질적으로 민주주의를 무력화하고 있는 고전적 자유주의자들과 달리, 드워킨과 롤스는 오히려 민주주의가 헌법적 기본권에 가하는 중차대한 위협에 주목함으로써 헌정주의를 통해 민주주의의 과잉이 낳은 부작용 –드워킨의 경우 민주주의의 자기부정이라고도 볼 수 있다– 을 완화시키려고 시도했다. 그리고 오크숏의 경우에는 민주주의를 심의민주주의로 재규정하면서 그것을 고전적 법의 지배 이상과 조화시키고자 시도했다. 그러므로 이들의 입헌민주주의 이론은 서구사회에서 민주주의가 보편적인 이상으로 수용된 상황을 수용하면서도, 민주적인 권력 –특히 다수결주의 민주주의– 이 개인들과 소수자들에게 가할 수 있는 (비민주적인) 억압성을 헌정주의 원리를 통해 극복 또는 보완할 필요가 있다는 문제의식을 반영한 것으로 볼 수 있다.

그럼에도 불구하고, 드워킨과 롤스의 이론을 중심으로 평가해볼 경우, 이들의 입헌민주체제에서 집단적 심의 및 의사결정 기제로서의 민주주의는 원래의 동력을 크게 상실해버린 것처럼 보인다. 이들은 지나치게 많은 기본권 사항들과 정의의 내용을 헌법에 안치시킴으로써 민주적 심의와 결정을 통해 국민이 직접 이런 문제에 개입할 수 있는 가능성을 원천적으로 차단시켜 버렸다. 롤스의 경우 헌법이 반영해야 할 기본적 정의의 내용을 심의민주주의적으로 도출했지만, 일상정치의 차원에서는 그런 문제들에 대한 심의 권한을 주로 연방대법원에 귀속시켜버렸다. 그리고 드워킨의 경우에는 민주적 조건에 기본적인 정의의 내용을 포함시킴으로써 민주주의와 정의의 구분을 모호하게 만들어버렸음은 물론, 연방대법원에 헌법해석의 최종적 권한을 부여함으로써 (심의)민주주의의 동력과 범위를 결정적으로 제한시켜버렸다. 그럼에도 불구하고 그들은 대법원의 사법심사권이 어떻게 민주적으로 정당화될 수 있는지를 (논리필연적으로) 설명하지 않고 그것을 정황적으로, 다시 말해 결과적으로만 정당화시켰다.[65] 이것은 궁극적으로 민주주의에서 국민이 헌법을 구성하고 재구성할 수 있는 근본적 권력을 온전히 인정해주지 않는 것과 같다(Donahue 2002, 272-4; Colón-Ríos 2012, 43-7). 특히 통합성으로서의 법이라는 드워킨의 발상에는 민주주의에 핵심적인 요소인 대화가 결여되어 있다(Michelman 1986, 76-8). 드워킨의 신비한 판사 허큘리스는 단독으로 존재한다. 그는 누구와도 대화하지 않는다. 그는 타자를 만나지도 않는다. 요컨대, 드워킨은 다원성(plurality)에 무관심한 항소법원을 신격화(apotheosis)시키는 오류를 범하고 있다.

사법심사권의 중요성을 부각시킨 롤스와 드워킨의 입장은 캐나다의 제도와 실제를 통해 보완할 수 있다(Donahue 2001, 277). 캐나다에서는 입법부와 사법부가 상호 견제하고 보완할 수 있도록 역할이 분담되어 있다. 이 두 부서는 일종의 민주적 대화(dialogue)를 통해 헌법에 보호된 시민의 권리와 자유를 효과적으로 보호한다.[66] 캐나다 식의 양극적 입헌민주주의 모델이 지닌 매력은 자유에 대한 지지와 다른 중요한 관심사들을 균형지울 수 있다는 데 있다. 캐나다에서는 의회에 다양한 사회적 고려사항들을 참작하여 권리와 자유의 범위를 조정할 수 있는 권한을 주고 있다. 하지만, 동시에 사법부에게 입법에 대한 사법심사권을 부여함으로써 양 부서 사이에 일종의 "반성적 평형"을 산출하도록 유도하여, 입법부에 의한 헌법적 기본권의 수정이 결코 권리의 부정으로 나아가지 않도록 유인한다(Donahue 2001, 277).

드워킨, 롤스 그리고 오크숏의 입헌민주주의 형태는 입헌민주주의의 스펙트럼에서 중도적인 위상을 차지하는 것으로 평가할 수 있다. 그 오른쪽에는 이미 앞 장에서 살펴본 다이시와 하이에크의 입헌민주주의 형태가 있다. 그것은 고전적 자유주의자들이나 그 현대적 계승자들이라 할 수 있는 자유지상주의자들이 옹호하는 입헌민주주의 형로로서, 롤스와 드워킨이 옹호하는 입헌민주주의에 비해 헌정주의 원칙의 적용 범위 혹은 강도를 확대시킨 반면 민주주의 적용 범위 혹은 강도는 대폭 축소시킨 입헌민주주의 형태이다. 특히 이것은 시장 관련 기본권의 보장을 가장 중요시 하고 있으며 민주주의에는 매우 제한된 지위 –예컨대 대의원 선출을 주 내용으로 하는– 를 부여하고

65) 하지만 결과를 고려하여 사법심사의 민주적 정당성을 옹호하는 방법은 (상반된) 결과에 의해 반박될 수 있는 여지를 남기고 있기 때문에 진정한 정당화가 될 수 없다.

66) 캐나다에서는 입법부와 사법부 중 어디가 최종적인 발언권을 가져야한다고 명시되어 있지 않다.

있기 때문에 보수적 입헌민주주의 혹은 자유지상주의적 입헌민주주의라 명명할 수 있다.

반면, 그 왼쪽에는 헌정주의의 원리보다 민주주의의 원리를 보다 강화시킨 입헌민주주의 형태가 존재한다. 벨라미와 같은 민주적 헌정주의자나 선스타인, 마이클만과 같은 자유-공화주의자들이 옹호하는 입헌민주주의 형태들이 그것으로, 이런 형태에서는 광범위한 민주적 심의 혹은 다원주의적 민주정치의 역동성이 일상정치에서 작용할 뿐만 아니라, 헌법적 원리들을 보호하거나 변경하는 데도 중요한 역할을 수행한다. 이런 입헌민주주의 형태들에 대한 이론적 탐구가 다음 두 장의 주제이다.

제 5 장

자유-공화주의적 입헌민주주의: 애커만, 마이클만, 선스타인

민주주의와 법의 지배

제5장

자유 – 공화주의적 입헌민주주의: 애커만, 마이클만, 선스타인

머리말

애커만, 마이클만, 선스타인은 공화주의 전통에 입각하여 헌정주의를 새롭게 재해석한 대표적인 학자들이다. 이들은 1980년대 중반 이래 공화주의적 관점에서 자유주의적 헌정주의의 전제들을 근본적으로 재검토함으로써 입헌민주주의와 정치적으로 활성화된 시민사회를 가교하는 매우 흥미 있는 이론을 제시했다. 그리하여 이들은 헌법의 '원래의 의도'(original intent)를 중심으로 전개되고 있었던 헌법해석 논쟁을, 선스타인이 '공화주의적 부활'(republican revival)로 명명했던 새로운 이슈로 전환시키는 데 중대한 공헌을 했다(Sunstein 1988).

자유-공화주의적 헌정주의는 정치와 법의 지배를 상호 규정적인 관점에서 파악한다. 이들은 공동체의 문제에 대한 참여를 중요한 선으로 간주하며 정치참여 과정에서 공동선에 대한 관념이 형성된다고 본다.[1] 따라서 자유주의

1) 현대의 공화주의자들 모두가 참여를 본유적으로 가치 있는 활동으로 보지는 않는다. 자유주의에 가까운 공화주의자들은 참여를 개인의 권리보호에 기여하는 도구적 측면에서 정당화하는 경향이 있으며, 순수한 공화주의에 가까울수록 참여를 본유적으로 가치 있는 활동으로 인식하는 경향이 강하다. 이 글에서 다루는 공화주의자들은 자유주의를 수정 또는 보완하기 위해 공

자들처럼 정치를 적나라한 이해관계나 선호의 타협이란 관점에서 보지 않고 집단적 심의(deliberation)라는 관점에서 이해한다. 이에 따라 다원적 이익집단들 사이의 정치적 거래과정은 토의 혹은 심의과정으로 대체되며, 이 과정에서 공민적 덕성이 발휘되고 계발되며 공동선에 대한 의식이 일깨워진다고 본다.

다이시와 하이에크의 입헌민주주의 이론이 독립적인 사법부에 의해 뒷받침된 법의 지배에 큰 비중을 둔 반면 민주정치 과정에는 매우 제한적이고 수동적인 역할 –즉, 민주정치는 법의 지배 하에서만 정당성을 얻는다– 을 부여했다면, 롤스와 드워킨은 법의 지배와 민주정치를 입헌민주주의를 구성하는 동등한 구성요소로 인정했다. 하지만 롤스와 드워킨의 경우는 민주주의를 주로 실질적인 가치의 실현이라는 관점에서 정의함으로써, 공적인 심의의 반복적 구현을 위한 민주주의의 또 다른 기능을 충분히 부각시키지 못했다. 롤스의 경우 진정한 민주적 심의는 일상정치의 영역에서는 매우 제한된 문제에만 적용되고, 드워킨의 경우에는 주로 연방대법원의 사법심사 제도를 통해 작용한다.

이에 비해 자유-공화주의적 입헌민주주의는 정치와 법의 관계를 대립적인 것으로 이해하지 않는다. 이 입장은 (헌)법을 정치의 가능성을 제공해줌으로써 정치공동체의 구체적 특징을 드러낼 수 있도록 해주는 촉진제 혹은 매개체로 본다. 다시 말해 이들에게 법과 정치는 구조적으로 통합되어 있다. 이들은 공동체의 문제에 대한 참여과정 자체를 (도구적이긴 하지만) 매우 중요한 가치로 간주하며, 이 참여의 과정에서 공동선에 대한 관념이 형성된다고 주장한다. 현대의 자유공화주의자들은 자유주의자들과 마찬가지로 다원주의를 수용한다. 하지만 이들이 수용하는 다원주의는 단편적인 이해관계의 다원주의가 아니라 정체성 혹은 시각(관점)의 다원주의이다. 이에 따라 다원적 이익집단들 사이의 정치적 거래과정은 토의 혹은 심의과정으로 대체되며 이 과정에서 공민적 덕성이 발휘되고 또 계발된다고 본다.

화주의적 헌정주의를 주창한다는 점에서 고전적인 시민적 공화주의(civic republicanism)와는 차별성을 갖는다.

애커만의 이원민주주의적 헌정주의

▌애커만의 새로운 기획과 그 개요

1981년 『자유주의 국가에서의 사회적 정의』에서 애커만은 '중립적인 대화'(neutral dialogue)라는 발상에 근거하여 정의사회에 대한 비전 –모두가 타인의 동일한 권리를 부정하지 않고 자신이 원하는 바에 따라 자신의 삶을 살아갈 수 있는 사회– 을 제시했다(Ackerman 1981). 그 이후 애커만은 미국헌법에 대한 공화주의적 해석을 시도함으로써 기존의 입헌민주주의 이론과 정치적으로 활성화된 시민사회를 가교하는 매우 흥미 있는 정치이론을 제시했다. 특히 1991년에 발표한 『우리 국민: 토대』(*We the People: Foundations*. 이하부터는 WPF로 표기한다)는[2] 미국의 헌정사에 대한 매우 흥미 있는 이론적 분석을 시도하고 미래에 대한 전망을 제시한 역작으로 평가된다. 미국헌법에 대한 애커만의 이론적 분석과 평가는 1984년 예일대 법학대학원에서 수행한 강연 –Storrs Lectures– 에서 처음 제시되었으며, 1980년대 후반기에 발표한 두 편의 논문 –"Transformative Appointments"(1988)와 "Constitutional Law/Constitutional Politics"(1989)– 에서 가다듬어진 끝에 『우리 국민: 토대』에서 완성된 형태로 제시되었다.

그는 이 책에서 헌법에 대한 자유공화주의적 재해석을 시도하기 전에 법과 정치의 관계를 대립적인 관계로 이해하는 전통적인 시각 –비켈이 『가장 덜 위험한 부서: 정치에 빗장을 거는 대법원』(*The Least Dangerous Branch: the Supreme Court at the Bar of Politics*)에서 제시한 '反다수결주의적 역설'(counter-majoritarian paradox)로 상징화된다– 의 오류를 비판한다. 그 역설이 표현하는 바는 미국 입헌주의를 떠받치고 있는 가장 중요한 제도인 사법심사 제도가 反다수결주의, 곧 反민주주의를 표현하고 있다는 것이다. 대법원이 의회가 제정한 법률들을 위헌으로 판정할 때마다 "그 결정은 지금 여기에 있는 시민 대표들의 의사를 뒤엎는" 것이다. 다시 말해 대법원은 지배적인

---

2) 애커만은 『우리 국민』을 3부작으로 기획했다. 1부는 주로 그 전체 기획의 이론적 부분을 다루는 한편으로 2부와 3부의 내용이 될 미국헌정사에 대한 논의를 매우 개괄적인 수준에서 정리하고 있다. 애커만은 2부인 『우리 국민: 변형들』(We the People: Transformations)을 1998년에, 그리고 3부인 『우리 국민: 민권혁명』(We the People: The Civil Rights Movements)을 2014년에 발표했다. 이 책에서는 주로 1부인 『우리 국민: 토대』를 분석한다.

다수를 위해서가 아니라 그에 반대하여 통제권을 행사한다. 애커만이 보기에 미국 입헌정치사에 대한 기존의 해석들이 갖는 문제점은 바로 이 점과 관련되어 있다. 기존의 해석들은 법과 정치 사이에 존재하는 이와 같은 긴장을 역설 혹은 모순으로 생각한다. 다시 말해 법을 정치를 제약하는 외재적인 힘으로 해석한다. 애커만은 법과 정치의 관계에 대한 이와 같은 오해의 근원이 민주주의를 단순화시키는(levelling) 자유주의에 있다고 보고, 자유주의적인 헌법 이해를 대체할 수 있는 자유공화주의적인(liberal-republican) 헌법해석을 제시한다. '이중헌법에 관한 [공화주의적] 약속'(promise of dualist constitution)은 그와 같은 시도를 상징화하는 표현으로, 자유주의적인 단순 해석에 대비된 자유공화주의적 해석, 곧 이중구조를 갖는 헌법으로 재해석하는 시도를 반영한다.

애커만에 의하면 미국헌법에 대한 자유주의자들의 단순 해석은 미국헌법이 갖는 이중구조를 이해하지 못한 결과이다. 그는 정치적 참여를 헌법정치(consitutional politics) 차원과 일상정치(normal politics) 차원으로 구분한다(WPF, 3-33). 여기서 일상정치는 이미 확립된 입헌체제 하에서 전개되는 정치를 의미하며, 헌법정치는 건국이나 혁명과 같은 예외적인 시기에 발생하는 것으로 정부체계 전체를 논의의 대상으로 삼는 정치를 의미한다. 기존의 단순 해석은 개별 시민들이 공동선을 위해 자신의 사익을 희생시키는 중대한 '헌법정치 시기들'(constitutional moments)에 전혀 관심을 갖지 않는다. 애커만은 이와 같은 중요한 헌법정치 시기들에 주목하는 이중구조적 헌법해석을 통해 법과 민주정치 사이에 존재하는 '역설' 혹은 긴장을 해소한다.

그러면 헌법정치는 언제 발생하는가? 그것은 개인들의 권리와 공동체의 항구적인 이익과 관련하여 시민들이 직접적으로 심의와 숙고된 판단을 행하는 때 발생한다(WPF, 272-4). 일상정치 상황에서는 시민들의 다양한 이해관계와 이데올로기적 입장차 때문에 정치가 시민들의 선호를 집약하고 그 만족을 극대화하는 특징을 보여준다. 따라서 이런 상황에서는 다수결주의적 전제(專制)에 대한 두려움이 충분히 정당화될 수 있기 때문에 가능한 한 사법심사, 분리 대표(divided representation) 그리고 견제와 균형의 기제를 통해 그런 경향을 차단할 필요가 있다(WPF, 181-2, 186-95). 반면에 헌법정치는 국가적 위기 상황이 시민들을 하나로 뭉치게 하여 공동선을 추구하도록 자극하는 특별한 시기에 발생하기 때문에, 정치적 결정은 경제적인 이해관계의 조정을 초월하여 심의적인 특징을 지니게 된다. 그리하여 집단이익의 취합과 조정에 몰두하는 일상정치적 관심 대신에 공적으로 정당화할 수 있는 이유들에 바탕을 둔 토론과 심의가 활성화된다. 따라서 이때는 전체 의사(the will of all)가 아닌 일반의사(general will)를 확인하는 것이 주요 목표가 된다. 그리고 이 때문에 다수의 의사에 대한 반대는 그다지 위력을 발휘하지 못한다. 헌법정치의 상황에 있는 다수는 이해관계를 조정하는 과제를 초극하여 만인의 유익을 도모할 수 있는 공적인 규칙과 원리를 심의한다.

애커만은 헌법의 이와 같은 이중구조론 속에 대법원을 새롭게 안치시킨다. 애커만은 이 대법원이 헌법정치의 계기들을 보호하는 역할을 하는 것으로 해석한다. 다시 말해 대법원의 역할은 오래 지속되는 일상정치 시기 동안에 일시적으로 한껏 고양되었던 민주적 헌법정치의 중요한 성취들을 보호·유지하는 것이다. 그리고 그런 과업을 수행하기 위해 대법원은 사법심사와 같은 기제를 사용하여 이해관계의 조정으로 점철되는 일상정치 과정에 개입, 다양한 정치세력들에게 헌법의 의미를 상기시켜준다. 요컨대, 대법원 판사의 기능은 가장 최근에 발생했던 헌법정치 과정에서 확인된 일반 의지를 지지하고 유지하는 것이다.

애커만의 논리는 앞으로 새로운 헌법정치적 계기가 다시 발생할 경우 미국헌법에 대한 새로운 재발견(해석)이 가능하다는 것을 시사한다. 그런 의미에서 헌법은 더 이상 진화하지 않는 완성품이 아니라 계속적으로 진화하는 미완성품이다. 그리고 더 중요한 것은 헌법이 사법부의 해석에 의해 새롭게 진화하는 것이 아니라 (헌법정치의 순간에) 시민들 전체의 민주적 심의과정을 통해 진화한다는 점이다. 따라서 판사들의 정당한 역할은 시민들이 헌법을 개혁할 충분한 준비가 될 때까지 현재의 상태를 유지하는 것이다. 판사들에게 헌법을 쇄신할 수 있는 책임과 권한을 부여하는 것은 결코 정당화될 수 없다(사법적 소극주의).

이상에서 개관한 애커만의 미국헌법 해석은 1960년대 중반 이후 등장하기 시작한 미국 건국기의 정치이념적 지형에 대한 새로운 해석들에 영감을 받은 것으로(Bailyn 1967; Wood 1969; Pocock 1975), 비슷한 시기에 수행된 마이클만과 선스타인의 유사한 연구와 함께 미국 헌법학의 판도를 바꾼 중요한 업적으로 간주되고 있다. 이 절에서는 애커만의 미국헌법 해석을 그 문제의식과 주된 내용 그리고 문제점에 이르기까지 자세히 분석해보고자 한다.

▮ 미국헌법의 고유성과 이중주의적 해석

애커만의 판단에 따르면 미국 독립 이후 헌정사에 관한 연구는 미국보다는 서유럽의 경험을 반영한 범주들에 의해 지배되어 왔다. 즉, 미국헌법을 무역사적으로 해석함으로써 미국헌정주의의 고유하고 놀라운 성격을 조명해주지 못했다(WPF, 3). 반면에 건국기 미국인들은 외래사상으로부터 많은 것을 차용했음에도 불구하고 나름대로의 고유한 헌정적 사고와 관행을 확립했다. 그러므로 애커만은 건국기 미국인들의 헌정적 사고의 패턴을 재구성해 냄으로써 미국헌법의 고유한 특성을 드러내고자 한다(WPF, 5).

이 과제의 일환으로 애커만은 먼저 미국 헌정질서의 보다 깊은 패턴을 인식하지 못한 잘못된 담론들에 대한 비판을 전개한다. 애커만은 특히 미국의 헌법질서에 대한 잘못된 이해를 유포시켜온 담론들로 일원적 민주주의(monistic democracy), 권리근본주의(rights-foundationalism) 그리고 잘못된 버크적 역사주의(Burkean historicism)를 지목한다.

먼저 윌슨(W. Wilson), 타이어(J. Thayer), 비어드(C. Beard), 홈즈(O. W. Holmes), 잭슨(R. Jackson), 비켈, 일라이 등의 지지자들을 지니고 있는 일원적 민주주의의 입장은 "자유롭고 공정하게 치러진 지난 총선거의 승자들에게 절대적인 입법권위를 부여해야 한다"는 주장으로 압축할 수 있다(WPF, 7-10). 이 입장은 선거 사이에 행해질 수 있는 승자들에 대한 모든 제도적 견제들을 반민주적이라고 가정하고, 연방대법원과 같은 제도들이 성문법을 무효화한다면 그것은 반민주적이라고 주장한다(WPF, 8). 따라서 이 입장의 지지자들은 사법심사와 같이 민주주의를 위협하는 것처럼 보이는 제도들의 역할을 일원적 민주주의 틀 내에서 재규정함으로써 이런 제도들과 민주주의의 화해를 시도한다. 일례로, 비켈과 같은 헌정주의적 보수주의자들, 알라이와 같은 중도파 그리고 파커(R. Parker)와 같은 진보주의자들은, 대법원의 정당한 역할은 일원적 민주주의 절차를 유지·보호하는데 있다고 주장한다. 이들에 의하면 의회주권 원칙과 정치적 책임성을 강조한 영국 정치체제는 일원적 민주주의의 이상적인 예이다(WPF, 8).

하지만 애커만은 이원민주주의적 해석방법을 채택할 경우, 표면적으로는 반민주적으로 보이는 제도들의 민주적인 역할을 보다 쉽게 이해할 수 있다고 본다. 일원민주주의자들은 모든 사법심사행위를 반민주적이라 간주하며, 이런 저런 교묘한 주장으로 대법원을 "반민주적인 난점"으로부터 구하고자 애쓴다. 하지만, 이원민주주의자는 법원이 수행하는 보존주의적인 기능을 질서정연한 민주체제의 중요한 일부로 간주한다(WPF, 10). 이 해석에 따르면, 법원은 워싱턴에 있는 정치 엘리트들의 법제정 노력을 좌절시켜 민주주의를 위태롭게 한다기보다는, 헌법정치 시기 동안 동원화된 시민들이 어렵게 쟁취한 원칙들을 수호함으로써 민주주의를 보호한다. 물론 이것이 대법원의 모든 결정들이 다 민주주의를 보호하는 기능을 수행한다는 뜻은 아니다. 중요한 것은 이원민주주의자들은 법원이 헌법을 해석하려는 선의의 노력을 그것이 일반 성문법을 무효화시킬 수 있다는 이유로 '반민주적인 것'으로 치부하지 않는다는 것이다. 과거의 위대한 성취를 해석하려고 하는 이와 같은 노력은 우리 정치인들(We the Politicians)의 행위와 우리 국민들의 의지를 구분해내려고 하는 보다 큰 기획의 필수적인 일부이다(WPF, 10).

애커만이 비판하는 또 다른 헌법 담론은 권리토대주의다(WPF, 10-6). 이 시각은 멀리는 로크, 칸트에 소급되며 20세기 후반 이후에는 롤스와 노직 그리고 드워킨 등에 의해 대변된다. 권리토대주의는, 영국의 정치적 헌정주의와 결합되어 있는 일원적 민주주의관과 반대로, (민주적 원칙들의 지위를 완전히 부정하지 않지만) 민주적 원칙들에 대한 민중주의적 열광은 개인의 근본적 권리들을 확고히 지지하는 태도에 의해 제약을 받아야 한다고 본다. 물론 이 이론가들 사이에서도 근본적 권리들의 내용에 대한 적지 않은 차이가 있다. 보수주의자들은 재산권을 강조하고, 드워킨과 같은 자유주의자들은 동등한 배려와 존중에 대한 평등한 권리를 강조하며, 피스(O. Fiss)와 같은 집단주의자는 불우한 집단들의 권리를 강조한다. 그럼에도 불구하고 권리근본주의를 옹호하는 이들은 미국헌법이 일차적으로 그리고 무엇보다도 그런 근본적 권리들을 보호하는 데 관심을 두고 있다고 강조한다. 헌법적 권리의 핵심은 민주적인 제도들이 산출한 결정들을 제압하는 데 있다. 이런 근본적 권리가 보장되지 않을 경우 집단적 복지나 다수의 행복을 위해 개인의 권리를 침해하는 입법이 빈번해질 것이라고 본다(WPF, 11).

일원적 민주주의자들이 민주적 입법부가 제정한 법들을 사법부가 근본적 권리의 이름으로 무효화해버리는 '反다수결주의적 난점'을 우려하는 데 반해, 권리근본주의자들은 '반다수결주의'를 지지한다. 그들은 오히려 민주적인 입법부가 개인의 중대한 권익을 침해하거나 억압할 수 있는 행위들 –예컨대, 국교를 수립하거나 고문을 허용하는 행위– 을 입법으로 뒷받침할 수 있다는 사실을 더 우려한다. 그런 침해행위가 발생할 경우 권리근본주의자들은 민주적인 원칙을 깨트리고서라도 사법적으로 개입할 필요가 있다고 주장한다. 다시 말해 권리가 민주주의를 제압해야 한다고 본다(WPF, 12).[3)]

하지만 권리근본주의는 (그들이 근본적인 중요성이 있다고 생각하는) 권리들의 근거 혹은 기원에 관하여 누구나 받아들일 수 있는 설명을 제시해주지 못하는 난점이 있다. 이 난점 때문에 이들은 칸트와 로크와 같은 위대한 철학자들의 저술로 되돌아간다. 하지만 결코 일원적 민주주의자들을 납득시킬 수 있는 설득력 있는 근거를 제시해주지는 못한다. 그들이 위대한 철학자들의 권위에 호소한다는 사실은 오히려 그들의 근원적 엘리트주의만을 부각시킬 뿐이다(WPF, 12). 그럼에도 불구하고, 권리근본주의자들은 이와 같은 비판에 아랑곳 하지 않고 민주주의를 제압할 수 있는 권리의 신성성 혹은 절대성을 강조한다.

애커만은 자신의 이원민주주의적 해석이 어떤 합의점이나 수렴점을 찾지 못한 채 소모적인 논쟁을 벌여온 일원적 민주주의와 권리근본주의를 창조적으로 통합할 수 있는 유효한 접근방법을 제시한다고 본다. 이원민주주의적 해석은 '트럼프카드로서의 권리'라는 근본주의자들의 핵심 개념과 일원주의자들이 강조하는 민주주의의 최고성 원칙을 변증법적으로 통합시킬 수 있다는 것이다(WPF, 12). 즉, 이원민주주의적 해석에 따르면, 정치적으로 활성화된 '우리 국민'은 이른바 상위트랙(higher track) –새로운 헌법을 마련하는 과정– 에 진입하여 새 헌법을 제정하거나 기존의 헌법을 개정하는 방식으로 특수한 권리장전을 헌법에 안치시킨다. 그리고 이렇게 새로운 헌법이 확립되면, 헌법의 틀 내에서 진행되는 일상정치는 헌법에 안치된 권리들을 거의 절대적인 권리들로 존중하며 진행된다. 만일 일상정치의 시기에 민주적 다수의 지지를

3) 물론 이런 주장은 그 권리들이 합당하고 옳은 것이어야 한다는 것을 전제한다.

등에 업은 입법부가 이런 권리들을 침해하는 입법을 시도하면, 사법심사권을 갖고 있는 대법원이 그것을 위헌으로 무효화시킴으로써 권리들을 보호할 할 수 있다. 이와 같은 관점에서 보면 미국헌법에 대한 이원민주주의적 해석은 민주주의의 우선성을 강조하는 일원민주주의자들과 권리의 절대성을 강조하는 권리근본주의자들의 요구를 동시에 충족시킨 것으로 볼 수 있다. 요컨대, 이원민주주의적 해석은 먼저 헌법이 민주적일 것을 요구하고('우리 국민'이 지지하는 헌법제정) 그 다음으로 헌법에 안치된 권리를 보호할 것을 요구함으로써, 민주주의의 우선성과 권리근본주의를 통합시키고 있는 것이다(WPF, 17).[4)]

하지만 미국헌법이 과연 이원민주주의적 노선을 따라 구축되었다고 볼 수 있는 증거가 있는가? 이런 가능한 의문에 대해, 애커만은 이원민주주의가 지닌 고유한 특성을 조명함으로써 그 증거를 제시한다. 그에 따르면, 미국헌법은 국민에 의한 후속적인 수정행위에 대비하여 기존의 헌법을 명확히 고정시켜 놓지 않았다(WPF, 13). 예컨대 원래의 헌법은 노예제도를 보호했지만, 최소한 그 헌법은 후세대의 미국인들이 그 문제를 재고하는 것을 금지시켜 놓지 않았다. 마찬가지로, 20세기 초 미국인들이 금주법을 헌법에 안치시켰을 때 그 수정조항을 수정하지 못하도록 금지시켜 놓지는 않았다. 물론 후대의 국민들은 이런 헌법의 내용을 바꿀 수 있는 그들의 권리 -헌법제정 권력- 를 행사했다.[5)] 독일과 대조적으로 미국에서는 국민(People)으로부터 권리가 나온다. 헌법은 국민이 수락해야 하는 헌법을 구체적으로 명시하지 않는다. 시민의 입장에서 애커만은 이런 미국적 실제를 달가워하지 않는다. 개인적으로는 독일처럼 권리장전을 헌법에 확고히 안치시키는 것이 미래 세대가 신나치 운

---

4) 물론 헌신적인 권리근본주의자는, 헌법이 일차적으로 권리를 보호하는 기능을 해야 하고, 이차적으로만 국민이 다른 문제들에 대해 자신의 의지를 표현하도록 허용해야 한다고 주장할 것이다.

5) 하지만, 권리근본주의자들은 그런 권리 폐기를 당혹스럽게 볼 것이다. 왜냐하면 이와 같은 헌법개정의 개방성은 대부분의 현대 근본주의자들이 도덕적으로 해로운 것으로 간주할 헌법수정을 허용할 가능성이 있기 때문이다(WPF, 14). 미국과 달리 독일은 권리근본주의적 입장을 대폭 수용하고 있다. 독일의 기본법은 독일인 다수가 수정에 찬성하든 말든 중요한 기본권 목록은 결코 수정될 수 없다고 못 박아 놨기 때문이다. 독일 법원은 양심의 자유를 침해하는 법률 제정을 정당하게 무효화할 수 있다. 하지만 미국에서는 그런 일이 일어나기 어렵다. 왜냐하면, 미국에서는 지배적인 정치적 다수가 헌법조항을 폐기하고자 지속적으로 노력할 경우 완전히 새로운 헌법을 도입할 수 있기 때문이다(WPF, 15).

동과 같은 무서운 일에 동원되지 않도록 할 수 있는 좋은 방법이라 생각하기 때문이다(WPF, 15). 하지만 앞에서의 설명은 단지 미국헌정주의의 실제에 대한 설명이지 애커만 자신의 희망사항을 표현한 것은 아니다. 그러므로 어떤 정치운동이 현대적인 권리장전을 헌법에 확고히 안치하는 데 성공할 때까지는, 이원민주주의적 해석이 권리근본주의적 해석보다 미국적 기획의 포부를 더 잘 묘사해준다고 볼 수 있다(WPF, 16).

미국헌정사에 대한 애커만의 이원민주주의적 해석은 또한 영국의 코먼로 전통에 깊이 뿌리 박혀있고 현재 미국의 변호사들과 판사들 사이에 퍼지고 있는 버크적 역사주의에 대한 비판적 수용을 반영하고 있다(WPF, 17-24). 애커만은 버크적 역사주의의 특징으로, 역사에 대한 점진주의적(혹은 누적주의적) 발상, 추상적 합리주의에 대한 거부, (추상적 국민자치 이상의 거부 혹은) 엘리트주의, 그리고 (이상의 세 특징과 결부되어 있는) 버크주의적 신중함(Burkean prudence)을 들고 있다.

버크적 역사주의에 따르면, 코먼로 법조인들에게 중요한 것은 공상적인 이론이 아니라 수십 년, 수세대, 수세기에 걸쳐 누적된 법원의 결정과 실무적인 의사결정자들에 의해 행해진 구체적인 결정의 패턴들이다. 이런 관점에 익숙해 있는 법조인들에게 미국의 헌법은 탁월한 학자들의 추상적인 사색보다는 구체적인 결정들의 점진적 누적을 통해 확립된 것으로 인식된다. 또한 버크주의자들은 추상적 합리주의에 입각해 있는 민중적인 정치운동을 부정적으로 본다. 그런 운동들은 카리스마를 지니고 있긴 하지만 사려 깊지 못하고 야심이 가득 찬 리더들에 의해 장악되며, 흥분하기 쉽고 무지한 다중들에 의해 그 에너지가 공급된다. 그래서 신중한 버크적 역사주의를 견지하는 법조인들은 책임감 있고 신중한 엘리트들이 최종적인 의사결정 권한을 가져야 한다고 주장한다. 나아가서 버크주의자는 장기적으로 지속되는 일상정치 시기에 나타나곤 하는 미약한 시민참여 상황을 이용하여, 수완 있는 정치인들이 앞선 헌법정치 시기에 국민들에 의해 수용된 근본 원칙들을 '신중함'의 기치 아래 약화시키거나 폐기시키기를 바람으로써 미국 국민의 가장 위대한 헌법적 성취를 무력화하는 반계몽주의적 엘리트주의로 타락하는 경향이 있다.

무엇보다 버크적 역사주의는 미국헌법의 이원민주주의적 성격을 이해할 수 없는 한계가 있다. 먼저 버크적 점진주의는 미국헌정사가 여러 번에 걸쳐 과거와의 급진적 단절을 시도해온 역사라는 사실과 부합하지 않는다. 이원민주주의적 해석에 따르면, 미국의 헌정질서는 여러 번에 걸친 혁명적 개혁(revolutionary reform)을 통해 발전했다. 또한 합리주의적 추상주의를 거부하는 버크주의와 달리 이원민주주의적 접근은 추상적인 이상 혹은 원칙들과의 조우를 미국헌정사의 불가피한 일부로 받아들인다. 미국의 건국자들은 정치적 위기를 무원칙적으로 이럭저럭 돌파해가는 버크주의적 태도에 만족하지 않았다. 그들은 계몽주의의 자식들이었다. 그래서 당시의 시대적 · 지정학적 · 이념적 맥락 속에서 최신 정치과학을 활용하여 공화주의적인 자치의 이상을 최대한 구현하려고 애쓴 유토피아적인 성향을 갖고 있었다. 마지막으로 국민자치의 이상을 위험한 추상적 발상이라고 비판하며 정치적 심의를 소수의 엘리들에게 일임해야 한다고 보는 버크주의자들과 달리, 이원민주주의자들은 (일상정치 시기에 엘리트들 사이에 진행되는 심의의 중요성을 폄하하지는 않지만) 공동체의 정치적 정체성을 새롭게 규정하는 헌법정치 시기에 능동적인 시민들이 수행한 공적인 심의가 지닌 근본적인 중요성을 강조한다. 이런 관점에서 보면 버크주의는 비교적 점진적인 진화의 과정을 밟아온 영국의 정치사 해석에는 적합하지만, 활성화된 국민적 참여에 의해 헌정사적 혁명들이 성취되어온 미국의 헌정사 해석에는 적합하지 않다(WPF, 20-1).

하지만 이런 중요한 차이에도 불구하고 버크적 역사주의는 이원민주주의적 해석에 중요한 교훈을 제공한다(WPF, 21-4). 무엇보다 선동적인 민중정치의 병리현상들에 대한 버크주의자들의 강조는 미국의 헌법제정체제 —건국기의 헌법제정체제와 그 이후 수정된 체제— 를 이해하는데 각별한 주의를 기울이도록 경고한다. 민중적 선동정치는 중요한 정치적 이슈들에 대해 제한된 시간과 에너지를 갖고 있는 다중의 손에 최종적인 의사결정 권위를 부여하는 민주체제에 만연된 위험요소다. 버크적 역사주의는 이런 위험들을 최소화하거나 통제할 수 있는 통찰을 제공해준다. 즉, 그것은 다양한 일상적 맥락 —조합, 학교, 위원회 등— 에서 시민권을 행사할 수 있는 국민의 역량을 함양시킬 필요가 있다는 점과, 혁명적 개혁운동의 에너지를 국민들 사이의 생산적인 대화로 전환시킬 수 있는 헌정구조의 중요성을 알려준다(WPF, 22). 요컨대, 여러 가지 문제점들에도 불구하고 버크적 역사주의는 정치인들이 입헌정치의 딜레마들을 해결하고자 시도했던 역사적 과정들로 되돌아가 보도록 고무함으로써, 헌법을 역사에 뿌리내리고 있는 이론과 실제의 전통으로 이해하도록 만든다는 점에서 이중민주주의적 해석에도 일정한 도움이 된다.

▌해석의 틀: 자유공화주의

미국헌정사에 대한 애커만의 이원민주주의적 해석은 1960년대 중반 이후 미국 역사학계에서 자유주의적 다원주의 패러다임의 강력한 대안으로 부상한 공화주의에 큰 영향을 받았다. 미국헌정사가 점진적인 진화의 산물이라기보다는 정치적으로 활성화된 미국 국민들의 열정적인 참여와 지지에 바탕을 둔 혁명적 개혁의 산물이었다고 보는 애커만의 해석은 궁극적으로 (헌)법을 정치의 산물로 보는 공화주의적 발상을 반영한 것이다.

건국기 미국정치에 결정적인 영향을 미쳤던 정치이념은 (자유주의였다기보다는) 공화주의였다는 해석은 1960년대 중반부터 등장하기 시작하여 점차 그 영향력을 확대해나갔다. 그렇지만 미국 건국기의 지배적인 정치이념이 (자유주의적 다원주의와 상극적인) 고전적 공화주의였다고 보는 해석 역시 건국기 정치지도자들의 정치이념이 자유주의였다고 보는 해석만큼이나 일방적이다. 왜냐하면, 애커만이 볼 때 건국기 연방주의자들이 표방했던 정치이념은 공화주의적 요소와 다원주의적 요소가 결합된 복합적 이념이었기 때문이다(WPF, 29-30). 애커만은 이 자유공화주의적 입장을 하츠(L. Hartz)의 자유주의적 해석과 포콕의 공화주의적 해석을 종합한 형태로 이해했다(WPF, 25-9).

하츠는 마르크스주의적 3단계설 –봉건제, 자본주의 그리고 사회주의– 은 봉건주의 경험이 없는 미국에서는 적용되지 않는다고 보고, 미국은 로크적 합의를 토대로 별 다른 정치투쟁 없이 비교적 순탄하게 자본주의 체제를 영구적으로 정착시킬 수 있었다고 주장했다. 하지만 에커만에 의하면, 미국은 봉건주의에 대한 투쟁은 아니지만 다른 심각한 투쟁을 겪는 가운데 창조적 정치행위를 통해 오늘날의 미국체제를 수립했다. 그에 따르면, 미국인들은 평등하게 태어난 것이 아니라, 건국기 연방주의자들의 반연방주의자들에 대한 투쟁, 재건기 노예제도와의 투쟁 그리고 자유시장주의가 초래한 경제적 양극화와 민중억압에 대한 뉴딜 시기의 투쟁 등, 계급투쟁에 못지않은 심각한 정치투쟁을 돌파하면서 현재의 미국헌정체제를 확립했다. 그러므로 미국인들이 누리고 있는 평등의 가치는 미국의 탄생과 함께 실현된 것이 아니라 미국의 정치적 정체성이 수차례의 혁명적 변혁을 겪는 가운데 확립된 역사적 성취물인 것이다. 물론, 이 역사적 과정에서 중요한 시기마다 '우리 국민'은 결정적인 역할을 수행했다.

17세기와 18세기에 미국과 영국의 정치변동을 이끈 정치이념이 공화주의였다고 주장한 포콕은 로크의 영향을 약화시키고 고전적 공화주의 –특히 시민적 인문주의(civic humanism)– 의 영향력을 부각시켰다. 이 고전적 공화주의 전통에서 인간적인 삶의 가장 중요한 과제는 동료 시민들과 함께 정치적 자치과정에 지속적으로 참여하는 것이다. 포콕의 저술은 이 고전적인 공화주의 전통이 이탈리아의 르네상스 시기에 부활하여 변형된 방식과 17세기 영국혁명 시기에 급진적 공화주의자들에 의해 채택된 과정을 설명한다. 그리고 나아가서 건국기 미국의 연방주의자들이 국민의 자치라는 고전적 공화주의의 이상을 의식적으로 수용하여, 18세기 후반 미국의 특수한 상황에서 그 이상을 실현하고자 했던 것으로 해석했다. 애커만은 포콕의 이런 해석을 진지하게 받아들이고, 미국헌법에서 공화주의적 자치의 요소들을 발견함으로써 이원민주주의적 이론을 구성했다.

하지만 에커만이 볼 때 일방적인 공화주의적 해석은 미국에서 자유주의가 지녀온 지속적 중요성을 부정해버리는 문제점이 있다. 특히 19세기와 20세기를 거치며 진화해온 미국의 현재 체제를 생각하면 하츠의 입장을 어느 정도 수용하는 것은 불가피하다. 이런 상황에서 연구자들은 서로 엇갈린 태도를 취하는 경향이 있다. 자유주의적 해석을 지지하는 쪽은 공화주의가 부활하고 있는 현상에 실망감을 나타내고, 다른 쪽은 공화주의의 부활에서 자유주의를 넘어설 수 있는 도구를 발견하려고 한다.

하지만 애커만은 어느 쪽도 편들지 않는다. 그는 자유주의와 공화주의의 이분법 자체를 의문시 한다. 애커만에 따르면, (고티에[D. Gauthier]와 노직과 같은 극단적인 자유지상주의자들을 제외하면) 자유주의자들은 결코 사람들을 사회적 맥락으로부터 분리된 추상적인 개인들로 간주하지 않으며, 재산과 계약에 대한 자연권 관념을 수용하지도 않고, 정치를 어리석은 자들만이 관심을 갖는 하찮은 것으로 보지도 않는다. 즉, 자유주의는 이미 공화주의적 자유주의이며, 현대사회에 적실한 공화주의는 자유주의적 요소를 통합한 자유주의적 공화주의 –즉, 자유공화주의– 일 수밖에 없다(WPF, 29-30). 이런 관점에서 애커만은 자유공화주의의 기원이 건국시기에까지 소급된다는 것과, 미국헌정사를 이원민주주의적으로 해석하는 것이 최선이라는 것을 보여주고자 한다.

보다 구체적으로 살펴보자. 고전적 자유주의에서 중요한 역할을 수행한 정교한 자연상태 이론이나 자연권에 대한 분석은 매디슨, 해밀턴 그리고 제이와 같은 건국기 정치지도자들의 관심을 끌지 못했다. 오히려 연방주의자문서에 많이 등장하는 것은 근대 세계에서의 시민권의 전망과 병리현상들에 대한 분석이다(WPF, 30). 이것은 건국자들이 시민권만이 중요하고 사적인 권리는 전혀 중요하지 않다고 생각했기 때문이 아니다. 그것은 사적인 자유와 다른 많은 것들의 운명이 미국 시민들에게서 무엇을 기대할 수 있고 기대할 수 없는가에 대한 현실주의적인 평가에 달려있다고 생각했기 때문이다. 시민권이라는 자유주의적 아이디어는 건국에 대한 애커만의 해석에서 중심적인 역할을 할뿐만 아니라, 그 이후 미국 역사에 대한 해석에서도 결정적인 역할을 한다.

하지만 미국헌정사에 반영된 시민권 관념의 복합적 성격 –이에 관해서는 후술할 것이다– 을 이해하기 위해서는 자유주의와 공화주의의 이분법을 넘어설 필요가 있다(WPF, 30-1). 하츠의 자유주의적 해석에 대해서는, 미국이 인간과 정치에 대한 로크적 이해의 틀 속에서 살아왔기 때문에 정치에 대한 진지한 태도를 가진바 없으며 의미심장한 이데올로기적 변화도 겪지 않았다고 하는 부분을 거부해야 한다. 미국의 역사는 반복적으로 국가의 헌법적 정체성을 재설정한 혁명적 개혁들의 역사로 볼 수 있기 때문이다(WPF, 31). 그리고 포콕의 공화주의적 해석에 대해서는, 수세기에 걸쳐 발전해온 미국의 역사를 18세기의 공화주의로부터 20세기의 자유주의로 '쇠퇴해온' 역사로 보는 부분을 거부해야 한다.

시민권의 측면에서 보면, 미국의 역사는 자유공화주의적 시민권을 구성하고 있는 공화주의적 요소 –능동적인 시민– 와 자유주의적 요소 –사적 시민– 가 순환적으로 발현하는 패턴을 보여준다. 그 순환의 일부는 주로 일상정치 시기에 두드러지게 발현되는데, 이 시기에 시민들은 워싱턴에서의 논쟁에 비교적 초연한 태도를 보이면서 개인적인 관심사에 몰입한다. 반대로 헌법정치 시기에는 시민권의 공화주의적 요소가 더 적극적으로 발현된다. 그리하여 정치적으로 활성화된 시민들이 그들의 정치적 정체성을 새롭게 모색하고 정치공동체에 대한 그들의 공유된 기대를 헌법에 반영하려는 집단적인 노력을 기울인다. 이처럼 자유공화주의적 시민권 개념은 헌법정치 다음에 일상정치의 시기가 도래하고 그 다음에 또 헌법정치의 시기가 도래하는 순환 사이클에 맞춰, 공화주의적인 요소 –헌법정치– 와 자유주의적인 요소 –일상정치– 가 번갈아 두드러지게 나타나는 순환적인 특징을 갖고 있다.[6] 그러므로 미국의 헌정사에 대한 애커만의 검토는 자유공화주의적 시민권 개념을 구성하는 두 요소들이 미국의 구체적인 정치사 속에서 어떻게 순환적으로 발현되었는가를 보여주려는 시도라고 볼 수 있다. 그리고 그의 이원민주주의적 해석은 그와 같은 시민권의 양 측면이 헌법제정 트랙과 일상정치 트랙에서 순환적으로 발현되는 현상을 통합시켜 이해하려는 해석적 틀이다.

▌200년의 신화: 철학에서 역사로

헌법은 역사적 진화의 산물로서, 국가의 정체성과 운명에 관한 문제들을 제기하고 해결하고자 했던 여러 세대의 구성물이며, 현재의 정치적 의미를 해석할 수 있는 중요한 근거가 된다(WPF, 34). 하지만 헌법의 진화과정에 대한 기존의 담론들은 지난 2세기 동안의 헌정사를 일종의 신화로 인식하는 경향을 공유하고 있어서, 미국의 헌법을 잘 이해하기 위해서는 건국 이후 2세기 동안 진행된 헌정체제의 진화과정을 깊이 있게 이해할 필요가 있다는 것을 부정하는 경향이 있다. 역사와 그것에 대한 담론을 일종의 신화로 간주해버리는 이와 같은 근대주의적 태도는, 외부로부터 가져온 모델에 따라 미국헌법을 개조해야 한다는 주장으로 나타나곤 한다(WPF, 35).

하지만 애커만에 의하면, 헌정사에 관한 해석들은 (신화적인 형태로 제시된 경우에도) 정치공동체 구성원들의 집단적인 자기규정(self-definition)을 반영한다(WPF, 36). 다시 말해 헌정사에 대한 반복적인 이야기 –신화의 구성– 는 국가적 정체성을 구성·표현하는 중요한 역할을 한다. 미국의 경우에는 더욱 더 그렇다. 프랑스, 독일, 폴란드에서는 신화가 문화나 종교의 계속성과 밀접히

6) 물론 이 순환의 패턴이 앞으로도 지속될 것이라는 보장은 없다. 그것은 현 세대의 미국 시민들이 헌법 속에서 생생한 자치의 가능성을 발견하느냐의 여부에 달려있다.

연관되어 있지만, 미국에서는 주로 헌법에 관한 신화가 국민을 구성하는 역할을 한다. 그러므로 미국에서는 헌법과 그 역사를 이해하는 것이 국민 자신의 중요한 일부 –정치적 정체성– 를 이해하고 정치적 현재의 의미를 파악하며 미래의 방향을 전망하는 데 결정적인 역할을 한다(WPF, 37). 애커만이 2세기에 걸친 미국의 헌정사에 관한 주요한 해석들 –신화들– 을 비판적으로 고찰하고, 이원민주주의적 틀을 통해 수정된 헌정사를 쓴 이유는 바로 여기에 있다.

애커만에 따르면, 미국헌정사에 관한 다양한 설화 –해석– 들이 있지만 대부분이 중요한 세 개의 전환기 –건국헌법 및 수정헌법의 제정기– 에 주목하는 경향이 있다. 애커만 자신도 그 점에는 동의한다. 이 세 개의 헌법발생 시기들 중 첫째는 건국 자체, 곧 최초의 헌법과 권리장전의 틀이 짜인 시기이다. 이 시기는 건국에서부터 Marbury v. Madison 소송에서 대법원의 사법심사권이 인정된 시기까지이다.[7] 둘째 시기는 2세대 이후, 즉 남북전쟁을 거친 후 재건기 수정헌법이 확립된 시기이다. 그리고 셋째는 2세대 이후, 곧 뉴딜정부와 구법원(Old Court) 사이의 극적인 대치 끝에 복지국가 헌법이 승리한 1930년대이다(WPF, 40). 대부분의 미국헌정사 –혹은 설화– 는 이 3부작 이야기를 중심으로 구성되어 있으며, 애커만이 자신의 헌정사를 쓴 1980년대는 1937년에 발생한 헌법적 변화의 시대의 연장선에 있다.

그런데 이 세 번의 헌법발생적 시기들을 미국헌정사로 통합시키는 애커만의 관점은 다른 이들과 명확한 차이가 있다. 다른 헌정사 연구자들은 대체로 이 세 시기들 사이의 차별성을 부각시키는 반면, 애커만은 표면적인 차이 이면에 놓여있는 보다 깊은 패턴 –혹은 공통성– 에 주목하기 때문이다(WPF, 41).

첫째, 기존의 헌정사 연구자들은 건국을 가장 창조적이며 근본적인 단절을 이룬 것으로 묘사한다. 예컨대, 필라델피아 제헌회의가 국민의 이름으로 새로운 문서를 제안한 방식은 불법적이었다. 건국기의 연방주의자들은 불과 몇 년 전 13개 주 모두가 엄숙하게 수락한 연방규약(the Articles of Confederations)에

7) 하지만 이 소송을 통해 미국에서 대법원의 사법심사권이 공식적으로 인정되었다는 해석은 나중에 소개할 크레이머의 민중주의적 해석에 의해 도전을 받았다. 이에 대해서는 후술할 것이다.

명시된 비준절차를 준수하지 않았다.[8] 현대 법학자들은 미국의 기원을 연방규약이 아닌 1787년의 헌법에서 찾기 때문에, 헌법비준 과정에서 연방주의자들이 드러낸 비합법성을 거의 문제 삼지 않는다. 만일 미국의 기원을 연방규약에서 찾았다면, 필라델피아 제헌의회는 아무런 법적 근거 없이 행위했기 때문에 그 결정이 인정되지 않았을 것이다.

둘째, 내란 이후 재건기의 헌법수정은 그 내용이 독창적이었지만 절차상으로는 제헌헌법을 따랐기 때문에 창조성이 반감되었다(WPF, 42). 현대 헌법이론가들은 재건기의 수정조항들이 기존의 헌법원칙들과 근본적으로 다르다고 본다. 하지만 그 수정조항들이 새로운 헌법원칙들로 채택된 절차에 대해서는 전혀 언급하지 않고 있는데, 이것은 수정조항들을 채택한 절차가 합법적이었다고 전제하고 있기 때문이다. 다시 말해, 현대 헌법학자들은 재건기 헌법수정은 건국헌법의 제5항에 규정된 절차에 따라 진행되었다고 보기 때문에 절차적 합법성을 인정한다(WPF, 42).

셋째, 뉴딜 시대는 헌법적 창조행위가 전혀 없었던 시기로 묘사된다. 1930년대는 행동주의적인 연방정부가 헌법상의 결정적 승리를 쟁취한 것으로 기록하고 있지만, 이 과정에서 어떤 창조적인 변혁행위가 있었는지에 대해서는 부정적인 평가를 내린다. 이 헌정사에서 재건기로부터 뉴딜 사이는 '은총으로부터 타락'(the fall from grace)의 시기로 묘사되곤 하는데, 그것은 이 시기에 활동했던 대부분의 대법관들이 헌법해석을 구실로 그들 자신의 자유방임철학을 국가 전체에 부과했다고 보기 때문이다(WPF, 42-3).[9] 그러므로 뉴딜 시기의 혁신은 단지 낡은 자유방임주의를 견제하는 대법관들이 떠나고, 새로운 대법관들이 (Lochner 시기에 구법원이 저질렀던) 反민주적 죄악을 속죄하고 약 2세기 이전의 대법원 판사 마샬(J. Marshall)이 강조했던 원초적 경로 –마샬은 재직 기간 내내 연방정부의 광범위한 입법권을 제안하려고 애썼다– 로 되돌아

8) 연방규약은 제헌헌법이 13개 주 모두의 승인을 얻어야 한다고 명시했지만, 필라델피아회의를 주도한 연방주의자들은 13개 주들 중 9개 주 이상의 승인을 얻으면 헌법이 통과된다고 주장했다. 따라서 연방규약의 관점에서 보면 연방주의자들은 불법적으로 행위한 것이 된다.

9) 예상할 수 있듯이, 이와 같은 사법적 권력찬탈은 판사들로 하여금 점점 더 민주적인 제도들과 대립하게 만들었다. 민주적인 기관들은 대법원이 옹호했던 자유방임 원칙이 점점 더 상호의존적이 되어가고 있는 세계를 적절히 평가하지 못하도록 만들고 있다고 생각했다.

간 정도의 개혁으로, 다시 말해, 원래의 헌법을 재발견한 것으로 평가된다(WPF, 43).

이처럼 주로 건국기, 재건기 그리고 뉴딜 시기를 다룬 기존의 표준적인 헌정사들은 미국의 헌정사를 가장 창조적이었던 건국기로부터, 내용에서는 창조적이었지만 절차상으로는 합법적이었던 재건기를 거쳐, 내용과 절차적 측면에서 공히 창조적이라고 보기 어려운 뉴딜 시기에 이른 것으로 설명함으로써 미국헌정사를 창조적 에너지의 점진적 쇠퇴과정으로 묘사한다. 이런 관점에서 보면, 미국 국민은 건국 이후에는 연방주의자들이 보여주었던 창조적인 헌법제정과 유사한 능동적인 정치활동에 결코 다시는 개입하지 않았다. 건국 이후 미국 국민은 원래의 헌법구조에 상당한 수정을 가했지만, 헌법수정 과정 자체를 수정할 정도의 근본적인 혁신을 이루지는 못했다. 표준적인 헌정사에 의하면, 그나마 19세기의 재건 공화주의자들은 통치원칙들을 근본적으로 수정하기 위해 국민적인 동의를 얻어낼 수 있었지만, 뉴딜 민주주의자들은 단지 건국자들의 지혜로 되돌아갔을 뿐이었다(WPF, 43-4).

하지만 애커만은 이런 표준적인 헌정사들과는 근본적으로 다른 해석을 제시한다. 그에 의하면, 재건 공화주의자들과 뉴딜 민주주의자들은 분명한 목표의식을 가지고 건국에 필적하는 헌법창조 노력을 기울였다. 재건기와 뉴딜 시기에도 국민의 대표자들은 선조들이 확립한 헌법수정 경로를 따르지 않고, 연방주의자들처럼 정치발전의 기본 방향을 변화시키는 과정에서 상위법(=헌법) 제정체계를 변형시켰다(WPF, 44). 즉, 절차적으로나 내용적으로 새로운 헌법을 창조하고자 노력했다. 애커만은 이 주장을 옹호하기 위해 19세기 재건 공화주의자들과 20세기 뉴딜민주주의자들이 헌법을 수정했던 과정을 추적하고 있는바, 여기서는 그 개요만을 정리해본다.[10]

먼저 재건은 정확히 재건이 의미하는 것, 곧 바닥에서부터 연방을 재구축하는 재창조 행위였다(WPF, 44-7). 수정헌법 제14조는 공화주의자들이 원래 헌법의 제5조를 준수했더라면 결코 비준되지 못했을 조항이다. 제14조를 포함한 수정조항들은 재건기 의회가 (건국헌법에 규정되어 있는) 헌법수정 관련 조항

10) 이 과정에 대한 구체적인 묘사는 『우리 국민: 변형들』에 담겨 있다. 『우리 국민: 토대』에서는 대략적인 설명만 제공한다.

에 전제되어 있는 두 가지 기본원칙들을 성공적으로 뒤엎었기 때문에 국민의 승인을 받을 수 있었다. 그들은 먼저 헌법수정은 연방정부와 모든 주들의 지지를 받을 때에만 가능하다는 첫째 원칙을 뒤엎고 연방정부의 권한을 강화시킨 헌법결정 절차를 확립했는데,[11] 이것이 바로 수정헌법 제14조이다(WPF, 45). 그리고 이런 절차적 혁신을 통해 재건기 공화주의자들은 헌법수정에 관한 건국헌법의 둘째 원칙 –오직 대중에 의해 선출된 의회만이 헌법을 개정할 수 있는 권한을 갖고 있다– 마저 수정함으로써 새로운 권력구조를 창안했다. 요컨대, 재건기 공화주의자들은 헌법수정과 관련된 건국헌법의 절차와 내용을 근본적으로 개혁함으로써 건국기 연방주의자들에 못지않은 헌법적 창조성을 과시했다(WPF, 46).[12]

애커만의 해석에 따르면, 뉴딜민주주의자들도 (재건기 공화주의자들처럼) 연방 차원의 의회, 대통령 그리고 법원의 권력분립에 의존하여, 미국 국민들이 헌법의 미래를 논의하고 규정할 수 있는 새로운 제도적 틀을 창출해냈다(WPF, 47). 이 시기의 뚜렷한 제도적 차별성은 대통령직의 중요성에 있다. F. 루스벨트의 긴 재임기간은 상위법 제정과정에서 대통령이 수행할 수 있는 역할을 현격히 증대시켰다. 루스벨트는 보수적인 대법원에 맞서 전체 국민에 호소함으로써 헌법개혁의 동력을 확보하고자 했고, 오랜 정치투쟁의 와중에서 의회의 동의를 얻어 진보주의자들을 대법원 판사로 임명하는 데 성공함으로써 헌법의 '급격한 변화'(switch in time)를 이끌 수 있었다(49, 52).[13] 그리하여 대법원은 자유

---

11) 수정헌법 제13조는 대통령제적 리더십 모델을 도입했는데 이 모델에서는 대통령과 의회가 서로 협동하여 헌법수정을 추진할 수 있다. 하지만 이 수정조항은 연방주의자 헌법에 명시된 원칙들과는 상충하는 것으로 볼 수도 있다.

12) 이런 식의 요약은 이 과정에서 정치적으로 활성화된 '우리 국민'의 주도적 역할을 간과하게 만들 수 있다. 그러므로 이 요약은 '우리 국민'의 지속적이며 확고한 지지가 헌법투쟁의 궁극적 성패를 가르는 결정적 요인이라는 애커만의 주장을 전제하고 있다.

13) 재건기와 뉴딜 시기에 활동했던 개혁세력과 보수적 저항세력의 성격은 달랐다. 하지만 양 시기 활동했던 개혁세력과 저항세력은 공히 정치적으로 활성화된 국민의 지지 -선거의 승리를 통해 확인된다- 에 입각하여 정치적 목표를 이루려 했다는 점은 유사했다. 또한 선거에 승리한 자들이 수정헌법의 비준을 시도하게 되고, 이에 대해 보수적 기관들이 (더 이상의 저항은 그들이 중요하게 여겨온 가치들을 위태롭게 할 뿐이라고 생각하면서) 수정헌법 비준에 동의하면서 헌법정치가 종결되었다는 점에서도 이 두 시기는 유사성이 있다(WPF, 48-9). 루스벨트의 세 번째 임기가 시작될 무렵, 대법원은 다른 부서와 함께 만장일치로 행동주의적인 연방정부의 헌법적 정당성을 비준했다.

방임적 자본주의에 대한 교리상의 옹호를 포기하고 행동주의적인 연방정부의 새로운 헌법적 토대를 구축하는데 협력하게 되었다(WPF, 49).[14)]

이처럼 애커만은 약 2세기에 걸친 미국헌정사를 세 번의 혁명적인 변형의 역사로 설명한 후, 1980년대부터 강화되고 있는 신자유주의의 영향 하에서 미국 헌정서가 다시 한 번 혁명적인 변형을 거칠지에 대해 전망한다(WPF, 50-6). 결론적으로 애커만은 1980년대 들어 개입주의적 복지국가를 거부하는 강력한 운동이 일어났음에도 불구하고 그것을 새로운 헌법정치의 징후로 파악하지는 않는다. 레이건의 공화당 행정부가 통치했던 시기에도 루스벨트 시대의 민주당이 창설한 새로운 헌법제정 선례들은 지속적으로 효력을 발휘했다(WPF, 50-1). 다시 말해, 레이건 대통령은 뉴딜 시기 루스벨트가 그랬던 것처럼 자신의 리더십을 활용하여 의회와 대법원을 설득하여 헌법적 야심을 성취하려 했던바, 새로운 헌법창조 방식을 창안하지는 못했던 것이다.

마지막으로 애커만은 뉴딜 시기에 확립된 새로운 헌법수정 테크닉 –대통령이 대법원 판사지명권을 활용한 방법– 이 전적으로 새로운 것이었음에도 불구하고, 그 방법이 과연 바람직한가에 대해 의문을 제기한다(WPF, 53). 루스벨트처럼 레이건도 공식적인 헌법수정 절차를 통해서가 아니라 자신의 정치적 비전을 법적으로 뒷받침해줄 수 있는 보크(Robert Bork) 대법원 판사를 지명함으로써 정치적 야심을 이루려고 했는바, 애커만은 이와 같은 헌법수정 방법이 이원민주주의의 가치들을 위협한다고 경고한다. 먼저, 그런 방법은 중대한 헌법적 원칙들에 대한 논쟁을 판사의 개인적인 특성 –개인적인 스타일, 카리스마 그리고 약점들– 에 대한 논쟁들로 왜곡시킬 개연성이 있다. 경우에 따라 그 방법은 지지자들과 반대자들 사이의 (전략적인) 수사학적인 조작으로 인해, 피지명자가 대법원을 어떤 방향으로 이끌지에 대한 최소한도의 이해마저도 어렵게 만들어버릴 수 있다(WPF, 53).

또한 사법적 지명을 통한 헌법개혁 방법은 대통령이 자신의 권한을 남용할 수 있는 개연성을 높인다. 뉴딜 시기 루즈벨트는 전통적인 헌법원칙들과 충돌하는 자신의 행동주의적 프로그램에 대한 의회의 지지를 이끌어냈다. 그

14) 1937년 이후 루스벨트와 의회는 대법원 판사 지명방법을 사용하여 전례 없는 성공을 거뒀다. 1940년 초에 이르면, 대법원은 자유방임주의를 추종했던 구법원의 불쾌한 결정들을 번복하는데 만족하지 않고 헌법이론까지도 혁명적으로 재구성하는 데까지 나아갔다.

리고 자유방임주의를 표방했던 구법원의 지속적인 비판에도 불구하고 엄청난 민중적 지지를 받았다. 여기까지는 좋았다. 하지만 두 번째 임기에 들어선 루스벨트의 헌법개혁 선례들은 후대의 대통령들이 권한을 남용할 수 있는 근거가 될 수 있는 위험성이 있다. 그 선례들은 국민의 압도적인 지지를 받지 못한 대통령이 매우 중요한 헌법을 개혁하기 위해 상원의 아슬아슬한 과반수의 동의를 이끌어낼 경우, 정치적으로 활성화된 '우리 국민' 다수가 그 변화를 지지한다는 확실한 증거가 없는 상황에서도, 헌법개혁을 추진할 수 있도록 자극하기 때문이다(WPF, 53-4).

마지막으로 새로운 헌법수정 시스템은 소수의 엘리트들이 국민의 의사와 무관하게 헌법을 수정할 수 있는 엘리트주의적인 성격을 지니고 있다(WPF, 54). 이점은 정치적으로 활성화된 국민 다수의 확실한 지지를 확인할 수 있는 경우에만 헌법수정을 허용하는 고전적 시스템과 극명히 대조된다. 고전적인 시스템 –원래의 헌법 제5조– 하에서는 상하 양원의 3분의 2 이상이 동의하지 않을 경우 국민의 이름으로 어떤 수정안도 제안할 수 없다. 그리고 헌법수정안이 그처럼 압도적인 지지를 받을 경우에도 단지 헌법적 의제로 상정될 수 있을 뿐이다. 고전적인 시스템은 이렇게 상정된 수정안들이 다른 제도적 절차를 통해 다시 한 번 심도 있는 토론과 결정을 거칠 것을 요구한다.

애커만은 새로운 시스템이 이원민주주의의 가장 중요한 가치인 '우리 국민' 다수의 지지를 반영하는 방식으로 혁신될 필요가 있다고 주장하고, 국민투표(referendum)와 다른 대안을 제시한다(WPF, 54-5). 먼저 국민투표는 각 주의 주민들에게 이미 익숙한 제도이기 때문에 연방 수준에서 적절히 재편하여 활용할 경우 헌법수정 발의에 대한 광범위한 대중적 토론을 촉진함으로써 수정헌법의 민주적 정당성을 제고시킬 수 있을 것으로 본다(WPF, 54). 대통령과 의회가 보조를 맞춰 수정조항을 제안할 수 있어야 하지만, 수정헌법을 비준하기 전에 반드시 국민투표를 거침으로써 국민의 숙고된 동의를 얻어야 한다(WPF, 54).

애커만은 또한 다음과 같은 대안도 제시한다. "대통령은 둘째 임기에 연방의회에 헌법수정을 제안할 수 있는데, 그 수정안이 양원의 3분의 2 이상의 동의를 얻을 경우 그 제안을 다음 두 번의 연속적인 대통령 선거에서 각 주의 투표용지에 올릴 수 있다. 그리고 각 선거에 참여하는 투표자들의 5분의

3 이상이 수정안에 동의하면, 그 수정안은 미국 국민의 이름으로 비준된다" (WPF, 54-5).[15]

▮ 연방주의자들의 정치철학: 자유공화주의

애커만은 『우리 국민: 토대』 7장(Publius)에서 이원민주주의의 기틀을 마련한 대표적인 연방주의자들 –Publius는 메디슨, 제이, 해밀턴의 공동 필명이다– 의 정치철학을 분석한다. 이 장은 연방주의자들이 개인의 권리와 공동체의 항구적인 이익을 조화시킬 수 있는 기획으로 이원민주주의 체제를 기획했다고 보고, 그 정치철학적 토대로 공동선과 공적 심의 그리고 권력(또는 세력)균형 원리를 강조하는 공화주의와, 개인의 권리와 이해관계의 다원성을 강조한 자유주의를 비판적으로 종합한 자유공화주의적 관점을 제시한다. 애커만에 의하면, 연방주의자들이 주도한 헌법의회(constitutional convention)는 형식적(혹은 절차적) 비합법성(formal illegality), 민중의 에너지(mass energy), 공공정신(public-spiritedness), 비범한 합리성(extraordinary rationality)이라는 네 가지 요소를 결합하여 이원민주주의 기획으로 구체화시켰다(WPF, 177).

특히 건국기 연방주의자들은 파벌의 해악에 대한 우려가 고조된 대규모 사회를 배경으로 개인의 이익(혹은 자유)과 공화국의 영구적인 이익을 조화롭게 달성할 수 있는 시스템을 모색하는 데 집중했다. 그들은 유럽대륙 기원의 정치이론들 –특히 몽테스키외의 정치이론– 과 미국의 특수한 경험과 상황을 결합하여 일종의 정치에 관한 과학(정치과학, political science)을 정립하고, 독자적인 대의원칙 및 세력균형 원리 그리고 시민의 덕성에 대한 현실주의적인 평가를 결합시켜 대규모 사회에 적합한 이원민주주의 체제를 수립하고자 했다(WPF, 179-99).

먼저 연방주의자들이 고안한 독자적인 대의체제는, 수백 명의 대의원들로 구성된 하나의 집단 –즉, 의회 (특히 하원)– 이 전체 국민을 실질적으로 대표한다는 (고전적인 의미의) 대의 개념을 기만적인 것으로 간주하고, "한 손에 권력을

---

15) 하지만 애커만은 사법적 지명을 통한 헌법개혁 시스템이 헌법적으로 규정되어 있는 상황에서 이와 같은 수정안이 정치적으로 활성화된 '우리 국민' 다수의 장기적인 지지를 받아 새로운 헌법수정 원칙으로 채택될 가능성은 현재로서는 낮다고 본다.

집중시키는 것이야 말로 정확히 전제정부의 이론"이라고 주장하면서 의회, 대통령, 법원이 각각 다른 방식으로 국민을 대표하는 복합적인 대의체제를 제시했다(WPF, 182-3). 이 새로운 체제는 어떤 기관도 자신만이 유일한 국민의 대표자라고 내세우지 못하게 했다. 그리하여 고전적인 단일 대표체제가 빠질 수 있는 전제적 권력찬탈의 가능성을 미연에 방지할 수 있다(WPF, 184). 미국과 같은 거대한 사회에서는 하나의 대의기관이 아니라 세 개의 대의기관이 서로 견제하고 조화를 이루는 대의체제를 통해서만 개인의 자유와 공동체의 영구적 이익을 동시에 달성할 수 있다. 하원은 모든 시민들의 직접선거를 통해 국민을 대표하고, 상원은 각 주의 입법부에게 선택의 권한을 줌으로써 국민을 대표하며, 대통령은 선거인단을 통해 국민을 대표함으로써, 각 기관에 내재하는 결함을 서로 보완하는 완벽한 대의체제를 구축할 수 있는 것이다. 다시 말해 하원은 여론의 동요를 민감히 반영할 유인을 지니고 있고, 상원은 정보에 바탕을 둔 합리적 판단 능력을 갖고 있으며, 대통령은 에너지와 단호함을 지니고 있기 때문에 이런 각각의 덕목들이 서로 견제하고 결합함으로써 최상의 대의체제가 수립될 수 있다(WPF, 184-5).

파벌문제에 대한 연방주의자들의 해결방식 또한 '새로운' 정치과학에 입각하여 제시되었다. 몽테스키외는 공화국은 작아야 한다고 생각했다. 하지만 연방주의자들은 근대의 다원주의적 사회에서 공화국은 클수록 유리하다고 판단했다. 그래야만 심의와 공공정신에 고무된 대의정부가 실현될 가능성이 크다고 보았기 때문이다(WPF, 188-9). 그 이유는 두 가지다. 첫째는, 큰 공화국에서만이 혁명적인 영웅들이 민중적 선거를 통해 선출될 수 있기 때문이다. 작은 공화국이 채택할 수밖에 없는 작은 지역구에서는 파벌들이 뇌물, 우정, 그리고 협소한 지역적 편견과 이익에 호소하여 이길 가능성이 크다. 하지만 큰 공화국이 채택할 수 있는 큰 지역구에서는 투표자들이 그들의 협소한 지역적 이해관계를 초월하여 가장 매력적인 능력과 호소력을 갖춘 뛰어난 인물을 선출할 가능성이 크다. 만일 푸블리우스가 기대한 대로 일이 전개된다면, 큰 공화국의 거대 선거구 체제는 여론을 세련되고 합리적으로 단련시킬 것이다(WPF, 189).

둘째로, 규모의 크기는 분할지배(divide and conquer)라는 고래의 전술이 효과적으로 작동할 수 있는 배경으로 작용하여 다양한 파벌들이 서로를 성공적으로 견제할 수 있도록 해줄 것이다(WPF, 190). 이것은 큰 공화국에서는 선출된 대의원들이 파벌을 초월하여 행동할 수 있는 개연성이 높다는 것을 의미한다. 다시 말해 대규모 공화국에서는 (공화주의자들의 우려와는 달리) 공공정신에 고무된 덕스러운 대의원들이 (아주 드문 혁명적인 헌법정치 시기에나 보여줄 법한) 공적인 심의에 참여하여 개인의 자유와 공동체의 항구적인 이익을 조화시키기 위해 노력할 가능성이 높다(WPF, 190).

하지만 연방주의자들은 일이 기대대로 전개되지 않을 경우를 대비하여 보완책도 마련했다. 이것은 하원과 상원 사이, 의회와 대통령 사이의 기술적인 권력배분도 공공정신에 고무된 심의를 완벽히 보장해주지 못할 수도 있다는 의구심을 반영했다. 국민이 정부에 대해 일차적인 통제력을 행사하지만,[16] 만일의 경우를 대비해 보조적인 경계 장치들을 갖출 필요가 있다(WPF, 191). 애커만은 그 보조적 장치들 중 하나로 사법심사를 제시한다. 이 제도는 파벌에 의해 정치시스템이 위태로워질 경우 헌법적 원칙들을 보호할 수 있는 마지막 경고 장치이다. 파벌의 지도자들이 헌법정치 시기에 국민이 이룩해놓은 헌법적 성취를 공격할 때 대법원은 국민의 편에 서서 헌법을 수호해야 한다(WPF, 191-2). 하지만 대법원의 사법심사권은 결코 입법부에 대해 사법부가 우월하다는 것을 의미하지는 않는다. 시법심사권은 국민의 권력이 사법부와 입법부에 대해 우월해야 한다는 원칙을 전제하며, 성문법을 통해 선언된 입법부의 의지가 헌법에 천명된 국민의 의지와 충돌할 경우, 판사들은 전자보다는 후자에 의해 지배되어야 한다는 원칙을 반영한다(WPF, 192).[17]

16) 견제와 균형 원리가 아무리 중요하다고 해도, 시스템 자체는 궁극적으로 정치적 위기 -헌법정치- 에서 스스로를 조직화할 수 있는 국민의 능력에 의존한다(WPF, 191).

17) 헌법정치의 미래와 관련하여 판사들에 대한 푸블리우스의 충고는 매우 신중하다. 푸블리우스는 판사들에게 권고하기를, 대의원들이 자신들의 헌법 변경 시도에 대해 국민들이 지지한다고 주장할 때 그것을 회의적으로 생각하라고 강조한다. 그리고 국민들이 모종의 "엄숙하고 권위 있는 행위"로써 기존의 헌법 규정을 무효화하고 변경하기 전까지는 헌법개혁을 시도하는 대의원들에 대해 계속해서 저항하라고 권고한다(WPF, 195). 하지만 "엄숙하고 권위 있는 행위"라는 표현에 "법적"(legal)이라는 단어가 없음에 주목할 필요가 있다. 푸블리우스는 판사들에게 헌법개정에 필요한 모든 법적인 규칙들이 다 충족될 때까지 저항하라고는 충고하지 않는다. 이처럼 엄격한 합법성의 요건을 강조하지 않는 것은 필라델피아 헌법제정 행위가 불법적이었다는 푸블리우스 자신의 고백을 두고 볼 때 이해할 수 있다(WPF, 195). 재건기와 뉴딜 시기의 법원은 국민의 지도자들이 헌법수정에 관련된 헌법규정들을 준수하지 않았음에도 불

푸블리우스가 미국 공화국에 적합한 정치시스템을 고안하면서 경계했던 또 한 가지는 시민의 덕성에 대한 지나친 낙관적 신념이었다. 푸블리우스는 일상정치에서 공공정신에 고무된 심의의 중요성을 강조했다(WPF, 197). 그는 헌법정치를 배경으로 민중적인 에너지와 깊이 있는 심의를 결합시키고자 했던 만큼이나, 파벌의 대결로 특징화되는 일상정치의 환경에서도 심의가 중요한 역할을 수행하기를 기대했다. 다시 말해, "계몽된 정치가들의 선출을 촉진하고, 그들이 공익에 대한 그들의 양심적인 이해에 따라 통치하도록 유인할 수 있는 시스템을 [설계하고자 했다]"(WPF, 198). 하지만 그는 여기서 적절한 경계심을 보여준다. 그는 이런 최대치에 못 미치는 최소치의 목표를 지향했던 것이다. 그의 목표는 최대치를 성취하기보다는 앞서 '우리 국민'이 이룬 것을 보존하는 데 있었다(preservationist)(WPF, 198). 그것은 "배의 조타실에 앉아 있는 지도자들이 항상 계몽된 자들은 아니기 [때문이다]."

이와 같은 경계심은 무엇보다 시민의 덕성이 언제나 충분하다는 낙관주의가 현실적이지 못하다는 평가를 반영한다. 덕성은 공급이 적기 때문에 가능한 한 최소의 미덕으로도 공화국이 건강하게 유지될 수 있는 방법을 찾아야 한다. 사실 앞에서 설명한 푸블리우스의 정치제도론은 이와 같은 상황 –덕성의 결핍– 을 전제한 것이다. 그러므로 이미 소개한 정치제도론을 포함하여 푸블리우스가 최소한의 덕성에 의존하는 민주헌법을 설계하기 위해 채택한 원칙 혹은 조건을 다음과 같이 요약할 수 있다(WPF, 198). 첫째, 헌법정치와 일상정치를 구분하여 덕성의 경제를 구현해야 한다. 둘째, 파벌의 확산에도 불구하고 공공정신이 충만한 심의에 몰두할 수 있는 대의제도를 도입할 필요가 있다. 셋째, 일상정치 시기에 각 대의제가 (다른 대의기관들에게) 국민의 의사를 독점적으로 대변한다고 주장하지 못하도록 하는 안전 장치를 모색할 필요가 있다. 넷째, 파벌의 원심력에 맞서 앞 세대가 이룩해놓은 헌법적 성취를 온전히 보호할 수 있는 사법심사 제도가 필요하다(WPF, 198).[18]

구하고 새로운 헌법을 국민의 목소리로 인정했다.

18) '덕성의 경제'에 기반을 둔 헌법체제를 구성하기 위해 푸블리우스는 일방적으로 인성에 대한 홉스의 견해에만 의존하지 않는다. 그는 일방적으로 낙관적이지도 않고 일방적으로 비관적이지도 않은 이중적 심리학을 전제하고 있다.

▌일상정치와 헌법정치

이원민주주의의 관점에서 보면 헌법은 성공적인 혁명가들 –그리고 그들을 통해 말했던 '우리 국민'– 의 작품이다(WPF, 230). 그런 혁명가들에게 좋은 삶은 고전적인 인문적 공화주의가 이상적으로 묘사한 '정치적 삶'이다. 그리고 그들에게 가장 중요한 덕성은 공익을 위해 사익을 희생하는 태도이다. 하지만 푸블리우스는 자신의 역사적 상황을 초월하여 '좋은 삶'에 관한 다른 가능성을 엿보았다. 공적인 공간으로부터 멀리 떨어진 사적인 공간에서 가장 깊은 만족을 얻는 사적인 삶을 말이다(WPF, 230).

물론 그는 이런 세계를 불안스럽게 여겼다. 사적인 인간은 공동체의 항구적인 이익에 파별적인 무관심을 보일 것이기 때문에 공화국을 유지하는 것이 어려워질 것으로 생각했기 때문이다. 애커만의 평가에 따르면, 푸블리우스의 위대성은 바로 이런 세계에 대한 그의 대응방법에 있었다. 그는 사적인 인간의 생활 형태를 억압하려 들지 않고, 시민적 자유(civic freedom)의 이름으로 공적인 삶에 대한 관심과 사생활지상주의(privatism)를 조화시키려고 시도했다. 이원민주주의 체제는 바로 그와 같은 시도의 귀결이었다(WPF, 230). 애커만은 연방주의자들의 이원민주주의 체제를 (현대적으로 각색한) 신연방주의적 이원민주주의 체제로 재해석함으로써 연방주의 프로젝트를 발전적으로 계승할 수 있기를 바란다. 그가 도입한 사적인 시민(private citizen) 개념은 신연방주의적 프로젝트를 이해할 수 있는 개념적 토대이다(WPF, 231).

사적 시민은, 유일하게 가치 있는 삶은 정치적 참여의 삶에 있다고 확신하는 공적 시민(public citizen)이나 가치 있는 삶은 정치적 참여와 단절된 사적인 영역 –종교나 친밀성의 영역– 에서만 향유할 수 있다고 믿는 완전한 사생활지상주의자(perfect privatist)와 구별된다(WPF, 231-2). 사적 시민은 일상적으로는 사적인 삶의 중요성을 긍정하며 살아가지만, 선거와 같은 중요한 정치적 행사가 있을 때에는 의무감을 가지고 투표에 참여함으로써 전체 시스템을 유지하는 데 기여한다. 그리고 공동체의 정치적 정체성을 재확립해야 하는 예외적인 헌법정치의 시기에는 평상시보다 훨씬 더 공적인 의식과 태도를 가지고 정치에 참여한다(WPF, 238-43).

그렇다면, 대부분의 개인들이 완전한 공적 시민도 아니고 완전한 사생활지상주의자도 아닌 사적 시민으로 존재하는 대규모 공화국을 어떤 식으로 조직화하는 것이 개인의 자유와 공동체의 항구적인 이익을 동시에 실현할 수 있는 최선의 방법인가? 애커만의 신연방주의적 기획은 바로 이와 같은 문제의식을 반영한다.

애커만은 먼저 (신연방주의적 기획의 주된 배경인) 일상정치에 필요한 세 가지 조건을 제시한다. 첫째는 위에서 설명한 사적 시민 개념이며, 둘째는 자유롭고 공정한 선거절차이고, 셋째는 사적인 관심과 아울러 공적인 문제에 관심을 지닌 계몽된 대의원들이다. 이와 같은 일상정치의 구조적 자원들은 사적인 이익집단들, 관료조직, 공익집단, 민중매체, 그리고 정당과 같은 다른 조직들의 자원을 생산적으로 활용하는 방법과 결합됨으로써 개인의 자유와 공동체의 항구적인 이익을 조화시킬 수 있는 최선의 방법으로 구체화될 수 있다(WPF, 243-50).

이런 다양한 집단들은 이기적인 행위 동기를 가지고 있지만 공동체의 항구적인 이익을 완전히 무시하지는 않기 때문에, 적절한 유인을 제공해주면 그들의 이익을 공동체의 이익과 조화시켜 추구할 수 있는 개연성이 높다. 애커만은 이런 가능성 때문에 일상정치를 사로잡고 있는 무지, 무관심 및 이기성에도 불구하고 일상정치를 밝게 볼 수 있는 이유가 있다고 생각한다(WPF, 250-1).

이 맥락에서 애커만은 영국의회제를 선호하는 이들이 미국의 연방주의적 기획에 제기하는 세 가지 비판 -권력분립 때문에 발생할 수 있는 책임성(accountability)의 전가현상, 투명성(transparency)의 결핍, 그리고 결정성(decisiveness)의 부족으로 인한 정치적 교착상태의 가능성- 에 맞서, (신)연방주의적 기획의 상대적 우수성을 강변한다. 첫째, 영국의회제에서는 수상과 의회의 다수당이 일상정치에서 (헌법정치에서나 존재할 법한) 정치적으로 동원화된 '우리 국민'의 지지를 받고 있는 것처럼 행동함으로써 전제적 권력찬탈의 위험에 빠질 수 있는 개연성이 있다(WPF, 255). 반면에 미국헌법은 영국 수상과 같은 단일 통치자에게 입법독점권을 부여하지 않고, 모든 입법발의들이 다양한 정치인들의 이익과 이데올로기들에 호소하도록 유인함으로써 그 발의들이 공동체의 진정한 이익에 기여를 할 수 있는지를 더 깊이 심의하도록 이끄는 장점이 있다.

또한 연방주의적인 권력분립 체제에서는 다양한 제도들이 정책발의를 할 수 있기 때문에 많은 이슈들에 대한 신선한 대응방식들이 제안될 수 있고, 입법자들이 지나치게 '선명한' 이데올로기의 협소한 한계를 넘어설 수 있게 해준다(WPF, 256). 더구나 권력분립 체제는 영국의 의회제가 빠질 수 있는 또 다른 함정 –수상이 다수파벌의 이데올로기와 영합함으로써 공동체의 전체 이익을 무시하는 현상, 곧 파벌적 다수의 폭정(tyranny by factional majority)– 의 가능성을 현저히 낮출 수 있다(WPF, 256-7). 요컨대, 애커만은 연방주의의 권력분립형 헌정구조는 "[영국의회제에서 발생할 수 있는 것처럼] 심술궂은 다수의 활발한 지지를 등에 업은 정치적 사악함보다는, [일상정치에 대해 연방주의가 가정하고 있듯이] 무지, 무관심 그리고 이기심에 기인하는 정치적 해악을 더 잘 통제할 수 있도록" 설계되어 있는바, 각 정치체제의 장단점과 배경적 차이를 고려할 경우 어떤 체제가 단연코 우월하다고 보기 어렵다.

하지만 애커만은 몇 가지 이유에서 신연방주의적 해결책을 선호한다(WPF, 257). 현실적으로 영국 수상이 무자비하게 통치할 가능성은 없으며, 영국의 통치문화는 그와 같은 권력집중이 오히려 선용될 수 있도록 작용할 수도 있다. 하지만 영국의 의회제는 미국과 같이 거대한 규모의 공화국에서는 다른 효과를 낼 가능성이 크다. 지역주의의 전통이 깊은 미국에서는 주로 옥스퍼드와 케임브리지 대학 출신들에 의존하는 영국식 중앙집권체제가 적합하지 않을 수도 있기 때문이다. 미국의 경우 많은 역대 대통령들이 지역 출신의 엘리트들에 의존했지 국가적 엘리트들에 의존하지 않았다. 이 지역 엘리트들은 미국 대통령선거의 잘못된 메커니즘을 보정해줌으로써 연방주의 체제를 미국에 가장 알맞은 형태로 향상시킬 수 있다(WPF, 258).

마지막으로 애커만은 국가 제도들의 권한과 역할이 크게 달라진 상황에서 일상정치의 질을 향상시킬 수 있는 신연방주의적 기획 –혹은 변형– 의 의의를 설명한다(WPF, 259-65). 이런 새로운 기획의 필요성은 푸블리우스의 연방주의적 기획이 배경으로 삼았던 상황과 지금의 상황이 현저히 변했기 때문이다. 예컨대, 푸블리우스는 '우리 국민'을 대변한 민중운동의 뜨거운 열정이 하원을 통해 반영되기를 바랐다. 그리고 상원과 대통령이 냉철하고 합리적인 심의를 통해 민중적인 열정을 안정화시키기를 바랐다(WPF, 259). 하지만 2세기가 지난 지금은 대통령이 오히려 민중적인 열정을 반영하는 기관이 되었고, 하원은 그것을 견제하는 심의의 요람이 되었다. 상원도 그에 따라 심대한 변화를 겪었다. 상원은 각 주를 대변하면서도 미래의 대통령을 배출하는 제도가 되었다. 그래서 대통령이 제안한 프로그램을 국가적인 관점에서 비판하는 장소로 바뀌었다.

이처럼 연방체제에서 하원, 상원, 대통령의 권한과 역할이 심대한 변화를 겪었다면 입법상의 새로운 균형을 위해서는 어떤 변화가 필요한가? 그리고 어떤 변화가 이중민주주의적 체제의 안정성을 위태롭게 할까? 이런 중대한 문제들에 대한 일반적인 원칙적 대응은 어떤 정부 부서도 '우리 국민'의 의사를 독점적으로 주장할 수 있는 막강한 권력을 획득해서 다른 부서들의 독립성과 고유한 역할을 침해해서는 안 된다는 것이다.[19] 연방주의적 기획에 있어서든 신연방주의 기획에 있어서든 이 원칙은 이원민주주의 체제를 뒷받침하는 공통된 토대이다.

신연방주의적 기획에서 대법원의 사법심사권의 위상은 특별한 관심을 요한다(WPF, 261-5). 사법심사권은 영국과 같은 일원민주주의 체제에서는 존재하지 않는다. 소수의 대법원 판사들이 다수의 의지를 대변한다고 여겨지는 의회가 제정한 법을 무효화하는 일은 상상할 수 없기 때문이다. 하지만 미국에서 사법심사권은 그 권한을 적절히 조정할 경우 이원민주주의의 목표에 중요한 기여를 할 수 있다.

신연방주의 기획에서 대법원의 사법심사는 일원민주주의자들이 비난하듯 반민주적인 난점을 일으키지 않는다. 왜냐하면, 사법심사는 민주주의 자체를 대상으로 삼지 않고 그 보다 훨씬 더 작은 대상을 목표로 삼기 때문이다(WPF, 262). 그것은 의회와 대통령이 받은 민중적 위임의 범위와 정도를 경계의 대상으로 삼는다. 이 사람들은 선거에서 이겨 워싱턴 D.C.의 관청에 진입했지만, 일상정치에 편만한 무지, 무관심 그리고 이기심을 두고 볼 때 '우리 국민'의 압도적이며 숙고된 지지를 받았다고 보기 어렵다. 그러므로 만약 대법원이 사법심사를 통해 이런 정치인들이 국민으로부터 위임받은 권한범위를 넘어서서 행위했다고 선언할 경우, 그것은 대의원들이 국민을 위한 '대리인

19) 이것은 일원민주주의자들이 주장하는 일원적 대의체제와 달리 복합적인 대의체제를 요구한다.

들'에 불과하다는 사실을 지적하는 것이기 때문에 민주주의를 훼손하기보다는 증진시키는 행위로 볼 수 있다. 즉, 대의원들은 자신의 말을 국민의 말인 것처럼 과대포장하지 말아야 한다는 원칙을 그들에게 경고한 것으로 볼 수 있다.

사법심사의 정당성은 이원민주주의 체제가 복합적인 대의체제를 요구한다는 이론적인 근거를 갖고 있긴 하지만, 무엇보다 대법원이 건국기, 재건기 그리고 뉴딜 시기에 확립해 놓은 헌법원칙들을 해석하는 데 (완벽하지는 않지만) 믿음직스러운 역할을 수행해왔다는 역사적 평가에 근거하고 있다(WPF, 262).[20] 그러므로 이런 중요한 역사적 유산을 반민주적이라는 이유로 배제해서는 안 되며, 이원민주주의적 유산을 계승·발전시키는데 최대한 활용할 수 있어야 한다(WPF, 262). 요컨대, 사법심사 제도는 헌법정치 시기에 확립된 국민의 헌법적 의지를 회고함으로써 '우리 국민'의 민주적 의지를 (일상정치의 혼란과 압력으로부터) 보존하는 기능을 계속해서 수행할 필요가 있다(WPF, 264).

하지만 사법심사 제도가 수행하는 회고적 보존기능은 미래지향적인 성격도 지니고 있다. 왜냐하면, 대법원은 현재를 배경으로 헌법정치 시기에 국민의 이름으로 확립된 헌법원칙들의 구체적인 함의를 드러내 보여줌으로써, 유력한 정치인들로 하여금 (그리고 민중 다수로 하여금) 헌법의 미래를 위한 비판적인 대화에 참여하도록 초대하기 때문이다(WPF, 264). 특히 과거로부터 물려받은 상위법 제정과정의 문제점에 대해서 말이다. 이런 관점에서 보면, 대법원은 단순히 현상을 유지하는 데만 관심을 갖는 기관이라기보다는 (무관심, 무지 그리고 이기심이 사적인 시민들의 집단생활을 특징짓고 있는 긴 일상정치의 시기 동안) 정치적으로 활성화된 '우리 국민'의 헌법적 심의를 지속시키고 있는 대의제도(ongoing representative)라고 할 수 있다(WPF, 265).

그렇다면 이원민주주의의 한 축을 이루는 상위법 제정 트랙 –헌법정치–의 특징은 무엇이고, 그것이 시작되었다는 표식은 무엇이며, 그것이 완결되었다는 표식은 무엇인가? 이 과정을 해명해야만 이원민주주의 체제의 신비스러움이 제거될 것이다. 일상정치와 달리 헌법정치는 매우 드문 경우에만 발생

---

20) 이런 입장은 앞에서 다룬 드워킨의 정당화 방법과 유사하다.

하기 때문에 일상정치를 개선하듯이 헌법정치를 개선할 수는 없다. 다만, 이원민주주의 체제가 정치적으로 활성화된 '우리 국민'의 헌법적 의지를 이상적으로 담아낼 수 있도록 헌법정치의 바람직한 절차적 조건들을 장기적 안목을 갖고 모색해볼 수는 있다.

애커만은 대중적인 정치운동이 사적인 시민들의 광범위하고 두터운 지지를 받는 시점부터 시작하여, '우리 국민'의 헌법적 의지가 마침내 성문화(codification)되는 단계까지의 과정을 차례로 검토한다(WPF, 266-90). 이 사이에는 (일상정치의 단기적인 이슈들과 달리) 헌법적 의제들이 장기적인 검토와 심의의 대상이 되는 단계(signaling), 그리고 헌법개혁을 위한 공식적인 제안 및 정치적으로 활성화된 국민의 심의가 이루어지는 단계, 그리고 정치운동의 변혁적 제안들이 상위법 제정 시스템 내에서 반복적으로 테스트 되는 단계 등이 있다. 애커만은 이 전체 과정을 추적함으로써 헌법정치의 특징과 과정을 차례로 분석하고, 이런 각각의 단계에서 헌법정치가 오작동할 수 있는 다양한 위험성이 도사리고 있음에도 불구하고,[21] 헌법정치 과정이 '진실로' '우리 국민' 다수의 헌법적 의지를 담아낼 수 있는 최선의 현실적 방안임을 주장한다. 애커만은 이중민주주의를 특징짓는 상위법 제정 트랙의 복잡한 구조가 내재적 한계를 갖고 있으면서도 나름대로의 장점도 지니고 있다고 본다. 무엇보다 그런 복잡한 구조는 잘못된 시그널링을 다단계적인 심의과정을 통해 탐지해낼 수 있고, 다소 불분명한 국민의 헌법적 의지를 성문화 단계를 통해 보다 명료한 원칙으로 수립해낼 수 있는 장점이 있다(WPF, 292). 애커만은 헌법정치 과정에 내재하는 한계 또는 불확실성과 그 성취의 중요성을 다음과 같이 정리하고 있다.

21) 이런 오작동은 다양한 양상으로 나타날 수 있다. 헌법정치가 시작되었다는 표식을 잘못 읽을 수도 있고, 정치적으로 활성화된 국민의 압도적 지지가 없는 상황임에도 불구하고 대통령이나 의회가 그와 같은 지지를 얻었다고 주장할 수도 있으며, 대법원이 성문화 단계에서 새로운 헌법적 발의의 정당성을 뒷받침할 수 있는 적절한 이론을 개발해내지 못할 수도 있다(WPF, 291).

사적인 시민(*private citizenship*)으로 자신을 드러내고자 하는 우리의 모든 노력들이 다 푸블리우스가 거둔 것과 같은 성공을 거두는 것은 아니다. 대부분의 동료 시민들은 국가 차원에서 일어나는 대부분의 정치적 혁신 노력들을 자유민주주의에서의 일상생활의 특징들인 무관심, 무지, 그리고 이기심을 가지고 바라볼 것이다. 하지만 때때로 푸블리우스를 자처하는 일부 사람들은 그런 노력들에 동조하기 시작한다. 정치운동이 그처럼 성장함에 따라 점점 더 많은 미국인들이 그것을 진지하게 고려하게 된다. 비록 그 운동의 메시지가 비위에 거슬린다고 해도 말이다. 민중의 정치의식을 파고드는 그 운동의 성공은 그것의 궁극적 중요성을 평가하기 위한 총제적인 노력을 야기한다. 그것이 일시적인 의미만을 갖고 있는지 아니면 지속적인 의미를 갖고 있는지를 생각하면서 말이다. 이때쯤이면 반쯤 잊혀진 상위법[=헌법] 제정체계의 의례들이 보다 깊은 의미를 갖기 시작한다. 왜냐하면, 이런 의례들을 통해 미국인들은 국가정체성의 갱신과 재규정을 시도하는 동료들의 노력이 진지한 것인가를 테스트하기 때문이다. 그런 테스트에 붙여질 경우 대부분의 운동들은 자신들이 미국 국민의 이름으로 말한다고 여길 수 있을 정도로 국민의 깊고 확고한 지지를 얻는데 실패할 것이다. 하지만 어떤 의미에서는 이것이 바로 중요한 포인트다. 상위법 제정이 쉽게 싼 비용으로 성공한다면, 우리의 관심을 끄는 자유 민주사회의 수많은 오락거리들이 있음에도 불구하고, 수백만의 미국인들이 과거의 가장 중요한 헌법적 성취들에 견줄 수 있는 진지함을 가지고 자치의 행위에 참여함으로써 경험할 수 있는 놀라운 집단적 성취를 평가절하하게 될 것이다(WPF, 294).

▌이원민주주의의 자기혁신

혹자는 미국헌정사는 백인 남성 엘리트들이 주도한 과두제의 역사였고, 흑인 노예, 여성, 멕시코계 미국인과 인디언들이 정치과정에서 배제된 사악하고 부정의 한 역사였다고 주장하면서 신연방주의적 기획의 정당성에 의문을 제기할 수 있다. 애커만은 미국의 헌정사가 이와 같은 비난을 초래할 수 있는 배타성과 부정의의 유산들을 포함하고 있다는 것을 인정한다. 하지만 그는 동시에 미국헌정사가 이와 같은 배타성과 부정의를 차례차례 청산해온 역사였다는 것을 부각시키며, 이원민주주의 체제의 포용적이며 자기수정적인 잠재성을 강조한다. 그리고 이것이 바로 애커만이 건국에서부터 오늘에 이르기까지의 미국헌정사를 철저히 다시 써야한다고 강조한 이유였다.

나아가서 과거의 헌정사가 미국정치체제의 미래를 모색하는 데 중요한 역할을 할 수 있다면, 헌법이 뒷받침하고 있는 이원민주주의적 기획을 포착하지 못하고 미국정치체제의 과두제적 측면만을 지나치게 강조한 기존의 헌정사는 이원민주주의적 이상과 가치를 반영하여 철저히 재구성될 필요가 있다(WPF, 315). 그렇지 않으면, 미국의 정치사는 소수인종 집단의 정치참여를 배제하고 사회적 차별과 억압의 관행을 온존·강화시켜온 부정의의 역사로 간주되어, (신)연방주의적 기획과 함께 철저히 청산되어야 할 대상이 될 수밖에 없기 때문이다.

주지한 바와 같이, 기존의 헌정사는 건국헌법 제정을 가장 창조적인 창설행위로, 재건기 헌법수정을 절반의 창조적 행위로, 그리고 뉴딜 시기의 헌법수정을 전혀 창조성이 없는 행위로 평가함으로써, 미국헌정사의 자기비판적이며 자기수정적인 혁신성을 부정했다. 그 결과 건국기 과두제 지지자들의 입장이 재건기와 뉴딜 시기의 지도자들보다 더 중요한 현재적 의미를 갖고 있는 것처럼 부각됨으로써, 소수집단들의 실질적인 정치참여를 봉쇄하고 현존하는 사회적 부정의를 척결하는 데 부정적인 영향을 미칠 수 있다.

하지만 연방주의자들은 후세의 여성과 흑인들이 더 완전한 시민권을 쟁취할 수 있는 헌법적 언어와 제도들을 제공했다(WPF, 316-7). 20세기에 마침내 승리를 쟁취한 여성운동과 시민권 운동도 미국의 상위법 제정 유산을 결코 부정하지 않았다. 오히려 그들은 그 유산에 담긴 포용적인 잠재력을 활용함으로써 모든 시민들이 정치적 평등을 누릴 수 있는 체제를 향해 투쟁할 수 있었다. 이 말은 흑인과 여성들이 투표권을 획득한 것으로 미국의 민주주의가 완성되었다는 뜻은 아니다(WPF, 316). 미국은 아직도 이원민주주의를 질적으로 향상시키기 위해 계속 전진할 필요가 있으며, 보다 많은 사람들을 정치과정에 포용해 내고 현존하는 부정의를 척결하기 위해 지속적인 노력을 경주해야 한다. 여러 가지 한계에도 불구하고 연방주의자들이 고안한 헌법은 현재의 미국인들이 그와 같은 과제를 수행하는 데 필요한 언어와 제도들을 내장하고 있다.

그럼에도 불구하고 애커만은 부정의를 척결하려는 정치운동의 프로그램들이 이원민주주의 체제의 까다로운 요구 때문에 쉽게 헌법적 원칙으로 채택되지 못할 수도 있다는 것을 인정한다. 억압받아온 소수자 집단들이 일상정치의 투표에서 승리를 거뒀다 해도, 소수자 집단들과 그 지지자들은 법원과 같은 보존주의적인 제도들의 저항에 대면해야 하기 때문이다(WPF, 317). 그렇다면, 상위법 제정이라는 보다 복잡한 과정이 없더라도 정의로운 사회를 건설하는 것은 너무나 어려운 일이 아닌가? 이것은 상당 부분 사회적 부정의에 관한 비전에 달려있다. 어떤 사람들은 미국이 인종주의와 성차별주의 때문에 깊은 상처를 입었다는 주장을 부정할 것이며, 어떤 사람들은 행동주의적 정부의 개입을 통해 이런 부정의의 유산을 효과적으로 청산할 수 있다는 것을 부정할 것이다.[22)]

이에 대한 애커만의 대답은 개방적이다. 다시 말해, 진보적인 사회개혁 운동들이 헌법정치라는 어려운 난관을 극복하고 자신의 정치적 비전을 헌법적 원칙으로 정립하는데 성공할 수도 있고 실패할 수도 있다고 본다. 애커만은 미국헌법의 혁명적 전통을 강조했지만 그것이 모든 개혁운동들의 성공을 보장하지도 않고 보장해서도 안 된다고 생각한다(WPF, 318). 그가 볼 때, 영국의 일원민주주의 체제에서처럼 단 한 번의 선거승리에 잇따른 폭발적인 입법을 통해 사회정의를 성취하는 방법은 너무나 편리하고 위험하다. 지속적인 진보(lasting progress)는 개혁자들이 상당 기간에 걸쳐 시민들의 지지를 활성화시키고 동료 시민들의 의혹을 참을성 있게 해소해줌으로써 (정의의 이름으로 근본적인 사회개혁을 하는 데 필요한) 다수의 동의를 얻는 과정을 요구한다(WPF, 318).

이와 같은 관점에서 애커만은 신자유주의 시대의 진보적인 사회개혁 운동들이 다중의 지지를 확보하지 못한 이유를 진보운동의 파편화에 있다고 분석한다. 1920년대 이후 어떤 시기도 오늘날처럼 사회정의를 위한 운동들이 파편화된 적이 없었다. 서로 단결하는 대신에 노동운동과 평화운동, 흑인운동과 소수인종 운동, 그리고 페미니스트 운동과 환경운동주의자들은 서로를 불안

22) 10년 전 출판한 『자유주의 국가에서의 사회정의』에서 에커만은 오늘날 미국에 만연해 있는 부의 엄청난 불평등에 대해 반대 입장을 분명히 표시했다. 그는 행동주의적 정부의 재분배적 개입이 현존하는 부정의의 가장 유력한 원천이라고 보는 신보수주의적 진단을 거부하고, 미국인들이 더 정의로운 사회를 건설하고자 한다면, 더욱 개입적인 국가정치와 행동주의적 정부가 필요하다고 역설했다.

과 의혹의 눈초리를 가지고 바라보고 있다. 이들 사이에 어떤 공통의 근거를 찾기 어렵다. 그러므로 오늘날의 진보운동이 성공적인 헌법정치를 거쳐 자신의 정치적 비전을 헌법에 반영하기 위해서는 먼저 진영 내의 혼란과 불일치를 극복할 필요가 있다(WPF, 318).

이 점에서 과거에 성공했던 정치운동들이 주는 교훈은 진보적 개혁운동의 미래를 위해 매우 중요하다. 개혁적 정치운동을 이끌고 있는 지도자들과 그 지지자들은 과거에는 다수의 미국인들이 이런 유사한 요청들에 대해 적극적으로 화답했으며, 그런 개혁운동에 동참함으로써 그들이 계승했던 사회보다 더 정의롭고 포용적인 공동체를 건설했다는 사실을 기억해야 한다. '우리 국민'의 다수를 자신들의 대의에 동참시킬 수 있는 집요한 설득과 노력을 경주하지 않고서, 단 한 번의 선거승리나 정치투쟁으로 헌법정치의 난관을 극복할 수 있다고 기대하는 것은 이원민주주의의 약속이 아니다. 이원민주주의의 축복은 헌법정치의 테스트를 통과함으로써 '우리 국민'의 지속적이고 압도적인 지지를 획득할 경우에만 누릴 수 있기 때문이다(WPF, 319). 애커만은 이원민주주의의 목표와 과제를 다음과 기술하며 『우리 국민: 토대』의 대미를 장식한다.

> [이원민주주의적] 기획의 궁극적 한계가 무엇이든, 거기에는 한 가지 큰 장점이 있다. 그것은 미국인들에게, 현대인들의 의식을 지배하기 위해 벌어지고 있는 두 가지 위대한 서구 전통들 사이의 투쟁이 야기하는 자기규정 문제에 대해, 미국의 고유한 해결책을 제공해준다는 점이다. 첫째 전통은, 그리스 폴리스의 위대함을 상기하면서, 정치적 참여의 삶이 인간을 위한 가장 고상한 이상이라고 강조한다. 둘째 전통은, 세속적 공동체의 요구에 대한 기독교의 의혹을 상기시키면서, 영혼의 구제는 사적인 문제이기 때문에 세속 국가의 강제적 권위는 그와 같은 인간의 최고 가치들에 대한 절대적 위협이 된다고 주장한다. 서구 사상 및 실제 양면에 걸친 이 두 전통 사이의 지속적인 주도권 다툼에 직면하여, 미국헌법은 우리 자신의 한 쪽을 희생시키면서 다른 한 쪽의 손쉬운 승리를 기도하지 않는다. 그것은 그 갈등을 통해 창조적인 종합에 필요한 에너지를 공급하고자 한다. 미국인으로서 우리는 완벽히 공적인 시민들도 완벽히 사적인 개인들도 아니다. 사려 깊게 활용할 경우, 미국헌법은 우리를, 놀라울 정도로 자의식적인 민주적 정부를

성취할 수 있는 언어와 절차를 구비한, 사적인 시민들로서(as private citizens) 조직화한다. 모든 다른 언어와 마찬가지로, 이것은 위대한 선들은 물론 위대한 악들을 달성하는 데도 사용될 수도 있다. 내 친구들이여, 그 선택은 당신의 몫이다(WPF, 321-2).

마이클만의 사법적 대화헌정주의

▌개요

마이클만(F. Michelman)은 1980년대 후반에 쓴 두 편의 긴 논문을 통해 (자유주의와 고전적 공화주의의 양극단을 피한) 자유공화주의의 관점에서 미국헌정주의를 재해석함으로써 애커만 및 선스타인(C. Sunstein)과 더불어 미국헌정사와 그 미래에 관한 학계의 논쟁을 주도했다. 1986년에 *Harvard Law Review*에 기고한 「자치의 흔적들」(Traces of Self-Government)과 1988년에 *Yale Law Review*에 기고한 「법의 공화국」(Law's Republic)이 그것으로, 이 상보적이면서도 긴장성을 내포하고 있는 논문들을 통해 마이클만은 셋 중에서 가장 철학적으로 정치한 자유공화주의적 헌정주의를 구축했다.[23]

「자치의 흔적들」은 미국 헌정(사)에서 공화주의적인 시민적 대화의 전통이 강력한 영향을 미치고 있다는 것을 보여주는 한편, 민주적 자치의 전통이 실현 불가능할 정도로 이상적으로 이해되고 있다는 것을 비판하고 국민자치는 대법원에서의 합리적인 대화와 심의로 이해되는 것이 적절하다는 주장을 편다. 다시 말해, 마이클만은 "헌법은 참여민주주의를 제시하지 않고, 피치자들과 구분된 통치자들 —대의원들— 의 주권적 권위를 [인정하는바]," 특히 대법원에서의 심의에 자치의 흔적이 남아있다고 주장한다.

하지만 「자치의 흔적」에 나타난 (표면상의) 법원숭배주의(court-fetishism) 혹은 엘리트주의가 정확히 비켈의 '反민주주의적 난점'을 야기할 수 있다는 비판을 예상하고, 「법의 공화국」에서는 '공화주의적 시민권에 관한 非국가중심적 관념'에 입각하여 좀 더 시민사회 중심적인 *헌정주의*를 제시하고자 시도

23) 이 절에서 참고할 또 다른 마이클만의 논문은 'Brennan and Democracy: the 1996-97 Brennan Center Symposium Lecture' *California Law Review*, Vol. 86(1998)이다.

했다(Michelman 1988, 1531). 마이클만은 정부의 공식적 제도들은 "대부분의 시민들에게 공동선을 지향한 자기수정적 대화의 경험을 제공하지 않는다"고 지적하고, 지역공동체, 조합들, 종교단체와 같은 중간집단에서의 시민참여를 활성화시킬 필요가 있다고 주장한다. 그리고 이런 집단에서의 공적인 문제제기와 논의 –법생성적인 정치(jurisgenerative politics)– 가 자연스럽게 대법원에서 심의의 토대로 작용하기를 기대한다.

하지만 이런 변화에도 불구하고 마이클만은 자신의 변화된 입장을 구체화할 수 있는 구체적인 방법이나 프로그램을 제시하지 않는다. 더구나 시민사회 결사들에서의 일상적인 민중들의 대화가 어떻게 법생성적 정치의 원천이 될 수 있는지를 입증하지 않을 뿐만 아니라, 궁극적으로 대법원이 시민사회에서의 법생성적 대화의 내용을 선택적으로 고려할 수 있는 (또는 고려하지 않을 수 있는) 권한을 가져야 한다고 주장한다. 그러므로 「법의 공화국」에서 제시한 시민사회 친화적 주장들은 결국 자신의 법원 중심 헌정주의가 노정하고 있는 엘리트주의(혹은 反다수결주의)를 완화시키는 수준에 머물고 있다.

이처럼, 「자치의 흔적들」과 「법의 공화국」 사이에는 적지 않는 변화가 있음에도 불구하고, 궁극적으로는 법원 중심의 대화헌정주의를 제시하고 있다는 점에서는 일관성이 있다. 이 장에서는 먼저 「자치의 흔적들」에 개진된 그의 대법원 중심 자유공화주의적 헌정주의를 고찰해보고, 「법의 공화국」에 나타난 변화의 내용을 '시민사회론적 확장'의 관점에서 정리해본다.[24] 그리고 마지막으로는 (이런 변화에도 불구하고) 마이클만의 입장은 보다 근본적인 수준에서는 법원 중심적 공화헌정주의를 일관되게 견지하고 있음을 주장한다.

▌미국헌정주의와 공화주의

마이클만의 자유공화주의적 헌정주의에 깔려 있는 기본적인 문제의식은 두 가지이다. 하나는 미국헌법이론과 헌법재판에서 점점 더 큰 영향을 미쳐가고 있는 공민적 공화주의 전통이 과연 민주적 자치와 법치의 모순으로 요약될 수 있는 미국헌정주의의 오랜 난점을 해소할 수 있는 이론적 자원을 갖

24) 공화주의의 다양한 흐름에 대한 두 논문의 설명은 비슷하고 또 보완적이다. 그러므로 공화주의에 대한 마이클만의 해석을 정리하는 부분에서는 두 논문을 함께 참조할 것이다.

고 있는가 하는 의문이다. 그리고 다른 하나는, 만일 공화주의가 그런 자원을 갖고 있다면, 현대사회의 다원적 성격에 적합한 형태로 미국헌정주의의 실제를 개선시킬 수 있는가 하는 의문이다. 이상과 같은 마이클만의 문제의식은 공화주의와 헌정주의에 관한 잘 알려진 다음과 같은 두 가지 비판을 배경으로 삼고 있다(Michelman 1988, 1493). 첫째는, 공화주의는 전통적으로 상당한 정도의 도덕적 합의를 전제하는 연대주의적 교의(solidaristic doctrine)이기 때문에 현대의 다원적인 자유주의 사회에는 적합하지 않다는 비판이다. 둘째는, 국민의 입법적 최고성(popular legislative supremacy)이라는 다수결주의적 신조는 현대 헌정주의의 다음과 같은 근본 목표, 즉 사법적으로 집행되는 헌법을 통해서 다수의 정치적 억압에 대해 개인의 권리를 보호해야 한다는 목표와 양립하기 어렵다는 비판이다.

마이클만은 “공화주의 부활”에 대한 이와 같은 회의론들에 직면하여 (다양한 공화주의 흐름들을 비판적으로 개관하는 동시에) 미국헌정주의가 담고 있는 민주적 자치와 법치의 긴장을 다원성 속에서의 대화적 심의라는 자유공화주의적 틀로 재해석해냄으로써 그 둘 사이의 최선의 통합을 시도한다. 개인의 도덕적 자유를 실현할 수 있는 동시에 지속적인 자기수정을 가능하게 하는 법생성정치(jurisgenertive politics)와, 대법원의 비판적 개입을 두 축으로 삼는 대화적 헌정주의(dialogic constitutionalism)는 그 최종적인 이론적 귀결이다. 마이클만은 이와 같은 대화중심적인 공화주의적 헌정주의가 (순수한 국민자치를 주장하는 고전적인 공화주의적 헌정주의나 법과 정치를 국민의 참여와 무관한 생경한 영역으로 치부해버리는 다원주의적 이론들에 비해) 개인의 권리를 더 강력하게 보호해줄 수 있다고 본다(Michelman 1988, 1493-4).

먼저 마이클만은 공화주의에 대한 익숙한 오해부터 제거한다.[25] 고전적 공화주의는 정치공동체로부터 공동체의 규범적 통합을 저해하는 일탈적인 목소리들을 이런 저런 이유들 –공동선에 대한 오해, 관점의 생경함, 추종적인 지위, 관심의 부패– 로 배제해왔다는 평가를 받아왔다. 다시 말해, 다수가 공유하는 가치나 정서에 입각하여 억압적이고 차별적인 법을 옹호해온 것으로

25) 그럴 때만이 미국헌정주의가 보호하는 자치와 법치의 통합을 시도하는 데 공화주의가 기여할 수 있는 길이 열리기 때문이다.

알려져 왔다(Michelman 1988, 1495). 하지만 마이클만은 이런 일방적 해석에 반대한다. 마이클만에 의하면, 공화주의 사상은 그렇게 일원적이고, 협소하며, 강제적인 공동체주의와 결합되어 있지 않다. 공화주의 전통을 면밀히 검토해 보면 (공동체 구성원들 다수의 가치와 정서를 일방적으로 강요하는 대신에) 이전에 배제되어온 사람들을 공동체의 평등한 구성원으로 포용해온 중요한 유산을 발견할 수 있다. 또한 공화주의는 규범적인 요소를 포함하고 있다. 즉, 공적인 대화와 심의를 통해 공동체의 정체성과 규범을 지속적으로 쇄신할 수 있어야 한다는 규범적 비전 –자율적이며 자기수정적인 공동체– 을 바탕에 깔고 있다(Michelman 1988, 1496). 이처럼 마이클만은 미국헌정주의에 대한 공화주의의 기여를 검토하기 전에 자신이 지지하는 공화주의 전통이 어떤 것인지를 분명히 적시하고자 한다.

마이클만은 「자치의 흔적들」에서 공화주의의 먼 전통(deep tradition)과 가까운 전통(proximate tradition)을 구별하고, 가까운 전통에서 현대적 다원성과 통합된 바람직한 공화주의의 가능성을 발견한다. 이 전통은 (국민자치로 이해되는) 민주주의의 근본 원칙이 궁극적으로 대법원의 심의적 헌법해석을 통해 완성되는 것으로 볼 수 있게 해줌으로써 미국헌정주의의 내재적 모순 –자치와 법치의 모순– 을 해소할 수 있는 최선의 가능성을 제공해주는 것으로 평가된다.

17세기 영국의 해링턴(J. Harrington)의 저술에서 그 정점에 이른 공화주의의 먼 전통은 개인들이 정치를 통해 자치를 실현한다는 적극적 자유의 이상(positive-libertarian ideal)을 갖고 있다. 그리고 미국 혁명주의자들과 헌법 입안자들이 지지했던 가까운 전통은 18세기에 소극적 자유의 목표들 –어느 정도는 적극적인 자유의 이상도 포함하는–로 재정립된 공화주의 이데올로기이다(Michelman 1986, 36-7). 공화주의 전통에 존재하는 이런 상이한 흐름들 때문에 현대의 헌법학자들은 공화주의 전통에서 상반되는 요소를 추출하여 헌정주의를 다양한 방향으로 재구성하게 되었다. 민주적 자치의 이상과 대법원의 사법심사를 대립적인 두 원리로 인식하고 헌정주의를 통해 민주적 자치의 이상을 제한하거나 완화시키려고 했던 시도나, 애커만의 이원민주주의적 해석처럼 이 두 가지 원리가 순차적으로 주도적인 역할을 하도록 화해시키려고 했던 시도들은 모두 공화주의에 대한 차별적인 해석을 바탕에 두고 있다. 동시에 이런 상이한 해석들은 헌법적 이상인 국민자치의 원리에 대한 재해석을 수반해왔는바, 이 점에서 마이클만의 헌정주의도 예외가 아니다.

공화주의의 먼 전통을 대변하는 해링턴의 공화주의는 르네상스 시기 이탈리아에서 등장한 非목적론적인 시민적 인문주의를 계승한 것으로, 정치를 통한 자치의 실현이라는 적극적인 자유 관념을 표현하고 있다.[26] 그 핵심만을 제시하면 이 전통은 다음과 같은 일곱 가지 원칙 혹은 충돌들로 구성되어 있다. 자치의 원칙, 실용적인 심의 혹은 대화의 원칙, 아리스토텔레스적인 의미의 평등 (즉, 지배하고 지배받는 것), 反국가주의 및 그 이면인 직접성(자치는, 멀리 떨어져 있는 주권자나 비인격적인 법에 의한 통치가 아니라, 자아의 일이라는 원칙), 합리적으로 인지할 수 있는 가치로서의 "일반적 선"(general good)의 존재, 공민적 덕성에 뒷받침된 기계적이며 역할-분화적인 정체(a mechanistic role-differentiated constitution), 법률의 공포에 의한 행위가 그것들이다(Michelman 1986, 47). 요컨대 해링턴의 공화주의로 대변되는 '먼 공화주의'의 핵심에는 그 전통 전체를 동기 짓는 제1원칙으로서 '정치를 통한 자치의 실현'이라는 적극적 자유 개념이 놓여 있다(Michelman 1986, 47). 객관적인 요소들인 공동선, 공민적 덕성 그리고 합법성(legality)도 해링턴 공화주의의 발상에 중요한 요소들이지만, 그것들은 시민들이 자치를 실현하는 데 필요한 '조건들'로 볼 수 있다.

하지만 이상과 같은 특징들을 갖고 있는 '먼' 공화주의 전통은 현대의 다원적인 사회에서는 자유에 관한 심각한 딜레마를 야기한다. 공동선의 존재를 의심스러워하고 공민적 덕성이 고갈된 현대의 다원사회에서 고전적인 자치의 이상은 액면 그대로 실현되기 어렵거나, 전체주의와 같은 불길한 공존방식을 떠오르게 하기 때문이다.

공화주의의 '가까운' 전통은 18세기 영국의 야당이데올로기(opposition ideology)를 당시의 미국적 정황에 알맞게 수정한 건국 시기의 공화주의이다(Michelman 1986, 44-55). 이 공화주의는 특히 '먼' 공화주의의 제1원칙인 적극적 자유 —액면 그대로 자치— 를 소극적인 자유의 이상으로 변형시켰다.

---

26) 르네상스 시기 이탈리아의 인문주의는 反목적론적인 성격이 강했다. 그것은 삶과 경험의 방향을 모색함에 있어서 인간의 자립과 자주성을 강조했다. 다시 말해 우주적인 필연성이나 신적인 계획에 호소하려고 하지 않았다. 인문주의적 관점에서, 보편적인 것 -즉, 공동체- 에의 참여는 어떤 선험적 질서에서 자신이 미리 정해진 부분이나 지위를 갖는다는 것을 의미하지 않는다(Michelman 1986, 37).

18세기 영국에서 야당이데올로기는, 왕정복고 이후 적극적인 사회변혁의 힘으로 등장한 근대적 행정부에 대한 정치적 불만을 반영했다(Michelman 1986, 48). 그런데 이 불만은 근대적 정부가 시민들의 자치의 이상을 부정했다는 내용이 아니라, 정부가 전체 사회질서에서 개인이 누려온 지위 및 (그 지위와 결부된) 권리를 교란 혹은 위협했다는 보수적인 내용을 갖고 있었다. 해링턴의 공화주의에서 주권적 국가는 통치자들의 정부로 이해되었기 때문에 자치를 부정하는 것으로 간주되었다. 하지만 야당이데올로기에서는, 막대한 자원과 영향력을 확보한 행정국가가 신민들의 이익과 권리를 위태롭게 한다는 불평으로 전환되었다. 요컨대, 야당이데올로기에서 주권적 정부는 개인적인 지위와 부 그리고 권리에 대한 반명제로 간주되었다(Michelman 1986, 48).

이 야당이데올로기의 주장을 '먼' 공화주의적 입장에서 재구성해보면, 권리의 보호가 공동선이며 공동선에 대한 헌신이 공민적 덕성이라고 표현할 수 있다(Michelman 1986, 49). 이런 관점에서 보면, 의회는 왕권과 결합하여 '의회 내의 왕'을 구성하는 것이 아니라 왕권을 견제하며, 권리와 자유의 보호를 주된 내용으로 삼고 있는 공동선은 이미 확립된 균형정체를 통해 성취될 수 있다(Michelman 1986, 49). 공민적 덕성은 이런 체제를 유지하기 위한 헌신이며, 부패는 이기적인 이유 때문에 그런 노력을 방해할 때 발생한다. 이처럼 야당의 이데올로기적 수사는 중요한 공화주의 요소들 -공동선, 공민적 덕성, 참여, 독립, 부패 그리고 균형- 을 대부분 수용했지만, (고전적 공화주의의 이상인 자치의 원칙보다는) 정부에 대해 개인의 지위와 권리를 보호하려는 소극적 목표 -곧, 소극적 자유의 보호- 를 지향하게 되었다(Michelman 1986, 50).

강력한 행정부에 대해 불평을 토로하는 사람들은 보수적인 재야의 신사계급(gentry)으로부터 시작하여 점차 급진 세력들과 자유주의적 시민들까지도 포함하게 되었다. 표준적인 역사가술에 따르면, 대서양을 건너 식민지 사람들에게 전달된 것은 바로 이와 같은 부류의 공화주의였다(Michelman 1986, 50). 물품세, 상업적 제약, 영국 국교회화의 루머, 영국 국황이 보낸 고압적인 통치자들, 반응성이 약한 추밀원, 대표의 결여 등에 불만이 가득 차 있었던 식민지인들은 18세기 영국의 야당이데올로기를 영국에 대한 불만을 표현하고 과시하기 위해 수용했다.

미국 건국자들이 정치체제를 수립하기 위해 이론적 토대로 삼은 '가까운' 공화주의의 또 한 가지 중요한 요소는 가상적 대표(virtual representation) 개념이다(1986, 51). 18세기에 출현한 가상대표 이론은 개인들이 (심지어 투표자로서조차) 실질적으로 정치과정에 참여하지 않더라고 자신과 동류인 다른 사람을 통해 정치체제에 대표될 수 있다는 이론으로, 영국 하원에서의 대표가 주민들과 어떤 관계도 없다는 사실을 반영했다(Michelman 1986, 51).[27] 이 가상대표 이론은 식민지 미국인들의 목소리를 반영하지 않았던 영국 의회에 의한 주세부과에 미국인들이 반대하자 이에 대한 영국의 대응책으로 제시되었다. 예상할 수 있듯이, 애초에 이 이론은 식민지 미국인들에 의해 통렬한 비난을 받았다. 하지만, 미국 건국자들이 광대한 영토에서 공화국을 건설하고자 했을 때, 이 가상대표 이론은 매우 유용한 정치적 원리로 채택되어 자치에 관한 미국 특유의 이상을 뒷받침하게 되었다. 다시 말해, 가상대표는 자치라는 고전적 이상을 부정했음에도 불구하고, 직접적인 자치보다는 자신의 개인적 자유와 권리를 보호하는 데 더 큰 관심이 있었던 사람들이 선호했던 대안적인 자치의 원리 –즉, 대의원을 통한 간접적인 자치– 를 뒷받침하게 되었다(Michelman 1986, 52).[28]

▮ 자치의 자유공화주의적 재해석과 대법원의 역할

그러면 미국헌법은 과연 어떤 의미에서 자치의 헌법인가? 마이클만은 자치와 관련하여 미국헌법이 보호 또는 보장해주는 두 가지 측면의 긴장과 통합의 가능성을 모색함으로써 자신의 자유공화주의적 헌정주의의 윤곽을 그려가기 시작한다.

미국헌법은 연방, 주 그리고 지역정부의 권력을 억제함으로써 개인과 다

---

27) 일부 부패한 버러에서는 주민이 거의 없었는데도 의원들을 의회에 보냈고, 일부 인구가 많은 도시들에서는 대의원들이 전혀 배출되지 않았다. 하지만 고전적인 혼합정부 이론에서 보면 이런 환경은 전혀 문제가 되지 않았다. 보통 사람들은 수가 너무 많아서 하나의 집단으로 존재하기 어렵다. 자체의 고유한 시각과 견해를 갖고 있는 대체 가능한 집합체(fungible collection)로 인식되는 한, 보통 사람들은 실제로 존재하는 대의제도를 통해 가상적으로 존재하는 것으로 간주되었다.

28) 물론 가상적인 대표가 아니라 실질적인 대표를 요구했던 흐름도 있었다. 하지만 마이클만은 미국헌정주의 해석에 관한 가장 중요한 두 가지 대표이론은 자유주의적 다원주의 대표이론과 (심의민주주의 이론과 결합된) 가상적 대표이론이라고 본다(Michelman 1986, 54-5). 이 차이에 대해서는 후술할 것이다.

양한 결사들의 자율성을 보호하는 한편으로, 집단적인 결정을 통해 정치공동체가 지향해야 할 가치를 선택할 수 있도록 보장한다. 이 두 가지 원칙들 – 개인적 자결과 집단적 자결– 사이의 충돌은 미국헌법이 보호하고자 하는 자치라는 일반적 이상에 내재하는 긴장을 반영하는데, 자신의 이름으로 이 긴장을 적절히 유지해온 미국헌법은 자치의 헌법으로 부를 수 있다고 본다(Michelman 1986, 56).

이 설명은 공적인 영역과 사적인 영역의 구분을 전제한다. 다시 말해, 이 설명은 일상적인 통치영역으로부터 안전하게 분리된 독립적 영역을 상정하는데, 이 속에서 개인들은 자치가 지닌 중요한 한 측면을 실현할 수 있는 것으로 본다. 하지만 사적인 영역에서의 자치는 미국헌법이 보호하는 자치의 이중성 중 일면에 해당될 뿐 그 전체는 아니라는 데 문제가 있다. 공적인 영역에서의 자치가 수반되지 않은 사적인 영역에서의 자치는 그 자체가 불충분할 뿐만 아니라, 그 자체를 지속적으로 유지해가기 어렵기 때문이다(Michelman 1986, 56).

그런데 공적인 영역과 사적인 영역의 구분 및 이 양 영역에서의 자치가 미국적 자치의 이상을 온전히 표현한다고 하는 주장은 자유주의적 다원주의와 공화주의를 동시에 표방하는 것으로 이 긴장을 해결하려는 다양한 헌법해석 혹은 재구성 작업을 자극해왔는바, 마이클만은 '가까운' 공화주의가 수용한 소극적 자유의 가치를 보호하는 대법원의 심의 속에서 공적인 자치의 흔적을 발견한다.[29] 마이클만은 헌법이 참여민주주의가 아니라 (피치자들과 구분된) 통치자들 –대의원들– 의 주권적 권위를 인정하고 있다는 분명한 사실과, 대부분의 일반 사람들은 헌법이 실제로 작동하는 방식 –혹은 헌법입안자들이 의도했던 것– 을 상상하는 데 어려움이 있다는 사실 및, 최소한 '합리적으로 생각하는 우리 [국민]'을 법원과 일체화시킬 수 있다는 근거를 들어, 특히 대법원의 헌법적 심의를 공적인 자치에 관한 가장 현실적이며 최선의 해석으로 제시한다(Michelman 1986, 57, 74).[30]

29) 마이클만은 「법의 공화국」에서는 자치의 가능성을 다양한 시민사회 행위자들에게까지 열어놓고 있는데, 이것은 「자치의 흔적들」에서 두드러지게 나타난 법원중심주의를 벗어나고자 한 노력을 반영한다고 볼 수 있다. 이에 대해서는 후술할 것이다.

30) 마이클만은 공화주의자들의 현실적 패배에도 불구하고 미국헌법은 최소한 부분적으로나마 여

물론 마이클만은 공적인 자치의 흔적을 대법원의 헌법적 심의에서 찾을 수 있다고 보는 자신의 입장이 법원숭배주의(court-fetishism)로 비춰질 수 있다는 것을 예상한다.[31] 하지만 '자치의 요새'(bastion of self-government)로서의 법원이라는 관념에는 더 낙관적인 가능성이 있다고 주장하는 동시에 이에 대한 비관주의적인 견해들을 비판함으로써 자신의 주장을 뒷받침한다(Michelman 1986, 74-7).

사법심사의 '反다수결주의적 난점'을 인정하는 비관적인 견해는 한 나라의 통치권 혹은 정치적 자유는 공급이 제한되어 있기 때문에 대법원에 더 많은 권한을 인정해줄수록 국민의 적극적 자유는 그에 비례하여 축소된다고 본다. 하지만 마이클만은 이런 비관적 견해가 적극적 자유와 소극적 자유의 혼동, 미국과 제네바의 혼동, 그리고 (둘째 혼동과 결합되어 있는) 입법부 및 행정부와 국민의 혼동이라는 세 가지 혼동을 바탕에 두고 있다고 비판한다(Michelman 1986, 75).

첫째, 자유가 단순히 자신이 의지한 대로 행하고 명령하는 것이라면, 한 행위자의 자유와 다른 행위자의 자유 –즉, 법원의 자유와 나라의 자유– 는 비관주의가 가정하는 것처럼 서로 마이너스 관계를 형성할 것이다. 자유들은 서로 충돌할 것이며 결국 하나만이 승리할 것이다. 하지만 자유가 사회적인 맥락 안에서의 자기통제(self-direction) –즉, 자신처럼 스스로를 통제할 수 있는 타인들과의 우정을 반영하는 규범들에 의한 자기통제– 로 이루어져 있다면, 한 행위자의 자유와 다른 행위자의 자유는 덧셈적인 관계를 형성할 것인바, 이것은 어떤 다른 행위자들과 마찬가지로 판사들에게도 해당된다(Michelman 1986, 75).

둘째, 제네바의 시민들은 적극적인 자유가 직접민주적인 자치를 통해 실현될 수 있다고 상상할 수 있었다. 그래서 직접적인 자치를 초월해 있는 어떤 법적 권위를 상정할 필요가 없었다. 하지만 미국에서 국가수준의 정치는 적극적인 자유의 영역, 곧 자치의 영역이 아니다. 하나의 조직화된 국가로서 미국인들은 '우리 국민'으로부터 구분되는 자율적인 통치자들을 분리하는 것에

전히 적극적 자유 -곧 정치적 자치- 의 이상을 간직하고 있어서, 이 이상이 실현되고 있거나 실현될 수 있다는 증거를 찾아야 한다고 본다. 대의원들 사이의 심의, 특히 그 중에서도 대법원의 심의를 공적인 국민자치의 현실적 흔적(증거)으로 볼 수 있다는 그의 주장은 바로 이와 같은 헌법적 요구를 반영한다.

31) 실제로 이와 같은 비판이 제기되곤 한다. 한 예로 K. Abrams(1988)을 볼 것.

동의할 수밖에 없었다. 미국인들은 그 분리를 부정해서는 안 된다.

셋째, 의회는 '우리 국민'이 아니며 대통령도 '우리 국민'이 아니다. 엄밀히 말해, 그들의 결정은 '우리 국민'의 자치가 아니다. 그러므로 그런 결정들을 뒤엎는 판사들이 반드시 우리의 자유로부터 무엇인가를 삭감하는 것은 아니다. 그들의 행위는 우리의 자유를 증대시킬 수도 있다. 그것은 상황에 달려있다. 그리고 판사들이 미국인들의 자유를 증진시킬 수 있는 한 가지 조건은 그들 자신의 자치과정에 대한 판사들의 서약이다(Michelman 1986, 75).[32]

물론 대법원 판사들이라고 해서 의회가 제정한 법을 마음대로 무효화 시킬 수는 없다. 그들은 모든 자치가 그런 것처럼 노모스(nomos), 곧 통합성을 지닌 (인식 가능한) 규범적 우주 안에서 법을 집행한다. 미국의 사법적 규범체계(nomos)에서는 인민주권, 정부 내에서의 책임 분할, 소송 당사자들에 대한 정의(justice to parties) 등에 관한 강력한 규범이 있다. 대법원 판사들은 이와 같은 통합적 법질서의 요구들에 부합해야 할 의무가 있다.

이 맥락에서 마이클만은 (대)법원의 '긍정적' 기능을 부각시킴으로써 대법원을 '자치의 요새'로 간주하는 자신의 주장을 뒷받침한다. 그것은 특히 소송의 모든 당사자들을 정의롭게 대해야 한다는 규범 –법의 평등 보호– 에 반영되어 있는 것으로 '대화'를 통한 심의 기능이다(Michelman 1986, 76-7). 소송 당사자들을 평등하게 대해야 한다는 원칙은, 모든 소송 당사자들이 동등한 이유제시의 기회 및 그에 대한 이의제기의 기회를 가져야 한다는 규범을 표현하는 것으로, 실천이성의 발휘 및 대화를 요구한다.

마이클만은 대법원의 대화적인 심의 속에서 국민자치의 흔적을 발견할 수 있다는 자신의 주장은 '통합성으로서의 법' 관념을 제시한 드워킨의 입장에 비해 공화주의적인 감수성을 훨씬 더 강하게 반영하고 있다고 본다. 마이클만은 드워킨의 『법의 제국』(1986)에서 등장하는 완벽한 판사 허큘리스는 미국헌정주의에 내재하는 중요한 공화주의적 유산 –대화를 통한 심의– 을 전혀 반영하지 못한다고 비판하면서 자신의 헌정주의가 지닌 장점을 부각시킨다.

32) 물론 재판과 사법심사에 참여하는 대법원 판사들도 그런 기능을 수행하는 중에는 시민으로 존재하지 않는다. 그들은 국가의 기관들이며, 국가 법률의 궁극적인 수호자들이다. 비록 이런 사법적 직책 자체가 사법적인 구성물이라 해도 법의 존재는 그와 같은 사법적 권위의 필요성을 함축하고 있다.

드워킨의 신비한 판사 허큘리스는 단독으로 존재한다. 그는 너무나 영웅적이다. 그의 설화적 구성은 독백들이다. 그는 누구와도 대화하지 않는다. 책을 제외하고는 말이다. 그는 어떤 만남도 갖지 않는다. 그는 타자를 만나지 않는다. 어떤 것도 그를 흔들지 않는다. 어떤 대화 상대자도 그의 경험의 필수적인 고립성(insularity)을 침해하지 않는다. 그는 결국 단지 남자일 뿐이다. 그는 전체 공동체가 아니다. 어떤 남자나 여자도 공동체가 될 수 없다. 드워킨은 항소법원(appellate bench)의 가장 보편적이고 놀라운 제도적 특징으로 보이는 것, 즉 다원성(plurality)에 관심을 두지 않고 판단하는 항소법원을 신격화(apotheosis)했다. 우리는 그 다원성(복수성)이 무엇을 위한 것인지를 고찰해야 한다. 나의 제안은, 그것이 우리의 자유에 관심을 갖는 사법적인 자치의 한 측면으로서 사법적인 실천이성을 지원하는 대화를 위한 것으로 본다. 거기에 사법적 기구의 정치를 위한 메시지가 있다. 법의 정치를 위한 메시지는 말할 것도 없이 말이다(Michelman 1986, 76-7).

▌다원주의와 애커만의 공화헌정주의 비판

대법원의 심의에서 국민자치의 흔적을 발견할 수 있다는 자신의 주장이 법원숭배주의를 반영하고 있다는 비판을 예상한 마이클만은, 「법의 공화국」에서 그와 같은 비판에 대응할 수 있는 시민사회 친화적인 이론을 개진했다. 즉, 그는 「법의 공화국」을 통해 (적어도 표면상으로는) 시민사회 속에서 공화주의적인 대화와 심의의 유산을 찾고자 시도했다. 그럼에도 불구하고 「법의 공화국」은 궁극적으로 대법원의 핵심적인 역할을 포기하지 않고 있다는 점에서 여전히 법원 중심 헌정주의를 청산하지 못했다.

마이클만의 자유공화주의는 대화와 심의를 강조하는 공화주의 전통을 수용하지만, 인간을 본성적으로 정치적인 동물로 보는 '먼' 공화주의적 입장은 받아들이지 않는다(Michelman 1988, 1503-4). 그는 '먼' 공화주의에서는 확실한 대답이 있다고 여겨져온 다음과 같은 문제들, 즉 무엇이 영혼에 좋은지, 개인적 자유의 근원이 어디에 있는지, 그리고 시민권이 과연 근본적인 인간적 선인지에 관한 문제들에 대해서는 유일한 정답을 찾을 수 없다고 본다. 하지만 그는 대화와 심의를 정치의 핵심 요소로 간주하는 공화주의 정치관을 수용하지 않는다면 헌정주의에 대한 설득력 있는 설명과 분석을 제시할 수 없다고 강조한다(Michelman 1988, 504).[33)]

그러므로 「법의 공화국」에서 마이클만의 주된 과제는 ('가까운' 공화주의가 수용한) 개인의 권리보호를 강조하는 자유주의적 입장과, 법의 유일한 원천이자 권리의 보장자로서 행위하는 국민 –자치적 국민– 이라는 공화주의적 이상을 통합시켜 '대화적인 헌정주의'(dialogic constitutionalism)를 제시하는 것이다. 그가 「법의 공화국」에서 제시한 '법생성정치'는 그와 같은 기획을 구체적으로 뒷받침하는 핵심적인 개념으로, 다양성 –특히 다양한 시각과 관심– 을 포용하는 개방적인 심의적 공화정치 원리를 시민사회에까지 확대 적용한 것이다.[34)]

이와 같은 시도의 일환으로 마이클만은 먼저 개인의 권리를 보호하고자 하는 법치의 이상과 공화주의적인 자치의 이상이 현대의 다원주의적 정치관과 애커만의 이원민주주의 –특히 헌법정치– 적 틀 내에서 성공적으로 통합될 수 있는지를 비판적으로 검토한다. 이와 같은 경쟁적인 시도들에 대한 비판적 검토는 마이클만의 문제의식을 보다 분명히 드러내줄 뿐만 아니라, 그의 이론적인 통합 시도가 경쟁적인 대안들에 비해 어떤 점에서 더 우수한지를 이해할 수 있도록 해준다고 보기 때문이다.

먼저 다원주의적 정치관은 개인의 권리를 보호해주는 (헌)법을 정치를 초월해 있는 선험적 영역에 존재하는 것으로 가정한다. 이것은 법을 민주적 자치와는 무관한 생경한 힘으로 간주하는 것으로, 다원주의가 참여적 시민에 의한 법생성정치의 가능성을 부정한다는 것을 의미한다. 정치를 시장과 유사한 기능을 하는 것으로 보는 다원주의적 틀은 상위법(=헌법)이 없으면 유지되기 어렵다. 다원주의적 관점에서, 헌법이 정치와 맺고 있는 관계는 사법이 자유시장과 맺고 있는 관계와 유사하다. 즉, 헌법은, 정치과정 바깥에서 그 과

---

33) 그는 「법의 공화국」에서도 다시 한 번 공화주의의 다양한 흐름을 비판적으로 개관하며, 현대사회의 다원성 -권리에 대한 현대적 관점- 을 수용할 수 있는 자유공화주의적 입장이 적실성과 규범성 측면에서 공히 우월하다고 주장한다(Michelman 1988, 1506-7).

34) 물론 이것이 법원 중심적 헌정주의를 완전히 극복했는지의 여부는 별개의 문제이다. 그가 여전히 법원중심주의를 극복하지 못했다는 것이 이 글의 입장이며, 다른 학자들도 그렇게 보는 것이 일반적이다.

정에 일정한 구조와 질서는 물론, 안전성과 공정성 및 유용성까지 부여하는 관할규칙체계(a body of governing rules)와 같다(Michelman 1988, 1508).

헌법에 대한 다원주의적 합리화는 대체로 다음과 같은 공통된 논리에 입각해있다. 즉, 다양한 개인들과 집단들의 前정치적 목표들과 이익들을 두고 볼 때, 그리고 필연적으로 전략적인 동기가 개입되어 있는 다양한 사회적 상호작용을 두고 볼 때, 그런 상호작용에 참여하는 모든 행위자들이 문제의 헌법을 채택하는 것이 다른 대안들을 선택하는 것보다 더 합리적이라는 것이다. 이런 정당화 방법은 몇 가지 다원주의적인 전제들에 입각해 있는데, 그 중 일부는 서술적이거나 사회과학적인 것들이며, 다른 일부는 특정한 합리성 관념 –자아와 그 목적들 및, 자아와 타인들의 관계에 관한 특수한 규범적 발상에 뿌리를 둔– 을 상정하고 있다는 점에서 규범적이거나 철학적이다(Michelman 1988, 510). 다원주의는 이런 과학적 · 철학적 전제들을 자명한 것들로 간주하며, (각인이 그것을 인식하든 인식하지 못하든) 문제의 법을 이성, 본성, 공정성, 효용 혹은 다른 올바름의 기준들에 관한 모종의 객관적인 관념에 부합하는 것으로 받아들여야 한다고 주장한다(Michelman 1988, 511). 다시 말해, 법은 (전략적인 동기에 따라 움직이는) 이기적인 사회적 계약자들에 의해 수락될 합리적 근거를 갖고 있기 때문에 만인에 의해 수락된 것으로 간주한다.

하지만, 마이클만에 의하면, 헌법의 합리성에 대한 다원주의자들의 주장은 실제의 정치사와 무관하기 때문에 궁극적으로 선험적인 것 –혹은 롤스가 "형이상학적"이라고 부른 것– 이다(Michelman 1988, 511). 그리고 그와 같이 순전히 선험적인 주장만으로는 헌법이나 다른 법에 유효한 규범적 타당성을 부여할 수 없다. (이런 점에서 다원주의적 정치관은 부적절하다) 공화주의적인 관점에서 보면, 다원주의자들이 가정하고 있는 서술적이고 규범적인 전제들에 대한 실질적인 사회적 합의가 결여되어 있기 때문에, 그런 전제들에 입각해 있는 법의 권위는 국민적 자치의 권위를 반영하지 못한다. 따라서 (헌)법의 규범적 타당성을 확보하기 위해서는, (헌)법이 (실제적인 사회적 · 경험적 상황에서) 그 법에 따르는 모든 사람들에 의해 실질적으로 수락될 수 있을지를 검토해야만 한다(Michelman 1988, 1511).

애커만의 이원민주주의적 기획은 마이클만의 다음 표적이다. 주지하듯이, 애커만은 『연방주의자문서』 78에 제시된 연방주의자들의 주장을 이원민주주의적인 것으로 해석하여, 미국헌법이 일상정치와 헌법정치의 두 가지 트랙으로 구성된 민주정치체제 형태를 띠게 되었다고 주장한 바 있다. 이런 애커만의 시도는 마이클만이 모색하고자 하는 법생성정치의 가능성을 보여준다는 점에서는 칭송할 만하다. 거기에는 공공정신에 충일해 있을 뿐만 아니라 (국가의 과거 헌법과 과감한 단절을 시도하고자 한) 정치적으로도 활성화된 국민의 동원과 결정이 반영되어 있다. 그런 의미에서 애커만의 이원민주주의적 해석은 학계와 법조계에서 제시된 것들 중에서 가장 민중주의적이며 진정으로 공화주의적인 헌법이론이다(Michelman 1988, 520).

하지만 애커만의 헌정주의는 공화주의적 심의정치를 일상적인 정치에서는 실현할 수 없는 것으로 간주하고 있다는 점에서 근본적인 문제점이 있다. 약 2세기에 걸친 헌정사에서 헌법정치는 예외적인 시기 –건국, 재건기, 뉴딜 시기– 에서만 등장했다. 이런 예외적인 시기에는, 정치적으로 활성화된 '우리 국민'이 새로운 헌법적 의지를 모으기 위해 주도적인 역할을 수행했다. 하지만, 대부분의 정치활동이 수행되는 (오랜 기간의) 일상정치 시기에는 주로 '사적 시민'으로서 사생활을 영위하는 데 안주해왔다. 이런 측면에서 보면, 2세기 걸친 헌정사에서 '우리 국민'은 대부분의 시기를 정치적으로 수동적인 역할을 해온 셈이다.

더구나 애커만의 이원민주주의에서는 다른 대의기관들 –특히 대법원– 의 (건국행위로 상징화되는) 창조적인 심의행위가 근본적으로 부정된다. 오랜 기간 지속되는 일상정치 시기에는 헌법정치 시기에 일시적으로 표출되었던 국민의 헌법적 의지가 지배해야만 한다. 따라서 그 동안 중요한 사회적 변화가 발생하여 국민의 헌법적 의지가 시대적 타당성을 잃었다고 해도, 새로운 헌법정치의 시기를 통해 국민의 새로운 헌법적 의지가 새 헌법에 안치될 때까지는 헌법을 변경하려 해서는 안 된다. 즉, 정치적으로 활성화된 다수의 국민이 주도한 헌법수정 의지에 의해 뒷받침되지 않을 경우, 사법부에 의한 헌법개정 시도는 근본적으로 민주적 권위의 찬탈로 간주된다(Michelman 1988, 1521).[35] 그리하여 동성애자나 이주민과 같은 소수집단들의 항변을 반영하여

35) 마이클만이 볼 때, 이와 같은 애커먼의 이원민주주의적 헌정주의는 일종의 민중적 권위주의(popular authoritarianism)로 받아들여질 수 있다. 일단 과거의 헌법정치 시기에 정치적으로 활성화된 국민의 헌법적 의지가 헌법에 안치되면, 그것이 아무리 부당한 요소를 지니고 있

헌법을 더 포용적으로 개정한다든지, 헌법소원에 대한 대법원의 판결과 같은 일상정치 방법을 통해 기존의 헌법적 원칙들을 재검토해서 수정하기 어렵다(Michelman 1988, 1523).[36] 요컨대, 헌법개혁 과정에서 사법부는 국민의 헌법 수정 행위를 축복하는 역할을 수행해야 하지(benedictory), 헌법개혁을 주도함으로써 미래에 적합한 헌법을 만드는 "예언적"인 역할을 해서는 안 된다(Michelman 1988, 1521).[37]

다원주의적 정치관과 애커만의 헌정주의에 대한 마이클만의 비판은 「법의 공화국」에서 마이클만이 모색하는 자유공화주의적 헌정주의의 윤곽을 이해하는 데 도움이 된다. 다원주의는 법을 국민의 자치과정과 유리된 형이상학적인 기원을 갖는 것으로 간주함으로써 자치의 이상에 반한다는 마이클만의 비판은, 법을 국민의 지속적인 자치의 산물로 이해하게 해주는 공화주의적 비전에 기대게 만든다. 그리고 애커만의 이원민주주의적 헌정주의에 대한 마이클만의 비판 –즉, 헌법개혁을 매우 간헐적인 헌법정치의 산물로 이해함으로써 일상정치 시기의 헌법개혁 가능성을 근본적으로 부정하고, 소수자들의 이의제기나 대법원의 재심의를 통해 헌법적 개혁이 일상적으로도 수행될 수 있다는 것을 부정함으로써 일종의 민중적 권위주의에 빠지고 있다는 비판– 은, 시민사회에서 항구적으로 진행되는 국민들의 대화가 지닌 헌정주의적 의의를 더 강조하게 만든다. '법생성정치' 관념은 다원주의 정치관과 애커만의 공화헌정주의의 취약성 –그리고 부분적으로는 「자치의 흔적」에서 제시된 자신의 법원 중심 헌정주의의 취약성 및 대화를 결여한 드워킨의 헌정주의– 을 극복하기 위해 마이클만이 제시한 최종적인 해결방안을 응축하고 있다.

다고 해도 그 헌법을 개정하려는 노력은 반민주적인 것으로 치부되기 때문이다.

36) 마이클만은 마키아벨리 정치사상에 대한 피트킨(H. Pitkin)의 '도전적인 해석'과, 정상과학의 유지와 변화에 대해 주변적 시각이 미치는 결정적 중요성을 강조한 쿤(T. Kuhn)의 과학혁명에 대한 설명을 예로 들어 자신의 주장을 뒷받침한다(Michelman 1988, 1518-24).

37) 마이클만은 Brown소송으로부터 Loving소송에 이르는 일련의 사법결정들이 국민에 의해 실질적으로 수행된 헌법개혁의 '최종적 승리'를 표시하고 공고화하는 것으로 묘사할 수 있다는 것을 인정하지만, 그것이 그 사건들을 묘사하는 최상의 방식은 아니라고 주장한다. 즉, 그 소송들에서 법정의 역할은 (과거의 성취를) 축복하는 것이었다기보다는 예언적인 성격이 더 강했다고 해석할 수도 있다(Michelman 1988, 523-4).

▌법생성정치와 대화적 헌정주의

그러면 자유공화주의적 법생성정치의 필요조건은 무엇인가? 마이클만은 이 질문을 다룸으로써 다원주의 사회를 배경으로 공화주의적 심의정치가 일상적으로도 지속될 수 있는 가능성을 모색한다. 마이클만에 의하면, 다원주의적인 현대사회에서는, 정치적 절차가 다음과 같은 조건들을 충족시킬 때, 그 절차를 통해 형성된 법이 규범적 타당성을 담보할 수 있다(Michelman 1988, 527-8). 첫째, 그 절차에 참여함으로써 참여자들 일부 혹은 전부의 중요한 이해들이 변화 또는 조정을 겪게 된다는 조건, 둘째, 일군의 규범적이며 절차적인 조건들이 존재하는바, 그런 절차적 조건 아래서의 대화를 통해 자신의 이해들이 변하는 과정은 자신의 정체성과 자유를 침해하지 않아야 한다는 조건 (다시 말해 강제적이거나 침략적이어서는 안 된다는 조건), 셋째, 그런 조건들이 실제로 법생성적이라 여겨지는 절차에서 실제로 유효하다는 조건이다(Michelman 1988, 1527). 이런 조건들은 미국헌정주의의 두 가지 (모순적인) 이상인 자치와 법치를 현대의 다원적이고 자유주의적인 사회에서 동시에 구현하고자 할 경우 (미국인들이 자신과 사회적 관계들에 대해서는 물론, 대화를 통해 자기자신을 수정할 수 있는 능력에 대해서도) 반드시 견지해야 할 신념들을 표현한다(Michelman 1988, 1527). 이런 신념들을 전제하지 않고 무조건적으로 자유공화주의적 헌정주의가 가능하다고 주장하는 것은 비현실적일 뿐만 아니라 무책임한 일이기 때문이다.

여기서 현대의 다원주의적 사회에서 실현 가능한 대화적 헌정주의를 모색함에 있어 둘째 조건이 지닌 중요한 함축성을 지적하고 넘어갈 필요가 있다. 둘째 조건은 사회적인 대화에 의한 자극(social-dialogic stimulation)을 통해 개인들이 자기를 끊임없이 수정해갈 수 있는 가능성을 표현하고 있다. 보다 구체적으로 말해, 그것은 자아에 대한 특수한 관념, 즉 자신의 정체성과 자유의 핵심이 자신의 정체성을 구성하는 목적들과 서약들을 비판적으로 검토할 수 있는 능력에 있다고 보는 특수한 자아관을 전제한다. 동시에 그 조건은 자아가 자기비판과 수정에 필요한 자원을 타인들의 다양한 시각들로부터 끌어올 수 있으며, 자신의 현재적인 이해들을 그런 이해들을 배경으로 테스트할 수 있다고 보기 때문에 다원성과 역사성을 함축하고 있다. 그런 의미에서 이 둘째 조건에 함축된 자아와 자유에 대한 발상들은 현대의 다원적인 미국 사회에서 실현될 수 있는 정치적 자유 –자치– 의 필수조건이다(Michelman 1988, 1528).

이 맥락에서 마이클만은 다원성 혹은 다양성을 수용하는 것이 공동체의 정치적 정체성, 곧 헌법의 통합성에 대해 가하는 근본적인 도전을 부각시킴으로써, 시민사회에서 진행되는 포용적인 심의를 통해 헌법정치가 일상정치 차원에서 지속적으로 작동하는 메커니즘을 조명한다.

마이클만에 따르면, 다원성의 법적 형식은 불확정성(indeterminacy)이다(Michelman 1988, 1529). 이 불확정성은 전승된 규범체계가 다양한 해석에 붙여질 수 있는 가능성이다. 보다 구체적으로 말해, 그것은 계류 중에 있는 소송이 상이한 법해석으로 인해 다양하게 해결될 수 있는 가능성 및 앞으로 규범체계가 상이한 해석을 통해 다양한 방식으로 진화할 수 있는 가능성을 의미한다. 그런 의미에서 법적인 불확정성은 미국의 법적 관행이 지닌 특징, 곧 대화를 통한 비판적인 자기수정 능력의 전제조건이다.

그런데 법생성과 관련된 불확정성이 대화를 통한 자기수정 능력과 연계되어 있다는 사실은, 그것이 주로 정치공동체의 중심부보다는 주변부에 있는 소수자들의 행위에 의해 유지·확대된다는 사실을 알려준다(Michelman 1988, 1529). 왜냐하면, 정치공동체의 주변부에 있는 소수집단들은 헌법을 확정된 것 혹은 수정해서는 안 되는 것으로 신성시하는 경향이 있는 중심부 사람들에 비해, 그 헌법의 부당성과 제한성(혹은 배제적 성격)을 지적하면서 새로운 헌법적 대화를 요청할 개연성이 있기 때문이다. 그러므로 법생성의 불확정적 성격은 (지금까지 배제되어온 타자들을 집단적 대화에 포용하려는 끊임없는 노력을 통해서) 법을 통해서 정치적 자유를 실현할 수 있는 가능성을 시사해준다(Michelman 1988, 1529).

헌법의 동등보호원칙이 지닌 불확정적 성격은 한 가지 좋은 예이다(Michelman 1988, 1530). 이 원칙은 평등하지만 분리되어 있는 공적 시설물들에 적용될 수도 있고, 형식적으로 중립적인 인종 간 섹스와 혼인법에 적용될 수도 있다. 이 원칙의 불확정성은, 미국의 법문화에서, 인종의 사회적 구성과정(social construction), 그런 구성과정 속에 내장되는 종속적인 동기부여와 의미들, 그리고 그런 동기부여와 의미들을 유지·재생산하는 법질서 –형식적 평등에 관한 법이론을 포함– 의 부정의를 확신하게 되면서 발생한다. 예컨대, 1960년대 미국의 흑인 시민권 운동은 자기해방이라는 비교적 제한적인 목표를 가지고 시작했지만, 점차 자신들의 상황이 미국의 헌법에 대해서 갖는 의미에 대해 중심부 사람들과는 다른 이해를 발전시키면서 더 고조되었고, 그 결과 미국사회에 엄청난 충격을 가했다. 그들은 기존의 헌법이 자신들에게 허용했던 부분적인 시민권(partial citizenship)의 불공정을 비판한 동시에, 그 부분적인 시민권을 활용하여 추가적인 시민권 확대를 이끌어냄으로써 헌법에 내재하는 불확정성을 보다 평등주의적으로 발현시켰다. 그 결과 그들은 인종 문제에서 뿐만 아니라 다른 문제들에서도 헌법에 명확한 흔적을 남길 수 있었다(Michelman 1988, 1530). 이처럼 한 때 사회의 주변부에 있던 소수자들이 부당한 사회적 관행과 그것을 뒷받침하고 있는 (헌)법질서의 편파성과 부정의를 지각하고 비판하게 되면서, 헌법적 불확정성(=다원성)은 특정한 방향으로 표출될 수 있게 된다. 그리고 소수자들의 사법적 대리인들은 그와 같은 도전적 행위에 자극을 받아 그 도전들을 뒷받침하는 (헌)법적 해석을 내릴 수 있었다.

하지만 시민권 운동의 교훈은 (눈에 가장 잘 띄는 공식적인 제도들인) 다양한 수준의 입법부들 –국회, 주, 그리고 주요 자치도시의 의회– 을 법생성정치와 정치적 자유의 유일한 공간으로 생각하는 사람들에게는 잘 포착되지 않는다. 물론 이런 종류의 공식적인 제도들은 반드시 필요하다. 하지만 반드시 유념해야 할 사항은, 현대 미국사회에서는 규범적으로 중요한 많은 대화들이 선거정치 및 입법정치와 관련된 공식적 채널들 바깥에서 발생한다는 사실과, 그와 같은 공식적 채널들이 다수 시민들에게 자기수정적인 대화에 참여할 수 있는 기회를 거의 제공하지 않는다는 사실이다(Michelman 1988, 1531).

마이클만은 자기수정적인 대화의 경험이 사회의 많은 장소에서, 다시 말해, 넓은 의미의 공적인 삶이 영위되는 다양한 장소들에서 다양한 형태로 발생하기를 기대한다. 타운 미팅, 지방정부기관들 안팎, 공민적이며 자발적인 조직들, 사교클럽이나 레크리에이션 클럽, 공립학교 및 사립학교, 다양한 조직의 경영자 및 리더 집단들, 공장과 가게, 공적인 행사들과 거리 등, 이런 공간들은 모두 잠재적으로 자기변형적인 대화의 장소들이다(Michelman 1988, 1531).

이 맥락에서 마이클만은 시민사회의 법생성정치가 공식적인 성문법화로 나아가는 메커니즘을 설명한다. 시민사회의 일상적인 만남과 교류에서 토론되고 형성되는 사회세계에 관한 이해들이 공식적인 (헌)법으로 전환되지 않는다면 시민사회에서의 법생성정치라는 개념은 성립할 수 없기 때문이다. 하지만 마이클만은 시민사회에서의 법생성적 대화(정치)의 결과물 중 어떤 것들이 어떤 방식으로 국가의 공식적인 정치적 대의기관들에 전달되는지를 설명하지 않은 채로, 그것들이 대의기관들에 전달되어 정부의 정책결정 및 입법화에 반영될 것으로 기대한다(Michelman 1988, 1531). 그런 낙관적 기대를 가지고 마이클만은 시민사회에서의 수많은 만남과 교류들이야말로 공화주의적 자치와 법생성정치의 원천이자 주요 채널이라고 주장한다. 그가 볼 때 시민사회에서 이루어지는 모든 크고 작은 대화체들은 그 내용이 어떤 것이든 광의의 의미에서 시민권의 영역에 속한다. 이렇게 보면 시민권은 국가 업무에 대한 공식적인 참여는 물론, 공공생활이나 사회생활에 평등의식과 자존감을 가지고 참여할 수 있는 모든 행위까지도 포함된다(Michelman 1988, 1531). 마이클만은 이와 같은 시민사회 중심적 시민권 관념이 미국의 역사와 잘 부합하면서도 오늘날 강력히 부활하고 있는 공화주의적 흐름을 잘 반영한다고 본다.

정리해보면, 지금까지 마이클만은 법생성정치와 관련하여 다음과 같은 두 가지 연관된 주장을 개진했다. 하나는 공화주의적 대화는 오직 억압적이고 시민배제적인 중앙집권적인 권력행사에만 연관된 것이 아니고, 헌법을 포함한 중요한 사회정치적 규범들을 대화를 통해 스스로 수정할 수 있는 시민들 사이의 자치의 산물로 볼 수 있도록 해주는 사회적·절차적 조건들과도 연관되어 있다는 것이었다. 그리고 다른 하나는 (논란의 여지가 큰 주장으로) 시민사회에서의 법생성정치는 궁극적으로 공식적인 대의기관들로 전달되어 입법과 정책의 토대가 된다는 주장이었다.

미국의 헌정사 해석 및 규범적 입장과 연관되어 있는 첫째 주장에 대해서는 이론이 있을 수는 있지만 큰 논란이 발생할 가능성은 낮다. 하지만 둘째 주장은 시민사회론적 법생성정치의 진정성 및 그 비중(혹은 중요성)에 대해 적지 않은 의심을 불러일으킬 수 있는 여지가 있다. 왜냐하면, 이 둘째 주장의 결론으로 마이클만은 「자치의 흔적」에서 개진한 (대)법원중심주의를 다시 내세우고 있기 때문이다(Michelman 1988, 1532).

마이클만은 법생성정치의 원천을 국가의 공식적이고 강제적인 절차와 분리된 자율적인 시민사회 영역에 귀속시키는 한편, 국가의 공식적인 제도들이 시민사회적 대화의 내용을 기반으로 정책과 입법을 한다고 주장했다. 그리고 무엇보다 법원이 현존하는 헌법의 규범적 타당성을 의심스러워하는 소수자들의 의심을 반영함으로써 (헌)법에 수정 –해석을 통한– 을 가할 수 있다고 보아, 대법원의 사법심사가 특별히 反민주적이라는 비판을 피할 수 있다고 본 듯하다. 하지만 마이클만은 법원이 시민사회의 요구를 '수동적으로' 받아들이고, 그에 따라 '적극적으로' 헌법을 수정한다고 보지만은 않았다. 그는 오히려 대법원 판사들이 시민사회의 대화를 주시하고 주재함으로써(presiding over) 정치공동체의 헌정사에 대한 자신들 –대법원 판사들– 의 이해에 부합한다고 생각되는 시민사회의 요구들만을 선택적으로 (헌법수정 과정에) 반영해야 한다고 생각했다.

요컨대, 마이클만은 궁극적으로 시민사회에서의 대화보다는 대법원에서의 심의에서 진정한 법생성정치의 원천을 (새롭게) 발견한다. 그가 볼 때, 일반 시민들은 공화주의적 대화정치를 통한 헌법의 계속적인 수정을 봉쇄할 수 있는 모순적인 특성을 지니고 있다. 왜냐하면, 그들은 언제라도 공화주의적인 국가를 자기부정의 정치(politics of self-denial)로 타락시킬 수 있는 폐쇄성을 드러낼 수 있기 때문이다(Michelman 1988, 1532). 다시 말해, 시민들은 (정치적으로 각성된 경우에도) 그들의 현재 상태를 도덕적으로 완성된 상태로 간주하여 자기수정적인 쇄신 가능성을 포기해버림으로써, 헌법의 지속적인 개선에 필요한 다원성 –특히 다양한 소수집단들의 시각– 을 부정해버릴 수 있기 때문이다. 마이클만은 이와 같은 시민들의 자기폐쇄적 경향을 경고하고 차단함으로써 공화주의적 심의정치가 시민사회와 공식적인 대의기관들에서 지속될 수 있도록 돕는 역할을 바로 대법원에 맡기고 있다(Michelman 1988, 1532).

게다가 「법의 공화국」에 제시된 마이클만의 최종적인 입장이 「자치의 흔적들」에서 선명히 표현되어 있는 법원중심주의의 연장선상에 있는 것으로 볼 수 있는 다른 이유들이 있다. 그것은 공화주의적인 대화헌정주의에서 대중과 법원 의외의 대의기구 –의회와 행정부(특히 대통령)– 들이 수행하는 모호한 역할들과 관련되어 있다. 그는 입법부의 구성원들과 일상적인 시민들을 구분하지 않을 뿐만 아니라, 자신의 헌정질서에서 헌법수정과 관련된 의회와 행정부의 역할이 무엇인지에 대해 전혀 설명하지 않는다. 이것은 어쩌면 그가 일반 시민들의 다수 의지는 입법부와 행정부를 통해 반영된다고 보기 때문일는지도

모른다. 하지만 헌법수정과 관련된 입법부와 행정부의 역할을 전혀 고려하지 않는 그의 이론은 여러 대의기관들이 함께 대화하고 심의함으로써 헌법을 수정할 수 있는 (보다 현실적인) 가능성을 간과하는 문제점을 안고 있다.

대중의 역할과 관련해서는 다양한 측면에서 문제점을 지적할 수 있다(Abrams, 1988, 1594-9). 먼저, 마이클만의 법생성정치에 참여하는 시민들이 과연 자신들이 수행하는 대화를 정치적인 것으로 이해하고 있는가 하는 문제이다. 아마도 사회의 주변부에서 오랫동안 차별과 배제를 견뎌온 소수자 집단들은 자신들이 수행하는 대화적 심의를 정치적인 것으로 간주할 수도 있을 것이다. 하지만 중심부에 속하는 다수 시민들은 그렇지 않을 가능성이 크며, 그들이 수행하는 대화의 내용도 대부분의 경우는 비정치적이거나 탈정치적인 내용일 개연성이 있다. 그들은 자신들이 수행하는 대화의 정치적 의미를 전혀 자각하지 못할 수도 있다. 요컨대, 마이클만이 염두에 두고 있는 일반적인 시민들을 법생성적인 대화정치의 주체로 단정하기에는 어려움이 있다.

둘째, 마이클만이 묘사하는 민중적 정치참여의 성격이 지나치게 비공식적이어서 그것이 어떻게 공식적인 채널을 거쳐 정책과 법으로 구체화될 수 있는지가 불분명하다. 효과적인 정책입안과 타당한 법률제정에 필요한 정보와 지식을 결여한 다수 시민들은 의회와 같은 공식적인 제도를 통해 (거꾸로) 그들의 정치적 역할을 이해하는 경향이 있다. 하지만 마이클만은 그런 공식적인 메커니즘을 거부하고,[38] 클럽이나 공장 그리고 심지어 길거리 모임에서 발생한 대화들이 갖는 중요성을 강조한다. 하지만 애커만식 헌법정치의 주체인 정치적으로 활성화된 시민들의 정치참여와 마이클만이 시민사회의 다양한 영역에서 일상적으로 진행된다고 보는 법생성정치 사이에는 크나 큰 차이가 있다. 전자의 경우 시민들은 자신이 수행하는 행위의 정치적 의미를 명확히 지각하고 있는 반면, 후자의 경우에는 그런 정치적 목표의식이 없는 경우가 대부분이다. 그런데도 마이클만은 그들이 일상적인 대화를 통해 법을 끊임없이 생성하고 있는 것으로 보며, 그에 입각하여 국가의 공식적인 정책들과 법률들이 입안된다고 본다. 그들의 대화가 정치적으로 전혀 자각적이지 못하고

38) 이런 입장은 헌법정치가 수행되는 비공식적인 (따라서 비합법적인) 절차 -예컨대, 비공식적인 헌법회의(constitutional conventions)- 의 창조적 의미를 강조한 애커만의 이론과 유사한 측면이 있다.

그 내용도 전혀 정치적인 의미를 가질 수 없는 것들임에도 불구하고 말이다. 따라서 마이클만이 「법의 제국」 중간 부분 –마키아벨리 정치사상에 대한 피트킨의 도전적 해석을 원용하여 법원(합법성)과 시민의 역동적인 (상보적) 관계를 설명하는 부분(Michelman 1988, 1518)– 에서 법원과 시민의 '대등한' 역할을 강조하는 것은 순전히 수사적인 것에 지나지 않는다. 정치적 의식, 심의에 필요한 정보와 지식, 그리고 공동체의 헌정사에 대한 이해 등 모든 영역에서 일반 시민은 대법원의 대화적 심의를 따라갈 수 없다.

마지막으로 마이클만의 헌정주의에서 더 치명적일 수 있는 문제점은 대법원중심주의 자체에 있다. 주지한 바와 같이 마이클만은 의회와 대통령과 같은 다른 공식적 제도들이 수행할 수 있는 헌법수정 행위에는 별로 주목하지 않고, 대법원의 역할만을 과도하게 강조한다. 이것은 공화주의적 대화정치를 정부의 공식적 제도들 사이에는 적용하지 않는 문제점이 있을 뿐만 아니라, 대법원의 오류와 실수를 다른 제도들의 견제를 통해 수정할 수 있는 가능성을 봉쇄한다는 점에서도 중요한 결함이다. 미국에서 대법원의 사법심사권 행사의 역사를 살펴보면, 대법원이 진보적인 판결을 내림으로써 헌법수정을 적극적으로 주도한 현상도 나타나지만, 반대로 George주의 동성애법 합헌판결이나 그 이전의 인종분리(Jim Craw Law) 유지에 기여한 사례들에서 알 수 있듯이 기존의 불평등한 질서를 유지시킨 현상들도 발견된다. 따라서 마이클만의 대법원 중심 헌정주의는 그것이 위험하다고 경고하고 있는 민중적 권위주의만큼이나 헌법적 쇄신을 가로막을 수 있는 위험성을 내포하고 있다. 이것은 그가 공화주의적인 대화정치의 필수조건인 다원성을 정부의 공식적인 부서들의 관계에는 적용하지 않는 비일관성, 다시 말해, 그의 일방적인 법원숭배주의에 기인한다고 할 수 있다.

▌법의 공화국: 정리와 전망

「법의 공화국」 결론 절에서 마이클만은 자신의 자유공화주의적 헌정주의가 구체적인 헌법해석에서 어떤 차이를 빚어낼 수 있는가를 바우어스 대 하드윅 소송(Bowers v. Hardwick) 판결을 예로 들어 설명한다. 이 소송에서 판사들의 다수 의견은 전통적인 자유주의적인 이분법 –공적인 영역과 사적인 영역의 구분- 과 다수결민주주의라는 프리즘을 통해 동성애는 (이성애를 혐오하는 다수 시민들의 성적 선호를 반영한) 동성애법에 위배된다고 선언한 반면, 블랙먼(Blackmun) 판사가 낸 소수의견은 동성애들의 친밀한 성적 행위를 불법화하는 것은 동성애자들의 평등한 시민권을 부정한 것이라 선언했다. 마이클만은 여기서 소수의견에 속하는 블랙먼 판사의 의견이 자신의 공화주의적인 헌정주의에 부합하는 것으로 이해하고, 프라이버시의 자유에 대한 전통적인 자유주의적 해석 -프라이버시는 가족이나 친밀한 관계와 같은 사적인 영역에 속하는 문제이므로 법적으로 개입해서는 안 된다는 해석- 에 근거하여 동성애를 불법화 하는 입장은 사람들에게 프라이버시가 지닌 정체형성적이며 공적인 의미를 평가하지 못하고 있다는 점에서 미국헌정사 및 그에 수반된 자기수정적 인간관과 부합하지 않는다고 비판한다(Michelman 1988, 1534).

공화주의적 관점에서 볼 때, 재산권 -물질적인 자원을 소유하고 사용할 수 있는 권리- 은 집단적 결정에 참여할 수 있는 시민들의 독립과 진정성을 뒷받침해주는 필수조건이기 때문에 본질적으로 정치적인 관심사로 간주된다(Michelman 1988, 1535). 마찬가지로 블랙먼의 반대의견이 시사하듯이, 프라이버시의 권리 또한 중요한 공적인 의미를 갖는 것으로 해석될 수 있다. 자유공화주의적 시각에서 보면, 친밀결사는 개인적 정체성과 자기이해 그리고 다양한 삶의 방식을 구성·유지하는 데 필수적일 뿐만 아니라, 미국헌법체계에서 중심적인 지위를 차지하고 있기 때문에 가치가 있다. 다시 말해, 친밀결사 혹은 프라이버시의 헌법적 중심성은 사적인 자율성이 (수정헌법 제1조 -표현과 언론의 자유- 에 고취된) 공적인 자율성과 상호작용함으로써 서로를 풍부하게 만들어줄 수 있는 가능성을 열어주는바, 사적인 것과 정치적인 것을 연계시켜준다(Michelman 1988, 1535).

또한 블랙먼의 반대 주장은 헌법해석의 재구성적 측면(re-collective aspect of constitutional-legal interpretation)을 훌륭히 예시해준다(Michelman 1988, 1535). 그 주장은 프라이버시와 정치적 자유의 관계에 대한 통념을 재조정해준다. 예컨대, 프라이버시를 '법에 의한 해방'의 측면에서만 보지 않고, 항구적이고 반복적으로 법생성정치에 기여하는 것으로 보도록 유인함으로써 프라이버시와 시민권을 연계시켜 생각하도록 자극한다. 이와 같은 새로운 관점에서 보면, 동성애를 금지하는 Georgia주의 법규는 개인의 도덕적 이해와 정체성이 형성·유지되는 친밀결사를 범죄시하는 동시에 시민권을 부정 또는 훼손하는 부당한 법규라고 볼 수 있다(Michelman 1988, 1535-6).

이런 해석은 당연히 헌정사에 대한 재해석 혹은 재정향(reorietation)을 요구한다. 예컨대, 프라이버시의 권리와 친밀결사의 권리를 전통적인 가족숭배와 분리시킬 것을 요구한다. 요컨대, 이와 같은 새로운 해석은 (지배적인 사회적 기대와 순응의 측면에서 생각하기보다는) 자기형성(self-formation)과 다양성이라는 새로운 축들을 중심으로 권위를 다시 세우고, 헌법 전통을 재구성할 것을 요구한다(Michelman 1988, 1536).

마이클만은 마지막으로 이와 같은 재구성적 시도가 일상적인 미국적 헌법 실무에 전혀 생경하지 않다는 사실을 들어 자신의 대화적 헌정주의가 유토피아적인 기획이 아님을 강조한다(Michelman 1988, 1536). 미국헌법사를 재구성하는 데 필요한 힌트를 바우어스 대 하드윅의 소송에 대한 블랙먼 판사의 반대의견으로부터 끌어왔다는 사실은 자신의 기획이 비현실적인 이상론이 아니라는 좋은 근거라고 본다. 그리고 미국헌법에 대한 재구성적 해석이 완전히 새로운 역사적 자료들을 필요로 하거나 그 자료들에 대해 완전히 새로운 얘기를 요구하지 않는다는 사실도 자신의 기획이 지닌 역사성과 적실성을 뒷받침해주는 좋은 근거라고 강조한다. 마이클만의 기획에서 중요한 것은 완전히 새로운 이론이나 해석기술을 고안하고 새로운 자료들을 발굴하는 것이 아니다. 그것은 이미 존재하는 익숙한 것들에 일정한 방향성을 제시해줄 수 있는 '법에 관한 최선의 이론'에 관한 의식이다. 이와 관련하여 마이클만은 다시 한 번 대법원의 주도적인 역할을 부각시킴으로써 그의 사법중심 헌정주의의 대미를 장식한다.

> 판사들은 주변부에서 나오는 목소리를 듣는 데 아마도 국민 일반에 비해 유리한 위치에 있을 것이다. 판사들은 아마도 그런 주변부로부터 나오는 불만의 목소리들이 토대를 두고 있는 역사해석들이 (그런 해석이 있다면) 어떻게 해서 그 역사에 대한 해석들인지를, 다시 말해, (아무리 재구성적이고 심지어 변형적인 해석들이라 해도) 법생성정치를 통해 정치적 자유를 추구해온 역사에 충실한 해석들인지를 공감적으로 탐구할 수 있는 보다 유리한 상황에 있

을 것이다. 그럼에도 불구하고, 사법적인 헌법회의(judicial constitutional convention)는 실제적인 민주주의가 아니며 실로 그에 반하는 것이다. 그런 난점은 역시 실용적인 고려에 따라야 한다. 실제의 민주주의는 정치적 자유에 대해 존재하는 모든 것이 아니다. 그리고 하드윅은 법의 공화국에 호소하며 우리 앞에 있다(Michelman 1988, 1537).

선스타인의 의회중심 헌정주의

▮ 선스타인의 심의민주주의적 기획

선스타인은 애커만 그리고 마이클만과 더불어 미국의 헌정사를 자유공화주의적 관점에서 재구성하고자 시도한 중요한 이론가이다. 그는 건국기의 연방주의자들이 미국의 정치체제를 심의민주주의적인 것으로 구성하려 했다고 주장하고, 현대 헌법이론에서 불고 있는 "공화주의의 부활"(republican revival)을 비판적으로 계승함으로써 현대 공법 분야의 개혁을 주도했다(Sunstein 1993, 133-4). 그는 자신의 기획을 미국헌법에 대한 심의민주주의적 해석으로 규정하는 한편으로, 이 해석이 (건국기 연방주의자들의 사상을 반영한) 미국헌정체제의 구조 및 역사와 부합할 뿐만 아니라 그 자체로서 독립적인 호소력을 가질 수 있는 정치적 이상이 될 수 있다고 주장했다(Sunstein 1993, 134).

선스타인은 1980년대 중·후반경 현대 헌법이론 분야에서 공화주의의 부활을 다룬 매우 중요하면서도 긴 두 편의 논문을 발표했다. 하나는 1985년 *Stanford Law Review*에 발표한 「미국 공법에서의 이익집단」(Interest Group in American Public Law)이고 다른 하나는 1988년에 *The Yale Law Journal*에 개재한 「공화주의의 부활을 넘어서」이다.[39] 1993년에 출판한 그의 주저 『불완전한 헌법』(*The Partial Constitution*)은 이 두 논문을 이론적으로 더 정교화시킨 것으로, 자신이 재구성한 심의민주주의적 헌정주의를 언론의 자유, 포르

39) 이 두 논문의 내용은 상당히 중첩된다. 특히 정치에 관한 다원주의적 발상과 공화주의적 발상의 대비는 그 내용이 거의 같다. 하지만, 둘째 논문에서는 자신의 자유공화주의적인 관점을 종합해내기 위해 이 두 가지 발상들을 다시 한 번 개관했기 때문에 당연히 이 둘째 논문이 더 잘 정돈되어 있다.

노그래피, 낙태, 대리모, 선거운동자금법과 같은 다양한 공법적 이슈들에 적용한 것이다.[40]

선스타인은 정치를 무엇보다 집단적인 심의활동으로 이해한다. 그는 자유를 다원주의자들과 달리 보다 적극적인 것으로, 다시 말해 정치적인 자치의 관점에서 이해하며 그 핵심이 집단적인 심의에 있다고 본다. 그는 공동선을 지향하는 심의민주주의적 거버넌스 체제에 입각하여 현대 미국사회에 만연된 다원주의적 이익집단 정치의 병리현상을 극복하고자 했다. 그리고 이런 자신의 기획이 (미국의 헌법구조 및 역사와 일치한다는 것을 건국이념과 헌정사에 대한 재구성적 해석을 통해 보여줌으로써) 규범적 타상성과 적실성을 지니고 있다고 확신했다.

하지만 선스타인은, 마이클만과 마찬가지로, 현대적 다원주의에 둔감했던 고전적 공화주의에 내재된 위험성을 경계한다. 그는 공적인 심의과정에 다양한 시각과 입장들의 참여를 독려하는 한편 공정한 (혹은 중립적인) 심의의 조건을 명확히 제시함으로써 심의의 공정성과 합리성을 제고시키고자 했다. 그리고 그는 이 과정에서 정치공동체의 정체성이 형성·유지되고 발전적으로 전승될 수 있다고 보았다.

하지만 선스타인은 (마이클만과는 달리) 대법원 중심의 헌정체제를 제시하지 않았다. 그는 법원보다는 국민의 직접적 대의체인 의회가 심의정치의 중심이 되어야 한다고 생각했으며(Sunstein 1985), 나아가서 심의의 원칙이 법원을 포함한 다양한 공식기관들은 물론 일반 시민들에게까지 광범위하게 확대되어야 한다고 생각했다(Sunstein 1988). 그리고 이런 가능성이 공화주의 사상의 현대적 변용에 관련된 미국의 기여라고 주장했다(Sunstein 1988, 1548).

하지만 애커만과 마이클만에 비해 선스타인은 자신의 심의민주주의적 '재해석'을 현대 공법의 다양한 분야에 적용함으로써 실질적인 개혁을 촉구하는 차별성을 보이고 있다. 「공화주의의 부활을 넘어서」 후반부와 『불완전한 헌법』의 Ⅱ부는 전적으로 이런 실질적 개혁 프로그램을 제안하는 데 할애되고 있다.

이 절에서는 그의 문제의식과 재해석의 방향이 가장 밀도 있게 제시되고 있는 두 논문을 중심으로 그의 심의민주주의적 헌정주의를 검토해본다. 하지

40) 따라서 그 저술의 구조와 성격은 1988년의 논문과 유사하다.

만 이 두 논문 사이에는 적지 않은 차이가 있기 때문에 먼저 이 두 논문의 공통점을 중심으로 그의 심의민주주의적 헌정주의를 설명하고, 이어서 이 두 논문 사이의 차이에 대해 간략히 지적하고자 한다.

▮ 정치에 관한 두 가지 발상

미국헌정주의에 대한 선스타인의 심의민주주의적 기획의 전체적인 성격을 이해하기 위해서는 먼저 그 기획을 지탱하고 있는 문제의식을 이해할 필요가 있는데 「미국 공법에서의 이익집단」은 그 문제의식을 명확히 드러내고 있다(Sunstein 1985, 29-31). 선스타인은 오늘날의 미국정치가 강력한 이익집단들의 과도한 영향으로 인해 공공성과 합리성을 잃게 되었을 뿐만 아니라, 광범위한 자유재량권을 행사하는 관료집단에 의해 권력분립과 책임성 원칙이 무너져 미국헌법의 근본 목적들이 훼손되고 있다는 인식에서 출발한다. 그리고 이와 같은 미국정치의 근본 문제는 이미 미국혁명 시기부터 파벌문제의 형태로 대두되었기 때문에, 좋은 헌정구조를 설계함으로써 파벌문제를 해결하고자 했던 연방주의자들의 정치관과 실천적 지혜에 되돌아가 보는 것은 오늘날의 문제들을 해결하는 데 중요한 실마리를 제공해줄 수 있을 것으로 본다.

선스타인은 이런 문제의식에 입각하여 세 가지 이론적 탐구 영역들과 그 연구 전체를 인도하는 규범적 목표를 제시한다. 먼저 세 가지 탐구 영역은 다음과 같다(Sunstein 1985, 30). 첫째, 파벌문제에 있어서 대의원의 역할 및 정치에 관한 매디슨의 발상은 무엇인가? 둘째, 헌법조항들, 특히 법의 평등한 보호 조항에 깔려 있는 정치에 관한 특수한 발상은 무엇인가? 셋째, 규제기관들의 행위를 관리하는 행정절차법(Administrative Procedure Act)과 다른 성문법들을 뒷받침하는 행정법 이론은 어떤 특성을 지니고 있는가?[41] 선스타인은 이 세 영역들이 공히 정치에 관한 공화주의적 발상을 반영한다고 보고, 이 발상의 몇 가지 측면을 재구성하여 현대 정치과정과 그 결과를 평가할 수 있는 규범적 근거로 삼고자 한다(Sunstein 1985, 30-1). 선스타인에 따르면, 이 공화주의적 발상은 (다른 발상들의 영향으로 인해 유토피아적으로 보일 수 있긴 하지만) 지속

41) 행정법 이론의 상당 부분은 공무원들의 특정한 반응을 유인함으로써 파벌문제에 대응하려는 의도를 갖고 있다.

적으로 미국인들의 사법적 의식에 영향을 미쳐왔기 때문에 확고한 역사적 토대와 규범적 호소력을 지니고 있다.

이론적 탐구 영역과 그 규범적 목표를 확인한 선스타인은 건국기 헌법제정을 둘러싸고 벌어졌던 공화주의자들과 다원주의자들(혹은 연방주의자들) 사이의 논쟁을 개관함으로써 자신의 기획을 구체적으로 추진해나간다. 먼저 선스타인은 건국기 헌법논쟁에서 주요 이슈가 된 파벌문제에 대한 공화주의자들과 다원주의자들의 상이한 해법이 근본적으로는 정치에 관한 그들의 고유한 발상에 토대를 두고 있었다고 보고, 이 두 가지 정치관을 대조함으로써 자신의 기획을 추진한다(Sunstein 1985, 31-5; Sunstein 1988, 42-58).

선스타인에 따르면, 헌법이 처음으로 제안되었을 때 미국은 정치에 관한 두 가지 발상들 사이의 선택에 직면했다(Sunstein 1985, 31). 그것은 공화주의적인 발상과 다원주의적 발상 사이의 선택이었다. 먼저 시민적 덕성을 핵심에 두고 있는 공화주의적 발상은 공동선 혹은 일반선(general good)을 위해 사익을 양보하거나 희생할 때만 좋은 통치가 이루어진다고 본다. 하지만 그와 같은 양보나 희생은 정부의 강압을 통해서 실현되는 것이 아니라 시민들 스스로의 선택과 판단에 따라, 다시 말해 자치의 결과로 성취된다고 본다.

그렇다면 공화주의에서 자치와 공동선을 매개시켜주는 요소는 무엇인가? 이 매개요소가 바로 공적인 심의 원리이다. 만일 공동선이 자치의 결과가 아니라 정부가 강제적으로 부과한 것이라면 자치와 공동선 사이에는 어떤 구조적 연관성도 없을 것이며, 공적인 심의 원리도 전혀 가치가 없을 것이다. 하지만 공화주의에서는 공동선이 자치의 결과로 형성 또는 확인된다고 보기 때문에 시민들 사이의 자유로운 공적 심의가 결정적인 역할을 수행한다. 그리고 공화주의 정치의 이런 심의적 특성 때문에 종종 공화주의적 거버넌스의 이상적인 모델로 타운 미팅이 거론된다(Sunstein 1985, 31).

공화주의적 발상은 또한 이와 같은 심의적 정치관에 조응하는 인간본성에 관한 발상을 전제하고 있다. 이 발상에 따르면 사람들은 시민의 자격으로 토론에 임하는 과정에서 사적인 이해관계를 초월하여 공동선을 추구할 수 있게 되는데, 이것이 바로 정치질서가 시장질서와 구분되는 특성을 갖게 되는 이유이다. 또한 공화주의적 발상은 토론과 심의를 통해 가치들 사이의 우열을 가릴 수 있다는 신념을 전제한다. 이처럼 공화주의는 가치에 관한 결정을 순전히 취향의 문제로 보는 주관주의적 관점을 거부하고 '실천이성'을 사회적인 차이들을 해결할 수 있는 핵심적인 요소로 간주한다(Sunstein 1985, 32).

이런 특성 때문에 공화주의는 거버넌스 실패에 대해 독특한 처방을 내린다. 거버넌스는 무엇보다 부패 때문에 발생한다. 그리고 부패는 시민적 덕성의 쇠퇴와 정치적 행위자들의 사리추구에 기인한다. 정치행위자들이 자신의 사적 목적을 증진하기 위해 통치권력을 사용하려 할 때 부패가 발생하는 것이다. 이런 식으로 파벌들이 통치과정을 부패시키면, 토론과 심의가 강압적인 정치권력으로 대체됨으로써 자유로운 공화국이 억압적인 전제국가로 바뀌게 된다. 정치적 부패의 원인에 대한 이와 같은 진단은 그에 조응하는 해결책을 시사한다. 그 핵심은 파벌의식이 생성·확산되지 않도록 시민적 덕성을 함양하는 것으로, 특히 교육과 도덕(prevailing morality)을 잘 활용하는 것이다.

거버넌스에 관한 다원주의적 발상은 공화주의와 극명히 대조된다. 다원주의적 발상에서 정치는 주로 희소한 자원을 둘러싸고 벌어지는 이익집단들 사이의 투쟁을 중재하는 기능을 수행한다(Sunstein 1985, 32). 이 발상에서도 심의라는 용어가 사용되지만 그것은 명목상의 것일 뿐, 사실은 다양한 이익집단들 사이의 갈등과 타협을 조정하는 과정을 의미한다. 이 발상에서는 사람들이 (정치적 충돌과 타협을 통해 증진하거나 극대화하고자 하는) '미리 선택된 이익들'(preselected interests)을 지닌 채 정치과정에 참여하는 것으로 간주된다. 참여자들의 선호는 거버넌스 과정에서 (곧 내생적으로) 형성되지 않고 거버넌스 과정에 투입되기 이전에 (곧 외생적인 변수로서) 미리 상정된다.

다원주의적 발상은 공동선이라는 공화주의적 관념을 모순적일 뿐만 아니라 매우 위험한 전체주의적 함의가 있는 것으로 간주한다. 다원주의적 발상에서도 공동선이라는 용어가 사용되곤 한다. 하지만 그것은 단순히 개인적 선호를 취합한 결과를 나타낼 뿐이다. 다원주의에서 사용되는 공동선 관념은 개인들의 선호와 독립되어 있는 실체적 개념인 공화주의적 공동선 개념과는 근본적인 차이가 있는 것이다. 다원주의자들은 교육과 지배적인 도덕을 활용하여 시민들의 선호를 변화시키거나 새롭게 형성하려는 공화주의적 시도는 폭정을 초래할 위험이 있다고 본다(Sunstein 1985, 32).

공화주의적 발상과 마찬가지로 다원주의적 발상은 거버넌스 실패의 원인과 해법에 대한 독자적인 해법을 제시한다. 다원주의적 관점에서 파벌의 문제점은 한 집단 또는 집단동맹이 입법과정이나 행정과정을 지배함으로써 다른 집단과의 거래와 타협을 중단시킬 수 있는 가능성에 있다. 유력한 한 집단(동맹)의 지배는 다른 집단들이 자신의 견해를 제시할 수 있는 기회를 실질적으로 박탈해버림으로써 정치과정을 파괴하고 자유를 위태롭게 만들어 버린다.

다원주의는 파벌문제에 대해 다양한 해법을 제시한다(Sunstein 1985, 33-5). 첫째는 '권리들의 방패'(shield of rights)를 만드는 것이다. 다시 말해 정부가 개입할 수 없는 사적인 자율성의 영역을 인정·보호하는 것이다. 삶의 일정 영역을 입법범위 바깥에 둠으로써 다수에 의해서든 소수에 의해서든 파벌의 폭정을 피할 수 있다. 이런 방법을 통해 재산권을 포함한 많은 사적인 이익들이 보호될 수 있을 것으로 본다.

둘째는, 정치를 이익집단들 사이의 경쟁으로 보는 다원주의적 묘사가 정확하다고 보고, 이 경쟁이 시장에서의 자유경쟁처럼 다른 대안들보다 더 효율적으로 사회복지의 증진에 기여할 것으로 기대한다(Sunstein 1985, 33). 다양한 선호와 이해관계를 갖고 있는 이익집단들의 선호는 정치적 압력으로 대의원들에게 전달되고, 대의원들은 그런 압력들에 기계적으로 반응함으로써 집합적인 사회복지를 증대시킬 수 있다고 본다. 대체로 다수결민주주의로 구체화되는 이 다원주의적 발상은 파벌의 존재가 민주주의 이론에 심각한 문제를 제기한다는 것을 부인하며, 규범적인 관점에서도 다른 대안들보다 더 우수하다고 주장한다(Sunstein 1985, 33-4).

셋째는, 기본적으로 다원주의적 발상을 수용하지만 특정 집단들을 다원주의적 경쟁에서 실질적으로 제외시켜줌으로써 보호해주는 방법이다. 이 방법은 사회의 일부 이익집단들은 다른 이익집단들과 대등하게 경쟁하기에는 상황이 너무 열악하기 때문에 자유로운 교섭과정에 참여할 수 없다는 인식을 전제하고 있다.

이 마지막 대응방법은 대의과정을 파벌들이 폭정을 행하기 어렵도록 조직하는 데 역점을 둔다. 다시 말해 대의원들이 선거구민들의 압력으로부터 자유롭게 공동선에 대해 심의하고 판단할 수 있도록 대의구조를 조직하는 데 치중한다. 그러므로 이 방법은 (다른 대안들과 달리) 다원주의적 전제들에 대한 부분적인 거부를 포함하고 있으며, 다원주의에 대한 일종의 공화주의적 대응으로 이해할 수도 있다(Sunstein 1985, 35).

현대의 다원주의적 풍토에서 다원주의 발상이 지닌 규범적 호소력은 그것의 공리주의적 토대와 현재의 선호를 존중하려는 노력에서, 그리고 공무원들이 자신들만의 선호에 입각하여 폭정을 행할 수 있는 가능성을 방지하고자 하는 의도에서 나온다(Sunstein 1988, 43). 다원주의적 관점에서 볼 때, 통치권력 행사와 관련하여 가장 우려할 만한 현상은 시민들에게 특수한 성품을 함양하도록 강제하는 것이다. 다원주의는 다수결주의 결정을 우호적으로 받아들이며, 시민의 선호를 집단적 통제의 대상으로 삼는 체제들에 강한 거부감을 보인다.

▌매디슨적 공화주의: 자유공화주의

선스타인은 오늘날 진행되고 있는 다원주의와 현대 공화주의 사이의 경쟁이 미국혁명기에 연방주의자들과 반연방주의자들이 파벌문제에 대한 대응책을 둘러싸고 벌인 논쟁을 계승한 것으로 본다. 다시 말해, 연방주의자들과 반연방주의자들 사이의 논쟁은 시대적 배경만 다를 뿐 오늘날의 논쟁과 그 본질이 같다고 본다. 이들은 18세기 후반의 맥락에서 공민적 덕성, 이익집단 그리고 거버넌스 과정에서의 정치적 압력 등이 수행한 고유한 역할들에 논쟁의 초점을 맞췄다. 선스타인은 이런 주제들을 중심으로 그 역사적 논쟁을 다시 고찰해봄으로써 정치와 대의에 관한 연방주의적 이해 –특히 매디슨– 의 기원과 성격에 접근할 수 있다고 본다(Sunstein 1985, 35-45; Sunstein 1988, 58-64).

물론 선스타인의 이런 시도는 단지 현대의 논쟁이 역사적인 기원과 계보를 갖고 있다는 것을 보여주기 위한 것만은 아니다. 그는 오늘날의 공법적 이슈들에 대한 다원주의적 접근으로는 현대사회에서의 거버넌스 실패를 극복할 수 없다고 보고, 파벌문제에 대한 연방주의자들 –특히 매디슨– 의 접근에서 해법의 실마리를 찾고자 한다. 그에 의하면, 매디슨은 앞 절에서 비교한 다원주의적 접근과 공화주의적 접근을 비판적으로 통합함으로써 다원적인 대규모 공화국에 적합한 심의민주주의적인 헌정체제를 구축하려고 했다(Sunstein 1985, 38-9). 동시에 이런 매디슨의 정신은 대의원들의 입법과 정책 결정이 (지배적인 이익집단 -혹은 파벌- 이 가한 압력의 산물이 아니라) 합리적 심의 –공동선을 추구하는 숙고된 판단– 의 결과가 되도록 통제하고자 한 (대)법원의 노력을 통해 공법 개혁에 반영되었다. 이 절에서는 다원주의와 공화주의를 비판적으로 통합시킨 매디슨의 문제의식 및 그의 문제의식이 미국 공법 분야에 미친 영향에 대한 선스타인의 설명을 개관해봄으로써, 그의 심의민주주의적 헌정주의의 핵심에 한 걸음 더 다가가보고자 한다.

다양한 이익집단 혹은 파벌들이 상호 경쟁하기 시작한 다원적인 대규모 사회를 배경으로 反연방주의자들 –혹은 공화주의자들– 은 고전적인 공화주의 사상에 근거하여 연방주의자들이 제안한 헌법을 거부함으로써 헌법논쟁에 불을 지폈다. 이들은 몇 가지 중요한 이유로 연방주의자들이 제안한 헌법을 거부했는데, 이런 거부 이유들에 대한 연방주의자들 –특히 매디슨– 의 반박은 매디슨이 자유주의적 다원주의와 공화주의를 비판적으로 통합시킬 수밖에 없었던 이유를 보여준다.

선스타인의 해석에 따르면, 반연방주의자들이 연방주의자들이 제안한 헌법을 반대한 이유는 근본적으로 그것이 공화주의의 기본적인 원칙들과 부합하지 않았기 때문이다(Sunstein 1985, 38). 반연방주의자들이 볼 때, 연방주의 헌법은 일반 주민들의 일상적 삶과 거리가 먼 연방정부를 창설함으로써 국민을 정치과정으로부터 배제시키고, 당시에 급팽창하고 있었던 상업의 중요성을 전폭적으로 지지함으로써 시민들의 공공정신을 타락시킬 위험성이 있었다. 그 뿐 아니라 연방주의는 파벌(혹은 이익집단)이 정치영역을 장악할 수 있도록 허용함으로써 미국혁명이 목표로 삼았던 자치의 이상과 '공적 행복'을 송두리째 부정해버릴 위험이 있다고 생각했다.

이와 같은 반연방주의자들의 반박에 맞서 연방주의자들, 특히 매디슨은 단순히 다원주의를 대안으로 제시하지는 않았다. 매디슨이 연방주의 헌법을 옹호하기 위해 제시한 대항적인 논거들은 분명 다원주의와 일치하는 중요한 요소들을 포함하고 있었다. 하지만 매디슨이 지지한 공동선의 중요성 및 공민적 덕성을 갖춘 대의원들에 의한 심의정치라는 공화주의적 요소들도 포함하고 있었다(Sunstein 1988, 58).

『연방주의자문서』 10에는 매디슨의 反공화주의적인 (따라서 다원주의적인) 입장이 명백히 나타나 있다(Sunstein 1985, 39-40). 그는 이 문서에서 "전체의 다수 또는 소수에 속하는 시민들이, 다른 시민들의 권리에 역행하거나 공동체의 항구적인 집합적 이익에 거스르는, 모종의 열정이나 이익의 충동에 따라 결합되고 움직인다"고 묘사하고 있다. 반연방주의자들은 파벌의 문제가 부패에서 기인한다고 보았기 때문에 파벌의식을 통제하고 선출된 대의원들의 권력을 제한하는 데서 해법을 찾고자 했는바, 시민과 대의원들의 공민적 덕성을 파벌에 의한 폭정을 막을 수 있는 주요 방법으로 제시했다.

하지만 매디슨과 연방주의자들은 부패의 문제를 파벌의 문제로 전환시켰다. 그들은 파벌을 발생시키는 부패가 인간적 능력의 불평등과 자유의 (바람직하지는 않지만) 자연스러운 결과로 생각했다. 이에 따라 메디슨과 연방주의자들은 거버넌스 문제에 대해 공화주의자들과는 전혀 다른 해법을 제시하게 되었다. 공민적 덕성과 시민교육이라는 공화주의적인 방법으로는 인간의 자연적 이기성을 극복할 수 없다고 보았기 때문이다(Sunstein 1985, 40). 매디슨이 볼 때 자기이익은 자연적 재능과 재산소유의 차이에서 발생하는 불가피한 현상이다. 이와 같은 자연스런 현상을 거슬러 인위적으로 자기이익을 극복하려는 시도는 폭정을 야기할 가능성이 있다. 다시 말해, 덕성 교육을 통해 시민의 의식을 인위적으로 고양시키려는 시도는 자유를 증진하기보다는 파괴할 가능성이 높다.

이런 논거에 입각하여 매디슨은 공민적 덕성 교육을 통해 파벌의 문제를 극복할 수 있다고 본 반연방주의자들의 입장에 대해 명확한 반대를 표명했다. 동시에 그는 파벌의 문제점들이 소규모의 직접민주주의적인 공화국에서 더욱 극렬히 나타날 수 있다고 주장하고, 거대 규모의 공화국이 지닌 이점들을 부각시키며 독창적인 해법을 제시했다. 매디슨은 유럽대륙에서 건너온 정치이론들을 신대륙에서의 새로운 정치적 경험과 결합시켜 창조적인 해법을 마련했다. 이것은 권력균형(혹은 세력균형) 원리와 대의에 관한 새로운 발상, 그리고 공화주의의 핵심적 요소들인 공동선, 심의의 원칙 및 공민적 덕성을 절묘하게 통합한 해법으로서, 해밀턴의 표현을 빌리자면, 일종의 정치에 관한 과학방정식이었다.

매디슨은 규모가 작은 공화국에서는 다수가 공유하는 정념이나 이익이 그것을 공유하지 않는 소수자들을 억압할 수 있는 구실로 작용하기 때문에 소수자들을 보호할 수 있는 안전판이 없다고 생각했다. 하지만 거대한 공화국에서는 다르다. 거기에는 다양한 이익들이 존재하기 때문에 한 가지 정념이나 이익을 공유한 절대 다수가 다른 소수자들을 억압할 가능성이 희박하다.

이처럼 규모가 큰 공화국에서는 강력한 파벌이 폭정을 행할 수 있는 가능성을 차단할 수 있는 안전판이 존재한다(Sunstein 1985, 40).

큰 규모가 주는 이점은 이것만이 아니다. 거대한 공화국에서는 대의원리가 실질적으로 파벌의 문제를 해결해줄 수 있다. 매디슨은 이에 대해 다음과 같이 진술했다. 대의는 "선택된 시민들의 집단을 거치는 과정에서 공중의 견해를 순화시키고 확장시킬 것이며, 이들의 지혜는 나라의 진정한 이익을 가장 잘 판별할 것이고, 그들의 애국주의와 정의에 대한 사랑은 국익을 일시적이거나 부분적인 고려사항들 때문에 희생시키지 않을 것[이라고]" 썼다(1985, 41). 나아가서 거대한 공화국에서는 대의원들이 지역의 협소한 이익만을 부당하게 추구하기 어렵다.

대규모 공화국이 파벌 문제를 해결하는 데 오히려 도움이 된다는 연방주의자들의 주장은『연방주의자문서』곳곳에 등장한다(문서 57, 37, 63, 71 등). 대의에 관하여 (매디슨을 포함한) 연방주의자들이 품었던 생각은 다음과 같은 주장에 집약되어 있다. "모든 정치조직의 목표는 첫째, 사회의 공동선을 판별할 수 있는 최상의 지혜와 그것을 가장 잘 추구할 수 있는 사람들을 통치자들로 뽑는 것이다. 그 다음으로는 그들이 계속해서 공중의 신뢰를 유지하고 있는 동안에는 그들이 덕스럽게 행위할 수 있도록 효과적으로 경계하는 것이다" (Sunstein 1985, 41). 반연방주의자들은 대의제를 필요악으로 받아들였지만, 매디슨은 대의제가 공동선을 추구하는 좋은 거버넌스에 반드시 필요한 제도라고 생각했다. 대의원들은 집단적인 논의에 필요한 시간과 자질을 갖고 있기 때문에 자유롭게 논의와 토론에 참여함으로써 공동선을 도출해낼 수 있다는 것이다.42)

이처럼 매디슨은 대규모 공화국에서는 대의제가 바람직하다고 주장함으로써 시민들의 직접적인 정치참여를 강조하는 고전적 공화주의를 포기했다. 하지만 선택된 소수의 덕스러운 대의원들 사이의 공적인 심의를 통해 공동선을 추구할 수 있다고 주장했다는 점에서 공동선의 실체성과 중요성을 부정한 다원주의자들과도 뚜렷이 대조된다. 그는 정치행위가 불가피하게 자기이익이란

42) 대의에 관한 매디슨의 견해는 버크의 그것과 매우 유사하다. 이들은 국가 수준의 의회를 심의를 통해 공동선을 도출하는 기관으로 보았다.

요소에 기반 해 있다는 다원주의자들의 생각을 거부했다. 매디슨에 의하면, 연방대의원들은 다양한 이해관계들 사이의 야단스런 논쟁을 초월하여 행위하는 가운데, 객관적인 공동선의 내용을 심의를 통해 확인하거나 도출할 수 있는 덕성과 시간적 여유를 가지고 있다. 다시 말해, 매디슨과 다른 연방주의자들은 고전적 공화주의자들이 모든 시민들에게 부여했던 정치참여의 자질과 조건을 '주로' 소수의 대의원들에게 존재하는 것으로 생각하고,[43] 대의원들이 정치적 심의의 기능을 전담하는 정치체제를 고안함으로써 고전적 공화주의와 다원주의를 비판적으로 통합시켰던 것이다.

물론 매디슨은 대의제가 부패와 파벌문제에 대한 유일한 만병통치약이라고 생각하지는 않았다. 정치구조와 관련된 헌법조항들은 공공정신에 투철한 대의원들을 선출하는데 초점을 두고 있었음에도 불구하고, 그것이 여의치 않을 경우를 대비하여 어느 정도 국민에 의한 통제를 보장하고 있다(Sunstein 1985, 43). 양원제를 도입함으로써 하원과 상원의 대의원들이 국민에 다가갈 수 있는 거리에 차이를 두었고, 주의 입법부가 상원 의원들을 선출하도록 함으로써 상원이 국민의 직접적인 압력으로부터 보다 자유롭게 만들었으며, 선거인단을 통해 하원을 구성함으로써 숙고된 판단이 대의원 선출에 작용하도록 했다.

하지만 무엇보다 중요한 것은 권력분립 원리였다(Sunstein 1985, 43-4). 이 원칙은 연방대의원들이 아무리 덕스럽고 현명하다고 할지라도 경우에 따라서는 공공복지에 어긋나는 협소한 이익들에 기울어질 수 있다는 우려를 반영했다. 『연방주의자문서』 10에서 매디슨은 선출된 대의원들 모두가 다 덕스럽고

43) 하지만 연방주의자들이 시민들의 덕성을 완전히 부정했다고 보는 것은 지나친 생각이다. 왜냐하면 어떤 공화국도 시민들의 덕성이 전무한 상태에서는 오래 유지되기 어렵기 때문이다. 헌법을 비준하는 버지니아에서 매디슨은 다음과 같이 진술했다. "나는 이 공화주의적 원칙, 즉 국민이 덕성과 현명함을 구비함으로써 덕스럽고 지혜로운 사람을 뽑을 수 있어야 한다는 원칙을 계속 강조한다. 우리들에게 덕성이 전혀 없는가? 그렇다면, 우리는 파국적인 상황에 놓여있다. 어떤 이론적 견제책도 어떤 정부형태도 우리를 안전하게 해줄 수 없다. 어떤 정부형태가 국민들의 덕성이 없을 경우에도 자유 혹은 행복을 확보해줄 것이라고 가정하는 것은 공상적이다. 공동체에 충분한 덕성과 현명함이 있다면, 이런 [덕스럽고 현명한] 사람들을 선택하는 데 행사될 것이다. 그래서 우리가 통치자들에게 의존하거나 그들을 신뢰하지 않고, 그들을 선택하는 국민들을 신뢰할 수 있도록 말이다. 이런 의미에서, 덕스러운 대표에 대한 믿음은 시민들에 대한 어느 정도의 낙관주의를 전제한다"(Sunstein 1988, 1561).

계몽되어 있다는 생각에 경계심을 표명했다. 그리고 『연방주의자문서』 51에서는 권력분립 원칙과 구조적인 연계성을 갖고 있는 파벌들 사이의 세력균형에 대해 언급하고 있다. 사회의 거버넌스가 특정 파벌에 의한 폭정으로 전락하지 않기 위해서는 야심과 야심, 이익과 이익이 상호작용함으로써 균형을 이루어야 한다. 이처럼 (매디슨과 연방주의자들이 구상한 헌정질서에서) 견제와 균형의 원리는 연방공직자들이 그들의 책임을 완수하지 못했을 경우 발생할 수 있는 파벌의 폭정을 견제하기 위한 메커니즘으로 도입된 것이다. 만일 사적인 집단이 연방정부의 일부에서 지배권을 행사하게 되거나, 일부 통치자들이 국민의 이익에 벗어나는 이익을 추구하게 된다면, 다른 연방공직자들은 견제와 균형의 원리에 따라 그것에 저항할 수 있는 수단을 가져야 하는바 권력분립이 유효한 도구가 된다. 그리고 연방체제는 이 견제와 균형의 원리를 연방정부와 주 정부의 관계에 적용한 것으로, 상이한 수준의 정부들이 특수한 사적 이익을 추구할 가능성을 봉쇄한다. 특히 연방정부에 대한 주 정부의 질투 및 지역적 이익에 대한 주민들의 애착은 연방제도들이 권력을 확장하는 것을 막아수는 주가적인 안전판이 된다(Sunstein 1985, 44).

이처럼 권력분립 원칙과 견제와 균형 원리를 결합시킨 결과 복잡한 견제체제가 형성된다. 연방의회, 양원제, 간접선거, 권력분할과 연방/주 관계는 함께 작용함으로써 (파벌의식이 만연된 상태에서도) 파벌의 부정적 작용을 봉쇄할 수 있다. 그리고 헌법은 (아마도 파벌의식이 일시적으로 사라진 시기에 채택되고, 초연한 판사들에 의해 집행되기 때문에) 다수자와 소수자들이 정부권력을 찬탈하여 자신들에게 유리하게 부와 기회를 분배하지 못하도록 작용할 것이다.[44)]

지금까지의 설명은 미국의 헌정질서가 여러 가지 점에서 혼합체제임을 보여준다(Sunstein 1988, 1561).[45)] 정치이론에서 경합했던 많은 요소들이 미국헌법에 구현된 것이다. 매디슨과 다른 연방주의자들은 다원주의적 패러다임으

44) 사유재산을 보호하는 것도 연방주의자들의 중요한 관심사들 중 하나였다. 다시 말해, 정부의 침입으로부터 사유재산을 보호하려는 의도와 헌법입안자들이 파벌의 위험을 방지하기 위해 세워놓은 장치들 사이에는 밀접한 관계가 있었다(Sunstein 1985, 44-5).

45) 최근의 역사연구는 헌법입안자들의 이해가 로크적 혹은 다원주의적 관점에서는 '충분히' 설명될 수 없다는 것을 보여주었다. 공화주의적 사상이 입안자들의 이해에서 매우 중대한 역할을 했다는 것이 밝혀졌기 때문이다. 비록 반연방주의자들의 전통적인 공화주의와는 상당히 괴리가 있었지만 말이다(Sunstein 1985, 47-8).

로부터는 이익집단(=파벌) 정치의 현실적 불가피성에 대한 강조를 받아들이고, 공화주의 패러다임으로부터는 공민적 덕성과 공동선의 중요성, 공적인 심의 그리고 권력분립 원칙들을 수용함으로써 거대 공화국에 적합한 헌정질서를 구축하고자 했다. 이런 의미에서 선스타인은 연방주의자들의 자유공화주의를 매디슨적 헌정주의(Madisonian republicanism)로 명명한다(Sunstein 1985, 47).

그런데 연방주의자들이 자유공화주의라는 통합적 관점에서 헌정질서를 구축하려고 했다는 사실 –해석으로서의 사실– 은 선스타인에게는 매우 중요한 의미가 있다. 왜냐하면, 그 사실은 현대 미국의 거버넌스 체제를 개혁하려는 움직임에 힘을 보태려는 자신의 노력에 역사적 근거를 제공해줄 뿐만 아니라, 그 개혁의 방향을 설정하는 데 결정적인 토대를 제공해주기 때문이다. 이에 대해 선스타인은 다음과 같이 말한다.

> 미국헌법체제가 그 출발점에서부터 공화주의로부터 많은 영향을 받았다는 사실은 미국헌법전통을 다원주의적 전제들이나 前정치적 권리들을 옹호하는 접근들에 중요한 교정책이 된다. 입헌민주주의의 특성과 방향에 대한 결정들은 추상적이거나 맥락을 초월해서 이뤄질 수 없다. 그 결정들은 이유들에 근거해야만 한다. 전통의 의미에 대한 해석은 항상 사회비평의 중요한 방법이다. 전승된 신념에 대한 이해는 헌정주의 프로젝트의 필수불가결한 일부이다. 미국 공법의 미래는 상당 부분 그것의 전통이 이해되는 방식에 달려있다. 이것은 공화주의와 아주 부합하는 테마이다. 그리고 회고해보면, 헌법 입안자들의 사상에 담긴 공화주의적 요소들은 아주 바람직스러운 많은 개혁들을 착수하는 데 도움이 되었다(Sunstein 1988, 1963).

▌법원의 역할

그러면 미국의 헌정사는 매디슨이 기대한 대로 진행되었는가? 다시 말해, 다원적인 이익집단들이 쟁투하는 상황에서 대의체제가 현명하고 덕스러운 대의원들로 구성되었고, 그 대의원들은 협소한 파벌적 이해관계들로부터 초연한 진지한 심의활동에 매진함으로써 공동선을 추구할 수 있었는가? 선스타인은 미국정치시스템이 매디슨의 기대와는 달리 갈수록 다원주의적인 이익집단 정치의 특징을 강하게 노정하게 되었다고 진단한다(Sunstein 1985, 48). 대의원들은 당선이 되는 순간부터 다음 선거에서의 재당선에 관심을 갖고 있기 때문에 선거구민과 유력한 이익집단들의 눈치를 보게 되며, 따라서 매디슨과 연방주의자들의 기대와는 달리 공동선을 위한 객관적인 심의를 수행하기 어렵다. 그렇다면, 공공정신에 충일한 현명하고 덕스러운 대의원들이 수행하는 정치적 심의의 이상은 미국헌정사에서 완전히 종족을 감춰버렸는가? 선스타인은 실질적으로 판사가 (해석 및 판결을 통해) 제정했다고 볼 수 있는 미국 공법의 특징을 분석함으로써 연방주의자들의 자유공화주의적인 입장이 미국헌정사에서 끈질기게 영향을 미쳐왔다고 주장하고, 그 전통을 오늘날의 거버넌스 체제와 공법을 개혁하기 위한 발판으로 삼고자 한다. 따라서 이 절에서는 공법을 해석하고 적용함으로써 이익집단의 부정적인 영향을 방지하려고 했던 법원의 역할에 대한 선스타인의 분석을 살펴본다.[46)]

선스타인에 의하면, 미국헌정사에서 뚜렷이 퇴조해왔던 매디슨의 연방주의적 구상은 주로 공법 –헌법과 행정법– 을 해석하고 적용하는 과정에서 공법에 특수한 성격과 역할을 부여했던 법원의 사법적 대응 속에서 발견할 수 있다(Sunstein 1985, 49-55). 실질적으로 판사가 만들었다고 볼 수 있는 미국 공법은 정치과정이 일방적으로 사적 이익의 경쟁과 타협의 과정으로 타락하지 않도록 하는데 중요한 역할을 했는데, 공법의 이런 특성에는 매디슨적인 이상이 짙게 반영되어 있다. 예컨대, 헌법에 명시되어 있는 법의 평등 보호 조항과 적법절차 조항은 입법부와 행정관들이 취한 결정이 '합리적'이어야 한다고 요구하는데, 이런 요구는 한 국가의 정치과정이 사회집단들 사이의 무원칙적인 거래가 되어서는 안 된다는 연방주의적 이상을 표현한 것이다(Sunstein 1985, 49).[47)]

입법과 정책결정 과정의 합리성은 법률과 정책이 단순히 이익집단들 사이의 거래와 타협의 결과여서는 안 되고, 모종의 '공적인 이익'에 근거하여 정당화되어야 한다는 요구로서, 법의 평등 보호와 적법절차와 관련된 헌법조항 및

46) 이 작업은 다음 절에서 살펴볼 그의 신연방주의적 기획 -미국 거버넌스 체제의 심의민주주의적 재구성- 의 의의를 조명하는데 도움이 된다.

47) 하지만 다원주의적인 관점에서 보면, 법원이 합리성 -전체의 일반적인 이익- 의 관점에서 입법행위나 정책을 평가하는 것은 사리에 맞지 않는다. 그것은 상이한 이익들 사이의 타협의 산물인 실정법에 그것의 본질에 맞지 않는 이질적인 것을 요구하는 것이다(Sunstein 1985, 49).

다른 행정법규에도 반영되어 있다. 예를 들면, 헌법의 계약 관련 조항은 국가가 계약을 위반함으로써 공적인 가치를 증진시킬 수 있다는 것을 입증할 수 있을 경우에만 계약파기를 허용하며, 토지수용권 조항(eminent domain clause) 역시 압류(takings)에 관한 두 단계 조사에서 비슷한 원칙을 적용한다(Sunstein 1985, 50).

이와 같은 예들은 헌법에 관한 현대적 신념들 상당수가 하나의 근본악에 관한 공통인식을 반영하고 있다는 점을 말해준다. 즉, 재산과 부를 재분배함으로써 이익을 얻는 사람들은 한결같이 정부의 지원을 얻기 위해 적나라한 권력을 사용했기 때문에 이와 같은 악을 방지하기 위해 헌법조항들이 필요하다는 인식을 반영하고 있다(Sunstein 1985, 50-1). 이 때문에 로크너(Lochner) 시대에는 부와 권리(entitlements)를 재분배하려는 노력들마저도 (적나라한 권력 사용으로 간주되어) 금지되었다.[48] 이처럼 사유재산의 보호에 대한 관심은, 재분배에 대한 파벌들의 열망으로부터 사유재산을 보호하고자 하는 욕구와 대의에 관한 매디슨적인 발상이 결합되도록 지속적으로 자극했다(Sunstein 1985, 51).[49] (이 과정에서 정치와 대의에 관한 매디슨적 이해를 가장 충실히 반영했던 제도는 법원이었다)

주지하듯이 매디슨의 발상에서 입법가의 주된 임무는 이익집단들의 사적인 압력을 극복하고 공동선을 증진하기 위해 심의에 몰두하는 것이다. 이런 목적 때문에 매디슨은 선거를 통해 덕스럽고 현명한 대의원들을 선출하는 대의체제야 말로 거대 공화국에서 파벌의 부정적인 영향을 최소화할 수 있는

48) 로크너 대 뉴욕(Lochner v. New York) 소송은 미국 대법원의 역사에서 가장 논란이 된 판결로 알려져 있다. 이 소송에서 대법원은 계약의 자유가 적법절차 조항과 수정헌법 제14조에 함축되어 있다고 판시함으로써 제과점 근로자들의 노동시간을 규제하는 뉴욕 주의 법을 무효화했다. 이 시기를 관행상 로크너 시대로 부른다.

49) 치안권력에 대한 현재의 이해는 훨씬 더 폭넓다. 부와 기회를 재분배하려는 노력도 대폭적으로 수용하고 있기 때문이다. 현대의 이론적 틀은 연방 대의원들의 역할에 관한 기존의 발상을 유지하고 있지만, 실질적으로는 다수주의적 절차로부터 적어도 사유재산만은 보호할 필요가 있다는 신념을 포기하고 있다. 대의원들은 선거구민들의 압력에 기계적으로 반응하기보다는 공동선을 증진한다는 관점에서 심의를 수행해야 한다. 그러나 자원이나 기회를 재분배하려는 결정이나 기존의 권리와 선호구조를 수정하려는 결정들은 공적인 선을 증진하려는 노력에 기반을 두어야 한다. 대의원들이 부, 자격 혹은 선호들의 기존 분배체제를 개혁하고자 할 경우, 그들의 선택은 보통 위헌적으로 간주되지 않는다(Sunstein 1985, 52).

가장 효과적인 방법이라고 생각했다(Sunstein 1985, 52). 헌법원칙과 관련된 이슈에서 사적인 이해만을 고려한 결정은 금지되어야 한다는 사법부의 인식 또한 파벌이 야기할 수 있는 위험들을 겨냥했기 때문에 정부는 사적인 압력에 굴복하지 않고 공익적 가치를 근거로 정책결정을 정당화해야만 했다. 이처럼 연방주의자들과 반연방주의자들 공히 대의원들은 어느 정도 사적 이익들 사이의 투쟁을 초월하여 공동선에 대해 심의해야 할 의무가 있다고 가정했다(Sunstein 1985, 52).

가장 중요한 몇 가지 권력분립도 이와 비슷한 생각을 반영했다(Sunstein 1985, 53-4). 예컨대, 대통령이 맞설 수 없는 거부권을 사용함으로써 행정행위를 무효화시킬 수 있는 입법부의 권한은 사적 집단이 거버넌스 과정에 개입함으로써 부와 기회를 자기들에게 유리하게 분배할 수 있는 가능성을 막으려는 목적을 갖고 있었다. Chechter Poultry社와 미국정부 사이에 벌어진 소송 역시 법원이 (비위임원칙[nondelegation doctrine]에 입각하여) 정부의 권위를 사적인 집단들에게 위임하도록 허용한 연방성문법을 위헌으로 판결한 중요한 케이스로서 권력분립 원칙이 적용된 사례였다. 문제의 연방성문법은 노동과 경영을 대표하는 대의원들이 (최소한의 행정적 혹은 입법적 감독만 받으면서) 법을 제정할 수 있도록 허용했기 때문에 법원은 공익적 가치를 근거로 그 법을 위헌으로 판결했다.

이와 같은 설명에 대해 (법원이 이익집단 정치를 정당한 입법의 토대로 인정할 수 없다고 선언한다고 해도) 성문법이 그런 이유로 무효화되는 일은 거의 없다는 비판이 제기될 수 있다(Sunstein 1985, 53). 법정은 입법 취지와는 전혀 무관한 목적들을 내세움으로써 입법을 위헌으로 선언하는 경우가 많지만, 실제로는 그런 근거로 법안이 무효화되기 보다는 (만일 무효화된다면) 다른 근거로 무효화되는 경우가 많다는 것이다. 요컨대, 이 비판에 따르면 적나라한 권력행사에 대한 금지는 단순히 수사학적 표현에 불과하지 실제로는 전혀 금지가 아니라고 본다(Sunstein 1985, 54).[50]

50) 그런데 이런 비판은 당대의 사법적 틀이 상당 부분 다원주의적인 발상을 받아들였다는 것을 보여주며, 이익집단 정치 자체에 대해 헌법이 특별히 반대하지 않았다는 사실을 드러내준다. 금지 원칙의 존재 자체가 중요하지 않다고 보는 회의주의적 태도는 법현실주의자들과 연관된 다음과 같은 견해, 즉 중요한 것은 법원이 수행하는 행위이지 그들의 말이 아니다는 견해와

선스타인은 이런 부류의 비판을 상당히 설득력 있게 받아들인다. 로크너 시기 이후 법정이 이익집단 정치를 감독하려고 계속해서 진지한 노력을 기울여왔다고 주장하는 것은 어리석은 일이기 때문이다. 그럼에도 불구하고 선스타인은 반대 주장, 곧 이익집단 정치가 일상적이며 정당한 정치과정으로 인정되고 있었다는 주장도 어리석기는 마찬가지라고 본다(Sunstein 1985, 54). 기존의 이론적 틀은 일방적으로 다원주의적인 정치관만을 반영하지는 않았기 때문이다.

선스타인은 이와 같은 자신의 주장을 예시하기 위해 법원이 (로크너 접근법-다원주의적 접근-을 포기한 이후) 세 가지 대안들에 직면했을 때 선택했던 입장을 예로 든다. 법원이 거부한 첫째 선택지는 완전한 이익집단 정치를 정당한 것으로 인정하는 것이다. 이것은 사실상 로크너 접근법을 계승한 것으로 (입법을 적나라한 권력행사의 결과로 보기 때문에) 입법의 합리성 심사를 완전히 생략해버린다. 그리하여 도저히 용인할 수 없는 인종관련 입법이나 정책이 아닌 경우에는, 적나라한 권력행사를 통한 입법이 여하한 헌법적 문제를 발생시키지 않는다고 본다.

법원이 거부한 둘째 선택지는 적나라한 권력에 기초한 결정은 금지한다는 결론을 고수하면서도, 재분배는 그런 부류의 결정에 속하지 않는다는 판단을 받아들이는 것이다. 그리고 동시에 정치과정을 주의 깊게 감시함으로써 입법자들이 파벌적 압력과 무관한 다른 고려사항 등에 반응하도록 압력을 넣는 것이다. 즉, 이 접근은 입법자들이 공적인 선에 관한 타당한 발상을 가지고 심의에 대응해야 한다고 본다.

법원이 수용한 셋째 선택지는 계속해서 적나라한 힘에 의한 결정은 금지된다고 주장하는 한편 재분배를 허용할 수 있는 사회적 목표로 수락하는 것이다. 그리고 동시에 고도로 차별적인 방법으로 성문법이 이익집단의 압력만을 반영하고 있는지를 검토하는 것이다. 이 접근은 둘째 선택지와 같이 통치에 관한 규범적 모델을 채택하지만 권력분립을 다각도로 고려한다는 점에서 차별성이 있다. 그리하여 입법부에서의 성문법 제정과정이 오직 사적 집단들의 적나라한 힘만을 반영할 뿐이라는 비난에 맞서 입법부가 그 이상의 심의

일맥상통한다(Sunstein 1985, 54).

기관이라는 것을 변호할 수 있도록 해준다(Sunstein 1985, 55). 강력한 매디슨적 색조를 띠는 이 셋째 선택지는 다원주의적인 발상과는 전혀 다른 규범적 정치관을 반영한다(Sunstein 1985, 55).

이런 관점에서 보면, 적나라한 힘을 사용한 입법을 금지시켜야 한다는 규범은 "충분히 실행되지 못한"(underenforced) 부류의 헌법적 규범들 중 하나로 간주할 수 있다(Sunstein 1985, 55). 이런 규범적 원칙들은 정부를 구속함에도 불구하고 그 사법적 집행은 제한적으로 이루어지고 있기 때문이다.

선스타인은 입법과 정책결정 과정이 강력한 이익집단들에 의해 왜곡되는 것을 방지하고 심의의 합리성을 제고하기 위해 사용되어온 추가적인 조치들을 검토한다(Sunstein 1985, 56-68). 이런 조치들은 근본적인 수준에서는 매디슨적인 발상을 반영하는 것으로 주로 법원의 견제적 역할을 통해 작동해왔다. 선스타인이 이런 조치들을 검토하는 이유는 이런 조치들을 통해 거버넌스에 관한 매디슨적인 발상이 미국헌정사에서 지속되어 왔다는 사실을 부각시키기 위한 것인바, 앞에서의 논지와 전혀 차이가 없다. 그러므로 여기서는 그런 조치들을 간략히 설명하는 것으로 충분하다고 본다.

먼저, 심의의 합리성을 직접적으로 제고시키기 위한 (앞에서 다룬) 헌법적 규범들과는 다른 역할을 하는 헌법조항들이 있다. 예컨대 언론의 자유와 관련된 헌법 규범들은 아무리 심의원칙에 충실한 의회와 행정부라고 해도 결코 위배해서는 안 되는 원칙으로서, 입법부와 행정부를 통해 작용하는 은밀한 지배관계의 영향을 차단할 수 있는 중요한 규범들이다. 법의 평등 보호 조항에 들어있는 '강화된 검토'(heightened scrutiny) 원칙 또한 그와 같은 은밀한 지배관계의 영향을 차단할 수 있는 근거가 된다. 그래서 흑인, 여성, 외국인 그리고 사생아에 대한 차별을 용인하는 성문법은 그것이 적나라한 권력의 행사와 무관하게 제정된 경우에도 법원에 의해 무효화될 수 있는데, 그런 무효결정의 근거에는 그 법률이 무심코 기존의 권력관계를 반영했을 수도 있다는 인식이 깔려있다(Sunstein 1985, 57). 이런 경우에는 위헌적인 법률이 적나라한 권력행사의 결과라기보다는 단순히 문화적으로 고착화된 우월한 남성의 지위를 반영한 결과라고 볼 수 있다(Sunstein 1985, 57).

헌법에 위배되는 법률이 문화 속에 고착화된 남성우월주의나 인종차별주의를 반영할 수도 있다는 인식은, 입법이나 정책결정 과정에서의 심의가 단순히 공익적 가치에 근거해서만은 안 되고, '숙고된 분석'(reasoned analysis)을 거칠 것을 요구한다. 근본적으로 공화주의적인 성격을 갖고 있는 이 조건은 대의원들이 기존의 사회관계에 기계적이거나 무비판적으로 반응해서는 안 되고, 심의의 수준을 여태껏 자연적이며 당연한 것으로 받아들여져온 사회적 실제와 관계들에까지 적용할 것을 요구한다(Sunstein 1985, 58)

이런 관점에서 보면, 입법이나 정책결정에서 중요한 것은 그 결과라기보다는 그런 결과에 이르는 심의가 사적인 권력 –적나라한 권력행사 및 은밀하게 작용한 지배– 에 의해 왜곡되었는지 아니면 '숙고된 분석'을 포함했는지의 여부이다. 따라서 '숙고된 분석'의 결과가 아니었기 때문에 위헌적인 것으로 간주된 법률이나 정책들 중에는 '숙고된 분석'의 결과였다면 충분히 합헌적인 것으로 간주될 내용을 지닌 것들도 있다.[51] '숙고된 분석' 요건은 비록 인종이나 성과 같은 제한된 범주들에 국한되어 있지만, 이 요건은 대의에 관한 매디슨적 발상을 반영하고 있다.

헌법원칙들에서처럼 행정법에서도 비슷한 주제를 발견할 수 있다. 행정기관이 급속도로 성장하기 시작한 이래 파벌 문제는 매우 중요한 주제가 되었다. 원래 권력분립 체제는 선거를 통해 책임성을 확보하고 서로 분리된 권력들이 견제와 균형을 이루게 함으로써, 권력남용 및 그에 수반하는 사적 이익의 침투를 막을 수 있는 안전 장치로서 고안되었다. 하지만 근대 국가의 수립과 팽창으로 인한 행정기관의 창설과 성장은 그런 안전 장치를 깨트려버렸다. 게다가 더 근본적인 문제는 행정기관들이 광범위한 자유재량권력을 획득·사용하게 된 상황에서 사적 집단들이 행정절차를 마음대로 사용하여 자신들의 이익을 극대화할 수 있게 되었다는 점이다(Sunstein 1985, 60).

이에 대한 법원의 일차적인 반응은 입법 권한을 행정기관들에 위임하는 것을 무효화시키는 것이었다. 법원은 비위임원칙에 종속된 행정법 원칙들을 수립함으로써 행정기관의 자유재량권을 제한하는 한편, 행정절차를 활용하여 자신의 이익을 극대화하기 위해 개입하는 사적 집단들의 영향도 배제시키려고 애썼다. 이것은 사유재산 보호라는 헌법적 원칙을 근거로 법원이 사법적

51) 하지만 심의과정이 충족시켜야 할 '숙고된 분석' 요건은 인종, 성, 외국인 그리고 사생아에 대한 차별과 같은 비교적 제한된 범주에만 적용된다. 빈곤과 같은 다른 분야에서는 법원이 입법적 결정에 대해 훨씬 더 존중하는 태도를 보여 왔다.

개입을 시도한 것과 유사한 구조를 갖는다.

행정법에서 가장 중요한 이론적 혁신은 '심층검토원칙'(hard-look doctrine)이다. 이 원칙은 행정기관이 결정을 내릴 때 얼마나 진지하고 깊이 있게 심의했는가를 꼼꼼하게 검토해야 한다는 원칙으로, 주로 네 가지 측면을 검토한다(Sunstein 1985, 61). 즉, 행정기관들은 그들이 내린 결정에 대해 상세한 설명을 제시하고 있는지, 과거의 실제로부터 이탈할 경우 그것을 정당화할 수 있는지, 행정기관들의 결정에 영향을 받는 집단들이 규제과정에 폭 넓게 참여할 수 있도록 허용하는지, 그리고 합당한 대안들을 고려함으로써 그것이 왜 거부되었는지를 설명할 수 있어야 한다(Sunstein 1985, 61). 이에 덧붙여 법원은 그 결정의 장점과 목적/수단의 부합성도 검토해야 한다. 그렇게 함으로써 법원은 행정기관이 법적인 요구를 존중하도록 압박하며, 행정적 결정들이 사적인 이익을 반영하지 못하도록 유인한다.

이와 연관된 또 다른 중요한 변화는 공지 및 코멘트를 통한 규칙제정 방법(notice-and-comment rule-making) –관보에 알리고 코멘트를 받아서 법을 만드는 것– 의 확립이다(Sunstein 1985, 61-2). 행정절차법의 입안자들은 비공식적인 규칙제정 방법이 입법을 모방하기를 바랐다. 그 절차는 매우 개방적이기 때문에 공직자들은 도입될 규칙에 영향을 받게 될 모든 이해당사자들로부터 자유롭게 자문을 얻을 수 있다. 그러므로 이와 같은 행정규칙 제정방식은 사법적인 절차보다는 정치적인 절차와 유사하다. 공직자들이 관행화된 사고방식에 따르기보다는 선거구민들의 욕구와 (사실과 정책 관련 이슈들에 관한) 비공식적인 정보에 더 의존하게 만들기 때문이다(Sunstein 1985, 62).

행정기관의 권력남용과 그에 편승한 사적 집단들의 영향을 봉쇄하기 위한 이와 같은 다양한 안전판들의 목적은 무엇인가? 선스타인이 볼 때 그것은 행정기관들이 단순히 이익집단들의 정치적 압력에 굴복하지 않고 심의의 합리성을 제고함으로써 성문법 속에 반영되어 있는 공익적 가치를 증진시키도록 유인하기 위한 것이다(Sunstein 1985, 63). 그리고 만일 성문법에 반영된 공익적 가치들의 내용이 모호할 경우 공개적인 검토와 심의를 보장하거나 강화시킴으로써 '포괄적 합리성'(comprehensive rationality)을 제고시키는 것이다(Sunstein 1985, 64). 다시 말해, 그런 다양한 안전판들은 행정기관들의 결정이 강력한 이익집단들의 정치적 압력이나 부적절한 고려사항들에 맹목적으로

반응하는 대신, 법적인 요건에 부합하게 이루어지도록 유인하려는 목적을 갖고 있다.[52)]

▌신연방주의 기획: 심의민주주의적 재구성

지금까지 설명한 사법적 발의들은 한편으로는 다원주의에 대한 불신을 그리고 다른 한편으로는 대의에 관한 매디슨적 발상에 대한 선호를 반영한다. 하지만 이것은 정치적 대의에 관한 매디슨적 발상을 구현하기 위해서는 반드시 법원이 주도적 역할을 수행해야 한다는 것을 의미하지는 않는다(1985, 68). 단독적으로 행위하는 법원이 정치과정 전체를 매디슨적인 발상에 부합하는 방향으로 이끌어갈 수 있다고 보는 것은 현실성이 없기 때문이다. 정치의 특성이 다원주의에서 자유공화주의로 개조되기 위해서는 입법적 행위자들과 행정적 행위자들의 태도와 행위가 먼저 변화되어야 한다. 이와 같은 관점에서 보면, 선스타인이 지금까지 법원의 역할을 집중적으로 부각시켜온 것은 자유공화주의적 심의민주주의 체제에서 법원이 수행하는 중심적 역할을 강조하기 위한 것이 아니라, 법원이 (심의의 핵심기관들인) 입법부와 행정부가 심의 기능을 잘 수행할 수 있도록 통제함으로써 매디슨적 공화주의를 비교적 충실히 반영해왔다는 취지의 것이다. 그러므로 법원에 논의의 초점을 맞춰왔음에도 불구하고, 선스타인의 핵심적인 주장은 진정한 민주적 심의의 주된 공간은 법원이 아니라 입법부가 되어야 한다는 것이다. 그리고 그런 의미에서 선스타인의 헌정주의는 마이클만의 법원 중심 헌정주의와 대조되는 의회중심 헌정주의로 부를 만하다(Sunstein 1985, 68).

하지만 선스타인이 주장한 대로 법원이 상당 정도 매디슨적인 발상을 구현하고 있다면, 법원은 (법이론을 수정하고 새로운 법해석을 제시하는 방식으로) 민주적인 대의기관들이 매디슨적인 발상을 구현하도록 압박함으로써 심의민주주의적인 헌정질서를 유지·강화시키는데 여전히 중요한 역할을 수행할 수 있을 것이다. 그래서 선스타인은 앞 절에서 설명한 다양한 사법적 시도들에 대한 평가에 입각하여, 심의민주주의 헌정체제를 복구·유지하기 위해 앞으로

52) 선스타인에 의하면, 이와 같은 사법적 견제를 비판하는 사람들은 행정기관의 결정들을 다원주의 정치의 산물로 보는 관점을 전제하고 있다.

법원이 수행해야 할 역할을 제시한다(Sunstein 1985, 68-85). 이런 제안들은 이미 앞 절에서 다룬 것들을 정리하거나 보강한 것들로, 합리성 검토의 강화, '숙고된 분석', 심층검토원칙을 보다 체계적으로 그리고 보다 광범위한 분야에 확대 적용한 것이다.

물론 이런 기획의 현실성과 타당성을 반박하는 견해도 존재한다. 예컨대, 선스타인의 신매디슨적 기획이 연방사법부에 대해 갖고 있는 두터운 신뢰는 근거가 빈약하다는 비판에서부터, 매디슨적인 발상을 수락할 경우 일반 시민들의 덕성과 능동적인 참여를 강조하는 반연방주의자들(=공화주의자들)의 견해를 강화시킴으로써 미국정치가 더욱 엘리트주의에 의존하게 될 것이라는 비판에 이르기까지, 다양하고 중요한 비판들이 존재한다. 이런 비판적인 관점에서 보면, 미국 헌정질서는 불가피하게 다원주의적인 방향으로 나아가야 하거나 보다 순수한 공화주의적인 형태로 전환되어야 할 것인바, 신매디슨적 심의민주주의 체제를 복구·강화시키고자 하는 선스타인의 입장은 적실성이 없다고 해야 할 것이다.

하지만 이런 비판들에도 불구하고 선스타인은 정치에 관한 공화주의적 발상이 사법부의 안팎에 있는 정치행위자들과 관찰자들에게 여전히 끈질긴 규범적 장악력을 갖고 있다고 주장한다. 나아가서 격리된 법원(judicial insulation)은 시민들의 선호를 비판적으로 검토할 수 있는 좋은 기회를 제공할 뿐만 아니라, 다른 대의기관들로 하여금 정치적·행정적 심의의 합리성을 높이도록 압박함으로써 자신이 제시한 신매디슨적 심의민주주의 체제에서 (보조적이긴 하지만) 상당히 중요한 역할을 수행할 수 있다고 본다.

그러면 법원의 견제 역할을 통해 선스타인이 궁극적으로 (재)수립하고자 하는 심의민주주의적 헌정질서는 어떤 특징을 갖고 있는가? 이 문제에 대한 선스타인의 답변은 다원주의와 공화주의를 비판적으로 통합하고자 한 그의 시도와, 대의기관들이 수행하는 심의의 합리성을 높이기 위한 다양한 사법적 발의들에 대한 그의 분석 속에 이미 암시되어 있다. 그러므로 여기서는 그의 신매디슨적 심의민주주의 체제를 떠받치고 있는 근본 원칙을 요약 형태로 제시해보고, 그런 원칙들이 어떤 정책적 함의들을 갖고 있는지를 몇 가지 사례를 통해 간략히 조명해보고자 한다.

선스타인은 『공화주의의 부활을 넘어서』에서 자신의 신매디슨적 공화주의를 떠받치고 있는 원칙들을 네 가지로 정리하고 있다(Sunstein 1988, 1541-2). 이 원칙들은 다양한 공화주의에서 공통적으로 발견할 수 있는 원칙들로서 자신의 자유공화주의적인 심의민주주의 체제에서도 핵심적인 역할을 수행한다. 이 원칙들은 서로 구조적으로 통합되어 있는바, 함께 작용함으로써 통치권력을 제한하고 통제할 뿐만 아니라 심의주의적인 거버넌스 체제를 구축한다(Sunstein 1988, 1541).

첫째는, 정치에서의 심의원칙이다. 이것은 어느 정도 공민적 덕성을 필요로 한다. 하지만 일반 시민들과 대의원들에 요구되는 덕성에는 차이가 있을 수 있다. 정치적 심의과정에 사익이 투입되는 것은 당연하지만, 이 사익은 前정치적이고 외생적인 것으로 간주되지 않고 심의를 통해 비판적으로 검토된다.

둘째는 정치행위자들 사이의 평등원칙이다. 이 원칙은 정치참여에서의 불평등을 완화하거나, 개인들 혹은 집단들 사이의 영향력의 차이를 최소화해야 한다는 요구로 표현된다. 경제적 평등이 정치적 평등을 위해 요구될 수도 있지만 반드시 그럴 필요는 없다. 그런 점에서 정치과정은 사적 영역으로부터 어느 정도의 자율성을 누린다.

셋째는 보편주의이다. 이것은 공동선 관념을 통해 표현되며 실천이성을 통해 실현된다. 규제적 이상으로서의 보편주의 –또는 합의에 대한 지지– 는 최소한 일부 규범적 논쟁들에 대해서는 실질적으로 옳은 해결책을 제시할 수 있다는 믿음을 수반한다.

마지막으로 넷째는 시민권 원칙이다. 이 원칙은 폭넓게 보장된 참여의 권리로 표현된다. 이런 권리들은 대의원의 행위를 통제하고 정치적 덕성을 함양하고 행사할 수 있는 기회를 제공한다. 시민권은 명목상 사적으로 간주되는 영역들에서 더 자주 행사되지만 그것의 일차적인 중요성은 통치과정에 있다.

선스타인은 이런 자유공화주의적인 심의민주주의 원칙들을 헌정체제에 적용할 경우 일련의 중대한 제도적·절차적 개혁들이 발생할 것으로 본다. 이런 개혁들은 선거캠페인자금법, 연방주의와 중간조직, 합리성 검토, 사회적 차별과 배제 시정 정책, 성문법 해석 및 비례대표제의 도입 등 다양한 영역에서 이루어질 수 있다. 이 중의 일부는 이미 앞 절에서 소개했기 때문에 여기서는 앞 절에서 소개되지 않은 몇 가지 이슈만을 소개하기로 한다.

먼저 선거캠페인자금법과 관련된 논쟁에 자유공화주의적 발상을 적용할 경우 다음과 같은 변화를 예상할 수 있다(Sunstein 1988, 1576-8). 캠페인자금 규제는 사상의 시장(marketplace of ideas) 원칙과 충돌한다는 근거로 도전을 받아왔는데, 이런 근거로 연방대법원은 Buckley v. Valeo 소송에서 재정규제를 무효화하는 판결을 내렸다. 이 소송에서 대법원은 "정부가, 다른 구성원들의 목소리를 높이기 위해 다른 구성원들의 발언을 제약할 수 있다는 생각은 전적으로 수정헌법 제1조에 생경한 것이다"라고 판시했다.

하지만 이 문제를 자유공화주의적 관점에서 재고해보면, 캠페인자금 규제는 훨씬 더 긍정적으로 평가될 수 있다. 적어도 어떤 형태의 캠페인자금 규제는 캠페인 비용 차이로 인해 발생하는 왜곡들을 중화시킴으로써 수정헌법 제1조의 목적을 효과적으로 증진할 수도 있다. 수정헌법 제1조를 심의민주주의적 관점에서 재해석해보면, 그것은 정치적 평등이란 관점을 반영하고 있기 때문에 적어도 캠페인자금 규제를 지지하는 재분배적 논거들을 거부하지는 않을 것이다. 그와 동시에 정치적 심의를 향상시키고 정치적 평등과 시민권을 증진하기 위한 노력들을 뒷받침하게 될 것이다.

비슷한 이유에서 자유공화주의 원칙들은 방송과 인쇄물매체에서의 공정성 제고의 노력도 긍정적으로 평가할 것이다(Sunstein 1988, 1578). 그 원칙들은 공적 심의가 수행될 수 있는 다양한 통로들에 접근하고자 하는 노력들을 지원할 것이며, 자유경쟁 시장 원칙을 내세우면서 그런 노력을 규제하려는 입장에 반대할 것이다. 왜냐하면, 자유공화주의적 시각에서 보면, 표현의 자유에 대한 가장 중요한 위협은 정부로부터 오는 것이 아니라 지나치게 확대된 부의 불평등에서 오기 때문이다.

자유공화주의적 근본 원칙들은 연방주의와 중간집단의 개혁에 대해서도 중요한 함의를 갖고 있다(Sunstein 1988, 1578). 자유공화주의적인 관점에서 볼 때 미국헌정체제의 가장 큰 강점들 중 하나는 연방 수준에서 심의적인 대의제를 제공해주는 동시에 지방 수준에서는 공화주의적인 목적들을 추구할 수 있는 영역을 제공해준다는 점이다. 공화주의 부활의 가장 중요한 의의는 공적인 영역과 사적인 영역에서 자결의 기회를 제공해주는 데 있다.

공화주의가 증진하고자 하는 자결의 기회는 다양한 영역에서 중요한 함의를 갖는다. 노동법에서는 집단교섭이 획일적인 국가의 기준들에 비해 우수한 것으로 평가될 것이며, '개혁법'(reconstitutive law) —국가의 경직된 명령에 따르기보다는, 시장을 개혁함으로써 주와 지역적 자율성을 강화하는 법- 도 더 우호적으로 받아들여질 것이다. 또한 일터민주주의를 증진하려는 노력도 더 우호적으로 받아들여질 것이며, 공화주의적인 덕성을 함양하기 위한 종교조직들의 역할도 더 긍정적으로 평가될 것이다.

마지막으로 자유공화주의적 원칙들은 선거제와 관련해서도 중요한 개혁적 함의가 있다(Sunstein 1988, 1585-9). 특히 비례대표제 혹은 집단대표제의 도입은 긍정적으로 검토될 만하다. 그 동안 치러진 선거에서 여성, 흑인, 동성애, 장애인들 그리고 불우한 집단들은 거의 성공을 거두지 못했다. 특히 인종블록투표(racial block voting) 때문에 흑인들은 어떤 선거구에서는 원하는 대의원을 전혀 선출하지 못했다. 이와 같은 상황에서 비례대표제는 자유공화주의적 관점에서는 매우 긍정적으로 평가될 수 있다. 그리고 이런 개혁은 미국헌정체제가 단순히 1인1표제를 고수해온 것이 아니라 집단대표의 요소도 아울러 간직해왔기 때문에 충분히 현실적인 기반을 갖고 있다.[53]

게다가 현재까지도 생생히 살아있는 연방주의, 양원제 그리고 견제와 균형의 원칙들 역시 상당 정도 비례대표제적 호소력을 공유하고 있으며 (지리적인) 집단대표 개념에 그 기원을 두고 있다(Sunstein 1988, 1586). 이런 제도들은 정부에 대한 접근로를 다양화시킴으로써 다양한 집단들이 입법과 정책에 영향을 미칠 수 있는 능력을 증대시키고 있으며 심의의 역량과 질을 증진시키고 있다. 따라서 이런 제도들은 단일제 체제에 비해 비례대표제의 도입에 긍정적인 환경을 제공해준다.

비례대표제는 최소 기준 이상의 득표를 얻는 모든 집단들이 입법부에 진출할 수 있는 기회를 주기 때문에 불우한 집단들에게도 정치적 결과에 영향을 미칠 수 있는 권력을 나눠줄 수 있다. 그리하여 정치과정에서 다양한 시각과 이익들이 표현되고 긍정될 수 있는 가능성을 높여준다.

그렇지만 비례대표제는 공화주의가 가정하는 공동선의 존재를 인정하지 않거나 그것을 폄하한다는 점에서 반드시 자유공화주의적 심의민주주의 기획에 우호적인 것으로 보기는 어렵다. 그 제도는 이익의 충돌이 불가피한다

53) 예컨대, 미국 역사의 초기에는 대의원이 지역공동체를 대의한다는 생각이 자연스러웠다. 그러므로 오늘날의 인종·민족적 대의원들은 처음에 지리적인 관점에서 규정되었던 대의 개념을 현대적으로 변용한 형태로 볼 수 있다.

면, 정치생활의 안정과 지속을 위해 집단대표를 채택할 수밖에 없다고 보는 현실주의적인 이해를 바탕에 두고 있기 때문이다. 또한 비례대표제는 그 의도와 달리 파벌주의와 정치적 교착상태를 야기할 수도 있으며, 불우한 소수집단들의 한계상황을 영구화시킬 위험도 있다. 따라서 비례대표제가 자유공화주의적인 기획을 뒷받침할 수 있는 제도인지에 대해서는 이론이 있을 수 있다.

하지만 선스타인은 그런 부정적인 측면에도 불구하고 비례대표제가 신매디슨적인 기획에서 대체로 긍정적인 기능을 수행할 것으로 본다(Sunstein 1988, 1587-8). 선스타인은 (불우한 집단들을 포함한) 다양한 집단들이 공식적인 심의절차에 접근할 수 있는 기회를 갖게 된다면 심의과정이 향상될 가능성이 크다고 생각했는데, 비례대표제가 바로 그런 기회를 제공해줄 수 있다고 보았다. 다양한 이익과 견해가 충돌함으로써 심의과정이 더 복잡해지고 비효율적이 될 수도 있지만, 그런 충돌들이 오히려 창의적인 해결책의 숙주가 됨으로써 공동체의 건강성과 활력을 유지하는 데 도움이 될 수도 있다. 그런 의미에서 비례대표제는 의견의 불일치와 이익의 다원성을 창조적으로 활용한 미국연방주의의 특성 –특히 권력분립과 견제와 균형 원리– 과 부합하는 선거제도로 활용될 수 있다(Sunstein 1988, 1587-8).

▌심의민주주의 기획의 심화와 과제

이 장의 1절에서 지적한 바와 같이 선스타인의 입장은 3년 사이에 상당한 변화를 겪었다. 그리고 그 변화의 핵심은 무엇보다 그가 「미국 공법에서 이익집단」에서 제시한 입법부 중심 헌정주의를 더 시민사회 친화적인 헌정주의로 발전시켰다는 점에서 찾을 수 있다. 「미국 공법에서 이익집단」은 일반 시민들의 공민적 덕성에 대해 상당히 회의적인 입장을 깔고 있었다면, 「공화주의 부활을 넘어서」는 상대적으로 일반 시민의 심의 능력을 긍정적으로 평가하는 변화를 보이고 있는 것이다.

「미국 공법에서 이익집단」에서 선스타인은 연방주의자들과 반연방주의자들이 일종의 공동선정치에 대한 서약을 공유하고 있었지만, 누가 공적인 심의과정의 주체가 되어야 하는지에 대해서는 극명한 차이를 보인다고 분석했다. 즉, 반연방주의적 공화주의자들은 모든 일반 시민들이 심의과정에 직접 참여해야 한다고 주장한 반면, 연방주의자들은 대의원들이 심의과정의 주체가 되어야 한다고 주장했다. 동시에 연방주의자들은 일반 시민들은 덕스럽고 현명한 대의원들을 선출하는 보조적인 역할을 하는 것으로 충분하고 또 그들을 선출하기에 필요한 덕성만을 갖추면 족하다고 주장했다.

하지만 「공화주의 부활을 넘어서」는 훨씬 더 시민사회 친화적인 주장들을 포함하고 있으며, 심의민주주의 원칙을 훨씬 더 광범위한 영역에까지 확대·적용하려는 의도를 분명히 드러내고 있다.[54] (거버넌스 체제와 공법 분야의 개혁방향과 관련하여) 선스타인의 신매디슨주의적 기획이 지닌 함의들에 관한 앞 절에서의 설명에서 알 수 있듯이, 그는 심의의 원칙을 공식적인 국가기관들– 입법부, 행정부 그리고 법원 –은 물론, 선거제도, 종교집단과 노동조합 그리고 미디어 관련 분야에까지 광범위하게 적용하고자 했다. 그는 심지어 이와 같이 대중적으로 확장된 심의민주주의 기획을 "공화주의 사상에 대한 특별히 미국적인 기여"라고까지 주장했다(Sunstein 1988, 1548). 그리고 일라이와 유사하게, 법원이 정치적 참여의 권리와 언론의 자유와 같은 민주적 권리들을 보호하는 데 중요한 역할을 수행해야 한다고 주장함으로써 자신의 심의민주주의적 기획을 사법적으로 뒷받침하고자 했다.

하지만 선스타인의 기획이 공법을 위시한 전체 거버넌스 구조의 개혁에 적용될 수 있기 위해서는 유효한 전략과 대중적인 관심 및 지지를 확보해야만 한다. 애커만이나 마이클만과 비교해 볼 때, 선스타인이 자신의 심의민주주의 기획이 어떤 제도적·절차적 변화를 일으킬 수 있을지를 더 흥미 있게 설명하고 있는 것은 사실이다. 하지만 그는 그런 변화가 어떻게 일어날 수 있을지에 대해서는 함구하고 있다. 물론 이런 전략적 관심의 결여는 선스타인의 문제만은 아니고, 모든 규범 이론적 접근들에 공통적으로 나타난다. 하지만 선스타인의 개혁안들이 지닌 (주로 전략적인) 문제점들은 심의민주주의 기획의 근본 원칙들에 내재하는 모호성 때문일 수도 있다는 점에서 비판의 여지가 크다.

---

54) 물론 선스타인은 이런 변화에도 불구하고 여전히 대의기관들에서의 합리적 심의의 중요성을 강조한다.

예컨대, (다양한 이익과 관점들이 존재하는 상황에서) 심의민주주의 기획의 첫째 원칙인 심의원칙과 셋째 원칙인 보편주의 원칙을 실질적인 공적 심의과정에 적용해 보면 이 원칙들의 모호성이 분명히 드러난다. 심의원칙에 따르면, 사적인 이익들은 합리성의 충분한 근거가 될 수 없기 때문에, 심의과정에 제시된 주장들은 반드시 합리적인 근거와 이유들 –특히 공익적 가치– 에 의해 뒷받침되어야 한다. 하지만 선스타인의 자유공화주의에서 심의는 그 자체가 목적이라기보다는 일차적으로 보편적인 합의에 도달하기 위한 필수요건으로 간주된다. 그러므로 심의는 공동선에 대한 다양한 시각들이 존재하는 상황에서 모두가 합의할 수 있는 이익이나 가치를 확인하거나 발견하기 위한 합리적인 대화를 통해 수행되며, 만인이 특정한 이익이나 가치에 대해 합의할 때 보편적인 공동선이 확보된다.

하지만 다양한 이익과 시각들 사이에서의 합리적인 대화를 통해 공동선에 대한 합의를 모색할 수 있다는 선스타인의 낙관주의는 현대의 다원주의와 잘 부합하지 않는다. 만일 그와 같은 보편적인 합의가 항상 가능하다면 어떤 의미에서 현대사회가 다원적인 사회인지가 불분명하다. 월드런(J. Wladron)은 다양한 가치관들이나 의견이 모두가 합당한 상황에서도 궁극적으로 화해할 수 없는 불일치가 존재하는 상황에서 최종적인 결정을 내려야하는 상황을 '정치의 환경'(circumstances of politics)으로 규정하고, 이런 상황에서는 '합당한 불일치'(reasonable disagreement)가 비일비재하기 때문에 다수결주의 결정을 내리는 것이 모든 당사자들을 평등하게 존중하는 방법이라고 강조한 바 있다(Waldron, 1999, 107-18). 그러므로 다양한 관점과 입장에서 출발하지만 단일한(또는 보편적인) 공동선 관념에 도달할 수 있다는 것을 전제하는 선스타인의 입장은 '합당한 불일치'가 존재하는 상황에서는 실현되기 어렵다.

하지만 심의의 원칙과 보편주의를 통합시키고자 하는 선스타인의 기획은 자신도 인정하듯 언제나 적용되지 않기 때문에, 이런 예외적인 상황들에서 심의의 원칙과 보편주의를 어떤 식으로 적용할 것인가 하는 문제는 그의 심의민주주의 기획의 타당성을 심각히 손상시킬 수 있다. 선스타인은 어떤 배경에서는 심의과정이 올바른 합의 –예컨대, 언론의 자유와 흑인과 여성에 대한 차별의 금지– 에 도달할 수 있지만, 다른 경우에는 그렇지 않을 가능성도 배제할 수 없기 때문에 "때때로 타협이 불가피하고 … 따라서 정치적 패자가 존재하게 될 것이다"고 주장한다(Sunstein 1988, 1555). 그럼에도 불구하고 선스타인은 (이런 경우들에 있어서조차도) 심의의 당사자들이 다른 의견을 갖고 있는 사람들의 입장에서 생각해보는 정치적 감정이입을 활용한다면 '실질적으로 옳은'(substantively correct) 결과를 산출할 수 있다고 낙관한다(Sunstein 1988, 1554).

하지만 정치적 감정이입이 정말로 가능한지에 관한 문제는 물론 그런 감정이입의 타당성을 입증할 수 있는 방법에 관한 문제 또한 (롤스의 '판단의 부담' 개념이 보여주듯) 합당한 불일치의 대상이 될 수 있으며, 무엇보다 정치적 감정이입이 가능하다고 해도 그것이 심의의 주체가 견지하고 있는 실질적인 가치와 충돌할 경우에는 합의를 산출하기 어렵다(Abrams, 1988, 1601). 이 경우 최종적인 결정을 위해 거래와 협상 혹은 타협이 불가피하다고 볼 수 있는데, 이런 타협과정은 다원적인 이익과 관점을 비례적으로 절충한 다원주의적인 해결책을 산출할 가능성이 높다. 그리고 이런 합당한 불일치의 존재와 타협의 불가피성을 전체 거버넌스 구조의 개혁문제에 적용해보면, 선스타인의 신매디슨주의적 기획의 적실성은 그 자체가 합당한 불일치의 대상이 될 공산이 크다.

선스타인의 심의민주주의 기획의 또 다른 문제점은 심의의 중심적인 역할을 입법적 대의기관 및 다른 시민사회 집단들에 맡기고자 하면서도, 그런 집단들이 수행하는 심의의 합리성 제고를 위해 지나치게 사법적인 수단에 의존하고 있다는 점이다. 이것은 기본적으로 (마이클만과 비슷하게) 선스타인이 정치이론가라기보다는 일차적으로 헌법이론가 혹은 법학자라는 사실과 연관되어 있는 문제로, 입법부 및 다른 집단들이 수행하는 심의의 합리성을 (최종적으로) '심의'하는 법원의 최고성을 은연중에 옹호하고 있는 것으로 비춰질 수도 있으며, 비사법적 기관들이나 집단들에서 이뤄지는 심의과정을 무디게 할 가능성도 있다. 요컨대 이와 같은 개념적·원칙적 모호성들이 좀 더 분명히 정리되지 않는 한, 선스타인이 제안한 다양한 개혁 프로그램들의 적실성과 실천적 호소력은 상당히 제한적일 수밖에 없다.

맺음말

이 장에서는 애커만과 마이클만 그리고 선스타인의 자유공화주의를 각각 이원민주주의적 기획, 법원 중심적 헌정주의 그리고 심의민주주의적 기획으로 규정하고, 그 주된 내용과 문제점들을 살펴보았다. 이 세 명의 이론가들은 헌정주의라는 동일한 이슈에 대해 자유공화주의라는 동일한 관점에서 접근하고 있음에도 불구하고, 헌법정치에서의 활성화된 국민의 헌법구성적 역할을 강조하는 입장(애커만), 공화주의적 심의의 원칙을 주로 대법원에 적용하고자 하는 입장(마이클만), 그리고 입법부 및 보다 광범위한 시민사회 결사들에 적용하고자 하는 입장(선스타인) 등 제각기 상이한 형태의 헌정주의를 제시했다.

애커만의 이원민주주의적 헌정주의는 (고전적 공화주의의 가장 중요한 요소라고 할 수 있는) 시민참여의 원칙을 부분적으로 도입함과 동시에 그것을 엘리트주의적인 심의주의와 결합시킴으로써 자유주의적 헌정주의가 충분히 반영하지 못하고 있는 참여정치적 측면을 보강했다. 하지만 애커만의 헌정주의는 헌법정치와 일상정치의 시기를 명확히 구분할 수 있다고 보고, 참여주의 원칙을 주로 헌법정치의 차원에서만 적용함으로써 사람들이 대부분의 생애를 보내는 일상정치의 영역을 주로 엘리트들의 활동무대로 이해하고 있는 한계를 보인다. 비록 그가 대법원의 역할을 국민의 헌법정치적 성과를 보존하는 보조적인 역할로 제한하고 있다고 해도(대중적 권위주의), 일상시기 동안 헌법을 해석하고 집행하는 최종적인 권위와 책임을 법원에 맡기고 있기 때문에 일반 시민들이 일상정치 시기에 수행할 수 있는 정치적 역할을 주로 대의원들을 선출하는 행위에 국한시켜버린다. 그렇다면, 사실상 일반 시민들은 대부분의 생애를 정치와 법치의 주체로서보다는 객체로서 보낼 수밖에 없다. 이런 관점에서 보면, 애커만의 이원민주주의 기획은 표면적으로 들어난 것보다는 훨씬 더 보수적인 함축성을 갖고 있으며, 정치적으로 활성화된 '우리 국민'의 주도하에 새로운 헌법이 구성된다는 그의 주장 역시 주로 수사학적인 의미를 갖는다고 볼 수 있다. 일상적인 정치생활을 통해 '우리 국민'이 헌법원칙들을 재검토하고 그것을 원하는 방향으로 수정할 수 있는 실질적인 기회를 갖지 못한다면, 어떤 의미에서 국민이 주권자로서의 지위를 누린다고 볼 수 있는가? 이처럼 애커만의 이원민주주의적 기획은 (그 표면적인 참신함과 호소력에도 불구하고) 현재적인 '우리 국민'의 헌법 재구성 능력을 사실상 부정하고 있는 문제점이 있다.

어떤 의미에서 마이클만의 입장은 애커만의 입장보다 더 민주적 동력이 약하다. 그는 공화주의적 대화 또는 심의의 원칙을 헌법을 포함한 사회정치적 규범들의 수정에 적용함으로써 법생성적인 심의정치와 법치를 통합시키고자 시도했다. 하지만 그는 그와 같은 심의정치의 주된 공간을 입법부보다는 대법원에서 찾고 있으며, 상대적으로 입법부의 심의과정에는 별다른 중요성을 부여하지 않는다. 그 때문에 마이클만의 법생성정치는 애커만의 이원민주주의 기획처럼 심의정치의 동력을 상당 부분 상실해버리는 문제점을 안고 있다. 그는 「법의 공화국」에서 시민사회의 다양한 결사들에서 진행되는 법생성적인 심의의 중요성을 강조함으로써 엘리트주의적인 협의를 벗어나려고 했다. 하지만, 시민사회의 대화를 주재하고, 그 대화를 비판적으로 검토하며, 그 중 가장 적합한 것만을 선택적으로 헌법수정에 반영해내는 기관은 대법원이어야 한다고 주장했다는 점에서 여전히 강력한 엘리트주의를 드러내고 있다. 더구나 확률상 시민사회에서 수행되는 집단적 대화들이 정치적으로 계몽된 시민들의 주도하에 이루어질 가능성이 적고, 그 내용 또한 대부분 비정치적일 가능성이 크기 때문에, 시민사회에서의 대화가 실질적인 법생성 효과를 나타낼 지도 매우 불확실하다.

선스타인의 경우, 애커만과 마이클만에 비해 심의민주주의적인 동력을 더 광범위하게 활용함으로써 전체 거버넌스 체제를 심의민주주의에 적합하게 변혁시키려고 하는 차별성을 갖고 있다. 그는 애커만과 마이클만과는 다르게 자신의 심의민주주의적 기획이 가질 수 있는 정책적 함의들을 부각시킴으로써 자신의 신매디슨적 기획을 현대 미국의 헌정체제의 개혁에 적용하고자 시도했다. 하지만 「미국 공법에서 이익집단」에 나타난 입법부 중심의 엘리트주의는 차치하고라도, 그의 심의민주주의적 기획의 근본 원칙들이 지닌 개념적 모호성 때문에 그의 개혁 프로그램 역시 구체적인 개혁 전략으로 전환되기 어려운 문제점을 안고 있다. 더구나 선스타인의 기획에서 대의 제도들과 시민사회에서 수행되는 심의정치는 사법부의 과도한 견제와 압박을 통해서만 이상적으로 작동할 수 있는 것처럼 설명되고 있기 때문에, 그의 기획 역시 마이클만과 애커만의 그것처럼 (헌)법이론가의 편견 혹은 선입견을 반영하고 있는 것으로 보인다.

전체적으로 볼 때 애커만, 마이클만 그리고 선스타인의 자유공화주의적 헌정주의는, 고전적 자유주의자들이나 현대의 자유주의자들에 비해 공화주의적인 자치의 이상 혹은 심의의 원칙을 더 진지하게 고려하여 그것을 자유주의적인 법치의 이상과 통합시키려고 시도한 차별성을 갖고 있다. (그리고 그 통합을 각각 상이한 방식으로 수행했다는 점에서 서로 차별성을 갖고 있다) 하지만 통합적 노력에도 불구하고 그들의 헌정주의는 고전적 공화주의에 내포된 참여의 원칙을 지나치게 제한적으로 수용하거나(헌법정치와 대의제) 실질적으로 무력화시켜버리는 엘리트주의적 경향으로 인해 사실상 자유주의적 헌정주의와 그다지 큰 차이를 보여주지 못하고 있다. (물론 법을 정치과정에 외생적인 것으로 보거나 초월적인 기원을 갖는 것으로 보지 않고, 시민들의 자치에 의해 수정될 수 있다고 본 점에서는 적지 않은 차이가 있다) 요컨대, 이들의 자유공화주의적 헌정주의는 애초의 의도와는 달리 민주정치의 동력 혹은 역동성이 많이 상실되어버린 헌정주의 형태, 그리하여 여전히 민주적 자치의 이상이란 관점에서 보면 매우 미흡한 헌정주의 형태로 귀결되고 있다. 그러므로 다음 장에서는 애커만, 마이클만 그리고 선스타인이 제시한 자유공화주의적 헌정주의보다 더 민주적이며 정치적인 크레이머의 민중헌정주의(popular constitutionalism)와 벨라미의 정치적 헌정주의를 검토해봄으로써 현대 입헌민주주의의 스펙트럼을 완성시켜보고자 한다.

제 6 장

민주적 헌정주의: 크레이머, 벨라미

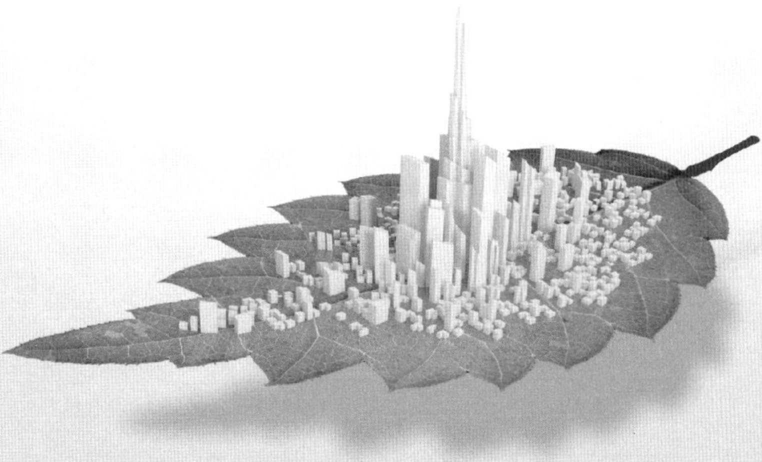

민주주의와 법의 지배

제6장

민주적 헌정주의: 크레이머, 벨라미

머리말

이 장에서는 영미 헌정주의에서 가장 급진적인 민주적 헌정주의를 크레이머의 민중헌정주의와 벨라미의 정치적 헌정주의를 중심으로 고찰해본다. 앞으로 살펴보겠지만 이들의 헌정주의는 자유주의적 헌정주의나 자유공화주의적인 헌정주의에 비해 민주적인 성격이 가장 강할 뿐만 아니라, 전통적인 국민주권 원칙에 가장 큰 중요성을 부여하고, 법치의 이상도 역동적인 민주적 자치과정에 의해 구현되는 것으로 보는 공통성을 갖고 있다. 자유공화주의 역시 법생성적인 헌법정치나 심의정치를 통해 법이 정치적으로 생성된다고 본다는 점에서는 민주적 헌정주의와 어느 정도 유사성이 있다. 하지만 민주적 헌정주의는 법의 생성뿐만 아니라 법의 해석과 운용 또한 일상적인 민주정치 과정이나 민중적 결정을 통해 이루어지거나 이루어져야 한다고 보기 때문에 심의정치를 엘리트들에게 위임하는 경향이 있는 자유공화주의적 헌정주의와 차별성이 있다.

크레이머와 벨라미의 헌정주의는 넓은 의미에서 보면 동일한 민주적 헌정주의에 속한다. 하지만 이들의 접근방법은 너무 다를 뿐만 아니라 그 현실적인 배경 또한 다르기 때문에 이들의 헌정주의를 독립적으로 다룰 필요가 있다. 크레이머는 미국헌정사 –특히 사법심사 제도의 기원과 확립– 에 대한 '역사적 분석'에 입각하여 미국의 헌법적 논쟁들을 최종적으로 해석·결정한 주체가 민중이었다고 주장함으로써 기존의 엘리트주의적인 헌정사를 근본적으로 수정할 필요성을 제기했다. 동시에 헌법해석의 최종적 권위를 민중에게 되돌려주고 사법적 권위를 제한해야 한다고 주장했다. 요컨대, 크레이머는 미국의 헌정사를 민중주의적 관점에서 재구성해야 한다고 주장한 동시에, 헌정주의의 실제를 보다 국민주권 원칙에 충실하게 개혁해야 할 필요성을 강조했다.

한편, 벨라미는 일차적으로 '정치사회학적인 관점'에서 민주주의와 헌정주의가 상호작용하는 인과적 메커니즘을 분석하는 데 치중하기 때문에, 주로 규범적인 관점에서 이 둘의 관계를 조정 또는 통합하려고 하는 다른 접근방법들과 구분된다. 물론 벨라미의 정치사회학적인 접근방법에 규범적인 토대가 없는 것은 아니다. 정치적 평등 혹은 평등한 시민권 원칙은 벨라미의 정치적 헌정주의에 반드시 필요한 규범적 토대로 작용한다. 하지만 그는 민주주의가 작동할 수 있는 최소치의 규범적 근거만을 수용할 뿐, 그 이상의 규범적 요소들 –정의의 원칙들– 을 민주적 정치과정에 도입하지 않는다. 만일 민주주의를 떠받치고 있는 최소치의 규범적 토대를 넘어서 추가적인 실질적 정의의 원칙들을 도입할 경우, 그것은 실질적 정의의 원천이자 법의 지배를 가능하게 하는 정치의 자율성과 역동성을 부정해버리는 결과를 초래할 것이기 때문이다. 이처럼 벨라미는 민주적 자치와 법의 지배라는 두 가지 정치적 이상의 통합관계를 일상적 민주정치 과정에 대한 정치사회학적인 분석과 최소한의 규범적 토대에 입각하여 분석·조명함으로써 기존의 규범주의적인 시각이 갖는 실천적 한계를 벗어나려고 한다.

이처럼 크레이머와 벨라미의 민주적 헌정주의는 그 접근방법에 있어서 큰 차이가 있다. 그럼에도 불구하고 그들의 민주적 헌정주의는 헌법해석의 궁극적 권위를 민중에게 돌려주거나 헌법정치를 일상적인 민주정치 과정에 복속시키고 있기 때문에, 여전히 엘리트주의적인 색채가 진하게 배어있는 자유공화주의적 헌정주의보다 더 급진적인 성격을 공유하고 있다. 그리고 이것이 그들의 헌정주의를 한 데 묶어 고찰하는 이유이다.

마지막으로 논의의 순서와 관련하여 간략히 언급할 필요가 있다. 이 장에서 크레이머의 민중헌정주의를 먼저 고찰하는 이유는 그의 헌정주의가 앞 장에서 다룬 자유공화주의자들의 주제와 상당 부분 중첩되어 있기 때문에, 그의 헌정주의를 자유공화주의자들의 헌정주의와 흥미 있게 대조해볼 수 있기 때문이다. 자유공화주의자들과 마찬가지로 크레이머는 미국의 헌정사와 미국 헌정주의의 성격을 역사적으로 고찰하고 있다. 그 때문에 그들과의 차이점이 무엇인지를 보다 분명히 이해할 수 있다.

크레이머의 민중헌정주의

▌개요

크레이머의 대표작 『국민 자신: 민중헌정주의와 사법심사』(*The People Themselves: Popular Constitutionalism and Judicial Review*, 2005. 이하에서는 PT로 표기)는 미국헌정주의와 사법심사 제도에 대한 역사적 분석과 규범적 주장을 결합시켜 놓은 독특한 저술이다. 이 저술은 다른 유명한 민중헌정주의자 터쉬넷(M. Tushnet)의 『헌법을 법원으로부터 민중으로』(*Taking the Constitution Away from the Courts*. 1999)와 더불어 근래에 발표된 가장 중요한 민중헌정주의 연구서로 평가되고 있다. 터쉬넷은 이 책을 한 세대 동안에 출판된 헌법이론 및 헌정사 관련 문헌들 중에서 가장 중요한 저술일 것이라고 평가했으며, 퍼스트씽즈誌(First Things)는 버크의 「미국과의 화해에 관한 연설」(1774) 이래 미국혁명의 법적 차원에 관한 가장 정확하고 확신에 찬 희소한 연구라고 극찬했다.[1] 그러므로 국내 학계에는 거의 소개되지 않은 크레이머의 민중헌정주의를 고찰해보는 것은 그 자체로서 학문적인 의미가 있을 뿐만 아니라, 이 책이 구성하고 있는 현대 입헌민주주의의 스펙트럼을 짜임새 있게 완성하는 데도 안성맞춤의 시도가 될 것으로 본다.

크레이머는 자신의 책에서 현대 학자들이 미국헌정체제에서 국민이 수행해온 가장 근본적이며 적극적인 역할을 간과해왔다고 비판하고, 그 일차적인 원인이 민주적 다수의 폭정에 대한 현대 헌정주의자들의 우려를 건국기 헌법입안자들의 의도에 투사하여 분석한 시대착오성에 있다고 본다(PT, 5). 오늘날

1) 이런 평가는 크레이머의 저술 뒷표지에 실린 것으로 다소 의례적인 것이긴 있지만, 이 책이 발간 이후 받게 된 많은 서평들이 이 책의 중요성을 입증해주고 있다.

의 지배적인 해석과 달리, 크레이머는 미국 건국자들이 도입한 헌정주의는 결코 反민중적이거나 (비켈의 '반민주주의적 난점'이 표현하고 있는 것처럼) 反민주적인 것이 아니었으며, 미국헌정주의에는 강력한 민중주의적 요소가 존재해왔다고 강조한다. 그리고 사법적 우월성(judicial supremacy) 원칙에 뒷받침된 사법심사 제도는 20세기 중후반에 이르러서야 비로소 확립된 가장 최근의 예외적인 현상으로 볼 수 있다고 강변한다. 그리하여 크레이머는 현재 대법원이 누리고 있는 독점적인 헌법해석 권위의 상당 부분을 헌법의 진정한 수호자이자 해석자들인 국민에게 되돌려주어야 한다고 강조하며, 사법심사를 몇몇 예외적인 경우에만 적용해야 한다고 주장한다.

크레이머의 이와 같은 주장들은 구체적인 역사적 맥락을 배경으로, 미국 헌정사의 풍부한 사료들에 대한 치밀한 해석을 통해 제시되고 있다. 그러므로 그의 주장에 반대하는 이들마저도 결코 무시할 수 없는 중요한 역사적 자료와 분석 그리고 풍부한 통찰을 담고 있다. 그래서 깁슨(K. Gibson)은 크레이머의 저술이 한 가지 약점 –결론에서 사법심사 제도를 제한적으로 수용하여 강경한 민중주의적 입장으로부터 약간 후퇴한 것– 에도 불구하고, 오늘날의 민중이 (헌법의 진정한 수호자 겸 해석자로서) 원래의 지위에서 얼마나 멀어져 있는가를 보여주는 귀중한 통찰을 담고 있다고 평가한다(Gibson 2007). 게다가 그의 연구는 민중헌정주의가 먼 과거의 잊혀진 실제가 아니라 아직까지도 살아있는 생생한 전통임을 보여줌으로써 민중헌정주의의 부활이 비현실적인 몽상이 아니라는 확신을 갖도록 해준다.

▌문제의식과 배경

크레이머는 책의 서문에서 미국 초기의 헌정주의에서 민중이 얼마나 주도적인 정치적·헌법적 역할을 수행했는지를 강조하는 한편, 법을 다수의 의지에 대한 제약기제로 보는 오늘날의 관점을 가지고 미국헌정사를 분석·평가해온 지배적인 경향이 시대착오적인 오류를 범했다고 지적한다.[2)] 보다 구체적으로 크레이머는, 프랑스 사략선에 불법으로 승선한 기디온 헨필드(Gideon

---

2) 그의 저술은 다른 학자들과 달리 미국헌정사를 시기별로 분석하는 역사적 접근법을 사용하고 있기 때문에 여기서도 그의 연구를 시기별로 고찰해보고자 한다.

Hendfield)에 대한 재판에서 배심원단이 법원의 의사에 반하여 무죄평결을 내린 사건, 1795년 대통령 해밀턴이 맺은 Jay Treaty의 철회를 요구한 성난 민중의 저항, 그리고 1798년 외국인법 –평화시에도 대통령에게 외국인들을 추방하거나 구금할 수 있는 권한을 주는 법안– 의 도입에 대한 전국적인 민중적 저항들은 모두가 그 당시 미국이 국민의 동의 –뚜렷하고 확인 가능한 행위로 표현된– 에 입각해 있었던 유일한 나라였음을 명백히 보여주는 증거들이라고 해석하고, 그 동안의 지배적인 헌정사가 당시 정치인들의 편지와 발언들을 시대착오적으로 해석했다고 비판함으로써 새로운 헌정사 기술의 필요성을 부각시킨다(PT, 5).

현대의 지배적인 해석에 따르면, 미국헌법은 그 어떤 목적보다도 국민을 제약하기 위한 목적을 갖고 있었다. 즉, 통치과정에서 민중의 역할을 최소화하고, 그들을 가능한 한 정치로부터 멀리 밀어내기 위한 목적을 갖고 있었다. 하지만 이런 설명은, 그것이 갖고 있는 일말의 진실성에도 불구하고, 미국 헌정체계의 목적을 (권력분립의 차원에서) 너무 협소하게 이해하거나 현재적인 관점에서 시대착오적으로 해석한 결과이기 때문에 당시의 구체적임 맥락과 헌정질서의 전반적 특성을 고려하여 수정할 필요가 있다.

크레이머는 '민주주의자'의 구체적인 의미가 미국 건국기와 지금 사이에 얼마나 큰 차이가 있는지를 예로 들어, 미국의 과거 헌정사를 현재적인 개념적 이해와 관심을 가지고 접근할 때 얼마나 큰 오해가 발생할 수 있는지를 설명한다. 18세기 후반의 정치지형에서 반연방주의자들과 연방주의자들은 공히 정치적 스펙트럼의 가장 좌측 극단에 속한 급진주의자들이었다. 하지만 이들 중 어떤 누구도 오늘날의 기준에서 본다면 매우 반동적인 사람으로 평가될 가능성이 높다. 그러므로 현대인들의 개념적 이해와 관심을 가지고 18세기 후반 정치지형을 평가하려든다면, 건국기 헌정질서의 근본적인 특성과 작동방식을 제대로 평가하기 어렵다.

당시의 정치지형에서 보면, 공화주의자들에 비해 상대적으로 보수적이고 엘리트주의적인 성격이 강했던 연방주의자들도 같은 민주적 좌파에 속해 있었다. 그러므로 새로운 헌정질서의 구성을 둘러싸고 벌어진 연방주의자들과 반연방주의자들 사이의 논쟁은 사실상 민주적 좌파 사이의 논쟁이었다고 볼 수 있다. 이런 관점에서 접근해 보면, 권력분립과 대의제에 기반을 둔 연방체제를 구상했던 연방주의자들 역시 거버넌스 과정에서 국민의 중심적인 역할을 강조한 정치이데올로기를 수용한 이유를 알 수 있다. 크레이머에 따르면, 건국자들은 민중정부의 위험에 대해 우려를 표명하긴 했지만, 기본적으로는 민중정부의 중요성과 필요성을 높이 평가했다(PT, 6). 그리고 헌법은 민중적 의지의 표현이고, 민중 스스로가 만든 것이며, 민중 스스로가 해석하고 집행하는 것이라고 생각했다. 비록 대리인들을 통해 그렇게 하는 것이 현실적이었다고 생각했지만 말이다. 그러므로 헌법의 해석과 집행을 소수의 판사들에게 일임하는 것은 전혀 생각할 수 없었던 선택지였던바, 건국헌법에는 오늘날의 사법심사와 유사한 어떤 것도 담겨있지 않았다(PT, 7).

건국기 헌정질서의 특성에 대한 이와 같은 맥락주의적 분석은 『국민 자신: 민중헌정주의와 사법심사』에서 크레이머가 추구하는 연구기획의 전반적 성격 혹은 윤곽을 이해할 수 있게 해준다. 즉, 크레이머는 미국의 헌정주의가 (그 기원과 전체 역사에 걸쳐서) 헌법을 해석·집행하는 최종적 권위를 일반 민중에게 부여한 반면 법원에게는 민중의 판단에 따라야 할 종속적 지위를 부여했다고 확신하면서, 이런 민중주의적 흐름이 미국헌정사 전체에 걸쳐 지속적으로 존재해왔다는 사실을 보여주고자 한다. 그리하여 현대 미국인들이 자연스럽게 받아들이고 있는 엘리트주의적 헌정질서가 사실은 매우 최근에 확립된 (긴 역사에서 예외적인) 현상임을 보여주고자 한다. 그리고 동시에 대법원의 사법심사 제도가 애초에는 민중헌정주의를 지원하기 위한 목적을 갖고 있었다는 사실을 보여줌으로써, 오늘날의 사법심사 제도를 민중헌정주의에 적합한 형태로 축소 또는 수정할 수 있는 역사적 근거를 찾고자 한다.

그런데 이와 같은 크레이머의 역사적 접근에는 민중민주주의의 규범적 타당성에 대한 확신이 깔려있다. 그래서 그의 민중헌정주의는 미국헌정사에 대한 역사적 분석 틀로 사용되면서도 동시에 미국헌정주의 개혁을 위한 규범적 틀로 기능하기도 한다. 요컨대, 크레이머는 미국헌정사 전체에 걸쳐 민중이 헌법에 대한 자신의 주권을 어떻게 보존하려고 애썼는지를 보여줌으로써 현재의 반민중적인 거버넌스 체제를 근본적으로 개혁할 수 있는 역사적 근거와 민중적 동력을 확보할 수 있기를 바란다.

이와 같은 기획을 구체적으로 추진하기 위해 크레이머는 먼저 미국헌법이 국민의 해석에 회부될 수 있는 관습헌법으로 출발했다는 명제를 제시한다(PT,

9-34). 이 명제를 입증하기 위해 그는 먼저 17세기와 18세기의 영국에서 헌법이란 용어가 어떻게 사용되었는가를 설명하고, 식민지 미국에서도 영국의 관습헌법 관념이 그대로 계승되어 혁명 이후 헌법작성에 영향을 미치게 되었다는 것을 설명한다. 그런데 여기서 중요한 것은 미국 혁명기에 가장 중요한 영향을 미친 근본법으로서의 헌법 개념이다(PT, 10). 이 근본법이란 용어는 항상 일정하게 사용되지는 않았다. 하지만 가장 일반적으로 그것은 오늘날의 헌법 개념과 매우 유사한 의미로, 즉 어떤 정부의 (권한)범위를 넘어서 있는 불변적인 원칙들의 체계로 이해되었다.[3] 더구나 근본법은 일반적으로 자연법과 일치하는 것으로 여겨졌기 때문에 18세기 맥락에서 헌법은 자연법에서 온 원칙들과 도덕, 관습 그리고 코먼로와 실정법적 요소들을 두루 포함하고 있었으며, 대체로 “국민의 자유 및 특권과, 통치자들의 권위 사이에 존재해야 할 주요한 선과 경계를 표시하고 확립했다.”(PT, 12)

그러면 이 근본법으로서의 헌법은 어떤 특성을 갖고 있었는가? 그것의 가장 일차적인 특징은 그것이 피치자들의 동의에 기반을 두고 있었다는 점이다(PT, 12). 영국의 헌법은 국민과 통치자들 사이의 계약으로 간주되었기 때문에 국민의 동의를 함축하고 있었다. 근본법으로서의 헌법은 또한 (영국의) 오랜 법문화와 관행에 착근되어 있는 중요한 원칙들로부터 도출되었다는 점에서 관습적인 특징을 갖고 있었다.[4]

근본법으로서의 헌법은 또한 불확실성과 개방성을 지니고 있다. 근본법은 코먼로와 유사한 발전을 겪지 않았으며, 근본법이 될 수 있는 요건 역시 코먼로의 조건들에 비해서 조차 매우 불명료했다. 또한 헌법의 의미를 둘러싼 논쟁에서 법원이 특별한 역할을 수행하지도 못했다. 이처럼 근본법의 다양한

3) 이 시기의 근본법의 의미를 정확하게 이해하기 어려운 이유는 그것이 코먼로 -입법부가 활성화되기 전에 일상적인 법적 문제를 관할했던 관습규칙과 원칙들- 와 맺고 있었던 혼란스런 관계 때문이다. 근본법은 코먼로 원칙들에서 도출되기도 했고 또 코먼로 원칙들과 많은 부분을 공유하기도 했다. 배심원에게 재판을 받을 수 있는 권리는 그런 예에 속한다. 하지만 근본법의 상당 부분은 코먼로 원칙들과는 무관한 기원을 갖고 있었다는 점에서 이 둘의 관계는 매우 복잡하고 혼란스럽다.

4) 하지만 마그나카르트타, 성서, 1689년의 권리선언, 그리고 1701년의 왕위계승법과 같은 중요한 성문법들 및 바텔(Vattel), 푸펜도르프(Pufendorf), 그로티우스(Grotius) 그리고 로크와 같은 비중 있는 학자들의 중요한 논문들도 영국헌법의 중요한 원천으로 간주할 수 있다(PT, 13).

원천들, 유동적인 특성, 그리고 논쟁 해결을 위한 중심적인 포럼의 부재는 "설득력 있게 주장되고 강제적으로 유지될 수 있는 것이면 무엇이나" 헌법적 지위를 얻을 수 있도록 해주었다. 하지만 그렇다고 이런 특성 때문에 헌법이 그것의 지위나 중요성을 잃지는 않았다(PT, 14).

하지만 모든 것이 다 유동적이고 불확실했던 것은 아니다. 많은 것들에 대한 합의도 존재했기 때문이다. 특히 17세기의 혼란기를 거친 명예혁명 이후에는 헌법의 많은 내용들이 확립되었다. 그런 내용에는 불가양의 권리들 –배심제에 대한 권리, 정부에 대한 청원권, 행정권 혹은 입법권의 절차와 행사에 관한 문제들– 도 포함되어 있었다. 특수한 맥락에서 이런 원칙들의 의미와 적용에 관한 헌법적 논쟁이 발생했음에도 불구하고, 헌법원칙들의 존재에 대해, 그리고 매우 광범위한 영역에서 그것들을 적용하는 문제와 관련하여 일반적인 동의가 존재했다(PT, 14).

근본법인 헌법의 다른 특징으로는 그것의 진화 가능성이다. 어떤 의미에서 근본법은 결코 변하지 않지만, 그 내용은 언제나 달랐다. 그것의 상세한 내용과 적용방식 그리고 그것을 구현하는 제도는 변할 수 있고 또 변해왔다. 하지만, 권력으로부터 국민의 자유를 보호하기 위해 존재하는 근본법의 본질적 목적은 변하지 않았다. 이처럼 변하지 않으면서도 향상될 수 있는 능력은 영국 관습헌법의 중요한 장점이다(PT, 15).

그러면 다양한 원천과 불명료한 내용을 갖고 있는 헌법의 해석과 집행은 어떤 식으로 이루어졌는가? 관례적인 인식에 따르면, 관습헌법인 영국헌법은 의회의 최고성 원칙을 포함하고 있다. 영국에서 입법부의 최고성 이론은 18세기 후반에 이르러 힘을 얻기 시작했고, 19세기에 들어서 완전히 확립되었다. 하지만 미국에서는 결코 수용되지 않았다.[5] 그러므로 영국의 관습헌법은 오늘날의 사법심사와 유사한 내용을 전혀 담고 있지 않았다(PT, 19).

그런데 18세기에 헌법이 존재했고 또 그것의 권위를 많은 사람들이 수용했다는 사실과, 그 헌법의 의미를 최종적으로 결정하는 판사들이 존재하지 않았다는 두 가지 사실은 현대인들이 매우 이해하기 어려운 측면이 있다. 왜

5) 그럼에도 불구하고 헌법 개념은 대서양 양안에서 공히 존재했으며 진지하게 수용되었고 토론되었다.

냐하면, 법의 영역과 정치의 영역이 따로 있다고 보는 현대인들에게 법의 한 하위영역인 헌법은 일차적으로 법원의 관할 영역에 속하는 것으로 간주되고 있기 때문이다. 그렇다면 당연히 다음과 같은 질문이 제기될 수 있다. 관습헌법이 법으로 존재해왔음에도 불구하고, 어째서 그것을 판사들이 특별하게 다뤄야할 대상으로 간주하지 않았는가?6)

이런 의문은 18세기 법사상의 언어와 개념들을 정확히 이해하면 해소될 수 있다(PT, 24). 이 시기의 헌법은 정치 및 (법원에 의해 해석되고 집행되는) 일반법과 구분되는 독자적인 양식을 갖고 있었다. 그것은 특별한 범주의 법이었다. 그것이 부과하는 의무들은 구속력이 있었고, 그것의 내용은 단순한 의지 혹은 정책의 문제가 아니었으며, 그 의미가 선례, 유추 그리고 원칙에 따른 주장에 의해 결정되는 규칙들을 반영했다. 나아가서 헌법은 주권자 자체를 지배하고자 하는 특성을 갖고 있었다. 그래서 본유적으로 정치적 영역에서 해결되어야 할 논쟁을 발생시켰다. 현대의 지배적인 인식은 헌법을 법과 결합시키고, 법을 법원과 철저히 결합시키기 때문에, 그처럼 독특한 범주를 묘사할 수 있는 적절한 용어를 갖추고 있지 않다. 그래서 크레이머는 그 특수한 범주의 특성을 적절히 부각시키기 위해 그것을 '정치적-법적' 범주로 명명한다(PT, 24).

그러면 '정치적-법적' 범주에 속하는 헌법적 문제들을 누가 해석하고 결정했는가? 판사도 입법자도 헌법을 해석·집행하지 않았다면, 헌법의 집행자는 누구였는가? 크레이머는 이 맥락에서 『우리 국민: 민중헌정주의와 사법심사』의 가장 중요한 주장을 제시한다. 헌법해석과 집행의 궁극적 권리와 책임은 바로 '우리 국민'에게 있다는 주장을 말이다(PT, 24). 크레이머는 이에 대해 다음과 같이 말한다.

> 입법권력은 언제나 공동체에 책임을 져야 했다. 그리고 공동체의 구성원들은 입법자들이 사회의 근본법에 부합하게 행위했는가를 판단할 수 있었고, 헌법을 위배한 조치들에 대해서는 지지를 철회했다. 국민 -독립적인 행위를 할 수 있는 집단체로 인식된- 이 특수한 일군의 법적 구제책에 호소함으로

6) 이런 표면상의 패러독스는 일부 역사가들로 하여금 18세기의 근본법은 진정한 법이 아니었다고 믿게 했다.

> 써 잘못을 저지른 통치자들을 대상으로 헌법을 집행할 권한을 가지고 있었다. 일반적인 법절차가 실패했을 경우 공동체 스스로가 행위할 수 있는 권리와 책임을 갖고 있었다. 그리하여 위헌적인 법들은 공동체 구성원들의 저항에 직면했다(PT, 25).

청원의 방법이 위헌적인 법과 행위를 막지 못할 경우에는 더 공격적인 저항이 동원되었다(PT, 25-6). 먼저 공식적인 통보가 이루어지고 공공 회합이 열린 다음에 필요한 조치가 이루어졌다. 18세기의 통치과정은 필히 지역적인 문제일 수밖에 없었기 때문에 지역정부의 수단과 제도들은 공동체의 손에 쥐어져 있었다. 그래서 공동체가 법위반자 쪽에 호의를 보이게 될 경우 법집행은 실질적으로 불가능했다.[7)]

이 당시 군중행동은 인민주권의 직접적인 표현이었다(PT, 26). 그로티우스, 푸펜도르프, 로크의 저작들에서 (부당한 권위행사에 대한) 인민의 마지막 저항방법으로 제시되었던 권리의 행사 말이다. 오래된 관습과 실제는 군중행위를 조성하고 정당화하는 고유한 방식을 확립했다. 예컨대, 농촌 지방의 주민들이 휘파람을 불고 드럼을 치고 항아리와 프라이팬을 치면서 범죄자들을 공개적으로 모욕하는 방식으로 법과 도덕을 집행하는 것이 그런 예였다. 이런 방법은 18세기 후반 도시 공동체들이 효과적으로 사용할 수 있는 정치적 수단이 되었다. 이런 방법은 영국의 정책에 대한 식민지의 반대를 표현하기 사용되기도 했다.

이와 같은 군중행위는 나름대로의 규칙 혹은 원칙을 갖고 있었다(PT, 27). 법을 집행하든 도덕을 집행하든 이들은 전반적으로 보수적이었으며, 어느 정도의 폭력이 적합하고 또 어떤 목표를 추구해야 하는지를 결정함에 있어서 암묵적으로 관습적인 원칙들을 따랐다. 그래서 동시대인들은 합헌적인 저항행위와 단순한 폭동을 구분할 수 있었다. 민중은 놀라울 정도로 이런 규칙을

---

7) 또한 피고에 대한 기소가 성립되기 위해서는 대배심의 동의가 필요했고, 민사 혹은 형사소송의 경우에는 소배심이 유죄라고 생각하는 데 달려 있었다. 반대로 이 배심제는 공동체가 위헌이라고 생각하는 법을 집행하려고 하는 지방 관료들을 좌절시킬 수 있는 전능한 무기가 되었다(PT, 26). 대배심에 의한 기소 요청이 런던으로부터 온 훈령에 의해 기각된 적도 있지만, 반대로 대배심이 검사의 증인을 기소함으로써 국왕의 기소를 기각시킨 적도 있었던 것이다(PT, 26).

훌륭히 준수했다. 그리고 만일의 경우 누가 죽거나 해를 입게 되면 조직화된 권위가 그것을 해결했다.

그런데 이와 같은 민중적 구제책 –선거, 청원, 폭력저항 등– 은 반드시 선택적으로 그리고 일정한 순서로 수행되지는 않았다. 그런 방법들은 차례로 사용되기도 했고, 섞어서 사용되기도 했으며 한꺼번에 사용되기도 했다. 당시 미국인들의 눈에는 위헌적인 법률은 법이 아니었다(PT, 28). 그래서 그런 법을 집행하고자 하는 공무원은 노상강도와 같이 적법절차에 따라 처벌되어야 할 범법자로 취급되었다. 이런 수단의 일부 혹은 전부를 통한 저항은 자의적인 권력에 대해 자유를 지키고자 했던 공동체의 모든 사람들에게 부여된 '정치적-법적' 의무였다(PT, 28).

영국과 미국에서의 관습헌법의 두 가지 특성, 즉 그 '정치적-법적' 성격과 그 민중주의적 성격을 고찰한 크레이머는 1765년경 미국에 존재했던 헌정주의를 '민중헌정주의'로 규정하고, 이런 형태의 헌정주의가 (비록 현대인들에게는 매우 생경한 것임에도 불구하고) 혁명 이후 미국의 헌정주의가 발전하게 된 기본적인 맥락이 되었다고 평가한다(PT, 29-34). 그리고 이 민중헌정주의 체제는 공무원, 공동체 지도자 그리고 시민들 모두가 진지하게 받아들였던 문화, 곧 드산(C. Desan)이 '공적인 신념'(public faith) –정치공동체의 구성원들을 결속시키는 서약– 이라 불렀던 문화에 토대를 두고 있었다고 분석한다.

> 관습헌법은 사람들이 그것을 믿었기 때문에 작동했다. 그들은 관습헌법의 전제들을 수용했고, 그 헌법이 그들에게 부여한 역할에 충실하게 살려고 했기 때문에 작동했다 이것은 자의식적인 선 혹은 자유의지의 행위는 아니었다. 18세기 사람들은 관습헌법을 이해할 수 있었다. 왜냐하면, 그것은 그들이 물려받고 경험한 세계에 부합했기 때문이다. … 우리에게 이상하게 보이는 것이 18세기 사람들에게는 그렇게 보이지 않았을 수도 있다. 그들에게는 정부를 제한하고 국민에 의해 집행된 관습헌법의 존재가 이해 가능한 것이었다. 이런 신념은 사실도 허구도 아니었다. 그것은 하나의 해석이었다. 그들이 경험한 세계를 설명하기 위한 전략이었지만 동시에 그 세계를 형성하는 데 도움을 준 전략이었다. 그들이 그것을 의심하게 된 것은 비로소 그들의 실제 혹은 신념들에 관련된 어떤 것이 변했기 때문이다(PT, 33-4).

▌사법심사의 기원

『우리 자신: 민중헌정주의와 사법심사』의 2장부터 4장까지는 각각 사법심사의 기원, 건국헌법의 제정 그리고 사법심사 제도의 수용과정을 다룬다. 이 과정을 상세히 개관하기 전에 먼저 그 요점을 정리하면 다음과 같다. 미국건국 이전과 그 전후시기에 사법심사 제도와 유사한 것이 태동했다. 하지만 그것은 오늘날의 사법심사와는 근본적인 차이가 있었다. 따라서 헌법해석과 집행에 관한 궁극적 권위를 판사들에게 부여하고 있는 오늘날의 현실은 당시로서는 전혀 이해할 수 없는 관행 또는 원칙이었다. 관습헌법은 이 시기에 진정한 민중헌정주의 형태로 점차 변형되었으며, 사법심사 제도 또한 점진적으로 수락되어 갔다. 하지만 그것이 곧 대법원이 헌법해석과 집행의 최종적인 권한을 가지게 되었다는 것을 의미하지는 않았다. 민중헌정주의가 작동했던 문화 속에서 사법심사 제도의 수용은 단지 위헌적인 법률의 집행을 거부할 책임이 국민의 대리인 역할을 수행하는 법원에 있다는 것을 의미했다. 사법심사 제도의 도입은 결코 법원의 최고성 원칙이나 궁극적 권위에 대한 수용을 의미하지 않았다.

크레이머는 2장에서 사법심사 제도의 기원들을 추적한다. 이 기원을 추적함에 있어서 크레이머는 먼저 영국과 미국에서 관습헌법이 어떻게 상이한 방식으로 진화되었는지를 비교하고, 미국에서의 사법심사의 기원에 초점을 맞춘다.

영국과 미국에서 관습헌법이 상이한 형태로 진화하게 된 것은 근본적으로 두 국가가 처한 상황의 차이 때문이었다. 제국의 지위를 누리고 있었던 영국과 식민지 국가였던 미국의 상황과 이해는 상이할 수밖에 없었고, 그에 따라 관습헌법도 상이한 방향으로 진화될 수밖에 없었기 때문이다. 요컨대, 명예혁명 이후 영국의 관습헌법은 점차 입법주권 (혹은 의회주권) 형태로 진화하게 된 반면,[8] 미국에서는 관습헌법에 내재하는 불확실성과 불명료성을 제거함으로써 영국에 더 효과적으로 저항하기 위해 성문법화의 길로 나아갔다. 그렇지만 결코 영국과 같은 의회주권 원칙을 수용하지는 않았으며 기존의 민중헌정주의 체제를 고수했다. 이에 덧붙여 (의회주권 원칙이 확립된 영국에서는 상상하기 어려운) 사법심사 제도의 초기 형태가 등장했다.

---

8) 이에 대해서는 2장 2절 다이시의 헌정주의를 참조할 것.

하지만 미국의 헌정주의가 다른 형태로 진화하게 된 발단은 아이러니하게도 영국의 부당한 간섭에 대해 미국인들이 영국의 관습헌법원칙들을 근거로 저항하게 되면서부터였다. 즉, 미국인들은 애초에는 영국의 위헌적인 입법조치들에 대해 (영국이 지지하는) '근본법으로서의 헌법을' 내세우며 투쟁하는 가운데 독자적인 헌정체제를 구축해갔다. 애초에 미국인들은 영국이 그들의 헌법적 권리들을 박탈했다고 생각하고, 고래의 영국헌법이 보장하고 있는 인민의 자유를 수호하기 위해 영국에 저항했다. 다시 말해 처음에는 결코 영국헌법의 유효성을 부정하기 위해 투쟁한 것이 아니었다(PT, 38). 그런 까닭에 독립선언 이전에는 현대적인 사법심사와 닮은 어떤 제도도 제안되지 않았다.[9]

하지만 위헌법률에 저항해줄 것을 (배심원들을 넘어) 판사들에게까지 호소한 사례가 있었는데, 이것은 사범심사와 거리가 멀었음에도 불구하고 그것의 먼 기원으로 볼 수 있다는 점에서 중요한 의미가 있다(PT, 38). 그것은 인지조례가 규정하고 있는 직인 찍기에 저항하는 일에 판사들이 동참해줄 것에 대한 호소였다. 하지만 이런 시도는 변호사들과 판사들이 동조하기를 꺼려했기 때문에 제한된 성공만을 거뒀다. 하지만 이런 결말보다 훨씬 더 중요한 것은 이 사례가 사법심사로 진화할 수 있는 최초의 단서, 즉 판사들도 어떤 누구에 못지않게 위헌적인 법률에 저항해야 한다는 주장을 제공했다는 점이다(PT, 38-9). 하지만 여기서 판사의 저항의무는 판사의 고유한 권한으로부터 발생하는 것이 아니라, 위헌 법률의 유효성을 부정할 수 있는 모든 시민의 권리에 기반을 둔다는 점에서 엄밀히 말해 (사)법적인 의무가 아니라 "정치적-법적" 의무였다(PT, 39).

미국의 독립은 많은 것을 변화시켰다. 각 주의 헌법은 물론 연방정부의 헌법이 마련되었고, 그에 따라 제국헌법과 영국 국왕이 내린 헌장도 폐기되었다. 그리고 통치에 필요한 기본구조가 공화국에 적합한 형태로 모색되었고, 대부분의 권력도 선출된 하원으로 이양되었으며, 펜실베니아, 조지아 그리고 버몬트 주에서는 상원을 폐지하려는 움직임까지 발생했다. 하지만 이런 모든

9) 가끔 헌법적인 이슈들이 몇몇 소송에서 제기되었지만, 보통은 배심원을 향한 호소형태로 제기되었다. 배심원에 대한 호소는 관습헌법의 확립된 특징으로서 '국민의 목소리'에 대한 호소였다고 할 수 있다. 그런 의미에서 그것은 위헌적인 법률에 대한 '정치적-법적' 반대와 동일한 성격을 갖고 있었다(PT, 38).

중대한 변화들 와중에서 한 가지만은 변하지 않았다. 그것은 기존의 헌정주의 전통에 깔려 있었던 이론적·실천적 전제들이었다(PT, 40). 헌법의 입안자들은 '새로운' 헌법을 작성했지만 그 텍스트들은 이미 잘 확립되어 있는 헌정주의 전통을 반영했다.[10] 그 결과 관습헌법과 그것에 반영되어 있는 민중헌정주의의 지속적인 생명력이 곳곳에서 강력히 감지되었다.

민중헌정주의의 강력한 영향력을 입증해주는 이 시기의 중요한 예들은 역설적이게도 맹아기의 사법심사 제도에 부당한 권위와 범위를 인정해주려는 소송들에서 확인할 수 있다. 그 중 대표적인 소송은 1798년에 열린 Calder v. Bull 소송이었다(PT, 42). 당시 대법원 판사들이었던 체이스(S. Chase)와 아이어델(J. Iredell)은 소송결과에 대해서는 의견일치를 보았지만 사법적 권위에 대한 인식에서는 현격한 차이를 보였다. 이 소송에 대한 자신의 견해를 개진하는 과정에서 체이스는 다음과 같이 발언했다. "우리의 자유로운 공화주의 정부에는, 입법권력의 명백하고 극악한 남용을 판정하고 취소시킬 수 있는 중요한 원칙들이 있다. 사회적 맹약의 위대한 제1원칙들에 역행하는 입법부의 법안 –나는 그것을 법이라 부를 수 없다– 은 입법적 권위의 올바른 행사로 간주될 수 없다." 이에 대해 아이어델은 사법적 권위에 대한 체이스의 설명을 반박했다(PT, 42). 먼저 아이어델은 일부 사변적인 법학자들이 자연적 정의에 위배되는 성문법은 저절로 무효라고 생각했을 수도 있다는 것을 인정했다. 하지만 그는 그런 가정으로부터 대법원이 그런 성문법을 위헌이라고 선언할 수 있는 권한을 도출할 수는 없다고 주장했다. 그에 의하면 "자연적 정의에 관한 관념들은 어떤 고정된 규범에 의해 규제되지 않고" "가장 유능하고 순수한 사람들도 그 주제에 대해 다른 생각을 가지고 있기 때문에", 판사들이 '추상적 원칙들'에 관한 그들의 이해를 입법부의 이해보다 더 우월하다고 내세울 수 있는 근거가 전혀 없었다(PT, 42). 아이어델에 의하면, 사법심사는 성문헌법에 국한되었다. 왜냐하면, 성문헌법은 입법권력의 대상들을 정확히 정하고, 잘 표시되고 확립되어 있는 경계 안에서만 사법심사를 행사하도록 제

10) 그래서 코네티컷과 로드아일랜드와 같은 일부 주에서는 새 헌법이 전혀 필요하지 않다는 결론을 내리기도 했다. 왜냐하면, 기존의 헌장들이 이미 주의 공직자들을 선출할 수 있는 민중선거를 제공했기 때문이다. 이런 주들에서는 그들의 정부가 왕의 권위가 아니라 국민의 동의에 입각해 있으면 문제가 없었다.

한시키고 있기 때문이다(PT, 42).

이와 같은 아이어델의 관점은 관습헌법이 아직까지 강력한 영향력을 행사하고 있었던 가운데 성문헌법이 모색되고 있었던 당시의 상황에서 보면, 명실상부한 사법심사 제도의 수립이 얼마나 요원한 과제였는지를 추측할 수 있게 해준다. 아이어델의 견해는 위헌 법률에 대한 사법부의 위헌결정 및 집행은 오직 완전한 성문헌법을 근거로 해서만 유효하다는 점을 명확히 보여주고 있는바, 관습헌법의 지속적인 영향을 받고 있었던 당시에 현대인들이 생각하는 사법심사 제도가 제대로 작동할 수 없었다는 점을 명확히 드러내준다(PT, 43).[11)]

권리장전에 수정헌법 제9조를 포함시킨 결정 또한 관습헌법에서 파생한 원칙들이 지닌 지속적인 생명력을 보여주고 있다(PT, 43). 현대 주석가들은 때로 이 수정헌법이 분명치 않은 자연권을 수용한 것으로 오해하며 당혹스러워하곤 한다. 하지만 자연법은 관습헌법과 결합될 때에만 집행 가능한 실증적 원칙이 된다. 게다가 이 관습헌법에 속하는 권리들은 다양한 원천을 갖고 있었기 때문에, 자연법이 헌법의 유일한 원천도 가장 중요한 원천도 아니었다. 그러므로 수정헌법 제9조에 속하는 권리들에 대한 가장 논리적인 설명은 그것들이 관습헌법 전통에 이미 확립되어 있던 권리들이었다는 설명이다(PT, 44).

그런데 이런 법적인 측면보다 더 중요한 측면은 헌법집행의 상당 부분이 여전히 민중의 책임 하에 있었다는 사실이다(PT, 44-9). 일례로, 1791년 「법에 대한 강의」에서 윌슨(J. Wilson)은 정부에서 가장 강력한 입법권력이 어떻게 통제되고 있었는가를 다음과 같이 묘사하고 있다. "과도한 입법권력의 영향은, 때로 행정부에 의해, 때로는 사법적 권위에 의해, 때로는 사적인 시민에 의해서도, 그리고 '항상적으로는' 국민 전체(people at large)에 의해 통제된다. … 미묘한 문제가 발생하면 행동하도록 요청 받는 만인이 판단의 권리를 갖고 있다. 만인은 잘못된 판단의 결과도 감수해야만 한다"(PT, 44).

크레이머는 이 외에도 민중에 의한 헌법집행의 많은 사례들을 제시한다. 그 중 한 가지는 버지니아의 사법부가 포함된 사례로, 주 입법부가 항소법원

---

11) 사실 '위대한 제1원칙'을 상정했던 체이스의 입장도 자연법과 헌법의 일치를 전제했던 관습헌법의 강력한 영향을 반영하고 있다.

의 판사들에게 새로 구성된 지역법원에 참석하도록 요구했을 때, 판사들이 그런 요청을 거부하면서 제시한 성명서의 내용이었다. 수석판사 펜들턴(Edmund Pendleton)이 작성한 성명서에는 다음과 같은 내용이 담겨있다. "입법부와 사법부 사이에서, 국민에게 호소하는 것을 제외하고는 어떤 대안적 결정방법이 없다. 입법부와 사법부는 국민의 하인으로 국민을 위해 구성되었다. 국민은 그들의 원래적인 최고 권력을 그들이 적합하다고 생각하는 방식으로 행사할 수 있다. 법원은 그런 경우에 그 재판정 –국민의 재판정– 을 지지하기로 서약했다. 그들의 의도가 지닌 완전한 통합성(integrity)을 의식하면서 말이다. 그들의 판단이 아무리 잘못되었다 해도 말이다"(PT, 44-5). 이와 같은 판사들의 대응에 직면하여 입법부는 새로운 법원조직법을 제정함으로써 판사들의 반대에 대처했다.

크레이머에 의하면, 버지니아 사법부가 연루된 위의 사례를 포함하여 많은 사례들이 앞에서 설명한 민중헌정주의의 근본 특징, 즉 헌법과 일반법을 구분하고 일반법에 대한 해석적 권위는 법원에 주고 헌법에 대한 해석적 권위는 민중에게 부여하는 민중헌정주의의 특징을 완벽히 반영하고 있다(PT, 45). 그 진정서는 입법부와 사법부가 국민의 종복이라고 선언하고 있다. 그 제도들은 합당한 의도를 가지고 최고의 판단력을 사용하며 헌법을 준수하도록 노력해야 한다. 하지만 헌법적 논쟁이 발생하면 그 논쟁에 대한 최종적 결정 권위는 당연히 별도의 재판정을 구성하는 '국민'에게 귀속되어야 한다. 이 원칙은 결코 공허한 수사도 은근한 혁명의 위협도 아니었고, 매우 실질적이고 유효한 법적 해결방법이었다. 그리고 이런 민중헌정주의 원칙은 1780년대의 중요한 정치적·법적 논쟁에 널리 스며있었으며, 19세기에 들어서도 한참 동안 지배적인 원칙으로 남아있었다.

이와 같은 맥락에서 검토해보면 다소 엘리트주의적인 성격이 강한 매디슨의 입장도 결코 민중헌정주의의 원칙을 거부한 것이 아니었음을 알 수 있다. 표면적으로 보면, 매디슨은 헌법해석과 집행에서 민중의 참여를 반대한 것으로 보인다. 더구나 근본법으로서의 헌법에 관련된 문제에서는 그런 논지가 더욱 강하게 풍겨 나온다. 하지만 크레이머는 주의 깊게 해석할 경우, 매디슨 역시 민중주의자였던 제퍼슨처럼 –그리고 당시의 다른 모든 사람들처럼– 참여원리를 당연시했다고 주장한다(PT, 45). 매디슨의 투쟁은 민중헌정주의 원칙에 대한 투쟁이 아니라 그것을 최선으로 구현할 수 있는 방법을 위한 투쟁이었다는 것이다. 그러므로 제퍼슨과 매디슨의 갈등은 동일한 목표 –민중헌정주의의 보존– 를 둘러싼 것이 아니었고, 그것을 실현할 수 있는 구체적인 방법에 관한 것이었다는 것이 크레이머의 해석이다.

매디슨은 제퍼슨의 민중정치적 방법을 세 가지 이유로 거부했다(PT, 45-6). 첫째는, 너무 빈번히 국민에게 호소하는 것은 정부에 대한 존경을 앗아가 버림으로써 가장 현명하고 자유로운 정부마저도 안정을 확보할 수 없을 것이라는 근거였다. 둘째는, 민중의 열정을 지나치게 강렬하게 끌어당기는 것은 공적인 안정을 교란시킬 위험이 있는바, 헌법적 문제들을 전체 사회의 결정에 너무 자주 맡기는 것은 현명하지 않다는 이유였다. 셋째는, 가장 중요한 근거로서, 국민은 어떤 헌법적 갈등이 일어났을 때 한결같이 입법부의 편을 들 것이기 때문에 신뢰할 수 없다는 근거였다(PT, 46).[12)]

하지만 매디슨은, 민중정치의 위험성이 고조되었던 1788년경에도, 헌법적 논쟁들은 헌법의 진정한 의미를 선언하고 그것을 집행할 수 있는 유일한 주체인 국민의 최종적인 판단에 회부되어야 한다는 원칙을 받아들였다(PT, 47). 이것은 제퍼슨의 민중정치적인 해결책에 대한 그의 비판과 결코 모순되지 않았다. 매디슨에 따르면, 제퍼슨은 국민에 대한 지속적이며 직접적인 호소가 얼마나 불안정한지를 평가하지 못했다. 매디슨의 계획은 민중에 대한 직접적인 호소의 필요를 줄일 수 있는 체제를 고안하는 것이었다. 그 결과 그는 정교하고 복잡한 연방주의적 제도를 그 해결책으로 제시했다. 양원제, 행정부의 비토, 연방주의 등 다양한 권력분립 및 견제와 균형 원리를 적용함으로써, 야망이 야망을 견제하고, 헌법적 찬탈을 애초부터 봉쇄하며, 국민에 대한 호소가 필히 '특정하고 중요한 몇몇 예외적인 경우들'에만 이루어질 수 있는 해결책을 모색했던 것이다(PT, 47). 매디슨은 이 점에 관한 한 연방주의 리더들의

12) 민중정치와 선출된 입법부에 대한 매디슨의 우려는 1788년도 즈음에 정점에 달했다. 버지니아 의회에서 3년에 걸쳐 실망스런 세월을 보냈기 때문에 그곳에서 실천되고 있었던 정치에 대해 혐오감을 갖고 있었던 것이다. 매디슨은 이 즈음에 공화주의 정치에 대한 비관주의에 사로잡혀 있었기 때문에 연방헌법 채택을 위해 활발한 운동을 벌였다. 그는 무제한적인 민중주의 혹은 입법부의 강화에 대해 두려움을 완전히 벗어던지지 못했다. 하지만 민중정치에 대한 두려움은 시간이 지남에 따라 점차 누그러졌다. 특히 해밀턴과 같은 인물들이 국민에 의해 견제되지 않을 경우 발생할 수 있는 또 다른 위험들을 경험하고서 말이다(PT, 46).

가장 모범적인 예였다. 그들은 거리에 나온 국민들의 팬이 아니었다. 그들은 좀 더 조용한 스타일의 정치, 자신들과 같은 신사들에 의해 안전하게 통제된 스타일의 정치를 선호했던 것이다.

그럼에도 불구하고 크레이머는 이와 같은 매디슨 –그리고 다른 연방주의자들– 의 입장이 반민주적인 것과는 거리가 멀었다고 본다. 매디슨 역시 궁극적으로 "국민에 기대는 것이 의심의 여지없이 정부에 대한 으뜸가는 통제였다"고 확신했기 때문이다(문서51)(PT, 47). 그러므로 매디슨이 제안한 복잡한 구조적 혁신들은 단지 '보조적인 경계 장치들'(auxiliary precautions)로서, 갈등을 제어하기 위한 상황적인 수단들이었지 민중헌정주의에 대한 기본적인 서약을 포기하기 위해 도입된 것들이 아니었다. 대통령의 해임권한에 관한 논쟁이 발생했던 1789년에 매디슨이 행한 발언은 민중헌정주의 원칙에 대한 그의 확고한 지지를 확인시켜 준다. 그는 정부 부서 간 권력분립이 스스로 조정되지 않을 경우 그것의 최종적인 결정권이 공동체에 있다는 취지의 발언을 했다(PT, 48).

지금까지의 설명을 정리해보면, 1786년경 미국에서는 여전히 관습헌법적 사고와 민중헌정주의 원칙이 강력한 영향을 미치고 있었기 때문에 이 시기에 맹아적인 형태로 대두한 사법심사는 사법적 우월성 원칙을 수반하는 현대적인 의미의 사법심사와는 거리가 먼 것이었다. 그리고 이런 인식은 1790년대 이전 미국인들 대부분이 견지했던 입장으로서, 다른 제도적 혁신들과 달리 헌법의 최종적 해석과 집행 권한은 여전히 민중에게 있어야 한다는 생각이 지배적이었다(PT, 59-60).

▌건국과 사법심사의 수용

제헌의회를 통해 미국이 헌법을 제정·공포함으로써 공식적인 성문헌법을 갖춘 독립국가로서 출범하게 되는 건국기는 헌법에 법원의 역할을 명확하게 설정하려고 노력하는 가운데 사법심사 제도의 윤곽이 좀 더 분명히 드러난 시기였다. 그럼에도 불구하고 이 시기 헌정주의에 대한 인식은 기본적으로 건국 이전의 민중주의적인 인식을 계승했다.

이런 사실을 뒷받침하는 증거는 일차적으로 헌법 비준과 관련된 치열한 논쟁에서 확인할 수 있다. 필라델피아 헌법회의에 참석했던 일부 참여자들은 사법심사 제도의 도입을 둘러싸고 열띤 논쟁을 벌였다. 하지만 대부분의 참여자들은 여전히 민중헌정주의의 관점에서 생각했기 때문에 새로운 헌장을 전통적인 민주적·정치적 방법으로 집행하는 데 초점을 두었다. 그들에게 사법심사 관념은 전혀 관심 밖의 일이었던 것이다(PT, 78-9).

사실 현대적인 사법심사를 옹호한 것으로 알려져 온 해밀턴마저도 헌법이 법원에 광범위한 권력을 부여했다는 부루터스(Brutus)의 주장을 반박하며 법원이 제한된 권력만을 인정받아가고 있을 뿐이라고 주장했다(문서78)(PT, 79). 해밀턴이 판사들의 독립이 헌법을 보호하고 개인의 권리를 보장하는 데 필요하다고 역설함으로써 현대적인 사법심사를 옹호한 인상을 주는 것은 사실이다. 하지만 해밀턴도 정확히 앞에서 소개한 아이어델의 논리를 따랐으며 단지 어조와 강조의 정도만 달랐을 뿐이었다. 다시 말해, 사법심사를 받아들였던 해밀턴의 입장은 결코 민중헌정주의의 전제들 –'국민의 대리' 역할을 담당한 법원에 입법적 실패와 남용을 견제할 수 있는 여지를 허용할 수 있다– 과 양립하기 어려웠던 것은 아니다. 대부분의 사람들은 선출된 입법부가 일시적인 충동에 좌우되어 권력남용을 저지를 수 있는 위험이 있다는 것을 경험적으로 알고 있었다. 그래서 그들은 공화주의나 민중헌정주의를 버리는 대신(『연방주의자문서』 51에서 매디슨이 제시한 노선에 따라) 견제와 균형의 체제를 입법절차에 도입함으로써 심의의 합리성을 강화시키고 정치과정의 속도를 늦추는 길을 택했다(PT, 80). 요컨대, 헌법비준 회의의 전체적인 핵심은 입헌정부에 대한 민중의 통제를 유지하는 것으로, "공화주의적 정부에서 일어나기 쉬운 질병에 대한 공화주의적 구제책"을 발견하는 것이었다. 문서78은 이 절차에 법원을 끌어들임으로써 일종의 부서주의(departmentalism) 원칙 –정부의 각 부서가 독자적으로 헌법을 해석할 수 있는 권한이 있다고 보는 것– 을 확립시키려 했음을 보여준다. 그러므로 이 시기에 도입된 사법심사 제도는 위헌적일 가능성이 높은 조치들을 민중이 다시 한 번 검토할 수 있도록 촉구하는 추가적인 조치로서, 다른 부서들의 해석보다 국민의 해석이 최종적인 권위와 구속력을 갖는다는 민중헌정주의 원칙에 충실했던 것이다.[13)]

13) 연방주의에 동조했던 가장 보수적인 파벌들이 마침내 사법심사를 받아들이게 된 것은 최소한

반연방주의자들이 (연방주의자들이 제안한 체제에서는) 연방의회가 국민의 권력을 찬탈할 개연성이 높다고 비판했을 때, 이에 대한 연방주의자들이 제시한 답변 역시 민중헌정주의가 여전히 강력한 영향력을 행사하고 있었다는 사실을 보여준다. 연방주의자들은 연방의회가 그 권한범위를 넘어서서 권력을 남용할 경우 국민의 강력한 반대와 저항에 직면할 것이라고 반박함으로써 연방의회 구성을 옹호했다(PT, 83). 선거, 배심제, 민중적 야유, 그리고 여의치 않을 경우 더 폭력적인 저항수단을 동원해서 민중이 의회의 월권을 통제할 것이라고 주장하면서 말이다. 예컨대 노스캐롤라이나의 스틸(John Steele)은 사법심사에 찬성하면서도 그보다 더 근본적인 민중의 견제를 강조했다(PT, 85).

연방주의를 채택하면 각 주의 권한이 큰 도전을 받게 될 것이라는 비판에 대한 연방주의자들의 대응도 민중헌정주의의 현실적 영향력을 보여준다. 연방주의자들은 그런 반연방주의자들의 우려에 대해 각 주의 정치인들이 민중의 지지를 쉽게 이끌어냄으로써 연방의회의 위헌적인 행위들을 효과적으로 물리칠 수 있을 것이라 대응했다. 푸블리우스(Publius) –매디슨, 제이, 해밀턴– 도 이런 부류의 논거를 채택했고, 특히 매디슨은 문서39부터 46까지 이런 취지의 논리를 더 정교하게 발전시켰다. 즉, 이 문서들을 통해 매디슨은 새로운 체제가 단일 국가적인 측면과 연방제적인 측면 –18세기의 연방제는 오늘날의 국가연합(confederation)에 가까웠다– 을 혼합한 복합체제라 규정한 동시에, 연방정부가 주 정부에 대해 영향력을 확대하려 들 경우 각 주의 정부 관료들은 민중적 지지에 호소하여 연방의 간섭을 충분히 봉쇄할 수 있다고 주장했다(PT, 87). 예컨대 문서46에서 그는 다음과 같이 주장한다. "각 정부는 사실 국민의 상이한 대리인이며 피신탁자들로서, 서로 다른 권력을 지니고 있고 서로 다른 목적을 위해 고안된 것이다. 연방헌법의 반대자들은 이런 측면을 간과했다. … 궁극적 권위는 오직 국민에게 있는 것이다"(PT, 87-8). 이처럼 사법심사 제도에 우호적이었던 연방주의자들까지 포함하여 헌법 비준을 전후한 시기의 정치인들 대부분은 위헌법률에 대한 헌법적 제한이 궁극적으로 정치를 통해서, 그리고 민중에 의해서 관철될 것으로 기대했다(PT, 91). 그

1790년대 중반에 이르러서였고, 그것도 프랑스혁명과 미국에서의 야당의 부상 때문이었다(PT, 81). 이 중에 해밀턴은 가장 앞서간 인물이었다. 하지만 그의 주장도 민중헌정주의의 틀 내에서 이루어졌다. 더구나 해밀턴의 입장은 비준과정에서 거의 영향을 미치지 못했다.

들의 역사, 정치이론, 실제적 경험은 모두가 한결같이 민중의 압력이 자의적인 권력을 견제할 수 있는 가장 확실한 수단임을 보여주었다.

건국기 사법심사 제도의 근본 성격을 이해하는 데 있어서 미국의 건국이 영국혁명과 미국혁명을 배경으로 진행됐다는 사실은 매우 중요한 의미가 있다. 영국 왕과 영국의회에 저항했던 식민지의 경험은 건국자들이 독자적인 이론을 구성하는 데 필요한 모델을 제공했으며, 인지조례에 대한 저항에서 비롯된 혁명은 헌법이 부여한 권한을 넘어서 행동한 정부에 대해 저항할 수 있는 선례를 제공했기 때문이다. 그리고 이것이 바로 법원과 사법심사가 비준 시기에 거의 나타나지 않았던 이유였다. 권력을 남용한 입법부를 봉쇄하기 위해 판사에 의존한다는 생각은 비준논쟁에 참여했던 대다수 사람들의 생각과는 거리가 멀었으며, 그와 같은 가능성을 생각해냈던 극소수의 사람들도 민중헌정주의의 틀 내에서 그 가능성을 타진했던 것이다(PT, 91). 요컨대, 이 시기의 헌법은 여전히 국민이 통치자들을 관리하기 위하여 만든 근본법으로 이해되고 있었기 때문에, 사법심사는 위헌성이 명백한 법을 무시하라는 국민의 명령을 사법적으로 이행한 '정치적-법적' 행위로 파악해야 한다는 것이 크레이머의 해석이다(PT, 92).

헌법 비준 이후 사법부의 위상이 점차 확립되어 갔다(PT, 93-4). 1780년대에 비해 사법심사의 횟수가 많아지면서 그 제도에 긍정적인 분위기가 형성되기 시작했다. 사법심사의 범위가 모호했기 때문에 다소 혼란이 발생했지만, 그 제도를 당연시하거나 수용하는 추세가 강화되었다.

그런데 이런 추세의 배경에는 정치적 분열의 심화와 정당의 등장이 있었다. 무엇보다 정치적 분열과 첨예화는 각 정치세력들로 하여금 특정한 법을 무효화할 수 있는 대법원의 권한을 이용하게 함으로써 사법부의 위상을 확립시키는 데 이바지했다. 1790년대 말경 잠시 제퍼슨의 몇몇 지지자들이 사법심사를 전반적으로 재고하기도 했지만 사법심사를 전면적으로 부정하는 데까지는 나아가지 않았다. 사법심사의 정당성을 전면적으로 거부한 몇몇 급진적 공화주의자들을 제외한 대부분의 정치인들은 사법적 견제 방법은 정치적 방법에 비해 열등하거나 종속적이라고 주장하는 정도에 만족했다.[14)]

14) 판사들은 사법심사를 강행할 수 있는 자유를 허락받았지만, 그 결과에 대해 그들은 탄핵이란

하지만 크레이머의 분석에 따르면, 이 시기에 수용된 사법심사는 1780년대 아이어델이 구상한 것과 동일한 것으로, 여전히 확고한 민중헌정주의의 틀에 터 잡고 있다(PT, 98). 따라서 법원이 위헌성이 명백한 법을 집행하기를 거부하게 되면 그것은 국민의 충실한 대리인으로서 국민의 '정치적-법적' 저항행위를 사법적으로 대신한 것이었지, 헌법이 정한 독립적인 권한 행사의 결과가 아니었다. 즉, 그것은 시민적 소요를 일으키지 않으면서 인민주권을 (평화적으로 그리고 간접적으로) 행사할 수 있는 장치로서, 일종의 민중행위에 대한 사법적 대체물이었던 것이다(PT, 98-103).

1790년대 중반에 이르면, 사법심사는 매우 일반적으로 수용되었다. 그것의 구체적인 내용에 대해서는 아직 이견들이 존재했다. 하지만, 법원이 국민의 대리인으로서 헌법의 해석과 집행에 대한 민중적 통제를 보완하고 증진해야 한다는 온건한 이론이 지배하게 되었다(PT, 105).

사법부의 위상과 사법심사의 정당성이 확립되면서 1800년대에 이르게 되면 미국헌정주의의 가장 중요하고 지속적인 특성을 이루는 부서주의 원칙이 확립되었다(PT, 106). 부서주의는 "세 부서 모두가 헌법 아래 있는 의무의 내용이 무엇인지를 스스로 결정할 수 있는 동등한 권리를 갖고 있다"는 것을 의미하는데, 매디슨과 제퍼슨은 공히 이 부서주의 이론을 옹호했다. 현대의 주석가들은 이 부서주의 이론이 매우 혼란스럽고 무정부적인 결과를 초래할 개연성이 있다고 판단하여 부서주의 이론을 '자의적인 심사'로 부르기도 한다(arbitrary review)(PT, 107). 이들은 권력분립 원칙에 따라 다양한 이슈들에 적합한 상이한 권위를 각각의 부서들에게 상이하게 할당하는 것이 합리적이라고 생각하며, 각 부서 사이에 충돌이 발생할 경우 궁극적으로 그 조정권위를 사법부에 회부해야 한다고 보는 경향이 있다(PT, 107). 하지만 크레이머는 이런 경향이야말로 당시에 작용하고 있었던 민중헌정주의 관념을 망각한 결과라고 본다. 현대의 주석가들은 민중헌정주의의 존재를 망각함으로써 누군가가 일상적인 헌법적 갈등들을 해결할 수 있는 최종적인 권위를 가져야 한다고 생각할 뿐만 아니라 그 권위가 바로 정부기관이어야 한다고 생각하고 있다는 것이다.

대가를 받아야 했다.

하지만 민중헌정주의 체제에서는 정부 관료들이 규제의 대상이 되고 일반 민중이 규제자가 되며, 헌법해석의 최종적 권위를 국민 스스로 소유한다. 그러므로 매디슨과 제퍼슨 그리고 그들의 지지자들은 헌법적 갈등이 최종적으로 어떻게 해결될 것인가를 설명하는 데 전혀 어려움이 없었다. 그것들은 궁극적으로 국민에 의해 해결되어야 하고 또 국민에 의해 해결된다고 보았기 때문이다. 이와 관련하여, 버지니아 상원 의원 메이슨(Stevens Thomas Mason)의 다음과 같은 설명은 시사해주는 바가 크다.

> 각 부서는 다른 부서를 두려워하지 않고 각자의 고유한 의무를 자유롭게 수행해야 한다. 하지만 나는 그 부서들이 국가 자체로부터 독립되어야 한다고 믿지 않는다. … 민중정부의 모든 부서들은, 어느 정도 민중의 의견에 의존해야만 한다. 어느 부서도 국민의 애정이 없이는 존재할 수 없다. 그리고 국가로부터 독립될 정도의 상황에 있다면, 그것의 지속적 존속에 필수적인 국민의 애정을 상실하고 말 것이다(PT, 107).

부서 간 조정과 타협이 성사된다면 바람직한 일일 것이다. 하지만 조정과 타협이 실패할 경우에는 궁극적으로 누가 결정해야 하는가? 의문의 여지없이 그것은 공동체의 의지, 곧 국민이다(PT, 108). 제퍼슨에 의하면, 입법권력이나 행정권력이 헌법을 위반할 경우 그들은 (그들을 선출한) 국민에게 책임을 져야 하며, 사법부의 판사 역시 국민에게 책임을 져야 한다. 왜냐하면, 정치가 바로 적합한 법정(forum)이며, 국민이 바로 적합한 행위자이고, '정치적-법적' 장치들이 바로 적합한 수단들이기 때문이다(PT, 108).

이런 인식은 1790년대 본격적으로 등장하기 시작한 민주적 공영역의 발전 및 사회정치적 변화로 인해 더욱 확산되었다(PT, 109). 공화주의 정부가 안정되면서 정치에 참여하는 시민들의 수가 늘었고 통치과정에 대한 그들의 영향력도 확대되었다. 그것은 선거권의 확대와 높은 투표율로 표출되었으며, 새로운 조직들의 출현으로 나타났다. 새로운 형태의 커뮤니케이션, 정치적 표현, 새로운 공공의례 등 다양한 영역에서 다양한 방식으로 반영되었다. 배심제, 민중적 저항 및 다른 전통적인 제도들도 여전히 중요했지만, 이제 갓 태동한 정당과 민주-공화 협회(Democratic-Republican societies), 새로운 당파적 언론 등도 중요한 의미를 띠게 되었다(PT, 109). 이와 같이 다양한 영역에서 일어난 사회정치적 발전으로 인해 민중의 목소리는 더욱 더 단호해지고 세련되어졌다.

부서주의 이론은 이 새로운 정치문화와 완벽한 조화를 이뤘다(PT, 109). 입법부는 법을 제정하고, 행정부는 법을 거부하며, 사법부는 법을 심사하면서 헌법을 독자적으로 해석할 수 있었다. 하지만 어떤 부서의 견해도 최종적인 권위를 가질 수는 없었다. 모든 부서들은 공통의 우월자인 국민의 지속적인 감독을 받으면서 법에 따라 행위하려고 노력했다. 이처럼 초기의 사법심사는 '민중헌정주의 체제 안에서' 법원이 입법부 및 행정부와 동등한 지위 –헌법의 의미에 대해 독자적인 판단을 할 수 있는 동등한 권한– 를 얻으려고 투쟁한 결과로 볼 수 있다.

이와 같은 크레이머의 분석은 (한 때 미국헌법사에서 현대적인 사법심사 제도를 확립한 소송으로 간주되었던) 마베리 대 매디슨 소송(Marbury v. Madison)에 대한 전혀 상이한 평가로 이어진다(PT, 114-27). 크레이머에 의하면, 마베리 소송은 사법심사 이론과 관련하여 전혀 새로운 차원을 덧붙인 것이 없다. 그 소송은 당시의 부서주의 이론과 결합되어 있었던 민중헌정주의의 관념을 반영했기 때문이다. 요컨대 이 해석에 따르면 당시 대법원 수석판사 마샬(John Marshall)은 그 당시까지만 해도 매우 불안정한 상태에 있었던 사법부의 위상을 다른 부서들과 대등하게 만듦으로써 부서주의 이론을 확립·강화하는 데 기여했던 것이지, 결코 현대적인 의미의 사법심사 제도 –사법적 우월성 원칙과 결합된– 를 확립했다고 보기 어렵다(PT, 127).[15)]

■ 민중헌정주의 대 사법적 우월성

『국민 자신: 미국헌정주의와 사법심사』의 5장부터 마지막 장까지는 19세

15) 전통적인 인식은 마샬이 엄청나게 성공했으며, 거의 단독으로 사법심사를 고안했다고 칭송한다. 하지만 더 최근의 주석가들은 이런 부류의 평가를 오류라고 폄하한다. 마샬은 사법심사 제도를 고안하지도 않았을 뿐만 아니라, 마베리 소송은 사법심사가 수십년 후 엄청난 헌법적 무기로 등장하게 된 현상과는 거의 또는 아무런 관계가 없다고 본다(PT, 127). 이런 상이한 평가에 대해 크레이머는 중립적인 입장을 취하는 것 같다. 왜냐하면, 마베리 소송에서 마샬이 사법심사와 관련된 중요한 진술을 한 것은 맞지만 마샬의 진술이 없었다고 해도 사법심사가 오늘날의 형태로 진화했을 것이라 보기 때문이다.

기 이후 미국헌정사에서 진행된 민중헌정주의와 사법적 권위 사이의 경합과정을 다룬다. 크레이머가 들려주는 헌정사적 드라마에 따르면, 1960년대 이전까지는 사법적 우월성을 확립하려고 노력한 법원의 시도들이 국민의 저항으로 인해 좌절되었다. 그러다가 1960년대에 이르러서야 매우 공격적인 사법심사 제도가 비로소 확립되었다. 크레이머는 5장부터 마지막 장까지 사법적 우월성이 확립되기까지 그런 발전을 뒷받침했던 정치적·법적·사회적 변화들을 상세히 개관한다. 그는 헌법의 일반법으로의 동화, 민중정치의 정당정치로의 용해 등이 사법적 권위의 최고성을 받아들이게 된 주요 배경이었다고 본다.

그런데 현대적인 사법심사 제도가 형성되는 과정을 고찰해보기 전에 먼저 1780년대에 뿌려진 그 제도의 씨앗에 대해 살펴볼 필요가 있다. 왜냐하면, 이 씨앗은 비록 매우 작은 것이었지만 사법심사에 대한 현대적인 이해의 토대가 되었기 때문이다. 주지하듯이 이 시기 연방주의자들은 (비록 민중헌정주의의 틀 내에서였긴 하지만) 민중정치에 부정적이었기 때문에 온화한 귀족적 민주주의 형태를 선호했다. 이와 같은 성향을 두고 볼 때 연방주의자들이 국민의 능동적인 역할을 제약하는 데 관심을 가졌던 것은 자연스러운 일이었다. 하지만 이 시기 대부분의 연방주의자들은 국민에 대한 입법부의 권력남용 –위헌적인 법률 제정– 을 막고 (부서주의에 따라) 사법부의 위상을 제고시키기 위한 일환으로 사법심사 제도를 생각했다.

하지만 대통령의 파면권한에 대한 논쟁이 일고 있었던 1789년에 몇몇 연방주의자들은 매우 새롭고 급진적인 견해를 제시했다. 그 중 한 명이었던 켄트(James Kent)는 (입법부의 권력남용이 아닌) 국민 다수에 의한 횡포를 사법심사의 정당화 근거로 내세우는 주장을 제시했다(PT, 132-3). 그는 대다수 연방주의자들과 달리, 다수의 폭정 가능성 때문에 입법자들이 아닌 판사들이 헌법해석의 권한을 가지는 것이 바람직하다고 생각했다. 즉, 그는 파벌에 대한 두려움을 '여론의 힘'에 대한 반대 주장으로 전환시켜, 사법심사를 (민중적 저항의 사법적 대체물로서가 아니라) 동원하기 쉬운 변덕스런 민중에 대해 헌법을 보호할 수 있는 최선의 견제책으로 제시했다(PT, 133). 이 와중에 1790년대의 정치적 동요를 배경으로 파벌투쟁이 격화되자 헌법을 파벌투쟁으로부터 보호할 수 있는 법원의 역할이 더욱 중요해지면서 사법심사 제도에 대한 우호적인 견해가 확산되었다. 연방사법부는 이런 분위기에서 설립되었다. 게다가 권력분립 원칙과 함께 부서주의 원칙이 확산되면서 사법부의 권한을 다른 부서들과 동등하게 만들려는 판사들 -대표적으로 마샬- 의 노력이 가세함으로써 사법심사제도가 점점 더 지지를 얻게 되었다.

이런 배경에서 사법심사의 의미를 현대적인 방향으로 급진전시킨 중요한 주장이 대두했다. 그것은 헌법도 일반법과 다름이 없다는 주장이었다(PT, 134). 더구나 이 주장은 프랑스혁명의 여파 속에서 급진적 공화정치의 위험을 봉쇄할 수 있는 사법적 대응의 필요성에 대한 공감대가 일고 있었던 시기에 개진되었기 때문에, 법정에 앉아있던 판사들이 이 제도를 옹호하는데 더욱 큰 힘을 실어주었다.[16] 그리하여 1790년대에 이르면 법원이 헌법해석에 대한 고유한 책임을 지고 있으며, 또 그들의 해석이 최종적이라는 입장이 연방주의적 규범의 일부로 확립되었다(PT, 135).

하지만 민중헌정주의에 대해 확고한 신념을 갖고 있었던 공화주의자들은 부서주의 이론 내에서만 연방주의자들의 사법심사 옹호론을 인정했다(PT, 135). 부서주의에 따르면 사법적 해석은 의회와 집행부의 해석보다 더 무거운 비중을 갖지 않는다. 그리고 모든 부서들은 궁극적인 해석적 권위를 가진 '공동체의 의지'에 따라야만 한다(PT, 136).[17]

이처럼 연방주의자들과 공화주의자들은 헌법해석에 대한 대조적인 견해를 가지고 1800년 선거에 임했다. 결과는 공화주의자들의 압도적인 승리로 끝났다. 이 당시 미국의 민중 -최소한 투표에 임했던 사람들- 은 공화주의적 원칙과 헌정주의에 대한 공화주의적 이해 -민중헌정주의- 를 압도적으로 지지했으며, 그 결과 제퍼슨이 이끈 공화당이 다음 세대의 미국정치를 주도하게 되었다(PT, 138).

하지만 연방주의자들의 패배에도 불구하고 이들이 사법심사를 뒷받침하기

---

16) 하지만 이 시기 판사들이 헌법해석적 권위를 내세운 정도를 과장해서는 안 된다. 판사들이 사법심사를 옹호한 사례들은 아직까지는 몇몇 지역에 국한되었고 한시적으로만 옹호되었기 때문이다. 프랑스에서 일어난 혁명이 미국에서도 일어날 수 있다는 우려가 판사들로 하여금 '일시적으로' 그런 극단적인 입장을 취하도록 유인했다고 볼 수 있기 때문이다.

17) 연방주의자 매디슨도 부서주의 이론을 지지한 사실을 기억할 필요가 있다. 혁명을 기억하면서 매디슨은 독자들에게 다음과 같이 말한바 있다. "정부에 대한 헌법의 권위와 헌법에 대한 국민의 주권은 언제나 염두에 두어야 할 진리이다"(PT, 137).

위해 제시한 주장들은 이후 사법심사의 이론적 발전에 중요한 영향을 미쳤기 때문에 간략히 언급할 필요가 있다. 1801년에 사법부법(Judiciary Act) 폐지를 둘러싼 논쟁은 연방주의자들이 사법심사 이론을 정교화 할 수 있었던 좋은 배경이 되었다. 연방주의 대변인들은 사법부법 폐지를 주도했던 공화주의자들에 맞서 의회와 정치 일반에 대한 사법적 견제가 필요하다는 주장을 펴는 가운데 사법의 최고성 원칙을 내세웠다(PT, 138). 사법적 우월성 원칙이 관철되지 않을 경우 폭력과 학살이 불가피할 것이라고 주장하면서 말이다. 예컨대, 모리스(Gouverneur Morris)는 국민이 자기자신에 대한 최악의 적이라고 강조하며 다음과 같이 주장했다.

> 판사들은 헌법에 대한 결정 권한을 어디서 획득했는가? 그것이 헌법에 있다면 지적해보라. 나는 그 권한이 헌법보다 더 높은 곳에서 나왔다고 본다. 그것은 인간의 특성, 사물들의 본성, 인간사의 필연적 진보에서 나온다. 인간이 법을 만들고 그것을 집행하며, 소송이 발생하면 궁극적으로 판사가 판결하고 법이 무엇인가를 선언해야 한다. 당연히 판사들은 제정되이 활용되는 법이 법으로서의 구속력을 갖는가를 결정해야 한다. 대법원의 결정은 최종적이고 또 반드시 최종적이어야만 한다. 이것이 바로 원칙이며 우리가 추구하는 옳음의 원천인 것이다(PT, 139-40).

연방주의자들은 이처럼 헌법의 최고성에 대한 옹호를 파벌과 다수의 폭정에 대한 우려와 결합시켜 사법심사를 정당화했다(PT, 140). 하지만 공화주의자들은 정반대로 국민의 권위를 강조하며 연방주의자들에 응수했다. 이들은 특히 판사들만이 헌법 가치들을 충실히 수호할 수 있다고 본 연방주의적 주장에 강력히 반대했다(PT, 142). 공화주의자들은 의회에 대한 어느 정도의 견제가 필요하다는 것은 인정했지만 그 견제의 주체가 바로 국민 자신이어야 한다고 응수했다. 그들이 거부한 것은 사법부의 최종적 권위, 즉 사법적 우월성 관념이었다(PT, 143).

한편, 19세기 전반기에 진행된 급속한 정치사회적 변화도 사법심사의 수용에 유리하게 작용했다(PT, 145-69). 1834년에 매디슨이 쓴 편지는 이 당시 독립적인 사법부의 높아진 위상을 알려주고 있다. 이 편지에서 매디슨은 연방과 주 사이에 발생한 문제를 중재할 수 있는 헌법기관으로 대법원을 언급하고 있으며, 비록 부서주의 틀 안에서였긴 하지만 사법부가 헌법해석자로서 가장 큰 민중적 신뢰를 확보하고 있다고 언급했다(PT, 145-6).

사법부의 우월성에 대한 매디슨의 주장은 객관적인 사실보다는 대체로 실용적인 고려를 반영했다. 이 당시 사법부의 판사들이 실질적으로 최고의 헌법해석 권위를 누리고 있었던 것은 아니었기 때문이다. 그럼에도 불구하고 매디슨의 편지는 사법부의 위상과 사법심사에 대한 그의 인식이 한 세대 전에 비해 엄청나게 변했다는 것을 시사해준다. 젊은 매디슨은 마지못해서 대법원에 일정한 역할을 부여했다. 하지만 노년의 매디슨은 대법원을 동등자 중의 으뜸(primus inter pares)으로 치켜세웠다(PT, 147). 그렇다면, 사법심사에 대한 이와 같은 새로운 생각들이 어디로부터 나왔는가? 그리고 무엇이 그런 주장을 더 설득력 있게 만들었는가?

먼저 1800년 이후 헌법적 이슈들이 기하급수적으로 증가하여 헌법이 점차 일반법과 같은 것으로 받아들여지게 되었다는 사실을 들 수 있다(PT, 148-50). 19세기 초반까지는 사법심사의 의미는 18세기 말엽과 동일했다. 하지만, 헌법적 이슈가 빈발하게 되면서 그 지위와 의미가 자연스럽게 달라지기 시작했다. 한 가지 중요한 예로 대법원 판사 마샬은 (아무런 설명도 덧붙이지 않은 채) 일상적인 성문법 해석을 헌법해석에 적용하기 시작했다. 그리고 이런 관행이 쌓이면서 헌법을 일반법과 같이 취급하는 경향이 자연스럽게 형성되었다. 그리하여 1820년경에는 사법심사가 정기적으로 수행되었으며 주와 연방 차원을 가리지 않고 일상화되었다. 이렇게 되자 헌법적 논쟁과 일반소송 사이의 차이가 흐려짐으로써 헌법이 자연스럽게 일반법으로 동화되어 갔다(PT, 149-154).

여기에 사회경제적 변화에 따른 법의 전문화 혹은 과학화 추세는 사법부에 의한 법의 집행 관념을 더욱 필연적으로 받아들이도록 유인했다. 그래도 18세기까지는 민중이 헌법에 대한 통제권을 그리고 일반법에 대해서는 배심제가 법에 대한 민중적 통제권을 행사했다. 이 시기에는 판사들의 교육도 부실했고, 사법부가 법을 통제할 수 있는 권한도 부족했다. 뿐만 아니라, 판사들의 임기도 법을 발전시킬 만큼 길지 않았기 때문에 대체로 어디서든지 배심원들이 강력한 법 집행권한을 가졌다(PT-158-9). 그런 의미에서 19세기 이전까지는 상식적인 법이론(jurisprudence of common sense)을 전제했다고 볼 수 있다(PT, 159).

하지만 사회경제적 상황 변화는 이와 같은 상식적인 법이론이 더 이상 통하지 않도록 만들었다(PT, 161). 미국의 지리적 규모와 인구도 급격히 확장되었고 경제적인 상호의존성이 증대됨으로써 법과 법서비스의 역할이 급격히 확대되었다. 법은 기업이익에도 이바지해야 했다. 그리하여 대규모 사회를 효율적으로 관리하는 데 필요한 (미리 공포된) 법규의 필요성이 급격히 증대되었으며, 소송을 아마추어들인 배심원들의 변덕스러움에 맡기는 문제도 중대한 관심사가 되기 시작했다(PT, 162). 그 결과 민중적 법이론과 실제에 대한 투쟁이 다양한 방면에서 진행되기 시작했다. 지적인 차원에서는 법을 과학으로 수립·선전함으로써 법을 전문가들에게 맡겨야 한다는 인식이 확산되었다. 예컨대 블랙스턴(william Blackstone)은 "우리나라의 법과 헌법을 이해하는 것"은 과학(=학문)이라고 강조했다. 이제 법은 민중이 이해하고 해석하고 집행해야 하는 평범한 것이 아니라, 이해 가능하고 예측 가능한 원칙들의 체계로서 과학적·학문적 이해의 대상이 되어야 한다는 인식이 자리 잡아 갔다.

다른 영역에서도 과학으로서의 법을 지원하는 많은 변화들이 수반되었다(PT, 163-4). 점점 더 복잡해지고 있는 법은 훈련받지 않은 비전문가들이 다루기에는 너무 미묘하고 어렵기 때문에 전문지식과 경험을 쌓을 수 있는 긴 기간을 필요로 한다는 인식이 확산되면서 로스쿨들이 설립되기 시작했고 법학교육에 필요한 커리큘럼 및 교육방법도 체계화되기 시작했다. 그와 동시에 법 혹은 소송 관련 논문들도 일반인들보다는 법학도들과 법실무가들을 대상으로 집필되게 됨으로써 더욱 전문성을 높여갔다(PT, 163). 그리고 법에 조예가 깊은 전문가들이 일반인 판사(lay judge)를 대체하기 시작했고, 법조계에 입문할 수 있는 조건도 까다로워졌으며, 배심원의 권위와 자유재량도 점차 제한되어 갔다. 이에 따라 사법적 지위를 법조인들이 독차지하게 되었으며 사법부의 권위도 점점 더 상승하게 되었다. 한 때 민중민주주의자들인 잭슨주의자들이 이런 추세를 막기 위해 시도했지만 전문가 시대의 도래를 막을 수는 없었다(PT, 164). 그리고 이와 함께 헌법도 일반법으로 동화되었으며 사법부의 위상도 훨씬 더 강화되었다.

정당에 의한 민중정치의 용해는 사법심사 제도의 발전에 필요한 다른 배경을 제공했다(PT, 165-9). 미국 정당의 역사는 1790년대 정치적 균열을 배경으로 시작되었다. 당시 재무장관이었던 해밀턴이 의회의 멤버들과 연대를 구성하여 경제발전 프로그램을 통과시키려고 시도하자, 메디슨과 제퍼슨 역시 유사한 방법으로 그의 경제발전 프로그램을 무너뜨리려 시도하면서 정당의 맹아가 싹텄건 것이다. 경쟁이 심화되자 양 쪽은 주와 지방의 정치리더들에게 손을 뻗혀가면서 지지 세력을 넓히기 시작했고, 이런 임시적인 접촉들이 정기화됨에 따라 마침내 안정된 이데올로기와 정체성을 갖춘 정당이 확립되었다(PT, 166).

초기의 정당은 명예와 우정과 같은 개인적인 연대에 바탕을 두었기 때문에 명확한 강령과 정치한 프로그램을 갖춘 현대적인 정당과 근본적인 차이가 있었다.[18] 하지만 19세기에 들어서면서 정당정치의 모든 핵심적인 특징들 –후보자들을 충원할 수 있는 제도화된 수단, 선거캠페인의 조직, 정책집행을 위한 정부 구성 등– 이 구비됨으로써, 정당은 대규모로 확대된 정치질서에서 정치에 접근할 수 있는 가장 의미 있는 접근로가 되었다. 그리하여 1830년대에 정당을 중심으로 한 새로운 정치방식이 확립되고 일상화되자 그 안에서 국민의 역할도 변하기 시작했다(PT, 168). 피치자들과 통치자들을 매개하는 공식적인 제도가 된 정당은 통치자들과 피치자들의 구조적인 구분을 흐리게 했으며, 그에 따라 전통적인 민중정치적 방법들이 정당에 의해 흡수되고 독점되었다. 그 결과 민중회합은 정당회합으로 전환되었으며, 민중회합은 정당의 목적을 위해 의식적으로 조직화되고 활용되었다. 이와 함께 대부분의 다른 전통적인 민중정치 수단들도 정당의 목적에 맞게 변형되었다.

민중정치의 정당정치로의 용해는 헌법문제에 대한 민중적 저항방법을 시대착오적인 것으로 만듦으로써, 헌법의 일반법화 현상과 함께 사법심사의 필요성과 중요성을 더욱 부각시켰다. 그럼에도 불구하고 이런 변화들은 사법부의 역할을 직접 변화시킨 요인들이었다기보다는 단지 배경으로 작용했다는 사실을 강조할 필요가 있다(PT, 168). 크레이머에 의하면, 이런 변화들은 매우 중대한 것들이었음에도 불구하고, 헌법해석 및 집행과 관련된 대법원의 역할을 근본적으로 재고하도록 자극하지는 못했다. 국민들이 주로 정당을 통해

18) 1840년대와 1850년대에 이르면 현대적인 정당의 특징과 형식을 갖추게 된다.

발언하기 시작했다는 사실은 장기적으로 사법부가 더 두드러진 역할을 수행하게 되는 배경으로 작용했지만, 사법부의 역할 증대를 뒷받침할 수 있는 직접적인 변화를 수반하지는 않았다.

그런데 크레이머가 1830년대부터 1930년에 이르는 약 1세기 동안의 미국 헌정사에 대해 들려주는 이야기에서는 국민 자신의 이름으로 헌법을 해석할 수 있는 권한을 요구했던 강력한 두 명의 대통령이 두드러지게 부각된다. 잭슨(Andrew Jackson)과 루스벨트(Franklin Delano Roosevelt)가 그들이었다. 먼저 잭슨은 대법원의 헌법해석 권한을 부정한 것으로 유명하다. 잭슨과 잭슨주의자들은 선거에 새로운 역할과 정당성을 부여했다(PT, 197). 선거는 시민들이 무능하고 부패한 공직자들을 정기적으로 교체할 수 있는 수단이 되었을 뿐만 아니라, 국민이 적극적이고 지속적인 방식으로 그들의 주권을 표현할 수 있는 계기를 제공했다. 더구나 잭슨주의자들은 민중적 캠페인을 적극적으로 조직·활용하여 국민의 목소리를 모으고 공고화했다. 그리하여 가장 작은 지역에서부터 중앙에 이르기까지 피라미드식의 평의회체제를 수립하려고 노력했다. 이들은 정당 제도를 민중정치를 대체하기 위해서가 아니라 민중정치를 지원하기 위해 재조직했던 것이다(PT, 200). 그러므로 잭슨주의자들에게 독립적인 법원과 사법심사는 명백히 귀족주의적인 도구로 간주되었으며 민중민주주의에는 위험한 제도로 간주되었다. 이처럼 법원에 대해 국민의 우월성을 강조한 것은 잭슨주의적 민주주의의 핵심적 요소였으며, 이것은 재판부를 더 책임 있게 만들려는 노력으로 표현되었다. 법전을 작성하고 선출을 통해 사법부를 구성하려는 노력들을 통해서 말이다(PT, 200). 요컨대, 잭슨주의자들에게 사법적 우월성은 여전히 反공화주의적인 이론으로 간주되었다.[19]

요컨대, 1840년대 미국에서는 이와 같은 잭슨주의적 민주주의자들이 정국

19) 잭슨주의적 민주파들은 한 세대 동안 정치공간을 지배했다. 하지만 이들이 민주주의를 대변한 유일한 정당은 아니었다. 그들에 반대하는 세력들은 휘그당(Whig Party)을 만들어 잭슨주의적 민주주의자들과 경쟁했다. 잭슨주의자들처럼 그들 역시 정당구성의 주요 동력을 실질적인 정책이 아닌 인민주권으로부터 끌어왔다는 점에서 민주주의자들이었다(PT, 201-2). 휘그당의 이해에 따르면, 잭슨주의자들의 중심 목표는 권력을 집행부의 손에 집중시켜서 공화국을 새로운 폭정으로 대체시키는 것이었다. 1840년대에 이르면, 미국정치 -헌법정치를 포함하여- 는 두 개의 정당에 의해 확고히 통제되기 시작했다. 각 정당은 각각 국민을 대변하다고 주장하며, 인민주권과 헌법을 보존하고자 한다고 주장했다(PT, 203).

의 주도권을 장악함으로써 민중헌정주의 전통을 지속시켜나갔다. 잭슨주의적 민주파들은 주와 연방 수준에서 공히 사법부를 주변화 시키는 동시에 마샬 법원의 국가주의적(=연방주의적) 에토스를 거부했으며, 헌법에 대한 민중의 통제를 회복시키고자 노력했다. 그리하여 1840년대부터 남북전쟁 시기를 거쳐 19세기 마지막 10년을 남겨 놓을 때까지 미국정치체제는 이와 같은 민중헌정주의 형태와 정신을 유지했다(PT, 209-13).[20]

1890년대에 사법적 우월성을 위한 투쟁이 다시 재개되었다. 남북전쟁 이후 재건정치의 피로감이 몰려오고 그에 따라 공화당의 우세가 무너지면서 분할된 정부가 수십 년간 지속되자 대법원 판사들이 공격적으로 그들의 권위를 내세울 수 있는 환경이 조성되었기 때문이다. 재산권에 관한 특수한 관념을 지지하고, 노동운동과 사회적 동요의 불길한 징후들을 두려워했던 법원은 모든 분쟁들이 다 법원의 소관이라고 주장하면서 의도적으로 자신의 역할을 확대해가기 시작했다(PT, 214). 바로 이 무렵부터 연방주의자들이 과거에 외쳤던 구호, 즉 이제 두려워하고 방어해야 할 적은 다수의 전제라는 구호가 다시 들리기 시작했다. 이와 함께 사법심사를 통해 국민은 자신을 자신으로부터 효과적으로 지킬 수 있다는 목소리가 커지기 시작했다. 그리하여 이 투쟁은 1930년대의 뉴딜 위기에서 정점에 오르게 된다(PT, 214).[21]

19세기 말부터 1920년대 말까지 고전적 자유주의 이념에 입각하여 진보적인 사회운동을 차단하기 위해 노력해온 대법원은 마침내 프랭클린 루스벨트(Franklin Delano Roosevelt)의 진보정치와 충돌하게 되었다. 이때 다시 한 번 법원의 역할이 중요한 정치적 이슈로 부상했는데, 승리한 뉴딜주의자들은 헌법의 의미를 결정할 수 있는 국민의 권리를 강조함으로써 민중헌정주의를 부활시켰다. 루스벨트 역시 “국민과 그 민중적 지도자들의 해석적 권위”와 함께 민중헌정주의의 유산에 호소함으로써 자신의 입장을 옹호했다(PT, 217). 루스

20) 사법적 우월성은 하나의 이상으로서는 죽지 않았지만 아직은 가설적이고 주변적인 입장으로서 명맥을 유지했다. 예컨대, 1857년 대법원 수석판사 태니(Roger Taney)가 고압적인 자세로 사법적 우월성 원칙을 내세웠던 Dred Scott소송도 대법원의 대실책으로 끝났다(PT, 211).

21) 재건시기와 뉴딜 사이의 시기는 사법적 팽창의 시기였던 동시에 민중헌정주의의 황금기이기도 했다. 즉, 이 시기는 고압적인 사법적 권위 -번번히 부정되었지만- 에 의존하지도 않았고 그것을 인정하지도 않았던 변혁적 민중운동들이 무르익은 시기이기도 했다. 이 시기의 정치가 그토록 소란스러웠던 데는 이와 같은 이유가 있었다.

벨트에 의하면, “헌법은 국민의 문서였지 법률가들의 계약서가 아니었다.” 루스벨트는 부서주의 이론의 연장선상에서 “국민은 정부의 모든 부서들을 신성하게 존중했다. 현 세대의 구체적인 복지를 가장 신성하게 여겼다. 헌법을 법률가들의 계약서로 만들고자 한 모든 역사적 시도들은 실패했다”고 주장했다.[22] 요컨대 뉴딜체제를 통해 사법적 우월성이 다시 한 번 억제되고 꺼져가고 있던 민중헌정주의의 불씨가 되살아나게 되었다.

▌사법적 우월성과 도덕적 감수성

뉴딜체제는 의회와 행정부에 위임된 권력 및 그 범위에 관한 문제들과, 그런 권력들의 행사를 제한하는 개인의 광범위한 권리에 관한 문제들로 양분된 이원적 체제였다(PT, 219). 전자의 범주에 관한 합헌성 결정은 의회와 행정부에 귀속되며, 이에 대해 법원은 (의회와 행정부를 진실로 존중한다는 조건에서) ‘합리성 조사’(rational basis scrutiny)만 수행할 수 있었다. 그리고 개인의 권리를 포함하는 둘째 범주에 대해서는 법원이 더 적극적인 역할을 수행했다. 이 뉴딜체제는 보다 적극적으로 행동했던 워렌(Earl Warren) 법정과 버거(Warren Burger) 법정 시기를 거쳤음에도 불구하고 1990년대까지 그 근본특성을 유지했다(PT, 220).[23] 즉, 이 두 법정도 개인의 권리문제에 대해서는 법원이 존재감을 과시했지만, (민중헌정주의를 위해 마련된 공간을 존중하면서) 연방권력(national powers)의 범위에 관한 문제들은 정치과정에 맡겼던 것이다(PT, 220).

하지만 워렌판사와 버거판사는 부지 중에 뉴딜체제의 해체에 기여하게 된 씨앗을 뿌렸다. 이 법정은 사법적극주의를 뉴딜체제가 지정한 제한된 범위에 국한시켰지만 그 영역 안에서는 엄청난 변화를 발생시켰다(PT, 220). 브라운 대 교육위원회(Brown v. Board of Education) 소송으로부터 시작하여 바커 대 카(Barker v. Carr), 의석재배분(reapportionment), 로위 대 웨이드(Roe v. Wade),

22) 물론 링컨과 마찬가지로 루스벨트는 사법심사를 완전히 배제하지는 않았다. 하지만 뉴딜주의자들은 법원의 역할이 제한되어야 한다고 생각했다. “헌법은 정치인들의 문서”이기 때문에 “헌법의 추상적인 문구들은 성문법이 제정되는 입법적 실험실에서 가장 잘 해석된다”고 보기 때문이다(PT, 218).

23) 그리고 이 두 법정도 비록 ‘적극적’이긴 했지만 대체로 뉴딜체제의 조건 내에서 머물렀다(PT, 220).

낙태, 엥글 대 비테일(Engle v. Vitale), 학교기도, 크레이그 대 보렌트(Craig v. Borent), 성차별, 브런덴버그 대 오하이오(Brandenburg v. Ohio), 퍼만 대 조지아(Furman v. Georgia) 그리고 사형제와 같은 소송들에서 알 수 있듯이, 이들 법정은 정말로 야심적인 사법부가, 개인의 권리라는 제한된 영역 안에서 일지라도, 무엇을 성취할 수 있는가를 보여주었기 때문이다. 이런 소송들에서 연방대법원이 수행한 중요한 역사적 역할 때문에 1958년 쿠퍼 대 아로(Cooper v. Aaron) 소송에서 9명의 대법원 판사들은 마베리(William Marbury)가 "연방사법부가 헌법의 해석에서 최고라는 기본원칙을 선언했다"고 보고, 이 원칙이 "그 판결 이후 법원과 국가에 의해 우리 헌정체제의 영구적이고 필수적인 특징으로 존중되어 왔다"고 자신 있게 선언할 수 있었다(PT, 221).

하지만 앞에서 이미 살펴보았듯이, 마베리는 그런 말을 하지도 않았고 마베리 대 매디슨 소송 이후 사법적 우월성 명제도 선뜻 받아들여지지 않았다. 부서주의의 틀 안에서 사법적 우월성 관념은 계속해서 부정적으로 받아들여졌던 것이다.

하지만 놀라운 일은, 쿠퍼 대 아론 소송 이후 사법적 우월성이란 관념이 점진적으로 광범위한 민중적 지지를 얻어갔다는 점이다(PT, 221). 여전히 대법원의 판결은 자주 논란의 대상이 되었고, 때로 주 입법부들이 대법원에 의해 위헌판결을 받을 것이 분명한 법규를 제정했으며, 대법원 판사들의 판결도 집행되지 않은 경우가 있긴 했다. 하지만 1960년대 어느 순간부터는 이런 비순종의 사건들이 (사법부의 해석적 우월성을 거부하기보다는) 저항의 형식을 띠게 되었다(PT, 221). 다시 말해, 대법원의 결정이 헌법의 의미를 규정한다는 것을 부정하는 입장들이 거의 사라지게 되었다. 민중헌정주의와의 오랜 투쟁에서 사법적 우월성 관념과 사법심사 제도가 마침내 승리를 거둔 것이다.

물론 사법부의 궁극적 승리에도 불구하고, 1960년대의 많은 저항운동들이 입증하듯이 민중헌정주의가 아직은 소멸된 것은 아니었다. 하지만 1980년대 이르면, 헌법적인 문제들과 관련하여 발생했던 대부분의 저항운동들이 법원에 저항하기보다는 법원에서 해결점을 찾게 됨으로써 사법적 우월성 관념이 하나의 확립된 규범으로 자리 잡게 되었다. 사법적 우월성 관념과 사법심사의 궁극적 승리를 예시해주는 한 가지 예는 1980년대 법무장관 미즈(Edwin Meese)가 전통적인 부서주의 이론에 호소하며 대법원 결정이 소송의 당사자들에게만 구속력이 있다고 얘기했을 때 야기된 커다란 소란이다. 미즈는 무정부상태를 초래하고, 미국의 법 관념에 의도적으로 공격을 퍼부었다고 비난을 받았다. 미즈는 재빨리 자세를 낮추고 사법적 결정이 "이 땅의 법이며", "일반적으로 적용된다"는 것을 인정했다(PT, 221).

이와 같은 급격한 사태변화 –사법적 우월성 원칙의 수용– 의 배경으로는 여러 가지가 거론될 수 있다. 하지만 아마도 2차 대전 이전의 나치즘과 파시즘이 민중적인 지지를 받았다는 사실과, 이런 사실을 배경으로 등장한 새로운 지적 조류, 즉 슘페터의 경험적인 엘리트주의적 민주주의 이론 및 집단이론적인 정치 이해방식의 유행과 영향도 크게 작용했다고 볼 수 있다. 이런 중요한 배경적 변화는 법원을 헌법적 서약들을 보존하고 (민주정부의 핵심적 요소인) 도덕적 심의를 수행하기 위해 반드시 필요한 제도로 인식하도록 자극함으로써 마침내 '원칙의 포럼'으로서의 법원이라는 관념을 탄생시켰다(PT, 222).

1980년대 후반부터 연방대법원 판사를 지냈던 렌퀴스트(William Rehnquist) –1994년부터 2005년까지 대법원 수석판사 복무– 는 미국 대 모리슨(United States v. Morrison) 소송 판결문에서 사법부의 궁극적 승리를 확인하고 있다.

> 우리 헌법체계의 영구적이며 필수불가결한 특징은 연방사법부가 헌법의 해석에서 최고라는 것이다. 정치적 부서들이 헌법을 해석하고 적용하는 데 일익을 담당한다는 것은 의심의 여지가 없다. 하지만 마베리 소송 이후 이 법정은 헌법문서의 궁극적인 해설자로 존재하고 있다(PT, 225).

이 맥락에서 크레이머는 사법적 우월성 관념과 사법심사 제도가 확립된 배경에 자리 잡고 있는 한 가지 문화적·의식적 요인의 중요성을 강조한다. 그것은 파커(Richard Parker)가 '감수성의 문제'(matter of sensibilities)라고 부른 요인이다(PT, 241; Kramer 2012).[24] 이 요인은 사법적 우월성 관념의 확립에 기여한 동시에 그것을 강력히 지탱하고 있는 요인일 뿐만 아니라, 민중헌정주의 입장

---

24) 크레이머는 사법적 절제(judicial restraint)의 기원을 테이어(James B. Thayer)에서 찾고 있는 포스너(R. A. Posner) 해석을 비판하고, 테이어는 헌법해석 권위가 법원이 아니라 민중에 있다는 제퍼슨적 신념을 재강조했다고 주장했다. 그리고 사법적 절제의 원인을 헌법해석론의 발전에서 찾지 않고, 민주헌법의 진화하는 의미를 결정하는 것은 전적으로 판사들의 몫이라고 하는 관념이 널리 유포된 데서 찾는다(Kramer 2012).

에서 보면 그것의 쇠퇴를 촉진하고 그것의 부활을 막고 있는 가장 강력한 장애 요인으로 작용한다. 그것은 변호사, 판사, 학자, 심지어 정치인들도 공유하며 다수의 민중들도 은연중 받아들이고 있는 '반민중적'인 의식으로서, 말하자면 일상적인 민중의 정치적 에너지는 더 세련된 엘리트들의 정치참여에 비해 필히 열등하다고 보는 의식 또는 태도를 의미한다(PT, 241-2). 이런 의식적 차원에서 보면, 의회에 대한 모든 불안은 궁극적으로 입법제도나 입법자들에 대한 것이라기보다는 우리 자신에 대한 불안, 곧 우리가 정치적으로 책임을 지는 행위자들에게 무엇을 하도록 허용해야 할 것인가에 대한 불안일 뿐이다. 현대의 반민중적 감수성은 일반 국민은 감정적이고 무지하며 몽롱한 의식을 갖고 있고 단순하다고 가정한다. 반면에, 엘리트들은 생각이 깊고 박식하며 명석한 두뇌를 갖고 있다고 가정한다. 일반 국민들은 정치에 관한 한 어리석고 무책임하다는 것이다. 즉, 자기이익만을 추구하고 원칙적이라기보다는 자의적이며, 심의적이거나 논리적이기보다는 충동적이며 폐쇄적인 의식을 갖고 있는 어린아이와 같아서 쉽게 조종된다는 것이다. 국민과 민주주의에 대한 이런 부류의 회의주의는 현대의 지적 문화에 널리 스며있다. 대부분의 현대 학자들은 일반 국민의 비합리성과 조작되기 쉬운 특성 그리고 쉽게 부정의를 저지를 수 있는 가능성을 강조하는 고정관념을 당연시하고 있다.

그런데 이와 같은 반민중적 감수성의 강력한 영향력은 앞으로 미국헌정주의의 앞날과 관련하여 중요한 함의가 있다. 현재로서는 민중헌정주의의 부활과 미래에 관련해서는 매우 부정적으로 작용할 수밖에 없지만, 대안적인 새로운 감수성이 형성되고 확산될 경우 민중헌정주의의 부활을 기대할 수도 있기 때문이다. 크레이머는 파커의 진술을 인용하며 민중헌정주의의 부활에 대한 자신의 기대를 표현한다.

> 확실히, 정치적 에너지의 발산은 그 자체로서는 완전히 전제적이지는 않다. 1787년의 헌법회의를 생각해보라. 일반 국민에 의한 에너지의 발산도 마찬가지다. 혁명이나 노예폐지 운동 혹은 민권운동을 생각해보라. 다수의 의견이 불관용적인 경향을 갖는다는 무차별적인 주장들은 한결같이 과정된 것이다. … 우리는 빈번히 다수의견이 편견에 불과하다고 무시해버리는데 그것은 다수의견에 대한 반대를 강조하기 위한 것일 뿐이다(PT, 245에서 재인용).

이상의 논의로부터 크레이머는 다음과 같은 두 가지 결론을 도출해낸다. 첫째, 사법적 권위에 대한 옹호와 반대는 궁극적으로 정도의 문제로서, 사람들이 공유하고 있는 감수성에 따라 좌우된다. 둘째, (첫째와 연장선상에서) 사법적 우월성과 민중헌정주의 사이의 선택은 증거나 논리에 달려있지 않고 민중정부와 일반국민의 정치적 신뢰성에 대한 상이한 감수성에 달려있다(PT, 246).

▌전망과 평가

미국헌정사를 민중헌정주의와 사법적 우월성 (및 사법심사) 사이의 경쟁 구도로 조명한 크레이머는 『국민 자신: 미국헌정주의와 사법심사』의 말미에서 미국 건국에서부터 시작된 이 경쟁이 (일단 후자의 승리로 끝났지만) 오늘날에도 귀족주의 대 민주주의 사이의 투쟁 및 (이들을 각각 지탱하고 있는) 반민주적 감수성 대 민주적 감수성 사이의 투쟁 형태로 지속되고 있다고 본다. 이런 관점에서 그는 민중헌정주의의 부활을 기대하며 사법적 우월성이 없는 사법심사 제도를 결론으로 제시한다.

크레이머에 의하면, 사법적 우월성을 지지하는 자들은 오늘날의 귀족주의자들이다(PT, 247). 이들은 민주주의에 대한 양면적 태도를 견지하고 있기 때문에 민주적 지배라는 아이디어에는 공감하지만 그것이 산출할 수 있는 결과를 두려워하여 사법심사와 같은 추가적인 안정 장치를 마련하고자 한다. 반면에 오늘날의 민주주의자들은 개인의 권리에도 깊은 관심을 갖고 있지만, 제퍼슨이나 잭슨과 같은 선각자들처럼 책임 있게 자치할 수 있는 일반 민중들의 능력에 보다 큰 신뢰를 보낸다. 이들도 민중민주주의의 잠재적 위험성을 인지하고 있지만, 그 위험 때문에 비민주적인 수단을 통해 민중정치를 제약해서는 안 된다고 본다(PT, 247). 귀족주의자들과 민주주의자들 사이에 벌어진 과거의 투쟁이 행정권력과 연방주의와 같은 문제들을 중심으로 일어났고, 오늘날의 투쟁이 사법심사를 중심으로 진행되고 있는 차이점은 있지만 이 두 세력들 사이의 투쟁은 여전히 진행 중이다.

미국의 헌정사를 민중헌정주의와 반민중적 헌정주의의 투쟁으로 개관하는 한편, 오늘날의 헌법투쟁을 그 연장선상에 있는 귀족주의자들과 민주주의자들 사이의 투쟁으로 규정하고 있는 크레이머의 의도는 비교적 분명하다. 그것은 최소한 1960년대 이전까지의 미국의 헌정사에서는 민중헌정주의가 지배적인 형태였기 때문에, 사법적 우월성 관념이 확고해진 1960년대 이후에도 민중헌정주의의 부활 가능성은 여전히 남아있다는 것을 부각시키는 것이다. 그리고 민중헌정주의의 회복을 위해서 반민중적 감수성에 대항할 수 있는 민주적 감수성을 배양하고 확산시키는 한편, 주권자로서 민중의 궁극적인 권위를 회복해야 할 필요가 있다는 것을 강조하기 위한 것이다. 크레이머는 '어떻게' 그것이 가능할 지에 관해서는 특별한 전략을 제시하지 않는다. 하지만 어떤 수단이나 계기를 통해서든 먼저 민주적 감수성을 회복하는 것이 민중헌정주의의 부활에 필수적이라 생각하고 있다는 점은 분명하다. 크레이머의 관점에 따르면, 아마도 일반 민중이 다음과 같이 말할 수 있을 때가 바로 민중헌정주의가 부활했거나 곧 부활할 시점이 될 것이다.

> 무엇보다 그것은 대법원은 우리의 공복이지 우리의 주인이 아니라고 주장하는 것을 의미한다. 그 진지함과 지식은 존경을 받을 가치가 있긴 하지만, 궁극적으로 대법원은 헌법의 의미에 대한 우리의 판단에 굴복해야 하는 종복인 것이지 그 반대가 아니다. 대법원은 이 땅에서 헌법에 대한 최고의 권위가 아니다. 그 권위는 바로 우리의 것이다(PT, 248).

> 그들은 최선의 판단에 따라 헌법을 해석하는 것에 책임을 지지만, 저 바깥에 그들의 결정을 뒤엎을 수 있는 더 높은 권위가 있다는 의식을 가지고 그렇게 해야만 할 것이다(PT, 253).

역사주의적 접근방법과 규범적 주장을 혼합하여 쓴 크레이머의 미국헌정사는 많은 찬탄과 비판을 동시에 받았다.[25] 엄청난 사료를 동원하여 맥락성을 강조한 차별적인 헌정사를 씀으로써 미국헌정사의 드라마를 더욱 풍부하게 만들었을 뿐만 아니라, 새로운 헌정사 논쟁을 일으킴으로써 학계가 미국헌정사에 관심을 갖게 만들었고 더욱 세밀한 헌정사 연구를 자극했다. 나아

---

25) 몇몇 칭송에 관해서는 『국민 자신: 미국헌정주의와 사법심사』의 뒷표지와 서평들인 Pencock(PC)과 Carney(2005)를 참조하라.

가서 풍부한 사료들에 근거하여 사법심사 제도의 기원과 발전에 관한 새로운 주장을 폄으로써 오늘날 확고히 정립된 사법심사 제도의 위상과 역할에 대해 근본적으로 재검토할 필요성을 부각시켜주기고 했다. 이런 크레이머의 학문적 기여에 대한 평가 –비판을 포함해서– 는 아직도 진행되고 있다.

크레이머의 저술이 받고 있는 부정적인 평가 몇몇은 대체로 크레이머 자신이 모색하고 있는 민중헌정주의와 사법심사 제도의 통합에 모순이 있다는 비판(Brettschneider 2006, 516; Gibson 2007, 150), 크레이머가 제시하고 있는 사료들이 각 시기의 견해들을 얼마나 잘 대변하고 있으며 자신의 주장들을 잘 뒷받침하고 있는 지에 대한 비판(Posner 2004, 33; Alexander and Solum 2005, 1595-602), 사법적 우월성 명제의 타당성이 의심스러운 그 이상으로 민중헌정주의가 지닌 타당성 –민중이 과연 헌법을 해석하고 집행할 수 있는 능력을 갖고 있는지에 대한 의심– 이 의심스럽다는 비판(Posner 2004, 35) 등이다. 그리고 민주주의와 헌정주의를 결합한 크레이머의 이론은 소수의 엘리트들보다는 다수가 헌법해석에 참여할 때 더 좋은 헌법해석이 가능하다고 볼 것인바, 경합적인 다양한 헌법해석들 중에서 다수 민중이 지지하는 해석이 가장 민주적이고 정당하다고 보는 크레이머의 입장은 사실상 헌정주의에 대한 민주적 거부로 볼 수 있다는 비판도 있다(Brettschneider 2006, 517).

아마도 이런 비판들 중 상당수는 타당할 것이며 적어도 몇몇은 계속해서 논쟁이 될 것이다. 하지만 본서는 현대 입헌민주주의 스펙트럼이 얼마나 다양한 이론들로 구성되어 있으며, 그 다양한 이론들이 근거로 삼고 있는 논리가 무엇인가에 논의의 초점을 두고 있는 만큼 이와 같은 세세한 논쟁들을 다루지 않는다. 다만, 크레이머의 저서는 현대의 사법중심 헌정주의가 역사적으로 매우 최근에 확립된 형태로서 다른 형태의 헌정주의에 의해 수정되고 교체될 수 있는 가변적인 역사적 산물이라는 점을 분명히 밝혀주었다는 점에서 중요한 의미가 있다. 즉, 그의 새로운 미국헌정사는 현대의 사법중심 헌정주의의 한계와 문제점들을 극복할 수 있는 대안적인 방향 또는 시각이 존재하며, 또 그것들을 충분히 복구시켜 활용할 수 있는 근거가 있다는 것을 보여주었다는 점에서 중요한 의미가 있다. 물론 현대사회에 적합한 민중헌정주의 혹은 민주적 헌정주의의 구체적인 윤곽은 다른 연구를 필요로 할 것이다. 이어서 다뤄질 벨라미의 연구는 그 한 가지 방향을 보여준다.

벨라미의 정치적 헌정주의

▌개요

벨라미는 1990년대 초반까지 자유주의에 대한 철학적·정치적 비판을 통해 '민주적 자유주의'(democratic liberalism)를 주창했다(Bellamy 1992). 그 핵심은 다양한 문화·사회집단들의 동등한 참여의 원칙을 강조하는 다원주의적 민주주의(pluralist democracy) 개념에 입각하여 헤게모니 문화인 자유주의를 '민주화'시킴으로써 자유주의적 가치를 더 효과적으로 실현할 수 있다는 것이다. 벨라미는 그 이후 입헌민주주의에 관한 자유주의자들과 공화주의자들의 논쟁에 개입함으로써, 자신의 다원주의적 민주주의 개념에 입각하여 자유주의적 입헌민주주의 이론과 공화주의적인 입헌민주주의 이론을 비판적으로 종합한 '정치적' 헌정주의(political constitutionalism) 이론을 제시하기에 이르렀다(Bellamy 2007).

벨라미가 자유주의 및 입헌민주주의 이론에 접근하는 방법은 현실주의적인 (민주)정치적 관점이다. 그는 헌법정치를 심의민주주의의 전형으로 보는 애커만의 시각은 규범적으로는 완벽하지만 현실주의적인 관점에서는 지나치게 이상주의적이라고 평가한다(Bellamy 2006, xxxvi). 애커만의 심의민주주의는 여러 대안들의 장단점을 자유롭게 심의한 후 선택한 대안에 따라 행위하기로 약속한 시민들 모두에게 가장 설득력 있는 이유들 –곧, 합리적으로 도달된 합의– 을 찾는 것을 목표로 한다. 하지만 실제의 민주주의는 이와 같은 이상과 거리가 멀다. 심의민주주의 이론가들은 이와 같은 현실적 불완전성을 심의 당사자들이 이해관계와 이데올로기적 선입견에 휘둘림으로써 숙고된 판단을 내리지 못하고 그럴듯한 수사와 거래(타협)의 악습에 빠지기 때문이라고 비난한다. 하지만 벨라미의 생각은 다르다. 그는 심의과정이 때로는 막다른 골목에 이르게 되는 것은 불가피하다고 본다. 그 이유는 심의 당사자들이 서로 다른 합당한 의견들과 정당한 이익들을 가지고 있기 때문에 모두가 정당한 것으로 동의할 수 있는 하나의 입장으로 수렴되는 것이 어렵기 때문이다. 이러한 환경에서는 심의과정이 상호 수용할 수 있는 타협들을 찾는 것으로 목표를 수정할 수밖에 없다.

벨라미에 의하면 이와 같은 불가피한 상황 –월드런이 '정치의 환경'이라 부르는 상황으로, 모두가 합당한 이유를 갖고 있지만 근원적으로 불일치하는 상황– 은 현대 '다원주의' 사회의 특징이다. 애커만의 지적처럼 헌법적 위기의 상황에서는 군사적 · 경제적 위협에 대한 공통의 두려움이 사람들을 통합시킬 수 있다. 이와 같은 위기 시에는 사람들이 희생정신과 공공정신을 십분 발휘할 수도 있다. 하지만 미국 건국기의 헌법제정회의와 뉴딜과 같은 헌법정치 시기를 살펴보면, 그 안에서도 심각한 분열이 존재했으며, 좋은 의도를 가진 정당한 의견과 함께 협소한 자기이익과 악의가 깃든 의견들도 존재했다는 것을 알 수 있다. 제헌의회도 이상적인 심의민주주의의 예를 보여주기보다는, 공화국의 정치적 구성 –헌법의 구성– 자체가 '합당한 불일치'가 특징인 '정치의 환경' 속에 놓여 있었다는 것을 보여준다.

벨라미는 특히 미국의 건국 시기를 배경으로 마키아벨리, 해링턴, 몽테스키외 그리고 흄에 이르는 공화주의적 전통에 대한 재해석에 입각하여 안정된 헌정주의적 공화국을 세우려 했던 연방주의자들로부터 유익한 통찰을 얻었다. 그리고 그 통찰에 입각하여 입헌민주주의에 대한 '정치적인' 해석을 제시했다(Bellamy 1996, 449-56; Bellamy 2007). 연방주의자들이 공화주의 전통으로부터 차용한 것은 다음과 같은 세 가지 원리들이었다. 첫째, 정치란 이기적인 이해관심과 권력블록의 관점에서 분석되어야 한다. 둘째, 정치의 과제는 사적 이익들을 공익에 연관시킴으로써 공민적 미덕을 증진하는 것이다. 셋째, 정부는 인민에 대해 책임을 져야 한다. 연방주의자들은 당시의 미공화국을 배경으로 이런 공화주의적 관념들에 새로운 의미를 부여함으로써 독창적인 정치원칙(헌법)을 만들어냈다. 요컨대, 벨라미에 따르면, 미국 건국자들이 기본권을 확인 · 보호하는 핵심적인 기제들은 법적이었다기보다는 정치적인 성격의 것이었다. 다시 말해 그 기제들은 주로 정부권력의 민주적 분립 및 그와 연관된 사회적 이해관계의 절충과 관련된 것들이었다(Bellamy 1996, 254).

영국과 미국의 헌정사를 고찰한 후 벨라미는 마침내 "권리와 법의 지배 및 민주주의에 대한 진정한 보호는 민주주의 자체로부터 나온다"는 정치적 헌정주의를 결론으로 제시한다(Bellamy 2006, xliv; Bellamy 2007). 이 입장에서 보면, 헌정주의의 뿌리는 법의 지배로 상징되는 前정치적인 법적 규범들 –이른바 자연권 사상과 결합된 기본권 개념– 에 있는 것이 아니라, 다원주의적인 정치적 · 사회적 구조에 있다. 전통적인 세계와 달리 세속화되고 계몽된 다원주의적 사회에서는 인간사를 활성화시키거나 규제하는 규범들은 그 규범들에 따라 사는 사람들에 의해 정치적으로 구성되고 정당화되어야 한다. 따라서 헌법규범들과 그 규범들을 구현한 정부형태 사이에는 내적인 관계가 형성된다. 이 견해에 따르면, 입헌정부는 법제정을 공익에 일치시키도록 만들며 시민들에게 책임을 지는 정치형태이다. 따라서 입헌정부의 목적은 단순히 자의적인 권력행사를 막고 법의 지배를 실현하는 것 그 이상을 포함한다. 그것은 사회의 다양한 집단들을 대화로 이끌며, 입법과정이 상호 배려와 존중 원칙을 반영하며 공동의 복지를 증진할 수 있도록 유인하는 것이다.

이와 같은 정치적 헌정주의에 나타난 벨라미의 민주주의에 대한 이해는 대단히 급진적이다. 그것은 대화와 심의의 논리를 정부기관들과 그 내부조직들 사이 –예컨대, 상급법원과 하급법원 사이, 그리고 하급법원들 사이– 는 물론 민주주의 자체에까지 확장시키기 때문이다. 벨라미는 '정치의 환경' 논리를 민주주의의 구성적 규칙들에 대한 논쟁에까지 적용한다. 즉, 실제에 있어서는 정당한 민주적 절차가 무엇인지에 대한 합의 –예를 들어, 대의제가 참된 민주적 절차인가 참여민주주의가 참된 민주주의 절차인가, 다수투표제가 더 민주적인가 비례대표제가 더 민주적인가에 관련된 합의– 마저도 불가능에 가깝다. 따라서 입헌민주주의를 구성하는 두 가지 구성요소들 –기본권 및 사법부로 상징되는 법의 지배와, 인민주권 원리를 반영하는 민주주의– 에 대한 지속적인 심의와 재해석은 정치적 헌정주의의 역동적인 구조적 특징이 된다. 벨라미는 정부구조의 다원적 구조와, 견제와 균형의 원리를 통해 역동적으로 작동하는 민주정치가 법의 지배를 실현시켜준다고 본다.

이 장에서는 벨라미가 『현대사회와 자유주의』(Modern Society and Liberalism)를 출간한 이후 끈기 있게 발전시켜온 그의 헌정주의 이론이 집대성되어 있는 『정치적 헌정주의』(Political Constitutionalism: A Republican Defence of the Constitutionality of Democracy. 2007. 이하에서는 PC로 표기함)를 토대로 그의 정치적 헌정주의를 고찰해보고자 한다. 그의 정치적 헌정주의 이론은 주로 역사적 접근법을 사용하고 있는 크레이머의 민중헌정주의 이론에 비해 훨씬 더 사회과학적인 성격이 강하기 때문에 민주적 헌정주의의 차별성을 보다 직접적으로 드러내줄 수 있을 것으로 본다.

▌법적 헌정주의 비판

벨라미가 『정치적 헌정주의』에서 개진하는 핵심 주장은 민주주의는 규범적으로나 경험적으로 법적 헌정주의(legal constitutionalism)에 비해 우월한 정치적 헌정주의 형태를 제공한다는 것이다(PC, viii). 그의 핵심 논지를 두고 볼 때, 『정치적 헌정주의』의 과제는 크게 두 부분으로 구성되어 있음을 짐작할 수 있다. 즉, 첫째는 법적 헌정주의의 타당성을 비판하는 것이고, 둘째는 정치적 헌정주의를 설명하고 그것의 우월성을 옹호하는 것이다. 『정치적 헌정주의』의 Ⅰ부와 Ⅱ부는 정확이 이 두 과제로 나눠져 있다. Ⅰ부에서는 법적 헌정주의가 비판되고 Ⅱ부에서는 정치적 헌정주의의 우월성이 옹호된다.

벨라미의 전체 기획에서 법적 헌정주의에 대한 비판은 정치적 헌정주의의 옹호만큼이나 중요하다. 그것은 그의 책에서 Ⅰ부, Ⅱ부가 차지하고 있는 지면의 분량에 의해서 뿐만 아니라, 벨라미가 법적 헌정주의에 가하고 있는 치열한 비판을 통해서도 입증된다. 벨라미가 옹호하는 정치적 헌정주의의 우월성은 상당 부분 법적 헌정주의의 치명적인 한계에 달려있기 때문에 Ⅰ부는 그 자체로 매우 중요한 역할을 수행한다. 그렇지만 여기서는 현대 입헌민주주의의 스펙트럼에서 벨라미의 정치적 헌정주의가 차지하고 있는 위상을 설정하는 것이 주된 목표인 만큼, 법적 헌정주의에 대한 그의 비판보다는 정치적 헌정주의의 우월성에 대한 그의 설명에 더 큰 비중을 둘 것이다.

법적 헌정주의에 대한 벨라미의 비판은 그것이 오늘날의 지배적인 헌정주의 형태가 된 현실을 배경으로 전개된다. 예컨대, 법적 헌정주의의 사회학적 헤게모니는 영국 수상이었던 블레어(Tony Blair)의 변호사 부인이 행한 발언, 즉 "입헌민주주의에서 판사들은 개인의 권리를 보호하기 위해 독립적인 지위를 누리고 있다"는 발언 및 '민주주의에 대해 느끼는 불편함'(discomfort with democracy)은 '현대 법이론의 지저분한 작은 비밀들' 중 하나라고 지적한 웅거(Robert Unger)의 발언 속에 함축되어 있다(PC, 1). 이들의 발언은 최소한 50년 이상 민주주의 체제를 유지해온 영국과 다른 22개 국가들 –달이 『미국헌법은 얼마나 민주적인가?』(*How Democratic is American Constitution?*)에서 최소한 50년 이상 민주주의가 잘 작동해왔다고 평가하고 있는 국가들– 을 배경으로 삼고 있다는 점에서 사법부의 역할을 중요시 하는 법적 헌정주의의 헤게모니적 지위를 드러내준다.

벨라미는 이런 국가들이 사법부의 독립, 권리 보호, 안정된 법체계의 전통을 오랫동안 유지해왔다는 사실이 법적 헌정주의의 규범적 타당성까지도 입증해주고 있는 것으로 '오해'될 수 있음을 경계한다. 하지만 그는 현대의 민주국가에서 그와 같은 중요한 원칙들이 관철되고 있다면 그것은 법적 헌정주의 때문이 아니라 민주주의가 정상적으로 작동해왔기 때문이라고 반박한다(PC, 2). 모든 국가들이 다 성문헌법을 갖고 있거나 갖고 있었던 것은 아니며 오직 세 국가만이 강력한 사법심사 제도를 구비하고 있었다는 사실은 (사법부가 아니라) 민주주의가 법의 지배를 유지하는데 결정적인 역할을 한다는 자신의 주장을 뒷받침해 준다고 본다.

벨라미에 의하면, 법 앞의 (만인의) 평등을 의미하는 법의 지배는 민주주의를 일으킨 경제발전과 사회적 다원주의의 성장과정에서 확립되었으며, 권력에 대한 민주적 통제와 그것에 유리한 사회경제적 조건에서만 유지되었고 또 발전할 수 있었다(PC, 2). 그러므로 민주주의가 법의 지배에 위협이 될 수 있다고 보는 법적 헌정주의자들의 우려는 사실을 잘못 인식한 것이며, 최악의 경우에는 비민주적이거나 반민주적인 제도들이 (법의 지배를 가능하게 하는) 민주주의를 침식하도록 허용함으로써 법의 지배마저도 훼손하게 된다(PC, 2).

법적 헌정주의에 대한 벨라미의 비판은 무엇보다 그것이 근거하고 있는 중요한 두 가지 가정 혹은 동기를 겨냥하고 있다. 첫째는 사회의 모든 구성원들을 동등하게 배려하고 존중해야 한다는 민주적 이상을 지지하는 사회가 달성해야 할 실질적인 결과들이 무엇인지에 대한 합의가 가능하며, 그 결과들은 민주사회의 헌법에 인권으로 안치되어야 한다는 가정이다. 둘째는, 이런 결과들을 확인하는 데 정치적 절차보다는 사법적 절차가 더 신뢰할 만하다는 가정이다(PC, 3). 벨라미는 이 두 가지 가정들의 사회학적·규범적 타당성을 심층적으로 분석함으로써 법적 헌정주의를 비판하고 정치적 헌정주의를 옹호한다.

벨라미는 Ⅰ부 1장에서 먼저 헌법적 권리와 사법심사의 한계를 '정치의 환경' —월드런으로부터 차용한— 과 연관시켜 비판한다. 헌법적 권리는 (일반적인 의미의) 개인의 행복과 관련된 권리 —신체적 온전성과 인간존엄에 필요한 광범위한 권리— 들과, 법의 지배와 관련된 권리 —특히 적법절차와 법 앞에서의 평등– 들, 그리고 정치적 권리 –민주주의에 필요한 권리– 들로 구성되어 있으며, 각 권리체계는 그 정당성의 근거를 정의, 일관성(consistency), 그리고 공정성에 두고 있다(PC, 17-20). 그런데 이 중에서 첫째 권리는 다른 권리들이 함축하고 있거나 다른 권리들에 내재되어 있다고 볼 수 있기 때문에 가장 기본적인 권리들이라 할 수 있으며, 따라서 그 권리를 뒷받침하고 있는 정의도 일관성과 공정성을 포괄하는 가치로 볼 수 있다.

그런데 미리 합의된 정의의 원칙들 하에서 민주주의가 작동해야 한다고 보는 법적 헌정주의 하에서는 (입법부가 아닌) 대법원이나 헌법재판소가 사법심사를 수행함으로써 헌법적 이슈들에 대한 가장 객관적이고도 공정한 해결책을 제시할 수 있을 것으로 기대된다. 하지만, 이런 기대는 경험적으로 취약할 뿐만 아니라 무엇보다 규범적으로 허약하다는 것이 벨라미의 인식이다(PC, 20).

법적 헌정주의는 기본적으로 정의 원칙에 대한 합의가 필요하고 또 가능하다고 보며, 헌법이 그와 같은 합의된 정의의 원칙들을 증진하는 역할을 수행해야 한다고 본다. 하지만 벨라미에 의하면 그와 같은 합의는 존재하지 않기 때문에 헌법의 특성과 역할을 다른 관점에서 이해해야 한다. 즉, 헌법의 역할은 법적 헌정주의자들이 생각하듯 시민들 사이의 '정의로운' 관계 패턴을 유지하는 데 있는 것이 아니라, 정의의 내용에 관한 불일치가 존재함에도 불구하고 (강제적으로 집행되어야 할) 집단적 결정에 도달할 수 있는 공정한 절차를 제공하는 데 있다(PC, 20). 그는 월드런의 '정치의 환경' 개념과 롤스의 '판단의 부담'(burden of judgement) 개념을 원용하여 권리 개념의 불확정적인 정치적 성격을 부각시키는 한편으로, 대법원이나 헌법재판소 판사들 역시 합당한 불일치(reasonable disagreement)를 특징으로 하는 '정치의 환경' 속에서 판단하기 때문에 객관적으로 옳거나 공정한 판단에 도달하기 어렵다고 비판한다(PC, 22-6).

먼저 벨라미는 사람들이 정의의 환경(circumstances of justice) 때문에 권리가 필요하다는 점에 동의할 수 있지만, 그런 권리들의 종류와 특성 그리고 상호관계에 관하여 의견을 달리할 수 있다고 본다. 예컨대, 생명에 대한 권리는 낙태에 대한 권리를 배제하는가? 재산권은 복지를 위한 이전지출(transfer payment)을 제한하는가? 표현의 자유는 프라이버시의 자유를 존중해야 하는가? 이와 같은 권리 논쟁은 수없이 벌어지지만 많은 경우 합의를 도출하기 어렵다. 그러므로 이런 권리 논쟁들 자체가 '정치의 환경'에 속해 있는 문제로, 이런 환경 속에서 사람들은 의견의 불일치 –예컨대, 권리의 종류와 특성 그리고 상호관계– 를 해결할 수 있는 공정한 절차를 통해 권리의 충돌 문제를 해결해야 한다.

이런 관점에서 보면, 사람들은 특정한 진리와 정의에 관한 합의에 입각하여 권리를 규정 또는 해석하는 것이 아니라, 그와 반대로 헌법적 권리들의 정당성 자체가 그 권리들 및 그 권리체계의 통합성에 대한 의견불일치를 해결하기 위해 사용되는 절차의 공정성에 달려있다고 할 수 있다. 그러므로 헌법의 일차적 목적은 합의된 정의의 원칙들과 권리들을 안치함으로써 논쟁해결을 위한 토대를 제공하는 것이 아니라, 그런 논쟁해결에 필요한 공정한 절차를 구성하고 유지하는 데 있다(PC, 21).

이에 대해 권리에 관한 불일치의 원인이 자기이익과 무지 혹은 편견에서 기인하기 때문에 이런 악덕들이 제거될 경우 권리에 대한 진정한 합의가 가능할 수도 있다는 반박이 제기될 수도 있다. 하지만, 벨라미는 롤스의 '판단의 부담' 개념을 정의 원칙과 권리 –내용 및 적용– 에 대해서도 확장 적용함으로써 권리의 정치적 성격을 부각시킨다. 롤스의 '판단의 부담' 개념에 따르면, 합당한 사람들 사이에서 권리에 관한 불일치는 대체로 판단에 관련된 여섯 가지 요인들에 기인한다(PC, 21). 첫째는, 어떤 케이스와 관련된 복잡한 경험적 증거들을 확인하고 평가하는 어려움이다. 둘째는, 관련된 증거들이 무엇인지에 대해 합의가 있더라도, 각각의 증거가 갖는 비중들에 관한 의견불일치가가 존재한다. 셋째는, 우리가 사용하는 개념들의 모호성과 불확정성이 있다. 넷째는, 현대사회의 복잡성으로 인해 다를 수밖에 없는 상이한 삶의 경험이 미치는 영향이다. 다섯째, 이슈에 대한 평가를 논쟁적으로 만드는 상이한 규범적 고려사항들이 있다. 여섯째는 모든 가치들을 동시에 수용할 수 없는 사회정치체제의 한계이다. 롤스는 이런 요인들로 인해 가치에 관한 포괄적인 발상에 토대를 둔 안정된 정치체제를 수립하는 것이 거의 불가능하다고 주장한다. 하지만 롤스의 '판단의 부담' 개념은 가치에 관한 합의에 관련해서만 적용되는 것이 아니라, 롤스 스스로 구성해놓은 정의의 원칙들 및 기본권의 종류와 성격에 대해서도 적용될 수 있다. 그것은 (다원주의나 회의주의에 관련된 어떤 메타윤리적이거나 인식론적인 명제를 반영하기보다는) 인간의 이성이 지닌 실천적 한계를 반영한다(PC, 23).

이처럼 권리에 관한 많은 논란들 역시 근본적으로 '정치의 환경'에 놓여있다. 권리에 관한 논란들은 이익의 충돌에 못지않게 일상적인 정치논쟁의 근거가 되며, 정치체제의 구성(=조직화) 문제에까지 이어지기 때문에 그런 충돌을 해결할 수 있는 (모두가 정당한 것 -옳은 것이 아님- 으로 받아들일 수 있는) '공정한' 절차 –모든 개인들을 동등하게 배려하고 존중해줌으로써 상이한 시각들과 이익들을 공정하게 취급하는 절차– 를 필요로 한다. 그리하여 이 절차를 통해 하나의 정당한 견해가 수락되든지 그것이 불가능할 경우 서로가 수락할 수 있는 타협과 조정이 이뤄질 수 있어야 한다(PC, 26).

권리에 관한 논쟁 역시 가치에 관한 논쟁처럼 '정치의 환경'에 속할 수밖에 없다고 주장한 벨라미는, 이제 이런 논쟁을 해결하기 위해 법적 헌정주의가 가장 우월한 제도로 내세우는 사법심사의 문제점을 분석한다(PC, 26-48). 벨라미가 이 과제를 수행하기 위해 사용하는 전략은 사법심사를 옹호하는 법적 헌정주의자들이 민주주의에 대해 가하는 비판을 역으로 사법심사에 적용하는 것이다. 법적 헌정주의자들은 권리에 대한 분쟁이 발생했을 경우 민주적인 절차는 자기이익에 사로잡힌 다수자들이 소수자들을 배제하고 억압함으로써 정의롭지 못한 결과를 가져온다고 비판함으로써 사법심사를 대안으로 제시하는 공통적 경향이 있다. 다시 말해 그들은 민주주의의 결함 또는 한계로 인해 사법심사가 필요하게 되었으며, 사법심사가 민주주의보다 결과적으로 올바른 해결책을 제시해준다고 주장함으로써 사법심사의 우월성을 강조하는 경향이 있다. 하지만 벨라미는 법적 헌정주의가 민주적 입법부의 악덕이라고 비난하는 동일한 악덕들에 사로잡혀 있을 뿐만 아니라, 입법부가 지닌 다른 장점들을 구비하지도 못했다고 응수한다. 특히 법적 헌정주의는 법의 지배를 가능하게 하는 민주주의 자체를 불구화시킴으로써 정치적 평등을 침해하고, 그에 따라 (모순적이게도) 법의 지배마저도 훼손하는 경향이 있다고 비판한다. 여기서 법적 헌정주의를 비판하기 위해 벨라미가 사용하는 중요한 논거는 사법부의 판사들 역시 '정치의 환경' 속에서 '판단의 부담'을 지고 있다는 것이다. 벨라미는 정의 및 그 함의들에 관하여 합당한 불일치가 존재하는 상황에서 판사들이 민주적인 정의가 무엇을 요구하는 지에 대해 '올바른'

해답을 제시할 수 있다고 주장하는 것은 전혀 설득력이 없고, 오히려 민주주의와 정치적 평등을 훼손할 뿐이라고 비판한다.

먼저 벨라미는 근본적으로 정치공동체 구성원들의 현재적 타협과 합의를 반영하는 권리의 체계를 정치 바깥에 위치시킴으로써 그것을 정치적 논쟁을 해결하기 위한 초월적 근거로 삼는 법적 헌정주의는 권리의 정치적·합의적(또는 타협적)·한시적 성격에 대한 무지를 반영하고 있다고 비판한다(PC, 32-3). 그뿐 아니라 그것은 개인의 권리 보호와 함께 권리의 집단적 측면, 즉 공동체의 일반적 복지 증진 –보다 많은 사람들의 권리를 보호하고자 하는 권리공리주의 및 복지공리주의를 포함하여– 에도 기여하는 권리의 복합적 성격을 무시함으로써 권리와 관련된 복잡한 도덕적 고려들을 지나치게 단순화 또는 왜곡시켜버린다(PC, 33-5). 권리의 복잡한 정치적·도덕적 성격을 두고 볼 때, 많은 불확정적인 측면을 포함하고 있는 권리는 사법부가 아니라 민주적 입법부에 의해 더 적절히 고찰되고 평가될 수 있다.

벨라미는 이어 민주정치 과정을 사로잡고 있는 집단이익과 편견들이 유권자들과 그 대의원들에게 영향을 미치듯이 사법부 판사들에게도 유사한 영향을 미친다고 주장하며, 궁극적으로 법원이 다양한 이해관계로부터 초연한 원칙의 공간이 될 수 있다는 주장을 반박한다(PC, 35-7). 법원의 완강한 반대에도 불구하고 입법부의 대의원들이 여성의 선거권을 허용하는 법을 제정했으며, 낙태와 사형제처럼 도덕적 원칙과 관련된 문제들에 대해 (대의원들이 소속정당과 상관없이) 자유롭게 표결함으로써 중요한 변화를 이끌었다는 사실들은, 사법부가 다양한 이익들이나 사회적 편견들로부터 자유로운 원칙의 포럼이 아니라 일부 특권층의 기득권과 사악한 편견들을 보호함으로써 바람직한 사회개혁을 늦추거나 봉쇄하는 역할도 할 수 있다는 것을 보여준다.[26]

마지막으로 사법심사는 다수결민주주의가 소수자들에게 가할 수 있는 횡포를 막을 수 있는 가장 중요한 제도라고 주장하는 법적 헌정주의자들에 대

---

26) 또한 원칙의 문제를 법의 문제로 전환시켜 그것을 논쟁해결을 위한 불변적인 (혹은 수정하기 어려운) 토대로 삼는 법적 헌정주의는 원칙과 법에 대해 공히 부정적인 결과를 초래하기 쉽다. 오랜 논의와 심의를 통해 그 일시적인 의미가 확립될 수 있는 도덕적 원칙을 법으로 전환시키면 법의 불확실성이 제고되고 그에 따라 판사들이 자신의 주관적 도덕 판단에 따라 법을 자유재량적으로 해석·적용할 수 있는 가능성이 커지기 때문이다.

하여, 벨라미는 입법부에서의 결정이 이미 권리들에 관한 상이한 주장들을 고려하고 있으며, 법원에서의 재판 역시 궁극적으로는 다수결주의에 의존하고 있다는 사실을 들며 그 우월성을 반박한다(PC, 39-41). 그리고 법적 헌정주의자들처럼 법원의 反다수결주의적 역할을 강조하는 것은, 대개의 경우 법원이 소수자들에 대항하여 다수자들의 견해를 뒷받침해왔다는 당연한 사실 및 (아이러니하게도) 사법심사의 존립근거가 민주주의 자체에 있다는 결정적인 사실을 간과하는 문제점이 있다(PC, 41-8) 사법심사 제도는 사회의 다두정적이고 다원적인 특성으로 인해 다수의 폭정이 발생할 가능성이 아주 낮은 민주주의 사회에서만 수용되고 있기 때문이다. 그것은 소수에 대항하여 다수를 지지할 때나 어떤 일관된 다수가 존재하지 않는 곳에서 가장 효과적으로 작용하는 것이다(PC, 51).

다음으로 벨라미는 법의 지배라는 경합적인 개념을 (특정한 소송에서 법이 지닌 의미를 결정하고 입법부가 제정한 법규의 위헌성 여부를 검토하는) 사법부의 권위와 동일시하는 법적 헌정주의자들의 해석을 비판한다(PC, 52-89). 벨라미에 의하면, 도덕적으로 옳거나 정의로운 법을 보장해줄 수 있는 표준적인 법적 형식은 없으며 법 자체가 지배할 수도 없다. 법의 지배는 항상 인간의 지배에 의존한다. 다시 말해, 법 역시 '정치의 환경'에 놓여 있기 때문에 정치적 과정을 통해 작동할 수밖에 없다. 법 자체나 사법부의 판사들이 아니라, 오히려 입법부 내부의 다양한 세력들 및 입법부에 들어가기 위해 경쟁하는 집단들 사이의 권력균형이 바로 법의 지배를 가능하게 만든다.

판사들 역시 다른 사람들처럼 편견과 선입견을 갖고 있다. 따라서 그들이 다른 사람들보다 더 현명하고 공정하게 자유재량권을 사용할 수 있을 것이라 생각해서는 안 되며, 그들의 판결과 의견은 법공동체 –판사들과 변호사들 그리고 법학교수들 등– 의 다른 사람들이 이해 또는 수락할 수 있는 방식으로 개진될 필요가 있다. 다시 말해, 그들의 법해석과 판결은 법공동체 내부의 민주적 다수의 동의를 얻을 수 있는 방식으로 이루어져야 한다. 그런 의미에서 법의 지배가 작동하는 방식은 민주주의가 작동하는 방식과 같다.

또한 판결에 있어 선례구속성의 원칙(*stare decisis*)과 케이스 유추방법은 법공동체에 과거의 법조인들까지 포함시킴으로써 법공동체 내의 민주적 절차를 확대 · 심화시킨다. 그리하여 이런 조건에서 취해지는 법적 판결은 (그 과정에서 가능한 한 많은 법조인들의 의견을 고려했기 때문에) 보다 근본적인 이슈들에 불일치하는 사람들마저도 그것에 동의할 수 있는 가능성을 높인다. 요컨대, 정치와 법에서 공히, 공공이익과 법 앞에서의 평등에 대한 관심은 다양한 이익들과 견해들 사이의 균형을 통해 발생하지 어떤 초정치적인 보편적 관점을 통해 발생하지 않는다.[27] 다시 말해, 법의 지배는 모든 시민들이 그 안에서 동등한 정치적 지위를 향유하는 자치적 체제 –법공동체 내부의 민주적 절차를 포함하는– 를 통해서만 실현되는 것이지, 그 과정과 독립되어 있다고 여겨지는 사법부에 의해 실현되지 않는다.

마지막으로 벨라미는 헌정주의와 민주주의의 대립관계를 해소하기 위해 현대의 대표적인 법철학자들과 정치철학자들이 제시한 해법들 –헌정주의와 민주주의를 조화시키기 위한 전략들– 을 비판적으로 검토함으로써 자신의 해법 –정치적 헌정주의– 을 제시할 준비를 마무리한다(PC, 90-141). 첫째는 민주주의를 헌정주의에 동화시키는 입장으로, 헌법은 민주적 시민권 행사에 필수적인 권리와 자유의 틀을 보호해준다고 주장한다(드워킨과 롤스). 둘째는, 이보다 더 온건한 입장으로, 단순히 특정한 권리와 규칙들은 민주적 절차에 내재하고 있거나 민주적인 절차들에 필요하다고 간주한다(일라이). 셋째는, 이 두 가지 주장을 종합한 것으로 민주적 절차에는 헌법적 내용이 함축되어 있다고 강조한다(Burt-Ginsburg 및 하버마스의 견해). 넷째는 헌법을 민주적 과정의 산물로 간주한다(애커만, 터쉬넷 그리고 크레이머). 벨라미는 이 네 가지 입장들의 결함을 조명하는 한편, 헌법적 권리와 법의 지배 그리고 심지어 민주주의에 대한 진정한 보호는 오직 민주정치 과정을 통해서만 가능하다고 주장한다.

벨라미에 의하면, 이 입장들 –그가 상대적으로 선호하는 민중헌정주의와 헌법정치는 예외이다– 은 대체로 정치권력을 제약하는 데 초점을 맞추고 있어서 민주정치가 수행하는 헌법적 역할을 백안시해버리는 문제점을 갖고 있다. 이 입장들은 민주적 가치나 절차를 안치·보호하는 헌법 및 민주정치 과정에서 독립되어 있는 제3의 기관 –사법심사를 수행하는 대법원 혹은 헌법재판소– 이 민주주의를 보호해준다고 주장한다. 하지만 그들은 본질적으로 경합적인 개념인 민주주의를 논란이 많은 도덕적 원칙에 입각하여 정의하거나,

27) 물론 이 균형이 무엇이며 어떻게 가능한가에 대해서는 정치적 헌정주의에서 설명된다.

민주적 절차를 통해 해결해야 할 문제들을 (다른 사람들과 마찬가지로 '정치의 환경' 속에서 똑같은 '판단의 부담'을 지고 있는) 사법부의 판사들을 통해 해결하려고 한다. 그 결과 민주주의와 정치적 평등을 훼손할 뿐만 아니라 법의 지배와 거리가 먼 자의적인 지배를 초래하는 경향이 있다(PC, 141).

▌정치적 헌정주의의 규범: 非지배와 정치적 평등

『정치적 헌정주의』 I 부에서 법적 헌정주의를 심층적으로 분석·비판한 벨라미는 이제 Ⅱ부에서 이런 비판들을 종합하여 정치적 헌정주의를 옹호한다. Ⅱ부의 목표는 민주주의에 대한 법적 헌정주의자들의 의구심이 잘못된 것이며, 민주적인 의사결정은 헌법 가치들을 위협하기보다는 오히려 증진한다는 것을 보여주는 것이다(PC, 145).

주지하듯이 법적 헌정주의자들은 사법부의 관할 하에 있는 헌법이 모종의 실질적 결과 –특히, 개인의 권리와 적법성 그리고 민주주의에 관한 특수한 발상(예컨대 드워킨의 발상)– 를 산출할 수 있는 능력에 초점을 맞추는 경향이 있다. 하지만 정치적 헌정주의는 특정한 결과에 못지않게 투입 측면에도 주목한다. 다시 말해, 그것은 입법과 행정 행위를 통해 권리를 규정하고 증진하며 제한하는 '절차의 정당성'에도 큰 관심을 둔다. 이런 시각에서 보면, 헌법적 가치들에 관한 불일치 및 그 불일치들을 해결하는 데 필요한 정치적 메커니즘의 필요성을 인식하지 못하는 것은 권리와 법의 지배에 부정적인 영향을 미치며 자의적인 지배의 원천이 될 수 있다(PC, 145).

벨라미는 일단 민주정치 과정으로부터 권리를 분리시켜 놓으려는 법적 헌정주의자들의 전략은 그들의 기대와 달리 자의적인 지배를 산출할 뿐이라는 점과, (자의적인) 지배를 극복하고 정치적 평등을 보장하는 것이 정치적 헌정주의의 주된 동기임을 부각시킴으로써 정치적 헌정주의의 규범적 토대를 제시한다. 벨라미는 다음과 같은 세 가지 과제를 통해 이 목표를 추구한다(PC, 146). 첫째는, 법적 헌정주의 방식으로 헌법을 脫정치화시키는 것이 어떻게 지배를 야기하는가를 보여주는 것이다. 둘째는, 지배가 어떻게 헌정주의의 근본 가치들 –즉, 개인의 자율성과 인간을 동등한 배려와 존중을 가지고 대우하는 것– 을 훼손하는지를 보여주는 것이다. 그리고 셋째는, 지배는 오직 시민들을 동등한 지위를 지닌 자율적인 판단자(reasoner) –주장을 제시할 수 있고, 사리에 맞는 정보를 제공할 수 있는 이성적 존재– 로 인정하는 자치적인 정치체제를 통해서만 피할 수 있다는 것을 보여주는 것이다.

먼저 헌법을 탈정치화시키는 법적 헌정주의의 전략을 살펴보자. 법적 헌정주의는 특정한 헌법원칙들을 정치체제를 위한 제약이나 목적 혹은 전제조건으로 간주하여 정치의 바깥에 두려고 시도한다(PC, 147). 이와 같은 탈정치화 전략은 보통 두 가지 형태를 취한다. 하나는 특정한 가치들과 생활 영역들을 초정치적인 영역으로 지정함으로써 정치영역과 경계를 설정하는 것이고, 다른 하나는 특수한 이슈들을 논의하고 해결하기 위해 無정치적인 정치형태를 적용하는 것이다.

첫째 전략은 로크의 자연권이론이나 칸트의 선험적 권리이론과 같이 정치를 전정치적인 권리들을 보호하는 기제로 간주하는 것이다. 그 결과 정치는 (개인들이 정치사회를 구성하기 이전부터 소유하고 있다고 여겨지는) 전정치적 권리들을 침해해서는 안 되며, 최대한 그런 권리들을 보호하고 증진할 의무를 진다. 하지만 이 전략은 정치의 간섭을 받지 말아야 할 영역의 범위와 관련된 모호성 때문에 근본적인 문제점이 있다. 특히 이 모호성은 그런 권리들을 확인할 수 있는 방법과 관련하여 더 치명적인 약점이 있다. 권리를 탈정치화시키기 위해서는, 많은 사람들에게 호소력을 갖고 있을 뿐만 아니라 상이한 유형의 제도들에 적용될 수 있는 일반성과 추상성을 지녀야 하며 특수한 상황에 적용할 수 있도록 충분한 구체성도 갖춰야 한다. 하지만 자연권이나 선험적 권리들은 이와 같은 조건을 충분히 충족시키지 못하며, 칸트적인 선험적 권리 –정언명령– 는 그 내용이 불확정적이어서 재분배복지국가와 최소국가를 지지할 수도 있다.

무정치적인 정치형태에 호소하는 두 번째 탈정치화 전략은 부분적으로 이 딜레마를 해결하기 위해 개발되었다(PC, 150). 이런 무정치적인 정치의 표준적 형태는 편파성과 자기이익을 사상시켜버린 특수한 공적이성과 심의 양식에 호소함으로써 공익을 발견하거나 도출하고자 한다. 이 틀에서는 개인들이 타인을 평등한 존재로 간주하면서 자신의 의견을 주장할 경우, 그들의 공존을 공정하게 규제할 수 있는 합당한 규칙들과 정책들에 도달할 수 있다고 본다. 그러므로 이 전략은 공공정책에 대한 정치적 심의과정을 더 공정하게 만들고 다양한 관심들을 존중·반영함으로써 공동선에 이르는 것 –정화된 형태의 심의민주주의– 에 초점을 맞춘다.

이것은 벨라미의 정치적 헌정주의도 공유하는 이상이다. 하지만 이 전략의 문제점은 그런 목적 달성이 모두에게 만족스런 방식으로 성취될 수 있다고 가정하는 데 있다(PC, 150). 이 가정은 몇몇 심의민주주의 옹호자들이 (특히 헌법적 이슈들과 같은 원칙의 문제들이 걸려있을 때) 기대되는 합의에 이르지 못한 실패의 이유를 당사자들의 악의적인 의도나 무지, 어리석음 탓으로 돌림으로써, 정치를 특수한 몇몇 非정치적인 포럼 –법원이나 다른 부류의 전문기관들– 에 제한시키게 만든다. 그런 전문기관들은 대중적 압력이나 편견에서 자유롭기 때문에 심의의 당사자들이 공동선에 대해 더 객관적으로 숙고할 것으로 기대하기 때문이다.

하지만 이 전략은 두 가지 문제점이 있다(PC, 150-1). 첫째는 이론적인 것으로 순환론의 문제이다. 특정한 절차가 합당한 합의로 인도해준다는 것을 확인할 수 있기 위해서는, 미리 그 합의의 내용을 알고 그 합의에 도달할 수 있는 절차를 고안해야 하는데 이는 순환론의 문제를 안고 있다. 이 순환론에서 벗어나기 위해 절차적 제약들을 완화시키는 방법은 정반대의 위험, 즉 절차들이 너무 불확정적이어 기대한 합의를 산출할 수 없는 위험을 초래하게 된다. 그러므로 둘째 전략도 전정치적 권리들을 확인하는 데 수반되는 비슷한 문제점을 안고 있다. 절차의 적절성은 그것이 산출해낼 것으로 기대되는 동시에, 그 절차의 설계를 안내할 수 있는 합의에 달려있다. 하지만 이 합의 자체가 '판단의 부담'에 따르기 때문에 논란의 대상이 될 가능성이 크다. 어떤 절차적 세트들이 창안자들이 원하는 결과를 산출할 수 있을 것인가에 대한 의구심이 존재하는 것처럼 말이다. 이런 이론적 문제들은 더 많은 실천적 문제점들을 야기한다.

그러므로 권리나 헌법규범에 관한 어떤 견해들이 틀림없이 공공의 이익이 된다고 믿을 만한 타당한 이유가 없다면 그런 문제들을 (보편타당한 규범으로 간주하여) 정치적 영역에서 제외시키는 것은 자의성의 위험을 초래하고 지배와 억압의 원인이 될 수 있다. 대부분의 법적 헌정주의자들은 배려와 존중의 평등을 증진하는 데 큰 관심을 둔다. 하지만 그들은 모든 사람들이 평등한 조건에서 정치·사회생활의 기본조건을 결정하는 데 참여하는 것이 중요하다는 점을 너무나 쉽게 무시해버린다(PC, 152). 정치적 헌정주의자들은 평등의 이와 같은 측면, 즉 결과 또는 '산출'(output)과 더불어 절차 또는 '투입'(input)까지도 중요시한다. 절차 또는 '투입'의 차원도 동등하게 중요시 여길 때만이 지배와 억압을 근원적으로 제거할 수 있는 기회가 열린다고 보기 때문이다.

탈정치화 전략은 법적 헌정주의자들의 기대와 달리 자의적인 지배를 산출할 수 있다고 비판한 벨라미는 이제 공화주의적 전통을 비판적으로 고찰함으로써 정치적 헌정주의의 규범적 토대를 제시한다. 그는 스키너(Quentin Skinner)와 펫팃(Philip Pettit)이 新로마공화주의적 자유 개념으로 제시한 비지배 이상으로부터 정치적 절차가 핵심적인 역할을 수행하는 정치적 헌정주의로 나아가는 길을 개척한다.

자유를 비지배로 규정하는 (신로마)공화주의는 헌정주의나 자유주의를 송두리째 거부하지는 않는다. 정부권력을 제한할 필요성 및 평등과 자율성의 구성적 역할을 인정하기 때문이다. 하지만 공화주의에서 이런 관념들은 민주적 자치에 우선성을 부여하는 관점에서 새롭게 자리매김 된다. 그리하여 공화주의는 민주적 자유주의 형태로 가장 잘 특징화될 수도 있다(PC, 157). 이 점이 중요한 이유는 법적 헌정주의에 대한 공화주의적 비판이 때로 반자유주의적인 것으로 오해되고, 민주주의를 헌정주의와 대립시킨다고 여겨지며, 사법심사를 반대하는 것으로 비난되기 때문이다. 하지만 이런 비난들은 모두가 그릇된 것이다. 벨라미의 정치적 헌정주의는 권리, 평등, 그리고 법의 지배를 필수적인 요소로 받아들인다. 다만 이런 요소들을 (법적 헌정주의에서처럼) 자의적인 지배를 일으키지 않는 방식으로 정치적 헌정주의에 통합시킨다.

벨리미는 자유주의적 제한정부(혹은 입헌정부)의 규범적 토대인 소극적 자유 혹은 불간섭으로서의 자유는 법적 헌정주의자들의 기대와 달리 자의적인 지배를 초래할 수 있다고 보기 때문에 자의적인 지배를 거부하는 공화주의의 적절한 토대로 삼을 수 없다고 비판한다(PC, 156-9). 무엇보다 불간섭으로서의 자유 관념은 그 자체로 모순적이다. 그것은 앞에서 비판한 '자연적인' 전정치적 자유의 영역, 곧 정부가 간섭하지 말아야 할 영역을 전제하고 있는데, 이런 영역의 설정 자체가 정치적 과정을 통해 결정되고 수정되기 때문이다. 더구나 정부는 공공재를 제공하기 위해, 그리고 가치 있는 사회적 선택지들과 관계들을 제공하거나 보호하기 위해 개인의 자유에 개입할 필요성이 있다(PC,

158). 많은 사회적 활동들이 그것에 법적·제도적 형식을 부여해준 통치행위가 없었다면 존재하지 않았을 것이다. 또한 불간섭으로서의 자유 관념은 정부행위가 자유를 증진시키는 측면을 간과하는 문제점이 있다. 19세기 말과 20세기 초의 새로운 자유주의(New Liberalism)가 국가행위를 적극적 자유의 틀 내에서 수용하려고 했지만, 그것의 완전주의가 전제하고 있는 윤리적 자연주의는 기본권 이론보다 더 큰 논란의 원인이 될 수 있다.

그리고 무엇보다 불간섭으로서의 자유는 정치적 헌정주의를 모순적인 것으로 만들어버린다. 왜냐하면 진정한 자유의 조건은 자연상태에서의 무제약적 자유일 터이기 때문이다. 자연상태의 무제약적인 자유의 관점에서 보면, 법적 제약은 개인들의 상호 간섭을 최소로 유지하는 차선책을 제공할 뿐이다. 국가는 모든 사람들이 그 법을 준수하도록 강제하기 위해 필요하지만, 국가 자체가 잠재적인 간섭자이기 때문에 마찬가지로 제한될 필요가 있다. 하지만 이와 같은 자유주의적 설명에는 치명적인 오류가 있다. 사회에서 다양한 방식으로 이루어지는 자유로운 교환은 법의 산물이며 따라서 그 법을 제정하고 지탱하는 정치체제의 산물이기 때문이다(PC, 158). 이런 필수적인 법적·정치적 개입들이 전반적으로 자유에 대한 개입을 감소시켰는지 증가시켰는지 입증하기는 어렵다. 적극적 자유는 이에 대해 잠재적인 해결책을 제공하지만 그것은 역으로 (불간섭으로서의 자유를 옹호하는 사람들이 두려워하는) 정치적인 사회공학에 수반된 위험을 발생시킨다.

하지만 불간섭으로서의 자유와 대조적으로 비지배로서의 자유에는 어떤 모순도 잠재하지 않는다(PC, 159). 비지배는 특정한 부류의 정치적·법적 제도들의 산물이기 때문이다. 공화주의에서 지배와 비지배는 공히 사회적 조건의 산물로 이해된다. 지배는 우월한 권력을 소유하고 있는 개인이나 집단으로부터만 나오지 않고, 공식적이거나 비공식적인 사회적·법적·정치적 위계질서로부터도 발생한다. 어떤 경우든 지배는 실질적인 개입을 통해서가 아니라, 지배자들에 대한 피지배자들의 복종과 수용에서 나온다. 공화주의적 자유인 비지배는 정치적·법적 평등으로부터 나온다(PC, 160).

이와 같은 인식에 따르면, 정부의 (개입)행위는 이런 평등의 조건을 갖춘 체제에 기반을 두고 있는 한 지배하는(dominating) 행위로 볼 수 없다. 불간섭으로서의 자유와 달리 비지배로서의 자유는 법적 개입이 자유를 산출할 수 있다는 것을 인정한다. 벨라미는 비지배로서의 자유에 내재하는 정치적 평등주의는 배려와 존중의 평등을 확립하려고 하는 법적 헌정주의에 의해서는 포착될 수 없고, 궁극적으로 헌법적 필수원칙들에 대해서마저도 민주적인 의사결정을 요구한다고 본다. 다시 말해, 정치권력을 제약하기 위한 가장 적합한 메커니즘을 제공하는 것은 법적인 틀이 아니라 민주적인 정부형태라는 것이다(PC, 161).

평등과 관련해서도 공화주의는 자유주의와 다른 발상을 갖고 있다. 불간섭으로서의 자유는 (헌법 규범이나 제도들이 제공하는 것과 같은) 형식적 평등만을 요구하기 때문에 많은 실질적인 불평등을 허용함으로써 지배를 초래할 수 있다. 반대로 새로운 자유주의자들이 제시한 적극적 자유 개념은 만인에게 동등한 적극적 자유를 보장해주기 위해 개인들의 행위에 지속적으로 간섭할 것을 요구함으로써 국가의 자의적인 지배를 초래할 수 있다.

이에 반해 공화주의적 평등은 무엇보다 시민들이 향유하는 정치적 자원의 평등을 의미한다(PC, 161-2). 펫팃은 “재정적 영향력, 사회적 연계망, 공동체적 지위(communal standing), 정보접근성, 이데올로기적 입장, 문화적 정당성 등을 [지배]의 잠재적 후보들”로 열거한다(PC, 161). 이런 요소들의 불평등도 지배의 요인들이 될 수 있다. 하지만 펫팃이 설명하듯, 이런 자원들의 지배 효과를 극복하기 위해서 반드시 물질적인 평등이 필요하지는 않다(PC, 162). 부자들은 자신의 부를 사용하여 자유를 행사할 수 있는 영역을 넓힐 수 있지만 그런 행위들이 반드시 타인에 대한 지배를 수반하지는 않기 때문이다.

그런데 평등한 배려와 존중에 대한 자유주의적 요구는 지배를 피하기 위해 정치적 평등을 주장하는 공화주의적 입장과 명백한 유사성이 있다(PC, 162-3). 비재배로서의 자유에 관심을 갖는 공화주의자들은 헌법 규범들을 정치인들과 다른 사람들이 타인을 지배하지 못하도록 보장하는 제약들로, 다시 말해 평등한 시민들로 대우하도록 보장하는 제약들로 간주할 수 있다. 그래서 많은 공화주의자들이 법적 헌정주의를 자의적인 지배를 방지하고 비지배를 증진시킬 수 있는 장치로 수용해왔다. 하지만 공화주의자들은 평등한 배려와 존중에 대한 자유주의자들의 요구는, 앞에서 비판한 탈정치화 전략과 결합되어 있기 때문에, 공화주의적인 자치의 이상과 결합되는 한에서만 지배를 막을 수 있다고 주장한다(PC, 163-74). 다시 말해, 공화주의자들은 시민들 사이의 평등한 지위 혹은 권리는 오직 모든 시민들이 평등한 자격으로 정치적 의사결정 과정에 참여할 수 있도록 보장해주는 (막연하지 않고 구체적으로 보장되어 있는) 민주적 절차를 통해서만 실현될 수 있다고 주장한다. 그렇다면, 모든 시민들을 동등하게 배려하고 존중할 수 있는 정치적 절차들은 어떤 형태로 구성되어야 하는가? 이에 대한 설득력 있는 답변을 제공하는 것이 벨라미의 다음 과제이다.

▌공적이성과 세력균형

앞에서 살펴보았듯, 비지배로서의 자유는 민주적 자치체제 수립을 위한 규범적 토대를 제공한다. 그러므로 이제는 이 민주적 자치체제가 어떻게 작동하고 조직화되어야 하는지에 대한 설명이 필요하다. 이와 관련하여, 정치적 심의 과정에서 '다른 쪽을 들을' 의무를 강조하는 공화주의는 민주적 자치체제 구상에 필요한 특수한 공적이성 관념과 세력균형 원리의 토대를 제공한다. 이 경우 공적이성은 공민적 태도와 정치적 의사결정에 필요한 심의형태를 특징짓고, 세력균형 원리는 의사결정 권력을 분할시킴으로써 공민적 덕성을 촉진하고 정치적 절차에의 접근을 촉진시킨다. 그리하여 공적이성과 세력균형은 정치적 헌정주의가 지향하는 민주적 자치체제를 지원하는 동시에 자의적인 통치의 가능성을 봉쇄한다.

벨라미는 먼저 롤스에 의해 촉발된 공적이성에 대한 그 동안의 논쟁들을 비판적으로 개관함으로써 정치적 헌정주의 기획에 적합한 공적이성 관념을 모색한다(PC, 184-91). 벨라미에 의하면, 기존의 공적이성에 대한 논의들은 대체로 애당초 공적이성을 필요로 하는 상황을 고려하지 못함으로써 잘못된 공적이성 관념에 도달하게 되었다. 다시 말해 기존의 논의들은 공적이성이 요구되는 사회·정치적 환경, 즉 의견과 이익의 불일치가 존재하고 권력이 작용하는 실제적인 상황을 진지하게 고려하지 않는다. 그리하여 이들이 수용하고 있는 공적이성은 일상적인 민주정치 과정의 특징인 권력투쟁, 이익의 충돌 그리고 이데올로기적 분열이 미리 제거되거나 극복된 이상적 상황 –롤스의 원초적 상황이나 하버마스의 이상적 담론상황– 에서 발휘된다. 그 결과 대법원이나 헌법재판소, 헌법정치 시기의 정치적으로 활성화된 시민, 그리고 시민

배심제와 같은 특수한 심의기관들이 공적이성의 이상적 모델로 간주된다. 이와 같은 공적이성에 대한 설명은 특히 법적 헌정주의가 지향하는 권리중심적 사법심사 제도를 옹호하는 데 적합하지만, 헌법적 문제들에 대한 민주적 심의의 중요성을 강조하는 자유공화주의자들에 의해서도 채택된다(PC, 177).[28] 하지만 헌법적 이슈들을 둘러싼 합당한 불일치의 발생 가능성은 옳은 답을 산출할 수 있는 공적이성의 능력을 심각하게 제약하기 때문에, 합당한 불일치가 존재하는 '정치의 환경' 속에서 이상과 같은 방식으로 합의를 도출하려는 시도들은 그런 불일치를 해결하기보다는 공고화시킬 가능성이 있다.

벨라미에 의하면, 진정으로 공적인 방식으로 이성을 사용해야 할 필요성은 정치적 불일치가 존재하는 환경 때문에 발생한다. 이 경우 공적이성은 결정에 정당성을 부여하는(legitimating decisions) 공정한 절차로서, 그 절차를 통해 모든 이해당사자들의 목소리가 동등하게 반영되고 저울질 될 수 있다(PC, 178). 공적이성에 대한 이와 같은 절차적 설명은 만인을 평등한 시민으로 대우하고 그들이 서로를 평등한 존재로 인정하도록 의무 지움으로써 권리와 법의 지배를 구현하는데 기여한다. 그리고 이런 기획을 철저히 추진하기 위해서는 권력투쟁의 이슈도 함께 다뤄야 하는데, 공화주의에서 차용한 세력균형 원리는 정치적 헌정주의가 탈정치회의 전략을 사용하지 않으면서도 지배문제를 발생시키지 않는 방식으로 권력문제를 다룰 수 있는 중요한 수단을 제공한다.

벨라미는 "다른 쪽을 들어라"는 공화주의 명제에는 자율적인 판단자로서의 시민들을 동등하게 배려하고 존중해야 한다는 규범적 요청이 깔려있다고 해석하고, 그것을 정치적 헌정주의를 지탱하는 공적이성의 조건으로 구체화시킨다(PC, 179, 191). 이에 따르면 공적이성은 일곱 가지 의미에서 공적이어야 한다. 공적이성은 개방적이고 투명해야 하며, 공공정신을 가지고 행사되어야 하고, (공적인 참여 활동에 반드시 필요하고 참여자들이 모두 동의할 수 있는) 일군의 공적 규칙과 이유 그리고 관행들을 활용해야 한다. 그리고 사적인 가치보다는 공적인 가치를 위해 사용해야 하며, 공중(the public)을 구성하는 모든 구성원들이 이해할 수 있고, 또 그들에 의해 사용될 수 있어야 하며, 그들 모두가

28) 예컨대, Sunstein(1993)과 Ackerman(1991)을 보라.

상호적으로 수락할 수 있는 결정을 목표로 삼아야 한다.

개방성과 투명성이 필요한 것은 정의가 자의적으로 부과되기보다는 공정한 수단에 의해 행해져야 하기 때문이며, 공공정신은 사람들이 단순히 자신의 편견이나 이익을 내세우지 않고 다른 사람들이 반응할 수 있는 이유들을 제시하려는 의도는 물론 본인도 다른 사람들이 제시한 것을 듣고 또 그에 반응하려고 하는 의도를 보장한다. 또 이유를 제시해야 하거나 공적인 규칙에 따르는 것은 통치가 자의적인 지배로 타락하는 것을 방지한다. 마찬가지로, 공적인 가치에 초점을 두는 것은 파벌주의의 위험을 막아주고 평등이란 민주적 가치를 증진시킬 수 있다. 마지막으로 판단은 공중이 이해할 수 있고 또 공중 스스로에 의해 수행되어야 하는데, 그럴 때에만 공적이성은 사람들의 도덕적·정치적 행복에 기여할 수 있다. 이와 같은 공적이성의 조건은 공적인 의사결정의 영향을 받는 모든 사람들이 그 과정에 참여할 것을 요구할 뿐만 아니라, 민주적 의사결정 절차의 성격까지 조건 지음으로써 세력균형 원리와 함께 자의적인 지배의 가능성이 최소화된 민주적 자치체제를 구성할 수 있도록 해준다.

벨라미에 의하면, 이와 같은 공적이성 관념과 권리 및 법의 지배 사이에는 내재적인 연관성이 있다(PC, 193). 권리와의 연계성은 직접적이고 중요하다. 이성을 공적으로 사용하는 가운데 평등하고 자율적 존재들인 시민들은 서로를 (삶을 어떻게 영위할 것인지에 대해) 스스로 판단할 수 있고 또 판단할 권리가 있는 존재로서 인정하는 가운데 공적인 결정을 하기 때문이다. 시민들 상호간의 인정은 공적 판단 과정은 물론 그것의 결과까지도 조건 짓는다. 민주주의는 때로 공리주의적인 방식으로 선호를 취합하기 때문에 개인의 권리를 침해할 가능성이 높다고 비판되곤 한다. 하지만 벨라미는 이런 묘사가 잘못된 것이라 본다. 왜냐하면, 다음 절에서 살펴보겠지만, 사회의 다양한 집단들 사이에 존재하는 세력균형은 동일한 다수자들이 고정적으로 존재하는 것이 아니라 다수자가 항상 유동적이며 새롭게 구성된다는 것을 의미하는바, 이와 같은 사회의 역동적 세력균형은 고정된 소수자들의 권리침해 가능성을 현저히 낮추기 때문이다. 소수자들의 역동적인 상호작용을 통해 다수가 구성되는 과정은 다양한 집단들 사이의 상호타협을 포함하며, 그 과정에서 상이한 개인과 집단들이 주장하는 다양한 권리들이 상호 조정될 수 있는 것이다. 이처럼 집단적 결정은 다양한 입장이나 이익을 조악하게 취합하는 과정이라기보다는, 광범위한 권리 주장들을 저울질하고 조화시키는 복잡한 조정과정으로 이해할 수 있다(PC, 193).

나아가서 일곱 가지 조건을 충족시킨 공적이성은 '법의 지배'를 강화시킬 수 있다(PC, 194-5). 주지하듯이 법의 지배의 핵심은 모든 이들을 법 앞에서 평등한 시민으로 대우해줌으로써 자의적인 지배를 피하는 것에 있다. 법에 의한 지배(rule by law)는 이와 같은 의미의 법의 지배를 보장해줄 수 없다. 그 이유는 다음과 같다. 전제적인 통치자도 하나의 체제 –비록 권위주의적인 체제이지만– 를 창출·유지하기 위해서는 자신의 지배를 예측 가능한 것으로 만들 필요가 있고 따라서 법에 의한 지배를 구축하는데 관심을 가질 수 있다. 부유하고 영향력 있는 집단들 역시 그들을 위협하는 강력한 (덜 부유한) 집단들에 대해서 그들의 특권을 보장받기 위해 통치자들의 도움이 필요하다. 이런 상황에서 대부분의 통치자들 역시 부유한 자들의 협력과 지지가 필요할 뿐만 아니라 필요한 경우 초법적인 수단을 동원해 그들이 원하는 것을 얻을 수 있는 유리한 상황에 있기 때문에, 부유하고 잘 조직화된 사람들이 가장 우선적으로 법의 보호를 받을 수 있게 된다.[29] 이런 경우 합법성은 관련 당사자들의 상황을 안정화시켜주는 한편 통치자의 권력과 권위를 위협할 수 있는 잠재적인 경쟁자들을 체제 속에 병합시키는 역할을 한다. 하지만 반대로 이런 상황에서 합법성은 가난한 사람들과 불리한 위치에 있는 사람들에게 불리하게 작용하도록 왜곡된다. 그러므로 법이 모든 시민들을 평등하게 대우하려면 "다른 쪽을 듣는" 공정한 절차 같은 것이 필요한데, 脫형이상학적이고 세속적인 시대를 배경으로 법의 지배 –법 앞에서의 평등– 를 실현하기 위해서는 무엇보다 민주적인 정치적 절차가 필요하다.

세력균형 원리는 정치적 헌정주의를 뒷받침하는 또 다른 기둥으로 벨라미의 이론에서 가장 흥미 있는 부분이다. 공적이성에 대한 그의 논의는 "다른 쪽을 들어라"는 당위적 요청이나 평등한 배려와 존중이라는 근본 규범을 반영하고 있다. 반면에 세력균형에 대한 그의 논의는 정치사상사적인 비교분석

29) 이것이 바로 동서고금을 막론하고 어떤 권리들보다도 재산권이 가장 먼저 인정·보호받게 된 이유라고 볼 수 있다(PC, 194-5).

과 정치사회학적인 분석을 결합시켜 역동적인 현대 정치 이해에 적용하고 있기 때문에 그 자체로서도 매우 흥미가 있다.

벨라미는 먼저 정치사상사적으로 등장한 두 가지 세력균형 —권력균형으로 불러도 무방하다— 개념을 수직적 개념과 수평적 개념으로 구분 · 비교한다(PC, 195-200). 먼저 수직적 세력(=권력)균형 개념은 폴리비우스와 아리스토텔레스 등 고전적 정치이론가들이 제시한 혼합정부이론을 뒷받침했던 개념이었다. 폴리비우스 이래 고전적인 혼합정부 이론의 주요 목표는 상이한 사회계급들을 하나의 정치체에 조화롭고 안정적으로 혼합시키는 것이었다. 군주정, 귀족정, 그리고 민주정과 같은 순수형태들은 각각 군주, 귀족 그리고 평민이 지배함으로써 자의적인 지배 —폭군정, 과두정, 폭민정(혹은 중우정)— 를 초래할 수 있기 때문에, 각 집단이 다른 집단들의 이익을 서로 참작함으로써 자의적인 지배를 막을 수 있도록 한 것이다. 아리스토텔레스의 혼합정부 전략은 정치적 공직자들을 여러 사회집단들의 혼합으로 구성하는 것이었으며, 폴리비우스가 선호한 전략은 상이한 정치기관들이 상이한 계급을 대표하게 하는 동시에 부분적으로 상이한 기능을 수행하게 함으로써 모든 계급이 통치과정의 일부를 공유하도록 하는 것이었다. 이처럼 고전적인 혼합정부 이론에서는 여러 계급의 이해관계를 균형 있게 실현함으로써 공동선을 증진하는 것이 정치체제의 주된 목적이었다.

고전적 혼합정부 이론에는 오늘날 거부되고 있는 몇 가지 중요한 가정들이 전제되어 있다. 혼합정부 이론은 '정치체'(body politic)라는 유기체적인 메타포를 사용하여 사회를 구성하는 다양한 계급들을 서로 구분되나 상호 보완적인 부분들 —기질이든 신체의 각 기관이든— 로 인식했다. 정치체를 구성하는 각 부분들은 각각에 고유한 기능을 수행함으로써 정치체를 조화롭게 유지해야 할 의무를 지도록 기대되었고, 분열, 경쟁 그리고 갈등은 병리적인 현상으로 간주되었다. 건강하고 잘 조직화된 정체에서는 각각의 구성요소가 다른 요소들과 협동하여 서로의 발전을 촉진한다. 특히 세 계급 간 분열에서는 두 개의 더 약한 부분들이 일시적으로 가장 우세한 부분을 능가함으로써 균형을 잡는다. 하지만 고전적 혼합정부 이론은 무엇보다 불평등한 위계적 사회구조 —군주, 귀족, 평민 계급— 를 전제하고 있다는 점에서 수직적인 세력균형 개념을 토대로 삼고 있다.

고전적 혼합정부이론이 전제하고 있는 수직적인 세력균형 개념과 달리 17세기 이후 등장하게 된 세력균형 원리는 수평적인 특징을 갖고 있다. 지적인 측면에서 뉴튼의 기계론적 물리학에 영향을 받은 근대적 개념은 상이한 견해나 이익들을 서로 견제할 수도 있고 또 서로 결합할 수도 있는 ‘평등한’ 힘 또는 세력으로 개념화했다. 그런 변화와 함께 정치체도 평등한 개인들의 동의에 의해 인위적으로 구성된 것으로 인식되게 되었고, 정치체의 질서도 불평등한 계급들 사이의 (위계적이지만) 조화로운 균형이란 관점이 아니라 서로 경쟁하는 집단들 사이의 상호 견제의 산물로 인식되었다(PC, 198).

두 가지 세력균형을 비교한 벨라미는 엘리트주의, 계급 간 무관심과 비이동성, 그리고 계급에 대한 충성의 고착화를 특징으로 하는 고전적 세력균형의 원리는 평등하고 역동적인 현대의 다원주의 사회에서는 적합하지 않다고 비판하고(PC, 198-9), 근대의 공화주의 사상 –특히 연방주의자들의 공화주의– 이 발전시킨 역동적이고 수평적인 세력균형 개념 –‘야망이 야망을 상쇄하게 하고’, ‘권력이 권력을 견제하게 하는’ 원리(연방주의자문서51)– 에서 정치적 헌정주의를 위한 세력균형 원리를 발견한다(PC, 199-201). 근대 공화주의자들은 세력균형을 인식함에서 있어서 정치권력을 장악하기 위해 경쟁하는 대등한 정당들이나, 중앙정부와 지방정부 사이의 경쟁 및 견제 관계 혹은 사회의 다양한 파벌들의 경쟁관계를 배경으로 삼았다. 그리고 이보다 더 중요한 것은 주체(principal)와 대리인의 관계를 퍼즐의 단편조각들처럼 분리된 관계로 인식하지 않고 밀접히 결합되어 있는 것으로 인식했다는 점으로, 이것은 서로 경쟁하는 엘리트들이 더 효과적으로 통치하기 위해서 다수 민중의 지지를 확보할 필요성을 증대시켰다. 근대사회의 다이내믹한 다원주의적 특성은 소수자들의 활발한 연합에 기인하기 때문에 정치적 라이벌들은 이들의 지지를 확보하기 위해 끊임없이 경쟁할 수밖에 없다. 그러므로 매디슨이 지적한 것처럼 정치체제의 작동도 시장의 작동을 따른다. 이익을 위한 경쟁이 소비자들의 필요를 최적의 가격으로 충족시켜줄 수 있듯이 권력을 둘러싼 경쟁도 시민들에게 부당한 비용을 초래하지 않고 이익을 가져다줄 수 있다. 이처럼 다이내믹하게 달성된 세력균형은 정치적 의사결정 과정에 참여한 당사자들로 하여금 “다른 쪽을 듣도록” 유인하는 한편, 선거전에서 승리를 위한 동맹을 결성할 수 있도록 자극한다.

그러면 이와 같은 세력균형 메커니즘은 정부 부서 간 권력분립 및 법의 지배와 어떻게 연관되어 있는가? 이 질문에 답하기 위해 벨라미는 먼저 몽테스키외의 기능적 권력분립 이론을 비판적으로 검토하고 그것을 보완한 새로운 권력분립 이론을 제시함으로써 정치적 헌정주의를 뒷받침한다.

몽테스키외는 고전적인 세력균형 –군주, 귀족, 평민 사이의 위계적인 세력균형– 을 정부 부서 간 수평적인 기능적 권력분립으로 대체하여, 법률을 제정하는 사람들이 그것을 해석 · 집행 · 적용하지 못하도록 금지시킴으로써 입법자들이 만인에게 동등한 법을 제정하도록 유인하고자 했다(PC, 201). 하지만 몽테스키외의 기능적 권력분립 이론은 세 가지 문제점이 있다. 첫째는, 상이한 기능들을 구분하는 데 따르는 이론적 · 실천적 난점이 있다. 예컨대, 판사들이 특정 소송에 어떤 규칙이 적용되는가를 판단할 때, 그들은 빈번히 판례를 통해 새로운 규칙을 제정하곤 한다. 입법자들 역시 어쩔 수 없이 그들이 제정하는 법이 어떻게 해석되고 어떤 소송들에 적용될 수 있는지에 관심을 갖는다. 이처럼 정부의 각 부서들은 어느 정도는 다른 부서의 기능을 수행한다. 그리고 정부의 활동들이 더 복잡해질수록 부서 간 기능적 침투현상은 더 심화될 수 있다. 따라서 이 이론의 옹호자들마저 인정하듯 권력분립은 기껏해야 '부분적'일 뿐이다(PC, 202).

둘째는, 설령 그와 같은 기능적 분립이 가능하다고 해도 반드시 자의적인 권력을 견제하지 못할 수도 있다. 원래 권력분립 이론은 상이한 기능들을 상이한 부문들에 맡기는 것을 원칙으로 한다. 그렇지 않을 경우 다양한 기관들을 통제하는 사람들이 동일한 집단에 속하게 됨으로써 자의적인 지배가 초래된다고 보기 때문이다. 하지만 의회제에서는 행정부가 입법부의 다수당 의원들로 구성되기 때문에 두 부서의 분립이 무너진다. 대통령제에서도 대통령이 속해 있는 정당이 입법부에서 다수를 차지하는 경우가 흔하다. 그리고 사법부는 의회제와 대통령제에서 공히 대통령과 입법부의 이데올로기적인 입장이나 이익을 공유할 수가 있다.

셋째는, 가장 중요한 문제점으로, 권력분립은 서로 권력을 나눠가진 정부 부서들이 그들의 주인인 시민들을 섬기도록 유인하지 못하는 문제점이 있다. 부서 간 수평적 권력분립은 각 부서 내부의 수직적 권력분립을 포함하고 있는데, 이 수직적 권력분립에서는 경쟁적인 요소들이 없거나 부족하기 때문에 각 부서가 공공의 이익보다는 자기이익을 극대화시키거나 비용을 다른 데로 전가하려는 유인을 가질 수 있다. 특히 이런 가능성은 사법부에서 현저히 나타나는데 그것은 이 부서의 결정에 대해 책임을 물을 메커니즘이 없기 때문이다. 이처럼 권력분립은 분리된 정부 부서들이 자율성을 누리고 있는 경우, 자신의 고유 권한에 속하는 문제들에 대해 자의적으로 판단하고 행동할 수 있는 가능성을 높인다(PC, 202).

이처럼 벨라미는 단순한 기능적 권력분립 이론으로는 자의적인 지배를 막기 어렵고 법의 지배도 실현하기 어렵다고 본다. 권력분립 –특히 사법부의 사법심사– 을 통해 민주적 다수를 견제하려고 시도해온 법적 헌정주의는 (기대와 달리) 강력한 소수 엘리트들의 특권만을 유지·강화시킴으로써 법의 지배를 왜곡시킬 개연성이 있다. 나아가서 단순한 기능적 권력분립은 정부 부서들이 내부의 이권보다 시민들의 열망에 반응할 수 있는 유인을 제공하지 못한다. 따라서 벨라미는 권력분립을 통해 자의적인 지배를 막고 법의 지배를 실현하기 위해서는 정부의 부서들이 "다른 쪽을 듣도록" 유인할 수 있는 동기를 찾아야 한다고 보며, 공직을 열망하는 경쟁자들 사이의 역동적인 세력균형이 그런 역할을 수행할 수 있다고 본다(PC, 203). 공직을 획득하고 공직에 머무르기 위해서는 정치인들이 다양한 지지를 받아내고 유지할 필요가 있기 때문에, 사회에 존재하는 다양한 목소리들에 더 민감해지고 대중의 열망에 더 잘 반응할 수 있게 된다는 것이다.

요컨대, 기능적 권력분립 이론을 보완하여 소수에 의한 자의적인 지배를 막고 법의 지배를 수립하기 위해 벨라미가 사용하는 전략은 민주사회의 역동적인 다원주의와 불일치를 활용하고 제도화하는 것이다(PC, 206-7). 다원주의와 세력균형에 관한 낡은 이론들은 사회의 하위집단들 –고착화된 사회계급들이나 기능적으로 분리된 부서들– 이 공익을 위협하는 잠재적인 '파벌들'이 되는 것을 막지 못했다. 그리고 민주적 다수를 잠재적으로 위험하고 포악스런 파벌로 간주함으로써 反다수결주의적 견제가 필요하다고 보았다. 하지만 다수의 횡포를 막기 위해 고안된 사법심사와 같은 제도들도 결국 다른 파벌들과 유사한 속성을 갖고 있다면, 反다수결주의적 대응책은 실제로 자의적인 지배를 악화시키고 법의 지배를 왜곡시킬 수 있을 뿐이다. 이에 반해 벨라미가 선호하는 (균형에 대한) 경쟁적 대안은 소수자들이 서로를 듣고 또 서로 결합함으로써 다수를 구성하도록 유인할 뿐 아니라, 이성을 공적으로 사용하도록 자극한다(PC, 207).

이런 관점에서 보면 일상적인 민주정치 과정을 통해 정당 간 경쟁을 제도화시키는 것이 최상의 방법이다. 정당 간 경쟁이 제도화되면 정부는 지속적인 반대에 직면하게 되고, 주기적으로 권력에서 내쫓길 가능성에 대면하게 된다. 『연방주의자문서』 10에서 파벌에 대한 표준적인 고전적 비판을 제시한 매디슨은 나중에 헌법논쟁을 회고하면서 "어떤 자유 국가도 정당이 없지 않다"고 주장한바 있다. 그는 투표의 권리가 공화주의 헌법의 근본 원칙이라고 주장했으며, 그 당연한 귀결로 다수의 의지가 공화주의 정부의 필수불가결한 원칙이라고 보았다. 민중정치 시대에 정당이 불가피하다면, 정당의 결함을 극복할 수 있는 가장 중요한 메커니즘은 "한 정당이 다른 정당을 견제하도록 하는 것"이다. 오늘날의 정당민주주의가 어떻게 그런 견제시스템을 제공할 수 있을까? 그리고 정당민주주의는 어떻게 향상될 수 있는가? 이것이 바로 다음 절의 주제이다.

▌민주적 헌법

정치적 헌정주의의 규범적 토대 –비지배와 정치적 평등– 와 형식들 –공적이성과 수평적이며 역동적인 세력균형 원리– 을 설명한 벨라미는 이제 이 두 가지를 결합시켜 실제로 작동하고 있는 민주적 절차들이 자의적인 지배를 막고 법의 지배를 구현하는 원리를 설명한다. 그에 의하면, 이미 확립되어 있는 민주주의들은 비지배와 정치적 평등이라는 공화주의 원칙들을 반영하고 있을 뿐만 아니라, 공적이성의 올바른 사용과 적절한 세력균형을 보장해주는 정치적 메커니즘으로 작용함으로써 헌법적 역할을 수행하는 동시에 헌법을 구성하는 역할을 한다.

이와 같은 주장을 개진하기 위해 벨라미는 기존의 규범적 이론들 –특히 법적 헌정주의– 이 이미 공고화된 민주주의 체제들이 규범적 가치가 없거나 심지어 (자신들이 제시한) 규범들을 위협하는 것으로 간주하고 있다는 점을 다시 한 번 부각시킨다(PC, 209). 그 이론들은 이른바 민주적 규범들을 헌법에 안치시키는 동시에 그것들을 이상적인 심의의 원리를 구현하고 있다고 여겨지는 사법적 장치들을 통해 (다수결민주주의로부터) 보호하고자 한다. 하지만 이와 대조적으로 벨라미는 현실 민주주의의 규범적 장점들을 조명하고 칭송한다. 그리하여 우리가 일상적으로 직면하는 정치적 불일치의 환경에서 헌법적 가치들을 적절히 실현하고 보호하려면 이상화된 민주정치보다는 현실적인 민주정치를 채택할 필요가 있다고 강조한다(PC, 210). 그러므로 이상적인 규범적 이론가들에게는 위험하거나 결함이 많은 것으로 비판되는 현실 민주주의의 다양한 측면들 –적대적이고 경쟁적인 특성, 합의에 도달하기 위한 타협과 다수결주의, 정당의 역할 등– 이 벨라미에게는 칭송의 대상이 된다. 반대로 대부분의 규범적 이론가들이 이상적 민주주의의 필수요소로 제시하는 심의, 합의, 시민의 직접 참여, 배심제 등은 (현실 민주정치에서 적합한 역할이 할당될 수 있지만) 이차적인 지위를 갖는 것으로 간주된다.

벨라미에 의하면 이미 공고화된 민주주의들이 사용하고 있는 (위에서 열거한) 수단들은 평등한 배려와 존중 원칙을 반영하고 있을 뿐만 아니라 공적이성의 발휘에 적합한 최선의 절차들(=투입방법)을 제공함으로써, '정치의 환경' 속에서 자의적인 지배를 최소화할 수 있는 집단적인 의사결정의 가능성을 높여준다. 이에 비해 이상적인 민주적 심의를 통해 공동선을 도출하려는 시도, 복지의 평등을 추구하려는 시도, 모든 공적 결정을 만장일치제로 해결하려는 일부 사회적 선택이론가들의 시도 그리고 공동선을 일반성(generality)에 근거지우려고 한 루소 식의 해결책들은 다원주의 사회에서의 '정치의 환경'을 적절히 고려하지 못한 것으로 비판된다(PC, 212-8). 이런 결과중심(=산출중심)적 해결책들은 모든 시민들에게 평등한 이익, 즉 공동선을 제공해줄 수 있다는 근거로 정당화되지만, '정치의 환경'으로 인해 지나치게 현상유지에 유리하거나 (평등 원칙에 따라 특혜적인 조치가 필요한) 일부 사람들을 차별하는 역설적인 결과를 초래할 수 있다. 그러므로 벨라미는 모든 자격 있는 시민들이 집단적인 의사결정 절차 –투입절차– 에 동등하게 참여할 수 있도록 보장해주는 것과, 민주정치 과정을 (옳은 해결책 -예컨대, 정의로운 분배형태나 진정한 공동선- 을 발견하기 위한 수단이 아니라) '정치의 환경'에서의 집단적 의사결정에 정당성을 부여하기 위한 공정한 절차로 보는 것이 중요하다고 본다(PC, 218-9). 그런 절차를 거친 결정들이 유사한 방식으로 끊임없이 논박 · 수정됨으로써 대중의 지배에 회부될 수 있다면, 개인들은 정치적으로 평등한 시민들로서 비지배로서의 자유를

누릴 수 있다고 주장한다(PC, 219).[30]

이에 대해 민주적 절차가 우선적으로 비지배로서의 자유, 곧 정치적 평등을 보장해줄 수 있는 정치적 정의의 원칙들이 필요하지 않느냐는 지적이 제기될 수 있다. 이 경우, 정의의 원칙들은 광범위한 시민적·정치적 자유와 함께 그것을 뒷받침하는 사회적·경제적 권리들을 포함할 것인바, 이런 권리들을 정치과정으로부터 절연된 헌법적 기본권으로 안치될 필요가 있다는 주장이 수반된다.

하지만 앞에서 살펴보았듯, 정의 원칙들에 대한 판단 역시 ('정치의 환경' 속에서 '판단의 부담'을 지고 있기 때문에) 근본적인 불일치의 대상이 될 수 있고, 그에 대한 추상적인 합의에 이르렀다 해도 그 원칙을 구체적으로 적용하는 과정과 관련된 엄청난 불확실성 때문에 정의로운 결과를 산출하지 못하고 자의적인 지배의 가능성만을 높일 뿐이다. 더구나 정의에 관한 우리의 발상들은 우리 자신의 이익이나 경험을 반영하는 편향성을 갖고 있기 때문에, 특수한 정의관을 헌법에 안치시킴으로써 정의롭고 공정한 민주적 절차를 담보하려는 시도는 (의도와 달리) 시민들 사이의 평등한 배려와 존중을 증진시키기보다는 약화시킬 수 있다(PC, 220). 그러므로 상이한 이익들을 조정하는 집단적인 의사결정을 할 때와 마찬가지로 정의에 관한 논쟁도 유사한 절차에 따라야 한다(PC, 220).

이와 같은 분석은 민주적 절차가 민주적 원칙 ―정치적 평등 혹은 평등한 배려와 존중― 을 구현할 수 있도록 만들기 위해 헌법과 사법심사 제도에 의존할 수 없다는 것을 말해준다(PC, 220). 특수한 민주적 절차를 포함해서, 헌법을 믿음직하게 구성할 수 있는 정의의 원칙들은 없다. 더구나 그것이 어쩌다 가능하다고 해도, 그 헌법을 절대적으로 올바르게 해석함으로써 관련된 모든 사람들의 이익을 도모해줄 수 있는 특별한 전문지식도 존재하지 않는

30) 여기서 벨라미는 자신의 접근과 펫팃의 접근을 비교한다. 펫팃은 민주주의를 일종의 교훈적인 장치, 즉 집단적 선을 목표로 한 정책이 실제로 모든 사람들의 이익을 증진시켰는가를 판단하기 위한 교훈적인 장치로 간주한다. 이런 접근은 민주주의를 실패한 정치인들과 정책들을 견제하기 위한 수단으로, 즉 펫팃의 표현을 빌리면, 편집가능(editorial function)을 수행하는 것으로 본다. 하지만 벨라미는 민주주의를 일차적으로 비지배로서의 자유를 구성하는 것으로 본다(PC, 218).

다. 그러므로 자신의 견해와 이익이 공정하게 반영되고 평가되기를 바라는 모든 사람들에게 동등한 발언권을 주는 정치적 절차만이 공정하다고 볼 수 있다. 또한 그렇게 하는 것만이 정치적 규칙들에 대한 그들의 충성도를 높일 수 있다. 정치적으로 소외된 많은 집단들이 입증하고 있듯이, 시민들은 그들의 정의감에 반응하지 않는 정치사회에서는 귀속감을 느끼지 못한다. 물론 일부 집단들은 혼란스럽고 편견에 치우친 견해를 가질 수도 있다. 하지만 그것들이 공적인 절차를 통해 표현되고 검토될 기회를 갖지 못한다면 극복될 가능성이 없을 뿐만 아니라 사회에 계속적으로 부정적인 영향만을 초래하게 될 것이다.

지금까지의 분석은 시민들 사이의 평등을 증진시킬 수 있는 유일한 방법은 민주주의가 민주주의 자체를 감독하게 하는 데 있다는 것을 시사해준다(PC, 220). 보다 구체적으로 말해, 평등한 투표, 다수지배 그리고 정당 간 경쟁 시스템과 같은 요소들이 (민주적 절차 자체를 포함하여 다양한 집단적 제도들을 조직화하는 방식에 있어서) 시민들에게 동등한 발언권을 부여해주는 민주적 절차로 사용된다면, 그것은 정치적 평등이라는 헌법적 가치를 실현하는 데 기여할 뿐만 아니라 그 자체가 일종의 헌법이 된다는 것(self-constituting democratic constitution)을 말해준다(PC, 220-1). 물론 이것은 어떤 선거제도들이 다른 선거제도들보다 기능적으로 더 우수할 가능성을 부정하지는 않는다.[31] 그것은 단지 어떤 형태로든 효과적이고 반응력 있는 절차적 요소들이 갖춰진다면 시민들은 비지배로서의 자유를 누릴 수 있는 상황에 있게 된다는 것을 의미할 뿐이다.

이런 문제의식을 가지고 벨라미는 공고화된 민주주의 하에서 사용되고 있는 몇 가지 절차적 장치들이 어떻게 공적이성과 수평적 세력균형이 잘 작동하도록 유인함으로써 자의적인 지배를 막는 동시에 법의 지배를 증진시키는지를 고찰한다. 이하에서는 그 개요만을 정리한다.

1인1표로 상징되는 평등한 투표의 권리는 집단적 의사결정에서 모든 시민들의 견해를 동등하게 고려할 수 있는 잘 확립된 방법으로, 자격을 갖춘 모든

---

31) 이에 대한 불일치는 어떤 권리가 헌법에 포함되어야 하는가에 대한 법적 헌정주의자들 사이의 불일치와 다르지 않다.

성인 남녀들에게 개방적이고 투명한 일군의 공적 규칙들을 제공함으로써 실현된다(PC, 221-3). 이 방법은 '정치의 환경' 및 그 결과로 발생하는 불일치를 두고 볼 때, 모두가 공정하다고 받아들일 수 있는 방법으로서 공적이성의 일곱 가지 조건들을 충족시킨다. 즉, 투표의 동기는 개인마다 다를 수 있지만 미리 알려져 있는 공적 규칙에 구속되고, 공적인 검토에 회부되며, 모든 성인들의 동등한 역할을 허용한다는 점에서 공적이성의 조건에 부합한다.

물론 투표의 공정성은 다양한 방식으로 훼손될 수 있다(PC, 224-5). 투표시간, 장소, 그리고 선거구 획정과 관련된 문제들은 그런 문제들 중 일부로서, 이런 문제들 때문에 법적 헌정주의자들은 (투표의 동등성을 보장하기 위해) 헌법재판소의 심판이 필요하다고 주장한다. 하지만 선거에서 아프리카계 미국인들을 배제하는 데 법원이 중요한 역할을 수행했다는 역사적 사실과, 투표권을 쟁취하고 투표권을 더 효과적으로 사용하기 위해 (투표권이 없는) 불우한 계급들과 (투표권이 있는) 그 동조자들이 벌인 캠페인들이 사법심사보다 민주주의를 증진시키는 데 더 효과적이었다는 역사적 사실은 대체로 민주적 투표권의 긍정적 기능을 입증해준다(PC, 225). 진보적인 민주개혁들은 대부분 기존의 유권자들의 지지를 통해 실현되었다. 그들 중 상당수는 자신의 투표가 자신의 기득권을 위협한다는 것을 알고 있었지만 선거권의 확대를 지지했다. 이런 사례들은 사람들이 투표를 통해 자기이익을 표현할 수도 있지만, 공공정신과 정치적 가치들에 대한 서약을 표현할 수도 있다는 것을 보여준다. 투표의 이런 측면은 다수지배와 정당의 대표역할을 이해하는 데에도 중요한 함의가 있다.

벨라미에 의하면, '정치의 환경'에서 평등한 투표권에 기반을 둔 다수의 지배는 기계적으로 보일 수 있지만 그것이 오히려 장점이 될 수 있다(PC, 225-6). 어느 견해가 최선의 것인지를 평가할 수 있는 합의된 기준이 없는 상황에서는 평등한 투표권에 기반을 둔 다수결주의가 다른 어떤 대안들보다 더 호소력이 있다. 승자는 그들의 판단이 패자들보다 우수해서 이겼다고 주장할 수 없으며 패자 역시 열등해서 졌다고 낙담하지 않아도 된다. 승자들의 성공은 정치공동체의 다수에 의해 지지되었다는 사실만을 반영할 뿐이다. 투표가 기계적으로 이루어지지 않고 어떤 특정한 견해나 결과를 지지하도록 조정된다면 오히려 자의적인 지배를 산출할 수 있다. 그러므로 기계적으로 보이는 투표는 결코 자의적이지 않다(PC, 256). 월드런은 다수지배가 수많은 개인들의 견해를 동등하게 고려한 결과로 발생한 것이기 때문에, 다수지배야 말로 '정치의 환경' 속에 있는 모든 개인들을 평등한 존재로 대우하는 가장 공정한 방법이라 주장했다.

벨라미는 메이(Kenneth May)가 다수지배 옹호와 관련하여 제시한 네 가지 근거들에 공감을 표하며 다수지배가 공적이성의 조건에 부합한다고 주장한다(PC, 227). 메이는 다수결주의가 민주사회에서의 집단적 의사결정이 갖추어야 할 네 가지 합당한 조건들 –투표자의 평등을 보장하는 익명성, 현상유지를 선호하고 변화에 반감을 가져서는 안 되는 중립성, 모든 조건이 동등할 경우 한 사람의 선택이 초래하는 변화를 긍정하는 것, 불일치의 상황에서 반드시 필요한 결정을 내리는 것– 을 충족시킨다는 이유로 그것을 옹호했는데, 벨라미 역시 같은 이유로 다수지배의 정당성을 옹호한다.

하지만 선택지들이 세 가지 이상인 경우, 애로우(Kenneth Arrow)의 불가능성 공리나 리커(William, H. Riker)의 사회적 선택이론이 보여주듯, 다수지배는 일관적이지 못한 결정과 자의적인 지배를 초래할 수도 있다고 비판된다. 이에 대해 벨라미는 매키(Gerry Mackie)의 연구를 원용하여 (다수결주의의 비일관성, 불안정성 그리고 조작가능성에 대한 리커의 주장이 논리적으로 모두 가능하더라도) 다수지배에 대한 그와 같은 반론이 현실화될 가능성은 낮다고 주장한다(PC, 228). 사회화와 다른 제약들 –경쟁적 선거를 포함– 로 인해 개인들의 선호가 서로 닮게 됨으로써 사이클링 문제가 매우 드물게만 발생하는데다가 그런 가능성마저도 공정한 투표 규칙을 통해 어느 정도는 제거할 수 있고, 조작도 그렇게 빈번히 발생하지 않기 때문이다. 요컨대, 벨라미에 의하면 다수지배는 '정치의 환경' 속에서 집단적 의사결정을 내릴 수 있는 가장 공정하고 개방적인(따라서 자의적인 지배를 초래하지 않는) 집단적 의사결정 방법이다. 이처럼 평등한 투표권과 다수지배 원칙은 정당경쟁 및 세력균형 원리와 함께 작동함으로써 헌법적 가치들을 구현하는 동시에 헌법을 구성할 수 있게 된다.

그러면 정당 간 경쟁체제가 어떻게 공적이성을 촉진함으로써 비지배로서의 자유를 증진시키는가? 정당은 광범위한 의견과 이익을 수합·조정함으로써 통치를 위한 프로그램으로 구체화시키는 역할을 하는데 이들 사이의 경쟁은 특히 공적이성의 세 가지 요소들인 공공정신, 공동선 그리고 상호 수용의 태도를 촉진시킨다(PC, 232). 정당들은 선거와 입법과정에서 대안적인 강령들을 제공함으로써 집단적 선에 대한 심의를 촉진시킨다. 선거경쟁은 서로 다른 견해들에 대한 진지한 검토를 자극하고, 현재의 재직자들이 잠재적인 승리자들이 제기한 비판에 진지하게 대응할 의무를 지게 만든다. 그리하여 이런 절차들은 공적이성의 세 가지 측면들 –개방성과 투명성, 공적인 접근성, 공적 참여– 의 활성화에 기여한다. 더구나 선거경쟁은 시민들이 다양한 이익들을 동시에 추구할 수 있는 메커니즘을 제공함으로써, 공적이성의 마지막 측면들 –일군의 공공 규칙, 이유들 그리고 관행들에 의한 규제– 을 뒷받침한다(PC, 232).[32)]

여기에 공적이성을 촉진시키는 세력균형은 정당들이 중심적인 이데올로기적 균열 –일반적으로 중심/주변, 좌/우의 균열– 을 가로 지르며 경쟁할 때 성취되는데, 이와 같은 세력균형 하에서의 선거경쟁은 표의 평등성을 제고시키고 다수지배가 권리와 법의 지배를 훼손하기보다는 증진하도록 압박한다.[33)] 나아가서 이와 같은 좌우정당 간 경쟁은 다수지배의 몇 가지 딜레마도 완화시켜준다(PC, 236-7). 그것은 사이클링 문제의 가능성을 최소화시켜줌으로써 유권자들이 양자택일을 할 수 있도록 단순화시켜주며, 중도 투표자로 수렴하는 경향을 강화시킨다. 또한 정당들은 서로 구분되긴 하지만 완전히 대립하는 정책들을 제시하지는 않기 때문에 다른 정당들의 프로그램을 부분적으로 수용할 수 있는 여유를 제공한다.[34)]

그런데 경쟁하는 정당들이 다수지배로 수렴되는 경향은 아이러니하게도 소수자들을 보호하는 데 긍정적으로 작용한다(PC, 238-9). 다원적이고 역동적

32) 앞에서 살펴보았듯이, 심의민주주의자들은 현실 민주주의의 이런 장점들에 의구심을 품고 있다. 즉, 상호이익을 추구하는 이기적인 집단들의 이익동맹을 비판하고, 공동선을 지향하는 공적인 심의를 통해 그것들을 극복할 수 있다고 보았다. 하지만 앞에서 설명했듯 벨라미는 유권자들이나 집단들이 항상 자기이익이란 관점에서만 판단하고 행위한다고 보지 않는다.

33) 사람들은 보통 상이한 사회적 · 경제적 · 문화적 집단들에 속해 있을 뿐만 아니라 매우 다양한 이해관계와 가치를 지니고 있어서 서로 교차하는 균열구조 속에 살고 있다. 그래서 일관되게 좌파나 우파에 속해 있지 않고 사안에 따라 좌익적인 경향과 우익적인 경향을 노정한다(PC, 235-6). 정당들이 폭넓은 이데올로기적 틀을 사용하여 정강과 정책을 설명하는 경향은 이런 상황에 대한 대응의 결과로 볼 수 있다.

34) 하지만 패자들의 프로그램에서도 차용하는 경우도 있으며, 미래의 승리를 위해 상대방의 강령이나 정책들을 차용하기도 한다.

인 사회에서는 연립정부를 구성하는 다수가 소수집단들로부터 구성되고 또 다른 연립정부로 쉽게 교체되기 때문에, 통치집단은 최소치의 승자연합에 만족하지 않고 다른 집단들을 포용하기 위해 노력할 것이기 때문이다. 그리고 이런 경향은 대부분의 소수자 집단들에게 앞으로 승자 동맹의 일부가 될 수 있는 좋은 기회를 부여해줄 것이다.

평등한 투표권과 다수지배 그리고 세력균형 하에서 전개되는 선거경쟁은 정당의 기율과 함께 작용함으로써 입법부와 행정부에도 중대한 영향을 미친다(PC, 239-49). 먼저 입법부와 관련해서는 선거가 입법에 영향을 미친다는 점을 둘 수 있다(PC, 239). 대부분의 정당들은 선거에 승리하기 위해 어느 정도 타협을 필요로 하며 이런 경향은 다당제에서 더 두드러지게 나타난다. 그리하여 선거캠페인과 입법과정의 심의를 통해 가능한 한 타자의 이익과 가치들을 수용하려는 태도를 강화시킨다. 토론과 심의를 통해 선호가 바뀌지 않을 수도 있지만 관련 당사자들의 관심이 충분히 표출될 수 있도록 허용함으로써 다양한 관점과 이유들의 장점이 평가·반영될 수 있도록 한다.

행정부에 대한 견제능력 측면에서도 선거경쟁은 선출된 입법부를 선출되지 않은 법원보다 더 효율적으로 만든다(PC, 243-9). 특히 개인의 권리와 관련하여 법적 헌정주의자들은 사법심사가 집행부의 교만과 부주의를 견제하는 중요한 역할을 할 것으로 기대한다. 국민 다수의 의지에 따르는 행정부의 결정과 행위를 자의적인 것이라 비판하면서 말이다. 하지만 정부가 자유롭고 공정한 선거에서 유권자 다수의 지지를 얻은 정책목표들을 집행하기 위해 입법부의 다수가 되는 것은 결코 자의적이지 않다. (일부 개인들의 권리나 견해가 다른 사람들보다 잉여분의 무게를 가진다면 자의적이라고 할 수 있다) 다수지배가 반드시 집단복지와 개인권리 사이의 충돌을 야기하는 것으로 보는 것은 개인들에게 권리를 동등하고 공정하게 부여하는 체제에서는 적합하지 않은 시각이다. 이것은 특히 대부분의 다수자들이 소수자들로 구성된 점을 감안하면 더욱 더 그렇다.

만일 사법심사가 정당성을 보장받으려면 민주적인 의사형성 절차가 비합리적인 이익취합에 바탕을 둔 정책결정 과정인 것이 확실해야 하며, 사법적 절차들이 더 공정할 뿐만 아니라 원칙에 충실한 심의를 반영한다는 것이 입증되어야만 한다. 하지만 민주적 절차가 비합리적인 이익취합에 근거하고 있다는 주장은 입증하기 어렵다. 뿐만 아니라 참여의 평등, 대표와 영향에 있어서의 형평성, 책임성과 견제 -권리와 법의 지배가 실현되는 데 핵심적인 요소들- 와 같은 민주적 절차의 장점들을 고려하게 되면, 정당 간 경쟁 및 다수지배에 입각해 있는 의회민주주의는 행정부를 견제함에 있어 법원보다 훨씬 더 우수하다(PC, 244).

더구나 법원은 매우 제한된 케이스에만 개입할 뿐만 아니라 소송비용으로 인해 부자들이나 비즈니스에 유리하게 작용하는 경향이 있다. 또한 개별적인 소송에 관련된 판단만을 내리기 때문에 그 판결이 국가의 전반적인 문제들에 미칠 수 있는 영향을 고려하는 않는 시각의 협소함을 갖고 있고, 부당한 판결을 내릴 경우에도 그것을 교정할 수 있는 수단이 없고 선거를 통해 그 책임을 물을 수 없다. 법원의 이와 같은 결함들은 법원 자체가 자의적인 판단의 원천이 될 수 있다는 것을 말해주며, 행정부의 자의성을 견제하기에 문제가 있다는 것을 시사해준다(PC, 247).

하지만 벨라미는 사법심사 제도를 송두리째 부정해버리지는 않는다(PC, 249-58). 테러리즘에 대항하는 긴급 입법들에서 볼 수 있듯이 법원이 개인의 권리를 제한하려는 행정부의 의도를 법적으로 뒷받침한 경우들이 많았음에도 불구하고, 벨라미는 '고립되어 있는 무력한 소수자'들 -예컨대, 정치적으로 스스로를 보호할 수 없는 소수자들이나 난민들- 에 대해서는 사법심사가 이들이 권리를 보호하는 데 중요한 역할을 할 수 있다는 것을 인정한다. 그럼에도 불구하고, 벨라미는 "사회의 다양한 입장들을 수용할 수 있을 정도로 크지만, 토론과 어느 정도의 타협을 도출해낼 수 있을 정도로 규모가 작은" 입법부가 "단지 논의를 종결하기 위해 표결하는" 법원에 비해 비지배로서의 자유의 보호에 훨씬 더 유리하다고 주장한다(PC, 254).[35]

▌법적 헌정주의 대 정치적 헌정주의

지금까지 벨라미는 법적 헌정주의와 정치적 헌정주의를 대립적인 헌정주의 형태로 설정하고 법적 헌정주의에 대해서는 지나치리만치 가혹한 평가를,

---

35) 벨라미는 예외적인 경우들에 있어서도 법원이 입법부보다 더 잘 작동한다고 일반적으로 얘기할 수 없다고 본다.

그리고 정치적 헌정주의에 대해서는 지나치게 호의적인 평가를 내린 듯 보인다. 하지만 헌정주의에 대한 이와 같은 이분대립적 설명이 과연 타당한가에 대한 의문이 발생할 수 있다. 왜냐하면 어쨌든 법적 헌정주의의 대표적인 예로 간주되는 미국이나 독일과 같은 나라들에서도 벨라미가 현대 민주주의의 주요 절차들로 제시한 평등한 투표권, 다수지배 그리고 정당 간 선거경쟁이 정상적으로 작동함으로써 헌법적 가치들과 법의 지배를 구현하고 있기 때문이다. 이와 같은 관점에서 보면, 미국의 연방대법원과 독일의 헌법재판소가 사법심사권을 갖고 헌법적 이슈들에 대해 최종적인 결정을 내리고 있다는 사실을 이들 국가에서 정치적 헌정주의가 전면적으로 부정되고 법적 헌정주의가 일방적으로 긍정되고 있다는 결정적인 증거로 받아들이기 어렵다. 어떻든 이들 국가에서도 헌법적 가치들과 법의 지배를 관철시키고 있는 가장 중요한 요인은 민주적인 절차들이며, 사법심사는 매우 예외적인 상황들에서만 민주주의의 결함들을 시정하는 역할을 수행하고 있는 것으로 볼 수 있기 때문이다. 요컨대, 일상적으로 현실 민주주의가 작동하는 메커니즘을 중심으로 살펴보면, 정치적 헌정주의와 법적 헌정주의는 본질적인 차이가 있다기보다는, 사법심사 제도가 수행하는 (민주주의에 대한) 견제 역할의 정당성 및 그 견제행위의 결과 –자의적인 지배를 막았는가의 여부– 에 대한 상충하는 이해를 반영할 뿐이다.

사실 벨라미 역시 자신의 이분법적 설명이 이와 같은 오해를 불러일으킬 수 있음을 인식하고 있다(PC, 10-1). 그래서 그는 『정치적 헌정주의』의 서문에서 자신의 입장을 미국식의 사법심사를 일방적으로 비판하고, 인권조례(Human Rights Acts) 도입 이전의 영국 정치체제를 일방적으로 옹호하는 것으로 이해하는 것은 잘못이라고 밝히고 있다. 대부분의 헌법에는 항상 이 두 가지 유형들이 공존하고 있기 때문이다(PC, 10). 다시 말해, 영국의 헌정문화에도 언제나 법적 헌정주의의 요소들이 존재해왔고, (앞 장에서 크레이머가 보여주었듯) 미국의 헌정전통도 오랫동안 민중적 · 정치적 헌정주의에 의해 지배되어 왔기 때문이다.

이런 관점에서 보면, 정치적 헌정주의에 대한 벨라미의 옹호는 미국과 독일과 같은 (이른바 법적 헌정주의 국가들로 일컬어지는) 나라들이 채택하고 있는 민주적 정치체제를 송두리째 영국식의 정치적 헌정주의 체제로 바꿔야 한다는 주장이 아니라, 이 국가들이 민주주의를 견제하기 위해 채택하고 있는 사법심사의 절차적 정당성 –민주적으로 제정된 법률을 무효화시키는 법원의 판결– 을 제한적으로 비판하기 위한 것이라고 볼 수 있다.[36]

마지막으로 민주주의에서 작동하고 있는 민주적 절차들 –평등한 투표권, 다수지배 그리고 (집단 간 세력균형 하에서의) 정당 간 선거경쟁– 의 장점에 대한 벨라미의 칭송을 현실 민주주의에 대한 전폭적인 수용으로 이해해서는 안 된다. 그 역시 현실 민주주의가 많은 문제점들에 직면해 있다고 평가하고 있기 때문이다(PC, 260-1). 그는 투표율의 꾸준한 저하, 사회의 복잡성과 전문성의 증대, 지구화가 가하는 압력 등이 현실 민주주의의 정상적인 작동에 가하는 심각한 도전을 잘 인식하고 있다. 그러므로 민주적 절차들에 대한 벨라미의 옹호는 사법심사라는 (절차적으로) 비민주적인 제도가 정당성 측면에서나 헌법적 가치의 구현이란 측면에서 공히 민주적 절차들에 뒤진다는 취지의 것으로, 민주적 거버넌스의 위기를 돌파하기 위해서는 헌법의 성문법화나 사법심사의 도입과 같은 법적 개혁에 의존할 것이 아니라 민주적 절차 자체를 (공적 이성의 조건에 부합하게) 더 철저히 민주화해야 한다는 주장으로 이해할 수 있다. 사법심사의 反다수결주의적이며 자의적인 특성은 투표의 평등성과 정치인들의 반응성 및 책임성을 더욱 약화시킬 것인바, 법적 헌정주의자들이 민주주의를 향상시킨다는 명목으로 추진하고 있는 거버넌스 개혁은 위헌적인 민주주의를 산출할 가능성이 높다고 보기 때문이다(PC, 263).

맺음말

이 장에서는 민주적 헌정주의의 대표적인 사례로 크레이머의 민중헌정주의와 벨라미의 정치적 헌정주의를 살펴보았다. 크레이머는 미국헌정사에 관한 풍부한 사료에 입각하여 미국헌정사는 사실상 민중헌정주의의 역사였고 최근에서야 비로소 사법적 우월성 원칙에 토대를 둔 사법심사 제도가 확립되

36) 이런 측면에서 볼 때 유럽대륙의 법원들은 미국의 대법원보다 더 적극적이었다. 프랑스, 이탈리아 그리고 독일 법원들은 지난 30여 년 동안 미국이 전 역사에 걸쳐 무효화했던 것보다 더 많은 국내법을 무효화했다. 미국과 유럽에서 공히 법원에 의한 위헌판결의 정당성은 현대적인 민주절차에 앞서 존재했던 反다수결주의 주장에 근거를 두고 있다.

었다고 주장했다. 반면에 벨라미는 민주주의를 제한하는 사법심사보다는 민주적인 절차들 –평등한 투표권, 다수지배, 세력균형 하에서의 선거경쟁 등– 이 정치적 평등과 법의 지배라는 헌법적 가치를 구현하는 데 결정적인 기여를 해왔다고 주장했다. 이와 같은 접근방법의 차이에도 불구하고 이들은 민주주의를 제약하는 사법심사의 정당성 –사법적 우월성 원칙에 토대를 둔– 을 근본적으로 의문시하고, 대중의 역할이나 민주적 절차들의 중요성을 강조한다는 점에서 다른 헌정주의 이론들과 큰 차별성을 갖고 있다.

이 두 이론가들이 사법심사를 이해·비판하는 방식에는 미묘한 차이가 있는데, 이 차이는 거버넌스 체제의 개혁방향과 관련하여 적지 않은 차이를 만들어낸다. 크레이머에 의하면, 약 2세기에 걸친 미국헌정사에서 사법심사는 민중헌정주의의 틀 안에서 작동해왔기 때문에 1960년대 이후 안착된 (사법적 우월성 원칙에 토대를 둔) 사법심사와는 근본적인 차이가 있었다. 민중헌정주의 내에서 작용해온 사법심사는 민중의 민주적 의지를 견제하기 위한 (반다수결주의적인) 제도가 아니라 헌법해석과 관련된 민중의 민주적 의지를 대변하는 역할을 해왔기 때문이다. 그런데 이와 같은 크레이머의 헌정사 기술이 갖는 현재적 의의는 비교적 분명하다. 그것은 1960년대 이전까지 미국의 헌정사는 주로 민중헌정주의가 지배해왔기 때문에 반민중적이고 엘리트주의적인 감수성이 극복될 경우 민중헌정주의를 충분히 부활시킬 수 있고, 그와 함께 거버넌스 체제도 사법적 우월성 원칙을 거부하는 사법심사 제도로 환원시킬 수 있다는 것을 강조하는 것이다.

반면에 벨라미는 현대 민주주의 국가들에서 작동하고 있는 사법심사 제도가 절차적으로 얼마나 정당하지 않고 또 (기대되는 효과와 달리) 소수 판사들에 의한 자의적인 지배에 노출되어 있는지를 '정치의 환경'과 '판단의 부담' 명제에 입각하여 입증하는 한편, 사법심사 제도를 지극히 예외적인 제한된 경우에만 허용하고 다른 대부분의 문제들을 민주적 절차에 맡길 것을 주장한다. 그러므로 벨라미는, 사법심사의 지위와 역할을 민중헌정주의의 틀 내에서 재설정해야 한다고 주장하는 크레이머와 달리, 사법심사의 기능을 원칙적으로 부정하고 예외적인 특수한 상황에서만 허용해야 한다고 본다. 즉, 크레이머는 민중헌정주의가 지배했던 시대에서처럼 사법심사를 민주화시켜 계속 유지할 수 있다고 본 반면, 벨라미는 그것이 본질적으로 반민주적인 것이므로 원칙

적으로 폐지하는 것이 낫다고 주장하는 차이점이 있다.[37]

이와 같은 차이는 나아가서 헌정주의와 민주주의의 관계를 이해하는 방식에도 미묘한 차이를 만들어낸다. 벨라미는 정치적 평등 혹은 비지배로서의 자유라는 헌법적 가치를 보장하는 데 있어서 사법심사보다 민주주의가 더 우월하다고 주장한다. 그것은 민주주의가 헌정주의, 권리 그리고 법의 지배보다 더 중요해서가 아니라, 민주주의가 이런 가치들을 구현하고 또 지탱시켜주기 때문이라고 확신했기 때문이다. 그래서 그는 민주주의를 사법적으로 제약하는 것은 민주주의의 헌법적 특성 –민주주의가 헌법을 구성하고 또 구현하는 측면– 을 약화시키고, 민주주의를 열등한 제도로 교체하는 것과 다름이 없다고 본다. 사법심사는 기대와 달리 자의적인 지배의 가능성을 높인다고 보았던 것이다.

이와 달리 크레이머는 경우에 따라 사법심사가 입법부의 월권적인 입법행위를 민주적으로 통제할 수 있는 적절한 수단이 될 수 있다고 시사한다. 즉, 연방대법원의 판사들이 사법적 우월성 원칙을 앞세우면서 자의적인 판단을 내리지 않고 '국민 자신'의 대리인으로서 국민의 의지에 따라 헌법을 해석·집행하게 될 경우, (자체의 이익과 의지를 갖게 된) 입법부와 행정부에 의한 자의적 지배의 가능성을 막는 데 유효한 역할을 할 수도 있다고 본다. 그런 점에서 크레이머는, 사법심사를 본질적으로 비민주적인 제도로 간주하는 벨라미와 달리, 상이한 헌정주의 형태와 헌정문화 속에서 상이한 역할 –비민주적인 역할 혹은 민주적인 역할– 을 수행할 수 있다고 시사한다. 사법심사에 대한 이와 같은 크레이머의 유연한 입장은 그가 채택한 역사주의적 접근법의 귀결이라 생각된다.

크레이머의 민중헌정주의와 벨라미의 정치적 헌정주의 사이에 존재하는 이와 같은 차이에도 불구하고, 이들의 헌정주의는 자유주의적 헌정주의와 자유공화주의적 헌정주의와 비교해볼 때 가장 反엘리트주의적이고 민중적이며 절차중심적인 민주적 성격을 갖고 있다. 자유주의자들은 대체로 헌법적 가치

37) 하지만 벨라미의 이런 입장은 민주주의 자체가 명백한 결함을 드러냈을 때 (예컨대, 시민사회의 역학적 균형이 무너짐으로써 중소 집단이나 소수자들이 억압을 받게 되었을 때) 그 결함을 치유할 수 있는 추가적·보조적 기제로서의 사법심사 제도의 중요성을 지나치게 무시해버리는 문제점이 있다.

들이나 법의 지배를 통해 민주주의의 적용 범위를 제약하는 데 관심을 둔다. 반면에 크레이머와 벨라미는 민주주의를 헌법적 가치를 구현하기 위한 주요한 절차적 기제로 간주함으로써 민주주의 없이는 헌법 또한 존재할 수 없다고 본다. 민주주의 자체가 헌법을 구성한다고 보는 벨라미의 경우는 말할 것도 없고, 사법심사는 '국민 자신'의 의지를 대변하는 한 가지 사법적 방법이라고 본 크레이머의 경우에도 민주주의는 헌법의 존립근거이자 존립조건이 된다.

자유공화주의적 헌정주의자들의 경우, 공화주의적 심의원칙을 거버넌스의 필수 원리로 채택하는 한편으로 대중의 헌법정치적 · 법생성적 역할을 강조한다는 점에서 자유주의적 헌정주의에 비해 민주주의의 구성적 역할에 더 큰 비중을 할애한다고 볼 수 있다. 하지만 이들은 헌법정치라는 예외적인 시기에만 대중에게 심의능력을 부여하거나(애커만) 주로 대법원이나 입법부와 같은 엘리트기관들에게 공적 심의의 특권을 부여한다는 점에서(마이클만과 선스타인), 일반 대중과 일상민주주의의 헌법구성(혹은 수정) 역할을 부각시킨 크레이머와 벨라미의 민주적 헌정주의에 비해서는 그 민주적 동력이 제한적이다.

요컨대, 크레이머와 벨라미의 민주적 헌정주의는 현대 입헌민주주의 체제를 떠받치고 있는 두 가지 이상들인 법치와 자치 –혹은 헌정주의와 민주주의– 의 상관관계를 이해 · 분석하기 위한 이론적 틀들 중에서 (극단적인 경우를 제외하면) 민주주의에 가장 큰 비중을 부여하는 헌정주의라고 볼 수 있다.[38)]

38) 물론 이 민주적 헌정주의는 다른 헌정주의 형태들에 비해 민주적 의사결정의 범위도 가장 광범위하게 허용한다. 다시 말해, 일상적인 민주주의를 통해 헌법적 이슈들까지 심의하고 결정할 수 있다.

제 7 장

현대 한국정치와 입헌민주주의

민주주의와 법의 지배

제7장

현대 한국정치와 입헌민주주의

민주화 이후 민주주의의 새로운 딜레마

현대 한국에서 입헌민주주의는 1987년 민주화 이전과 이후로 나눠 고찰할 수 있다. 1987년 이전에는 군부독재 정권들이 민주주의와 법의 지배를 모두 부정했기 때문에 헌법에 천명되어 있는 정치원리로서의 입헌민주주의에 관한 규범적·이론적 논의 말고는 한국의 입헌민주주의에 관하여 특별히 논의할 것이 없다(김하열 2015, 97; 차동욱 2008, 55). 다만, 엄혹한 군부독재에 맞서 국민들이 민주주의를 쟁취하기 위해 치열한 투쟁을 전개해왔다는 사실은, 민주화 이후 한국 입헌민주주의 체제의 수립이라는 결과를 놓고 볼 때 매우 중요한 의미가 있었다. 특히 1980년대 중반의 군부독재 막바지 단계에서 정치적으로 활성화된 시민들이 군부독재를 무너뜨리려고 투쟁을 벌였던 시기는 대한민국의 '우리 국민'이 자신의 헌법적 의지를 과시한 헌법정치 시기로 특징화할 수 있다. 그럼에도 불구하고 정치적으로 활성화된 시민의 등장이라는 측면을 제외하면, 1987년 이전의 한국정치체제가 앞에서 개관한 입헌민주주의 형태들 중 어떤 유형에 속했고 또 어느 정도의 질적 수준에 도달해 있었는가를 논한다는 것은 거의 의미가 없다. 1987년 이전의 한국정치체제는 민주적이지도 않았고 법이 지배하지도 않은 강성 권위주의 체제였기 때문이다. 그러므로 이 장에서는 1987년 민주화 이후의 한국정치사를 입헌민주주의의 전개라는 관점에서 검토해보고, 이에 입각하여 한국정치체제가 추구할 입헌민주주의 체제의 방향을 제시해보고자 한다.

현대 한국정치사에서 1987년의 민주화는 매우 깊은 역사적 의미가 있다. 대한민국 국민이 전두환의 군부독재 정권으로 하여금 대통령 국민직선제 개헌을 골간으로 하는 헌법개정을 받아들이도록 압박하는 데 성공함으로써 '타협에 의한 민주화'를 이끌어냈기 때문이다(최장집 2002, 111-2; 조지형 2010, 169-75; 김선택 2013, 7, 9). 물론 민주화에 성공하기까지는, 1970년대 초반의 반유신체제 운동으로부터 1979년의 부마사태와 1980년의 광주민주화운동 그리고 1987년의 6월 민주화항쟁에 이르기까지, 수많은 시민들의 희생이 필요했다. 그럼에도 불구하고, 반동적인 전두환 군부정권의 철권통치를 뚫고 7년이라는 비교적 짧은 기간 동안에 민주화를 성공시켰다는 사실은, 한국 국민들에게 커다란 자부심과 자신감을 심어주었으며 그 이후 한국정치를 떠받치는 굳건한 의식적 토대가 되었다.

민주화에 성공한 1987년 직후의 상황은 매우 낙관적이었다. 국민의 저항과 민주화 요구는 탱크와 총으로도 결코 막을 수 없는 시대정신이 되었다는 것을 자각한 지배집단은 직선제개헌에 따라 권력을 차기 대통령 당선자에게 이양하게 되었다. 이듬해인 1988년에는 헌법재판소가 출범했고, 같은 해 4월에 치러진 총선은 여소야대 정국을 창출하여 대한민국을 명실상부한 민주주의 국가로 변모시켰다. 물론 1987년 12월의 대통령 선거에서 김대중과 김영삼이 후보단일화를 성사시키지 못한 결과 군부정권의 상속자인 노태우가 당선되는 한계가 드러나기도 했다.[1] 하지만, 그 동안의 민주화 운동을 통해 축적된 국민의 민주적 역량과 에너지, 그리고 새로 도입된 제도들과 평화적인 정권교체 과정은 한국 민주정치체제의 앞날을 낙관적으로 보도록 유인하기에 충분했다. 게다가 노태우 정권은 (비록 민주적 선거를 통해 정권을 잡았지만 군부쿠데타를 통해 정권을 찬탈했다는 역사적 대죄로부터 자유롭지 못했기 때문에) 정권의 정당성을 강화시키기 위해 대외정책에 집중하는 전략을 택하고 국내정치에서는 국

---

1) 노태우의 대통령 당선은 무엇보다 후보단일화 실패의 결과로 볼 수 있지만, 군부독재의 상속자에게 다수표를 던진 국민의 한계도 드러내었다.

민의 요구와 반응에 민감하게 반응하는 입장을 취하게 되었는데, 이것이 국민의 민주적 자신감을 더욱 고조시켜 민주주의를 어느 정도 공고화시키는 결과를 가져왔다.

하지만, 한국 민주주의의 공고화 과정은 민주화 과정에 못지않게 지난한 과정임이 곧 명백해졌다. 왜냐하면, 1987년 이후 한국정치사는 (계속해서 평화적인 정권교체에 성공해왔음에도 불구하고) 제왕적 대통령제와 그것을 뒷받침하는 국민들의 의식, 구권위주의 세력의 반동적 관성과 비민주적인 습성, 민주주의와 법의 지배에 대한 국민들의 낮은 기대 수준과 실천의지, 그리고 민주적 가치에 대한 대법원과 헌법재판소의 모호한 태도로 인해 일보 전진과 일보 후퇴를 거듭해왔기 때문이다. 특히 이런 현상의 배경에는 민주주의와 법의 지배라는 두 가지 정치적 이상에 대해 통치엘리트들과 국민 다수가 갖고 있는 잘못된 이해가 큰 역할을 했다(김선택 2014, 34-5).

1987년 이전까지 한국사회에서 민주주의는 일차적으로 독재와 인권탄압에 대한 저항을 의미했다. 민주주의를 이처럼 독재와 인권탄압에 대한 저항이란 관점에서 이해하는 것은 당시로서는 큰 실천적 의미가 있었다. 왜냐하면, 민주주의를 독재와 인권탄압에 대한 저항으로 이해하는 것은 보수와 진보를 가리지 않고 군부독재에 반대하는 모든 세력과 시민들을 민주화 운동에 동원할 수 있는 최선의 길이었기 때문이다. 전두환 군부독재 정권의 폭압성과 반인권성에 대한 분노는 대다수 국민들의 가슴 속에 잠복해있었기 때문에, 민주주의는 그런 분노를 표출시키도록 자극한 공통의 기치가 됨으로써 전 국민을 반독재 투쟁으로 규합할 수 있었다.

이 저항운동에서 민주주의는 어떤 적극적인 이상을 표현했다기보다는 독재와 인권탄압에 반대를 의미했다. 따라서 민주주의가 무엇이고 무엇이어야 하는가에 대한 개념적 혼란이 반독재 투쟁을 혼란스럽게 만들 수 있는 개연성은 낮았다. 민주화가 지향한 목표가 누구나 쉽게 동의할 수 있는 뚜렷한 목표, 곧 독재 타도였기 때문이다. 이 목표에 대해서는 인간의 집단적 삶이 최소한 어떤 모습으로 영위되어야 하는가에 대한 상식적 이해를 갖고 있는 사람들이라면, 진보주의자들이든 보수주의자들이든 이의를 제기하기 어려웠다. 독재가 무너진 상황에서 민주체제를 어떤 방식으로 재구축할 것인가 하는 문제는 차후의 문제로서, 당장은 군부독재와 인권탄압을 극복하는 것이 절체절

명의 공동 과제였기 때문이다.

하지만, 모든 국민들의 공동 목표였던 '민주화' 곧 독재타도라는 목표가 달성되자, 전 국민들을 하나의 권력으로 결속시킨 민주주의 개념의 통합력은 서서히 떨어지게 되었다. 최고 지도자인 대통령을 국민이 직접 선택한다는 최소 의미만을 남긴 채, 민주주의의 개념적 통일성은 빠른 속도로 해체되어 갔다. 진보적인 민주세력은 1987년의 민주화 사건을 진정한 민주주의를 발전시킬 수 있는 중요한 계기로 보았던 반면(박찬표 2006, 89), 보수적인 세력들은 그것을 민주화의 최종 목적지에 가까운 것으로 이해했기 때문이다. 공동의 저항 목표가 사라지자, 이제 어디를 향해 나아가야할 것인가 –어떤 민주주의를 지향해야 하는가– 를 두고 새로운 균열이 발생하기 시작한 것이다.

1987년 10월 제9차 개정헌법의 공포로 1987년 체제가 확립되자 이 균열은 구체화되기 시작했다. 1988년 2월에 임기가 시작되는 제13대 대통령 선거는 그 기폭제가 되었다. 군부독재 정권을 무너뜨리기 위해 강고히 결합되었던 국민들의 의지는 대통령 선거라는 일종의 축제를 즐기는 가운데 급격히 분열되기 시작했다. 김영삼과 김대중의 대권 경쟁 참여로 영남과 호남 간의 지역감정이 되살아나고, 김영삼과 노태우의 경쟁으로 경남·PK 대 경북·TK 간 지역감정이 덧붙여진 가운데, 반독재 투쟁 가운데 통합되었던 '우리 국민'의 민주적 의지는 누구에게 표를 던질까 하는 문제로 쪼개지기 시작했다. 대통령 선거의 열기 속에서 노태우 후보가 전두환 군부독재 정부의 계승자이며, 12·12 사태의 주역이었고, 따라서 얼마 전까지만 해도 반독재 투쟁의 핵심 대상이었다는 사실은 까마득히 잊어져 갔다. 이런 사실을 도외 시 한 채 김영삼과 김대중의 대권 경쟁이 노태우의 집권을 가능케 할 수도 있다는 인식이 확산되면서, 영남과 호남 사이의 지역감정의 골은 더욱 깊어지게 되었다. 이런 와중에 전두환 군부독재 정권을 합법적으로 계승한 노태우 대통령이 1987년 체제를 최초로 관리하게 되었다.

1987년 민주화가 구 권위주의 세력과 민주화 세력 사이의 타협에 의해 이루어졌다는 사실은 이런 아이러니한 현상을 설명할 수 있는 가장 유력한 요인들 중 하나로 제시된다. 하지만, 이에 못지않게 중요한 요인은 (반독재가 곧 민주주의라는 공동 인식이 민주화를 기점으로 깨지기 시작한 상황에서) 대통령과 대의원 선거를 민주주의의 전부로 이해하려는 세력들과 그것을 민주주의의 첫걸음으로 간주하려는 세력들 사이의 균열이다. 노태우 후보에게 표를 던진 국민들 중 다수는 대통령직선제 도입으로 민주주의가 실현되었다고 보았기 때문에, 이제 자기 지역 출신 대통령이 나왔으면 하는 바람으로 투표에 참여했다. 반면에 김영삼과 김대중 후보 사이에서 누구를 찍을까를 고민했던 사람들은 노태우 후보가 당선될 경우 합법적으로 권위주의로의 퇴행이 발생할 수 있다는 것을 우려했다. 이들 중 다수는 비록 3자 간 대결구도라 하더라도 (민주화의 열기가 식지 않았던 상황에서) 노태우 후보의 당선 가능성을 낮게 보았기 때문에, 김영삼 후보와 김대중 후보 중 한 사람이 무난히 대통령으로 선출되리라 낙관하면서 (대체로) 지역감정에 따라 투표했다.

표면적으로 보면, 이 두 세력들 모두 지역감정에 따라 표를 던졌기 때문에 이들의 정치의식 사이에는 별다른 차이가 없는 것처럼 느껴질 수도 있다. 하지만, 이들의 정치의식, 특히 민주주의에 대한 의식에는 상당한 차이가 있었다. 즉, 전자의 경우 민주주의는 대통령을 직접 선출하는 것을 의미했지만, 후자의 경우에는 민주주의가 그 이상의 것을 함축했다. 즉, 자유롭고 공정한 대통령 선거는 물론, 인권존중과 법치주의, 분배적 정의, 그리고 민주적인 의식과 태도 등 더 많은 것들을 함축했다. 최소한 김영삼 후보와 김대중 후보 사이에서 누구를 찍을까를 고민했던 사람들 상당수는 (결국 당시의 선거 역학 속에서 지역감정에 따라 투표할 수밖에 없었지만) 민주주의가 노태우 후보가 계승한 군부독재, 인권탄압과 법치파괴, 그리고 독선적인 상명하복의 문화와는 양립 불가능한 이상이라는 데 동의했던바, 민주주의를 반독재를 넘어선 하나의 적극적 이상으로 받아들이고 있었던 것이다.

민주화 이후 봇물 터지듯 터지기 시작한 사회운동 –노동운동이 중핵을 이루었다– 은 민주주의를 단순히 선거민주주의로 이해하는 데 만족한 세력들과 그 이상의 적극적 이상으로 규정하고 싶어 하는 세력들 사이의 새로운 균열을 시사했다. 보수적인 세력들은 현재의 민주주의 –대통령과 대의원의 직접 선출– 로 충분하다고 생각했기 때문에 민주주의를 더 심화시켜야 한다는 생각을 갖지 않았으며 또 그런 노력은 시민사회에서의 평온한 삶을 해칠 수 있는 위험한 것으로 간주하기까지 했다. 여기에는 비단 재벌과 대자본가뿐만 아니라, 중소기업을 경영하는 많은 사람들과 평범한 일반인들도 다수 포함되어 있었다. 반면에, 진보적인 세력들은 일단 선거민주주의를 공고히 하는데 주력해야 한다고 보는 비교적 온건한 입장에서부터 분배적 정의가 실현된 서구식 복지국가를 지향해야 한다는 입장에 이르기까지 다양한 스펙트럼을 형성했다. 이와 같은 차이에도 불구하고, 진보 세력들은 민주주의가 단순한 자유선거에 그쳐서는 안 되고 그 이상의 필요조건들, 예컨대, 인권존중과 법치주의, 관용과 타협의 문화 그리고 분배적 정의와 같은 조건들을 포함하는 더 실질적인 이상이어야 한다는 데 동의했다.

하지만 이상에서의 설명은 1987년 이후 보수 세력들이나 진보 세력들 전체가 민주주의가 무엇인지에 대한 개념적 확신을 가지고 행동했다는 뜻은 아니다. 소수의 리더들이나 지식인들을 제외하면, 민주주의가 무엇인지에 대한 명확한 인식보다는 민주주의에 대한 감각이나 느낌에 따라 행동했다. 다시 말해, 독재와 인권탄압에 반대되는 것이 민주주의라고 느꼈던 것처럼, 대통령 선거를 실시하는 것이나 분배적 정의를 실현하는 것이 민주주의라고 '느끼면서' 행동했다. 그런데 민주주의에 대한 이와 같은 불명확한 이해는 1987년 체제 수립 이후 현실 정치상황과 맞물리면서 한국 민주주의의 공고화를 저해하는 중요한 요인으로 작용하게 된다. 특히 김영삼 신민당 총재와 노태우 대통령 주도의 3당 합당은 민주주의와 권위주의의 경계를 모호하게 만들어버림으로써 민주주의에 대한 국민들의 이해를 더욱 더 혼란스럽게 했다.

주지하듯이, 민주주의와 법의 지배는 본질적으로 경합적인 개념들이다. 다시 말해 이 두 가지 개념은 그 개념을 사용하는 사람들마다 그 구체적인 의미(=내용)를 다르게 이해할 정도로 다양한 해석을 허용한다. 그리고 이것이 바로 민주주의와 법의 지배가 다양한 상호관계를 맺어 매우 상이한 형태의 입헌민주주의들을 구현해낼 수 있는 이유이다.

그런데 민주주의와 법의 지배 개념이 지닌 경합적 본질은 특히 민주주의와 법의 지배 전통이 확립되지 않은 국가들의 경우 매우 부정적인 결과를 산출할 수 있다. 예컨대 오랜 권위주의 정치전통을 지닌 국가들이 시민혁명에 의해 민주화되었거나, 권위주의적인 정치체제에서 서로 대립해왔던 정치세력들이 타협함으로써 민주화를 이룬 국가들에서는 (민주주의가 무엇인지 경험적으로 체득하지 못했기 때문에) 대중적 선거의 실시만으로 민주주의가 완벽히 실천되는 것으로 오해되는 경향이 있다. 오도넬은 권위주의 국가로부터 민주화된 신생민주주의 국가들의 경우 이런 현상이 비일비재하게 나타난다는 것을 확인하고, 이런 형태의 민주주의를 위임민주주의(delegative democracy)로 개념화했다(O'Donnell 1994). 오도넬에 의하면, 위임민주주의 국가에서는 사실상 대중 선거가 최고 지도자에게 권력을 집중시켜주는 절차로 간주되는 경향이 있는바, 민주주의가 군위주의 통치를 정당화시켜주는 기제로 작동하게 된다.[2]

이처럼 신생민주주의 국가들에서 민주주의의 개념적 모호성 혹은 다의성은 권위주의 통치를 지속시키는 중요한 인식론적 배경이 되고 있다. 신생민주주의 국가의 최고 지도자와 통치 집단은 (대중선거에 의해 자신들이 정권을 잡았기 때문에 정당성을 확보했다고 주장하면서) 사실상 권위주의 통치와 다름이 없는 정치 관행을 지속시켜 나가고 있는 것이다. 더구나 대부분의 신생민주주의 국가들에서는 여전히 산업화와 경제성장이 절박한 국가적 과제로 추구되고 있고, 국민들은 물질적 · 경제적 복지수준 향상을 위해서라면 어떤 희생도 감수할 태세가 되어 있기 때문에, 대중선거를 통해 선출된 지도자들이 권력을 권위주의적으로 사용해도 그들의 복지에 도움이 된다고 생각하면 그것을 기꺼이 받아들인다. 이처럼 민주주의에 대한 다중들의 무지와 비민주적인 정치문화의 존속, 그리고 경제적 복지에 대한 대중의 몰입은 민주화 이후 민주주의를 공고화시키는 데 중대한 걸림돌로 작용하고 있다(Morlino, Dressel and Pelizzo 2011, 501-4).

법의 지배 개념은 더욱 큰 딜레마를 야기한다. 민주주의가 실천되지 않은 대부분의 국가들에서는 법의 지배 전통 역시 확립되지 않았기 때문에 (민주화를 통해 제도적인 장치들을 완벽히 구비하게 되었을 지라도) 법의 지배를 구현하는 데 큰 어려움이 많다. 그래도 민주주의의 경우에는 선거를 통해 구태 권위주의 정치인들을 축출하고 참신한 민주 인사들을 선출할 개연성이 있고, 국민들이 다음 번 치러질 선거를 수단으로 정치인들에게 책임 있게 행동하도록 압박할 수 있기 때문에 민주주의가 최소한의 틀을 유지할 수는 있다. 하지만, 법조계

2) 오랫동안 권위주의 통치에 익숙해 있었던 국민들에게 정치는, 그것이 비록 민주정치라 하더라도, 자신들의 특권이나 책무로 인식되기보다는 소수 엘리트들의 전유물로 여겨지는 경향이 있다. 참고로, 1인의 제왕적 대통령을 정점으로 하는 위임민주주의에서는 레임덕현상도 그만큼 심하게 올 수도 있다.

엘리트들은 그런 방식으로 교체할 수 없다. 대부분의 판검사들은 민주화 이후에도 그대로 자리를 유지한 채 과거에 수행해온 역할을 계속하는 것이 일반적이다. 더구나, 신생민주주의 국가들의 경우 대통령이나 수상과 같은 최고 지도자들이 과거의 권위주의 체제를 대표했던 인물들로부터 선출되는 것이 흔하다는 사실은, 대법원과 헌법재판소와 같은 최고의 사법기관들이 과거 권위주의 체제에서 가장 큰 수혜를 입었던 판사들로 채워질 것이라는 것을 예상할 수 있게 해준다. 이런 상황에서 최고 사법기관들이 시민혁명에 의해 확인된 국민의 헌법적 의지를 충실히 수호할 것으로 기대한다는 것은 매우 순진한 생각이다. 민주화가 되었다고 해서 과거에 권위주의 체제를 뒷받침해왔던 사법기관들이 (대중선거라는 민주적 절차만을 갖췄을 뿐 별반 달라지지 않은 정치문화와 법문화 속에서) 하루아침에 민주주의를 수호하는 최후의 보루로 바뀔 것이라고 기대하는 것은 연목구어의 환상에 지나지 않는다.

하지만 법의 지배는 이와 같은 현실적 장애보다 더 근본적인 문제에 직면해 있다. 그것은 법의 지배에 대한 통치자들과 다중들의 뿌리 깊은 오해이다. 민주화 이전의 오랜 권위주의 체제에서도 법은 중요한 역할을 해왔다. 아무리 통치자가 자의적으로 통치하는 전제정 하에서도 통치자가 모든 신민들의 행위를 철저히 감시할 수 없고 개별적인 송사가 벌어질 때마다 직접 판결할 수 없기 때문에, 법과 사법기관은 전제군주의 통치수단으로 매우 긴요히 사용되어 왔다. 물론 강력한 전제권력을 견제하기 위한 전통적인 제약 장치들 –헌법관행들과 권력균형 원칙– 이 부분적으로 작동하긴 했다. 하지만 대부분의 전제군주들이나 현대의 독재자들은 자신의 권력을 효과적으로 유지·사용하고 사회를 효과적으로 통제하기 위해 법을 사용해왔다. 이런 부류의 법치주의 전통은 민주화 이전의 대부분의 권위주의 체제들에서 국민들의 법의식을 형성하는 데 중요한 역할을 해왔는바, 민주화 이후에도 현대적인 법의 지배를 정착시키는데 커다란 걸림돌이 되고 있다.

이와 같은 일반적 설명은 한국사회에서도 유효하다. 이승만 독재정권이 무너지고 수립된 제2공화국 시기와 1987년 민주화 이후의 시기를 제외하면 한국은 민주적인 정치문화와 법의 지배 전통을 확립할 수 있는 기회를 거의 갖지 못했다. 제2공화국이 채 1년도 되지 않아 5·16 쿠데타로 무너진 사실을 고려하면, 1987년 민주화 이전의 한국사회에서 법의 지배 전통이 확립될 수 있는 기회가 전혀 없었다는 사실은 민주화 이후 한국에서 법의 지배가 순조롭게 정착되지 못한 현상을 이해할 수 있는 중요한 단서가 된다.

민주화 이후 한국사회에서 법의 지배가 확고히 정착되지 못하고 있는 중요한 이유들 중 하나는 오랫동안 통치자들과 국민들이 법을 주로 통치의 수단으로 여겨왔다는 사실에서 찾을 수 있다. 대부분의 통치자들과 국민들에게 법은 사회질서를 유지하고 집단적 목표를 효과적으로 추구하기 위한 수단으로 인식되어 왔다(Morlino, Dressel and Pelizzo 2011, 502, 504; Im 2011, 580-1). 근대 이후의 법이 국민의 기본권을 보장하고 통치권력을 제약하기 위한 수단으로 발전되어 왔다는 인식은 일부 식자층과 민주적인 정치인들과 법조인들에게서만 찾아볼 수 있을 정도다.[3] 다시 말해, 민주화 이후의 한국사회에서도 법은 대체로 통치의 수단 및 질서 유지의 수단으로 인식되어 왔는바, 통치 집단을 견제할 수 있는 수단이라기보다는 통치 집단이 활용할 수 있는 도구로 간주되고 있는 것이다(김효전 1999, 219).

그런데 이와 같은 법치 개념과 법문화는 현재 한국사회가 겪고 있는 민주수의의 부분적 퇴행과 관련하여 중대한 함의가 있다. 민주화 이후 정치지형에서는 아무리 권위주의적인 성향을 갖고 있는 통치자들이라고 해도 민주적인 절차나 그 결과를 정면으로 부정하는 것이 용이하지도 현명하지도 않다. 민주혁명에 성공한 국민의 자신감과 에너지가 아직 완전히 소멸되지 않았고, 민주적 가치에 대한 국민적 지지와 헌신이 어느 정도 유지되고 있는 상황에서 민주주의를 부정하는 것은 스스로 무덤을 파는 어리석은 행위이기 때문이다. 하지만 법의 지배를 은밀히 훼손하거나 방해하는 것은 상대적으로 쉽다. 민주주의에 비해 법의 지배는 그 내용이 더 복잡할 뿐만 아니라 많은 국민들이 그 뜻을 법을 수단으로 한 통치(rule by law)로 착각하는 경우가 많기 때문에, 법의 지배를 조작하거나 왜곡하는 것이 상대적으로 쉬운 것이다.

국민들 다수가 법의 지배의 정확한 의미를 오해하고 있는 상황과, 법의 지배를 실현하는 데 필요한 제도적·절차상의 조건들이 국민 다중의 민주적 의

---

3) 대부분의 법조인들은 법의 지배의 뜻을 잘 이해하고 있지만 경험적으로는 반드시 그렇지도 않다. 표현의 자유나 집회의 자유를 보장하는 것보다는 질서유지를 위해 공권력의 엄격한 행사를 강조하며, 시민들의 준법의식만을 일방적으로 강조하는 법조인들도 적지 않기 때문이다(송기춘 2007, 304-5; 오동석 2001, 230).

지로부터 격리되어 있다는 사실은, 민주주의에 비우호적인 세력들이 민주주의와 그 결과를 부정하기 위해 법의 지배를 조작하거나 왜곡시키는 방법을 선호하는 이유를 알려준다. 특히 이런 현상은 권력분립 원칙이 (형식상 존재하긴 하지만) 사실상 붕괴되어 있는 위임민주주의 체제 –즉, 선거민주주의와 권위주의 통치가 결합되어 있는 체제– 에서 흔히 발견할 수 있다. 이와 같은 체제에서는 국정의 최고 통수권자와 그 협력 세력이 사법부 구성을 좌지우지함으로써 사법절차를 통해 민주정치 과정의 결과를 자신들의 의도에 따라 마음대로 조작할 수 있기 때문이다. 현대사회에서 사법을 정치적으로 활용하려는 경향은 선진 민주주의 국가들에서도 나타난다. 하지만, 그런 경향은 신생 민주주의 국가들에서 더 자주 나타나는 현상으로, 특히 권위주의 세력과 민주주의 세력이 타협을 통해 민주화를 달성한 사회에서 가장 빈번히 발생한다. 타협에 의해 민주화가 이루어진 사회에서는 구 권위주의 체제의 잔존 세력이 정치권력을 장악하는 경우도 적지 않은데, 이 경우 정권 담당자들은 법의 지배를 조작하거나 왜곡함으로써 (혹은 정치를 헌법화시킴으로써) 헤게모니를 유지하려는 경향이 있다(Hirschl 2004, 38-49), 이 방법은 민주적 정치과정을 직접적으로 공격하지 않기 때문에 국민들의 저항을 피할 수 있으면서도, 그들에게 불리한 민주정치의 결과를 사실상 무효화시켜버릴 수 있기 때문에 매우 매력적이고 효과적인 방법이다. 이처럼 사법을 이용하여 민주주의와 그 결과를 무효화시켜버리는 전략은 위임민주주의 하에서 민주적 가치를 내면화하지 못한 통치자들이 선호하는 방법으로, 특히 과거의 권위주의 세력과 타협을 통해 민주주의를 성취한 국가들에서 빈번히 사용된다.

1987년 체제에서 각 정권의 정치적 실천

1987년의 민주화는 대통령 국민직선제와 헌법재판소 설치를 핵심으로 하는 헌법개정을 불러왔다. 이런 내용의 헌법개정은 (헌법재판소 설치를 제외하면) 유신헌법에 의거하여 실시되어온 장충체육관 대통령 선거를 그 이전으로 되돌린 의미가 있었다는 점에서, 새로운 제도의 도입이라는 의미보다는 대체로 헌정질서가 수난기에 접어들기 이전의 제3공화국 체제로의 복귀를 의미했다 (이국운 2010, 30, 37; 조지형 2010, 162). 주지하듯이 1971년에 치러진 제7대 대통령 선거에서 김대중 후보에게 아슬아슬한 차이로 승리한 박정희는 권력상실의 우려 끝에 종신집권을 위해 유신을 단행했다. 10월유신은 1972년 10월 17일에 박정희 대통령이 계엄을 선포하고 국회해산과 헌법정지 등을 골자로 하는 특별선언을 발표한 사건이다. 이에 따라 진행된 제7차 헌법개정을 통해 직선제 폐지 및 통일주체국민회의를 통한 간접선거 실시, (대통령 추천으로) 통일주체국민회에서의 국회의원 1/3 선출, 대통령의 긴급조치권, 국회해산권 및 법관임명권 보장, 그리고 대통령 임기 6년 연장 및 연임제한을 철폐하는 등 사실상 강력한 독재체제가 구축되었다. 그러므로 대통령과 국회의원을 직선제를 통해 선출하고, 대통령의 비상조치권을 폐지하며, 헌법재판제도를 강화하기 위해 헌법재판소를 새로 신설한 것 등, 1987년 12월에 공포된 새로운 개정헌법 –제6공화국 헌법– 은 주로 15년 전의 제도로 복귀한다는 의미가 더 컸다. 물론, 이 기간 동안 국민들이 유신독재와 전두환 군부독재에 저항하는 과정에서 배양하게 된 민주적 의식과 역량은 1987년 민주화 이후 한국 민주주의가 권위주의로 다시 회귀하는 것을 막는 궁극적인 보루가 되었다는 점에서 중요한 의미가 있다.

먼저 이 시기에 수립된 민주체제의 성격을 제도적 측면에서 분석해보면,[4] 헌법관련 소송을 헌법재판소에 전담시키게 된 점을 제외하고는, 유신헌법 이전의 헌법과 비교해 볼 때 중요한 차이가 없다(이국운 2010, 37; 조지형 2010, 176-7). 정도 차이는 있을지 몰라도 유신헌법 이전의 제3공화국 헌법도 자유민주주의적인 정치이념에 비교적 충실한 제도들을 채택했고, 심지어 개헌을 위한 국민투표제까지 채택하고 있었기 때문이다(허영 2006, 109).[5] 이런 측면에서 보면, 1987년의 개정헌법은 제3공화국 헌법과 제1공화국 헌법과의 연속성을 갖고 있다고 할 수 있는바, 기본적으로 자유민주주의 체제의 계승과 복원으로 특징화할 수 있다.[6]

---

4) 1987년 후반에 진행된 헌법개정은 헌법 조문의 37퍼센트에 손을 댄 대폭적인 것이었지만, 구헌법이 규정한 절차에 따라 구헌법상 국회가 주도했다는 점에서 완전히 새로운 헌법을 만든 것은 아니었다.

5) 물론, 제3공화국 헌법은 기본권을 제한할 수 있는 여지가 더 컸고, 대법원장과 대법관을 선출하지 않고 법관추천회의의 제청에 의해서 대통령이 임명하도록 했으며, 헌법재판소 대신 위헌법률에 대한 사법심사제를 채택하는 등, 1987년의 개정헌법과 차이가 없지 않았다.

6) 하지만 제3공화국 헌법 전문에는 5 · 16의 근대화 이념이 담겨있었기 때문에, 1987년의 개헌

그런데, 위헌법률에 대한 사법심사권을 전담하는 헌법재판소의 도입은 1987년 민주화 이후 한국사회가 지향한 입헌민주주의 형태와 관련하여 중요한 함의가 있었다. 그것은 독립적인 헌법재판소의 설치를 통해 의회의 입법활동과 행정부의 정책집행 활동을 사법적으로 견제함으로써 삼권분립 원칙을 더 강화시키려는 의도를 반영한 것으로 (실제로 그런 의도가 실현되었는가 하는 문제와는 별개로) 미국과 독일이 채택한 법적 헌정주의 체제로의 변화를 꾀한 것으로 볼 수 있기 때문이다.

하지만, 헌법재판소의 실제적인 작동을 포함하여, 노태우 정권으로 시작된 제6공화국 하에서의 한국정치체제의 실제는 헌법 조문들이 대변하는 입헌민주주의 체제와는 상당한 괴리가 있었다. 왜냐하면, 한국 입헌민주주의 체제의 실제적 작동은 활성화된 시민사회의 영향력 변화와 정권의 성격 차이로 인해 일진일퇴의 행보를 걸어왔을 뿐만 아니라. 상대적으로 큰 진폭을 갖고 움직임으로써 헌법 조문에 반영된 입법 의도와는 다른 방식으로 작동한 경우가 많았기 때문이다. 그러므로 1987년 이후 한국헌정사는 활성화된 시민들의 민주적 의지 및 에너지의 변화 그리고 정권의 성격과 함께 고찰할 경우에만 적절히 조명할 수 있다.

1987년의 민주화를 성공시킨 국민들의 민주적 자신감이 아직 충천해있었던 노태우 정권 시기에는 민주화 과정에서 확인된 국민의 민주적 의지 때문에 정권과 권력기관들이 국민의 의사에 비교적 민감하게 반응했다. 이때는 1987년의 헌법정치 시기에 활성화된 시민들의 민주적 에너지가 아직 식지 않았을 때였으므로, 정권의 안정을 위해 무엇보다 국민의 민주적 열망과 의지를 거스르지 않는 신중한 행보가 필요했다. 따라서 아무리 전두환의 5공과국과 같은 뿌리를 갖고 있었다고는 하지만 정권의 허약한 민주적 정당성을 강화시키기 위해 노태우 정권은 5공과의 단절을 추진할 수밖에 없었다. 더구나 1988년 총선을 통해 구성된 최초의 여소야대 국회는 5공 청문회를 통해 소수당으로 전락한 민정당과 노태우 정권이 권위주의적 과거와 단절하도록 압박을 가함으로써 전두환 전 대통령을 백담사로 보내도록 만들었다.

논의에서 제3공화국 헌법으로 되돌아가는 것에 대한 반론도 만만치 않게 제기되었다. 예컨대, 김철수 교수는 제3공화국 헌법의 부활이 아닌 보다 발전적인 구상의 필요성을 강조했다(조지형 2010, 176).

이처럼 노태우 정권 초기 2년은 1987년의 헌법정치 시기에 활성화된 국민의 민주적 에너지와 압력 그리고 여소야대 국회로 인해, 노태우 정권이 정권의 안정과 정당성 강화를 위해 국민의 민주적 의지에 비교적 충실히 반응한 시기였다. 그러므로 이 시기는 국민의 활성화된 민주적 의지가 정국을 주도했던 시기로, 말하자면, 민주주의가 입헌민주주의 체제를 구현하는 실질적인 동력으로 작용했던 시기였다.

하지만 민주화의 대업을 이뤘다는 자부심과 흥분이 어느 정도 가라앉기 시작하고 노태우 정권이 권위주의로 회귀할 가능성이 없다는 것이 확인되면서, 정치적으로 활성화되었던 국민들은 급속히 '사적인' 시민으로서 되돌아갔다. 대통령과 국회의원들을 제 손으로 뽑게 되고 노태우 정권이 권위주의로 회귀할 가능성이 없게 되면서, 정치를 다시 전문 정치인들에게 맡기고 생업과 사적인 문제에 전념할 수 있게 된 것이다. 이제 한국정치는 활성화된 민주시민이 주도했던 단계에서 소수의 정치인들이 주도하는 일상의 정치로 전환되었고, 그와 동시에 일상정치가 헌법의 테두리 내에서 작동하도록 견제하는 법조계, 특히 대법원과 헌법재판소의 역할이 점자 중요해졌다. 그러므로 노태우 정권의 집권 후반기부터는 한국의 정치체제가 헌법이 지향하고 있는 입헌민주주의 체제, 곧 사법부의 역할이 상대적으로 중요한 입헌민주주의 체제의 모습을 보일 것으로 기대되었다.

국민의 민주적 의지가 주도했던 2년 남짓의 시간이 지나자 국민의 민주적 열기는 빠른 속도로 식기 시작했다. 그렇게 되자 그 동안 국민의 민주적 의지와 요구에 민감하게 반응함으로써 권위주의 체제로의 회귀에 대한 국민적 불안을 불식시켰다고 생각한 노태우 정권은 더 이상 수세적인 자세를 취하지 않았다. 1990년 1월 22일 민정당은 김영삼과 김종필이 각각 이끌고 있었던 민주당 및 공화당과 3당통합을 선언하고, 2월 15일 자유민주당이라는 (국회의원 2/3가 넘는) 거대 여당을 창당하게 되었다.

그런데 여기에는 그 동안 김대중과 더불어 민주화 운동을 이끌었던 김영삼의 차기 대권에 대한 욕심이 크게 작용했다. 민주당이 제3당의 지위를 점하고 있었던 상황에서는 차기 대권을 잡는데 성공하기 어렵다고 생각한 김영삼은 그 동안 자신이 투쟁해온 민정당과의 합당을 대권 장악을 위한 승부수로 생각했던 것이다. 노태우 정권 또한 민주 투사 김영삼의 민주당과 합당할 경우 (민주적 선거를 통해 합법적으로 정권을 잡았지만) 여전히 군부독재의 상속자라는 오명을 탈피하기 어려웠던 자신의 정권에 민주성을 덧입힐 수 있는 동시에, 거대 야당의 압박으로부터 벗어나 보다 적극적으로 정국 운용을 꾀할 수 있다는 계산으로 3당합당에 동의했다. 이와 같은 정치공학에 따라 3당합당이 성사된 이후 노태우 정권은 다소 퇴행적인 행보를 보이게 되었다. 민주주의의 공고화에 대한 국민적 여망을 배신하고 자신이 약속했던 중간평가를 생략해버렸으며, 지방자치단체장 선거를 연기했다. 그와 동시에 자유민주당은 빈번히 수적인 우세를 이용하여 날치기 입법을 기도했다. 그러므로 노태우 정권 후반기는, 국민의 민주적 에너지의 약화와 그에 따른 노태우 정권의 자신감 회복, 김영삼의 대권 욕심으로 인한 민주세력과 권위주의 세력의 부분적 통합(3당통합), 그리고 거대 여당에 의한 입법정치의 왜곡 등이 결합하여 매우 불완전한 입헌민주주의 체제가 작동했다고 볼 수 있다.

이 맥락에서 김영삼이 주도했던 3당통합이 그 이후 한국정치의 성격에 미친 중요한 영향을 살펴보자. 주지하듯이 국민들이 전혀 예상할 수 없었던 3당통합을 통해 김영삼은 차기 대선에서 당선되어 개인적인 정치적 포부를 실현할 수 있었으며, 동시에 문민정치 시대를 열 수 있었다. 이것은 김영삼의 민주화 투쟁 경력과 그의 강력한 민주적 의지를 두고 볼 때 한국 민주주의의 미래를 위해 상당히 중요한 의미가 있었다. 그럼에도 불구하고 3당통합은 과거의 권위주의 세력과 민주세력을 혼합시켜버림으로써, 두고두고 한국정치의 진정한 쇄신을 가로막는 걸림돌로 작용하게 되었다는 점에서 (김영삼 자신의 민주화 투쟁 역사에 큰 흠집으로 남아있을 뿐만 아니라) 반동적인 측면이 없지 않았다. 이 사건은 김영삼의 문민정부 수립을 가능하게 했지만, 동시에 과거의 권위주의 세력들의 정치적 입지를 공고화시켜줌으로써 이들이 향후 한국정치를 주도할 수 있는 발판을 깔아주었기 때문이다. 사실 이런 관점에서 보면, 현 시기 한국정치의 모호한 성격 –민주성과 권위주의적인 특성의 혼합– 은 3당통합을 통해 5공 권위주의 세력이 다시 한 번 득세할 수 있도록 마련해준 김영삼의 정치적 판단에도 책임이 있었다고 볼 수 있다.

그럼에도 김영삼 정권의 등장은 당분간 한국정치가 명실상부하게 입헌민주주의를 실현할 수 있는 좋은 기회를 제공했다. 박정희 유신정권 시대부터 김대중과 더불어 민주화 투쟁을 이끌어왔던 김영삼이 민주적 선거를 통해 대한민국의 대통령이 되었다는 사실은, 한국 민주주의가 질적으로 더 성숙할 수 있는 진정한 계기를 제공했기 때문이다. 그리고 사실 김영삼 정권은 이와 같은 국민적 기대에 부응하는 많은 개혁들을 추진함으로써 한국사회의 적폐를 일소하는 데 적지 않은 기여를 했다. 이 시기에 공직자윤리법을 제정하여 고위 공직자들의 재산공개를 처음으로 시행했으며, 정경유착과 부정부패를 청산하기 위해 정치자금을 받지 않겠다는 약속을 했고, 군부독재와 특권의 온상이었던 하나회를 해체시켰으며, 검찰의 미온적인 협조를 극복하고 전직 대통령 전두환과 노태우의 비자금 비리를 밝혀냈고, 금융실명제 도입을 통해 한국사회를 더 투명하게 만들었다.

하지만, 김영삼이 민주화 과정에서 발휘했던 카리스마와 역량은 자신의 정부를 효율적으로 이끌고 대한민국 사회를 정상화하는 데 있어서는 그다지 큰 힘을 발휘하지 못했을 뿐만 아니라, 심지어 걸림돌로 작용한 측면도 있었다. 김영삼 정권은 초기만 해도 한국사회를 쇄신하는 데 상당한 성과를 거두었다. 하지만 집권 후기에 들어서는 태생적인 한계와 지역정치의 문제점 그리고 정치적 리더십의 한계와 측근 비리로 인해, 극심한 통치의 비효율성을 드러냈다. 더구나 이런 통치의 비효율성은, 김영삼이 민주화 과정에서 발휘했던 역량과 카리스마를 두고 볼 때 아이러니 한 측면이 없지 않았다. 정권 말기에 터진 한보사건과 외환위기로 인해, 김영삼 정권은 정권 초기에 받았던 압도적인 국민적 지지와 대조적으로, 전 국민적 실망만을 남긴 채 역사의 뒤안으로 물러났다.

그런데 이 시기 한국 입헌민주주의 체제의 성격과 관련하여 김영삼 대통령의 리더십이 미쳤던 중요한 영향을 검토해볼 필요가 있다. 왜냐하면, 집권 초기 김영삼 대통령이 보여준 강력한 리더십은 한국사회의 개혁을 위해 반드시 필요한 것이었음에도 불구하고, 그 이후에는 한국정치의 고질병이 된 독선적인 리더십의 표본을 제공했기 때문이다.[7] 김영삼의 강한 성격과 카리스마는 민주화 투쟁에서는 없어서는 안 될 구심점을 제공했지만, 민주화 이후에서는 민주정치 과정을 단절 또는 왜곡시키는 부정적인 요소로 작용했던 것이다.

7) 1987년 체제를 구상함에 있어서 김영삼은 자신의 집권에 낙관적이었기 때문에, 헌법개정 논의에서 제왕적 대통령제의 수정에는 미온적이었다.

민주화 과정에서 형성·축적된 김영삼 대통령의 권위와 카리스마는 (대통령 개인의 판단과 선택이 국정운용의 중심이 되도록 만듦으로써) 정부의 세 부서가 상이한 기능을 담당하면서도 다른 부서를 견제할 수 있도록 해주는 3권분립을 해침으로써 (이미 권위주의 시대를 통해 왜곡될 대로 왜곡된) 법치주의를 약화시키는 결과를 초래했다. 김영삼 대통령의 강렬한 카리스마는 여야 간의 대화와 타협 그리고 법치주의 원칙에 따라 제도적으로 이루어져야 할 민주정치 과정을 김영삼 대통령 개인에 의한 인치(人治)로 전락시켜버린 부작용을 낳았던 것이다. (더구나 이런 제왕적 대통령제는 자유민주당에 뿌리를 두고 있는 이명박 대통령과 박근혜 대통령에게 전승되어 한국 민주주의의 발전을 지체시키는 장기적인 요인으로 작용하게 된다) 요컨대, 김영삼 대통령의 집권 시기 한국 입헌민주주의 체제는 정상적인 삼권분립 및 법의 지배와 다소 동떨어진 제왕적 대통령제의 관행이 새롭게 확립된 시기였다고 평가할 수 있다.

김영삼의 3당통합 전략이 주요했던 것으로 드러나자 대통령 경쟁에서 실패한 김대중은 DJP연합이라는 비슷한 전략으로 차기 정권을 창출해냈다. 김영삼 정권 말기에 터진 외환위기로 인해 IMF관리체제를 떠맡게 된 김대중 정권은 최초의 여야 간 정권교체를 통해 들어섰다는 점에서 한국사회에 민주주의가 정착되어가고 있다는 증거로 간주되곤 한다. 어쨌든 김대중 대통령은 IMF관리체제를 신속하게 벗어날 수 있는 효과적인 대책들을 성공적으로 집행함으로써 어느 정도 준비된 대통령이라는 인식을 심어주는데 성공했다. 시장경제와 민주주의를 병행 발전시키고, 인권을 신장시키는 데도 상당한 노력을 경주했으며, 금융과 공공부문 그리고 교육을 개혁하는 데도 상당한 성과를 거두었고, 햇빛정책을 통해 남북관계를 개선하고 북한을 방문함으로써 6·15 공동선언 합의를 도출해내기도 했다. 또한 국민기초생활보장법을 제정했고, 사회보험제도를 확충하여 국민을 질병·노령·재해 등 사회적 위험으로부터 보호하고자 하였으며, 저소득층을 포함한 사회 취약계층의 자활을 돕기 위해 다양한 취업 방안들을 마련했다. 이른바 생산적 복지로 불리는 김대중의 복지정책은 당시 영국에서 실험 중에 있었던 '제3의 길' 노선을 수용한 정책으로서, 장기적으로 한국을 복지국가로 만들어가기 위한 중요한 포석이었다.

하지만, 김대중 정부는 IMF관리체제를 신속히 벗어나려는 성급함 때문에 IMF의 많은 요구들을 여과 없이 받아들임으로써 (관리체제에서 신속히 벗어나긴 했지만) 한국사회를 실질적으로 신자유주의적인 체제로 변모시키는 데 결정적인 역할을 했고, DJP연합의 조건이었던 내각제개헌을 포기함으로써 한국정치에서 신뢰의 가치를 떨어뜨린 문제점을 노정하기도 했다. 또한 김영삼 정권과 마찬가지로, 대통령의 개인적 리더십을 지나치게 앞세움으로써 정상적인 민주정치 과정의 중요성을 한국사회에 심어주지도 못했다. 더구나 임기 말에 세 아들들(홍일·홍업·홍걸)이 모두 권력형 비리로 고발되면서 명예롭게 퇴진하지도 못했다.

김대중 대통령의 집권 시기는 대체로 모순적인 현상들이 충돌한 시기로 볼 수 있다. 외환위기에서 벗어나야 한다는 위기감 때문에 대통령의 강력한 리더십이 필요하기도 했지만, 그런 강력한 리더십은 여전히 연약한 상태에 있었던 한국 민주주의의 장기적 건강성을 해칠 수 있는 가능성을 높여 놓았다. 또한 영국과 독일에서 실험되고 있었던 제3의 길을 한국에 적용함으로써 복지국가로의 이행을 주도했지만, IMF의 신자유주의적 요구를 대폭 반영함으로써 복지국가와 모순되는 현상들도 강화시켰기 때문이다. 이런 모순적인 성과 및 경향들은 서로 상반되는 욕구와 기대를 가진 세력들의 경쟁을 더욱 심화시킴으로써 (비록 의도한 바는 아니었지만) 한국정치의 극단적인 양상을 강화시켰다.

입헌민주주의의 실제적인 작동이란 측면에서 보면, 김대중 정권 역시 권력분립 원칙의 불완전한 구현, 법치주의의 부분적 우회(김종필 국무총리 임명과정의 비헌법성), 인위적인 여대야소 조성, 그리고 의원내각제 개헌약속 파기 등을 통해 분명히 드러났듯이, 민주주의와 법치주의의 충실한 구현과는 상당한 괴리가 있었다. 김대중 대통령의 강력한 카리스마와 리더십은 단기적으로는 결코 과소평가 할 수 없는 성과를 이뤄내기도 했지만, 장기적으로는 오도넬의 이른바 위임민주주의 체제를 강화시킨 측면도 있었던 것이다.[8] 더구나 급격히 쇠퇴하기 시작한 시민의식은 그런 추세를 더욱 강화시켰다(Shin, Park and Jang 2013, 210-2). 요컨대 이 시기까지도 한국의 정치체제는 실질적인 의미에서 헌법에 천명된 자유주의적 입헌민주주의와 상당한 거리가 있었던, 불완전

8) 더구나 이 시기는 정치적으로 활성화된 국민들의 참여가 일부 시민단체들에 의한 감시활동으로 대체되었기 때문에, 민중주의적 입헌민주주의 체제와도 거리가 멀었다.

한 입헌민주주의 체제였다고 평가할 수 있다.

노무현 정권 시기는 중요한 정치적 실험들이 행해졌다는 점에서 한국 현대정치사의 분기점이 될 수 있었다. 참여의 가치를 전면에 내세운 노무현 대통령은 국민적 참여를 활성화시키고 권력을 수평적·수직적으로 분권화시킴으로써 한국정치체제를 개혁해보겠다는 야심찬 의도를 갖고 있었다. 이런 의도는 그가 국민경선을 통해 정권을 인수하게 된 최초의 대통령이었다는 사실에서도 읽을 수 있지만, 무엇보다 대통령을 제왕적으로 보는 정치의식을 뿌리 뽑고, 관료집단과 권력기관들에 만연해있던 권위주의를 청산하고자 한 새로운 실험들에서 보다 직접적으로 읽을 수 있다. 노무현 대통령은 스스로 대통형의 권력을 제한하는 한편, 사법부와 검찰의 독립성을 보장해줌으로써 법의 지배를 확립하려고 애썼다. 하지만 법치주의를 강화시키려는 노무현 대통령의 노력은 관료집단의 경직성과 권력기관들의 비협조, 그리고 계급적 기반의 허약성 및 신중하지 못한 언사와 행동으로 인해 (과감한 개혁에 필요한) 국민적 지지를 얻는데 실패하고 말았다. 노무현 대통령은 그에게 깊은 반감을 갖고 있었던 의회에 의해 선거법 위반 혐의로 탄핵에 처하기도 했으며, 근거가 취약했던 경제위기론의 주범으로 선전되면서 국민으로부터 거의 버림을 받다시피 했다. 더구나 이 시기 폭등하기 시작한 부동산 가격은 국민들의 관심을 온통 물질적인 부에 몰입하게 만듦으로써 한국 입헌민주주의 체제의 건강성과 활력을 결정적으로 위축시키게 되었다.

노무현 정권의 실험과 실패는 한국정치체제가 단기간의 노력으로는 개혁하기 어려운 고착된 특성을 갖고 있다는 것을 확인시켜 주었다. 동시에, 경제계, 언론계, 관료조직 및 권력기구를 장악하거나 최소한 그 협조를 얻지 못하고서는 정치개혁에 성공할 수 없다는 사실도 보여주었다. 노무현 대통령은 김영삼 대통령과 김대중 대통령이 민주화 투쟁 과정에서 획득한 강력한 권위와 카리스마도 갖추지 못했기 때문에 그가 원하는 개혁을 위해서는 더 뜨거운 국민의 지지가 필요했다. 하지만 신중하지 못한 언사와 행동 등으로 인해, 그리고 언론의 지속적인 비판으로 인해 급격히 국민적 지지를 잃어버리고 말았다. 이와 같은 상황 전개는 분명 그의 입장에서 볼 때 억울하고 부당한 측면이 있었을 것이다. 그의 언사가 다소 거칠어 듣기에 거북했던 것도 사실이고 언론의 비판도 근거가 전혀 없지는 않았지만, 노무현 대통령은 권력을 더욱 민주화하고 법치주의를 강화시키려고 했으며 언론의 자유를 존중해주려고 노력했기 때문이다. 하지만 그런 노력들이 오히려 자신의 정치적 목표를 달성하는 데 필요한 권력과 국민적 지지를 허물어버린 결과만을 가져왔다. 더구나 정치공학에 의한 새천년민주당의 분열 및 열린우리당 창당, 그리고 김대중(그리고 호남정치세력) 격하운동으로 인한 호남권의 이반과 정국혼란은 그의 정치실험의 진정성마저 의심스럽게 만들어버림으로써, 그의 정권을 사실상 극소수의 친노세력에 기반을 둔 약소정권으로 만들어버렸다.

결과적으로 보면, 노무현 정권 시기 한국정치체제는 이전의 정권들과 마찬가지로 대통령 리더십에 의거한 일방적인 정치개혁, 관료집단과 권력기관들의 저항, 재계와 언론의 비협조와 거부, 열린우리당 창당 이후 지역정치로의 회귀, 전 국민적 지지의 급격한 쇠퇴, 그리고 측근 비리 등으로, 정상적인 입헌민주주의 체제로 안착하지 못했다. 여기에 노무현 대통령의 개혁정치가 야기한 극심한 피로감과 혼란이 전 사회를 뒤덮게 되고 경제문제가 전 사회의 지배적인 관심사로 떠오르게 되면서, 노무현 정권에 대한 국민적 지지는 밑바닥까지 곤두박질치게 되었다. 그리하여 차기 대통령 선거에서 누가 한나라당 후보로 출마하더라도 대통령 당선이 거의 확실시될 정도가 되었다. 정리해보면, 노무현 정권은 대통령의 리더십을 통해 제왕적 대통령제를 청산하고 사법부의 실질적인 독립을 꾀했으며, 정치적 민주주의를 경제민주주의로 심화시키려고 시도했지만, 리더십의 결핍과 상황판단의 한계, 언론, 권력기관 그리고 재계의 비협조 및 약화된 국민적 지지로 인해, 오히려 한국정치의 보수화 및 위임민주주의를 강화시키는 역설적인 결과만을 산출하고 말았다.

뒤이어 등장한 이명박 정권은 경제 살리기에 몰두하는 정부라는 인식을 심어줌으로써 국민적 지지를 확보하고자 했다. 하지만 정치와 경영의 차이를 인지하지 못한 채 전체 사회를 하나의 기업을 운영하듯 불도저식으로 운용하고자 했던 이명박 정권은 미국 소고기 수입과 관련된 독단적 결정 때문에 집권 초기부터 전 국민적인 저항에 부딪히게 되었다. 더구나 촛불시위 이후에도 기업경영에나 적합했던 밀어붙이기식 정치를 계속함으로써 한국사회를 지지층과 저항층의 극단적인 대결구도로 몰고 갔다. 국민과의 소통 없이 자신이 옳다고 생각하는 일을 거침없이 밀어붙이는 그의 통치 스타일은 산업화시대 기업을 경영했던 태도로서는 적합했을지 모른다. 하지만 수많은 기업과 집단들이 경쟁하고 있는 다원적인 현대사회에는 적합한 것이 아니었다. 더구나 이명박 대통령은 독단적 정책 수행에 불만을 품고 있었던 다수의 국민들을 설득하려고 노력하는 대신, 천문학적인 돈이 소요되는 자원외교와 4대강 개발사업을 밀어 붙임으로써 한국사회의 갈등을 더욱 첨예화시켰다.

이명박 정권 시기는 경제를 살린다는 명분하에 제왕적 대통령제를 강화시킴으로써 민주주의의 부분적 후퇴를 가져왔고, 통치의 효율성을 높인다는 명목으로 법의 지배를 약화시키는 결과를 초래했다. 이명박 대통령은 선거의 압도적인 승리에 고무되어 정치권력을 자신이 원하는 대로 사용하고자 함으로써 위임민주주의를 더욱 강화시켰다. 그 때문에 한국에서의 자유와 법치주의의 질을 평가하는 국제기관들 –예컨대, 프리덤하우스와 IMF 등– 은 이전의 두 정권 시기보다 이명박 대통령의 집권 시기에 민주주의와 법치주의의 질이 상대적으로 낮아졌다고 평가했다.

그런데 이명박 대통령이 (집권 초기의 촛불집회로 인해 리더십이 크게 훼손되었음에도 불구하고) 계속해서 밀어붙이기식 통치 스타일을 견지함으로써 한국 민주주의와 법치주의에 부정적인 영향을 미칠 수 있었던 것은, 국민들의 민주의식이 1987년의 선거정치 시기에 비교해볼 때 현저히 낮아지고 변질되었기 때문이었다. 제17대 대통령 선거의 최대 이슈가 경제 살리기였다는 사실에서 알 수 있듯이, 점차 악화되고 있었던 당시의 경제상황은 전 국민적인 관심을 민주주의의 공고화보다는 경제회복과 성장으로 향하게 만들었다.[9] 대다수 국민들의 정치의식은 약간의 경제적 복지만 증진시킬 수 있다면 정치체제가 자유민주주의건 위임민주주의건 별로 문제될 것이 없다고 생각할 정도로 급격히 변하고 있었다. 이런 정서가 지배적이 된 상황에서 보수 정권은 경제를 살린다는 명분을 가지고 과감한 신자유주의적인 조치를 취하는 가운데 이전 정부들이 힘겹게 쌓아올리고 있었던 민주주의와 법치주의의 토대를 허물기 시작했던 것이다.

길게 보면 민주주의와 법의 지배의 부분적 후퇴는 김영삼의 3당통합 시도로 인해 구 권위주의 세력과 민주세력의 경계가 허물어져버린 데서 그 원인(遠

9) 국민들이 경제문제에 몰두할 수 있었던 것은 선거민주주의를 통해 두 번의 정권교체에 성공했기 때문에 한국사회가 다시는 권위주의로 퇴행하지 않을 거라는 (다소 막연한) 자신감 때문이었다고 볼 수도 있다.

因)을 찾을 수 있다. 3당통합은 권위주의 세력의 아킬레스건이었던 민주적 정당성 문제를 해결해줌으로써, 과거의 권위주의 세력이나 그와 친화성이 있는 인물들이 경제적 위기를 틈타 다시 한 번 집권할 수 있는 계기를 제공했다. 이른바 좌파 정권으로 불려온 김대중 정권과 노무현 정권 시기의 개혁정치에 피로를 느끼고 있었던 국민들은 (3당통합으로 민주세력과 반민주 세력의 경계가 허물어져 버렸기 때문에) 산업화 세력 출신인 이명박 후보가 활기를 잃어가고 있었던 경제에 생기를 불어넣어줄 수 있을 거라고 확신하면서 그에게 압도적인 다수표를 던졌다. 그러므로 이명박 정권이 등장할 수 있었던 배경에는 (1987년 민주화를 주도했던 민주적 의지와 열기 대신) 부동산투기 열풍으로 분출된 국민들의 물질적인 집착이 자리 잡고 있었다. 다시 말해, 애커만의 표현을 빌리면, 우리 국민의 상당수가 사적인 '시민'(private 'citizen')에서 '사적인' 시민('private' citizen)으로 변모했다는 사실이 그 배경에 놓여있었던 것이다.

기본적으로 이런 정치·경제적 상황과 국민들의 의식상태는 새누리당(한나라당의 후신)의 박근혜 정권이 등장하게 된 동일한 배경으로 작용했다. 국가권력기관의 조직적 선거개입이라는 어처구니없는 사건에 힘입어 정권을 재창출한 박근혜 정권은 연이은 인사 참사에서 드러났듯, 이전의 이명박 정권처럼 소통을 무시한 불통 정치로 일관하는 모습을 보였으며, 자신이 믿을 수 있는 과거의 권위주의 인사 출신들로 인의 장막을 침으로써 정권의 과거지향성을 명확히 드러냈다. 절대적인 지역적 지지를 기반으로 자신만의 인사 철학과 통치방식을 고집스럽게 밀어붙이는 박근혜의 리더십은 형식적 측면에서는 이명박 대통령의 리더십과 크게 다를 바 없었다. 그것은 본질적으로 상명하복의 권위주의적인 리더십이었다. 국민과의 대화는 물론, 의회와의 대화 그리고 진정한 당정 간의 대화도 존재하지 않는 일방적인 명령하복의 리더십이었다. 임기 초기에 발생한 세월호참사에 대한 대응이나, 중반기에 발생한 역사교과서 문제에 대한 대응은 박근혜 정권의 행태가 초기나 중기까지 변화가 없다는 것을 보여주며, 정권 말기까지 이런 통치 스타일이 일관될 것임을 시사해준다.

정리해보면, 기본적으로 산업화와 경제성장의 가치를 높게 보고, 대기업과 상층 계급의 이해관계를 대변했던 보수정권들은, 과거지향적 가치관과 의식으로 인해, 민주주의적 가치보다는 경제적인 가치에 그리고 공정성과 정의라는 가치보다는 효율성과 성장이라는 가치에 역점을 두고 사회를 운용했다.

그리고 민주주의와 법치주의에 대한 국민의 점증하는 무관심과 무지, 그리고 물질적 부에 대한 과도한 집착은 구 권위주의 세력이 민주주의와 법의 지배의 후퇴를 초래하게 만든 의식적·문화적 토대로 작용했다. 더구나 남북 분단 상황에 대한 보수 정권의 정치공학적 이용은 보수적인 거대 언론재벌의 지원을 등에 업고 한국 입헌민주주의 체제의 부분적 후퇴 및 왜곡 현상을 불러왔다. 이렇게 보면, 한국 입헌민주주의는 앞에서 형태상 자유주의적 입헌민주주의 형태에 가깝다고 볼 수 있지만, 실제로는 어느 유형에 속한다고 보기 어려울 정도의 질적 문제를 안고 있다고 볼 수 있다.

헌법재판소와 민주주의: 아군인가 적군인가?

한국 입헌민주주의 체제의 굴곡진 여정에 대한 지금까지의 설명은 사법부, 특히 1987년 민주화의 산물인 헌법재판소의 역할에 대한 설명으로 보완할 필요가 있다. 왜냐하면, 헌법재판소 설립으로 상징화되는 법치주의의 복구 또는 확립은 향후 한국 민주주의의 전개과정에서 양면적인 역할을 수행하게 되는바, 1987년의 민주화 이후 법치주의는 민주주의와 1987년 이전과는 매우 상이한 관계를 형성하게 되었기 때문이다. 민주주의가 일차적으로 독재에 대한 저항을 의미했던 1987년의 민주화항쟁 시기까지는 (법의 지배 역시 독재자의 자의적인 1인 지배의 반대를 의미했기 때문에) 민주주의와 법의 지배 사이에 대립이나 긴장이 거의 존재하지 않았다. 민주화와 법의 지배는 사실상 같은 것으로 간주됨으로써, 민주화가 실현되면 법의 지배 또한 자동적으로 수립될 것으로 여겨졌던 것이다(박찬표 2006, 74). 그리고 사실 민주화가 성공함으로써 헌법개정이 이루어지고, 새로운 헌법에 따라 법의 지배를 상징하는 헌법재판소가 설립됨으로써 민주주의가 곧 법의 지배라는 인식이 현실화되었다. 더구나 두 번에 걸친 여야 간 정권교체로 인해 권위주의 체제로의 역진이 불가능하게 되었다는 인식이 확산되고, 과거의 불의에 대한 사법부의 반성이 민주주의에 우호적인 판결들로 구체화되기 시작하자,[10] 민주주의와 법의 지배는 뗄 레야 뗄 수 없는 동지들이라는 인식이 더 힘을 얻는 듯했다. 헌법재판소 설립에 대

10) 이들 중 대부분은 기본권의 회복에 관한 것들이었다.

해 처음에는 미심쩍게 생각했던 시민들도 시간이 갈수록 헌법재판소가 민주주의와 인권을 수호할 수 있는 가장 신뢰할 만한 기관으로 평가하게 되었다는 사실이 이를 입증해준다(윤정인 · 김선택 2015, 135-6).

하지만, 헌법재판소가 유신체제에서 유린당했던 개인의 기본권을 회복시켜줌으로써 민주주의의 토대를 튼튼히 하는 데 일정 부분 기여했다는 것은 분명하지만 (그래서 민주주의의 아군으로 복무한 것은 사실이지만)(이국운 2001, 196; 이국운 2008, 38; 유은정 2011, 268), 헌법재판소의 역할이 처음부터 끝까지 민주주의에 우호적이었던 것은 아니다. 많은 헌법 학자들이 평가한 바와 같이, 헌법재판소의 판결은 정권의 성격과 재판관들의 계층적 · 이데올로기적 특성을 반영했는바, 특히 보수적인 편향성을 드러냈다(김종철 2005, 240; 송기춘 2007, 305-10, 325). 더구나 이런 편향성은, 선거민주주의와 법치주의가 어느 정도 확립되고 헌법재판소에 대한 국민들의 신뢰가 두터워지면서, 그리고 민주정치에 대한 국민들의 관심이 물질적인 풍요에 대한 관심으로 급격히 전화되면서 더 분명히 표출되기 시작했다. 김영삼 문민정부와 김대중 국민정부 하에서 인권 수호기관으로서의 임무를 비교적 충실히 수행해온 헌법재판소는, 노무현 대통령 탄핵과 행정수도이전 문제가 연이어 터진 상황을 배경으로 입법부와 행정부에 뒤지지 않는 능동적인 정책기관으로 거듭나게 되었다. 다시 말해, 입법부의 다수 의지를 통해 재정된 법률을 위헌으로 선언하는 한편, 대통령의 권한행사 범위를 최대한 협소하게 재규정하고 신행정수도건설을 뒷받침한 법률을 매우 논쟁적인 '관습헌법'에 근거하여 위헌결정함으로써 그 우월성을 과시하는데까지 이르렀다(김종철 2005, 231). 이제 헌법재판소는 헌법에 대한 유권적 해석을 수단으로 민주적 다수의 지지에 기반을 둔 입법부와 대통령에 대해 적극적으로 반대의사를 표명할 수 있게 됨으로써 민주주의의 적이 될 수 있는 가능성을 보여준 것이다. 입법과 행정에 대한 사법적 반대를 적극적으로 표명하게 된 이런 현상은 일반적으로 사법적극주의로 명명되곤 하는데, 헌법재판소가 국민의 기본권을 수호하는 역할을 넘어서서 입법이나 정책제정까지 할 수 있다는 것을 시사한다(함재학 2011, 296; 임지봉 2010; 윤정인 · 감선택 2015, 147-9).[11] 그리고 이와 같은 헌법재판소의 역할 변화는 자연스럽게 사법의 정

11) 그렇다고 정치의 사법화가 부정적인 측면만 있는 것은 아니다. 그것은 정치를 헌법규범의 틀

치화와 정치의 사법화 현상으로 표출되었다.

물론 정치의 사법화는 애초에 사법부가 주도한 것은 아니다. 정치의 사법화는 나날이 복잡해지는 현대사회에서의 집단적 삶을 효율적으로 관리하기 위하여 법시스템이 발전하게 된데 연유하기도 하며, 현대사회의 다원화 경향으로 인한 정당 간 경쟁의 심화와 교착상태의 빈발, 그리고 그로 인한 입법 및 정책입안의 난항으로 인해 불가피하게 발생한다(Ferejhon 2002, 41-68; Hirschl 2004, chap. 6; 박은정 2010, 6-7; 유은정 2011, 함재학 2011, 295-307; 채진원 2011, 257-62; 윤정인·김선택 2015, 140-1). 또한 자유화로 인해 개인의 권리의식과 법의식은 신장되는 반면 민주정치의 문제해결 능력이 심각히 저하되는 현상 때문에 유발되기도 한다. 그리고 무엇보다 민주주의가 수립되고 (독립된 사법부가 중추적인 역할을 하는) 법의 지배가 정상적으로 작동하게 된 것 —즉, 입헌민주주의 일상화— 이 가장 결정적인 요인으로 작용한다(김종철 2005, 234; 박은정 2010, 11).[12]

하지만, 한국에서는 정치의 사법화를 심화시켜온 또 다른 요인들이 있다. 이 요인들은 권위주의적인 정치전통 및 사법문화와 연관되어 있는 것들로(양건 2002; 최선 2015, 168), 한국 민주주의의 허약성의 원인이 되면서도 사법의 정치화 현상과 정치의 사법화 현상을 가속화시키는 요인으로 작용한다. 이 요인들은 사법의 정치화가 보수적인 편향성을 갖도록 유인하는 동시에 민주주의의 근본 토대를 침식한다는 점에서 심각한 우려의 대상이다.

먼저 제왕적 대통령제라는 제도적인 (동시에 관행적인) 요인은 권위주의 정치문화가 강력한 영향을 미치고 있는 위임민주주의 국가들에서 두드러지는 현상으로(김선택 2014, 34-5), 법의 지배 개념에 대한 잘못된 민중적 인식과 결합하여 사법의 정치화 현상 및 정치의 사법화 현상을 가속화시킨다. 주지하듯이 민주주의에 대한 진정한 지지와 헌신 없이 어쩔 수 없는 타협의 결과로 민주주의를 수용한 통치자들은 민주주의를 거부할 때 발생할 수 있는 엄청난

내에서 이뤄지게 함으로써 민주적 권력이 헌법적 가치를 침해하지 못하도록 만드는데 기여하기 때문이다.

12) 앞에서 지적한 바와 같이, 민주화 이전 시대에는 사법이 독재권력에 종속되어 있었기 때문에 민주주의를 먼저 수립하는 것이 법의 지배를 수립할 수 있는 전제 조건으로 인식되었다. 그리고 이런 인식은 대체로 적합했다. 왜냐하면, 대부부의 민주화된 국가들에서 사법부가 독립성과 권위를 회복하고, 개인의 기본권 수호에 중요한 역할을 수행해온 것이 입증되었기 때문이다.

비용 때문에 민주적 정치과정의 결과가 그들에게 불리하다고 판단할 경우 (민주주의 자체를 부정하기보다는) 왜곡된 법의 지배를 통해 그 결과를 최소화시키거나 무효화하는 방법을 택하는 경향이 있다. 민주화 이후 그들은 민주적 절차에 의해 배제되거나 기득권을 상실할 가능성을 우려하여 민주절차에 의해 산출된 결과를 뒤집을 수 있는 최후의 제도적 수단으로 헌법위원회나 헌법재판소와 같은 제도를 도입하는 경향이 있다(Moustafa and Ginsberg ed. 2008, 12; Hirschl 2004, chap. 3; Ginsberg 2003).[13] 그리하여 이들은 민주적 선거 결과나 입법부에서의 결정이 자신들에게 크게 불리할 경우 위헌성을 이유로 헌법재판소에 제소함으로써 그 결과를 뒤집으려고 시도하게 된다. 요컨대 민주적 요소와 권위주의적인 요소가 혼합되어 있는 하이브리드 체제에서는 민주정치와 법치가 교묘하게 착종됨으로써 그런 정치체제를 존속시키고 있는바,[14] 이런 체제들에서 사법의 정치화는 일종의 정치와 법치의 하이브리드로 현실화되는 경향이 있다.[15]

한국을 포함한 신생 민주주의 국가들에서 민주적인 절차와 그 결과를 무효화시키거나 왜곡시킬 수 있는 방법으로 사법절차가 자주 활용된다는 사실과 함께, 이들 국가들에서 사법부의 요직을 차지하고 있는 다수 사법 관료들이 공유하고 있는 사회적 · 경제적 · 이념적 배경 또한 사법의 정치화를 보수주

13) 물론, 타협에 의한 민주화를 수용하는 민주세력들도, 아직까지 자신들의 정치적 입지가 취약하고 권위주의적인 잔재가 많이 남아 있는 상황에서, 인권과 민주적 가치를 지킬 수 있는 최후의 보루로서 이런 제도들을 수립하는 데 동의할 수 있다.

14) 과거의 민주화이행론에서는 하이브리드 체제가 일시적인 과도 체제로 인식되어온 경향이 있었지만, 현재는 20년 이상 지속되는 하이브리드 체제가 다수 존재하기 때문에 그 자체가 중요한 비교민주주의론의 연구 대상이 되고 있다.

15) 물론 이런 현상은 공고화된 민주주의 국가들에서 나타나는 정치의 사법화 현상이나 사법의 정치화 현상과는 질적인 차이가 있다. 왜냐하면 이들 국가들에서 나타나는 정치의 사법화 현상은 권위주의 정치전통 때문에 발생할 뿐만 아니라 그런 권위주의 전통을 강화시키고 권위주의 체제 하에서 형성된 기득권을 옹호하기 위한 방편으로 선호되는 측면이 있기 때문이다. 하지만 그럼에도 불구하고 이와 같은 부류의 사법의 정치화 현상은 완전히 민주적이지도 완전히 권위주의적이지도 않은 하이브리드 체제에서 (과거의 권위주의 체제에서 기득권을 누렸던) 통치자들이 민주주의를 무력화시키거나 형해화시키는 가장 효과적인 방법으로 사용되곤 했다. 이 방법은 특히 국민들 다수가 법치주의의 진정한 의미를 이해하지 못하고 있는 신생 민주주의 국가들에서 민주주의와 법의 지배를 동시에 왜곡시키거나 형해화시키는 메커니즘으로 사용되고 있다.

의적인 방향으로 심화하도록 이끈다(송기춘 2007, 305-10, 331-2). 물론, 사법 조직의 모든 구성원들이 다 그와 같은 배경과 성향을 공유하는 것은 아니다. 하지만, 사법체계를 뒷받침하는 선발·인사·조직·교육 구조는 사법 관료들의 엘리트주의를 강화시킬 뿐만 아니라 그들의 사회적·경제적 특권 의식을 조장함으로써 (특히 중요한 사회·경제·정치적 의미를 갖는 판결들의 경우) 자신들과 상대적으로 동질성이 강한 계층의 이익에 불리한 결정을 피하는 경향이 있다. 이런 경향은 한국의 사법 관료들에게서도 비교적 흔하게 찾아볼 수 있다. 예컨대, 판사들이 거액의 배임이나 횡령 범죄를 저지른 재벌 총수들에게는 사회에 대한 기여를 명목으로 가벼운 형량을 선고하거나, 검사들의 인사권을 쥐고 있는 통치자의 국가정책과 연관된 권력형 부정부패 혐의자들에 대해서는 기소를 포기하는 현상들은 심심치 않게 목도할 수 있다.

사법권력이 증대하고 또 그에 따라 사법을 정치적으로 활용하고 싶어 하는 욕구가 상승하면서 사법부의 개혁은 또 다른 정치의 장이 되고 있다. 한국사회의 경우, 임기 6년의 헌법재판소 판사들 9명을 누가 어떤 시기에 어떤 이념적 성향의 판사들을 임명하느냐에 따라 민주적인 절차에 따라 제정한 법률이나 정책들의 존치 혹은 폐기가 좌우될 수 있기 때문이다.[16] 이런 상황에서 특히 보수적인 성향이 강한 판사들로 구성된 현재의 헌법재판소는 민주적 입법부의 결정들을 위헌이라 선언함으로써 사실상 보수적인 정책결정을 유도하기 쉽다. 2004년의 노무현 대통령 탄핵심판의 경우에는 국회에서의 탄핵결정이 합헌으로 선언될 경우 감당하기 어려운 사회정치적 파장 때문에 (4월의 총선 결과를 본 후) 지극히 '정치적인' 판결을 내림으로써 탄핵정국을 종결지었다. 하지만 다른 중요한 헌법재판들에서는 보수적인 정치세력과 경제·미디어 재벌들에게 유리한 판결을 내림으로써 정치·경제·사회의 보수화를 강화시키는 편향성을 드러내었다. 이처럼 사법이 지닌 중요한 정치성 때문에 현재 한국의 헌법재판소는 (인권신장과 보호에 기여하고 법치주의 확립에 기여한 바가 큼에도 불구하고) 정치체제 개혁의 가장 중요한 대상으로 떠오르고 있다. 사법의 독립성과 중립성 그리고 공정성을 기하기 위하여 자격, 선발, 조직 그리고

16) 이런 경향은 미국 연방대법원 판사 임명과정에서도 쉽게 찾아볼 수 있다. 이에 관해서는 유은정(2011)을 참조하라.

재정과 운영 측면에서 입법과 행정(특히 대통령)으로부터 최대한의 독립성을 유지할 수 있는 방법에 대한 논의가 진행되고 있다(김소연 2010; 김하열 2015; 윤정인·김선택 2015, 149-54). 하지만, 사법개혁을 위해서는 (엄청난 동질성을 지니고 있는) 사법부의 강력한 저항을 극복할 수 있는 묘책이 필요한바 사실상 사법개혁은 항상 변죽을 울리는 정도에서 그치고 있다.

하지만 사법부의 개혁은 사법부의 독립과 중립성을 제고시키는 방향으로 이루어져야 하지만, 동시에 책임성도 제고시킬 수 있어야 한다(이국운 2008, 40; Piana 2010; 김선택 2014, 37; 최선 2010, 179-87). 앞에서 지적한 여러 가지 요인들 때문에 사법의 정치화가 가속되고 있고 또 그에 대한 반응으로 사법의 정치화가 덧붙여지고 있는 형국에서, 사법의 독립성과 중립성만 제고시키고 책임성은 도외시해버린다면, 허실의 이른바 사법통치(juristocracy)나 사법독재 현상이 강화될 수 있기 때문이다(Hirschl 2004). 더구나 사법권력이 급격히 확대되고 권위주의적인 사법문화가 여전히 강력한 영향력을 행사하고 있는 현재의 상황에서는 더욱 더 그럴 개연성이 높다(최선 2015, 168). 따라서 대법원과 헌법재판소의 선발 기준을 더욱 민주화시키는 한편, 그들의 판결이 민주주의를 강화시키고 민주적 가치에 부합할 수 있도록 그 구성을 다원화하고 그 운영을 더 투명하고 개방적으로 만들 필요가 있다.[17]

이와 관련하여 1987년의 개정헌법에 내포된 문제점들을 극복할 필요성이 있다. 1987년 후반기에 진행된 헌법개정은 매우 짧은 기간에 걸쳐 진행됨으로써 다원화된 민주화 시대에 걸 맞는 내용을 충분히 담아내지 못했다(함께하

17) 특히 행정부에 소속되어 있지만 사실상 법원과 더불어 사법 기능을 수행하고 있는 검찰조직의 개혁도 매우 절실하다. 권위주의 통치 시대에서는 권위주의 체제를 수호·유지하는 독재자의 충실한 종복으로서, 그리고 민주화 시대에는 정치적·경제적 기득권 세력에 우호적인 권력 행사로 인해 '정치검찰'이라는 오명까지 얻게 된 검찰의 개혁은 실질적인 민주주의와 법의 지배를 확립하는 데 반드시 필요하다. 따라서 대법원과 헌법재판소의 구성 및 운용과 관련된 개혁논의와 함께 검찰의 민주적 책임성을 강화시킬 수 있는 방안에 대한 논의가 수반되어야 한다. 기소편의주의와 기소독점주의라는 막강한 권력을 행사하면서도 실질적인 의미에서 어떤 통제도 받지 않고 있는 한국 검찰은 세계에서 유래를 찾아볼 수 없는 무소불위의 권력을 갖고 있다(명재진 2011, 76-80). 그러므로 이들의 기소독점과 수사지휘권을 분산시키고, 이들을 민주적 감독과 통제에 회부시킬 수 있는 통제 시스템을 갖추는 것은 모든 부류의 권력남용으로부터 국민의 기본권을 수호하고, 정부의 권력이 특정 사회세력이나 정치세력의 기득권 유지를 위해 남용되지 않도록 하기 위해 반드시 필요하다.

는 시민행동 편 2007; 조지형 2010, 175-82; 김선택 2013, 9-13). 무엇보다 당시의 헌법 개정은 시민혁명의 성공으로 촉발되었음에도 불구하고 시민 대표들을 배제시킨 근원적인 한계가 있었다. 이 때문에 시민사회의 다원적인 가치들과 이념들을 정치체제 구상에 반영하지 못했고, 권력구조 및 운용방식과 관련하여 비민주적인 요소들을 완전히 털어내지도 못했다. 예컨대. 여전히 대통령직의 최고성을 인정하거나 강화시킬 수 있는 헌법 조문들을 존치시켰을 뿐만 아니라,[18] 새로 도입한 헌법재판소를 구성함에 있어서도 대통령과 여당이 원하는 판사들로 절대 다수를 임명할 수 있도록 허용했다.[19] 그러므로 1987년 개정 헌법은 권력기관들 간 상호통제와 국민에 대한 민주적 책임성을 더욱 강화시킬 수 있도록 근본적인 개혁이 필요하다. 그렇지 않을 경우, 제왕적 대통령제와 사법의 정치화가 결합함으로써 사실상 독재와 다름이 없는 통치형태가 현실화될 수 있으며, 또 실제로 현실화되고 있기도 하다. 대통령과 여당은 자기들과 이념이나 이해관계를 공유하는 판사들로 헌법재판소를 채움으로써, 정치적 대리전으로 치러지는 헌법소송에서 판사들의 압도적인 지지에 힘입어 승리할 수 있는 것이다. 그렇지 않을 경우 사법적 소극주의를 유도함으로써(국회에서의 의사결정 절차에 하자가 있었음에도 불구하고) 입법의 합헌성 결정을 이끌어 내거나, 최소한 자기들이 지배하는 입법부에서 동일한 내용의 법안을 통과시킬 기회를 다시 가질 수 있게 된다. 여기에 기소편의주의와 기소독점주의 그리고 수사지휘권이라는 무소불위의 권력을 휘두르는 검찰권을 잘 통제할 경우, 대통령과 여당은 민주적 절차와 합법성의 외관을 유지하면서도 그 동안의 민주적인 성취를 무력화시키고 자신들의 기득권을 유지 · 강화시킬 수 있는 충분한 기회를 갖게 된다.

마지막으로 헌법재판소 정치 –사법의 정치화와 정치의 사법화– 를 둘러싼 논쟁과 관련하여, 헌법재판소 판사들 및 법조계 일반의 민주주의에 대한 인식을 검토해볼 필요가 있다(오동석 2001, 239, 245-6; 김종철 2005, 239-40).[20] 이것

18) 예컨대, 국가안위에 관한 정책들에 대해 국민투표를 제안할 수 있는 대통령의 권한규정이 그 한 가지 예다(헌법 제72조). 대통령은 정치적 수세를 벗어나거나 자신의 권력기반을 강화시키고자 할 때 국민투표를 이용할 수 있다.

19) 이런 문제점은 사법의 정치화와 정치의 사법화 현상을 심화시키는 또 다른 요인이다.

20) 이것은 헌법 전문과 제1조에 관한 해석으로 표현될 수도 있다.

은 대한민국 정치체제의 근본 성격과 관련된 중요한 문제로서, 그들이 대한민국의 정치체제를 어떻게 이해·규정하고 있는가 하는 문제는 전체 정치체제의 성격에 중대한 영향을 미칠 수 있다는 점에서 (단순히 개인적 호불호에 관한 문제가 아니라) 대단히 중요한 정치적 의미가 있다(송기춘 2007, 315-6). 예컨대, 만일 헌법재판소를 구성하는 다수 판사들이 대한민국 헌법에 명시되어 있는 '민주적 기본질서'(헌법 제8조 제4항)나 '자유민주적 기본질서'(헌법 전문)라는 표현을 매우 협소하게 이해한다고 가정해보라. 그래서 민주적 기본질서와 자유민주주의적 기본질서를 동일한 표현으로 간주하는 동시에, 자유주의를 매카시즘적인 냉전자유주의나 시장만능적인 경제적 자유주의와 동일시한다고 가정해보라. 다수 판사들이 민주주의와 자유주의에 대한 이와 같은 협소한 시각을 갖고 있다면, 이들은 법과 양심에 따라 자신들이 지지하는 견해를 벗어나는 견해들에 대해 위헌을 선언할 가능성이 클 것이며, 따라서 우리 사회가 용인할 수 있는 사상과 이념의 범위는 현격히 축소되고 말 것이다.

이 책 전체를 통해 강조해왔거니와, 민주주의는 매우 경합적인 개념으로서 매우 다양한 의미를 갖고 있다. 그 때문에 민주주의는 민주주의 자체에 대해서도 매우 상이한 해석과 적용을 허용할 뿐만 아니라, 그런 상이한 입장들 사이의 논의를 통해 현실적으로 가장 이상적인 민주주의 형태를 모색할 수 있도록 유인하는 자기수정적이며 개방적인 성격을 갖고 있다. 그리고 민주주의를 자유민주주의라는 특정한 형태로 좁혀서 규정한다고 하더라도, 자유주의 자체가 내부에 매우 다양한 흐름들과 전통들을 포함하고 있기 때문에 자유민주주의의 폭은 사실상 민주주의 폭과 유사할 정도로 넓다고 할 수 있다(김비환 2005). 그러므로 '민주적 기본질서'와 '자유민주적 기본질서'의 내적 다양성을 무시하고 그것을 하나의 특정한 형태로 규정하여 헌법재판에 적용한다면, 그 결과는 '민주적 기본질서' 그리고 나아가서는 '자유민주적 기본질서' 자체를 부정하게 되는 모순에 빠질 수밖에 없다.

2013년 11월 5일에 정부의 정당해산심판 청구에 호응하여 헌법재판소가 다음해 12월 19일에 통합진보당의 위헌성을 확정한 것은, 민주주의 혹은 자유민주주의에 대한 판사들의 편협하고 왜곡된 이해가 얼마나 민주적 기본질서 혹은 자유민주적 기본질서에 큰 위협이 되는지를 입증해준다(김선택 2014, 47-51; 이상경 2014, 115-116, 130-2; 김원 2015, 398-401). 그것은 민주주의 혹은 자유민주주의의 이름으로 (국민들의 다양한 이해와 이념의 표현을 제약함으로써) 민주주의 자체를 불구화시켜버릴 수 있는 위험성을 안고 있는 것이다. 일반적인 시민들이야 민주주의 혹은 자유민주주의에 대해 그런 선입견과 편견을 갖고 있다고 해도 그다지 문제될 것은 없다. 그들의 개인적인 생각과 견해가 정치체제의 성격에 전혀 영향을 미치지 못할 뿐만 아니라, 다른 사람들의 상이한 생각들에 의해 견제되고 통제될 수 있기 때문이다. 하지만, 민주주의와 다른 정치적 개념들에 대한 헌법재판소 판사들의 견해와 신념들은 국가체제의 성격에 중대한 영향을 미치기 때문에 일반 시민들의 그것들과는 완전히 다른 정치적 의미를 갖고 있다. 따라서 적어도 헌법적 문제들을 다루는 헌법재판소의 경우 민주주의와 법의 지배를 비롯한 많은 정치적 개념들이나 가치들에 대해 정확하고 폭넓은 이해를 갖고 있는 판사들이 임명될 수 있게 하는 방법을 모색하는 것은 (자유)민주주의의 유지와 발전을 위해서 반드시 필요하다.

어떤 입헌민주주의여야 하는가?

앞으로 한국사회가 추구해야 할 입헌민주주의 형태에 관한 힌트를 얻기 위해 지금까지의 논의를 간략히 정리해보자. 먼저 1절에서는 민주화 이후에야 비로소 입헌민주주의에 관한 논의가 실질적인 의미를 갖게 되었다고 전제하고, 민주화 이후 한국정치체제가 직면하게 된 새로운 딜레마들을 설명했다. 특히 그런 딜레마들로 민주주의와 법(의 지배)에 대한 국민들의 경험적·개념적 이해부족(특히 민주주의를 선거와 동일시하고, 법을 통치의 도구로 인식하는 태도), 타협을 통한 민주화로 인한 권위주의 세력의 건재(3당통합을 통한 정당화), 국민들의 경제적·물질적 욕구의 확대 및 그로 인한 민주적 의지의 급격한 쇠퇴, 제왕적 대통령제 하의 위임민주주의 현상 등을 제시했다. 2절에서는 이와 같은 딜레마들이 민주화 이후 한국 입헌민주주의의 전개과정에서 어떻게 발현되었는가를 정권별로 개관하고, 한국 입헌민주주의는 형태상 자유주의적 입헌민주주의 –법적 헌정주의– 에 가깝지만 실제로는 그런 규정이 무의미할 정도의 질적 문제를 안고 있다고 평가했다. 그리고 3절에서는 헌법재판소에 초점을 맞춰 정치의 사법화 현상과 사법의 정치화 현상을 비판적으로 조명하고, 사법부의 독립성과 중립성 그리고 다원성과 책임성을 제고시킬 수 있는 사법체계의 전반적인 개혁 없이는 한국의 입헌민주주의 체제가 반은 민주적이고 반은 권위주의적인 하이브리드적 상태를 벗어나기 어렵다고 주장했다. 동시에 헌법재판소 판사들은 헌법재판을 통해 정치체제의 성격에 중대한 영향을 미칠 수밖에 없기 때문에, 그들이 민주주의와 법의 지배(혹은 자유주의)를 폭넓고 정확하게 이해하는 것이 매우 중요하다고 강조했다.

그렇다면, 이와 같은 국면에 처해있는 한국의 정치체제는 과연 어떤 입헌민주주의 체제를 지향해야 하는가? 유감스럽지만 선진적인 민주정치체제를 발전시켜온 모든 국가들이 제각기 다른 형태의 입헌민주주의 형태를 채택해왔다는 사실은 이 질문에 대한 유일한 정답이 없다는 것을 말해준다. 하지만, 민주화 이후 한국정치체제의 전개과정에서 노정된 다양한 문제점들은 한국정치체제가 극복해야 할 다양한 과제들과 아울러, 희미하게나마 그것이 지향해가야할 방향을 제시해준다. 그리고 여기에 3장에서부터 6장까지 개관한 현대 입헌민주주의의 스펙트럼에서 얻은 교훈을 덧붙일 경우, 한국이 발전시켜야 할 입헌민주주의의 형태가 더 분명히 드러날 수도 있다.

먼저, 한국에서 민주화가 법의 지배를 견인했다는 사실과, 민주주의에 대한 국민의 관심과 의지가 약해짐에 따라 정치체제에 잔존하던 권위주의적 요소들이 다시 활성화되었다는 시실은, 한국사회가 지향해야 할 입헌민주주의 형태와 관련하여 특별한 교훈을 준다. 그것은 어느 정도 공고화된 민주주의가 없이는 법의 지배와 입헌주의 자체가 정상적으로 실현되기 어렵다는 교훈이다(김선택 2014, 36-7; 윤정인·김선택 2015, 155-6). 현대의 선진민주주의 국가들이 채택하고 있는 입헌민주주의 형태들 중에서 가장 우익에 속하는 자유주의적 입헌민주주의 마저도 성공적 작동을 위해서는 어느 정도 공고화된 민주주의를 필요로 했다. 미국의 헌정사는 이를 위한 중요한 역사적 사례를 제공한다. 미국은 독립혁명을 기점으로 급격히 증대된 인민의 정치적 참여를 견제하기 위한 묘책을 고안하는 과정에서 자체의 고유한 연방주의 체제를 수립할 수 있었다. 미국에서는 프랑스혁명으로 인해 고조된 인민주권 원리에 대한 경계감이 (공동체의 항구적인 공동선에 대한 관심과 더불어) 개인의 권리보호에 초점을 맞춘 법의 지배와 대의제를 수용하도록 작용했다. 이런 역사적 사실은 어느 정도 민주주의가 발전한 이후에야 (개인의 권리를 보호해줄 필요가 생겼기 때문에) 현대적인 법의 지배가 확립될 수 있다는 사실을 보여주는바, 특히 과거에 사법체계가 독재정권을 유지하는 데 큰 역할을 했고 현재도 강력한 권위주의 문화를 유지하고 있는 한국사회에서는 더 중요한 교훈을 준다. 권위주의와 보수주의가 두드러지게 나타나고 있는 한국사회에서 사법부 –특히 대법원과 헌법재판소– 가 (개인의 헌법적 기본권을 보호하는 역할을 넘어서서) 민주적 가치와 원칙을 굳건히 수호하는 최후의 보루가 될 수 있다고 생각하는 것은 너무나 안이한 생각이다. 현재의 구성방식을 놓고 평가한다면, 한국의 헌법재판소는 개인의 민주적 참여를 광범위하게 허용하는 민주체제보다는 개인의 소유권과 시장에서의 자유경쟁 원칙을 신성시하는 신자유주의적 체제, 즉 큰 시장과 약한 민주주의를 결합시킨 고전적 입헌민주주의 체제의 보루로 작용할 개연성이 높다(박찬표 2006, 92; 최장집 2005).

고전적 입헌민주주의 체제 혹은 신자유주의적 체제는 현대 미국사회가 대표하고 있는 질서의 모습으로, 부의 양극화와 사법통치 그리고 민주주의의 형해화로 특징지을 수 있다. 미국의 민주주의에 대한 월린(S. Wolin)의 비판에서 보듯이, 신자유주의 체제는 민주적 거버넌스 영역의 현저한 축소와 법치영역의 급격한 확장, 그리고 통치엘리트들과 대기업 및 미디어그룹의 권력카르텔 형성으로 인해 실질적인 의미에서 일종의 권위주의 체제로 전환되고 있다(Wolin 2010). 더구나 정치의 사법화 현상과 함께 사법의 정치화 현상이 점점 더 심화되고 있는 한국사회를 배경으로 신자유주의적 체제의 폐해를 살펴볼 경우, 사법에 의한 진보적 입법과 정책의 폐기, 중소기업에 대한 재벌과 대기업의 우위와 지배, 경제적·사회적 양극화와 빈부격차의 심화 등 민주주의의 토대가 더욱 더 허약해지는 상황을 목도할 수 있다. 이와 같은 상황에서 한국정치체제가 자유주의적인 입헌민주주의 체제를 지향하는 것은 현재의 신자유주의 체제를 지속·강화시키는 결과만을 초래할 수 있다.

물론, 현재 한국의 헌정체제가 미국식의 (사)법적 헌정주의 수준에 도달할 수 있다면 그것은 나름대로 중요한 발전이라고 평가할 수도 있을 것이다. 미국의 사법부는 정치의 사법화와 사법의 정치화의 경험을 갖고 있음에도 불구하고, 역사적으로 중요한 사법적 판결들을 통해 민주주의와 법의 지배를 동시에 발전시키는 데 큰 기여를 해왔고, 그 결과 국민들의 광범위한 지지를 획득함으로써 간접적이긴 하지만 민주적 정당성을 얻는 데 성공했기 때문이다. 하지만, 미국의 경우가 이렇다고 해서 앞으로 한국의 사법부가 미국의 사법부와 비슷한 역할을 수행할 것이라고 예상하는 것은 (사법부의 과거 행적과 현재의 보수적이며 권위주의적인 경향을 두고 볼 때) 현실성이 낮다. 따라서 현재 한국의 정치체제를 어떤 입헌민주주의 체제로 바꿔가는 것이 바람직한가 하는 문제는 무엇보다 연약한 민주정치의 토대를 공고히 하는 것, 즉 더 강한 민주주의를 만드는 데서 그 해결책을 찾아야 한다. 다시 말해, 헌법과 권력구성의 주체로서 시민들의 주권을 강화시킬 수 있는 방향에서 해결책을 찾아야 한다. 그리고 이를 위해서 1987년의 개정헌법을 (단순한 권력구조 개편이 아니라) 근본적으로 민주화시키는 노력을 병행해야 한다.

이런 관점에서 보면, 한국 입헌민주주의 체제의 지향점은, 순수한 자유주의적 (혹은 법적) 입헌민주주의 체제를 지향하기보다는 최소한 자유-공화주의적 입헌민주주의 체제나 그 보다 더 민주성의 원리를 강화시킨 민주적 헌정체제를 지향하는 것이 더 바람직하다고 본다. 현재의 擬似자유주의적 입헌민주주의 체제에서는 개인의 소유권을 절대시하는 기득권층과 사법부의 성향으로 인해 부익부빈익빈 현상과 사회양극화 현상이 심화됨으로써 다수에 대한 소수의 지배현상이 더욱 강화될 수 있다. 하지만 어떤 방법으로 자유-공화주의적인 입헌민주주의 체제나 민주적 헌정체제로의 개혁을 유인해낼 수 있을까? 현재 한국사회의 입헌민주주의 체제가 擬似자유민주주의에 가깝다면, 그리고 그 체제에서 기득권을 누리고 있는 세력들이 정치와 경제 그리고 법조계를 장악하고 있다면, 어떻게 그들의 저항을 뚫고 한국정치체제를 근본적으로 개혁할 수 있겠는가? 이와 같은 전략적 차원의 고려는 분명히 한국정치체제의 개혁과 관련된 중대한 딜레마를 제기한다.

이에 대한 가장 현실적인 대안은 먼저 정부권력을 민주화시키는 것이다. 막대한 자원과 권력을 장악하고 있는 정부, 그 중에서도 특히 대통령직과 고위 행정직 및 입법부의 권력을 민주화시키는 것이 가장 유효한 전략인 것처럼 보인다. 사법부는 민주적인 방식으로 충원되지 않는 특수성 때문에, 그리고 특성상 헌법에 정해진 임기가 끝날 때까지는 교체하기 어렵기 때문에 민주적으로 통제하기가 결코 쉽지 않다. 그러므로 일차적으로 대통령직과 행정요직 및 입법권력을 민주적인 가치에 투철한 인사들로 채우는 것이 필요하다. 그리고 그들로 하여금 의미 있는 헌정개혁을 주도해가도록 시민사회가 지원하는 것이 중요하다. 이와 같은 관점에서 보면, 한국사회의 헌정개혁을 위해서는 시민들 다수가 민주적 의지와 역량을 회복하는 한편, 강력한 민주적 개혁의지를 지닌 정치세력이 집권하는 것이 급선무다. 그렇게 할 때만이 정부의 개혁노력과 국민적 지지가 결합하여 사법부의 민주적 변혁을 유인해 냄으로써 (정부와 시민사회의 민주적 거버넌스 체제가 확립됨으로써) 한국사회를 좀 더 자유-공화주의적인 체제나 민주적인 헌정체제로 변화시켜갈 수 있다. 그리고 단기간에 그런 변화를 기대하기 어렵다면, 최소한 정부와 민주시민들의 공동노력을 통해 법원이 민주주의의 정상적인 작동에 기여하도록 만듦으로써 자유주의적인 입헌민주주의를 정상화시킬 필요가 있다.

이에 덧붙여 시민사회의 공론장을 활성화시키고 다원화시키는 노력과 함께, 경제·사회에 강고히 뿌리내린 권력 격차 및 지배·예속 관계를 완화 또는 해소시키려는 자율적·제도적 노력이 필요하다. 하지만 이런 상황 또한 기존의 권력구조에 의해 보호·강화되고 있는 측면이 있기 때문에, 이런 지배관계를 타파할 수 있는 계기는 시민들의 민주적 의지의 회복과 민주적인 정부의 구성에서 찾아야 할 것이다. 요컨대, 한국 헌정체제의 개혁은 시민들의 주도적 역할과 민주적 정부의 선순환적인 관계가 형성될 때 구체화될 수 있을 것인바, 다수 시민들의 민주적 의지와 헌신을 일깨우고 그들을 정치적으로 활성화시킬 수 있는 민주세력의 전략적 탁월성이 무엇보다 필요하다고 볼 수 있다.

마지막으로 벨라미의 정치사회학적 고찰이 한국정치체제의 개혁과 관련하여 던져주는 교훈들을 되새길 필요가 있다. 벨라미의 설명에 따르면 민주주의 자체야말로 진정한 민주적 헌법이며, 사회의 특수한 집단들이 일방적인 지배권력을 소유하지 못하도록 다원적인 집단들 사이에 역동적인 균형이 수립될 때에만 헌법적 규범들이 정상적으로 작동할 수 있다. 이와 같은 벨라미의 분석은 상당한 설득력이 있다. 그럼에도 불구하고, 이런 의문은 남는다. 어떻게 하여 그런 역동적인 균형상태로 나아갈 수 있고, 따라서 정치적 헌정주의가 정상적으로 작동할 수 있는가? 이런 의문은 또 다시 민주적 헌정개혁을 위한 전략적 문제로서, 민주정부 수립의 우선적 중요성과 정치적으로 활성화된 민주시민의 의식 및 역량 회복 문제를 부각시킨다. 이런 선순환적인 관계를 회복시키거나 새롭게 형성하는 과제는 본 연구의 범위를 벗어난 문제이다. 다만, 여기서는 그런 선순환적인 관계의 형성 없이는 한국사회의 정치체제 및 헌정질서를 개혁하기 위한 실질적인 동력을 얻을 수 없기 때문에, 사실상 현재의 擬似자유주의적 헌정질서를 유지하는 것 외에는 별 다른 해법이 없다는 결론을 내릴 수밖에 없다.

제 8 장

맺음말

민주주의와 법의 지배

제8장

맺음말

이 책의 일차적인 목적은 입헌민주주의의 다양한 형태들을 체계적으로 분류하는 것이었다. 현대사회의 두 가지 정치적 이상들인 민주적 자치와 법치의 이상을 상이하게 결합했을 때 나타날 수 있는 다양한 입헌민주주의 형태들을 (그 대표자들의 이론들을 비판적으로 소개하는 방식으로) 하나의 스펙트럼으로 제시하는 것이었다. 하지만 이와 같은 이론적 목표의 배후에는 현실의 정치체제를 의미 있게 분석·평가하고, 바람직한 발전 방향을 제시하고자 하는 실천적 관심도 있었다. 그래서 한국정치체제의 다양한 문제점들을 두고 볼 때 어떤 형태의 입헌민주주의 체제를 지향하는 것이 바람직한가를 제시하기도 했다. 하지만 실천적 논의에는 상당히 주관적인 측면이 많이 게재되어 있기 때문에 독자들이 반드시 이것에 동의할 필요는 없다.

이 책 전체를 통해 비교적 분명히 드러난 것은 민주적 자치와 법의 지배는 (반드시 둘 다 필요하지만) 서로 완벽히 조화되기 어려운 정치적 이상들이라는 점이다. 그 이념상 민주주의는 무제한적인 다수의 의지에 기초를 두고 있고, 법의 지배는 개인의 권리 보호를 지향하기 때문이다. 물론 법의 지배는 개인의 정치적 참여의 권리를 보호해주는 역할도 수행한다. 하지만 정치적 참여의 권리는 자유주의가 보호하고자 하는 또 다른 권리들인 개인의 소유권 및 자유권과 경쟁관계에 있고, 또 실제로 빈번히 충돌하기도 한다. 이와 같은 관점에서 보면, 드워킨처럼 민주주의와 법의 지배를 개념적으로 조화시키는 해결책은, 이 두 가지 개념들이 가지고 있는 경합적 성격을 부정할 때만이 가능한 바, 드워킨이 표방하는 것과는 다른 민주주의관을 배제하는 독단성을 내포하고 있다.

자유주의적 입헌민주주의 형태는 (이론적으로 다수 국민의 헌법적 주권성을 전제하고 있는 경우에도) 결국 '우리 국민'이 보유하고 있는 주권적 권력을 근본적으로 부정하려는 경향이 있다. 일단 우리 국민에 의한 헌법제정이 완료되면, 일상정치에서는 국민들의 주권보다는 헌법을 해석하고 적용하는 대리권력들의 우월성을 당연시하는 경향이 있기 때문이다. 이 체제에서는, 수사학적인 효과를 제외하면, '우리 국민'의 주권이 수동적인 복종의무로 전환되는 경향이 있다. '우리 국민'의 민주적 의지는 주기적으로 시행되는 대의원 선거 때만 간헐적으로 드러나며, 그것도 미리 정해진 제한된 선택지들 중에서의 마지못한 선택행위로 제한된다.

더구나 이런 체제는 권위주의 전통이 깊고 법치주의 전통이 일천하여 위임민주주의가 고착화되곤 하는 신생민주주의 국가들에서 더욱 부정적인 모습으로 나타나곤 하는데, 한국에서는 擬似자유민주주의 형태로 구현되고 있다. 이와 같은 관점에서 이 책의 7장에서는 1987년 민주화 이후 한국정치체제의 문제점들을 지적하고, 앞으로의 지향 목표로 자유-공화주의적인 입헌민주주의나 민주성의 원칙을 강화시킨 민주적 헌정체제를 제시했다. 하지만 동시에, 과도기적인 형태로 정상적인 자유주의적 입헌민주주의 체제도 차선책이 될 수 있다고 주장했다.

민주주의와 헌정주의는 단독적으로든 함께든 완전한 유토피아를 제공해줄 수는 없다. 하지만 민주주의와 법의 지배가 결합된 입헌민주주의 체제는 막강한 권력을 손에 쥔 정부가 전제적 지배로 타락하지 않게 막아주면서도, 동시에 어느 정도 민주적 자치와 개인적 자유(기본권)를 실현할 수 있는 최선의 기회를 제공해준다. 이것은 과거에 좌파권위주의 혹은 우파권위주의를 경험했던 모든 사회들이 다 민주화 이후 모종의 입헌민주주의 체제를 지향하게 되었다는 역사적 사실을 통해 입증된다.

입헌민주주의는 일종의 자기교정적 정치체제이다. 특이 이 체제에서 민주주의는 그런 역할을 담당하고 있다. 하지만, 이 역할 또는 권능을 어느 정도까지 허용해주는가의 문제는 입헌민주주의 체제의 유형마다 상당한 차이가 있다. 스펙트럼의 오른쪽에 접근할수록 자유주의적 입헌민주주의 형태에 가까워지고 민주주의의 자기 교정적 능력은 매우 제한적으로만 발현된다. 반면에 왼쪽으로 갈수록 민주주의의 자기 교정적 능력은 극대화된다. 1980년대부터 본격화되기 시작한 신자유주의 영향으로 인해 지금까지의 일반적 추세는 우경화, 즉 자유주의적 법치 헌정주의로의 변형이 지배적이었다. 하지만, 그 결과 권력의 과두화와 부의 양극화가 동시에 심화됨으로써 민주주의는 명목상의 정치적 이상으로만 존재하게 되었으며, 사법이 최고 통치권을 행사하는 사법통치 경향이 강화되어 왔다. 이런 상황은 일부 기득권층의 자의적인 지배를 허용함으로써 많은 경제적·사회적 해악들을 발생시키거나 악화시키고 있다. 최근에 월린이 미국의 정치체제를 권력카르텔에 의해 민주주의가 관리되고 있는 '전도된 전체주의'(inverted totalitarianism)로 비판한 것도 이런 맥락에서다.

이와 같은 인식하에 이 책에서는 국민의 민주적 의지와 역량을 회복시키고, 시민사회의 다양한 공론장과 연계된 정치사회를 발전시키며, 거버넌스의 민주성을 강화시키는 길이야말로 법의 지배를 정상화시키고 법의 지배가 민주주의의 활성화에 기여할 수 있는 최선의 길이 될 수 있다고 주장했다. 다시 말해, 더 강한 민주주의와 더 절제된 헌정주의 –혹은 민주적으로 통제된 사법부– 가 결합한 입헌민주주의 체제를 제시했다. 하지만 구체적인 사회·경제·문화적 상황 속에서 그런 과제를 성공적으로 추구하는 과제는 결국 각국의 시민들과 민주적인 정치세력들의 의지와 역량 그리고 노력에 좌우될 수밖에 없다. 입헌민주주의 체제를 안전하고 자유로운 행복한 삶의 조건으로 만드는 것은 결국 '우리 국민' 자신이기 때문이다.

참고문헌

김비환. 2001.『축복과 저주의 정치사상: 20세기와 한나 아렌트』. 한길사.
______. 2005a.『자유지상주의자들, 자유주의자들 그리고 민주주의자들』. 성균관 대학교 출판부.
______. 2005b.『포스트모던 시대의 정치와 문화』. 박영사.
______. 2006.「현대 자유주의에서 법의 지배와 민주주의의 관계」.『법철학연구』. 제9권 제2호. 113-44.
______. 2007.「헌정주의(=입헌주의)」,『정치학이해의 길잡이: 정치사상』. 한국정치학회 편. 법문사.
______. 2009.「롤즈의 입헌민주주의론」. 황정식·박정순 외 편.『롤즈의 정의론과 그 이후』. 철학과 현실사. 145-86
______. 2011,『플라톤과 아리스토텔레스의 정치철학과 변증법적 법치주의』. 성균관대학교 출판부.
______. 2014a.「현대 민주주의의 스펙트럼: 좋은 민주주의 모색을 위한 이론사의 재검토」.『한국정치학회보』. 제48집 제2호. 323-42.
______. 2014b.『오크숏의 철학과 정치사상』. 한길사.
김비환·김정오 외, 2011.『자유주의의 가치들: 드워킨과의 대화』. 아카넷.
김선욱. 2002.『한나 아렌트의 정치 판단 이론』. 서울: 푸른숲.
김선택. 2013.「헌법과 혁명-시민입헌주의」.『東亞法學』. 제58호, 1-38.

김선택. 2014. 「한국 민주주의에 있어서의 역사의 미래」. 『법과 사회』. 제46호. 9-65.

김소연. 2010. 「헌법개정논의에 있어서 “헌법재판소 구성”과 “헌법재판관 선임”의 문제」. 『고려법학』. 제56호. 361-406.

김영민·김영호 외. 2007. 『21세기 헌정주의와 민주주의』. 인간사랑.

김 원. 2015. 「대한민국 헌법을 생각해보다: 최근 헌법재판소의 ‘정당해산결정’을 염두에 두고」. 『실천문학』. 388-401.

김종철. 2004. 「다이시의 법사상과 정치사상: 그 상호관련성에 주목하여」. 『법철학연구』. 제7권 제2호, 39-62.

김종철. 2005. 「‘정치의 사법화’의 의의와 한계-노무현정부 전반기의 상황을 중심으로」. 『공법연구 제33집 제1호. 229-48.

김하열. 2015. 「한국 헌법재판제도의 성과와 과제」. 『저스티스』. 제146권 제2호. 94-113.

김효전. 1999. 「한국에서 민주주의와 법치주의의 과제」. 『법철학연구』. 제2권. 205-220.

명재진. 2011. 「헌법문제로서 검찰개혁」. 『헌법학연구』. 제17권 제4호. 53-89.

박성우·김영민 외, 2007. 『21세기 헌정주의와 민주주의』. 인간사랑.

박은정. 2010. 「‘정치의 사법화’와 민주주의」. 『서울대학교 法學』. 제51권 제1호. 1-26.

박찬표. 2006. 「헌법에 기대기: 민주주의에 대한 두려움 혹은 실망」. 『한국정당학회보』. 제5권 제1호. 71-102.

서유경. 2000. 「한나 아렌트의 정치 행위(action) 개념 분석」. 『정치사상연구』. 제3집.

송기춘. 2007. 「참여정부에서 법치주의의 발전: 헌법적 평가와 전망」. 『공법연구』. 제35집 제4호. 297-35.

양 건. 2002. 「한국의 법문화와 법의 지배」. 『법철학연구』. 제5권 제1호. 185-202.

오동석. 2001. 「참여민주주의론에서 기본권과 민주주의」. 『법과 사회』. 제21권. 229-248.

유은정. 2011. 「정치의 사법화와 사법의 정치화: 온건하고 실용적인 헌법재판의 당위성-리차드 포즈너의 이론을 중심으로-」. 『헌법학연구』. 제17권 제3호. 241-88.

윤정인 · 김선택. 2015. 「헌법재판소는 민주주의의 수호자인가」. 『公法學研究』. 제16권 제1호. 135-162.

이국운. 2008. 「자유민주주의의 정상화문제(II)」. 『법과 사회』. 제34호. 23-51.

______. 2001. 「2기 헌법재판소 결정성향 분석」. 『법과 사회』. 제21호. 189-228.

이상겸. 2014. 「방어적 민주주의와 위헌정당: 해산심판제도에 대한 비판적 고찰」. 『법과 사회』. 제46호. 107-144.

임지봉. 2010. 「헌법재판소 미디어법 간련 권한쟁의심판사건 결정의 헌법적 문제점」. 『법과 사회』. 제38권. 69-92.

정윤석. 2000. 「아렌트의 근대 비판과 새로운 정치의 모색」. 『철학사상』. 제11집.

조지형. 2010. 「87년 헌법의 역사화와 시대적 소명」. 『법과 사회』. 제38권. 159-84.

차동욱. 2008. 「정치 · 사회적 관점에서 본 헌정 60년-개헌의 정치와 '헌정공학'의 타당성」. 『법과 사회』. 제34호. 55-69.

채지원. 2011. 「정치의 사법화 현상의 이론적 쟁점」. 『평화연구』. 제19권 제2호. 257-95.

최봉철, 2004. 「풀러의 합법성론」. 『법철학연구』. 제7권 제2호. 7-38.

______. 2007. 『현대법철학: 영어권 법철학을 중심으로』. 법문사.

최　선. 2015. 「사법권력의 증대와 통제-민주주의와 법치주의 관계를 중심으로」. 『헌법학연구』. 제21권 제1호. 165-97.

______. 2007. 『현대법철학: 영어권 법철학을 중심으로』. 법문사.

최장집. 2002. 『민주화 이후 민주주의-한국 민주주의의 보수적 기원과 위기-』. 후마니타스.

최장집. 2005. 「민주주의와 헌정주의: 미국과 한국」. 로버트 달 지음. 박찬표·박수현 옮김. 『미국헌법과 민주주의』. 후마니타스 2판.

한국정치외교사학회편. 2001. 『한국정치와 헌정사』. 한울아카데미.

함께하는 시민행동 엮음. 2007. 『헌법 다시 보기』. 창비.

함재학. 2011. 「정치의 사법화와 헌법재판의 정치화」. 『헌법학연구』. 제17권 제3호. 289-329.

허　영. 2006. 『韓國憲法論』. 서울: 박영사.

Abrama, K. 1988. "Law's Republicanism." *The Yale Law Journal*. Vol.97, 1591-1608.

Ackerman, B. 1991. *We the People 1.: Foundations*. Cambridge, MA: Belknap Press of Harvard University Press.

_____. 1998. *We the People 2: Transformations*. Cambridge, MA: Belknap Press of Harvard University Press.

Alexander, L. & Solum, L. B. 2005. "Popular? Constitutionalism." *Harvard Law Review*. Vol.118. 1594-640.

Allan, T. R. S. 2003. *Constitutional Justice: A Liberal Theory of the Rule of Law*. Oxford: Oxford University Press.

Anderson, E. 1999. "What is the Point of Equality." *Ethics*, Vol.109. 287-337.

Arendt, Hannah. 1951. *The Origins of Totalitarianism*. New York: Harcourt Brace, Yovanowich.

_____. 1958. *The Human Condition*. Chicago: Chicago University Press.

_____. 1963. *Between Past and Future*. Cleveland: The World Publishing Co.

_____. 1963. *On Revolution*. New York: Viking Press.

Aristotle. 2009. 『정치학』. 천병희 옮김. 도서출판 숲.

Barros, R. 2003. "Dictatorship and the Rule of Law: Rules and Military Power in Pinochet's Chile." in *Democracy and the Rule of Law*. edited by J. M. Maravall and A. Przeworski. Cambridge: Cambridge University Press, 188-222.

Bailyn, B. 1967. *The Ideological Origins of the American Revolution*. Cambridge, MA: Belknap Press.

Bellamy, R. 1992. *Liberalism and Modern Society*. Cambridge: Polity Press.

_____. 1996. "The Political Form of the Constitution: The Separation of Powers, Rights and Representative Democracy." *Political Studies*. Vol.44. 436-56.

_____. 2006. "Introduction." in *Constitutionalism and Democracy: The International Library of Essays in Law and Legal Theory*. 2nd series. Dartmouth Publishing Company. xi-xlviii.

_____. 2007. *Political Constitutionalism*. Cambridge: Cambridge University Press.

Bellamy, R. and Schönlau, J. 2004. "The Normality of Constitutional Politics: An Analysis of the Drafting of the EU Charter of Fundamental Rights." *Constellations: An International Journal of Critical and Democratic Theory*. Vol.11. 412-33.

Bickel, Alexander. 1986. *The Least Dangerous Branch: The Supreme Court at the Bar of Politics*. Second Edition. New Haven: Yale University Press.

Bogdanor, V. 2009. *The New British Constitution*. Oxford and Portland. Oregon: Hart Publishing.

Do Li. 2000a. "What is Constitutionalism." *Perspectives*. Vol.1, No.6.

_____. 2000b. "Constitutionalism and the Rule of Law." *Perspectives*. Vol.2, No. 2.

Brettschneider, C. 2006. "Popular Constitutionalism and the Case for Judicial Review." *Political Theory*. Vol.34, No.4. 516-21.

Cannovan, Margaret. 1992. *Hannah Arendt: A Reinterpretation of Her Political Thought*. Cambridge: Cambridge University Press.

_____. 1996. "Hannah Arendt as a Conservative Thinker." in Hannah *Arendt: Twenty Years Later*. edited by L. May and J. Kohn. Cambridge, MA: The MIT Press. 11-32.

Carney, T. E. 2005. "Review of The People Themselves: Popular Constitutionalism and Judicial Review by L. D. Kramer." *Journal of the Early Republic*. Fall. 493-6.

Cass, R. 2001. *The Rule of Law in America*. Baltimore: Johns Hopkins University Press.

Chandler, D. 2000. *Bosnia: Faking Democracy After Dayton*. London: Pluto Press.

Colón-Ríos, J. I. 2012. *Weak Constitutionalism: Democratic Legitimacy and the Question of Constituent Power*. London and New York: Routledge.

Conkin, William, E. 1999. "Constitutionalism." in *The Philosophy of Law*. Vol.1. edited by Christopher Berry Gray. 154-158.

Cartledge, P. Millet, P. and Todd, S. 1990. *Nomos: Essays in Athenian Law, Politics and Society*. Cambridge: Cambridge University Press.

Cohen, J. 2003. "For a Democratic Society." in *The Cambridge Companion to Rawls*. edited by S. Freeman. Cambridge: Cambridge University Press.

Craig, P. 1997. "Formal and Substantive Conceptions of the Rule of Law: An Analytical Framework." *Public Law*. 467-87.

Dahl, R. 1982. *Dilemmas of a Pluralist Democracy*. Yale University Press.

Diamond, L. 2000. "The end of the third way and the start of the fourth." In *Democratic Invention*. edited by M. F. Plattner, and J. C. Espada. London: Johns Hopkins University Press.

_____. 2001. *The Global Divergence of Democracy*. London: Johns Hopkins University Press.

_____. "Thinking About Hybrid Regimes." *Journal of Democracy*. Vol.13, No.2. 21-35.

_____. 2008. *The Spirit of Democracy*. New York: Times Books, 2008.

Devigne, R. 1994. *Recasting Conservatism*. Yale University Press.

Dicey, A. V. 1915. *Introduction to the Study of the Law of the Constitution*. London: Liberty Fund.

_____. 2009. *General Characteristics of English Constitutionalism*. edited by R. Raina. Bern: Peter Lang.

_____. 1905. *Lectures on the Relation Between Law & Public Opinion in England During the Nineteenth Century*. London: Macmillan.

Doh Chul, S., Chong-Min, P. and Jiho, J. 2005. "Assessing the Shifting Qualities of Democratic Citizenship: The Case of South Korea." *Democratization*. Vol.12, No.2. 202-21.

Donahue, B. 2002. "Judicial Hegemony: Dworkin's Freedom's Law and the Spectrum of Constitutional Democracies." *Ratio* Juris. Vol.15, No.3.

Dunn, J. 2014. 『민주주의의 수수께끼』. 강철웅·문지영 옮김. 후마니타스.

Dworkin, R. 1978. *Taking Rights Seriously*. London: Duckworth.

______. 1985. *A Matter of Principle*. Oxford: Clarendon Press.

______. 1986. *Law's Empire*. London: Fontana Press.

______. 1990. "Equality. Democracy, and Constitution: We the people in Court." *Alberta Law Review*. Vol.28. 324-46.

______. 1995. "Constitutionalism and Democracy." *European Journal of Philosophy*. Vol.3. 2-11.

______. 1996. *Freedom's Law: The Moral Reading of the American Constitutionalism*. Oxford University Press.

______. 2008. Is *Democracy Possible Here?: Principle for A New Political Debate*. Princeton University Press.

Ely, J. 2006. 『민주주의와 법원의 위헌심사』, 전원열 옮김. 나남출판.

Ewing, K. D. 2000. "The Politics of the British Constitution." *Public Law*, Autumn. 405-37.

Fabre, C. 2000. "A Philosophical Argument for a Bill of Rigts." *British Journal of Political Science*. Vol.30. 77-98.

Finnis, J. 1980. *Natural Law and Natural Rights*. Oxford: Clarendon Press.

Ferejohn J. and Pasquino, P. 2003. "Rule of Democracy and Rule of Law." in *Democracy and the Rule of Law*. edited by J. M. Maravall and A. Przeworski, Cambridge: Cambridge University Press. 242-60.

Foundez, Julio. 1993. "Constitutionalism: A Timely Revival." in *Constitutionalism and Democracy: Transitions in the Contemporary World*. edited by D. Greenberg, S. N. Katz, M. B. Olievero and S. C. Wheatley. Oxford University Press.

Fuller, L. 1971. *The Morality of Law*. Yale University Press.

Gallie, W. B. 1956. "Essentially Contested Concepts." *Proceedings of the Aristotlelian Society*. Vol.56. 167-98.

Gavison, Ruth. 2005. "What Belongs in a Constitution." in *Constitutional Theory*. edited, Wojciech Sadurski. Trowbridge: Wiltshire, The Cromwell Press. 15-32.

Gibson, K. L. 2007. "Review of The People Themselves: Popular Constitutionalism and Judicial Review by L. D. Kramer." *Rhetoric & Public Affairs*. Vol.10, No.1. 149-51.

Giddens, A. 1994. *Beyond Left and Right*. Cambridge: Polity.

Ginsberg, T. and Moustafa, T. 2008. *Rule by Law: The Politics of Courts in Authoritarian Regimes*. Cambridge: Cambridge University Press.

Gordon, S. 1999. *Controlling the State: Constitutionalism From Ancient to Today*. Cambridge, MA: Harvard University Press.

Gray, J. 1993. B*eyond the New Right*. London: Routledge.

Habermas, Jürgen. 1977. "Hannah Arendt's Communicative Concept of Power." *Social Research*. Vol.44. 3-24.

_____. 1995. "On the Internal Relation between the Rule of Law and Democracy." *European Journal of Philosophy*. Vol.3. 12-20.

_____. 1996. *Between Facts and Norms: Contribution to a Discourse Theory of Law and Democracy*. translated by W. Rehg. Cambridge, MA: MIT Press.

Harris, E. M. 2006. *Democracy and the Rule of Law in Classical Athens*. Cambridge: Cambridge University Press.

Hayden, P. ed. 1999. *Philosophical Perspectives on Law and Politics*. New York: Peter Lang.

Hayek, F. A. 1960. *The Constitution of Liberty*. Chicago: University of Chicago Press.

_____. 1973. *Law, Legislation and Liberty*. Chicago University Press.

Haywood, A. 1997. *Politics*. London: Macmillan Press LTD.

Held, D. 1987. *Models of Democracy*. Cambridge: Polity Press.

Hirschl, R. 2004. *Towards Juristocracy: The Origins and Consequences of the New Constitutionalism*. Harvard University Press.

Holmes, Stephen. 1995a. *Passions and Constraints: On the Theory of Liberal Democracy*. Chicago: Chicago University Press.

_____. 1995b. "Constitutionalism." in *The Encyclopedia of Democracy*. Vol.1. London: Routledge. 299-306.

Honig, Bonnie. 1993. *Political Theory and the Displacement of Politics*. Ithaca: Cornell University Press.

Honneth, A. 2014. *Freedom's Right: The Social Foundation of Democratic Life*. Columbia University Press.

Hyug Baeg, I. 2011. "Better Democracy, better economic growth? South Korea." *International Political Science Review*. Vol.32, No.5. 579-97.

Issac, Jeffrey. 1996. "A New Guarantee on Earth: Hannah Arendt on Human Dignity and the Politics of Human Rights." *American Political Science Review*. Vol.90, No.1.

Kay, Richard S. 1998. "American Constitutionalism." in *Constitutionalism: Philosophical Foundations*. edited by Larry Alexander. Cambridge: Cambridge University Press. 16-63.

Kramer, D. 1972. *Participatory Democracy: Developing Ideas of the Political Left*. Cambridge. MA: Schenkman Publishing Company.

Kramer, L. D. 2004. *The People Themselves: Popular Constitutionalism and Judicial Review*. Oxford: Oxford University Press.

_____. 2012. "Judicial Supremacy and the End of Judicial Restraint." *California Law Review*. Vol.100. 621-34.

Kramer, M. H. 2004. "On the Moral Status of the Rule of Law." *Cambridge Law Journal*. Vol.63. 65-97.

Kurki, K. 2010. "Democracy and Conceptual Contestability: Reconsidering Conceptions of Democracy in Democracy Promotion," *International Studies Review*, Vol.12. 362-86.

Levistky, S. and Way, Lucan A. 2002. "The Rise of Competitive Authoritarianism." *Journal of Democracy*. Vol.13, No.2. 51-66.

Li, B. 2000. "Constitutionalism and the Rule of Law." *Perspectives*. Vol.2, No.2.

MacCormick, D. N. 1989. "Spontaneous Order and the Rule of Law: Some Problems." *Ratio Juris*. Vol.2. 41-54.

Mack, E. 2011. "Friedrich Hayek on the nature of social order and law." in *Political Philosophy in the Twentieth Century*. Kindle edition. edited by C. Zucker. Cambridge: Cambridge University Press.

Macpherson, C. B. 1977. *The Life and Times of Liberal Democracy*. Oxford: Oxford University Press.

Maple, D. 1990. "Civil Association and the Idea of Contingency." *Political Theory*. Vol.18, No.3. 392-410.

Merkel, W. 2004. "Embedded and Defective Democracy." *Democratization*. Vol.11, No.5. 33-58.

Michelman, Frank. 1988. "Law's Republic." *Yale Law Journal*. Vol.97. 1493-1538.

_____. 1996. "Democracy and Positive Liberty." *Boston Review*. 1-14.

_____. 1999. *Brennan and Democracy*. Princeton: Princeton University Press.

_____. 2003. "Rawls on Constitutionalism." in *Cambridge Companion to Rawls*. edited by A. Freeman. Cambridge: Cambridge University Press.

Minch, M. 2009. *The Democratic Theory of Michael Oakeshott*. Charlottesville, VA: Imprint Academic.

Morlino, L., Dressel, B., and Pelizzo, R. 2011. "The Quality of Democracy in Asia-Pacific: Issues and Findings." *International Political Science Review*. Vol.32, No.5. 491-511.

Mouffe, C. 1992. "Democratic Citizenship and the Political Community." in *Dimensions of Radical Democracy: Pluralism, Citizenship and Democracy*. edited by Chantal Mouffe. London: Verso.

Murchland, B. "The Rigors of Citizenship." *Review of Politics*. Vol.59, No.1. 127-41.

Murphy, Walter F. 1993. "Constitutions, Constitutionalism, and Democracy." in *Constitutionalism and Democracy: Transitions in the Contemporary*

World. edited by D. Greenberg, S. N. Katz, M. Oliviero and S. C. Wheatley. Oxford: Oxford University Press. 3-25.

Nardin, T. 2001. *The Philosophy of Oakeshott.* The Pennsylvania State University Press.

Nozick, R. 1974. *Anarchy, State and Utopia.* Oxford: Blackwell.

Oakeshott, M. 1975. *On Human Conduct.* Oxford: Oxford University Press.

______. M. 1991. "Rationalism in Politics." in *Rationalism and Other Essays.* Indianapolis: Liberty Fund Press. 5-42.

______. 1993a. "The Concept of A Philosophy of Politics." in *Politics and the Moral Life.* edited by. T. Fuller. New Haven: Yale University Press.

______. 1993b. "Political Philosophy." in *Religion, Politics and the Moral Life.* edited by T. Fuller. New Haven: Yale University Press.

______. 1996. T*he Politics of Faith and the Politics of Scepticism.* edited by Fuller. Yale University Press.

Pateman, C. 1970. *Participation and Democratic Theory.* Cambridge: Cambridge University Press.

Pencak, W. 2007. "Review of The People Themselves: Popular Constitutionalism and Judicial Review by L. D. Kramer." *Journal of Interdisciplinary History.* Vol.37, No.3, 462-3.

Piana, D. 2010. "Beyond Judicial Independence: Rule of Law and Judicial Accountability in Assessing Democratic Quality." *Comparative Sociology.* Vol.9, 40-64.

Pocock, P. G. A. 1975. *The Machiavellian Moment: Florentine Political Thought and the Atlantic Republican Tradition.* Princeton University Press.

Posner, R. A. 2004. "The People's Court." *The New Republic.* July. 32-6.

Radin, M. J. 1989. "Reconsidering the Rule of Law." *Boston University Law Review.* Vol.69. 781-819.

Raz, J. 1977. "The Rule of Law and Its Virtue." *Law Quarterly Review.* Vol.93. 195-211.

_____. 1979. *The Authority of Law: Essays on Law and Morality.* Oxford: Oxford University Press.

_____. 1986. *The Morality of Freedom.* Oxford: Clarendon Press.

_____. 1994. *Ethics in the Public Domain.* Oxford: Clarendon Press.

Rawls, J. 1971. *A Theory of Justice.* Cambridge, MA: Harvard University Press.

_____. 1993. *Political Liberalism.* New York: Columbia University Press.

Roussopoulos D. and Benello, C. G. eds. 2005. *Participatory Democracy: Prospects for Democratizing Democracy.* Canada, Black Rose Books.

Schumpeter, J. 1975. Capitalism, *Socialism and Democracy.* 3rd edition. New York: Harper & Row, Publishers,

Sellers, M. 1997-8. "Republicanism, Liberalism, and the Law." *Kentucky Law Journal.* Vol86. 1-30.

Soininen, S. 2005. *From a 'Necessary Evil' to the Art of Contingency: Michael Oakeshott's Conception of Political Activity.* Exeter: Imprint Academic.

Sunstein, C. 1985. "Interest Group in American Public Law." *Stanford Law Review.* Vol.38. 29-87.

_____. 1988. "Beyond the Republican Revival." *Yale Law Review.* Vol.97. 1539-1589.

_____. 1993. "The Enduring Legacy of Republicanism." in *A New Constitutionalism: Designing Political Institutions for a Good Society.* Chicago University Press.

_____. 2005. *Laws of Fear.* Cambridge: Cambridge University Press.

Sunstein, C., Schkade, L. M. and Sawicki, A. 2006. *Are Judges Political?* Washington DC: Brookings Institution Press.

Swift. A. 2006. *Political Philosophy: A Beginners' Guide for Students and Politicians.* 2nd edition. Cambridge: Polity Press.

Tamanaha, B. Z. 2004. *On the Rule of Law.* Cambridge: Cambridge University Press.

Unger, R. M. 1976. *Law in Modern Society*. New York: Free Press.

Urbinati, N. 2012. "Competing for Liberty: The Republican Critique of Democracy." *American Political Science Review*. Vol.106, No.3. 607-621.

Waldron, J. 1993. "A Rights-Based Critique of Constitutional Rights." *Oxford Journal of Legal Studies*. Vol.13. 18-51.

_____. 1996. "Legislation, Authority, and Voting." *Georgetown Law Journal*. Vol.84. 2185-214.

Wolin. S. 2010. *Democracy Incorporated: Managed Democracy and the Specter of Inverted Totalitarianism*. New York: Basic Books.

_____. 1999. *Law and Disagreement*. New York: Oxford University Press.

_____. 2000. "Arendt's Constitutional Politics." in *The Cambridge Companion to Hannah Arendt*. edited by D. Villa. Cambridge: Cambridge University Press. 201-19.

_____. 2002. "Is the Rule of Law an Essentially Contested Concept (in Florida)?" *Law and Philosophy*. Vol.21. 137-64.

Walker, J. 1966. "A Critique of the Elitist Theory of Democracy." *The American Political Science Review*. Vol.60. 285-305.

Wallach, J. R. 2002. "American Constitutionalism and Democratic Virtue." *Ratio Juris*. Vol.15, No.3.

Weithman, P. 2011. "John Rawls and the task of political philosophy." in *Political Philosophy in the Twentieth Century*. Kindle edition. edited by C. Zucker. Cambridge: Cambridge University Press. 185-97West, R. 1990. "Taking Freedom Seriously." *Harvard Law Review*. Vol. 104. 43-79.

Wolfe, C. 1994. *The Rise of Modern Judicial Review*. Rowman & Littlefield.

Wood, G. 1969. *The Creation of the American Republic, 1776-1787*. Chapel Hill: University of North Carolina Press.

Word, K. D & Castillo C. R. 2005. *The Judiciary and American Democracy*. State University of New York Press.

Worley, J. 2009. "Deliberative Constitutionalism." *Brigham Young University Law Review*. 431-480.

Zakaria, F. 1997. "The Rise of Illiberal Democracy." *Foreign Affairs*. November/December. 22-43.

인명색인

ㅈ

ㅊ

ㅋ

ㅌ

ㅍ

ㅎ

사항색인

ㄴ

ㄹ

ㅁ

ㅂ

ㅇ

ㅊ

ㅎ

기타

저자 소개

지은이 김비환은 성균관대학교 정치외교학과를 졸업하고 동 대학원에서 「한나 아렌트의 정치적 행위 개념」으로 정치학박사 학위를 받았다. 이어 영국으로 건너가 케임브리지대학 사회정치학과에서 세계적인 석학 존 던(John Dunn)의 지도하에 「현대 자유주의-공동체주의 논쟁과 기술적으로 진보한 시대에 적합한 정치이론을 향하여」로 정치학박사 학위를 받았다. 귀국 후 성균관대학교 정치외교학과 교수로 부임하여 현재까지 서구정치사상사와 정치철학을 강의하고 있다. 현재의 주요 관심사는 정치와 법의 관계, 정의론, 자유론, 그리고 인간의 존엄 등이다.

저서로는 『정의는 불온하다』(2016), 『마이클 오크숏의 정치철학과 정치사상』(2014), 『이것이 민주주의다』(2013), 『플라톤과 아리스토텔레스의 정치철학과 변증법적 법치주의』(2011), 『포스트모던 시대의 정치와 문화』(2005), 『자유지상주의자들, 자유주의자들 그리고 민주주의자들』(2005), 『맘몬의 지배』(2002), 『축복과 저주의 정치사상: 20세기와 한나 아렌트』(2001), 『데모크라토피아를 향하여』(2000)가, 편저로는 『인권의 정치사상』(2010)이, 역서로는 『정치의 생각』이, 그리고 공저로는 *Michael Oakeshott's Cold War Liberalism*(2015) 등 다수가 있다.

민주주의와 법의 지배: 현대 입헌민주주의의 스펙트럼

초판발행 2016년 6월 23일
중판발행 2021년 5월 10일

지은이 김비환
펴낸이 안종만·안상준

편 집 김효선
기획/마케팅 강상희
표지디자인 권효진
제 작 고철민·조영환

펴낸곳 (주) 박영사
서울특별시 금천구 가산디지털2로 53, 210호(가산동, 한라시그마밸리)
등록 1959. 3. 11. 제300-1959-1호(倫)
전 화 02)733-6771
f a x 02)736-4818
e-mail pys@pybook.co.kr
homepage www.pybook.co.kr
ISBN 979-11-303-2894-2 93340

정 가 18,000원